八千卷樓書事新考

石祥 著

中西書局

图书在版编目（CIP）数据

八千卷楼书事新考 / 石祥著. -- 上海：中西书局，
2021
ISBN 978-7-5475-1895-3

Ⅰ.①八… Ⅱ.①石… Ⅲ.①私人藏书—研究—杭州
Ⅳ.①G259.258.3

中国版本图书馆CIP数据核字（2021）第217442号

BAQIANJUANLOU SHUSHI XINKAO

八千卷楼书事新考

石 祥 著

封面题签 王 亮
责任编辑 宋专专
装帧设计 梁业礼
责任印制 朱人杰

出版发行 上海世纪出版集团
中西書局（www.zxpress.com.cn）
地　　址 上海市闵行区号景路159弄B座（邮编 201101）
印　　刷 上海商务联西印刷有限公司
开　　本 787×1092 毫米 1/16
印　　张 25　插页 36
字　　数 502 000
版　　次 2021年11月第1版 2021年11月第1次印刷
书　　号 ISBN 978-7-5475-1895-3/G·464
定　　价 128.00元

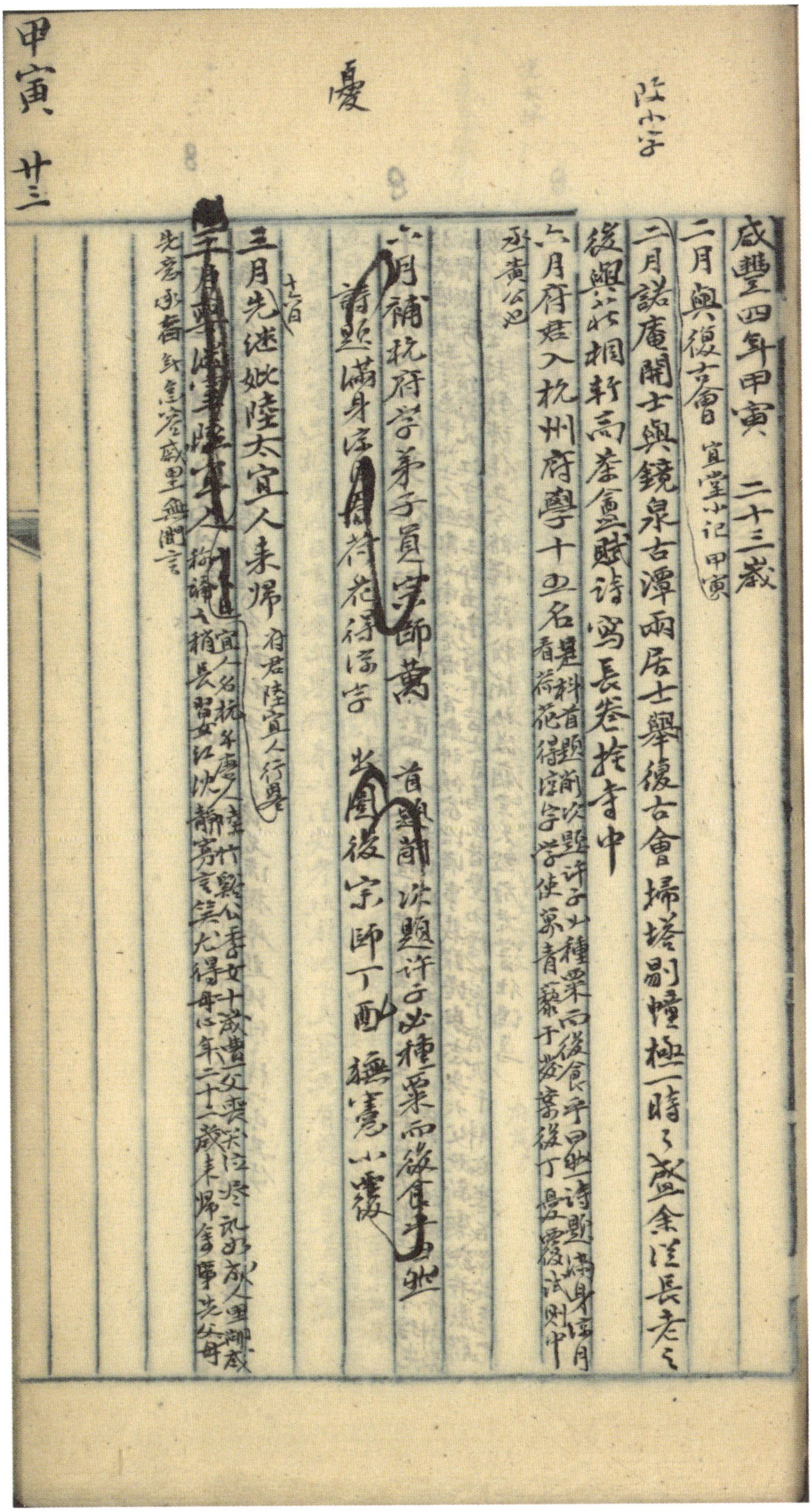

甲寅 廿三

憂

改小字

咸豐四年甲寅 二十三歲

二月與復古會 宜堂小記甲寅

二月諾庵開士與鏡泉古潭雨居士舉復古會掃塔剔幢極一時之盛余往長老之

後與於桐軒高叢盦賦詩寫長卷於寺中

六月府君入杭州府學十五名

六月補杭府学弟子員 宗師萬 首題 次題許子必種粟而後食 詩題滿身香月荷花得香字

三月先妣陸太宜人來歸 府君陸宜人行略

《松生府君年谱》初稿本

上海图书馆藏

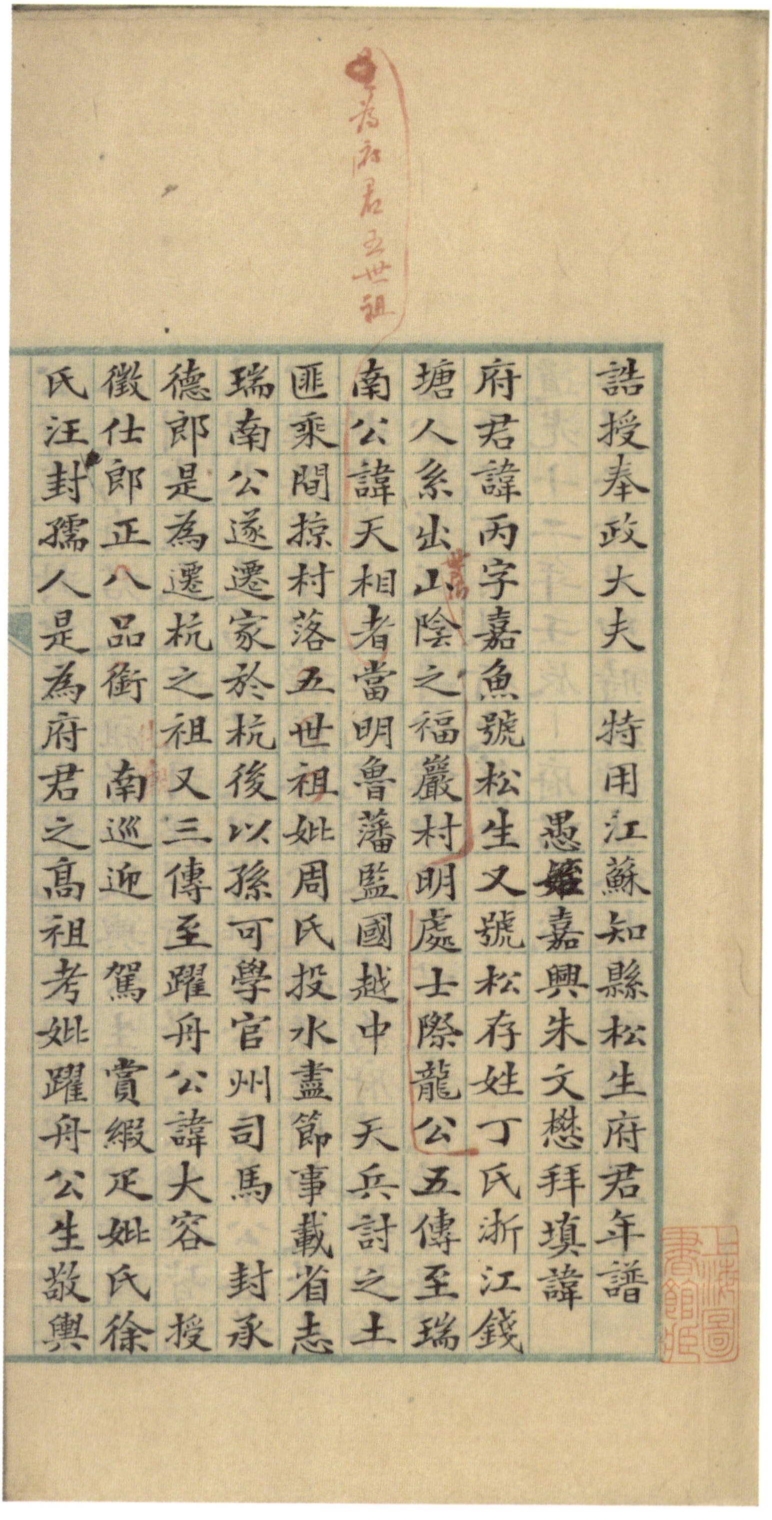

為府君五世祖

誥授奉政大夫　特用江蘇知縣松生府君年譜

愚姪嘉興朱文懋拜填諱

府君諱丙字嘉魚號松生又號松存姓丁氏浙江錢塘人系出山陰之福嚴村明處士際龍公五傳至瑞南公諱天相者當明魯藩監國越中　天兵討之土匪乘間掠村落五世祖妣周氏投水盡節事載省志瑞南公遂遷家於杭後以孫可學官州司馬　封承德郎是為遷杭之祖又三傳至躍舟公諱大容　授徵仕郎正八品銜　南巡迎　駕　賞緞疋妣氏徐氏汪封孺人是為府君之高祖考妣躍舟公生敬輿

《松生府君年谱》修改稿本

上海图书馆藏

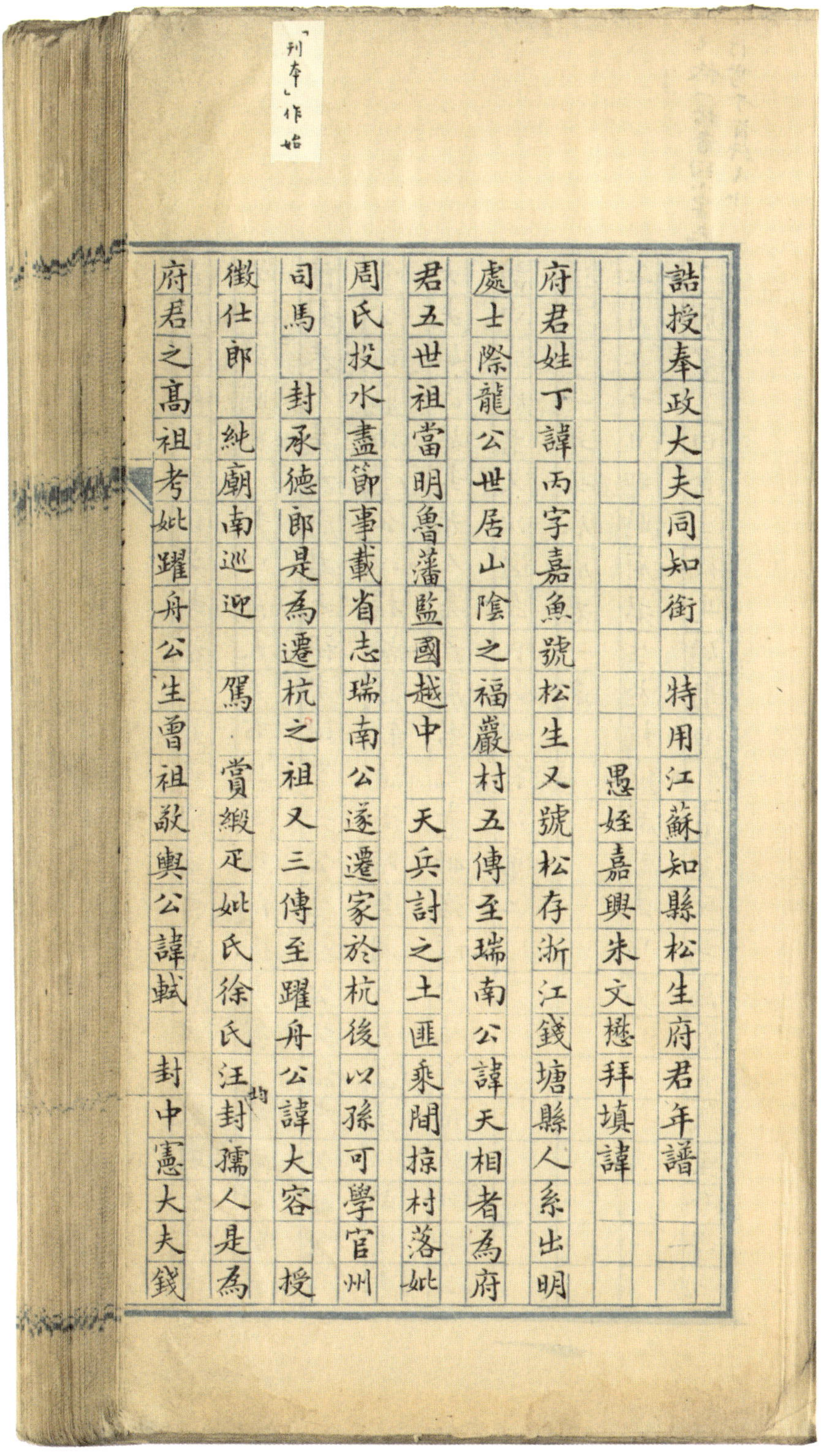

「刊本」作始

誥授奉政大夫同知銜　特用江蘇知縣松生府君年譜

愚姪嘉興朱文懋拜填諱

府君姓丁諱丙字嘉魚號松生又號松存浙江錢塘縣人系出明處士際龍公世居山陰之福嚴村五傳至瑞南公諱天相者爲府君五世祖當明魯藩監國越中　天兵討之土匪乘間掠村落妣周氏投水盡節事載省志瑞南公遂遷家於杭後以孫可學官州司馬　封承德郎是爲遷杭之祖又三傳至躍舟公諱大容　授徵仕郎　純廟南巡迎　駕　賞緞疋妣氏徐氏汪均封孺人是爲府君之高祖考妣躍舟公生曾祖敬輿公諱軾　封中憲大夫錢

《松生府君年谱》最终稿本

杭州市图书馆藏

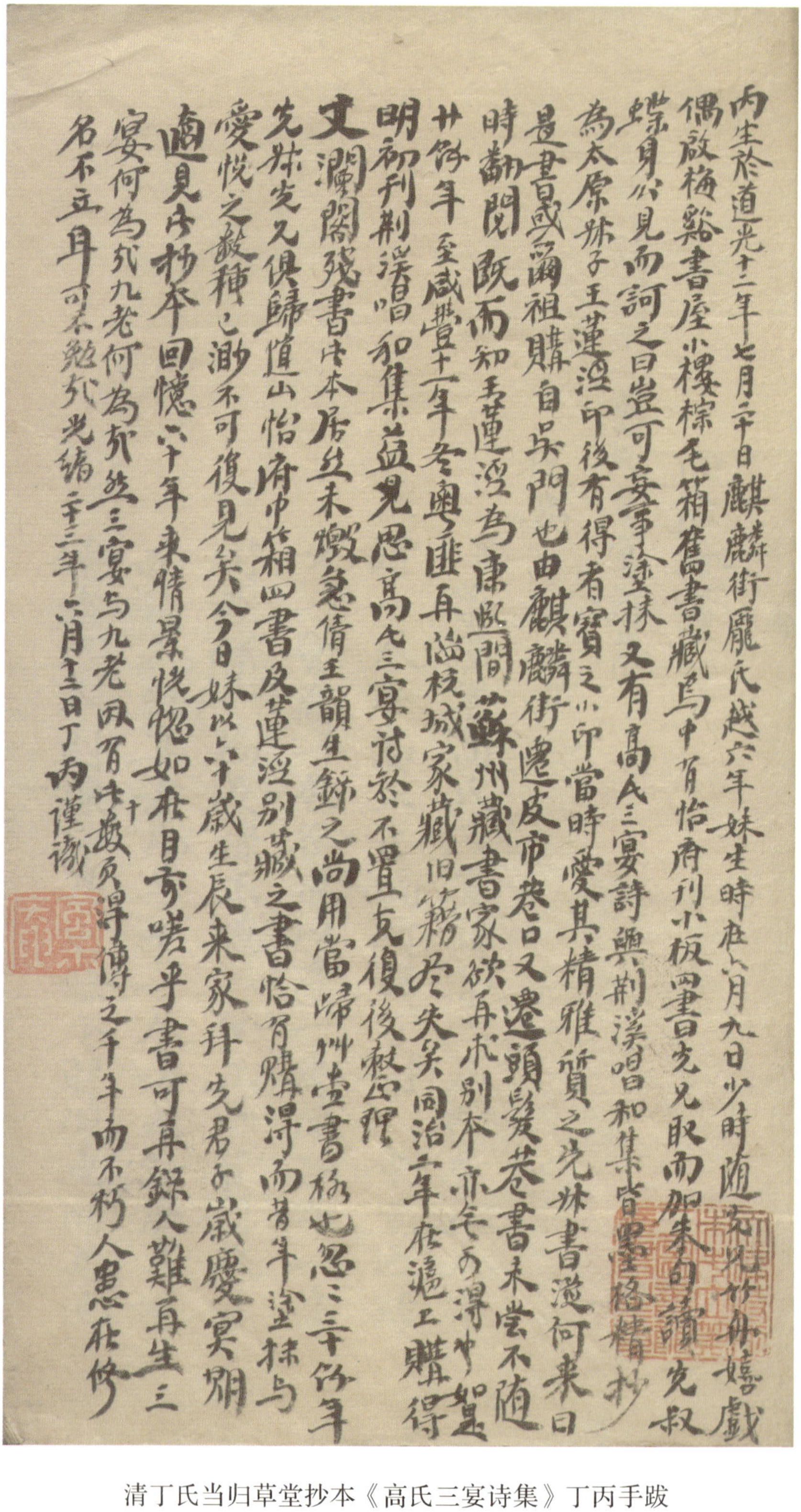

清丁氏当归草堂抄本《高氏三宴诗集》丁丙手跋
天津图书馆藏

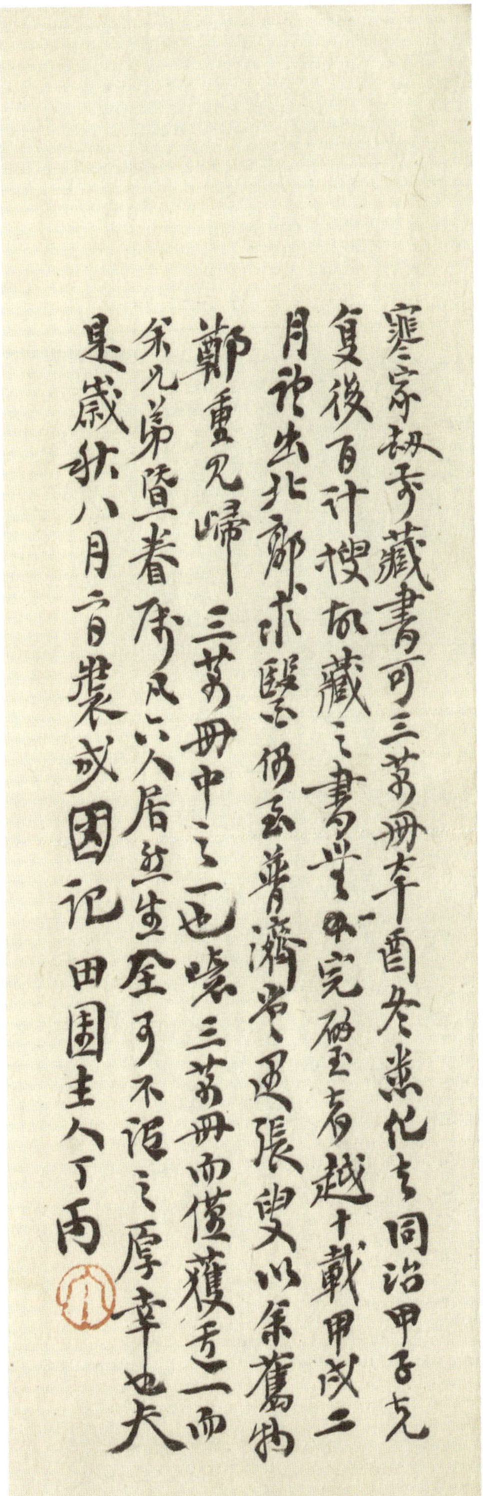

咸丰十一年跋

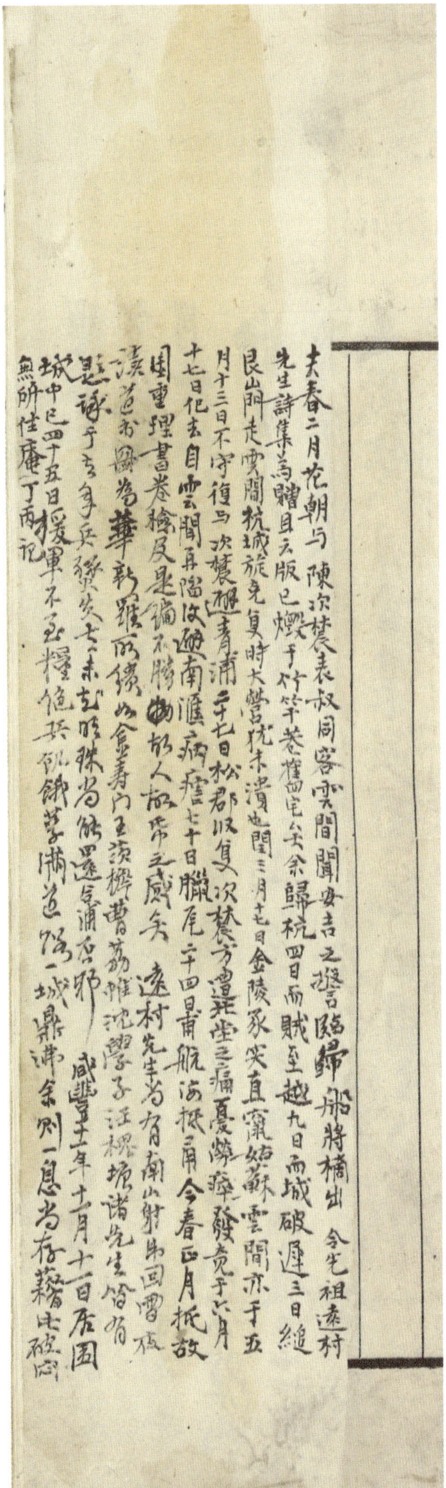

同治十三年跋

清乾隆刻本《远村吟稿》丁丙手跋

浙江图书馆藏

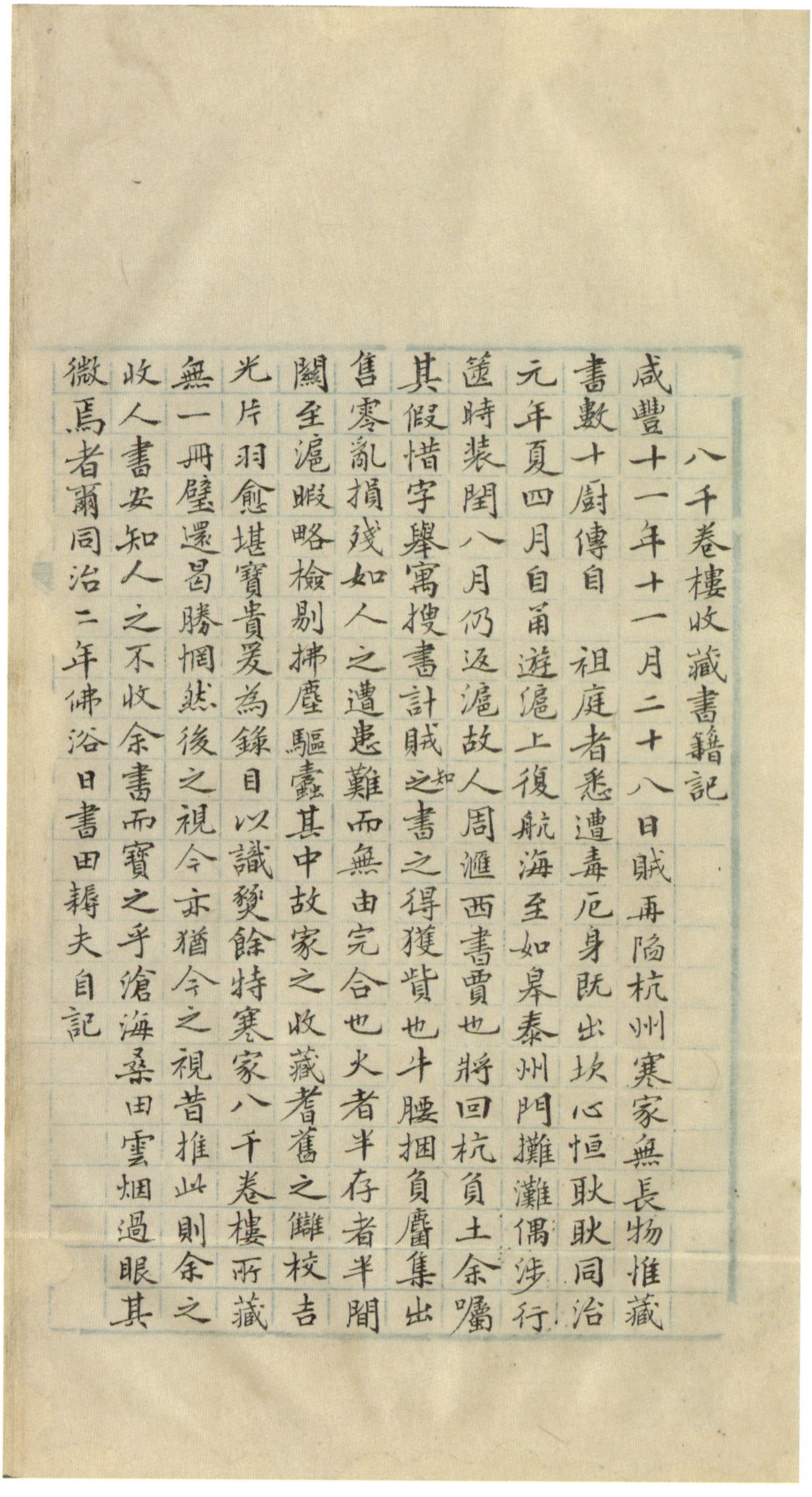

八千卷樓收藏書籍記

咸豐十一年十一月二十八日賊再陷杭州寒家無長物惟藏書數十廚傳自　祖庭者悉遭毒厄身既出坎心恒耿耿同治元年夏四月自甬遊滬上復航海至如皋泰州門攤灘偶涉行篋時裝閏八月仍返滬故人周滙西書賈也將回杭負土余囑其假惜字舉寓搜書計賊之知書之得獲背也牛腰捆負齎集出售零亂損残如人之遺患難而無由完合也火者半存者半闌闕至滬暇略檢剔拂塵驅蠹其中故家之收藏耆舊之讎校吉光片羽愈堪寶貴爰為錄目以識燹餘特寒家八千卷樓所藏無一冊壁還曷勝惆然後之視今亦猶今之視昔推此則余之收人書安知人之不收余書而寶之乎滄海桑田雲烟過眼其微焉者爾同治二年佛浴日書田耕夫自記

清写本《松梦寮文集》之《八千卷楼收藏书籍记》
浙江图书馆藏

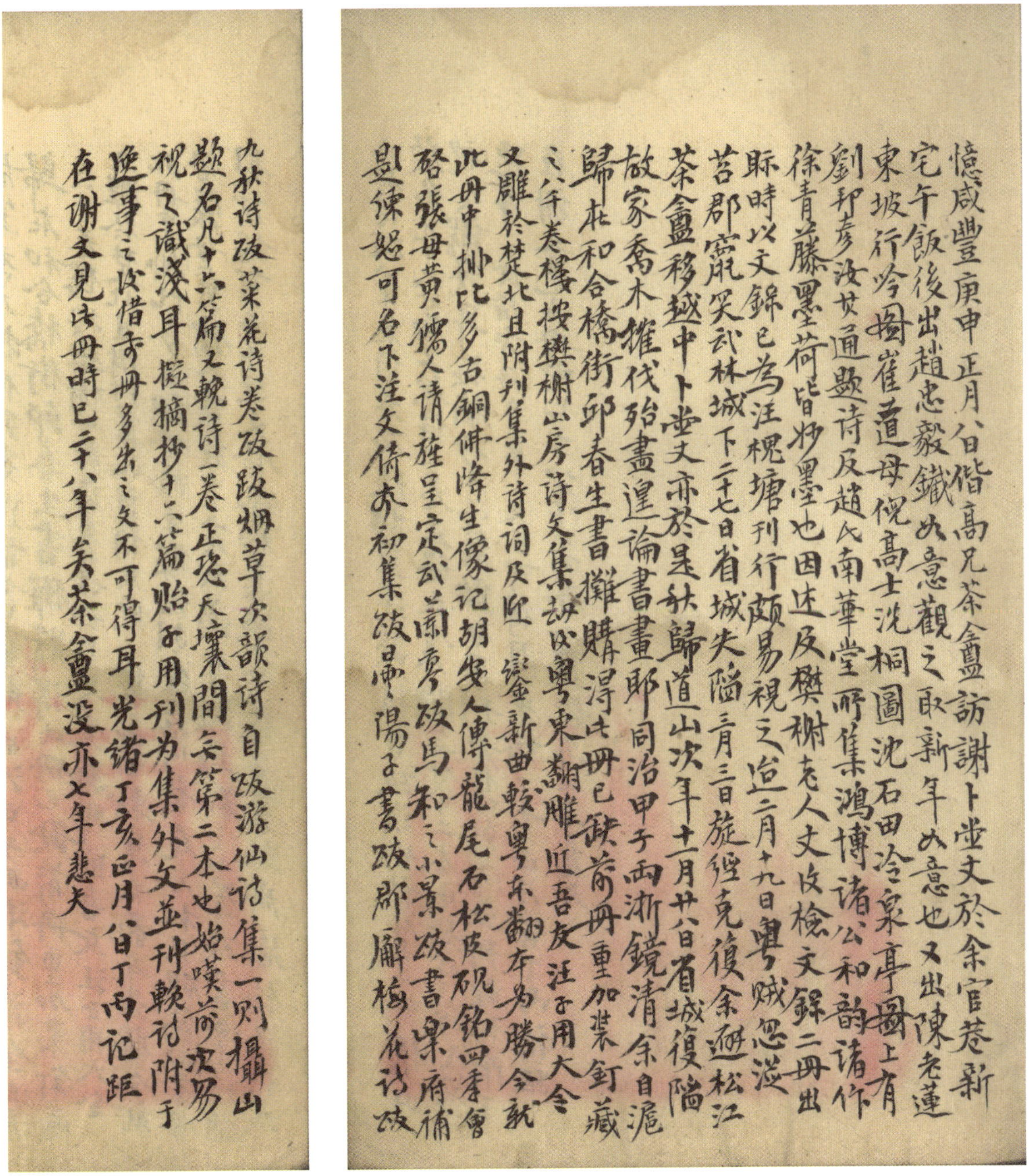
憶咸豐庚申正月八日偕高兄茶盦訪謝卜堂丈於余官巷新宅午飯後出趙忠毅鐵如意觀之取新年如意也又出陳老蓮東坡行吟圖崔道母倪高士洗桐圖沈石田冷泉亭圖上有劉邦彥汝甘道題詩及趙氏南華堂所集鴻博諸公和韻諸作徐青藤墨荷皆妙墨也因述及樊榭老人文皮檢文錄二冊出彼時以文錄已為汪槐塘刊行頗易視之迨二月十九日粵賊忽從苕郡竄突武林城下二十七日省城失陷三月三日旋經克復余避松江茶盦移越中卜堂丈亦於是秋歸道山次年十一月廿八日省城復陷故家喬木摧伐殆盡遑論書畫耶同治甲子兩浙鏡清余自滬歸杭和合橋街邱春生書攤購得此冊已缺前冊重加裝釘藏之八千卷樓按樊榭山房詩文集初以粵東翻雕近吾友汪子用大令又雕於楚北且附刊集外詩詞及近 鑒新曲較粵東翻本為勝今就此冊中排比多古銅佛降生像記胡安人傳龍尾石松皮硯銘四季會啓張母黃孺人請旌呈定武蘭亭跋馬和之小景跋書樂府補題傑恕可名卜注文倚亦初集跋晶陽子書跋郎廟梅花詩跋九秋詩跋菜花詩卷跋跋烟草次韻詩自跋游仙詩集一則攝山題名凡十六篇又輓詩一卷正恐天壤間無第二本也始嘆前此易視之識淺耳擬摘抄十六篇貽子用刊為集外文並刊輓詩附于逸事之後惜前冊多出之文不可得耳 光緒丁亥正月八日丁丙記距在謝丈見此冊時已二十八年矣茶盦沒亦七年悲夫

清抄本《厉先生文录》丁丙手跋

上海图书馆藏

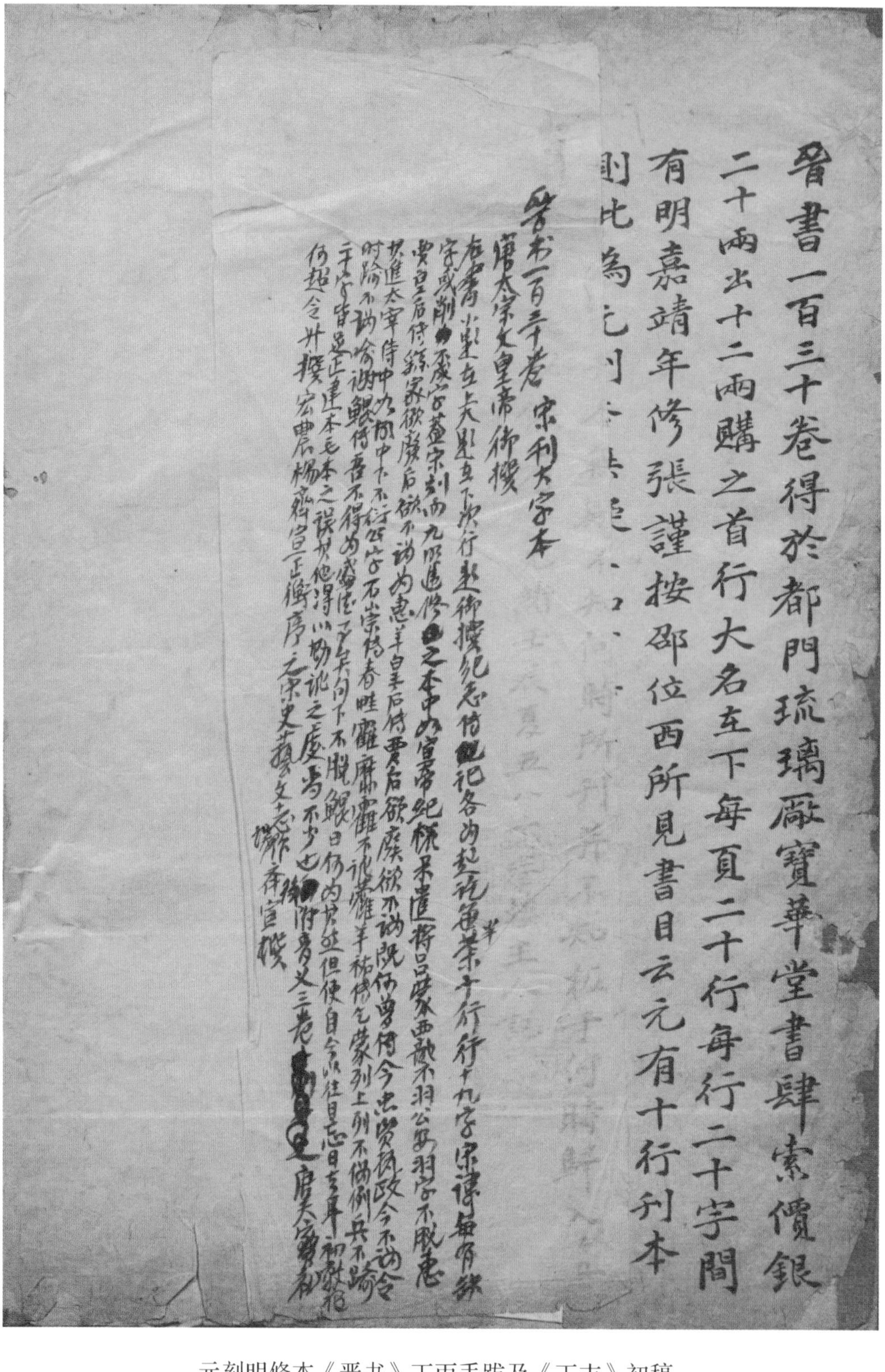

晉書一百三十卷得於都門琉璃廠寶華堂書肆索價銀
二十兩出十二兩購之首行大名在下每頁二十行每行二十字間
有明嘉靖年修張謹按邵位西所見書目云元有十行刊本

晉書一百三十卷　宋刊大字本
唐太宗文皇帝御撰

元刻明修本《晋书》丁丙手跋及《丁志》初稿
南京图书馆藏

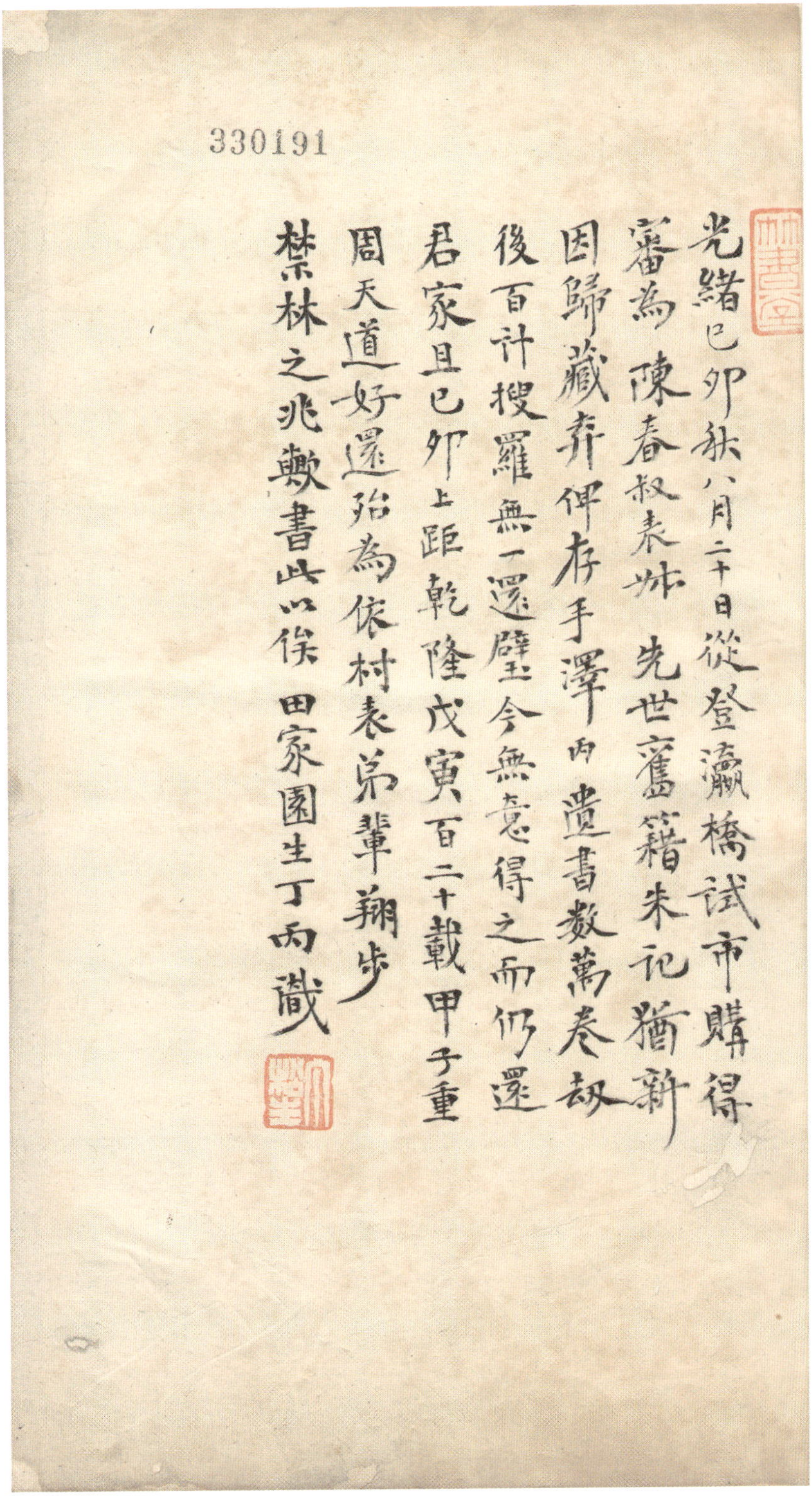

光緒己卯秋八月二十日從登瀛橋試市購得
審為 陳春叔表姊 先世舊籍朱記猶新
因歸藏弆俾存手澤丙 遺書數萬卷劫
後百計搜羅無一還璧今無意得之而仍還
君家且己卯上距乾隆戊寅百二十載甲子重
周天道好還殆為依村表弟輩翔步
禁林之兆歟書此以俟 田家園生丁丙識

清乾隆二十三年刻本《禁林集》丁丙手跋
复旦大学图书馆藏

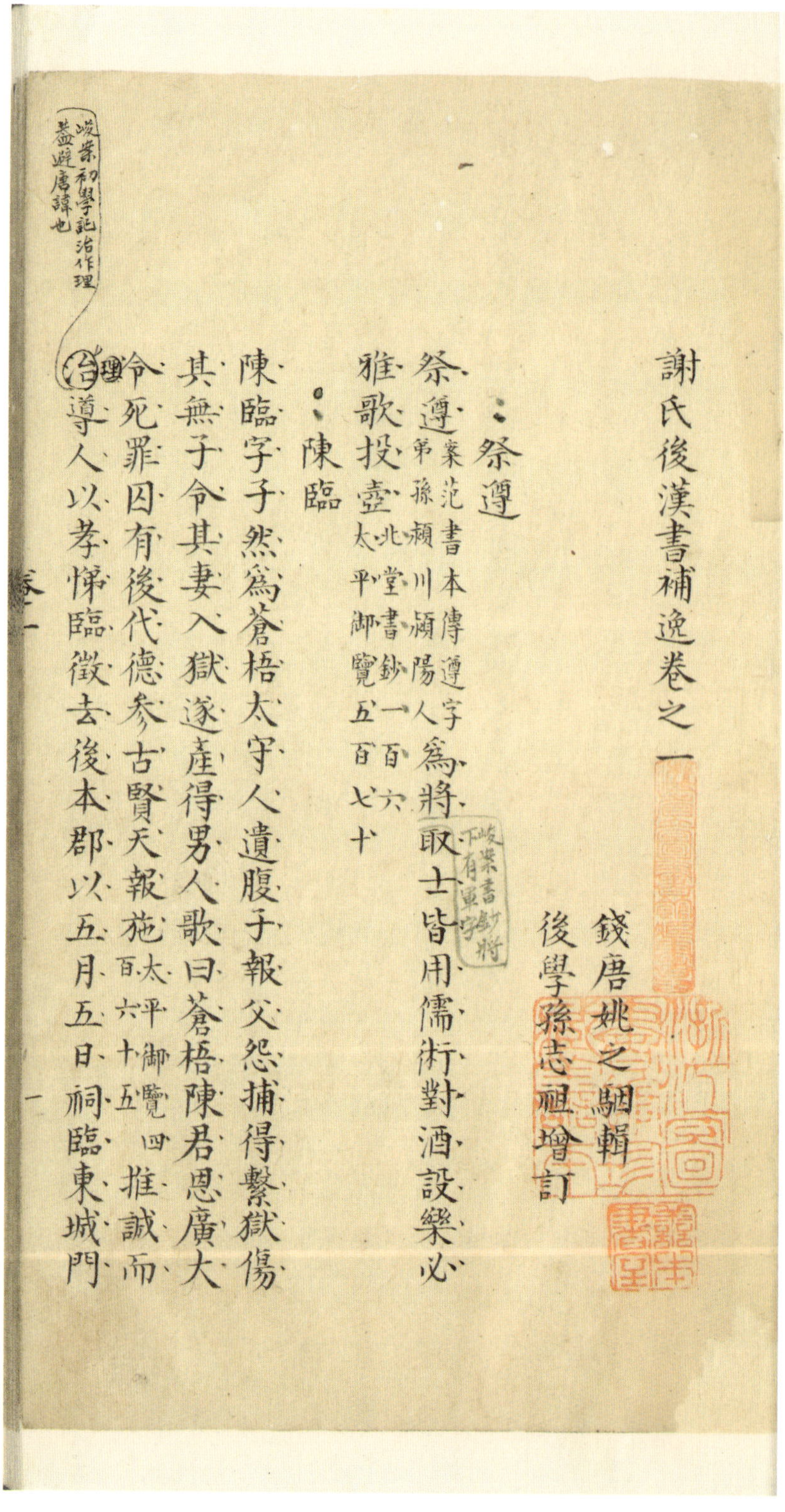

謝氏後漢書補逸卷之一

錢唐姚之駰輯

後學孫志祖增訂

：祭遵

祭遵（案范書本傳遵字弟孫潁川潁陽人）為將取士皆用儒術對酒設樂必雅歌投壺（北堂書鈔一百六 太平御覽五百七十）

（峻案書下有軍字）

：陳臨

陳臨字子然為蒼梧太守人遺腹子報父怨捕得繫獄傷其無子令其妻入獄遂產得男人歌曰蒼梧陳君恩廣大令死罪囚有後代德參古賢天報施（太平御覽四百六十五）推誠而理（治）導人以孝悌臨徵去後本郡以五月五日祠臨東城門

（峻案初學記治作理蓋避唐諱也）

卷一　一

清抄本《谢氏后汉书补逸》（八千卷楼、寿松堂先后递藏）
浙江图书馆藏

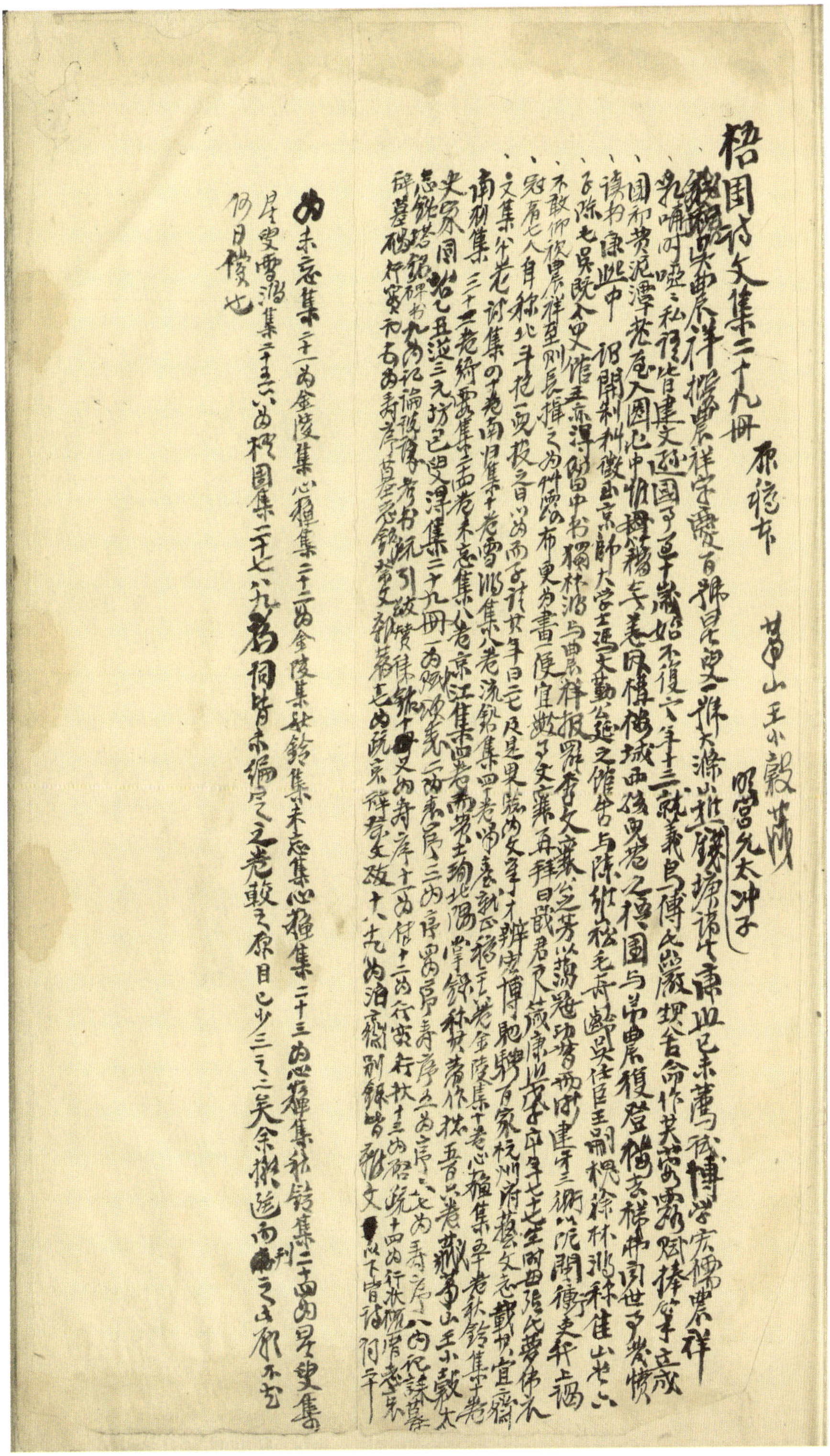
梧園詩文集二十九册 原稿本 蕭山王小穀藏

稿本《梧园诗文集》（八千卷楼、寿松堂先后递藏）

浙江图书馆藏

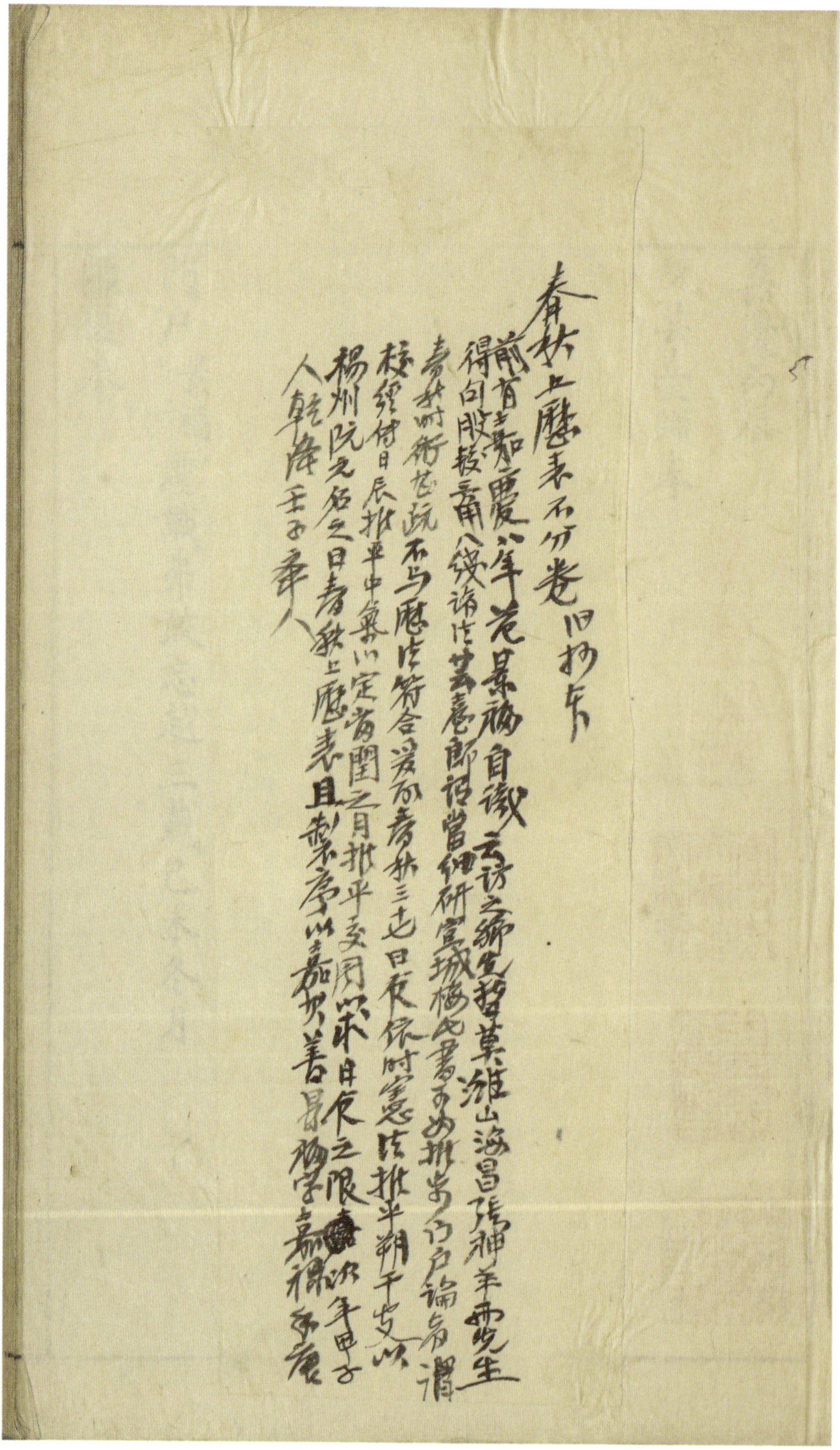

春秋上歷表不分卷舊抄本
前有嘉慶八年花景福自識云訪之鄉先哲莫雒山海昌張神羊兩先生
得句股較角八線諸法於臺郎胡當細研宣城梅氏書乃以推步行戶論焉謂
春秋時術者疏不與歷法符合爰取春秋三十七日食依時憲法推平朔干支以
校經傳日辰推中氣以定當閏之月推平交周以求日食之限[illegible]次年甲子
楊州阮元名之曰春秋上歷表且製序以嘉其善景福字嘉祿永康
人乾隆壬子舉人

稿本《春秋上历表》（八千卷楼、鸽峰草堂先后递藏）
浙江图书馆藏

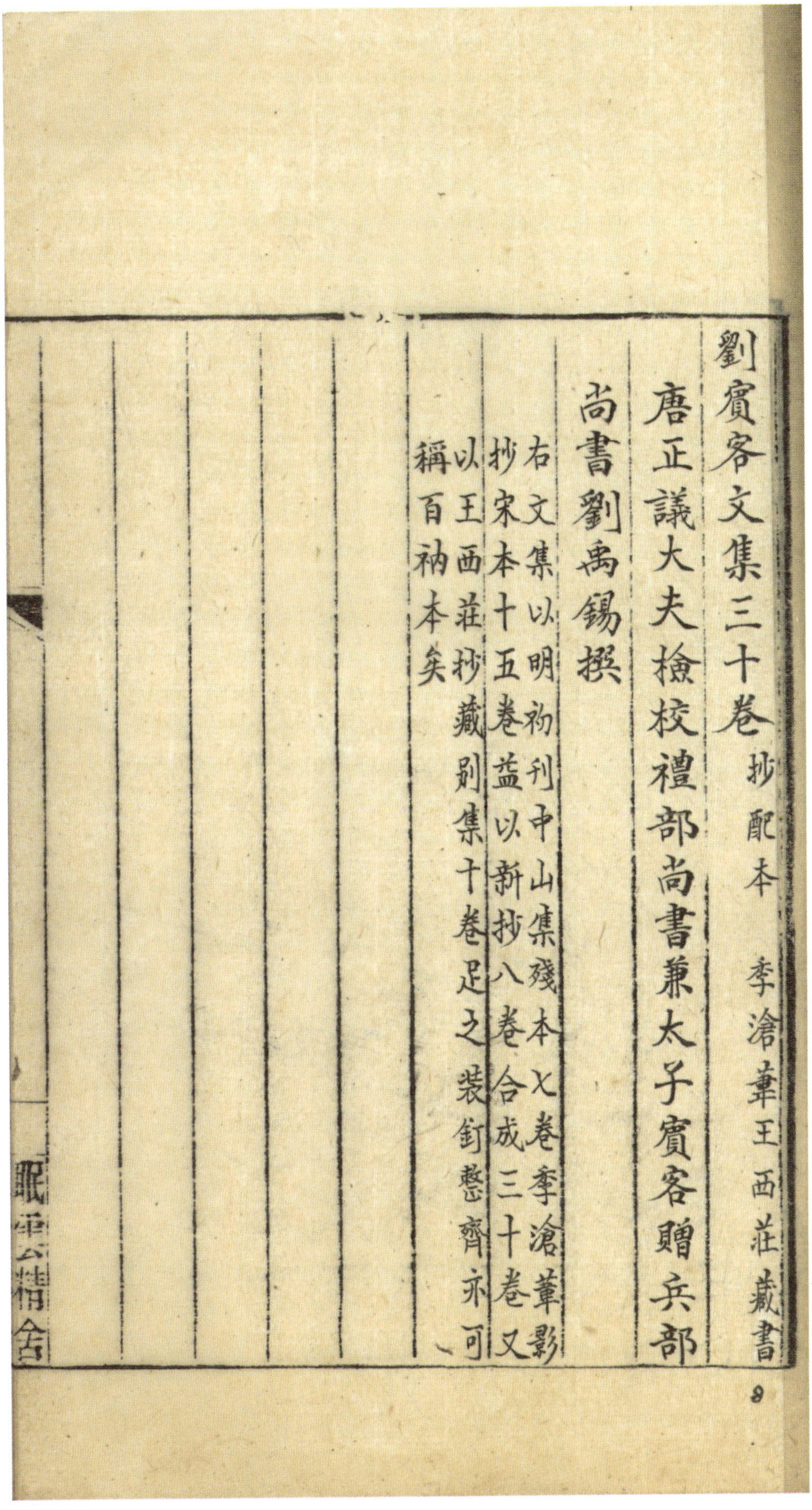

劉賓客文集三十卷　抄配本　季滄葦王西莊藏書
唐正議大夫檢校禮部尚書兼太子賓客贈兵部
尚書劉禹錫撰
右文集以明初刊中山集殘本七卷季滄葦影
抄宋本十五卷益以新抄八卷合成三十卷又
以王西莊抄藏別集十卷足之裝釘整齊亦可
稱百衲本矣

稿本《善本书室题跋》
南京图书馆藏

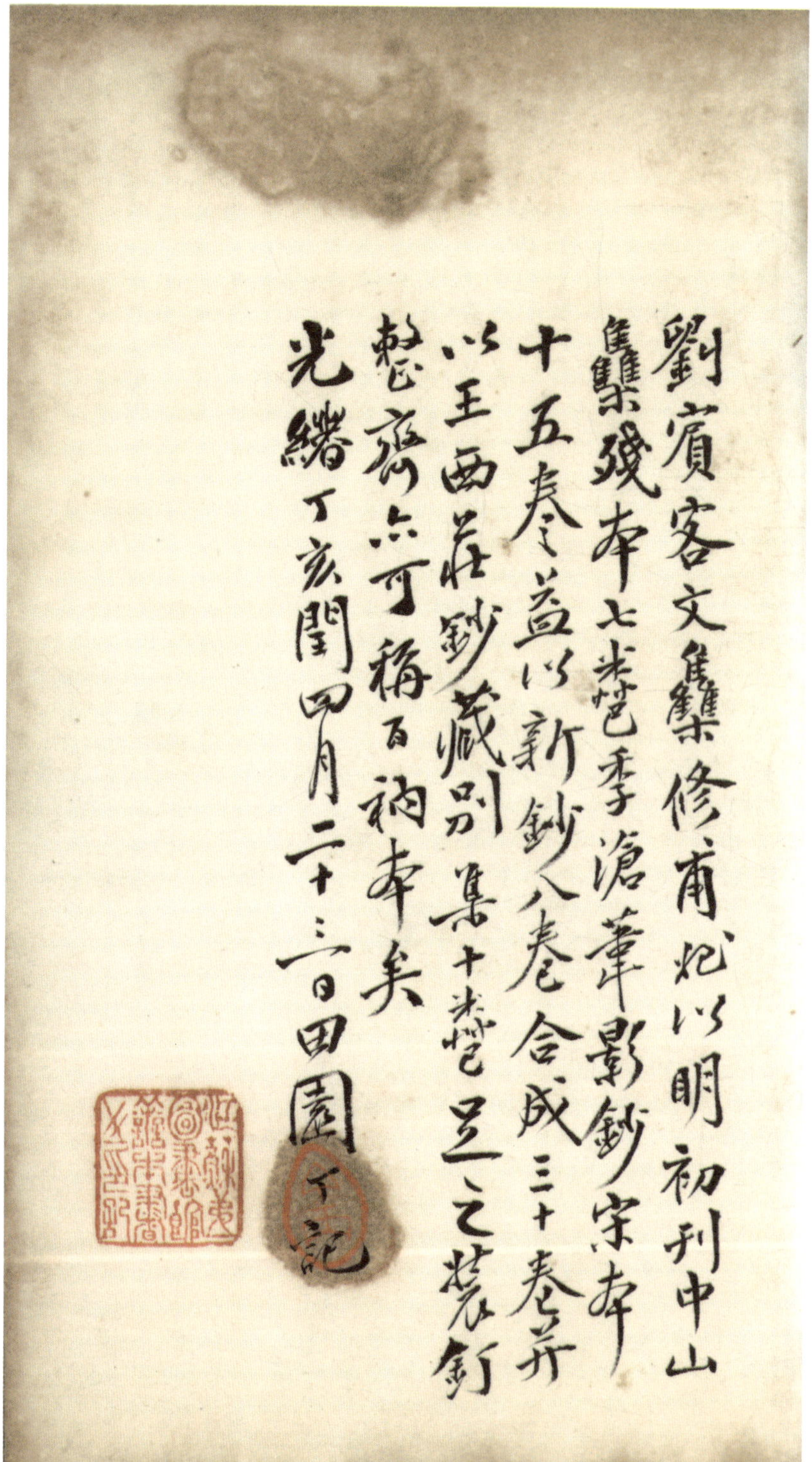

劉賓客文集修甫訛以明初刊中山
集殘本七卷季滄葦影鈔宋本
十五卷益以新鈔八卷合成三十卷并
以王西莊鈔藏別集十卷足之裝釘
整齊亦可稱百衲本矣
光緒丁亥閏四月二十三日田園丁記

明刻本配清抄本及清影宋抄本《刘宾客文集》丁丙手跋
南京图书馆藏

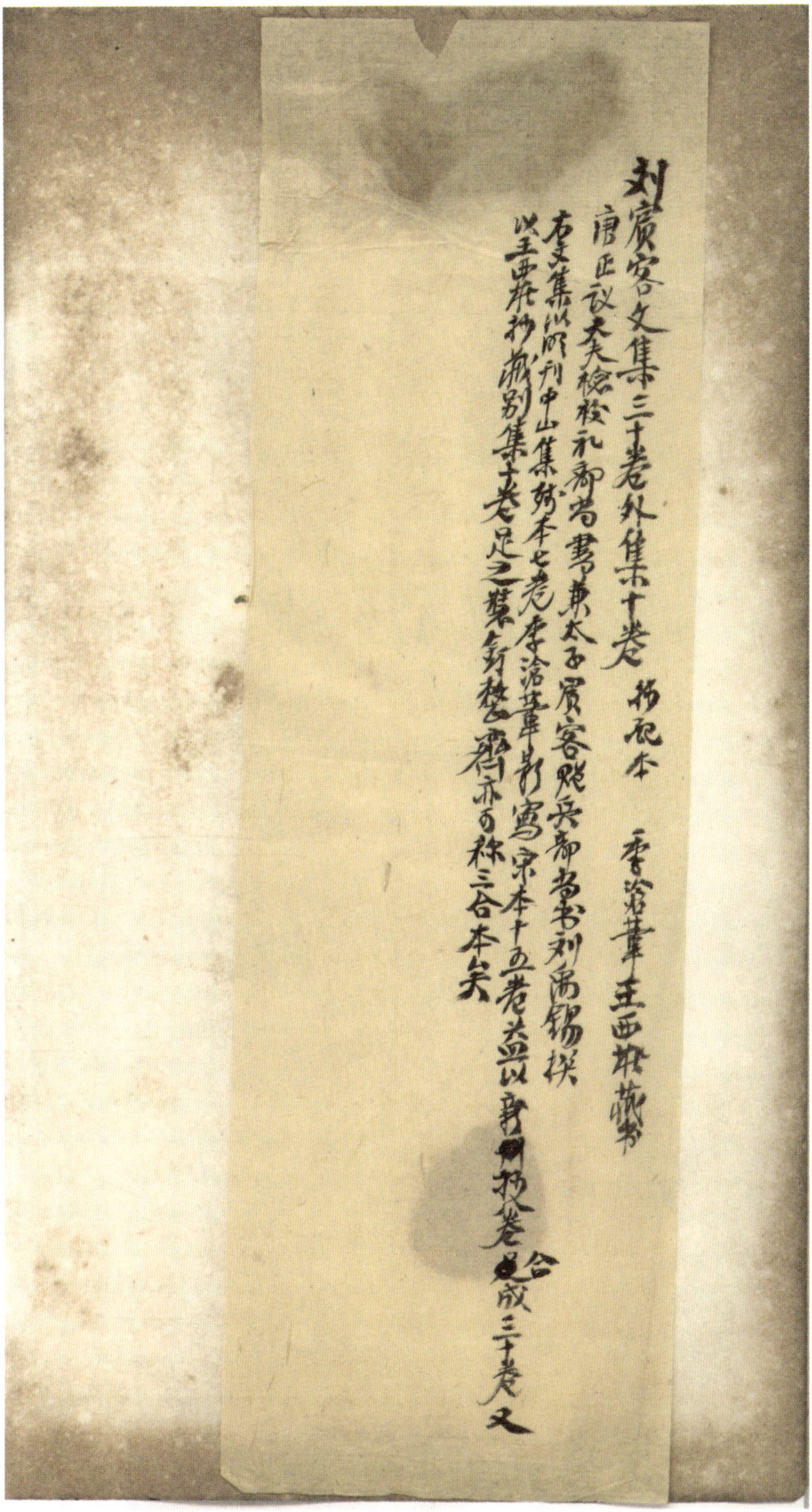
刘賓客文集三十卷外集十卷 抄配本 季滄葦王西莊藏本
唐正議大夫檢校禮部尚書兼太子賓客贈兵部尚書刘禹錫撰
本文集以明刊中山集舊本七卷季滄葦影寫宋本十五卷並以舊冊抄八卷合足成三十卷又
以王西莊抄藏別集十卷足之葉鈔整齊亦可稱三合本矣

明刻本配清抄本及清影宋抄本《刘宾客文集》之《丁志》初稿
南京图书馆藏

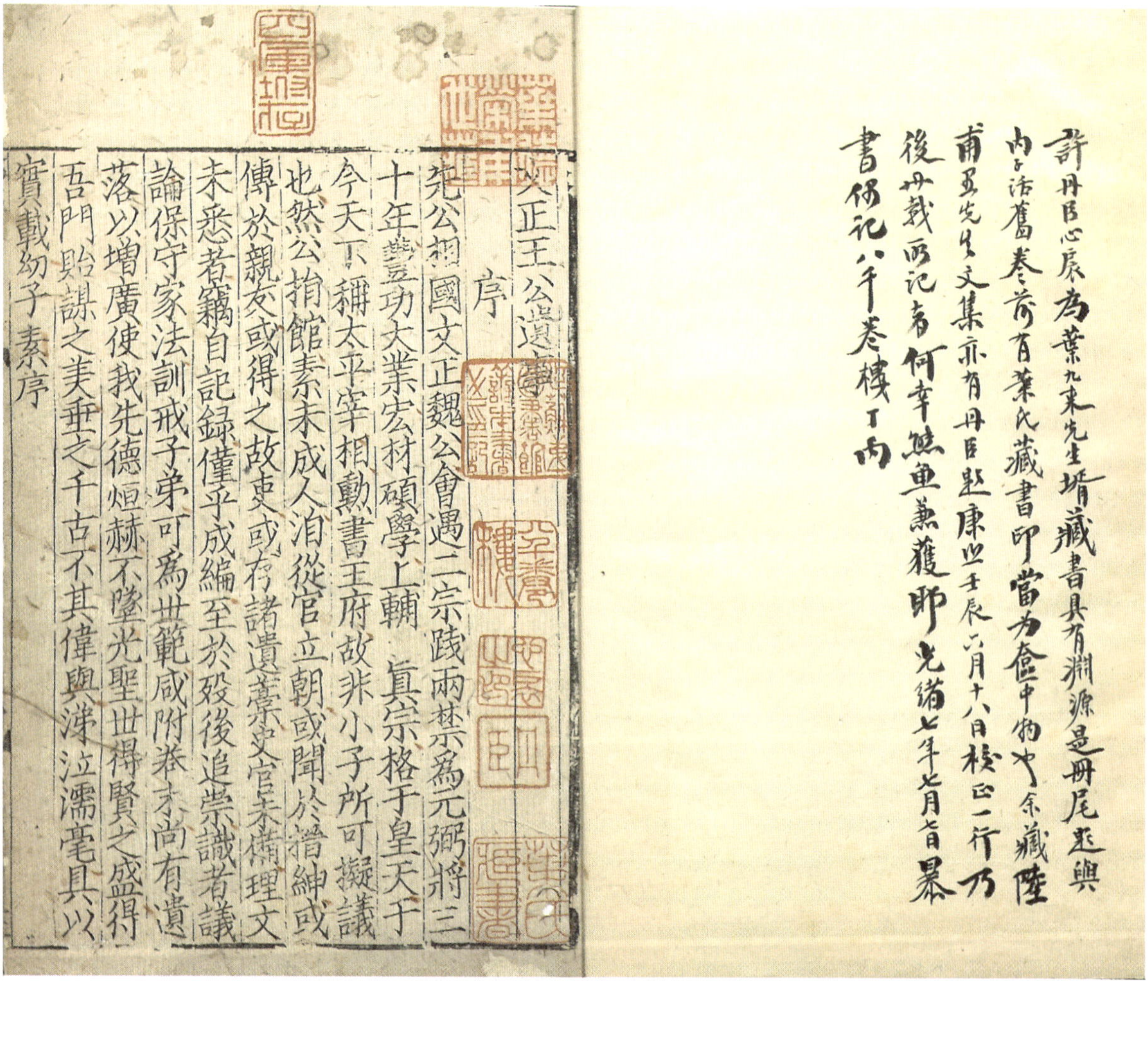

宋刻百川学海本《王文正公遗事》丁丙手跋

南京图书馆藏

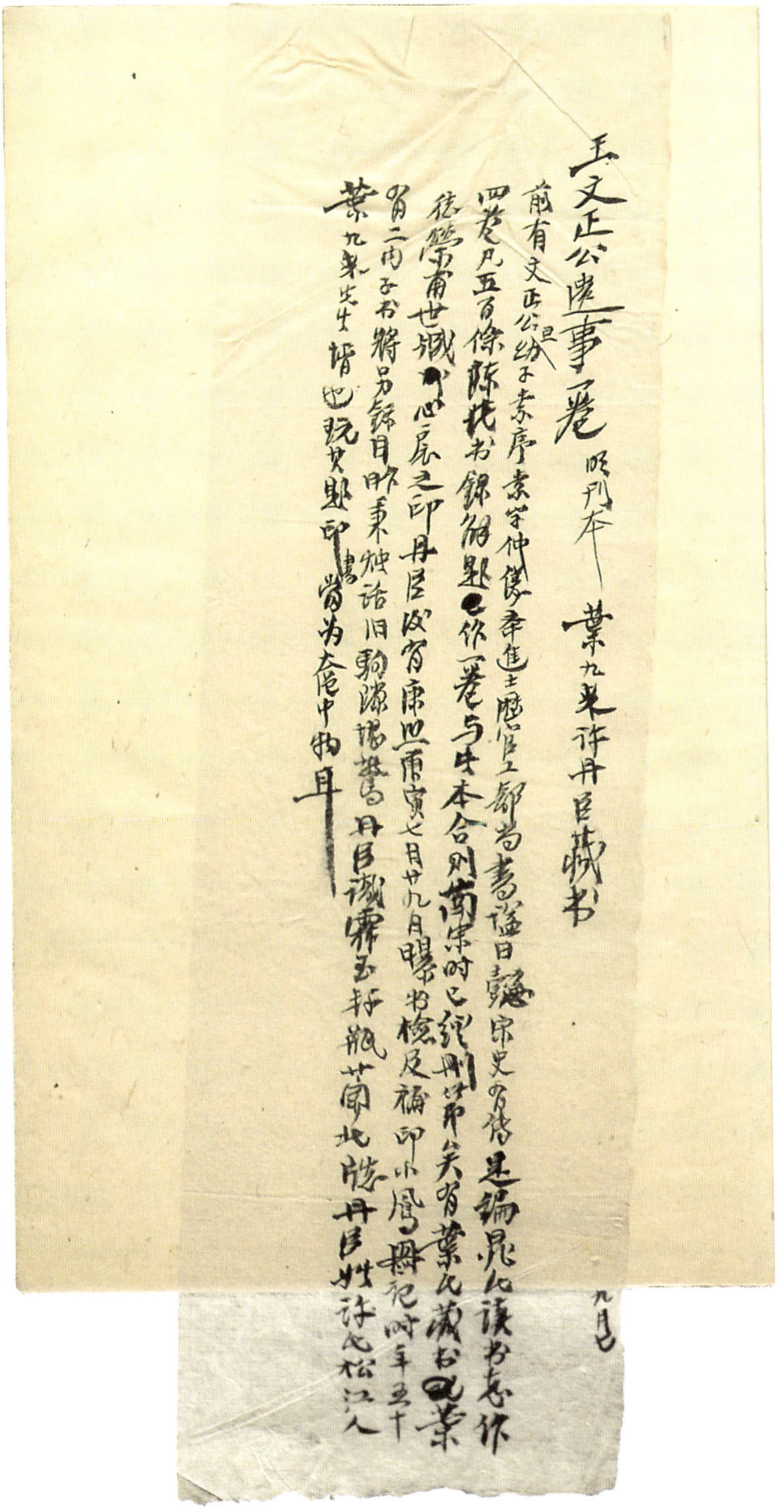

宋刻百川学海本《王文正公遗事》之《丁志》初稿
南京图书馆藏

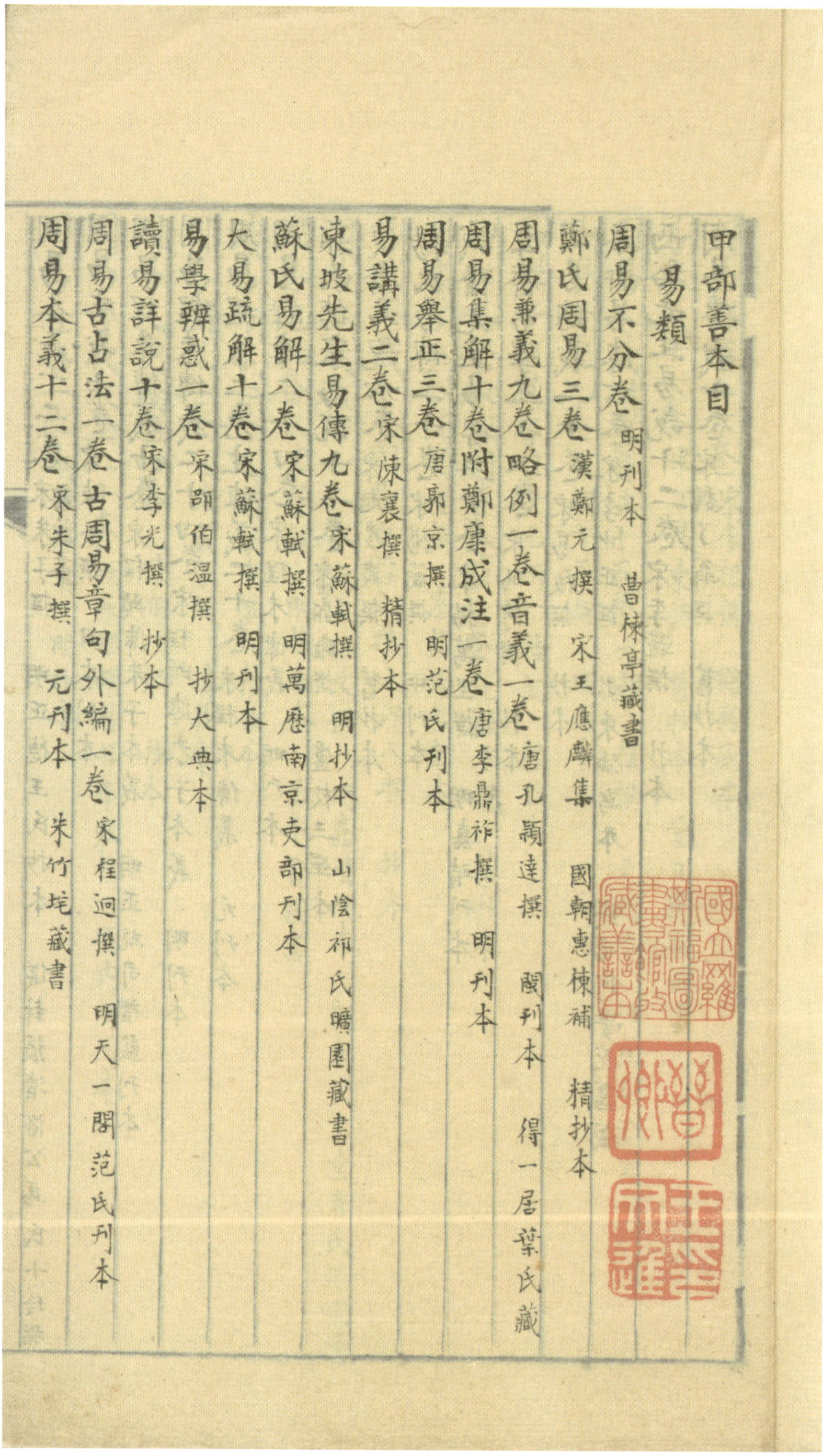
甲部善本目

易類

周易不分卷 明刊本 昔棟亭藏書

鄭氏周易三卷 漢鄭元撰 宋王應麟集 國朝惠棟補 精抄本

周易兼義九卷略例一卷音義一卷 唐孔穎達撰 閩刊本 得一居葉氏藏

周易集解十卷附鄭康成注一卷 唐李鼎祚撰 明刊本

周易舉正三卷 唐郭京撰 明范氏刊本

易講義二卷 宋陳襄撰 精抄本

東坡先生易傳九卷 宋蘇軾撰 明抄本 山陰祁氏曠園藏書

蘇氏易解八卷 宋蘇軾撰 明萬曆南京吏部刊本

大易疏解十卷 宋蘇軾撰 明刊本

易學辨惑一卷 宋邵伯溫撰 抄大典本

讀易詳說十卷 宋李光撰 抄本

周易古占法一卷古周易章句外編一卷 宋程迥撰 明天一閣范氏刊本

周易本義十二卷 宋朱子撰 元刊本 朱竹垞藏書

稿本《八千卷楼书目》（《丁志》稿本）

重庆图书馆藏

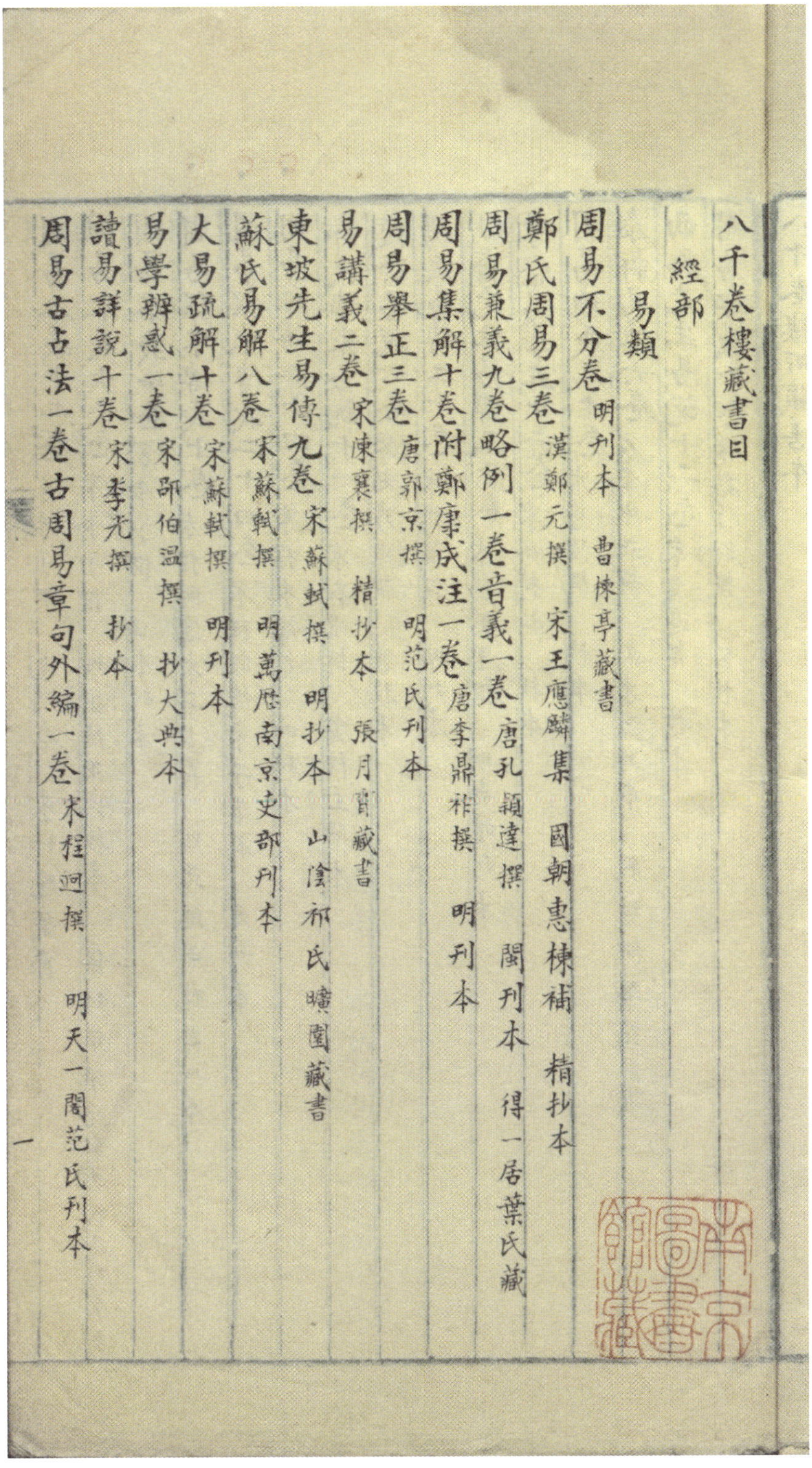

八千卷樓藏書目

經部

易類

周易不分卷 明刊本 曹楝亭藏書

鄭氏周易三卷 漢鄭元撰 宋王應麟集 國朝惠棟補 精抄本

周易兼義九卷略例一卷音義一卷 唐孔穎達撰 閩刊本 得一居葉氏藏

周易集解十卷附鄭康成注一卷 唐李鼎祚撰 明刊本

周易舉正三卷 唐郭京撰 明范氏刊本

易講義二卷 宋陳襄撰 精抄本 張月霄藏書

東坡先生易傳九卷 宋蘇軾撰 明抄本 山陰祁氏曠園藏書

蘇氏易解八卷 宋蘇軾撰 明萬歷南京吏部刊本

大易疏解十卷 宋蘇軾撰 明刊本

易學辨惑一卷 宋邵伯溫撰 抄大典本

讀易詳說十卷 宋李光撰 抄本

周易古占法一卷古周易章句外編一卷 宋程迥撰 明天一閣范氏刊本

一

稿本《八千卷楼藏书目》（《丁志》稿本）
南京图书馆藏

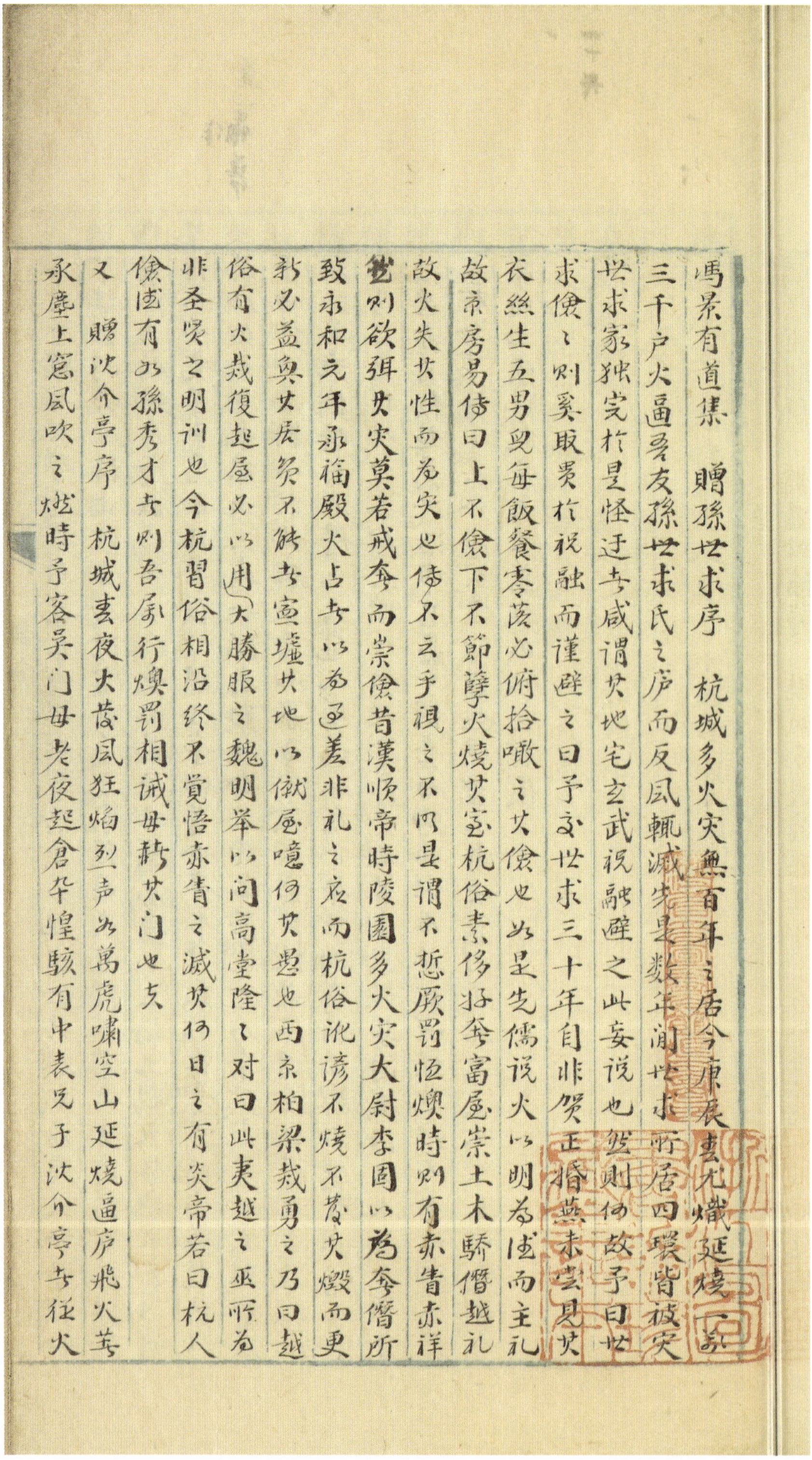

馮景有道集　贈孫世求序　杭城多火災無百年之居今庚辰夏尤熾延燒一家
三千戶火逼吾友孫世求氏之廬而反風輒滅先是數年間世求所居四鄰皆被災
世求家獨完於是怪迂者咸謂其地宅玄武祝融避之此妄說也然則何故予曰世
求儉儉則奚取貴於祝融而謹避之曰予交世求三十年自非賀正婚燕未嘗見其
衣絲生五男見每飯餐零落必俯拾噉之其儉也如是先儒說火以明為德而主禮
故京房易傳曰上不儉下不節孽火燒其室杭俗素侈好奢富屋崇土木驕僭越禮
故火失其性而為災也使不之手視之不以是謂不悊厥罰恆燠時則有赤眚赤祥
然則欲弭其災莫若戒奢而崇儉昔漢順帝時陵園多火災太尉李固以為奢僭所
致永和元年承福殿火占者以為逆差非禮之應而杭俗訛謗不燒不茂其燬而更
新必益奐其居貧不能者寘墟其地以儆居噫何其愚也西京柏梁災勇之乃曰越
俗有火災復起屋必以用大勝服之魏明舉以問高堂隆隆對曰此夷越之巫所為
非聖賢之明訓也今杭習俗相沿終不覺悟亦眚之滅其何日之有炎帝若曰杭人
儉德有如孫秀才者則吾屏行燠罰相誡毋熱其門也夫
又　贈沈介亭序　杭城夏夜大發風狂焰烈聲如萬虎嘯空山延燒逼廬飛火幷
承塵上窗風吹之燃時予客吳門母老夜起倉卒惶駭有中表兄子沈介亭者從火

抄本《武林坊巷总志》
浙江图书馆藏

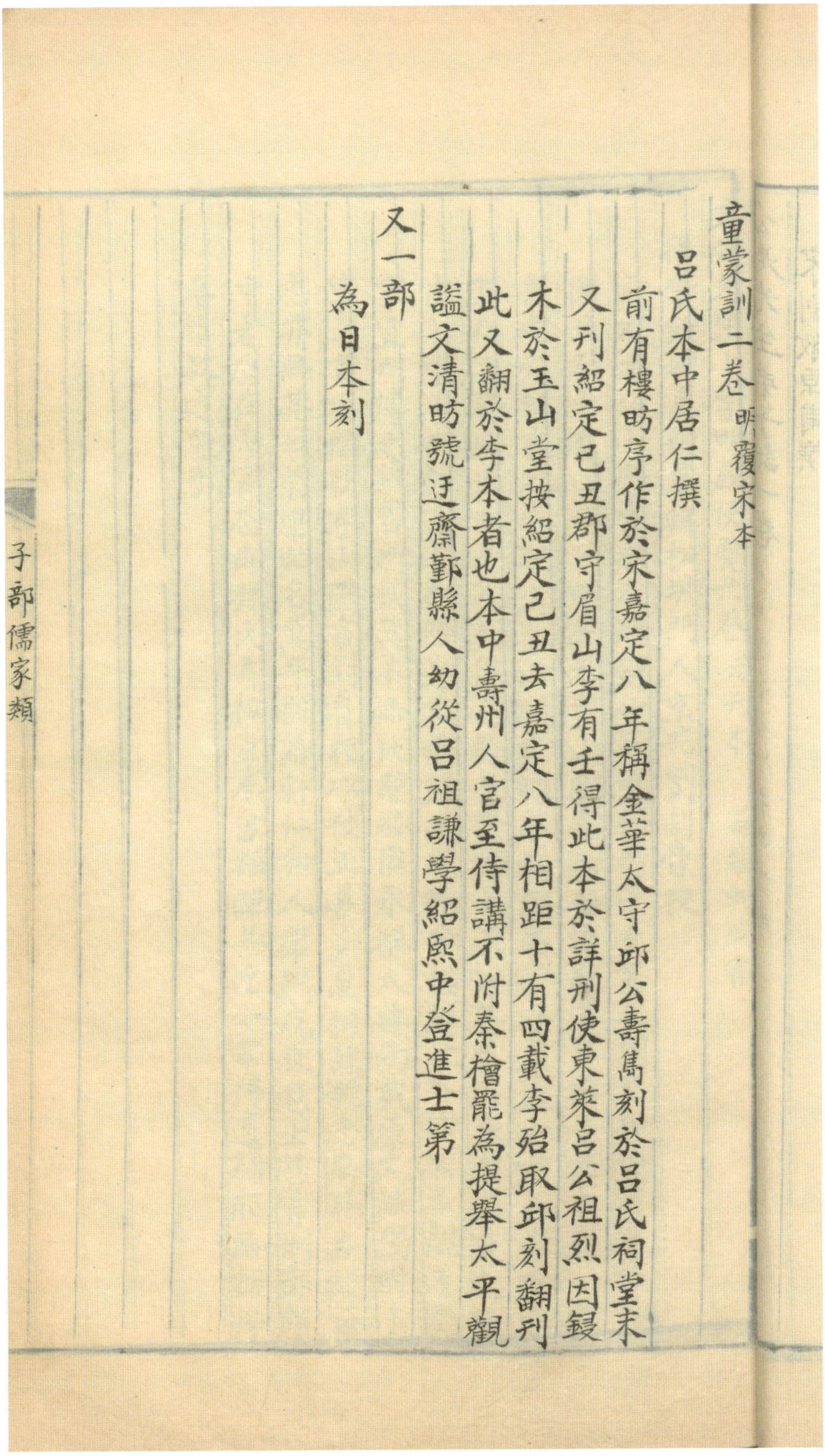

童蒙訓二卷 明覆宋本

呂氏本中居仁撰

前有樓昉序作於宋嘉定八年稱金華太守邱公壽雋刻於呂氏祠堂末又刊紹定己丑郡守眉山李有壬得此本於詳刑使東萊呂公祖烈因鋟木於玉山堂按紹定己丑去嘉定八年相距十有四載李殆取邱刻翻刊此又翻於李本者也本中壽州人官至侍講不附秦檜罷為提舉太平觀謚文清昉號迂齋鄞縣人幼從呂祖謙學紹熙中登進士第

又一部

為日本刻

子部儒家類

稿本《八千卷楼书目》之《童蒙训》解题

重庆图书馆藏

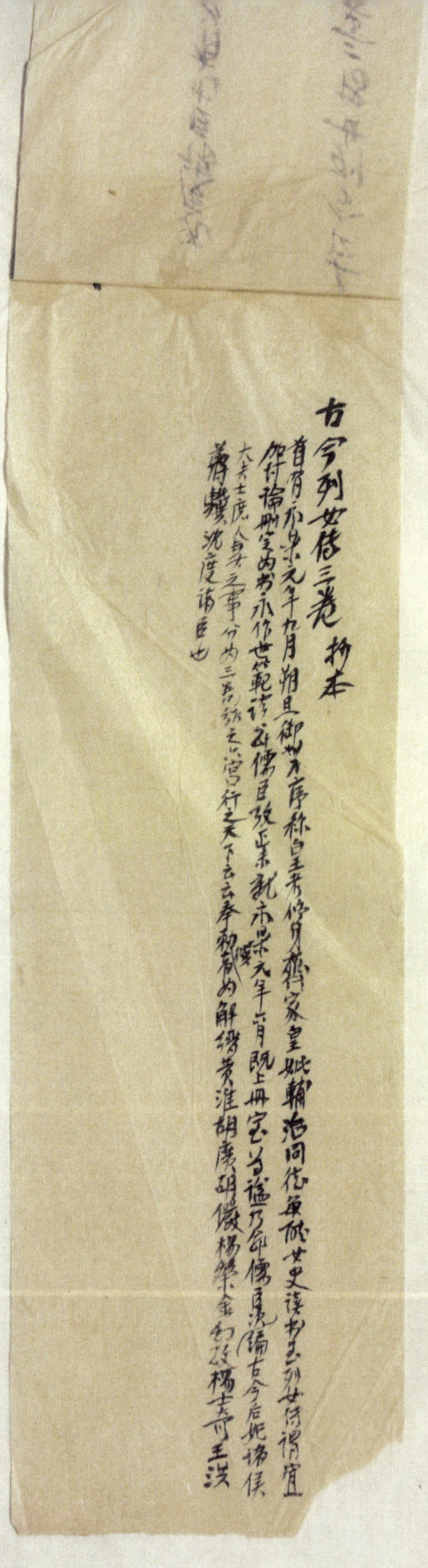

古今列女傳三卷　抄本

首有永樂元年九月朔旦御製序稱皇考高皇帝家皇妣輔治同德每覽女史讀書至列女傳謂宜參拾論冊全而書亦作世範請工儒臣改正未就永樂元年首既上冊寶首謚乃命儒臣編古今后妃諸侯大夫士庶人妻之事分爲三卷鋟之以宮行之天下云云案初纂爲解縉黄淮胡廣胡儼楊榮金幼孜楊士奇王洪蔣驥沈度諸臣也

《古今列女传》（抄本）之《丁志》第一次初稿

南京图书馆藏

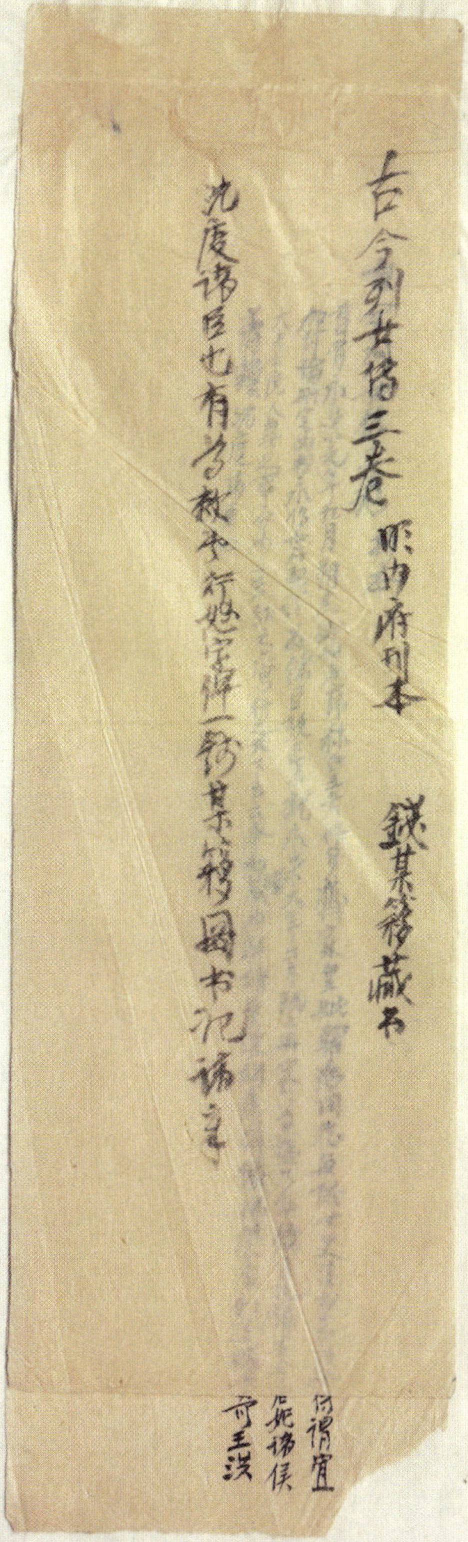

《古今列女传》（明内府刻本）之《丁志》第二次初稿
南京图书馆藏

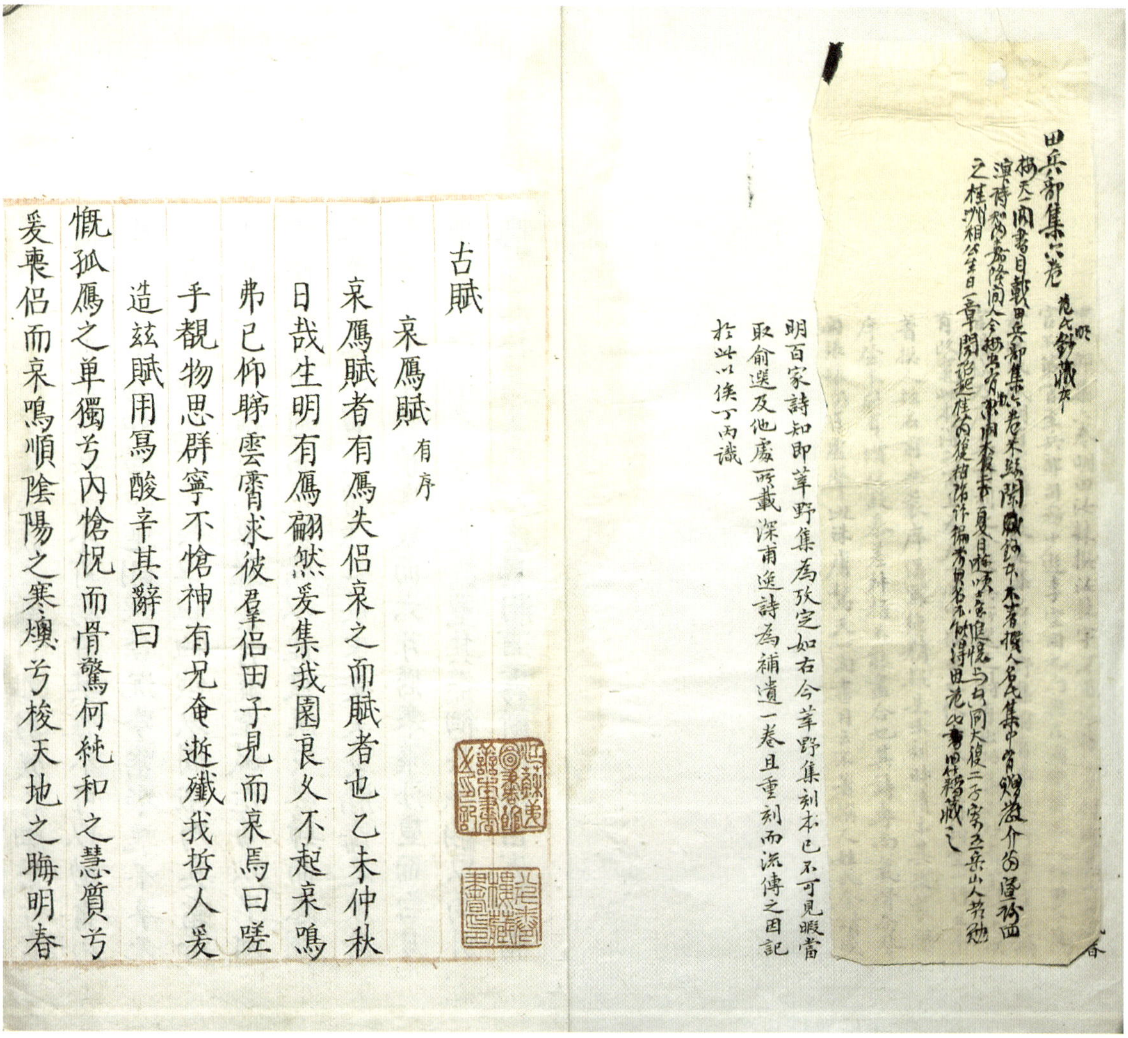

明抄本《田兵部集》丁丙手跋及《丁志》初稿
南京图书馆藏

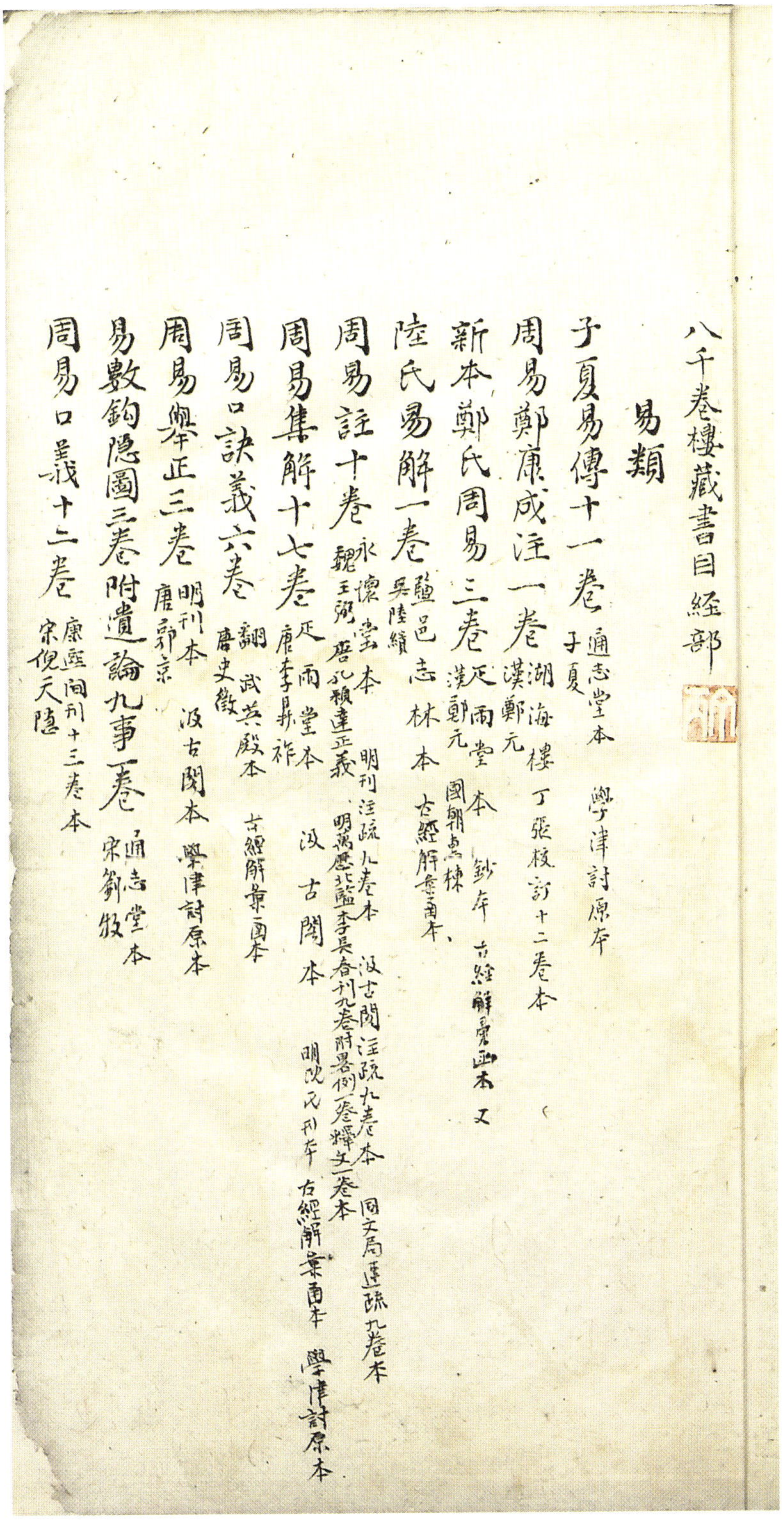
八千卷樓藏書目經部

易類

子夏易傳十一卷 子夏 通志堂本 學津討原本

周易鄭康成注一卷 漢鄭元 湖海樓 丁張校訂十二卷本

新本鄭氏周易三卷 漢鄭元 疋雨堂本 鈔本 古經解彙函本 又

陸氏易解一卷 吳陸績 鹽邑志林本 國朝惠棟 古經解彙函本、

周易註十卷 魏王弼 永懷堂本 唐孔穎達正義 明刊注疏九卷本、明萬歷北監李長春刊九卷附畧例一卷釋文一卷本 汲古閣注疏九卷本 同文局注疏九卷本

周易集解十七卷 唐李鼎祚 疋雨堂本 汲古閣本 明沈氏刊本 古經解彙函本 學津討原本

周易口訣義六卷 唐史徵 翻武英殿本 古經解彙函本

周易舉正三卷 唐郭京 明刊本 汲古閣本 學津討原本

易數鉤隱圖三卷附遺論九事一卷 宋劉牧 通志堂本

周易口義十二卷 宋倪天隱 康熙間刊十三卷本

稿本《八千卷楼藏书目》（《丁目》稿本）

南京图书馆藏

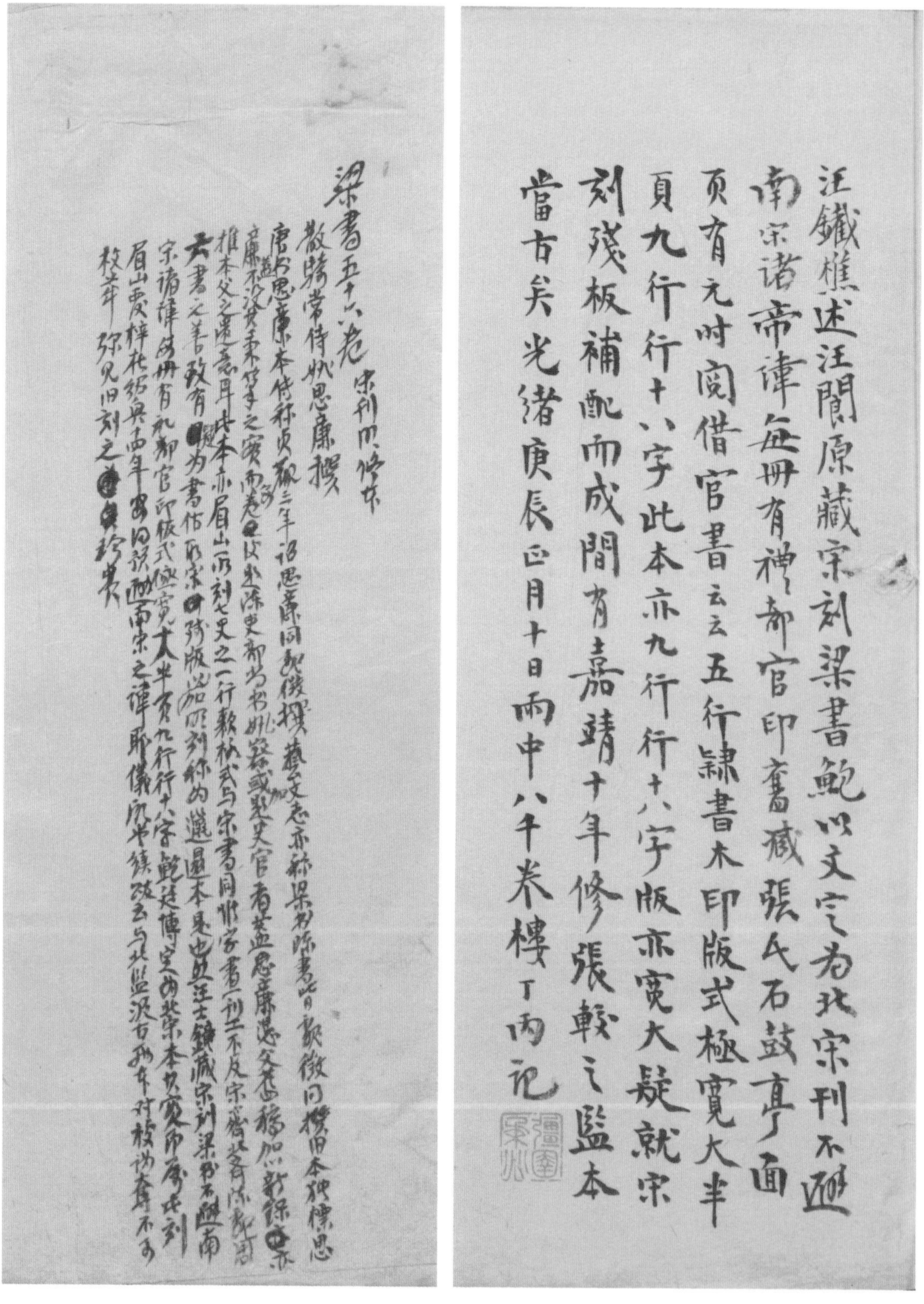

梁書五十六卷 宋刊明修本
散騎常侍姚思廉撰
汪鐵樵述汪閬原藏宋刻梁書鮑以文定為北宋刊不避
南宋諸帝諱無冊有禮部官印舊藏張氏石鼓亭面
頁有元時閱借官書云云五行隸書木印版式極寬大半
頁九行行十八字此本亦九行行十八字版亦寬大疑就宋
刻殘板補配而成間有嘉靖十年修張較之監本
當古矣光緒庚辰正月十日雨中八千卷樓丁丙記

宋刻明修本（“眉山七史”本）《梁书》丁丙手跋及《丁志》初稿

南京图书馆藏

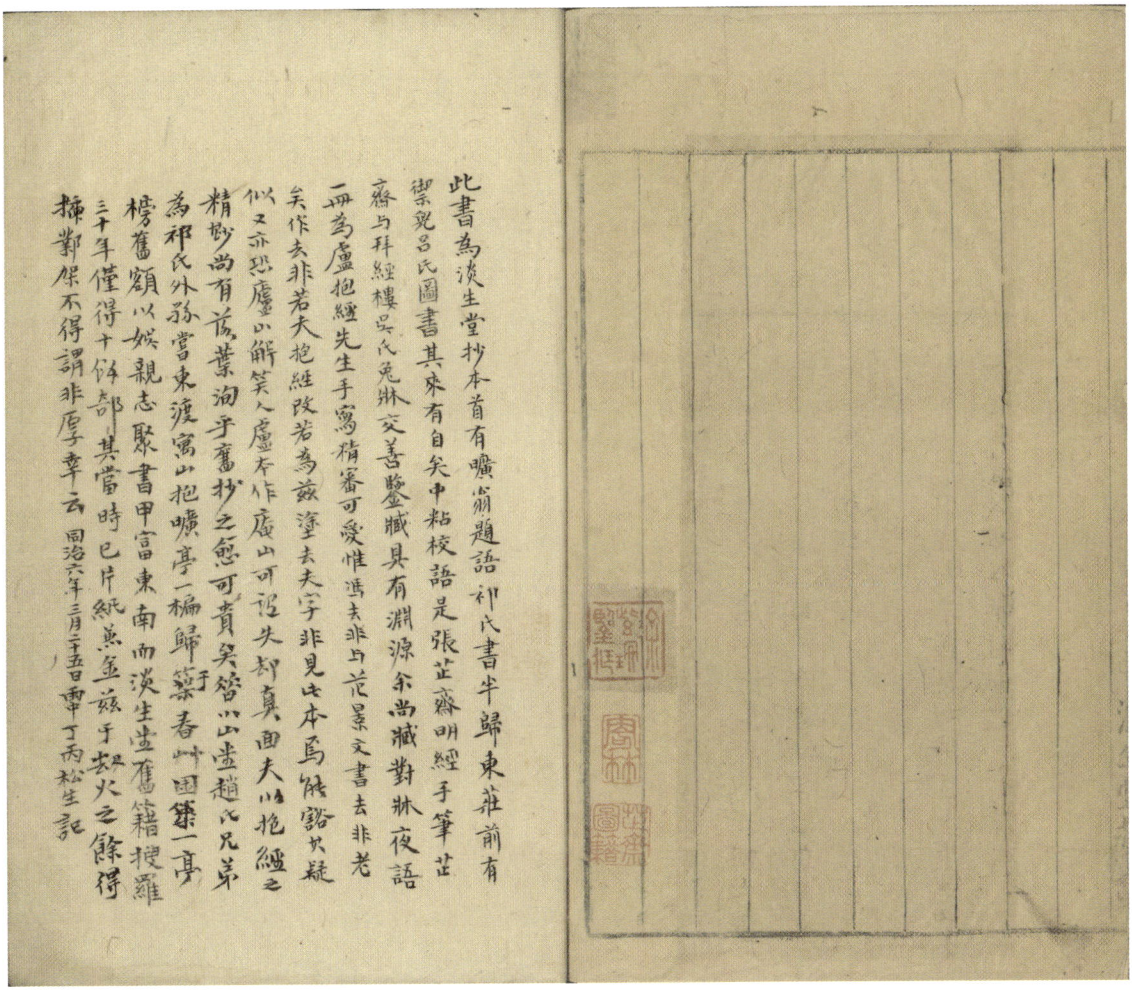

此書為淡生堂抄本首有曠翁題語祁氏書半歸東莊前有
禦兒呂氏圖書其來有自矣中粘校語是張芷齋明經手筆芷
齋與拜經樓吳氏兔牀交善鑒藏具有淵源余尚藏對牀夜語
一冊為盧抱經先生手寫精審可愛惟馮去非與范景文書去非老
矣作去非若夫抱經改若為兹塗去夫字非見此本焉能豁其疑
似又亦恐盧山解笑人盧本作廬山可謂失却真面矣以抱經之
精妙尚有落葉詢乎舊抄之愈可貴矣曾以此書趙氏兄弟
為祁氏外孫嘗東渡寓山抱曠亭一椾歸築于春艸園築一亭
榜舊額以娛親志聚書甲富東南而淡生堂舊籍搜羅
三十年僅得十餘部其當時已片紙無存兹于劫火之餘得
插鄴架不得謂非厚幸云 同治六年三月二十五日雨窗丁丙松生記

明祁氏淡生堂抄本《对床夜话》丁丙手跋
上海图书馆藏

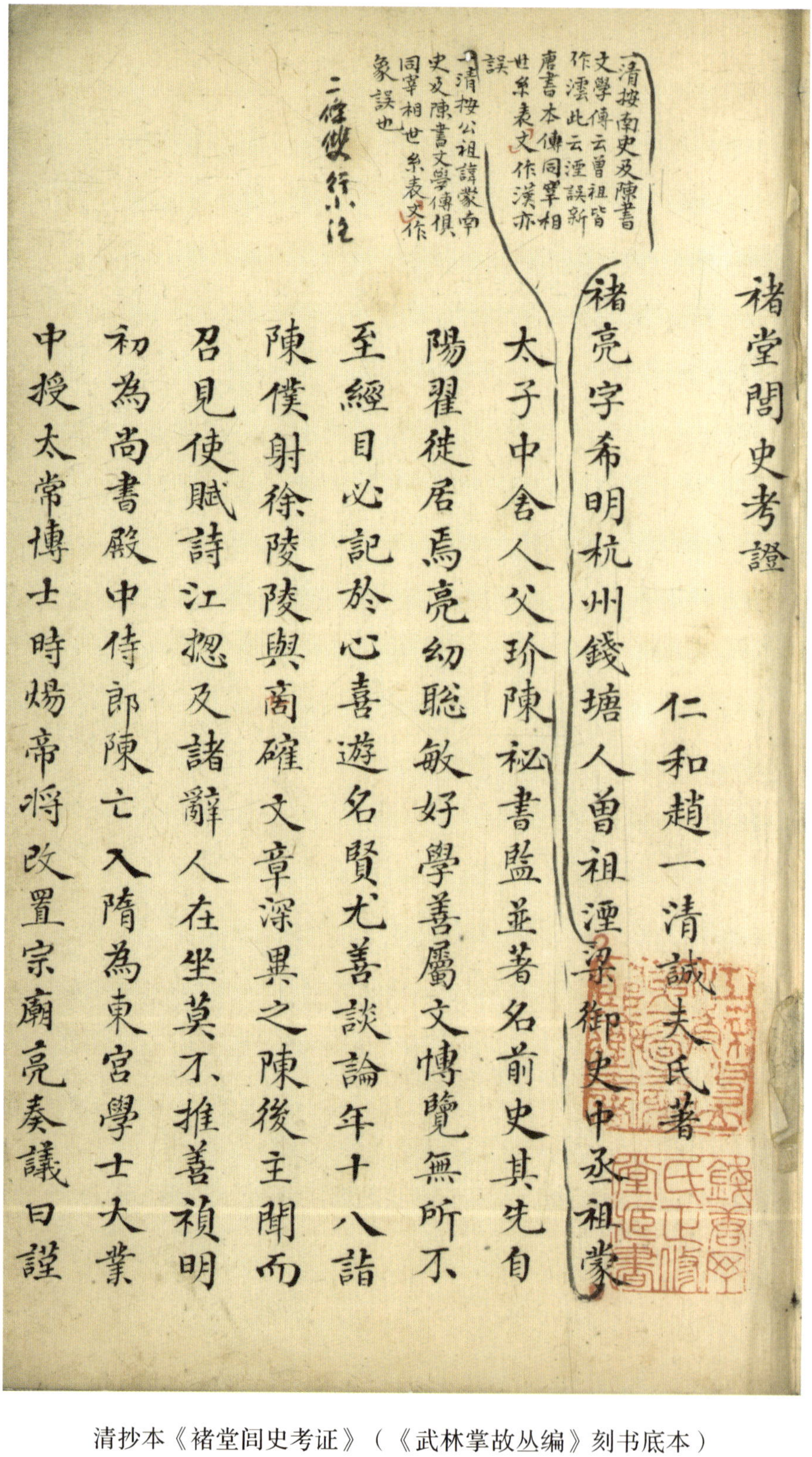

褚堂閒史考證

仁和趙一清誠夫氏著

褚亮字希明杭州錢塘人曾祖湮梁御史中丞祖蒙

清按南史及陳書文學傳云曾祖皆作澐此云湮誤新唐書本傳同宰相世系表文作漢亦誤

清按公祖諱蒙南史及陳書文學傳俱同宰相世系表文作象誤也

二條俱行小注

太子中舍人父玠陳祕書監並著名前史其先自陽翟徙居焉亮幼聰敏好學善屬文博覽無所不至經目必記於心喜遊名賢尤善談論年十八詣陳僕射徐陵陵與商確文章深異之陳後主聞而召見使賦詩江摠及諸辭人在坐莫不推善禎明初為尚書殿中侍郎陳亡入隋為東宮學士大業中授太常博士時煬帝將改置宗廟亮奏議曰謹

清抄本《褚堂闾史考证》（《武林掌故丛编》刻书底本）

南京图书馆藏

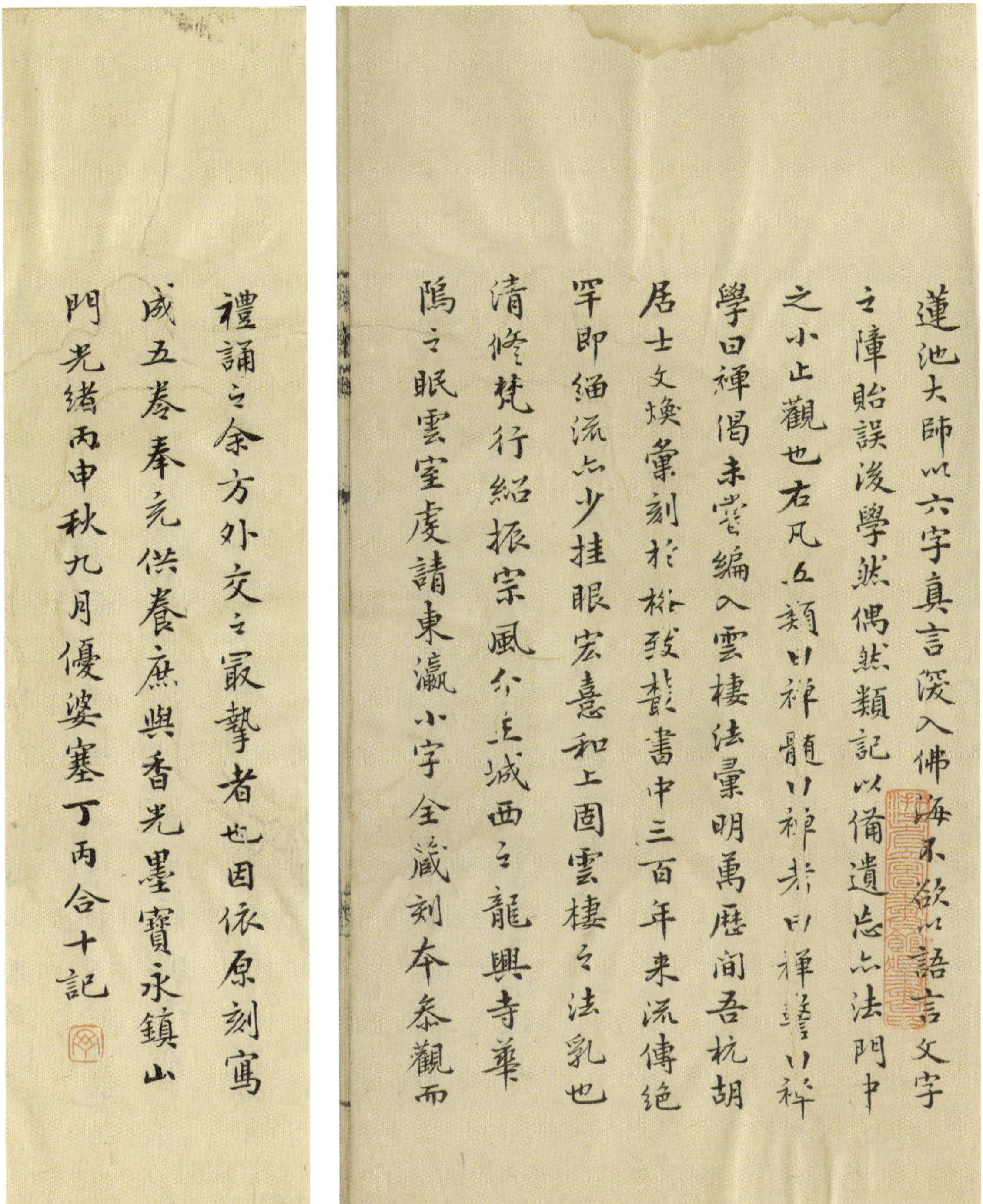

蓮池大師以六字真言深入佛海不欲以語言文字之障貽誤後學然偶然類記以備遺忘亦法門中之小止觀也右凡五類曰禪髓曰禪考曰禪警曰禪學曰禪偈未嘗編入雲棲法彙明萬曆間吾杭胡居士文煥彙刻於格致叢書中三百年來流傳絕罕即緇流亦少挂眼宏憙和上固雲棲之法乳也清修梵行紹振宗風分主城西之龍興寺華隖之眠雲室處請東瀛小字全藏刻本參觀而禮誦之余方外交之最摯者也因依原刻寫成五卷奉充供養庶與香光墨寶永鎮山門光緒丙申秋九月優婆塞丁丙合十記

清丁丙眠云精舍抄本《禅髓》《禅考》《禅警》《禅学》《禅偈》

浙江图书馆藏

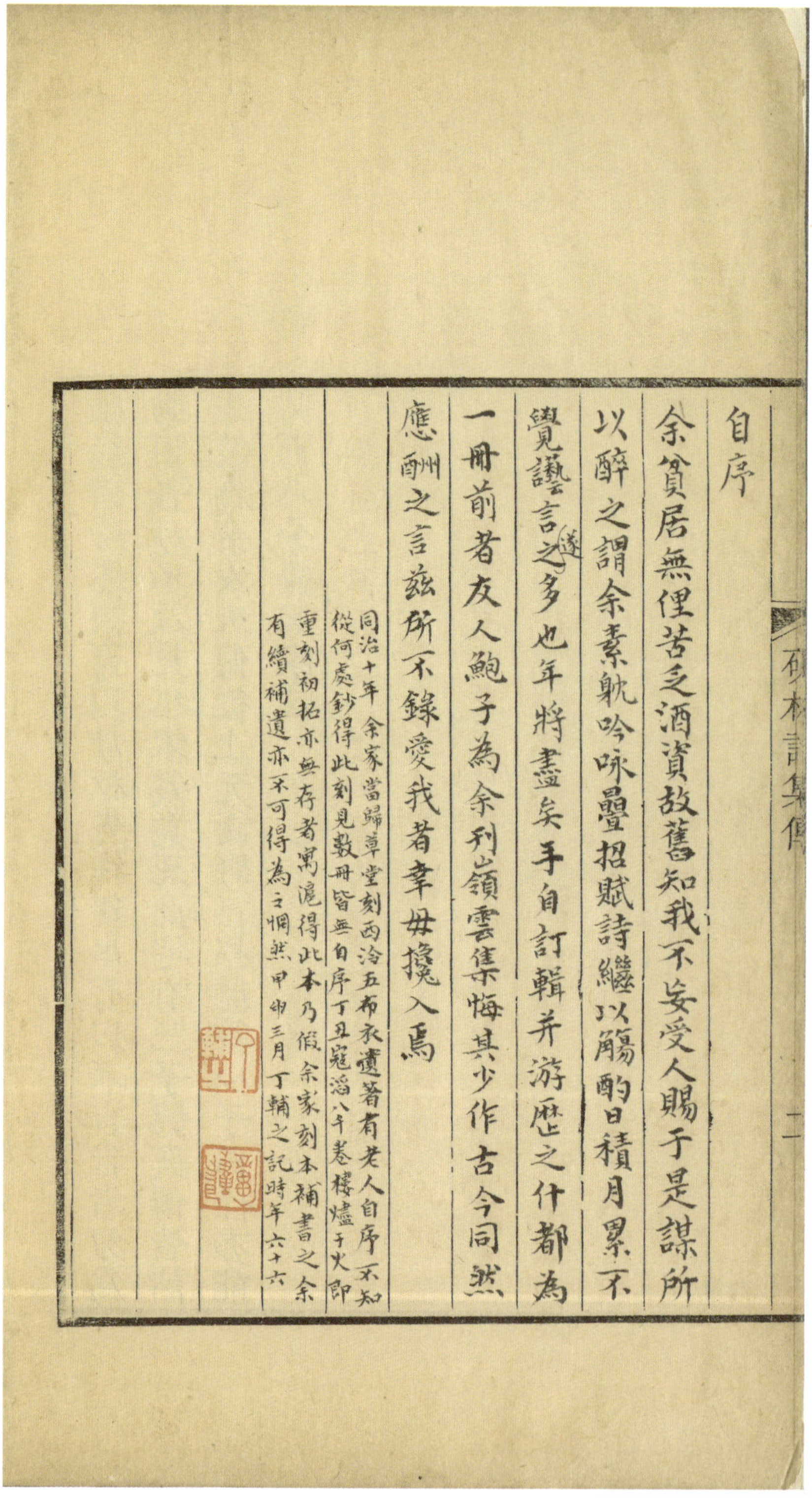

自序

余貧居無俚苦乏酒資故舊知我不妄受人賜于是謀所以醉之謂余素耽吟咏疊招賦詩繼以觴酌日積月累不覺讝言之多也年將盡矣手自訂輯并遊歷之什都為一冊前者友人鮑子為余刊嶺雲集悔其少作古今同然應酬之言茲所不錄愛我者幸毋攙入焉

同治十年余家當歸草堂刻西泠五布衣遺著有老人自序不知從何處鈔得此刻見數冊皆無自序丁丑寇滬八千卷樓燼于火即重刻初拓亦無存者寓滬得此本乃假余家刻本補書之余有續補遺亦不可得為之憫然甲申三月丁輔之記時年六十六

清嘉庆爱日轩刻本《砚林诗集》丁仁手跋

浙江图书馆藏

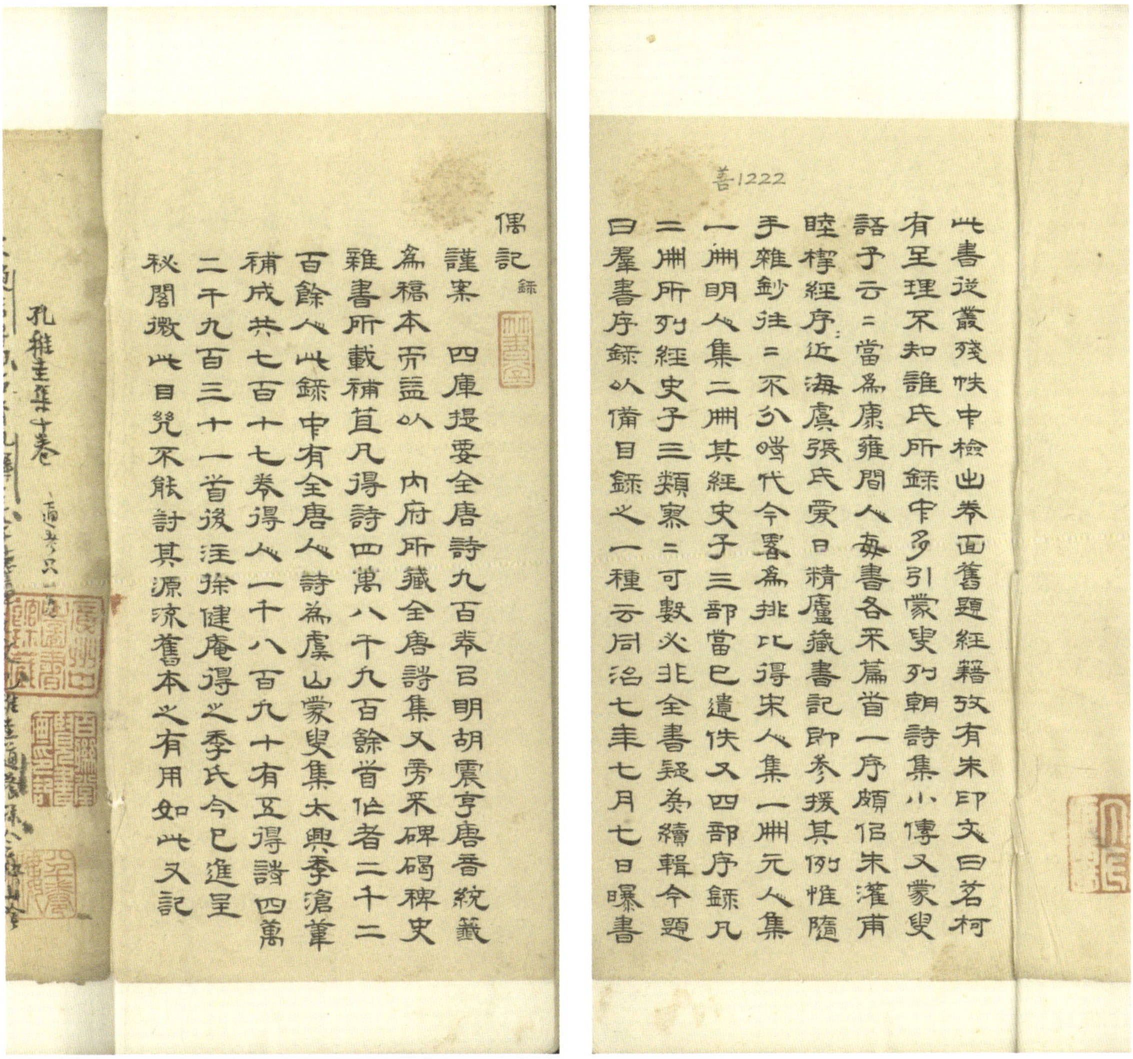

善1222

此書從叢殘帙中檢出卷面舊題經籍攷有朱印文曰茗柯
有至理不知誰氏所錄中多引蒙叟列朝詩集小傳又蒙叟
語子云云當爲康雍間人每書各采篇首一序頗佀朱灌甫
睦㮮經序近海虞張氏愛日精廬藏書記即叅援其例惟隨
手雜鈔往往不分時代今畧爲排比得宋人集一冊元人集
一冊明人集二冊其經史子三部當已遺佚又四部序錄凡
二冊所列經史子三類寥寥可數必非全書疑爲續輯今題
曰羣書序錄以備目錄之一種云同治七年七月七日曝書
偶記 錄

謹案 四庫提要全唐詩九百卷以明胡震亨唐音統籤
爲稿本而益以 內府所藏全唐詩集又旁采碑碣稗史
雜書所載補苴凡得詩四萬八千九百餘首作者二千二
百餘人此錄中有全唐人詩爲虞山蒙叟集太興季滄葦
補成共七百十七卷得人一千八百九十有五得詩四萬
二千九百三十一首後經徐健庵得之季氏今已進呈
秘閣微此目幾不能討其源流舊本之有用如此又記

清抄本《群书序录》丁申手跋
广东省立中山图书馆藏

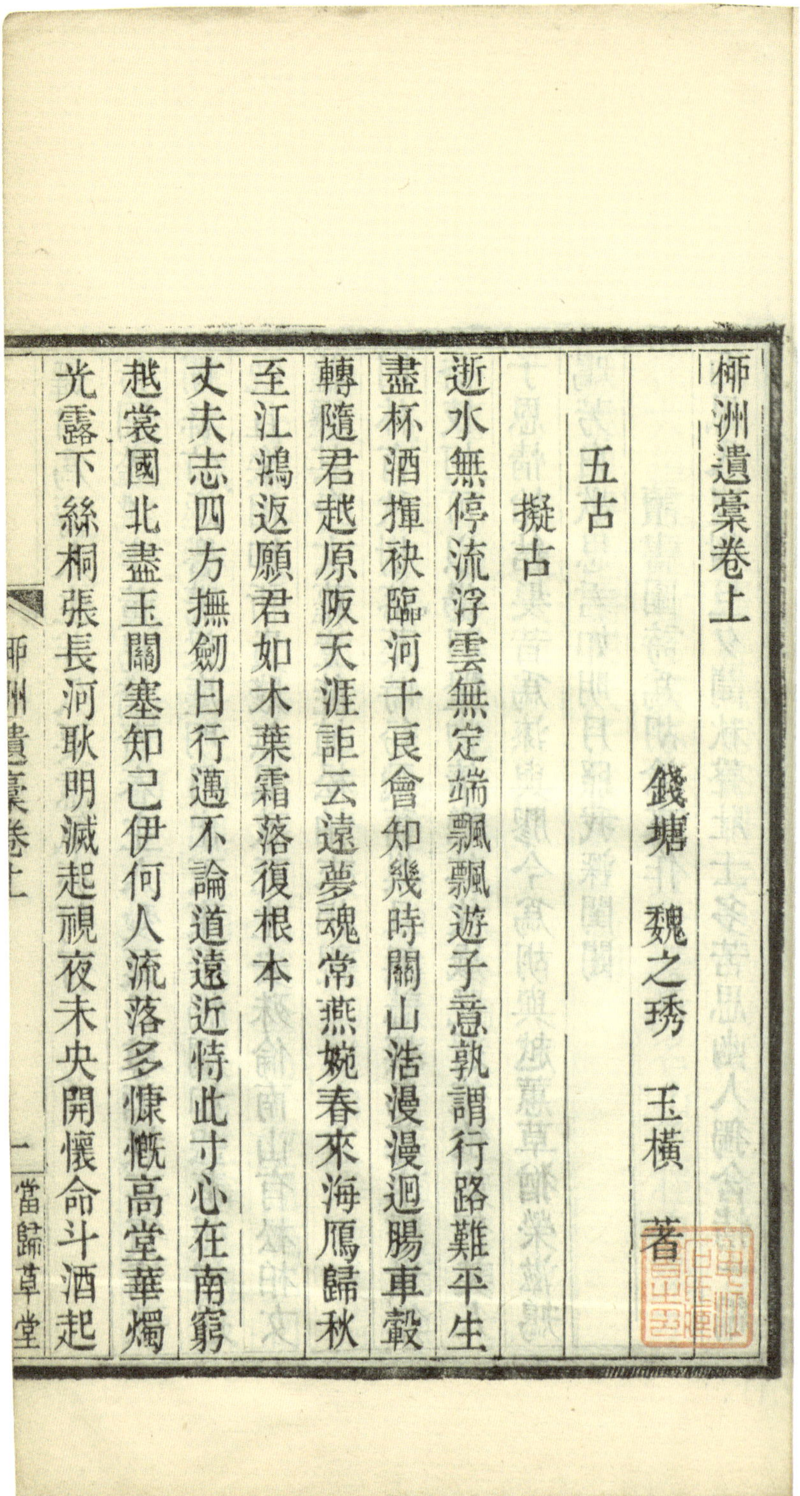

柳洲遺稾卷上

錢塘　魏之琇　玉横　著

五古

擬古

逝水無停流浮雲無定端飄飄遊子意孰謂行路難平生盡杯酒揮袂臨河干良會知幾時關山浩漫漫迴腸車轂轉隨君越原阪天涯詎云遠夢魂常燕婉春來海鴈歸秋至江鴻返願君如木葉霜落復根本

丈夫志四方撫劒日行邁不論道遠近恃此寸心在南窮越裳國北盡玉關塞知己伊何人流落多慷慨高堂華燭光露下絲桐張長河耿明滅起視夜未央開懷命斗酒起

柳洲遺稾卷上　一　當歸草堂

清同治十一年丁氏刻西泠五布衣遗著本《柳洲遗稿》

作者自藏

八千卷楼书事新考

序

石祥君的博士学位论文《杭州丁氏八千卷楼书事新考》,经修订后即将付梓。曾经忝为导师的我,承命为缀数语于卷首。而首先想起来的,还是那次博士论文开题报告时的情形。

那应该是二〇〇四年初的事吧。当时石君报告打算撰述的论文选题,就是晚清四大藏书楼之一的杭州丁氏八千卷楼,重点做其藏书刻书史的研究。对此参加开题报告评审的专家,同声赞许。但是,对于如何设计博士论文架构,出现了两种不同的意见,其中之一,即以质询的形式发问:为何像石君这样基础扎实、专业出色的学生,博士论文的选题,不考虑对八千卷楼作一全体性的完整的研究?

专家提出这样的问题,确有其理由。石祥本科就读于北京大学中国古典文献学专业,毕业前夕,被免试推荐到复旦大学古籍整理研究所,继续攻读中国古典文献学硕士学位;在复旦学习两年半以后,又因成绩优异,提前免试录取为本所中国古典文献学博士研究生。以其标准的古文献专业科班出身,做一篇诸如"晚清藏书家杭州丁氏研究"那样首尾完足的标准的文献学博士论文,至少表面上看,确乎很合适——事实上在入学之初,石君本人也有此意。

但无论是开题报告之前,还是开题报告之中,我坚持认为,正是因为石君有很好的专业积累与素养,就更应该做一项既能充分展现其专业水准,又对文献学研究有实际触动的工作,而不是在人所共知的史实上旧话重提,在人所未知的问题上泛泛而谈。后者在我看来,正是中国的古文献研究,乃至整个人文学科研究,迄今无法在整体上提升至一个更高学术水准的根本缘由。

所幸石祥君在经过认真的思考之后,采纳了我的建议,不做一篇面面俱到的博士论文,而倾力于从若干侧面深入探索杭州丁氏八千卷楼与书相关的史事。为此他花费了大量的时间精力,在沪宁杭三地的图书馆查检阅读相关史料,并将搜索的范围扩大至东瀛。目前呈现在读者面前的经过修订而成的本书,以上、中、下三编的架构,分别对八千卷楼藏书史、丁氏所编目录以及丁氏编刻的丛书三个问题展开考述。而其中最具学术价值之处,我以为体现在以下三个方面:

其一，以纯正的文献学方法，通过切实的文献证据，补明了已有研究中的若干空白及不足之处。尤其是有关丁氏早期藏书事迹与访书事迹，道前人所未道或道而未详者，为藏书史研究如何对人所共知的个案进行更为深入的探索，提供了操作性较强而又行之有效的方案。

其二，利用前此学界相对而言比较忽略的稿抄本等第一手材料，重新考证了丁氏《善本书室藏书志》《八千卷楼书目》的编纂经过，更为扎实地分析了其体例与内容特色，并提示在研究目录学著作时，版本学方法对于展现原著更为清晰的著述历程，具有独特的效用。

其三，在文献学研究中引入类似社会学研究的人际交往网络观察视角，把师友交游与丁氏的藏书刻书联系起来加以细致入微的考察，由此抉发出丁氏书事活动中不少鲜为人知的话题，拓展了传统文献学的研究视野。

以上三点中的任何一点，都是到目前为止的杭州丁氏八千卷楼书事研究中最具前沿性的成果。由于文献学的实证特质，我想它们也必然成为今后相关研究进一步展开的基础。不过，个人觉得更为欣慰的是，因为本书的前身是一篇中国古典文献学博士学位论文，所以它的出版，将为今日及后来同样从事中国古典文献学研究的年轻学子提供一个有益的参照，并思考中国的人文学科如何展开非以覆盖前人研究成果为旨趣的真正合乎学术规范的研究。

陈正宏

二〇一一年三月十四日

目　　录

下编　丁氏编刻丛书考

凡　例

一、以下数种文献，本书反复援引，兹为行文方便，多用简称，对照如下：

善本书室藏书志——丁志

八千卷楼书目——丁目

八千卷楼藏书未归本馆书目——未归本馆书目

先考松生府君年谱——年谱

艺风老人日记——日记

国学图书馆年刊——年刊

武林掌故丛编——丛编

武林往哲遗著——遗著

一、清末民初，政局变幻，机构名称随之更迭。如南京图书馆，清末创设时称江南图书馆，入民国，先后改称江苏省立图书馆、江苏省立第一图书馆、第四中山大学国学图书馆、中央大学国学图书馆、江苏省立国学图书馆，新中国成立后改组为现南京图书馆。书中清末时称“江南图书馆”，民国时称“国学图书馆”；新中国成立后则称“南京图书馆”，或简称“南图”。浙江图书馆，亦多次更名，文中民国时称“浙江省立图书馆”，简称“浙馆”，新中国成立后则称“浙江图书馆”，或简称“浙图”。

一、藏书家于书前卷后题写之题记书跋，一律称“手跋”；各书刊本的序跋识语，则称“序”，称“跋”，称“识语”。

导论:研究史的回顾

“睹乔木而思故家,考文献而慕旧邦。惟往事之具在,斯温故而知新”。若说书籍是文明的火炬,则藏书家即为传递火炬的接力手。藏书家并非都有精深的学问、敏锐的见识和不计功利得失的胸怀,但传薪继火,端赖此辈。是故,这一群体在学术史、文化史上的作用功绩,理应受到重视。本书的研究对象杭州八千卷楼丁氏,即为晚清藏书家的巨擘。

八千卷楼丁氏的代表人物为丁申、丁丙兄弟,藏书楼又号“嘉惠堂”,与常熟铁琴铜剑楼瞿氏、聊城海源阁杨氏、湖州皕宋楼陆氏,并称“清末四大藏书家”,在藏书史上具有显赫地位。在藏书之外,丁氏还编刻《武林掌故丛编》《武林往哲遗著》等丛书,编制《善本书室藏书志》等书志目录,抢救补抄文澜阁《四库全书》;其文献活动的丰富性,在晚清藏书家中卓然特出,于保存文献、襄赞学术研究之贡献尤大。柳诒徵称:“清光绪中,海内数收藏之富,称瞿、杨、丁、陆四大家。然丁氏于文化史上之价值,实远过瞿、杨、陆三大家。以其奋起诸生,搜罗古籍,影响于江浙两省,非徒矜私家之富有也。”①

丁丙过世后不久,其子丁立中编纂《宜堂类编》二十五卷,汇录行述、传记、各家哀悼诗文等,可称大观。不过,这类文字以述生平、颂功业、寄哀思为目的,可谓之史料,但不能等同于近代学术意义上的研究。

清末成书的叶昌炽《藏书纪事诗》,于藏书史研究有筚路蓝缕之功,其中有丁丙条,尽管只是摘录材料,篇幅也相当有限,但这已是将其置于藏书史的整体研究中加以关注,可谓导夫先路,对于丁氏的研究当以此为发端。

随着近代学科体系的逐步建立、学术文化机构的相继成立与文化学术刊物的陆续创设,梳理藏书史、文献史成为民国时期国故研究的课题之一,对于丁氏的研究随

① 柳诒徵《国立中央大学国学图书馆小史》,国立中央大学国学图书馆,1928年。

之进入新的阶段。民国时期的研究成果所涉及的问题点有：丁氏藏书的流散及之后的存藏状况、《丁志》《丁目》的撰著、丁氏刻书情况、与同时代学人的交游、抢救补抄文澜阁《四库全书》史事。著述形式则有三类：史料的辑录整理、专题论文、总括性的藏书史论著。研究者多为图书馆界的学者，尤其是国学图书馆、浙江省立图书馆的学者，研究成果也集中发表于以上两馆主办的刊物。

在辑录整理史料方面，国学图书馆贡献良多。该馆前身为端方筹建的江南图书馆，于光绪三十三年(1907)整体收购八千卷楼藏书，因而有得天独厚的资料优势。其中最重要的成果，当属《馆藏善本书题跋辑录》，此系从该馆甲库所藏善本(《丁志》著录书皆在其中)辑录诸家藏书题跋，其中丁丙、丁申、丁立诚及孙峻、罗榘等丁氏师友所作题跋占相当数量，为考察丁氏的藏书活动、研究其版本目录学成就提供了大量一手史料。①

国学图书馆在民国时期编纂有不少书目书志。八千卷楼旧藏书是该馆古籍收藏的基干，因此该馆的书目书志或深或浅地与之相关。《江南图书馆善本书目》(成书于清末)、《江苏省立第一图书馆覆校善本书目》(1918)，均是标记版本的简明目录，著录范围是八千卷楼旧藏善本(《丁志》著录书)，稽考二目，可知该馆存藏八千卷楼善本的整体情况。不过，《江南图书馆善本书目》间有漏载，《覆校善本书目》序中已举例指出；《覆校善本书目》较前者完备，并在各书下著录藏印，但不录丁氏藏印。二者另有一个共通的缺点：著录版本主要依照《丁志》，遂沿袭了《丁志》在版本鉴定上的错误。

就考察丁氏藏书而言，最具价值者当推赵鸿谦《松轩书录》。②赵氏时任国学图书馆馆员，他从该馆乙、丙二库检选善本，一一撰写提要，著成此书，共收录元明刊本、明清稿抄校本1000余部，多为丁氏旧藏(其余少数是范氏木樨皀馆与宋教仁旧藏)。此书体例格式齐整，著录亦较详细，依次记存佚卷数、行款、目次、藏印，节录原书序跋，迻录藏家题记。其价值在于：一、收录的书籍系《丁志》未著录者，由此可更全面地了解与考察八千卷楼的藏书状况。二、迻录的丁氏藏书题跋，不见于《馆藏善本书题跋辑录》，二者互为补充关系。三、每书均著录藏印，不仅可由此考见授受源流，更可据标明得书年份的丁氏藏印考察丁氏历年收录书籍的状况。

汪訚亦为国学图书馆馆员，所作《八千卷楼宋本书录》，为八千卷楼旧藏的40部宋刊本逐一撰写提要，以客观描述版本特征为重点。《丁志》著录版本特征时详时略，

---

① 《馆藏善本书题跋辑录》，国学图书馆第一至第四《年刊》连载。此文以经史子集四部为序，分年刊载。另，1928至1937年，国学图书馆陆续出版了10辑《年刊》。

② 赵鸿谦《松轩书录》，国学图书馆第二至第四《年刊》连载。

汪文在此方面有增补之功。[①]不过，汪氏泥于《丁志》成说，版本鉴定多有错误。如《璧水群英待问会元》，《丁志》著录为“宋刊本”，汪文据“末有丽泽堂活板印行”，定为“宋活字本”，但此本实为明活字本，傅增湘《藏园群书经眼录》有纠正。与汪文类似，赵鸿谦《宋元本行格表》以入藏国学图书馆的丁氏旧藏宋元本为限，仿效江标《宋元本行格表》，以每半叶行数多寡为序，“记其行格版心及页数”，相对于《丁志》，亦有增补之效。

汪訚《馆藏名家旧藏书表》，以人为纲，标注诸书递藏情况，可为考察八千卷楼藏书的授受源流提供参考，可惜收录范围限于该馆甲库藏书。赵鸿谦《陶风楼藏卢抱经校本述要》，以考察为卢文弨校本为主题，这些校本大多是丁氏旧藏，就这一角度而言，该文也可算是对丁氏藏书的研究。[②]

在专题论述丁氏文献活动及其成就方面，浙馆馆长陈训慈的《丁松生先生与浙江文献》是此时期的标志性研究成果。[③]此文分藏书名家、乡邦善人、功在文献、兴复文澜、辑刊旧籍、修建名迹六个部分，以丁丙与浙江文献的保存流布之关系为着眼点，基本涵盖了丁氏文献活动的主要事迹，于丁氏编刻书籍论述尤详。陈文征引史料，以《先考松生府君年谱》等通行习见者为主，但解读利用精到，考述详实，颇见功力。[④]

关于丁氏藏书的存藏状况，柳诒徵《盋山丁书检校记》、国学图书馆编《八千卷楼藏书未归本馆书目》，值得注意。[⑤]柳文指出丁氏藏书未全归江南图书馆，提供了有关线索。在当时来说，此文有澄清误解之效；对后续研究而言，则指出了问题点。《八千卷楼藏书未归本馆书目》，依照《丁目》比勘而成，反映了未入国学图书馆的八千卷楼藏书的大体状况，但有失载。长泽规矩也《国学图书馆现存之丁志著录本》，则专就善本指出丁藏未尽数入馆以及《丁志》的著录问题。

在对丁氏撰著书目的研究中，长泽规矩也《关于稿本〈八千卷楼藏书志〉》介绍了名为《八千卷楼藏书志》的《丁志》稿本残卷，描述该本内容与特征，与《丁志》逐条比对，胪列异同，评述该稿本的文献价值，对于考察《丁志》的编纂过程，具有重要的参考

---

① 汪訚《八千卷楼宋本书录》，《学海》1 卷 4 期、5 期连载，1944 年。

② 赵鸿谦《陶风楼藏卢抱经校本述要》，《第五年刊》。

③ 陈训慈《丁松生先生与浙江文献》，《浙江省立图书馆月刊》1 卷 7—8 期合刊，1932 年。

④ 此外，柳诒徵《国立中央大学国学图书馆小史》对丁氏藏书特色及其贡献的论述，称“然丁氏于文化史上之价值，实远过瞿、杨、陆三大家。以其奋起诸生，搜罗古籍，影响于江浙两省，非徒矜私家之富有也”；并归纳丁氏藏书可贵之处在于“四库修书底本”“名人精写稿本”及收集了大量清代藏书名家递藏之本，要言不烦，显示了柳氏精到的学术眼光。这两点也成为概括丁氏藏书价值的经典性论断，被其后的研究论著反复援引。

⑤ 柳诒徵《盋山丁书检校记》，《浙江省立图书馆月刊》1 卷 7—8 期合刊；《八千卷楼藏书未归本馆书目》，国学图书馆稿本，现藏南京图书馆。

价值。①

关于丁氏与同时代学人的交游研究，孙延钊《文澜阁嘉惠堂与玉海楼》详细考述丁氏与孙衣言、诒让父子通假书籍与传钞借阅的情形。②需要指出的是，孙延钊是孙诒让之子，掌握书札、日记等未经披露的一手史料，故而此文考述史事信而有征，极具参考价值。

关于丁氏抢救补抄文澜阁《四库全书》事迹的研究，浙馆馆长陈训慈《丁氏兴复文澜阁书纪》、馆员张崟《文澜阁四库全书史稿》最具代表性，研究深度与价值也相当高。陈文分为掇拾残编、重建故阁、钞补阙简、整理续藏等四个部分，引用大量文献，细致论述了丁氏抢救抄补文澜阁遗书的全过程，详赡可信，具有相当高的学术水准。张文篇幅巨大，考述丁氏兴复文澜阁《四库全书》事迹尤为详备，可与陈文互参。③

有关丁氏刻书的研究，除陈训慈《丁松生先生与浙江文献》有专节论述之外，尚有张慕骞（张崟）《八千卷楼刊书碑牌汇录》。此文切入点较为独特，专门考察丁氏刻本的卷前牌记，一一胪列牌记，然后分类解说，但有"强为之说"之嫌。另有子越《丁氏刊书表》，如篇名所示，系以表格形式罗列丁氏所刻书。④

考述丁氏藏书印的则有《钱塘丁氏八千卷楼藏书印印目》，此目"凡丁氏藏印一一录出备考"，著录印文，注明款式，是丁氏藏印的总汇。⑤另有徵存《钱塘丁氏藏书印记漫录》，称"就汪霭庭君（訚）《蟫林辑传》及赵吉士君（鸿谦）《松轩书录》二文所载者，补其未备，刺举如左，都七十五方"。⑥此文补《钱塘丁氏八千卷楼藏书印印目》之阙，可互相参考，但只录印文，不录款式，为美中不足。

对于丁丙生平史料的研究则有张崟《丁氏年谱读后记》《宜堂类编校记》，提出《年谱》《宜堂类编》记事有阙失之处；季杰《宜堂类编类目题记》，对《宜堂类编》分卷予以解题。⑦

---

① 长泽规矩也、薄井恭一《稿本八千卷楼藏书志について》，《书志学》17 卷 2 号，1941 年 9 月。

② 孙延钊《文澜阁嘉惠堂与玉海楼》，《文澜学报》1935 年 1 期。

③ 陈训慈《丁氏兴复文澜阁书纪》，《浙江省立图书馆月刊》1 卷 7—8 期合刊；张崟《文澜阁四库全书史稿》，《文澜学报》1935 年 1 期。《浙江省立图书馆月刊》1 卷 7—8 期合刊还刊有张崟《文澜阁四库全书史表》，稍早的同刊 1 卷 2 期有张鄮《丁氏抄补文澜阁四库全书阙简追纪》，则较为简略。

④ 张慕骞《八千卷楼刊书碑牌汇录》，《浙江省立图书馆馆刊》2 卷 2 期，1933 年；子越《丁氏刊书表》，《浙江省立图书馆月刊》1 卷 7—8 期合刊。

⑤ 国学图书馆编《钱塘丁氏八千卷楼藏书印印目》，抄本，南京图书馆藏。

⑥ 徵存《钱塘丁氏藏书印记漫录》，《浙江省立图书馆月刊》1 卷 7—8 期合刊。

⑦ 张崟《丁氏年谱读后记》，《浙江省立图书馆月刊》1 卷 7—8 期合刊；张崟《宜堂类编校记》，《浙江省立图书馆月刊》1 卷 7—8 期合刊；季杰《宜堂类编类目题记》，《浙江省立图书馆月刊》1 卷 7—8 期合刊。

民国时期,藏书史研究兴起,出现了一批专门论著。这些论著大多论及丁氏,其中较为重要的有:袁同礼《清代私家藏书概略》(《图书馆学季刊》1 卷 1 期)、洪有丰《清代藏书家考》(《图书馆学季刊》1 至 2 卷)、项士元《浙江藏书家考略》(《文澜学报》3 卷 1 期)。从学术源流而言,这类论著大体承叶昌炽《藏书纪事诗》的路径,或以年辈排比,或以地域分野,将丁氏置于藏书史的整体观照之下予以论述,但囿于体例与篇幅,只能流于简略介绍。①

1949 年之后,相关研究出现了进一步专门化的趋势。以藏书史与文献史为分野,考察作为藏书家的丁氏与丁氏保存文献之贡献,尤其是抢救文澜阁《四库全书》,成为研究热点。而民国时期成就颇多的史料整理,则稍显停顿。

从 1980 年代末开始,藏书史研究的热度提升,其中较具代表性的有:顾志兴《浙江藏书家藏书楼》(1987),傅璇琮、谢灼华主编的《中国藏书通史》(2001),范凤书《中国私家藏书史》(2001)。②上述著作都是整体观照藏书史的宏观研究,特色在于论述的学理化、系统化,但几乎没有引入新的史料,不可避免地与民国时期的同类著作一样存在浮光掠影的缺憾。

论述八千卷楼史事的论文,有陈惠翔《浙江藏书楼遗事摭闻》、文图《丁丙及其"八千卷楼"》、白君礼《抢救瑰宝 嘉惠后学——记丁丙对图书文化事业的贡献》、翁福清《杭州乡邦文化的功臣——丁丙》等,各文从不同角度论述丁氏之于文献事业的贡献。对于丁氏家族历史的研究,一般均以《年谱》、传记为史料来源,卞孝萱《丁氏八千卷楼兴废考——〈丁氏家谱〉资料的发掘利用》利用《丁氏宗谱》及《钱塘丁氏宗谱杭派丁轼支系》等一手材料,考述介绍了丁氏家族的世系、主要成员的生卒时间、《丁氏宗谱》等材料所反映的丁氏对文化事业的贡献、丁氏家族的经济状况等问题,提供了相当多的新材料,解决了一些疑问和不明点,有很高的参考价值。

还有一些研究,关注到了传统研究领域之外的问题,这些研究往往带有明显的社会史色彩。夫马进《中国善会善堂史研究》将丁丙负责的杭州善举联合体作为典型案例,分析晚清士绅与城市运作的关系。周膺、吴晶《晚清绅士的现代性文化书写与城市善治取向——杭州丁氏家族的公共文化建构与城市治理研究》考述丁氏家族参与地方社会治理尤其是公益慈善事业的情况,发掘其间的现代性因素。此外,还有陶济《以国为重,以私济公——新论丁丙八千卷楼藏书文化近代化的价值取向》、万蔚萍

① 同类论著尚有洪焕椿《杭州之藏书家》(《读书通讯》160 期,1948 年)及项士元《最近浙江之私家藏书》(《大公报》1936 年 11 月 3 日)。伦明《辛亥以来藏书纪事诗》,也属同一类型。

② 同类著作尚有郑伟章、李万健《中国著名藏书家传略》(1986)、黄建国、高跃新主编《中国古代藏书楼研究》(1999)、任继愈主编《中国藏书楼》(2000)、徐凌志主编《中国历代藏书史》(2004)等。

《藏书事业与社会事业交互联动的革故鼎新——论丁丙及其八千卷楼的再一历史性杰出贡献》,均从地方社会的文化建设的角度审视丁氏的文献活动。

此外,俞佳迪《聚珍仿宋体设计版本考证与补遗》考述丁三在、丁辅之兄弟创制聚珍仿宋体史事,以及仿宋聚珍活字在日本产生的影响,特别是从工艺美学的角度讨论该活字的设计特点、美学特征等问题。

关于丁氏抢救抄补文澜阁《四库全书》的研究,数量较多。①民国时期此方面研究的重点是考述丁氏补抄始末。崔富章《四库提要补正》(1990)则对文澜阁《四库全书》丁氏补抄本所用的底本问题作了考察。赵冰心、裘樟松《文澜阁〈四库全书〉补抄本之价值》论述了丁氏补抄本的文献价值。童正伦《丁氏补抄文澜阁四库全书述评》比勘丁氏补抄与四库原抄,指出不少丁抄本内容上较四库本完整,忠于原书,但也有漏抄、底本不及四库本等缺陷。

在丁氏刊行书籍的研究方面,顾志兴的专著《浙江出版史研究——元明清部分》(1993),从出版史的角度,论述了丁氏刊刻书籍的情况。②赵凌《丁丙汇刻〈武林掌故丛编〉述略》考述了丁丙编刻丛书的始末、《丛编》的版本文献价值及特色。

在版本目录学著作中占有相当地位的《丁志》持续受到关注,研究重点是《丁志》的编纂体例、内容价值、善本标准与所谓版本学思想。严佐之考察《丁志》的编纂、体例、特色与学术价值,指出《丁志》多有因袭《四库总目》之处,结论令人信服。③徐昕《试论丁丙鉴定图书价值的方法——读〈善本书室藏书志〉》关注点在于《丁志》中反映出的丁丙的善本观与鉴定方法。王妮《丁丙明翻宋本概念辨析》辨析《丁志》的明翻宋本的使用情况及其概念意谓。徐小洁《朱谏〈李诗选注〉丁丙跋存疑》指出此书《丁志》初稿与刊本的差异,以及初稿撰写时抄撮序跋的情况。

在史料整理披露方面,信札的整理释录相对较多,如张廷银《缪荃孙、丁丙等有关地志族谱文献的手札六通》《晚清藏书家丁丙致袁昶手札》以及赵天一《丁丙致陈豪手札释读》。2019 年,为纪念丁丙逝世 120 周年,南京图书馆举办"家国书运:八千卷楼藏书特展",次年出版特展图录《家国书运:八千卷楼藏书特展图录》,披露了一批八千卷楼藏书,很多书影首次公开,并附有 6 篇专题研究论文。

---

① 论及丁氏补抄文澜阁《四库全书》一事的有:卢香宵《〈四库全书〉与浙江关系考述》,《浙江师范大学学报(社会科学版)》1995 年 1 期;徐永明《文澜阁〈四库全书〉搬迁述略》,《中国典籍与文化》1999 年 4 期;柳斌、冯春生《文澜阁〈四库全书〉记略》,《浙江档案》2002 年 2 期;何槐昌、郑丽军《一部具有特色的〈四库全书〉——文澜阁〈四库全书〉》,《图书馆工作与研究》2003 年 4 期。

② 同类型的研究论著还有:王桂平《清代江南藏书家刻书研究》,凤凰出版社,2008 年。

③ 严佐之《近三百年古籍目录举要》,华东师范大学出版社,1994 年。

对于八千卷楼旧藏书籍的个案研究,也日渐增多。如江庆柏《南京图书馆藏四库底本考略》对八千卷楼旧藏的多部四库底本进行考述,涉及《丁志》初稿与刊本之差异、初稿的错谬等问题。王文君《南京图书馆藏丁氏八千卷楼抄本〈传奇汇考〉考论》、赵敏《八千卷楼旧藏〈玉燕楼书法〉考论》、马培洁《八千卷楼本〈花韵轩咏物诗存〉的文献及文学价值——兼及鲍廷博诗词辑佚》、苏芃《黄裳与八千卷楼旧藏〈阳春白雪〉》,或发覆其文献价值,或考辨其真伪。

沈新民《清丁丙及其〈善本书室藏书志〉研究》(1991)是此前仅有的丁氏研究专著。据其提要,该书研究主旨"在于考丁丙的生平事迹,及其藏书事业,并对其《善本书室藏书志》作分析研讨"。沈著在材料梳理、事实考述以及总结分析上,均做了一定程度的工作,但遗漏了一些重要史料来源,如《松轩书录》;论述亦流于肤浅,如仅用数千字草草带过丁氏访书事迹,却以大量篇幅胪列丁氏刻书清单,等等。

以上按问题点为区分,回顾先行研究,并对较为重要者予以评述。总体而言,丁氏研究已有相当的学术积累。就研究广度而言,丁氏书事活动的四个主要方面——藏书、刻书、编纂书目、抢救抄补文澜阁遗书,均有一定数量的研究成果。但在研究深度上,则有深浅精粗之分。已有研究较为充分的问题点有:抢救补抄文澜阁遗书、《丁志》的体例特色、藏书状况与特色等。访书事迹、与同时代学人的交游、藏书流散经过及去向、书目著作的编纂过程及现存稿抄本等的细致考辨,则相对较弱。

上编　八千卷楼藏书史考

藏书是藏书家书事活动的核心。八千卷楼藏书始自嘉道年间，历经三代，渐具规模，却不幸毁于太平天国战争。丁丙与其兄丁申肆力访求，八千卷楼藏书勃而复兴，乃至更上一层，一跃成为当时的顶级藏书大家。然而，光绪季年，丁氏经商失败，被迫让售藏书，百年藏书故事，终至风云流散。本编探讨嘉道至光绪末年近百年间的八千卷楼藏书聚散史事；此外，丁氏与同时代学人的交游，与其藏书活动有密切关联，一并置于本编论述。

第一章　丁氏聚书史事考

谈及八千卷楼，人们的第一反应是“晚清四大藏书家之一”。先行研究基本均从这一视野出发，将考察重点放在同治光绪年间。此时期丁氏的代表人物是有“双丁”之称的丁申、丁丙兄弟。

但事实上，八千卷楼的传承历史约有百年之久，发端于“双丁”之祖丁国典（1770—1825），经其子丁英（1804—1855），传至英子丁申、丁丙兄弟，再传至申子立诚、丙子立中，共历四代。①

但另一方面，咸丰十一年，太平军攻破杭州，八千卷楼的早期藏书尽数被毁。丁氏藏书活动的连续性由此被打断，前期藏书与后期藏书几无关联，呈现出“搜集——完全毁损——再搜集”的态势。鉴于此，对于丁氏藏书活动的研究，也应分为前后两期。以下以咸丰十一年为分界线，分别考述前后两个时段的八千卷楼藏书事迹。

第一节　八千卷楼早期藏书史事考

因材料匮乏，目前对嘉庆至咸丰间八千卷楼的情况所知有限，但从研究的整体性考虑，必须追本溯源，否则无法体现丁氏藏书活动的全貌。以下将梳理零星材料，考述八千卷楼早期藏书概况。

一、八千卷楼早期历史的先行研究

丁氏早期藏书毁于咸丰十一年的战火，几无遗存，加之此前丁氏未曾编制书目，因此反映八千卷楼早期史事的直接史料几乎无存，仅有同治光绪年间的丁氏零星回

① 丁国典、丁英之生卒年，参阅卞孝萱《丁氏八千卷楼兴废考——〈丁氏家谱〉的发掘利用》，《文献》2004年2期。

忆以及少量他述材料，言及嘉道咸年间的八千卷楼情况。但这些材料内容大多雷同，无逐一援引的必要，以下选择若干，见其大貌：

先君子喜藏书。南北往还，暑搜雪购，得数万卷，半皆乾嘉诸老箧中秘藏也。迨庚辛粤匪之劫，尽付劫灰，无一帙存者。(《丁志》卷后丁丙自识)

掌六隐君慕先世闻人名颉者藏书八千卷，有言曰："吾聚书多矣，必有好学者为吾子孙。"遂作小楼于梅东里，乞梁山舟学士题其额曰"八千卷楼"。哲嗣洛耆观察能读父书，尝往来齐、楚、燕、赵间，遇秘籍，辄载以归，插架渐富。竹舟、松生又济其美，雪钞风校，益其不足。几将肩随振绮，若瞿氏清吟阁、劳氏丹铅精舍，则又相辉映者。咸丰辛酉冬，粤寇再陷杭城。竹舟家室遭毁，其与身幸免者，仅隐君日夕把玩之《周易本义》一书而已。(胡凤丹《嘉惠堂藏书目序》)①

先生之祖掌六公慕先世闻人名颉者藏书八千卷，有言曰："吾聚书多矣，必有能读书者为吾子孙。"遂作小楼于梅东里。梁山舟学士题其额曰"八千卷楼"。考曰洛耆公，嗜学，于书无不读。又尝往来齐、楚、燕、赵间，遇善本，辄载以归。先生与其兄竹舟先生踵继之。于是八千卷楼之名，已岿然闻于时矣。广西贼起，杭州再沦陷。家室遭毁，其与身幸免者，仅掌六公日夕披玩之《周易本义》一书。(张濬万《嘉惠堂八千卷楼记》)②

先是，丈之王父掌六隐君慕先世名颉者藏书八千卷，其言曰："余藏书多矣，必有好学者为吾子孙。"爰筑小楼于梅东里，梁山舟学士题其额曰"八千卷楼"。考洛耆观察能读父书，往来南北，辄得秘籍以归。两丈晨钞夕写，补其未备，插架益雄。同时若瞿氏清吟阁、劳氏丹铅精舍，相与竞美。若朱氏结一庐、吴氏清来堂，犹不足以肩随矣。咸丰辛酉，杭垣再陷。两丈室家遭毁，其与身俱免者，隐君所熟玩之《周易本义》而已。(孙峻《八千卷楼书目序》)

因材料所限，后人述及八千卷楼的早期历史，往往语焉不详。叶昌炽《藏书纪事诗》仅引俞樾《丁松生家传》称："君先世本富藏书，君祖掌六公有八千卷楼。"③王欣夫亦未补充别的材料。稍后，伦明《辛亥以来藏书纪事诗》称："仁和丁松生丙，藏书处曰八千卷楼。盖沿先世之称。"④从行文来看，叶伦二人所见材料，未出以上引文所述范围。

《藏书纪事诗》及其同类之作，旨在提供历代藏书家的"概览"，而非"窄而深"的个

① 胡凤丹《嘉惠堂藏书目序》，《丁志》卷后附录，清光绪二十七年钱塘丁氏刻本。

② 张濬万《嘉惠堂八千卷楼记》，《丁志》卷后附录。

③ 叶昌炽撰，王欣夫补正《藏书纪事诗》，上海古籍出版社，1999年，705页。

④ 伦明撰，雷梦水校补《辛亥以来藏书纪事诗》，上海古籍出版社，1999年，6页。

案考察，这是其旨趣与体例所限，无可非难。但可惜的是，后出的研究论著在史料发掘上没有进步，基本限于上引诸文，或《宜堂类编》收录的一些内容大同小异的悼念文章，是故对于八千卷楼早期史事的记述，亦止于简略介绍。

丁氏虽为后起之秀，而藏书远有渊源。……丁氏聚书，始于丁丙的祖父国典，因慕其先世闻人丁颉，曾藏书八千卷，遂于杭州梅东里，兴筑八千卷楼，作为藏书之所。丙父丁英勤于读书，且喜藏书，尝往来山东、山西、河北、湖南、湖北之间，遇善本秘笈，则购载而归，得数万卷，大多乾、嘉学者与诸藏书家之秘藏，极为可贵，于是插架渐富。逮丁申、丁丙兄弟，又继其父祖之旧藏，雪钞风校，增益其不足，几乎可与汪氏振绮堂相媲美，而又和瞿氏清吟阁、劳氏丹铅精舍相辉映。于是八千卷楼之名，遂闻名于时。……咸丰十一年冬，太平军再陷杭州，丁丙家室及其八千卷楼藏书皆遭毁，仅存国典（丁丙之祖）日夕披读之《周易本义》一书而已。①

丁氏虽后起，而藏书远有渊源。竹舟、松生二先生继其父祖之旧藏，颇有增益。不幸亡于太平之乱。（陈训慈《丁松生先生与浙江文献》）②

丁家藏书富有渊源。其祖丁国典慕先世闻人丁颉藏书八千卷之雅事，在杭州营造藏书楼，请名士梁山舟为题“八千卷楼”扁额。丁国典之子丁英能继父志。据胡凤丹《嘉惠堂藏书目序》称，丁英“尝往来齐、楚、燕、赵间，遇秘籍，辄载以归，插架渐富”。丁丙与其兄丁申在祖辈、父辈的影响下，也酷爱藏书。（顾志兴《浙江藏书家藏书楼》）③

丁氏嘉惠堂藏书可追溯到宋代丁颉。丁颉谓：吾藏书可谓多矣，必有能读书者为吾子孙。故专建书楼，藏书达八千卷。丁申、丁丙的父亲丁英也曾南北收书，故丁氏兄弟继承先辈遗志，并续有增益。（傅璇琮、谢灼华《中国藏书通史》）④

二、八千卷楼的创立变迁与藏书积聚

如前引文，丁国典在杭州梅东里修筑书楼，因仰慕先世闻人丁颉藏书八千卷之雅事，乃颜之曰“八千卷楼”，请梁同书题额，梅东里是八千卷楼初址所在。之后，丁宅三度搬迁，由梅东里至麒麟街，再皮市巷口，又头发巷。丁氏当归草堂抄本《高氏三宴诗

---

① 沈新民《清丁丙及其〈善本书室藏书志〉研究》，汉美图书有限公司，1991 年，115 页。

② 陈训慈《丁松生先生与浙江文献》，《浙江省立图书馆月刊》1 卷 7—8 期合刊。

③ 顾志兴《浙江藏书家藏书楼》，浙江人民出版社，1987 年，237—238 页。

④ 傅璇琮、谢灼华《中国藏书通史》，宁波出版社，2001 年，868 页。

集》丁丙手跋及《松生府君年谱》称：

由麒麟街迁皮市巷口，又迁头发巷。①

（道光十二年）七月二十日卯时，府君生于杭城麒麟街旧居。

（道光二十二年）八月，迁居皮市巷。《宜堂小记》：屋本许氏产，先君购而葺之，中为正修堂，南向三楹，其西为梅溪书屋，亦南向三楹，上为听香楼。

（道光三十年）四月，迁居保信巷。即今头发巷。按《成化杭州府志》《嘉靖仁和县志》，俱称保信巷。姚氏《西湖志》称，保信巷一名保宁巷。……屋为徐氏外高祖家旧居，先祖购而新之。

在"八千卷楼"之外，此时期的丁氏另有"梅溪书屋""正修堂""听香楼"等室名。在屡次搬迁中，这些名号大多保持未变。杨文杰《梅溪书屋记》称："楼（八千卷楼）之东有屋三楹，（梁山舟）学士又书'梅溪书屋'四字以榜之。……先生之子洛耆君迁居于保宁巷，即移此额以张之。"②

另案，至同治光绪间，"听香楼"未见再用，"梅溪书屋""正修堂"则屡见于丁氏的文献活动。

史料显示，丁国典之子丁英（洛耆）访求图书，甚为劬勤。前引张濬万称："洛耆公嗜学，于书无不读。又尝往来齐、楚、燕、赵间，遇善本，辄载以归。"前引丁丙识语亦称："先君子喜藏书，南北往还，暑搜雪购，购得数万卷。"丁英南北奔走，系因在外地经商，"营业燕齐，岁晚一归"。③长期在外奔波，在各地购书的机会必然很多，加之饶于资财，八千卷楼遂插架日富。不过，可确指为丁国典与丁英所得书籍，除前引文提及的"掌六公日夕披玩之《周易本义》一书"以外，目前可知者寥寥无几。明刊本《银海精微》光绪十七年丁丙手跋载有一段回忆："先君子尝苦目疾。丙七八岁时，与兄侍疾惟谨。案头见《银海精微》二册，但玩其画眼之圆而已。……辛卯甲翁丁丙。"④案，丁丙生于道光十二年，则以上回忆所述之事约在鸦片战争前夕，此时丁国典已卒。这部《银海精微》是丁国典抑或丁英所得，已不能明。

光绪二十三年六月十二日，前揭当归草堂抄本《高氏三宴诗集》丁丙手跋，又提到年少时家中藏有"怡府刊小板《四书》"（怡府明善堂刻本《四书集注》）与王闻远旧藏抄本《高氏三宴诗》与《荆溪唱和集》。两兄弟受家中氛围熏陶，少时对书籍的喜爱以及

① 陈先行等《中国古籍稿钞校本图录》，上海书店出版社，2000年，589页。跋文据图版录出，原书今藏天津图书馆。

② 杨文杰《梅溪书屋记》，《东城记余》卷下，清光绪间丁氏刻武林掌故丛编本。杨文杰字廷英，号枌园，仁和人，为丁申、丁丙之师。

③ 前揭卞孝萱文对丁氏的经商情况，有详细描述。

④ 《馆藏善本书题跋辑录》，3页，《第三年刊》。

逐渐知晓藏书故实的过程，也通过这段回忆跃然纸上，令人印象深刻。

少时，随先兄竹舟嬉戏，偶启梅溪书屋小楼棕毛箱，旧书藏焉，中有怡府刊小板《四书》，先兄取而加朱句读。先叔蝶身公见而诃之曰："岂可妄事涂抹。"又有《高氏三宴诗》与《荆溪唱和集》，皆墨格精抄，为太原叔子王莲泾印，后有"得者宝之"小印。当时爱其精雅，质之先叔："书从何来？"曰："是书或尔祖购自吴门也。"由麒麟街迁皮市巷口，又迁头发巷，书未尝不随时翻阅。既而知王莲泾为康熙间苏州藏书家，欲再求别本，亦无可得也。

咸丰五年九月，丁英卒，八千卷楼藏书传至丁申、丁丙手中。是年起，至咸丰十一年杭州城破书毁为止，丁氏购置了不少书籍。特别是咸丰九年，丁氏有一笔大宗购书，《年谱》称："是年，广购书籍。《宜堂日记》：予旧藏有樊榭手校《春秋注疏》、手批《宋诗钞》、手摘《碎锦》、鲍以文所校旧本十余种。又自徽州运来殿版《十三经注疏》《二十四史》《佩文韵府》《渊鉴类函》及明刊《太平御览》《津逮秘书》等，凡百余种，皆精品也。"殿版《十三经注疏》《二十四史》《佩文韵府》《渊鉴类函》等，是通行常用的文史大部书，厉鹗与鲍廷博的批校本则属善本范畴。事实上，在此之前，丁丙已开始以善本收藏为目的购书。大约在同治三年，他回忆道：

是集(《金渊集》)为浙中翻武英殿本，卢绍弓学士点勘也。咸丰六七年间，流入保祐坊小瑯嬛温凤庭书肆，索值甚高。余正评值，董杏塍明经闻之，亦来观阅，盖重卢校耳。后为清吟阁主瞿颖山所得。庚申辛酉两劫，清吟丛籍沦亡殆尽。同治甲子夏，偶在三元坊书摊得之，如对故人矣。他日能合遗诗并梓，以存乡邦旧集，亦敬恭桑梓之责也。书此以俟，八千卷楼主人记。[①]

跋中所言卢文弨校本《金渊集》，虽谐价未成而转归他人，但可见至迟在咸丰六七年间，丁丙已留意购藏名人批校本。至于丁申，他长丁丙三岁，购书则当更早。

在广搜书籍的过程中，丁氏的藏书旨趣亦随之形成。世论皆以丁氏藏书富于乡邦文献为一大特色，这一收藏旨趣实际在丁丙年少时即已肇端，并长期坚持。光绪六年冬，他回忆道：

余少好武林琐细旧闻，尝聚小志数十种。辛酉围城中，尚得金江声先生《吴山志》。虽炮火满天，干戈遍地，一时不顾也。未几城陷，家室流离，图书荡尽，仅以身免。甲子乱平，重返故庐。复收残烬，杜门息影，辑《杭城坊巷志》，益思网罗

---

① 卢文弨校浙江翻刻外聚珍本《金渊集》丁丙手跋，《馆藏善本书题跋辑录》，9—10页，《第四年刊》。

群籍。……光绪庚辰腊八日，丁丙漫记。①

经不断积聚，至咸丰十一年杭州城破前，八千卷楼的藏书已颇具规模。前引《丁志》卷末丁丙识语称有“数万卷”；同治二年，丁丙写作《八千卷楼收藏书籍记》，称藏书“传自祖庭者”有“数十厨”。②“数万卷”“数十厨”，都是大致说法，更为明确的数量是同治十三年八月二日的丁丙回忆：“寒家劫前藏书可三万册。”③

依日常接触古籍的一般经验来说，平均 8—10 册为 1 部，每册平均包含 2 至 3 卷。准此，八千卷楼的早期藏书规模约为 3000—4000 部，7 至 8 万卷。前引胡凤丹序称，“（丁氏）几将肩随振绮，若瞿氏清吟阁、劳氏丹铅精舍，则又相辉映者”，意指当时八千卷楼可与瞿世瑛清吟阁等量齐观。检《清吟阁书目》，著录书籍 1297 种（部），不及丁氏之半。④可见，至少在规模上，胡氏所云并无夸大。又据嘉庆年间编成的《天一阁书目》，天一阁当时藏书有 3393 种（部）38527 卷。单就数量而言，此时的八千卷楼已不逊于名动海内的天一阁。⑤

至于藏书品质，前引《丁志》卷后丁丙识语称，八千卷楼的前期藏书“半皆乾嘉诸老箧中秘藏”，容有夸大，但若藏书品质太差，却也很难作此夸语。以下利用丁氏藏书题跋及《年谱》的零星材料，略窥当时八千卷楼藏书的面貌。

陆梅谷校汲古阁刻本《乐府诗集》丁丙手跋称：“余旧藏至元刊本，为劫火化去。”⑥案，《乐府诗集》宋刻本极罕见，元刻仅有至正元年刻本一种，其后便是明末汲古阁刻本。汲古阁刻本相较元刻本，面貌差异十分明显，误认可能性极小。丁丙此处所说“至元刊本”（当为“至正刊本”之笔误），应可凭信。

当时八千卷楼收藏的稿本、精钞批校本及名家旧藏本，为数似亦不少。除了前揭引文所称厉鹗、鲍廷博批校本，王闻远旧藏抄本《高氏三宴诗》与《荆溪唱和集》之外，还有丁茜园遗稿，丛编本丁丙《北隅缀录》卷下“丁茜园”条称：“余少时从沈叟雨溥书坊得先生（丁茜园）遗稿十余册，皆手自钞录，失于兵火。”

在所藏抄本中，有未经梓行之书。丛编本《艮山杂志》丁丙跋称：“独《艮山杂志》未经梓行。……顾余幼从弼教坊沈雨溥肆中恰得全帙，凡志地、志人、志事、志文各两

---

① 万历丙辰刻本《快雪堂集》丁丙手跋，转引自赵鸿谦《松轩书录》，49 页，《第四年刊》。

② 丁丙《八千卷楼收藏书籍记》，《松梦寮文集》，清写本，浙江图书馆藏。

③ 乾隆刻本《远村吟稿》丁丙手跋，此本今藏浙江图书馆，详下文。

④ 瞿世瑛《清吟阁书目》，民国仁和吴氏双照楼刻松邻丛书本。

⑤ 骆兆平《新编天一阁书目》金涛序，中华书局，1996 年。此统计数字不含因进呈四库书而获清廷赏赐的《古今图书集成》。

⑥ 赵鸿谦《松轩书录》，143 页，《第四年刊》。

卷，写极潦草。乱中失去。"

明刻本是八千卷楼早期藏书的另一重要部分，可确指者有：前揭咸丰九年从徽州购入的"明刊《太平御览》《津逮秘书》"。汲古阁本《焦氏易林》，顾千里临校陆贻典宋本《易林》丁丙手跋称："八千卷楼插架为汲古阁本、汉魏丛书本，后得荛翁校宋刊本。辛酉，悉付明夷之难。"①

八千卷楼收藏的清刻本，可确指者有如下几种：咸丰九年购得的"殿版《十三经注疏》《二十四史》《佩文韵府》《渊鉴类函》""怡府刊小板《四书》"、士礼居丛书本《焦氏易林》（"荛翁校宋刊本"），以及清乾隆刻本《远村吟稿》（详下）。

八千卷楼还藏有一些活字本。如清咸丰七年金绳武评花仙馆活字印本《花草粹编》，仅刷印百部，当时已称罕见。丁丙称："《花草粹编》印本极稀。金韵仙孝廉绳武假瞿颖山藏本，以聚珍版刷百部，赠余一帙。未几，韵仙化去，余书亦劫化去。乱既定，觅韵仙印本，竟不可得。"②

至于丁氏的得书途径，当然以购买为主，杭州书肆是其最主要的购买渠道。当时丁氏光顾的杭州书肆，前文已述有粥教坊沈雨溥书坊、保祐坊小瑯嬛温凤庭书肆，此外尚有周氏瀚海堂。该店所在的青云街（亦作"清云街"），靠近浙江贡院，是当时杭城书坊云集之地。太平天国之役后，丁氏亦经常在此购书。丁氏与周氏来往密切，交易颇多。当归草堂丛书本《温氏母训》高均儒跋称：

> 五月初一日，均儒过头发巷松生家，始见汇西。汇西时为松生缉治旧书，谈甚洽。汇西与其兄莲舫为书贾，其肆曰瀚海堂，在贡院西青云街。八月，汇西买得书籍碑帖数十百种，松生之兄竹舟偕均儒往其肆省择，颇有善本。九月二十五日，杭州被围。十月初三日，竹舟、松生移均儒寓其家。汇西日仍缉书，莲舫时辄携酒来饮，语次烦焦，相为咤叹。……汇西讳京，未知有子否。

咸丰十年（庚申），周京之兄莲舫为丁氏购得徐乾学旧藏"宋淳祐刊本"《昌黎先生集》。书未运至，太平军已攻破杭州，周氏保管此书，直至战事平息，再交付丁氏。此本载于《丁志》卷二四，解题称："此周莲舫为余购自关晋卿侍郎家。光绪庚申之春，书未携归，杭城遭寇。事稍定，莲舫捆书避至瓯郡，又遭会匪之变，竹笥虽被刃裂，书迄无恙。同治甲子，书还故庐，洵有神灵呵护也。"③

杭州城破后，丁丙作《岁暮杂怀》，感怀故友，中有《周莲舫》一首："宋元明版真初

---

① 《馆藏善本书题跋辑录》，12 页，《第三年刊》。

② 明万历刊本《花草粹编》丁丙手跋，《馆藏善本书题跋辑录》，30 页，《第四年刊》。

③ 光绪无庚申年，应是同治庚申，《丁志》此处有笔误。

印，丧乱何曾值一钱。不及红蟫能果腹，破书堆里傲神仙。”①可见双方过从颇密，丁氏视之亦不同于普通书估。

三、八千卷楼早期藏书的损毁

就在丁氏兄弟着力访书、邺架日富的同时，酷烈的太平天国战争波及杭州。咸丰十年二月二十七日，太平军攻破杭州，丁氏家族慌忙逃往松江。此次太平军攻克杭州，旋即退出，丁氏于次年正月返杭（据《年谱》）。

此役杭州被创未重，八千卷楼藏书可能有一定损失，但未全毁，故丁丙尚得“重理书卷”，收拾丛残。然至十一年九月，太平军卷土重来，再次围攻杭州。身处围城，丁氏兄弟在忧心忡忡之余，仍孜孜于典籍，不失文献家本色。光绪二十三年，丁丙回忆称：

> 咸丰辛酉仲冬，粤西之寇环攻杭城，战守两穷，城中人唏嘘待尽而已。时秀水高伯平先生寓寒舍，因相事校书，以消忧愤。一日，邵位西枢佥来，言及《淳祐志》姚仲芳处有之。托其假归，凡抄本四册。取《揅经室外集》所列是书提要对核，门目不同，又中志宋事不书“国朝”而书“宋”字，疑书估伪抄为利者。遂璧还之。未几，城破，位西、仲芳殉难。②

甚至在陷入断炊困境、濒临死亡之际，丁氏仍不忘搜求书籍。《丁志》卷五“旧抄本《说文解字韵谱》”条，有一处令人感动的描写：“犹忆咸丰辛酉十一月中旬，粤匪久围杭城，时已绝粮。陈季鸿表丈为其友黄凤超持以易米，余家亦断炊，因重其书，勉赠米数镒，而领其书。阅数日，城陷，书定付之浩劫矣。”

十一月二十八日，太平军攻破杭州，丁氏家族逃往城外。在逃亡途中，丁丙感怀兴叹，作《八千卷楼书》一首，尚痴心祈求藏书能在战火中幸存：“弟兄兀兀抱书痴，谏果回甘味独知。未必祖龙都毁尽，尚期得者宝藏之。”③

不幸的是，他的良好愿望最终落空。八千卷楼早期藏书扫地而尽，幸免者仅有两部，一是“仅掌六公日夕披玩之《周易本义》”，但未详版本，无可踪迹；二是乾隆刻本《远村吟稿》，丁氏重获该书，是在同治十三年。④

---

① 丁丙《松梦寮诗稿》卷二，清光绪二十五年刻本。

② 抄永乐大典本《淳祐临安志》光绪二十三年丁丙手跋，《馆藏善本书题跋辑录》，14页，《第二年刊》。

③ 丁丙《松梦寮诗稿》卷二。

④ 前述“宋淳祐刊本”《昌黎先生集》，虽在咸丰十年由周莲舫代为购得，但交付丁氏是在同治年间。

此本现藏浙江图书馆，系 1936 年丁宣之捐赠，曾在是年浙馆举办的“浙江文献展览会”上陈列。①半叶十行，行十九字，白口，单鱼尾，左右双边。钤“嘉惠堂丁氏藏”白文扁方印、“八千卷楼”朱文长方印。扉页有“民国廿五年五月杭县丁宣之捐赠”一行，下钤“展菴”朱文方印。卷末有丁丙手跋二则，是反映八千卷楼早期情况的贵重史料，全录于下：

去春二月花朝，与陈次农表叔同客云间。闻安吉之警，临归，船将樀，出令先祖远村先生诗集为赠，且云版已毁于竹竿巷旧宅矣。余归杭四日而贼至，越九日而城破，迟三日，缒艮山门，走云间。杭城旋克复，时大营犹未溃也。闰三月十七日，金陵豕突，直窜姑苏，云间亦于五月十三日不守。复与次农避青浦。二十七日，松郡收复，次农方遭北茔之痛，忧劳瘁发，竟于六月十七日化去。自云间再陷后，避南汇，病疟七十日，腊尾二十四日，甫航海抵甬。今春正月，抵故园，重理书卷，检及是编，不胜故人故纸之感矣。远村先生尚有《南山射虎回雪夜读道书图》，为华新罗所缋，如金寿门、王茨檐、曹荔帷、沈学子、汪槐塘诸先生皆有题咏，于去年兵燹失去，未知明珠尚能合浦否邪。咸丰十一年十一月十一日，居围城中已四十五日，援军不至，粮绝兵饥，饿殍满道，虽一城鼎沸，余则一息尚存，藉此破闷，无所住庵丁丙记。

寒家劫前藏书可三万册，辛酉冬悉化去。同治甲子克复后，百计搜故藏之书，无一完璧者。越十载，甲戌二月望，出北郭求医，偶至普济堂，遇张叟，以余旧物，郑重见归，三万册中之一也。噫！三万册而仅获返一，而余兄弟暨眷属凡六人，居然生全，可不谓之厚幸也夫。是岁秋八月二日，装成因记，田园主人丁丙。（下钤“丁”朱圆小印）

除此之外，丁氏兄弟虽尽力搜访，终一无所获。

第二节　同光间丁氏访书事迹考

本节考述同光年间丁氏访书事迹，侧重于丁氏聚积书籍的过程、访求途径、搜购来源等问题点，主要材料为丁氏手书题跋、《松轩书录》及《年谱》。

一、同治初年流亡期间访求书籍之事实

太平天国之役，江南人文之邦被兵灾者十余年，旧籍化为劫灰者曷可胜数。就丁

① 丁宣之名以布，为丁立诚之子，丁申之孙。见前揭下孝萱文。

氏而言,3万册藏书烬于一炬,损失极为惨重。然以另一视角观之,太平天国战争为近代一大变局,造成极为剧烈的社会动荡,由此引发社会阶层的上下流动以及社会财富的重新分配。

书籍的流散与重聚,也不例外。战争在毁灭大量书籍的同时,也引发了藏书的大规模流动,这在客观上为藏书的重新积聚与形成新的藏书家制造了条件。故家败落,藏书散出,有心者方能收拾丛残,承接余绪,焕然成新一代收藏大家。设使四海承平,宇内无事,藏书之家均子孙永宝,世守勿替,则无可能有后起而继之者。如陆心源皕宋楼、丁日昌持静斋等,皆崛起于同光之间,实非偶然。

丁氏在旧藏尽毁、流亡奔命的同时,仍有志坟籍,着力搜访,八千卷楼得以复振,良有以也。丁丙《八千卷楼收藏书籍记》对此有生动自述,节引如下:

> 咸丰十一年十一月二十八日,贼再陷杭州。寒家无长物,惟藏书数十厨传自祖庭者,悉遭毒厄。身既出坎,心恒耿耿。同治元年夏四月,自甬游沪上,复航海至如皋、泰州,门摊偶涉,行箧时装。闰八月仍返沪。故人周汇西,书贾也,将回杭负土。余嘱其假惜字举,寓搜书计。贼知书之得获赀也,牛腰捆负,麇集出售,零乱损残,如人之遭患难而无由完合也。火者半,存者半,间关至沪,暇略检剔,拂尘驱蠹。其中故家之收藏、耆旧之雠校,吉光片羽,愈堪宝贵,爰为录目,以识燹余。[①]

"门摊偶涉,行箧时装"一语,虽极简略,未及具体的购书情形,却生动道出丁氏在难中仍孜孜于典籍的实态。丁氏此时在宁波购买的书籍,也有明确可知者,如罗以智校抄本《南宋院画录》即是。后来丁氏编刻《武林掌故丛编》,收入《南宋院画录》,即以之为底本,丛编本张维嘉跋称:"同治纪元之岁,丁竹舟、松生两兄得此稿于四明书肆。审视跋语,知为罗镜泉先生校本。"

《八千卷楼收藏书籍记》提及,丁丙委托书商周京潜回杭州,以收购废纸为名,获得大量书籍。此事为八千卷楼复兴的一大关键,惟上引文叙述过简,殊不足以尽其细节。同治二年五月十一日,丁丙与高均儒通信,向后者讲述收购经过,所言较详:

> 松生(同治二年)五月十九日撰此跋,二十日即以录副之本寄均儒。先于十一日与均儒书曰:周汇西去秋潜回杭州寻亲,不得,于其家中舁停柩七具,出城以葬。于城内外收掩骼胔数百,收焚字纸数万斤。就中检出成本者几及十之一,又收残书,约高二尺一束,计八百束。今年四月,悉携来上海以与丙。[②]

① 丁丙《八千卷楼收藏书籍记》,《松梦寮文集》。

② 《温氏母训》高均儒跋,清同治丁氏刻当归草堂丛书本。

周京此行，历时数月，获数万斤“字纸”，从中捡出近十分之一即数千斤“成本”，此外又收得八百束“残书”，每束高约二尺，可以推测总数当有数万册之多。由于是按废纸论斤收购，价格想必亦极低廉。这批书籍经乱散出，零杂纷乱、残损不齐，但其中尚有“故家之收藏，耆旧之雠校”，可见仍含有一些善本。丁氏刚刚经历藏书尽毁的惨痛损失，通过这次大收购，戏剧性地重获大量书籍。此事实为八千卷楼复兴乃至成为“晚清四大藏书家”之肇端。

这批书籍中目前可考者有：嘉靖刊本《慎言集训》、抄永乐大典本《淳祐临安志》、梁山舟抄本《温氏母训》、道光刻本《张杨园先生年谱》、邵懿辰手稿本《忧行录》、明刊本《何氏语林》、明刊本《孔丛子》。

> 右清江敖氏所纂《慎言集训》，亦前年四月周汇西所收残帙中捡出以寄高君伯平校刊者。溯敖氏是书成于嘉靖五年，厥后督学陕西，始刻以示诸生，其年不可考。是本则嘉靖十七年余姚陈辅刻于成都府同知任所，迨今年正月重刊，已阅三百二十八年。（嘉靖刊本《慎言集训》）①
>
> 乃侨称收购字纸，贼果担书来售，孱羼无次，亦不仅四库书。分别简料，得书八百余束，束高二尺，《图书集成》与《四库》书不计。渐运至沪，属周君汇西部署。是志即出其内，姚氏故物也。（抄永乐大典本《淳祐临安志》）②
>
> 周汇西去秋潜回杭州寻亲，不得，于其家中舁停柩七具，出城以葬。于城内外收掩骼胔数百，收焚字纸数万斤。就中检出成本者几及十之一，又收残书，约高二尺一束，计八百束。今年四月，悉携来上海以与丙。……《温氏母训》即成本之一。（梁山舟抄本《温氏母训》）③
>
> 是本于同治二年春，周汇西自杭州难中购至上海。丁竹舟、松生伯仲寄淮，属均儒重为校刊。（道光刻本《张杨园先生年谱》）④
>
> 同治元年冬，余友周汇西素为书贾，归欲寻亲，余托其收买书籍。不三月，得八百束以出，惜残损过半。是录幸完好，迨先生精气所护欤。（邵懿辰手稿本《忧行录》）⑤
>
> 此为周汇西乱中所搜残帙八百束之一，虽损不阙，且是吾杭海昌陈谢浮旧

① 《慎言集训》丁申跋，清同治丁氏刻当归草堂丛书本。

② 抄永乐大典本《淳祐临安志》丁丙手跋，《馆藏善本题跋辑录》，14页，《第二年刊》。

③ 《温氏母训》高均儒跋，清同治丁氏刻当归草堂丛书本。

④ 《张杨园先生年谱》高均儒跋，清同治丁氏刻当归草堂丛书本。

⑤ 《忧行录》丁丙跋，清同治丁氏刻当归草堂丛书本。

籍。(明刊本《何氏语林》)①

此册为东乡翟氏藏书,阅百年,归书估沈雨溥所得,未售于人。遭乱被贼,负载而出,论斤货于我。内有线订书八百捆,此其一也。上元甲子春,属周老四订成记。(明刊本《孔丛子》)②

二、同治初年流寓上海期间访求书籍之事实

与当时很多士绅的选择相同,丁氏流离转徙了一段时间之后,于同治二年正月,迁至上海暂栖,直至同治三年三月返杭为止,丁氏在上海寓居了一年有余。生活稍获安定之后,丁氏又在上海搜求书籍。

丁氏寓沪期间所获,不乏善本。同治二年,他收得宋宾王手校《吴都文粹》,事见旧抄本《吴都文粹续集》丁丙手跋:"同治二年,寓上海大东门内,暇则稍稍购书,因得宋宾王手校《吴都文粹》。"③

丁丙称,当时寓所在"大东门内"(寓沪期间,丁氏是否有过搬迁,则不可知)。大东门是旧上海县城朝宗门的俗称,位于今复兴东路中华路交口。值得一提的是,之后丁氏再至上海,仍选择在大东门附近居住。如下引文,光绪六年夏,丁丙来沪,住在"太平街"。此处距大东门不远,当时肇嘉浜横贯上海县城东西两门,沿河道路的中段偏东部分便是太平街,大体相当于今复兴东路的三牌楼路至四牌楼路段(旧称三牌楼街、四牌楼街)。

光绪庚辰六月二十九日,携(《湖壖杂记》)至沪上太平街寓中,抄入《武林坊巷志》讫。东青门灌隐丁丙记。④

是年所得善本,还有"宋槧本"《周易本义》、明正统本《林和靖诗集》、明初刊本《荆溪唱和集》:

同治癸亥仲冬,客沪上,于城北昼锦里志雅堂购宋槧《周易本义》十二卷。归检全帙,阙《筮仪》五叶。书贾以此册为偿,俾增插架。(明正统本《林和靖诗集》丁丙手跋)⑤

---

① 明刊本《何氏语林》丁申手跋,《馆藏善本书题跋辑录》,33 页,《第三年刊》。

② 明刊本《孔丛子》丁丙手跋,《馆藏善本书题跋辑录》,1 页,《第三年刊》。

③ 《馆藏善本书题跋辑录》,26 页,《第四年刊》。

④ 《湖壖杂记》卷前丁丙手跋,清抄本,"中研院"傅斯年图书馆藏。此据电子书影录出。

⑤ 《馆藏善本书题跋辑录》,4 页,《第四年刊》。据《八千卷楼书目》,《周易本义》丁氏无宋本,仅有元刊。

同治二年，在沪上购得明初刊本《荆溪唱和集》。（当归草堂钞本《高氏三宴诗集》丁丙手跋）

此外，高均儒称，同治二年春，丁丙自上海寄来"绍定本"《童蒙训》、黄荛圃校本《武林旧事》，请他代为校刊：

嗣流离转徙，于同治元年三月，至上海昼锦里书肆，见有是《训》楷书大字本，其价甚昂。以毁余箧中尚存红荔馆本一册，遂未购也。二年春，丁松生丙自上海寄来是《训》大字本暨黄荛圃校本《武林旧事》，属为重刊。窃谓《童蒙训》视《武林旧事》尤有裨于学者，即以红荔馆重刊小字本互勘，略无增损。大字本，楼跋在前，李记"绍定己丑锓木于玉山堂"等字双行列后，度是李氏原刻印本。均儒对覈间，儿子行笃从旁觇之曰："是即向在昼锦里书肆所见本也。"用自愧购书之诚，不如松生多多。①

若高行笃记忆无误，则《童蒙训》是同治二年初丁丙在沪购得之物。如前述，同治二年正月，丁氏移居上海，四月，周京在杭州为丁氏购得的那一大批书，方运抵沪上。整理收拾，必然要花费时间。随《童蒙训》一并寄去的黄荛圃校本《武林旧事》（此本载于《丁志》卷一二），很可能不是周京代购之书，而是丁氏在上海所购得的。

以上引文中两度出现的"昼锦里"，即今山西南路，当时属于租界，位于上海县城以北，故称"城北"。此处距离丁氏居住的大东门一带，约有 3 公里路程。昼锦里与三马路（今汉口路）、四马路（今福州路）纵向相交，当时书店报馆云集此处，这里应是丁氏在沪购书的主要去处。

同治三年在沪所得善本，有"清初人校南监本"《三国志》、"顾广圻临校陆贻典宋本"《易林》：

同治第一甲子人日，购是书于沪城。是书全部用朱蓝两色圈点。首卷朱笔记癸巳，蓝笔记戊申，又墨笔记乙巳，但有干支而无年号，惟墨笔有申受姓名。《蜀志》卷末蓝笔记"戊申四月二九，新安徐氏斗岩寓楼校毕"。又是卷墨笔有"雍正三年"字，是年岁次正当乙巳，与卷首合。……胜朝版本，国初遗迹，垂二百年，竟逃劫火，洵可宝也。（南监本《三国志》丁丙手跋）②

兹获顾涧苹居士临校陆敕先刊本，视旧藏荛翁刊本，更可喜也。……甲子春王正月甲子日，丁丙记于沪上之当归草堂。（顾广圻临校陆贻典宋本《易林》丁丙手跋）③

① 《童蒙训》卷末高均儒跋，当归草堂丛书本。所谓"绍定本"，是高氏判识有误，此本见《丁志》卷一五，著录为"明翻宋本"。

② 《馆藏善本书题跋辑录》，5 页，《第二年刊》。

③ 《馆藏善本书题跋辑录》，12 页，《第三年刊》。

这一年，丁申还在宁波买得写本《护国寺元人诸天画像赞》，从编本丁丙跋称："同治甲子正月，竹舟兄得此帙于甬上汲绠书肆。"此行的具体情况不可知，推测可能与丁氏经商有关。

如前述，丁丙少时便喜搜集乡邦文献，流寓上海期间，注重搜集乡邦文献的藏书取径依旧不变。如此目的明确的收购，会造成两方面的后果：一方面，书贾会投其所好，主动搜罗并向他兜售杭州地方文献，丁氏这方面的收藏遂与日俱丰。但另一方面，也会因此错过一些精善罕见的本子，事后便觉可惜。光绪十四年，丁丙回忆自己与黄丕烈抄本《续吴都文粹》失之交臂的过程：

> 阅数日，书贾持黄荛圃《续吴都文粹》索售。时以赁屋值昂，寓居甚狭，不能容大部书，且籍非吴郡，文献不待急征，却之不购。数年后，闻为陆存斋购去。光绪十二年，补钞文澜阁《四库全书》，复从存斋借钞以作底本。纸墨之费，约五十缗，较前沪上索值已三倍，书反不及黄钞之善。噫，凡事推迁，皆本时运。光绪戊子秋日丁丙记。①

三、太平天国战争后访求书籍之事实

同治三年三月，清军夺回杭州，丁氏家族随即返杭。随着战争结束，生活重获安定，丁氏购书的规模较之前明显更甚。1936 年，浙江省立图书馆举办浙江文献展览会，展品中有《嘉惠堂新得书目》稿本，是光绪十四年至二十四年间丁氏的年度购书记录：上册记戊子、己丑、庚寅、辛卯四年所得书目，中册记壬辰、癸巳、甲午三年所得书目，下册记乙未、丙申、丁酉、戊戌四年所得书目。②

另据《钱塘丁氏八千卷楼藏书印印目》，丁氏有 6 枚记载得书年份的藏书印："光绪辛巳所得""光绪壬午年嘉惠堂丁氏所得""光绪庚寅嘉惠堂所得""光绪辛卯嘉惠堂丁氏所得书""光绪壬辰钱塘嘉惠堂丁氏所得""光绪癸巳泉唐嘉惠堂丁氏所得"。由上两点，足见当时购书规模之大，否则便无须制作专门印章，更不必编写年度购书目录。

史料显示，同治光绪间，丁氏有数次成批购书之举，或集中获得某家藏书。

其一，杭州藏书家许宗彦鉴止水斋的部分旧藏，时间应在同治三年清军夺回杭州后不久。许宗彦卒于嘉庆年间，据下引丁丙手跋，许氏后人早已不能守藏书，残存的鉴止水斋旧藏，战后流落到市面上。《丁志》著录的鉴止水斋旧藏本为数不少，以情理

---

① 旧抄本《吴都文粹续集》丁丙手跋，《馆藏善本书题跋辑录》，26 页，《第四年刊》。

② 《文澜学报》2 卷 3—4 期合刊，1936 年。案，此目今似已不存。

推测，很可能是当时成批流出，丁氏乃大量购入，事见明抄本《宋十六家词》丁丙手跋："许周生驾部鉴止水斋藏书，其文孙季仁太守质于柴垛许辛泉司马家。乱后为抚部行台，所留残帙，半为兵勇攫卖市上。此其一也。"①

其二，同治四年，经魏锡曾劝说，有购买"残破书一船"之豪举。事见周星诒称述："稼老乙丑自闽归杭州，寓丁松生丙家，尝从书摊杂书中检得此册。阅数日，卖者载残破书一船，凡千数百册，寻稼老求售。冀翁评上册或在其中，因怂恿松生毕门买之。"②

其三，同治九年末，在宁波一举购得萧山藏书家王宗炎十万卷楼旧藏800册。《年谱》是年"命兄立诚至四明访购《四库》遗书"条下小注："府君命修甫兄偕吴兴朱叟东皋访之，得《四库》遗书暨十万卷楼王氏旧本八百册以归。"

其四，约同治十三年，或光绪初，购得李之郇瞿铏石室部分旧藏。③事见明刊本《后魏文纪》丁丙手跋："至同治癸酉暮春，余薄游吴门，晤宛陵李伯雨兵曹，出此相赏，借录未允。甲戌春，伯雨旅没，遗书为李香岩方伯所得。香岩鉴余嗜书之笃，兼以吴颂奇太守作缘，析伯雨书四之一以归余。此《纪》仍为香岩自藏，复乞传抄，始克成帙。……是岁小雪，八千卷楼主人丁丙。"④

其五，同年冬，购得若干海昌周氏旧藏，精抄本《玉山名胜外集》丁申手跋称："同治甲戌仲冬，得海昌周氏藏书数种，有精抄《玉山名胜集》二卷《外集》一卷。"⑤

其六，获得杭州朱学勤结一庐的大批藏书。萧穆曾致信孙诒让，道及此事："吾兄云，此书得之于朱君修伯。闻其尚有精校之本，今其子子清不能守，大半归诸杭州丁氏。"⑥该函写作时间不详，从行文看，此时朱学勤已卒（卒于光绪元年）。《丁志》著录结一庐旧藏甚多，可证其言不虚。

除因某种机缘将大宗书籍捆载而归，丁氏也经常访诸市肆，搜访书籍，且不限于杭州本地，以下分地逐一介绍。

（一）杭州诸肆访书

1. 扶雅堂　同治三年，在此处购得曹溶抄本《江月松风集》，此书丁丙手跋称："去

---

① 《宋十六家词》，明抄本，南京图书馆藏。此据原件录出。许宗彦事迹略见丁申《武林藏书录》。

② 翁方纲手校本《淳化秘阁法帖考正》周星诒手书题识，转引自江澄波《古刻名抄经眼录》，江苏人民出版社，1997年，109页。

③ 李之郇字伯雨，号莲隐，安徽宣城人，藏书楼号佞汉斋、瞿铏石室。事迹见郑伟章《文献家通考》，中华书局，1999年，1039页。

④ 《馆藏善本书题跋辑录》，26页，《第四年刊》。由此手跋可知，李之郇卒于同治十三年，可补《文献家通考》之阙。

⑤ 《馆藏善本书题跋辑录》，23页，《第四年刊》。

⑥ 朱爱琴《敬孚函稿·致孙诒让》，《历史文献》第6辑，上海古籍出版社，2004年，189页。

岁夏五，从宋睦亲坊扶雅堂购残书，中有《江月松风集》，缺上册。以吾杭乡先辈所作，姑以三十文买之。……同治乙丑九月十六日，先母冥忌之辰十载，孤儿丁丙记。”①

2. 文光堂　光绪八年，在此购得万历间刻本《乐陶吟草》，此书八千卷楼主人手跋称：“光绪壬午八月十二日，得此册于清云街考市文光堂书棚。……嘉平十有九日装成，八千卷楼主人记。”②

3. 修本堂　店主名顾芸台。丁氏在此处得书甚多。光绪十七年，购明刊本《银海精微》，该书丁丙手跋称：“前刻《医学丛书》，遍觅是书旧刻不得。今偶于修本堂购此，尚是明刊。”③

光绪十八年，购万历刊本《程仲权诗文集》。该书有手跋称：“壬辰闰月，有黟人寄售修本堂。余携归。”④

光绪十九年，购嘉靖四十年刊本《半江集》。该书丁丙手跋称：“光绪癸巳，得于修本堂顾氏，直番银三饼。采诗文数篇，入《杭城坊巷志》，殊可喜。松老记。”⑤同年，又购明万历刊本《子汇》残卷四种，与同治八年获赠残本配成完书，该书丁立诚手跋称：“《子汇》二十四种，同治己巳秋，朱东皋见赠残本二十种。越二十有四年，从顾芸台修本堂凑齐。”⑥

光绪二十二年，购得精抄本《赵氏家藏集》，该书丁丙手跋称：“柔兆涒滩之岁，得于顾氏修本堂。”⑦

4. 竹简斋　丁氏在此购得宋麻沙刊本《二十先生回澜文鉴》残本。此书八千卷楼另有传钞天一阁本，该本丁丙手跋称：“余在珠宝巷竹简斋购得《回澜文鉴》二十卷残本。书估因宋麻沙剜去‘后集’二字，以充全帙。”⑧

5. 退补斋书肆　丁氏在此购得明翻元本《汉书》。此书丁立中手跋称：“前后《汉书》凡八十册，得于珠宝巷退补斋书肆，旧为永康胡月樵观察所藏。”⑨

6. 邱春生书摊　同治三年，在此购得抄本《历先生文录》残卷，此书丁丙手跋称：

---

① 《馆藏善本书题跋辑录》，13 页，《第四年刊》。

② 赵鸿谦《松轩书录》，53 页，《第四年刊》。

③ 《馆藏善本书题跋辑录》，3 页，《第三年刊》。

④ 赵鸿谦《松轩书录》，47 页，《第四年刊》。此无署名，而光绪十八年壬辰有闰六月，当出丁氏某人之手。

⑤ 赵鸿谦《松轩书录》，25 页，《第四年刊》。

⑥ 《馆藏善本书题跋辑录》，26 页，《第三年刊》。

⑦ 赵鸿谦《松轩书录》，117 页，《第四年刊》。

⑧ 赵鸿谦《松轩书录》，140 页，《第四年刊》。

⑨ 《馆藏善本书题跋辑录》，4 页，《第二年刊》。

"同治甲子，两浙镜清，余自沪归，在和合桥街邱春生书摊购得此册，已缺前册。重加装订，藏之八千卷楼。"①同年，丁申又在此购明刊残本《砚北杂志》，此书丁申手跋称："陆友仁《砚北杂志》，为孙庆增藏本，又为丁隐君敬身、厉征君太鸿手校，后归汪氏振绮堂，赵诚夫秀才间有案语。叠经名流染翰，珍重可知。初得上卷于邱春生处。阅十七年，光绪辛巳夏日，皖中陈半樵钟藻来杭访戚，寓众安桥岳庙。一夕，以此下卷属觅抄补。②"

同治四年，购宋刻抄配本《咸淳临安志》，《丁志》卷一一该书解题："同治四年，邱春生作缘，归之八千卷楼。"

此外，丁氏还在杭城各处书摊上购书。前揭卢文弨批校浙江翻刻武英殿本《金渊集》，丁丙手跋称："同治甲子夏，偶在三元坊书摊得之。"③原稿本《梧园诗文集》二十九册，《丁志》卷三七该书解题称："同治乙丑，从三元坊包叟得集二十九册。"明嘉靖刊本《通典》，丁丙手跋称："光绪辛卯，得于清云街考棚。"④万历刊本《奚囊蠹余》，遗著本丁丙跋称："更访《奚囊蠹余》，虽附存四库，并载汪氏《振绮堂书目》，久之无从得。己丑秋，犹子立诚忽从青云街试棚购归。"前揭乾隆刻本《禁林集》，丁丙手跋称："光绪己卯秋八月二十日，从登瀛桥试市购得。"

另外值得注意的是，杭州城破前丁氏曾光顾的弼教坊沈雨溥书坊、保祐坊小瑯嬛温凤庭书肆，在同治三年以降的购书记录中，未再出现。

（二）外埠购书

1. 上海

同治初年寓居上海时，丁氏大量购书，对沪上旧书业必有相当了解。战后，丁氏与沪上书肆仍有交易。其中往来较多的是醉六堂，丁氏题跋多次提及。此店是当时上海知名的古书店，店主吴生甫（或作"申甫"）精于鉴别，搜罗书籍颇富，时为执海上旧书业牛耳者。蒋凤藻称："上海醉六堂书坊湖贾吴申甫，熟于宋椠元钞、名校善本，其他元明旧刊以及乾嘉名流校刊丛书、经史小学诸书，搜罗甚广。盖一时书贾中之卓卓者。"⑤

同治三年以后，丁丙至少两度访书于醉六堂。一是同治七年冬，获见李许斋抄本《秘书监志》。该书丁丙手跋称："同治七年冬，上海醉六堂见此书，为李许斋手抄，叶

① 厉鹗《厉先生文录》，抄本，上海图书馆藏。此据原件录出。
② 《馆藏善本书题跋辑录》，23页，《第三年刊》。
③ 《馆藏善本书题跋辑录》，10页，《第四年刊》。
④ 《馆藏善本书题跋辑录》，18页，《第二年刊》。
⑤ 蒋凤藻《心矩斋尺牍》，江苏省立苏州图书馆，1941年，18页。

东卿收藏，以价昂未购也。后为龚孝拱买去。”①一是光绪十八年春，购得明万历刊本《史记钞》，是书丁丙手跋称：“《史记钞》一百三卷，明茅坤编。《四库》附存目，载此书仅六十五卷。殆当时进呈之书，非足本欤。光绪壬辰春日，道出沪上，得于醉六堂书肆。此以见求书之难。八千卷楼主人记于嘉惠堂之北牖下。”②

丁氏在醉六堂购得的书籍，尚有明嘉靖震泽王氏刊本《史记》，据此书丁丙手跋，购买时间在光绪十八年之前：“此书得于沪上醉六堂书肆。索价甚昂，以其纸宽初印，出重价购之。今春过沪访之，一无所得。近闻其书毁于火，新买得古书数十部，悉付焚如。从此古书日少，书贾居奇，虽明刊之佳者，亦不可多得矣。光绪壬辰五月记。”③

又有旧抄本《贻安堂诗》，购买时间不晚于光绪十三年（丁申卒于是年），购书者是丁立诚。此书丁立诚手跋称：“右《贻安堂诗》八卷《外集》四卷，仁和金梦蜚先生著也。寒家藏有刻本。记得诗仅六卷，外集亦四卷。以此两册为旧钞本，购之沪上醉六堂吴生甫家，聊备一种，不知重也。…… 光绪戊子九月下浣五日，里后学制丁立诚谨识。”④

此外，购于上海但未明言店家者还有：宋福唐刊明修本《汉书》，《丁志》卷六该书解题称“沪上更以此书来售”。陆梅谷校汲古阁刻本《乐府诗集》八千卷楼主人手跋称：“同治辛未（十年）秋，客沪上，茗估以是帙求售，……以十番购之。”⑤

2. 北京

北京向为人文荟萃之处，以琉璃厂为中心的旧书业极其繁荣。《嘉惠堂戊子年所得书目》卷前丁丙手跋称：“戊子、己丑、庚寅、辛卯四年所得书，或赠自友朋，抄自故家，或购之都厂，及书估携负而至。”⑥将“都厂”列为得书的四大来源之一，足见在京购书之多。

丁氏在京购书，主要是利用丁立诚（修甫）、丁立中（和甫）赴京会试的机会。据《民国杭州府志》，丁立诚为光绪元年乙亥恩科举人。⑦又顾浩《外舅丁松生先生行状》载“长立中，光绪辛卯科举人”。⑧丁立诚中举较早，赴京次数当然更多。吴庆坻《题丁

---

① 《馆藏善本书题跋辑录》，17 页，《第二年刊》。

② 赵鸿谦《松轩书录》，21 页，《第二年刊》。

③ 《馆藏善本书题跋辑录》，1 页，《第二年刊》。

④ 赵鸿谦《松轩书录》，122 页，《第四年刊》。

⑤ 赵鸿谦《松轩书录》，143 页，《第四年刊》。

⑥ 《浙江省立图书馆月刊》1 卷 7—8 期合刊插页图版。

⑦ 吴庆坻等《民国杭州府志》卷一一三，影印民国十一年铅印本，收入《中国地方志集成·浙江府县志辑》，上海书店，1993 年。

⑧ 顾浩《外舅丁松生先生行状》，《宜堂类编》卷二。

修甫手书诗卷》称:“族叔紫英与丈(丁立诚)同举乙亥省试,文字因缘,至是益密。丁丑以后,公车计偕,时相从于软红香土间。……十上不第,所作日益富,诗境于剑南为近。”①及丁立中中举,兄弟结伴北上,流连厂肆,每次下第返杭,都要带回在京购得的大批书籍。王同《文澜阁补书记》称:“修甫、和甫先后举孝廉,每计偕北上,必日夕至琉璃厂访书,恒捆载数百册,以压装南归。”②

《丁志》卷末附录收有张大昌《八千卷楼藏书记》,称“所藏宋本,有旧时为怡亲王邸物者数种,皆有怡亲王印章。朝议公喆嗣修甫孝廉北上计偕,得于京畿书肆”。案,《丁志》著录怡府旧藏不少,无一宋刊,标记为元刊者有数种,如《礼经会元》(卷二)、《图绘宝鉴》(卷一七)、《范德机诗集》(卷三三),等等。张氏云丁立诚在北京购得怡亲王府旧藏宋本数种,所称有所夸大。不过,由此类推,八千卷楼所得怡府旧藏书,宜主要购自厂肆。

李雨亭宝森堂是丁立诚光顾的书肆之一,樊增祥曾亲眼目睹:“未几,又见(丁立诚)于书估李雨亭许,观其抽览群籍,辨析板本。”③李雨亭是宝森堂店主,精于鉴别,在同行中颇有名望,缪荃孙《琉璃厂书肆后记》称:“宝森堂,主人李雨亭,与徐苍厓在厂肆为前辈,曾得姚文僖公、王文简公、韩小亭、李芝龄各家之书,所谓宋椠元椠,见而即识,蜀板闽板,到眼不欺,是陶五柳、钱听默一流。”④

肄雅堂是丁立诚光顾的另一店铺,校本《改虫斋诗略》即购于此,此书丁立诚手跋称“此册得于京师琉璃厂肄雅堂”。⑤案,此店亦是当时琉璃厂较有规模的店家,经手方功惠碧琳琅馆藏书的售卖。缪荃孙称:“肆主丁子固,得崇雨舲之书,先为湖南方柳桥收购旧籍,柳桥殁,又捆载其书来京售之。善装潢,与宝名同装天禄琳琅者,焰张甚,后因官事受责,意气熸矣。”⑥

丁氏又在宝华堂购书。缪荃孙称店主精于鉴别,“再西则宝华堂、修文堂,均张姓,均能鉴别良楛”。⑦《丁志》卷六著录之《晋书》“宋刊大字本”(实为元刻明修本,即《中国古籍善本书目》史部650号),系在此店购得。是书有丁丙手跋,称:“《晋书》一百三十卷,得于都门琉璃厂宝华堂书肆,索价银二十两,出十二两购之。首行大名在下,每页二十行,每行二十字,间有明嘉靖年修张。谨按,邵位西《所见书目》云,元有

---

① 吴庆坻《补松庐文稿》卷二,稿本,浙江图书馆藏。

② 王同《文澜阁志》卷下,清光绪丁氏刻武林掌故丛编本。

③ 丁立诚《小槐簃吟稿》樊增祥序,民国八年丁氏嘉惠堂排印本。

④ 缪荃孙《琉璃厂书肆后记》,孙殿起《琉璃厂小志》,上海书店出版社,2011年,78页。

⑤ 赵鸿谦《松轩书录》,142页,《第四年刊》。

⑥ 缪荃孙《琉璃厂书肆后记》,孙殿起《琉璃厂小志》,78页。

⑦ 缪荃孙《琉璃厂书肆后记》,孙殿起《琉璃厂小志》,78页。

十行刊本。则此为元刊本无疑。不知何时所刊，并不知板于何时归入监中，姑记此以俟考。光绪壬辰夏五，八千卷楼主人记。”①

此外，光绪六年，丁立诚在“厂肆”购得清金应麟《金氏世德纪》，“邮呈先君子，谓当时旧作已不可记忆，命立诚藏之巾笥。……一日，与枢部嗣君越生、谨斋昆仲晤，言及此，两君皆云当时随征随刻，印本多寡不一”。据此丛编本丁立诚跋（光绪二十二年八月），所得为刻本。此书后被丁氏刊入《丛编》，前此则仅有道光金氏原刻本，可知光绪六年所得者即此。

光绪二十年，丁立诚在京购得清朱彭《抱山堂集》，《丁目》卷一七著录有“刊本 刊本”，未知此次购得者为何。丛编本丁丙跋称：“《湖山遗事诗》向附《抱山堂集》末，因有阙页，仅刻《吴山遗事诗》一卷。今春，犹子立诚得于都城厂肆，阙页在焉。爰付梓人，庶可免残山賸水之叹。光绪甲午重阳丁丙识。”

此外购于北京但得书时间不明者有：明写本《孝经总函》，《丁志》卷四该书解题云“侄立诚得于都中厂肆”；稿本《武林金石记》残卷，《丁志》卷一四该书解题云“原本偶流京师厂肆，百计搜之，终不能全”。

3. 宁波

同治初年丁氏逃亡避难之际，曾在宁波购置书籍，并注意到“避难者皆由绍而甬而沪，故家遗籍，会萃四明府”（《年谱》同治十年十一月）。战乱后丁氏继续在宁波搜购，所获颇丰，品质亦佳。前述同治十年，丁立诚在甬购得王宗炎十万卷楼旧藏800册，就是明显一例。

丁氏在宁波购得且较为成批者，还有杭州学者罗以智的藏书及若干稿抄本。丁申《武林藏书录》卷下“罗镜泉广文”条，介绍罗氏事迹，称在战乱中罗氏藏书大批流向宁波：

> 广文新城迁钱塘，讳以智，字镜泉。祖棠、父景熹及广文，以乾隆乙酉、嘉庆辛酉、道光乙酉，三膺拔萃，为世称美。家富藏书，至广文尤孜孜罗集，闻有异本，必借录之，丹黄握管，日夕忘疲，首题尾跋，备溯源委。于乡邦掌故，爬梳益力。司训西安，著《赵清献年谱》，移铎慈溪，著《文庙从祀贤儒考》，居夹墙巷，则仿《东城杂记》，而为《新门散记》。别有《经史质疑》《金石取见录》《宋诗纪事补》《诗苑雅谈》，又集唐宋以后重排周兴嗣《千字文》之制诰颂赞铭训叙跋等文，凡百篇，可称文苑之大观。《吉祥宝藏书目》，不下数千百种。庚申之劫，避居海昌而殁，书被劫，半售甬东，犹有存者，而《书目》已不可问矣。②

① 《晋书》，元刻明修本，南京图书馆藏。此据原件录出。

② 丁申《武林藏书录》卷下，清光绪丁氏刻武林掌故丛编本。

《丁志》著录罗氏藏书甚多，想来不少是在宁波购得。如罗氏抄本《嘉靖仁和县志》，《丁志》卷一一该书解题："先兄竹舟乱后得于甬上，似为罗氏以智传抄本。"而胡凤锦称："松生亦淫于书者，劫后东南遗文往往为所购得，其得自四明者居多，先生所著书数种在焉。"①

此外得于宁波者，尚有杭世骏《金史补》抄本、天一阁旧藏明抄道藏本《仙传外科集验方》《急救仙方》、明抄本《皇极经世书卦元元集》：

> 《杭郡诗辑》堇浦太史小传：太史晚年欲补《金史》，因构亭曰"补史"。今传钞只本纪五卷，盖未成之书也。是五帙，犹子修甫购于甬上。（《金史补》抄本）②
>
> 右帙与《急救仙方》，同购于甬上。《天一阁书目》有《外科集验方》十一卷，蓝丝栏钞本，浚仪赵宜真集，吴有壬序，与此合。当即范氏遗书也。（天一阁旧藏明抄道藏本《仙传外科集验方》《急救仙方》）③
>
> 同治初年，得于甬上，似范氏劫余遗帙也。（明抄本《皇极经世书卦元元集》）④

4. 苏州与常熟

常熟为苏州属县，因此一并论述。苏城向来古书云集。同治五年冬，丁丙赴苏，巡阅诸肆，获见多种善本，买下元刊残本《陆状元集百家注资治通鉴详节》。该书丁丙手跋称："同治五年十月二十三日，小游苏城卧龙街。得《陆状元集百家注资治通鉴详节》六册，自七十二至九十二，凡二十一卷。原书凡百二十卷，此则残损已极，以元椠值廉购之。同时见于吴市者，尚有圆妙观前绿润堂南宋刻《资治通鉴》全帙、山塘文光堂元刻《资治纲目》五十九卷之四十三卷、道前街渊海堂陈桱《通鉴续编》元刊本，皆古色古香。惜索值过贵而止。"⑤

丁立中也曾在苏州访书，购得蒋氏别下斋旧藏《成化杭州府志》。丁立中事后撰跋，该跋未署年月，作于光绪二十四年丁丙去世后，跋云："右《成化杭州府志》，予家旧藏也。书之源流，先府君曾著于《善本书室藏书志》中。缺五卷，为莫氏所抄，而十三、十四两卷缺叶尚多，无可抄补。先府君每引以为憾。今年春，道出吴门，于护龙街书肆见有是书，为别下斋蒋氏藏本，索值百金，议价至再，始以香饼五十枚购归。出旧藏

---

① 罗以智《新门散记》胡凤锦跋，清光绪七年丁氏刻武林掌故丛编本。

② 赵鸿谦《松轩书录》，40 页，《第二年刊》。

③ 天一阁旧藏明抄道藏本《仙传外科集验方》《急救仙方》丁立诚手跋，《馆藏善本书题跋辑录》，9 页，《第三年刊》。

④ 《丁志》卷一七该书解题。

⑤ 赵鸿谦《松轩书录》，1 页，《第二年刊》。

重加校勘，蒋氏藏本虽完善，然印本不及予家旧藏之精，因检旧藏所缺者，悉从蒋氏藏本抽出补之，俾成善本，惜先府君不及见矣。”①

同治十二年春，丁丙有常熟之行，在“寺前街后学福堂书肆”购得旧抄本《罔阜山志》。此本为马裕旧藏，进呈四库，载于《丁志》卷一二。该书丁丙手跋称：“同治癸酉三月二十二日，自金昌门放棹琴川。……次日，百岁坊访李升兰，许假《丁鹤年》四卷本。既从寺前街后学福堂郑氏购此册，所谓御退本也，出自马裕家。”②

四、丁氏的其他访书途径

除却在旧书市场上购买，丁氏还通过其他方式获得书籍，主要有藏家之间的书籍流转、传钞两种情形。

（一）得自藏家之间的书籍流转

藏书者之间的书籍流转，是常见之事。但由于史料行文含混或叙述时刻意略去，往往难以凿实甲次是纯粹的友情馈赠，乙次是明确的议价转让或易物交易，丙次表面上是馈赠，实际却有金钱酬谢或利益交换。熟悉藏书故实的读者，想必不难理解此点。

光绪三年五月，丁丙自朱子清处获得旧抄本《自堂存稿》，丁丙手跋称：“光绪三年五月二十日，从朱子清借此帙。子清病卷有污损，属别钞归彼，因以此藏之八千卷楼。”③

朱子清名朱澂，是杭州藏书家结一庐朱学勤的长子。前揭萧穆函称，朱学勤卒后，“其子子清不能守”藏书，即指此人。单看丁丙手跋的字面意思，这似乎可视为馈赠，只不过丁氏须将传录的副本交予朱氏。但此书为四库底本，而四库底本在当时价值不菲。在当时结一庐藏书逐渐流出，“大半归诸杭州丁氏”的背景下，朱氏将原本赠出，只保留过录本，就不免令人怀疑其间或有内情。

类似的令人感觉违和的例子，还有一些。“宋刊本”《两汉诏令》，《丁志》卷八该书解题称：“苕叟朱东皋赠藏八千卷楼。”在字面上，这是受赠。此本非宋刻，而是元至正九年苏天爵刻本（即《中国古籍善本书目》史部3538号）。在当时，受制于条件及个人识见，误元为宋，时常发生，无足深怪。但问题在于：一旦误认，人们会真以宋刻本待之，当时宋元刻本的经济价值已很高，将成套“宋刻本”（据《中国古籍善本书目》，此本

---

① 《成化杭州府志》，明成化刻本，南京图书馆藏。此据原件录出。

② 《馆藏善本书题跋辑录》，16页，《第二年刊》。

③ 《馆藏善本书题跋辑录》，7页，《第四年刊》。

仅缺一卷)赠人,是不寻常的。

同治三年,自湖北李春樵处得到抄本《历代后妃纪略》,事见该书当归生手跋:“同治甲子冬月,得于楚南李春樵司马寓斋。当归生记。”①称“得”而不称“赠”,究竟是购买,还是获赠,疑不能明。

同治十年,丁氏自吴门蒋氏收得“宋刊四子书”,丁丙因作《从吴门蒋氏得宋刊四子书藏之八千卷楼喜而纪此》一诗以纪之:“春风带草绿庭除,吴下欣来四子书。旧制尊崇劳目验,晚年编定倍心虚。护从历劫移家后,想到收灯上学初。从此遗经成独抱,田园没齿饱羹疏。”②从情形来看,这是商洽转让的可能性很大。

光绪十二年,丁立诚从湘潭藏书家袁芳瑛后人处,得到宋乾道刊本《颐堂文集》。此时,袁氏已故,藏书散出,丁立诚应是直接与其后人商洽转让而得。事见该书丁丙手跋:“光绪丙戌,犹子立诚下第南旋,得于袁漱六后人处。归而呈之先兄,先兄叹为未见。”③

当然,考虑到版本的珍贵程度及事件情形,某些“赠”书可认为确属馈赠。同治四年,丁丙自振绮堂后人处,获赠曹溶抄本《江月松风集》上册,与购自扶雅堂书肆的下册延津剑合。是书汪曾唯、丁丙手跋称:

> 余家振绮堂向藏抄本《江月松风集》二,一为曹朱先后藏本,经二吴手校,劫后各存上册。松生丁二于肆中购得曹朱藏本下册,余未之知也。乙丑夏,子义自粤归,持以贻丁二,始称完璧。……同治戊辰正月二十有三日,子用汪曾唯识。
>
> 去岁夏五,从宋睦亲坊扶雅堂购残书,中有《江月松风集》,缺上册。以吾杭乡先辈所作,姑以三十文买之。归插白木架上,尘封蠹蚀将一年。前日,偶至宿舟河下胡氏崇雅堂,访邵丈步梅。适汪子义兄出示残书数种,半皆明版,无一全者,而《江月松风集》上册居然在焉。余犹以虽属上册,未必即此册合璧也,漫置之。翌日,不能去于怀,命伻假之,检下册合证,乾坤合撰矣,为之喜极。按,是书初藏曹洁躬处,继归暴书亭,仅有印文,未加墨也。武林吴石仓先生手校一过,墨笔者是。其朱笔者,为吴尺凫所增。子义所云曹朱两先生朱墨手校者,误也。抄本字极草率陋劣,断非明人精钞,宜子义以姑存置之也。余性不喜夺人好,因子义有姑存之笔,其视此书不甚重可知已。今不侔而合,余不待向子义索,而亦姑取之也。东南浩劫,书卷灰烬。苟得残本,为之接续完合,仿佛人经患难流离之

---

① 赵鸿谦《松轩书录》,43页,《第二年刊》。

② 丁丙《松梦寮诗稿》卷四。

③ 《馆藏善本书题跋辑录》,5页,《第四年刊》。

后，重话团圞。况此书之本如人之兄弟而不可偶离，不幸而离，离而幸合，岂不大快耶。余知子义当必首肯耳。因以家刻五种为报，而志此书之聚散因缘如此。同治乙丑九月十六日，先母冥忌之辰十载，孤儿丁丙记。[1]

汪氏振绮堂是杭城藏书故家，乾隆时编修《四库全书》，汪氏进呈书籍达219种。[2]经太平天国之役，振绮堂藏书大量流失，被丁氏收得不少，屡见《丁志》著录。《江月松风集》，战后汪氏仅保有上册，已不甚重之，得知丁丙买到下册，遂举以相赠，使成完书。丁丙回赠以家刻书5种，推其用意，是人情酬谢，而不宜视为以物易物。但循此逆向思考，前述那些经济价值更高的"赠书"或"得书"的实际性质，委实值得推敲。

此外，丁氏言明获赠者尚有明刊本《六书故》，《丁志》卷五该书解题："海盐徐次云以为元刻见赠，虽亦不全，仍存良友之谊尔。"

明嘉靖刊本《旧唐书》，系许增所赠，《丁志》卷六该书解题："此帙许益斋增佐军徽州，得以见赠。"

抄本《三才世纬》，《丁志》卷一七该书解题："此海盐陈其晋字康斋训导所赠，特为志之。"

汪阆源旧藏"影元抄本"《韦斋集》，系应宝时所赠。《丁志》卷二九该书解题称："同治初年，应敏斋官苏松太兵备道，辟龙门书院，刊《朱子年谱》，尝举此见赠。卷端尚钤'应氏家藏''应宝时印''敏斋''可飘读过'四印。"

明弘治刻本《南斋先生魏文靖公摘稿》，乃丁丙女婿陈光照所赠。《丁志》卷三六该书解题称："书凡四册，为余壻陈光照所赠。据云，书中虽无印记，其尊人实得自十万卷楼后人者，其家尚存王氏旧藏残本数百册，余命其补钞成帙。乃未及半载，而光照遽归道山。此愿未知何日能偿矣，书此以俟之。"

明刻本《盛明百家诗》，《丁志》卷三九该书解题称："桐乡严缁生比部辰举此全书，作一瓻之赠，存之以志雅谊。"

（二）借抄

八千卷楼藏书以抄本丰美著称，其中不乏丁氏自各处借抄所得。藏家以借抄方式增益所藏，是相当普遍的，翻览诸家书目题跋，常可见到相关记载。而丁氏借抄书籍，与补抄文澜阁《四库全书》有密切关联，这又是较为特殊的一点。

光绪九年，丁丙向莫祥芝（字善徵，莫友芝弟）借抄《秘书监志》，即前揭同治七年

---

① 《馆藏善本书题跋辑录》，13页，《第四年刊》。

② 杨洪升、李雪《新发现的汪氏振绮堂四库进呈书目》，《文献》2017年1期。

见于上海醉六堂却因价昂未购之本。是书丁丙手跋称：

> 同治七年冬，上海醉六堂见此书。为李许斋手抄、叶东卿收藏，以价昂未购也。后为龚孝拱买去。光绪三年，孝拱病狂死，书归上海令独山莫善徵。九年冬，从善老借录，计五万六千五百三字。抄价较醉六堂索值虽贬，然远不如李抄之精。年来收觅四库著录底本，书估往往居奇，深悔曩时偿值之未丰也。然十四年间眼见书再易主，而余犹兀兀从事于故纸堆中，不可为不幸也。丁丙记于朝阳晚翠之轩。①

丁丙讲完此本流转及借抄经过，突然提到“收觅四库著录底本”；原其语意，这次借抄系因手头无补抄可用之本，回想彼年明明有机会获得原书，却因当时杀价太狠而错过，很有些懊恼。

光绪十二年，丁丙向陆心源借抄黄丕烈抄本《续吴都文粹》，情形与之类似。当时因“赁屋值昂，寓居甚狭，不能容大部书，且籍非吴郡，文献不待急征”，故错过，现在为补抄文澜阁《四库全书》，只好“复从存斋借抄以作底本”。②

范氏天一阁是丁氏借抄的一大来源，丁氏题跋多次提及向范氏借抄某书，足证借抄之频繁。丁丙卒后，天一阁后人范彭寿作悼诗，明确讲出与丁氏补抄文澜阁《四库全书》有关，诗云：“十年教养百废举，全书抄补杰阁修。知我尚书在老屋，用币告庙相为谋。爰给笔札补阙佚，阁下布席招同俦。”③如所周知，天一阁后人守护藏书甚密，丁丙为打开渠道，还特意祭拜范氏先人（“用币告庙相为谋”），人情功夫做得相当到位。

《朝鲜赋》，《丁志》卷一二称：“范氏天一阁有藏本，此从而钞之也。”现存文澜阁本系丁氏补抄，所用底本宜即为此。有趣的是，检《四库全书总目》，此书恰为“浙江范懋柱家天一阁藏本”。乃知补抄底本正是乾隆原抄底本，这是相当难得的巧合。

当然，丁氏向天一阁借抄书籍，也非皆与补抄一事有关。光绪二十年，丁氏自天一阁借抄《二十先生回澜文鉴》，此书未入四库，丁氏的目的是补配所藏残本。该书丁丙手跋称：“余在珠宝巷竹简斋购得《回澜文鉴》二十卷残本。书估因宋麻沙剜去后集二字，以充全帙。嗣见《天一阁书目》中有此书，亦残阙者，劫后残而又残，前集仅存八卷。孙补三适司训宁郡，因托向范氏子侄钞录，计一百九叶，四万三千六百四十七字。笔资百文一千，需钱四千三百六十余文。……光绪甲午五月十八日，八千卷楼主人丁丙记。”④

---

① 《馆藏善本书题跋辑录》，17—18 页，《第二年刊》。
② 《馆藏善本书题跋辑录》，26 页，《第四年刊》。
③ 范彭寿《悼诗》，《宜堂类编》卷四。
④ 赵鸿谦《松轩书录》，140 页，《第四年刊》。

与之类似的，还有《扬州赋》《续赋》，此亦四库未收书。丁氏借天一阁藏明刊本影抄，《丁志》卷一二："范氏天一阁劫后尚存此书，因录之。"案，天一阁藏本宝藏至今，骆兆平《天一阁遗存书目》著录为"明嘉靖二十四年刊本"。[①]

要之，丁氏的借抄活动，与补抄文澜阁《四库全书》有密切关联。借抄系因所藏恰无此书，可供补抄使用，而录副所得之本又会入藏八千卷楼，充实丁氏所藏。这是一体两面的事情。在当时的政治文化语境下，丁氏以补抄四库为名目向对方商借，较易获得允许。一旦借抄关系建立起来，丁氏借抄的范围，自然不会仅以补抄底本为目的而限于四库著录书，这为他扩充藏书提供了不少便利。这种"公私兼济"的样态，相当有趣。当然，借抄的先决条件是人际交往，须与对方相识或有可以依赖的中介，并了解其人藏有某书。关于丁氏的书籍交游，将在下文叙述。

五、丁氏的收书旨趣

（一）搜访补抄四库之底本

丁氏注重搜集保存乡邦文献，前文已述及，此不赘。补抄文澜阁《四库全书》是丁氏文献活动的重要一环，搜访补钞所用底本，遂成为丁氏在乡邦文献之外的另一访书重点。

由于《四库总目》基本不标版本，乾隆原抄系从何本而出，大多难以判明，即便可以判明，又未必能够访得——前述《朝鲜赋》补抄底本恰与乾隆原抄底本相同，只是偶然巧合。这是难以逾越的客观困难。是故，丁氏只能将访书标准定为卷数与四库本一致，至于版本优劣，则无法强求。关于此点，丁立诚称：

> 先君既于难中掇拾《四库全书》，劫后尊藏郡庠，即有钞补全书之志。于是与先叔购求底本，或买或钞，按《简明》之目，但求其卷帙之符合，不暇计钞刊之精否，凡遇宋元旧刊，校雠秘册，交臂失之者屡矣。[②]

经长年不懈努力，丁氏搜集四库著录书大体齐备，未得者仅百余种，《四库》存目之书亦得 1500 余种。[③]为便管理，丁氏还特意治"四库著录""四库附存"两印，钤于卷首。检阅八千卷楼旧藏，往往可见此二印。

由于抱着明确目的，经年累月地大规模搜访，丁氏的确收得若干四库底本。江庆

---

① 骆兆平《新编天一阁书目》，90 页。

② 《艺风堂友朋书札》，上海古籍出版社，1980 年，698 页。

③ 丁丙《八千卷楼自记》："四库著录之书……综三千五百部，内待补者一百余部。四库之附存者已得一千五百余种。"

柏指出，南京图书馆现藏的33部四库底本中，有31部来自八千卷楼。[①]此外，丁氏还收得底本之外的四库进呈本，如前揭马裕藏旧抄本《閤皁山志》，载《丁志》卷一二："是册面有'乾隆四十二年两淮盐政李质送到马裕家藏俞策《閤皁山志》壹部计壹本'朱记，钤有翰林院印。盖采进四库馆，阅过发还本子也。"检《四库全书总目》，此书入存目，称"两淮马裕家藏本"。

（二）不弃残本

丁氏购置书籍，并不轻视残本，而是兼采并收。明刊本《鹤山大全集》丁丙手跋称："余喜搜旧时残书，虽零编賸帙，往往聚之敝笥。"[②]购得残本后，丁氏重视发覆其文献价值。明抄本《贡文靖云林诗集》丁丙手跋称：

> 余初得明钞残本，见《神道碑铭》后补书《见妇人偶兴二首》，字迹不类原钞，信笔勾抹。续借湖州花楼桥陆氏藏钞本，补录其全。陆钞无此二诗，益信余勾抹之不妄。及见《提要》有云：卷末增载《见妇人偶兴二首》，鄙俚秽亵，必委巷附会之说。元礼不知而误收之，其为谬陋，不止《谢康乐集》载《东阳溪中赠答》也。始知四库馆所见之本，当从明钞而出，传钞者不知，另笔妄增，依次缮录，而馆臣遂谓元礼所误收。非此残册，不足洗其误也。[③]

由此可见，丁氏收罗残本，非为矜富夸奇，也非出于贪多的收藏癖，而是意在保存文献，有以致用。得到残本后，丁氏尽力补配，俾成完书。前揭《鹤山大全集》丁丙手跋称："去年夏，购得蜀本，而以旧藏安吴两家残帙又旧钞零本配之，以留旧刻面目。蜀本删削者，假安氏本补录之。割裂黏联，俾还旧次，亦可称百衲本矣。昔人有题书帙曰'得此书，费辛苦，后之人，其鉴我'，吾欲改'得'为'集'，亦自明其辛苦也。"

由于广采博收而不专于旧本，丁氏虽与珍善之本屡失交臂，然其藏书规模极大，观者咸以为大观。光绪三十一年，日人岛田翰访问中国各大藏书家后，谈及观感："迨乙巳之夏，来于吴下，介白须领事温卿访归安陆氏，介费梓怡访常熟瞿氏，又赖俞曲园以访钱塘丁氏。四氏之藏，七子泛称为南北四大家，然以予观之，专门偏好，各有短长。盖以古文旧书论之，以瞿氏为最，杨、陆二氏又次之，而丁氏几非其伦矣。若论其多藏，丁氏为最，如陆氏则独可以当丁氏一八千卷楼耳。"[④]

---

① 江庆柏《南京图书馆藏四库底本考略》，《版本目录学研究》第12辑，国家图书馆出版社，2021年。

② 赵鸿谦《松轩书录》，13页，《第四年刊》。

③ 《馆藏善本书题跋辑录》，11页，《第四年刊》。

④ 岛田翰《访余录》，民国十六年北平藻玉堂排印本。

丁氏访书取径较宽，兼容并取，广采博收，不专主于宋元旧刊、旧钞名校，以其收获之广，而致保存文献之功。收藏目的也不止于增美邺架，而是以刊布丛书、补抄文澜阁《四库全书》为途径，助文献之流布，益学人之观览。缘此，丁氏常与他人互相通假传录，以裨文献之传播流通，此类情况将在下文逐次展开。

第三节　八千卷楼购藏书籍的原始记录

——静嘉堂文库藏写本《当归草堂书目》考

《当归草堂书目》，现藏日本静嘉堂文库。该书最早著录于1930年出版的《静嘉堂文库汉籍分类目录》（以下简称"《静嘉堂目》"）史部目录类：当归草堂书目 不分卷 撰者未详 写 一册。①其后问世的长泽规矩也《中国版本目录学书籍解题》，对此书有较详细的解题：

> 当归草堂书目
>
> 无序跋。
>
> 似为购收时之记录。录书名、册数，稀及版本。主要者如下：宋版《后汉书》，缺五十六卷，三十七本；《周易本义》，宋版，八本；《韦苏州集》，宋元版，四本；宋版毛跋《晋书》，五十本。
>
> 稿本（静）②

除此以外，《当归草堂书目》不见任何书目著录，可谓是孤本仅存、几乎不为人知的秘笈。《静嘉堂目》与长泽氏描述了此书的形态特征，但未指明作者。不过，《静嘉堂目》将它列于缪荃孙《艺风藏书记》之后，徐枋《徐氏书目》之前，可见编者推测它是晚清时期的书目。综合长泽氏的意见，则先行研究对此目的结论是：成书于清末，编纂者不详，似为购书清册。那么《当归草堂书目》究竟成于何时何人之手，记录的又是何家的藏书或购书情况呢？

一、《当归草堂书目》的形态特征

据所获书影，此书为蓝格写本，每半叶八行，四周单边，版心下方刻"文□"两字（后一字难以辨识），右下方以墨笔写叶数。卷首题"当归草堂书目"，无编纂者名氏，

---

① 《静嘉堂文库汉籍分类目录》，静嘉堂文库，1930年，391页。

② 长泽规矩也编，梅宪华、郭宝林译《中国版本目录学书籍解题》，书目文献出版社，1990年，143—144页。日文原版出版于1940年。

首叶钤“静嘉堂藏书”朱文长方印。每书一条，每条一行，间有夹行挤写者。各书均记书名册数，偶标版本，但不记卷数、作者。著录书籍不按部类，似无明确逻辑顺序。从纸色来看，应系清末或民初写本。

除此之外，还有几点颇引人注目：一、所用格纸每行分上下两栏，这是记账簿册的样式，与钞书格纸或写样格纸迥异。二、标记版本处的墨色相对较淡，笔迹稍异，乃知最初仅记书名册数，版本是后来添加，可能出自不同人之手。三、标记版本的书名上方多用红笔加圈，意味着编者将其视为善本。如首叶加圈者为“《熊氏经说》通志堂本　惠栋校”，系名家批校本。为便下文展开讨论，先按所获书影(此目首叶及第二叶前半)，原样录出：

当归草堂书目	
王文正公笔录	
归田录	合一本
国老谈苑	
楚辞	二本
又	二本
○熊氏经说 通志堂本　惠栋校	二本
北湖小志	二本
曝书亭集	十四本
又	十四本
龙舒净土文	一本
大金国志	四本
孝经集注	一本
陶靖节集	一本
又	二本
日下旧闻	二十本
○却扫篇 影宋本	三本
苏文忠公诗集	八本（以上第一叶）
弢甫集	六本
画图见闻志	一本
○易纂言 通志堂本　惠栋校	四本
晓读书斋杂录	二本
陆宣公集	六本

尚书 篆字	六本
鸡肋篇 抄本	二本
○六书正讹 明板	五本
六书辨异	一本

二、《当归草堂书目》编者考

《当归草堂书目》中没有指向编纂者的直接证据，结合其他材料分析，则会发现此目与八千卷楼丁氏有密切关联。

（一）当归草堂为丁氏室名

丁氏先后使用的室名斋号很多，其中最著名的是“八千卷楼”，如前述，此名由丁丙祖父丁国典所起。丁氏的另一常用室名为“嘉惠堂”，因抢救补抄文澜阁《四库全书》而蒙清帝嘉奖，上谕中有“洵足嘉惠艺林”之语。

前者传承悠久，后者源自宸翰，因此丁氏在藏书等文献活动中频繁使用。《钱塘丁氏八千卷楼藏书印印目》载丁氏藏书印 61 方，其中印文包含“八千卷楼”者多达 12 方，带有“嘉惠堂”者则有 11 方。[①]在丁氏藏书题跋、所刻书的序跋牌记中，“八千卷楼”“嘉惠堂”随处可见，无须赘言。

“当归草堂”虽不及前两者常用，但亦屡见于丁氏的各类文献活动。同治年间及光绪初年，丁氏编刻《当归草堂丛书》《当归草堂医学丛书初编》。在藏书印中，《钱塘丁氏八千卷楼藏书印印目》载有“当归草堂”朱文小方印。丁氏还制有当归草堂写样格纸（版心下方刻“当归草堂”四字），《当归草堂丛书》《当归草堂医学丛书初编》以及《西泠五布衣遗著》，均用它写样上版。此外，这种格纸还被用于写样之外的抄书，如前揭丁氏抄本《高氏三宴诗集》即是。

要之，当归草堂是丁氏较多使用的室名。见闻所及，似未有他人使用同一室名。这虽然只是状况证据，不足以彻底排他，但可以暗示《当归草堂书目》很可能与丁氏有关。

（二）《当归草堂书目》与丁氏藏书契合

欲证明某书目与某氏有关，最直接的方法莫过于确认该书目著录的书籍及其版本与此人藏书契合。《当归草堂书目》所载书籍大部分未记版本，可不论，而标记版本者，则多与《丁目》《丁志》相合，且册数又与国学图书馆所编诸书目吻合（《丁目》《丁志》不记册数）。

---

① 国学图书馆《钱塘丁氏八千卷楼藏书印印目》，抄本，南京图书馆藏。

先看长泽氏所称"《韦苏州集》宋元版　四本"。"宋元版"一语，令人迷惑，这究竟是宋本，还是元本呢？检《丁目》《丁志》，前者卷一五著录"宋元刊合配本"，后者卷二四著录"宋刊配元本　周松蔼藏书"，称"此前四卷宋刊本……后六卷配元刊校点本……殆麻沙本也"。南图藏《八千卷楼藏书目》著录"宋元板配本"。《江南图书馆善本书目》集部著录"《韦苏州集》十卷《拾遗》一卷　唐京兆韦应物　元抄配宋刊本　周松蔼藏书　四本"，显然与《丁志》《丁目》所载为同一物，唯"元抄"当系"元刊"之误。①1934年出版的《江苏省立国学图书馆图书总目》，著录为"《韦苏州集》十卷《拾遗》一卷　唐京兆韦应物　元刊配宋刊本　有周春、松蔼、松蔼藏书、仲鱼过眼、马玉堂、古盐马氏笏斋珍藏之印、枝山老樵诸印　丁书　善甲六八　四册"。②值得注意的是，《江南图书馆善本书目》《江苏省立国学图书馆图书总目》所记册数，与《当归草堂书目》相符。③综上，"宋元版"的实际意思，是指以一宋刻残本配一元刻残本。"宋元版"《韦苏州集》是八千卷楼藏书，可确定无疑。

再看"《却扫篇》影宋本　三本"。《丁目》卷一二此书条下，恰有"景宋抄本"，《丁志》卷一九著录"影宋本　汪阆源藏书"。《江南图书馆善本书目》《江苏省立国学图书馆图书总目》《江苏省立国学图书馆现存书目》，均不载此影宋本，应是未入国学图书馆的少量丁氏藏书之一。

此目首叶又有"《熊氏经说》通志堂本　惠栋校　二本"。《丁目》卷三载"《五经说》七卷　元熊来撰　通志堂本　惠栋校"，《丁志》卷四载"《熊先生经说》七卷　惠松崖手批通志堂本"。《江南图书馆善本书目》载"《熊先生经说》七卷　宋南昌熊朋来　惠松崖手批　通志堂本　二本"；④《江苏省立国学图书馆图书总目》《江苏省立国学图书馆现存书目》著录同。要之，版本、批校者及册数皆相吻合，此书系八千卷楼藏书无疑。

又，长泽氏所称"宋版毛跋《晋书》五十本"，所谓"毛跋"宜指汲古阁毛氏题跋。《丁目》卷四此书条著录"宋刊本　元刊明修本"，《丁志》卷六则著录两部宋刊，"宋刊小字本"在前，"宋刊大字本"在后。⑤其中，小字本为"王世贞、毛晋、宋荦、马瀛藏书"，

---

① 《江南图书馆善本书目》，《明清以来公藏书目汇刊》，第25册，153页。

② 《江苏省立国学图书馆图书总目》卷三一，《明清以来公藏书目汇刊》，北京图书馆出版社，2008年，第36册，57页。

③ 另，在1948年出版的《江苏省立国学图书馆现存书目》中，该本作"元刊配宋刊本　四册"。《中国古籍善本书目》将此本著录为"宋刻本　丁丙跋　存四卷　一至四"（集部758号），未知用来补配的后六卷元刊本去向如何。

④ 《江南图书馆善本书目》，《明清以来公藏书目汇刊》，第25册，25页。

⑤ "宋刊大字本"，实为元覆南宋中期建阳刻本，详尾崎康著，乔秀岩、王铿编译《正史宋元版之研究》，中华书局，2018年，457—467页。换言之，《丁志》有误而《丁目》不误。

“末有记云:此书为王弇洲先生所藏。贞元本唐德宗年号印,恰符先生名字,故其秘册往往摹而用之。下必继以三雅印,此属仲雅者。向曾遭割裂,想经先生改正。余全史中原本亦系宋刻,每多缺字,而此本特全,洵可宝也。湖南毛晋识”。《盋山书影》收入该本,并将毛晋跋影出。检《江南图书馆善本书目》,载“《晋书》百三十卷 唐太宗 宋刊小字本 王世贞、毛晋、宋荦、马瀛藏书 四十本”,册数与《当归草堂书目》所载有异。再检《江苏省立国学图书馆图书总目》《江苏省立国学图书馆现存书目》,“宋刊小字本”均作“五十册”。[①]乃知《江南图书馆善本书目》的册数记载有误,之后检点发觉此误,遂作改正。推其原因,与它紧邻的《晋书》“宋刊大字本”是40册(《江南图书馆善本书目》《江苏省立国学图书馆图书总目》《江苏省立国学图书馆现存书目》并同),《江南图书馆善本书目》排印时受此干扰而误植。要之,“宋版毛跋《晋书》”与八千卷楼所藏“宋刊小字本”,题跋情况与册数皆相吻合,即是一物。

（三）歧异点的解说

不过,《当归草堂书目》也有与《丁目》《丁志》看似不符或无法匹配之处,以下略作分析解说。

先看“《六书正讹》 明板 五本”。检《丁目》《丁志》,此书未有明刊本,却俱载“元刊本”,乃孙星衍旧藏;《盋山书影》将此部平津馆旧藏作为元刊本收入。检《中国古籍善本书目》,此本实为明嘉靖元年于鏊刻本(经部4574号)。再看册数,《江南图书馆善本书目》,作“元刊本 孙忠愍侯祠堂藏书 五本”,[②]《江苏省立国学图书馆图书总目》《江苏省立国学图书馆现存书目》著录册数并同。细审《当归草堂书目》书影,发现此处原作“元板”,后直接在上改写为“明板”,但原来字迹仍依稀可辨。乃知所谓“明板”,与《丁志》《丁目》之“元刊本”,实为一物,只是鉴定意见的变化造成了表面上的歧异。

长泽氏所称“《周易本义》 宋版 八本”,与《六书正讹》情况相同。检《丁目》《丁志》,未载宋本而有元刊,系朱彝尊旧藏。稿本《八千卷楼藏书目》此书条下,亦载“元刊 朱彝尊跋”。《中国古籍善本书目》定为明刻本(经部186号)。检《江南图书馆善本书目》《江苏省立国学图书馆图书总目》《江苏省立国学图书馆现存书目》,这部朱彝尊旧藏“元刊本”为8册,与《当归草堂书目》相符。可见,它也是前后鉴定意见不一而导致著录不同,实际却是一物。

再看“《易纂言》 通志堂本 惠栋校 四本”。《丁目》卷一此书条仅著录“通志堂

① 《江苏省立国学图书馆图书总目》卷九,《明清以来公藏书目汇刊》,第33册,36页;《江苏省立国学图书馆现存书目》卷三,江苏省立国学图书馆,1948年,4页。

② 《江南图书馆善本书目》,《明清以来公藏书目汇刊》,第25册,32页。

本”,《丁志》卷一载“惠校通志堂本”,称“后有惠定宇手跋三条”云云;南图藏稿本《八千卷楼藏书目》经部易类此书条,亦作“惠校通志堂本”。乃知《丁目》排印时,脱去“惠校”字样。既然批校者相同,则《当归草堂书目》所载宜为八千卷楼藏书。然检《江南图书馆善本书目》《江苏省立国学图书馆图书总目》《江苏省立国学图书馆现存书目》,此“惠定宇校通志堂本”却是3册。[①]不过,误记、重装时改动分册,都会造成册数记载的差异;而批校本的指向性很强,这部惠栋批校本系八千卷楼藏书的可能性依然很大。

与之类似者,尚有“《鸡肋篇》 抄本　二本”。《丁目》卷一四《鸡肋编》条下有“抄本”,《丁志》卷二一则著录“抄本　邵蕙西校藏”。但《江南图书馆善本书目》《江苏省立国学图书馆图书总目》《江苏省立国学图书馆现存书目》,均称此邵蕙西校藏抄本为3册。

唯一的例外,是长泽氏所称“宋版《后汉书》,缺五十六卷,三十七本”。遍稽《丁志》《丁目》等,未发现有版本、阙卷、册数与之相符,或可推导系联者。不过,出借未还、意外损毁、馈赠、失窃,皆会导致藏书流出损失,不能说《丁志》《丁目》著录八千卷楼全部藏书,而无遗漏。

至于《当归草堂书目》未标记版本的各书,在逻辑上无法实指此为八千卷楼所藏某书某本;但如表1所示,这些书籍丁氏皆有收藏。更值得注意的是,但凡《当归草堂书目》记录某书有两部,《丁目》著录此书,亦至少有两个藏本。换言之,二者没有明显背离而相扞格之处。上述现象固然只是间接的状况证据,但从概率论的角度而言,当复数实例指向同一结论,其可能性就值得充分考虑。

表1　《当归草堂书目》《丁目》著录书籍对照表

《当归草堂书目》	《八千卷楼书目》
王文正公笔录	(王文正笔录)百川本　学津讨原本
归田录	学津讨原本　稗海本
国老谈苑	百川本　学津讨原本
楚辞(两部)	明丁元荐刊本　吴勉学刊本
北湖小志	原刊本　焦氏丛书本
曝书亭集(两部)	刊本　刊本
龙舒净土文	(龙舒增广净土文)刊本
大金国志	刊本　旧抄本

① 《江南图书馆善本书目》,《明清以来公藏书目汇刊》,第25册,6页。

续 表

《当归草堂书目》	《八千卷楼书目》
孝经集注	御纂孝经集注 刊本
	孝经集注 任文田撰 刊本
陶靖节集(两部)	陶靖节诗注 拜经楼本
	陶靖节集注 刊本
日下旧闻	原刊本
苏文忠公诗集	苏文忠公诗合注 刊本
	苏文忠公诗编注集成 原刊本 局本
弢甫集	桑弢甫集 刊本
画图见闻志	(图画见闻志)汲古阁本 学津讨原本
晓读书斋杂录	原刊本 北江全集本
陆宣公集	翰苑集 嘉靖刊二十四卷本 万历刊二十四卷本 明刊本 年氏刊本 道光刊本 尚善堂翻宋刊本 石印本
	陆宣公集选 正谊堂本
尚书 篆字	钦定篆文六经 殿刊本 同文局本
六书辨异	刊本

要之,《当归草堂书目》与丁氏室名一致,所载书籍的版本与册数多与丁氏藏书相合,尤其是多部书的批校题跋情况吻合,虽亦有表面记载不符之例,却大多可通过其他途径曲证旁白,证明其实为一物。鉴于此,基本可以断定《当归草堂书目》是丁氏所编。

三、《当归草堂书目》的编制时间

丁氏的藏书活动历时长久,即便从杭州城破后重新聚书算起,亦有近 50 年,几乎贯穿同治、光绪两朝。那么,《当归草堂书目》究竟编制于何时,反映的是哪一阶段丁氏购藏书籍的情况?由于缺乏直接证据,只能通过丁氏使用“当归草堂”室名的情况进行推测。

结合丁氏的经历来看,“当归草堂”一名应产生于丁氏逃难流亡期间即同治初年,所寄托的意味非常明确清晰——抒发桑梓之思,企盼早日返乡。同治二年起,丁氏着手编刻《当归草堂丛书》。该丛书有一个特征:每叶版心下方刻“当归草堂”字样。刻书的基本流程是先写样,再上版刊刻。因此,制作写样格纸,须在刻书工作的前期。此丛书中刊刻时间最早的是《温氏母训》《童蒙训》,二者牌记均署同治二年十月,而

《温氏母训》有丁丙跋，署“同治二年五月十九日”。此跋撰成之次日，丁丙即录副寄示高均儒，称马上就要刊刻此书，请高氏亦作一跋（“今以付刊，请书后以识汇西收书之劬瘁”）。可见同治二年夏，刻书事务已实际开展，“当归草堂”之名不应晚于此时。

丁氏的藏书题跋也曾出现过“当归草堂”，见闻所及，最早实例是在同治三年初。顾千里临校陆贻典宋本《易林》丁丙手跋称：“兹获顾涧苹居士临陆敕先刊本，视旧藏荛翁刊本，更可喜也。爰将涧、荛两翁重刻序文三篇掇录，以助扫落叶云。甲子春王正月甲子日，丁丙记于沪上之当归草堂。”①

随着《当归草堂丛书》的陆续刊刻，以及光绪初年开始编刻《当归草堂医学丛书》，“当归草堂”一名不时出现于丁氏的藏书题跋、刻书序跋以及其他文献活动之中。约光绪七年，丁氏回忆称：“同治七年，从邹典二家借得书农先生全集，匆匆属写官录此册。用当归草堂版格，有重刻之意。越十二年，始附手民，光绪七年孟春刊成。因记。”②

正因为这段时期丁氏较多使用“当归草堂”，此室名多为人所知，遂有他人用之指称丁氏。光绪四年前后，魏锡曾为丁氏校勘《冬心先生随笔》，然后委托福建刻工（刻字店主）吴玉桂刊刻，魏氏有刻书跋，即称：“萧山丁蓝叔文蔚尝得冬心先生客汉阳时书迹，属友某君别为摹本，予皆见之。此从摹本录出，颇有笔误。问真迹，云已寄里中矣。因稍加校正，取自序语，题曰《随笔》，为当归草堂付闽工吴玉桂玉田弟缮刊，中多可与《诗集》相证明者。光绪四年冬十月，后学魏锡曾。”

不过，随着时间推移，距离同治初年的流寓生活日渐遥远，寄托故家乔木之思的“当归草堂”也失去了存在的意义。随着《当归草堂医学丛书》刊竣（该丛书的最后一种《西方子明堂针灸经》刊于光绪十年），“当归草堂”的刻书历史也走向完结，这一室名遂淡出视线。光绪十年以降，丁氏编刊了上百种书籍，各书卷前牌记多署“嘉惠堂”“八千卷楼”“正修堂”，却仅有《白云集》（收入《遗著》）署为“当归草堂重梓”。

与之类似，光绪中期以降的丁氏题跋，几乎不见“当归草堂”的踪迹，所见仅有前揭当归草堂抄本《高氏三宴诗集》丁丙手跋一例：“同治二年，在沪上购得明初刊本《荆溪唱和集》，益思《高氏三宴诗》于不置。克复后，整理文澜阁残书，此本居然未毁，急倩王韶生录之，尚用当归草堂书格也。……光绪二十三年六月十二日，丁丙谨识。”③

玩索“尚用当归草堂书格”一句的语气，能感觉到明显的久违感，可见丁丙久已不用“当归草堂”格纸。值得注意的是，《白云集》刊刻在光绪二十二年秋，早此跋一年。人至暮年（丁丙卒于光绪二十五年），则多怀念往昔，久违的“当归草堂”于两年间连续

① 《馆藏善本书题跋辑录》，12 页，《第三年刊》。
② 赵鸿谦《松轩书录》，66 页，《第二年刊》。
③ 陈先行等《中国古籍稿钞校本图录》，589 页。

出现，当非偶然。

要之，就已知的文献材料来看，丁氏使用“当归草堂”之名，集中在同治初年至光绪早期，此后则极少见。准此，《当归草堂书目》编写于这一期间的可能性较大。

前引丁丙《八千卷楼收藏书籍记》称，同治二年四月，周京经手收购的那一大批书运至上海后，丁丙即着手“爰为录目，以识燹余”，则当时曾有一次编目。此时恰值“当归草堂”出现之际，那么“爰为录目”是否便指《当归草堂书目》呢？现有材料不足以证明这一推测，但这不失为一个很有趣的假设。

四、丁氏的其他购书目录与《当归草堂书目》性质补说

长泽氏指出，《当归草堂书目》“似为购收时之记录”，这是非常准确的论断。不过，此处尚有余义可发。

《当归草堂书目》不按部类排列，各书的先后排序无逻辑性可言。此种样态可见于排架目录或曰藏书账簿。排架目录是清点书籍实存情况而成，编者循橱架一一清点，记录某柜某架存放哪些书籍（及各书册数），由此固定藏书与收储空间的位置关系，以便管理。若书籍不按部类摆放，排架目录自然也不依部类，如赵宗建《旧山楼书目》即如此。[①]但是排架目录必须记录柜号（架号），否则便无从体现位置关系，如《旧山楼书目》，有天干与“楠木小厨 文、行、忠、信”两种柜号。《当归草堂书目》无此，反证它不是逐架清点的记录。

售书目录或者卖家提供给买家核验的书籍清单，亦未必按部类排列。但《当归草堂书目》不标价格，大多数书籍不标记版本，与交易用的性质不甚符合。排除上述可能性后，基本可以确认，《当归草堂书目》是丁氏购得一批书籍后在上架前的清点记录。如前述，《当归草堂书目》的标记版本之处是后添加的。然则，此目实际分两步写成：得书后先作清点，记下书名册数，之后再作甄别，标记相对较好的版本，施以记号（加圈）。

值得注意的是，丁氏还编有别的购书目录。《文澜学报》2卷3—4期合刊“浙江省文献展览会专号”，著录有稿本《嘉惠堂新得书目》三册，称“上册记戊子、己丑、庚寅、辛卯四年所得书目，中册记壬辰、癸巳、甲午三年所得书目，下册记乙未、丙申、丁酉、戊戌四年所得书目，卷首各有丁丙手写小引”云云。[②]《浙江省立图书馆月刊》1卷7—8期合刊“丁松生先生百周纪念号”登载此目上册首叶书影，称“系誊录于乌丝栏《古今图书集成》样纸上……天头又有‘8者皆善本也’之识语”。

---

① 《唫香仙馆书目 旧山楼书目》，上海古籍出版社，2005年。

② 《文澜学报》2卷3—4期合刊。

据书影，此目卷端题“嘉惠堂戊子年所得书目”，次行题“十一月初十日编次誊录”，第三行题“经部”，可知依四部次序编排。各书只具书名册数，间记版本，不载作者卷数、购书日期及价格。部分书籍上方标8字形符号，表明其为善本。[①]上述形态多与《当归草堂书目》近似。

《嘉惠堂新得书目》是年末汇录一年所得，既称“编次誊录”，则是据更为原始的购书记录而成。因此，年底汇录不能仅是“誊录”，更要经过“编次”，才能形成四部排序。而购书、抄书及获赠书，高度随机，不可预测。缘是，随得随记、体现得书先后的原始记录，绝不可能采用经史子集四部排序。《当归草堂书目》编排之无序，恰恰说明它是最原始的得书随手档。

结　语

《当归草堂书目》是八千卷楼的购书原始记录。明清以来的私家书目书志数量众多，但流布广泛、常被人所参考利用者，几乎全是有意结撰的成果。但结撰的过程，往往又是搜访鉴藏史事的过程性史料被删削改造的过程。购书账册之类的原始记录蕴含着大量宝贵的过程性细节，实际存世种数可能不少，但为人所知者却寥寥无几。鉴于丁氏在藏书史上的显赫地位，《当归草堂书目》无疑是此类账册中的重要一员。

《当归草堂书目》还可为研究八千卷楼提供新的历时性材料。如本书中编所述，丁氏作有大量藏书题跋，编有善本书志及涵盖全体藏书的总目，后两者在最终定型的印本之外，各有多个稿本存世。访书是书籍活动的起点，若不访书，则无藏书，题跋与书志书目更是无从谈起。在这一意义上，作为访书活动原始记录的《当归草堂书目》的存在，便与丁氏的书志书目与题跋构成完整链条；丁氏购藏鉴赏活动的历时脉络，亦可由此得到更加清晰完整的展现。

《当归草堂书目》的版本标注，与《丁志》《丁目》前后不一，就是明显例证。丁氏不断更动鉴定意见，表明他的确喜爱钻研版本，且态度认真，勇于修正自己之前的判断；但笃好不等于真知，丁氏反复研磨的鉴定结论，往往被后人推翻，可见他鉴识版刻的能力存在一定缺陷。当然，此种情况，亦非惟丁氏所独有，无足深怪。

最后，对于中日书籍交流史而言，中国藏书家的购书簿册《当归草堂书目》流入日本，本身就是一个饶有兴味的话题。当然，这也引发了新的问题：它是何时从八千卷楼流出，为何未随八千卷楼藏书入藏江南图书馆，又是何时流入日本的呢？以上问题的解决，有待于进一步努力。

---

① 《嘉惠堂新得书目》稿本，目前不见藏于海内外任何收藏机构，已无可踪迹。

附一　丁氏历年得书表

为从历时维度展现丁氏访求图书的实况，特编制本表。

所据材料，以丁氏藏书题跋、藏印印文、刻书序跋为主。其中，藏书题跋与藏印，多据《馆藏善本书题跋辑录》《松轩书录》录文，间有录自原书或缩微胶卷者。至于各书版本，悉照材料来源之标注，或与当代鉴定意见不符。书名亦准此处理，或不与实际卷端正题名尽符。

无标识者，据《松轩书录》。前有△者，据丁氏藏书原件或缩微胶卷。前有♯者，据丁氏刻书序跋。前有○者，据《馆藏善本书题跋辑录》。前有●者，据《可园书库乙酉所得钱塘丁氏旧藏江苏方志提要》。[①]据其他来源者，见注。

因反映各年得书状况的史料多寡不一，表中所记各年得书相差悬殊，乃至个别年份付之阙如。丁氏有"光绪辛巳所得""光绪壬午年嘉惠堂丁氏所得""光绪庚寅嘉惠堂所得""光绪辛卯嘉惠堂丁氏所得书""光绪壬辰钱塘嘉惠堂丁氏所得""光绪癸巳泉唐嘉惠堂丁氏所得"六方得书年份印，故表中以上年份得书特多。而绝大多数藏书无序跋等得书年份线索，加之见闻有限，未能穷尽所有材料，故绝不能以此表等同于丁氏得书状况的全貌。

因材料限制，无法尽知丁氏得书之年月日，故各年之下所列诸书，非按月日先后排序。

以上各点，请读者谅察。

咸丰十年（庚申，1860）

宋淳祐刊本《昌黎先生集》（徐乾学旧藏）[②]

同治元年（壬戌，1862）

♯罗以智校本《南宋院画录》

同治二年（癸亥，1863）

○宋刊本《周易本义》　○明正统本《林和靖诗集》

---

① 点元《可园书库乙酉所得钱塘丁氏旧藏江苏方志提要》，《江苏文献》续编一卷第9—10期合刊，1945年5月。

② 《丁志》卷二四该书解题。

○宋宾王抄校本《吴都文粹》(黄丕烈旧藏)　○明刊本《孔丛子》
○明刊本《何氏语林》　○抄永乐大典本《淳祐临安志》
♯梁山舟抄本《温氏母训》　♯道光本《张杨园先生年谱》
♯邵懿辰手稿本《忱行录》　♯嘉靖刊本《慎言集训》
明初刊本《荆溪唱和集》①

同治三年(甲子,1864)
○卢文弨校浙刻外聚珍本《金渊集》　○南监本《三国志》
○曹溶抄本《江月松风集》上册　○抄本《厉先生文录》抄本
○顾广圻临校陆贻典宋本《易林》　○明项氏刊本《砚北杂志》上卷
♯原稿本《护国寺元人诸天画像赞》　抄本《历代后妃纪略》

同治四年(乙丑,1865)
○曹溶抄本《江月松风集》下册　宋刻钞配本《咸淳临安志》②
原稿本《梧园诗文集》③

同治五年(丙寅,1866)
元刊残本《陆状元集百家注资治通鉴详节》

同治七年(戊辰,1868)
抄本《定乡杂著》　○手稿本《玉几山房听雨录》

同治八年(己巳,1869)
○明万历刊本《子汇》残本

同治九年(庚午,1870)
○抄本《秘书监志》　○清乾隆刊本《闲居录》
○卢文弨校明世德堂刊本《南华真经》

---

① 《高氏三宴诗集》丁丙手跋,陈先行等《中国古籍稿钞校本图录》,589 页。
② 《丁志》卷一一该书解题。
③ 《丁志》卷三七该书解题。

同治十年(辛未,1871)

陆梅谷校汲古阁刻本《乐府诗集》

同治十二年(癸酉,1873)

○旧抄本《閤皁山志》(马裕旧藏)

同治十三年(甲戌,1874)

○精抄本《玉山名胜集》《外集》(海昌周氏藏书)

光绪二年(丙子,1876)

○明万历刊本《花草粹编》(张金吾旧藏)

光绪三年(丁丑,1877)

○旧钞本《自堂存稿》(四库底本)

光绪四年(戊寅,1878)

♯抄本《云山日记》(劳氏丹铅精舍旧藏)

光绪五年(己卯,1879)

△乾隆刻本《禁林集》

光绪六年(庚辰,1880)

万历丙辰刊本《快雪堂集》　汲古阁写本《新刻古杭杂记诗集》①

♯道光金氏原刻本《金氏世德纪》　抄本《两汉传经表》

光绪七年(辛巳,1881)

明刻本《金昌集》(振绮堂旧藏)　○嘉靖刊本《升庵长短句》

抄本《南疆逸史》五十六卷足本　抄本《南疆逸史》二十卷残本

明万历刊本《朝鲜国志》(管庭芬旧藏)　明刊本《皇明世法录》

抄本《观我编》　抄本《溯阴志略》　抄校本《鲁春秋》

---

① 《丁志》卷二一该书解题。

精抄本《康熙十八年博学鸿儒履历》　崇祯刊本《梦林玄解》
明刊本《潜确类书》　明刊本《小窗自纪》　明刊本《石秀斋集》
○明项氏刊本《砚北杂志》下卷　明刊本《分类补注李太白诗集》
明刊小字本《宋学士文粹》　蓝格写本《投笔集》《黄山纪游》　抄本《名山集》
△清抄本《西村先生集》二十八卷　管廷芬校旧钞稿本《卢忠肃公家书》①
管廷芬校旧抄稿本《彭节愍公家书》②　稿本《甘泉乡人稿》③
清道光间重刊本《孑遗录》④　●清光绪二年重刊本《同治上海县志》

光绪八年(壬午,1882)
万历间刻本《乐陶吟草》　嘉靖间刊本《学约古文》(日人旧藏)
崇祯刊本《邹忠介公奏议》　万历间刊本《督抚楚台奏议》
明刊本《月令广义》(日人旧藏)　明曼山馆刊本《国史经籍志》
万历刊本《左国腴词》　明吴勉学翻宋刊本《脉经》
崇祯重刊本《医学六要》　崇祯刊本《医学汇函》
明刊本《编年拔秀》　明刊本《对类》　万历刊本《王百穀集》
万历刊本《大泌山房集》　嘉靖刊本《学约古文》
万历刊本《明诗选最》　明刊本《李氏焚余》⑤
光绪六年杨沂孙刊本《三陶先生合刊》⑥

光绪九年(癸未,1883)
崇祯刊本《皇明三朝法传录》《清教录》残本⑦
△明正统五年孙以宁刻本《蒲庵集》《幻庵诗》

---

① 王欣夫《蛾术轩箧存善本书录》,上海古籍出版社,2002年,513页。
② 王欣夫《蛾术轩箧存善本书录》,514页。
③ 漱石《丁松生先生文物展览参观印象记》,《浙江省立图书馆月刊》1卷7—8期合刊。
④ 据“国家图书馆”古籍与特藏文献资源(http://rbook.ncl.edu.tw/NCLSearch),此本有“光绪辛巳所得”朱文方印。
⑤ 此本是原国立中央图书馆藏本,现藏台北。据“国家图书馆”古籍与特藏文献资源(http://rbook.ncl.edu.tw/NCLSearch),此本有“光绪壬午年嘉惠堂丁氏所得”朱文长方印。
⑥ 此本是原国立中央图书馆藏本,现藏台北。据“国家图书馆”古籍与特藏文献资源(http://rbook.ncl.edu.tw/NCLSearch),此本有“光绪壬午年嘉惠堂丁氏所得”朱文长方印。
⑦ 据《蒲庵集》卷末丁丙手跋。

光绪十二年(丙戌,1886)

钞本《无弦琴谱》 抄本《箫台公余词》

○抄本《吴都文粹续集》 ○宋乾道刊本《颐堂文集》

光绪十三年(丁亥,1887)

清四川刊本《鹤山大全集》 稿本《诗苑雅谈》 抄本《芳芷栖词》

光绪十四年(戊子,1888)

#元刊本《忍经》(郁泰峰旧藏)

光绪十五年(己丑,1889)

#万历刊本《奚囊蠹余》 #康熙二十七年刊本《神州古史考》(罗以智旧藏)

光绪十六年(庚寅,1890)

元刊残本《新刊增入文荃诸儒奥论策学统宗》 抄本《秘书监志》①

元刊残本《师子林天如和尚别录》 眠云精舍写本《拾翠集》

元刊残本《香溪先生文集》(振绮堂旧藏) 万历戊戌刻本《建文朝野汇编》

明弘治辛酉刻本《稽古录》(振绮堂旧藏)

明刊抄配本《枫山章文懿公年谱》(振绮堂旧藏)

影元抄本《国朝名臣事略》(振绮堂旧藏) 万历三年刊本《楚纪》

明刊本《宦寺考》(怡府旧藏) 万历乙卯刊本《水经注笺》

嘉靖甲辰重刊本《学史》 抄本《嵩阳石刻集记》

卢文弨校抄本《南宋中兴馆阁录》 明刊本《中论》 嘉靖刊本《困知记》

嘉靖二十九年刊本《急救良方》 明刊本《易林补遗》 明吴琯刊本《独断》

明吴琯刊本《古今注》《中华古今注》 明吴琯刊本《刊误》

明刊本《诸子品节》 明刊本《省括编》 明刊本《六子拔奇》

明陆子元刊小字本《艺文类聚》(锄经楼旧藏) 明刊本《源流至论》

明刊本《词林海错》 明吴琯刊古今逸史本《教坊记》 明刊本《大藏一览》

明蓝格抄本《医方通论》 万历己卯华亭蔡汝贤刊本《陶靖节集》

明刊本《水心文集》 明刊本《遵岩文粹》 明刊本《副墨》

---

① 同治九年已著录另一部抄本《秘书监志》,该本见载于《丁志》,与此非一物。

崇祯刊本《虞德园集》　万历三年甘雨堂刊本《沁南稿》

万历刊本《王文肃公文草》　万历刊本《何士抑居庐集》

万历间宁夏侯廷佩刊本《御龙子集》　天启刘时达刊本《宁澹斋全集》

明嘉靖十三年姜时和刊本《文章轨范》　万历环翠堂刊本《文坛列俎》

明刊本《翰苑琼琚》　明刊本《新选七襄章》

传钞万历刊本《墨池初稿》(振绮堂旧藏)　抄本《笠泽诗抄》

朱丝栏写本《则原公遗稿》　明刊本《唐太宗李卫公问对直解》①

清赵氏星凤阁抄本《阳春白雪》②

明万历三十四年陈仁锡阅帆堂刻本《陈沈两先生稿》③

光绪十七年(辛卯,1891)

明末刻本《金华文征》　明刊本《皇明名臣言行录新编》

○明嘉靖十八年方献夫刊本《通典》　明初刊本《洪武正韵》

明刊本《二十三史绮编》　明刊本《海防纂要》

明万历刊本《皇明典礼志》　明刊本《皇明典故纪闻》

天启刊本《法言》　万历赵用贤刊本《韩非子》

明刊本《风纪辑览》　明刊本《东垣十书》　明刊本《天官举正》

崇祯甲戌刊本《象林》　崇祯刊本《太微经》

宝颜堂秘笈本《虎荟》　明胡文焕刊本《风俗通义》(潘叔润旧藏)

明胡文焕刊本《物原》(潘叔润旧藏)　明刊本《皇明世说新语》

明刊本《月上女经》　崇祯虞山华严阁印本《大摩里支菩萨经》

明刊本《庄子郭注》(潘叔润旧藏)　明凌氏五色印本《南华经》

明俞允顺刊本《苏选评注》　抄本《吕子六书评选》

万历庚申刊朱墨印本《东坡文选》　明刊本《程巽隐集》

万历刊本《方洲集》　宝墨斋抄本《博洽斋画谱考古略》

明刊本《陈思王集》《阮嗣宗集》《嵇中散集》《陆士龙集》《陆士衡集》

万历刊本《文章正宗选要》　汲古阁刊词苑英华本《词林万选》

---

① 《傅斯年图书馆善本古籍题跋辑录》第1册,"中研院"历史语言研究所,2008年,129页。称有"光绪丙寅嘉惠堂所得"印,必误,光绪无丙寅年。丁氏有"光绪庚寅嘉惠堂所得"印,"丙""庚"印文辨认之误。

② 袁荣法《刚伐邑斋藏书志》,"中央图书馆",1988年,764页。

③ 杨国富主编《浙江大学图书馆古籍善本书目》,国家图书馆出版社,2016年,254页。

○明刊本《银海精微》 ●清嘉庆刊本《嘉庆海州直隶州志》

●清嘉庆刊本《松江府志》 抄本《六壬军帐神机》①

●清光绪刊本《崇明县志》 ●清道光刊本《海州文献录》

光绪十八年(壬辰,1892)

万历二十六年刊本《古易铨》(怡府旧藏) 抄本《易牖》

明末三台馆刊本《陈眉公选注国策龙骧》(日人旧藏)

崇祯刊本《关公志》 明刊本《别本革朝遗忠录》

万历刊本《史记钞》 明刊本《太史华句》 崇祯刊本《地图综要》

明隆庆刊本《太岳太和山志》 南明弘光刊本《雪窦寺志略》

明刊本《史记题评》 抄本《清流摘镜》 抄本《浙江海塘事宜》

抄本《遐域琐谈》 罗以智校嘉庆癸酉文选楼刊本《华山碑考》

隆庆辛未叶氏宝山堂刊本《荆川评点语录》 崇祯刊本《军器图说》

明刊本《阵纪》 明刊本《范衍》 明刊本《甘氏印集》

明刊本《群芳谱》 明刊本《典籍便览》 明刊本《五车霏玉》

万历刊本《左粹类纂》 明刊本《广谐史》 明朱墨套印本《癖颠小史》

明刊本《法喜志》 明朱墨套印本《维摩诘所说经》

明刻大字本《楞严经》 南明永历元年刊本《相宗八要直解》

万历辛卯五台山妙德禅院印本《大方广佛新华严经合论》

明闵氏朱墨印本《老子道德真经》 万历刊本《老子通》《庄子通》

明抄本《闲居集》 万历增补刊本《嘉靖定远县志》

明凌濛初朱墨印本《王摩诘诗集》 明刊本《杜樊川集》(汪季青旧藏)

明潘是仁刊本《萨天锡诗集》 明刊本《大伾子集》 明刊本《许正吾集》

明嘉靖戊申赵府味经堂刊本《云坪集》 万历刊本《程仲权诗文集》

明刊本《毅斋查先生阐道集》 天启刊本《来伯阳集》

天启刊本《崇相集》(日人旧藏) 顺治刊本《侯太史集》 明刊本《翰藻超奇》

嘉靖刊本《唐音大成》 万历刊本《诗宿》 天启刊本《国朝名公明诗选》

明末刊本《苏黄三种》 万历刊本《古论玄音》 明刊本《汇古菁华》

明刊本《太霞新奏》 抄本《钦定选择历书》 抄本《仰观集》

---

① 赵鸿谦《松轩书录》称此本钤“光绪辛酉嘉惠堂丁氏所得”藏印,光绪无辛酉年,“辛酉”当为“辛卯”之误。丁氏正有“光绪辛卯嘉惠堂所得”藏印。

旧钞本《天元玉历祥异赋图解》　抄本《白猿图书》　抄本《奇门遁甲统宗大全》

精抄本《黄帝内景玉经》　壶隐居写本《越七十一家诗集》

△明万历刻本《青藜斋集》　宋刊明修本《晋书》①

宋刊明修本《北齐书》②　宋刊明修本《周书》③

宋开禧刊本《云仙散录》④　明万历丙申陈大科粤中刊本《丰对楼诗选》⑤

清乾隆刊本《香草居集》⑥　明万历刊本《东坡守胶西集》⑦

●清道光刊本《上元县志》　●清光绪刻本《光绪武进阳湖县志》

●清光绪刊本《无锡金匮县志》　●清嘉庆刊本《宜兴县志》

●清咸丰刊本《清河县志》　●清光绪刊本《安东县志》

●清乾隆刊本《徐州府志》　●清道光刊本《铜山县志》

●清乾隆刊本《沛县志》　●清嘉庆刊本《萧县志》　●清嘉庆刊本《如皋县志》

光绪十九年(癸巳,1893)

万历刊本《易会》　嘉靖四十年刊本《半江集》　明施惟诚刻本《释名》

嘉靖丁酉大字刻本《关游稿》(天一阁旧藏)　明刊本《百氏统要》

崇祯刊本《阅史约书》　明何士镇刊本《水经》　明刊本《遯世编》

明刊本《孔圣家语图》　明吴勉学刊本《分类经进近思录集解》

嘉靖刊本《读书录》　明刊本《国医宗旨》　明刊本《书法要录》

明刊本《积承录》　日本宽文七年刊本《东国通鉴》　明刊本《事类通考》

明刊本《谈冶录》　明刊本《逸史搜奇》　万历戊午重刊五台山本《中论》

明刊本《事物考》　明朱东光刻中立四子集朱印本《老子道德经》

明临川朱东光刻中立四子集朱印本《庄子南华真经》

○明万历刊本《子汇》残本⑧　汲古阁刻唐人八家诗本《薛许昌集》

万历壬子孙如游刊本《逊志斋集》　万历丁亥刊本《小山类稿选》

---

① 汪訚《八千卷楼宋本书录》,《学海》1卷4期。

② 汪訚《八千卷楼宋本书录》,《学海》1卷4期。

③ 汪訚《八千卷楼宋本书录》,《学海》1卷4期。

④ 汪訚《八千卷楼宋本书录》(续),《学海》1卷5期。

⑤ 此本为原国立中央图书馆藏本,现藏台北。据"国家图书馆"古籍与特藏文献资源(http://rbook.ncl.edu.tw/NCLSearch),此本有"光绪壬辰钱塘嘉惠堂丁氏所得"朱文方印。

⑥ 袁荣法《刚伐邑斋藏书志》,664页。

⑦ 袁荣法《刚伐邑斋藏书志》,555页。

⑧ 与同治八年所得者配齐。

明刊本《苍霞文草》《余草》《诗草》《续草》《奏草》　抄本《湖山集》
明刊本《纪游稿》　天启刊本《文心雕龙》　崇祯刊本《诗谭》
明刊本《元明杂剧二十七种》　明富春堂刊本《富春堂杂剧》

光绪二十年(甲午,1894)
#清刊本《抱山堂集》

光绪二十一年(乙未,1895)
#弘治刊本《昭忠录》(曹溶旧藏)　#原抄本《碧筠馆诗稿》
△明刻本《素轩集》

光绪二十二年(丙申,1896)
精抄本《赵氏家藏集》

光绪二十三年(丁酉,1897)
明初刻本《易斋集》(汲古阁旧藏)

光绪二十八年(壬寅,1902)
明闵氏朱墨印本《列子》　明闵氏朱墨印本《庄子》　万历刊本《居东集》

附二　丁氏抢救文澜阁《四库全书》一事的细节辨误

抢救在太平天国战争中遭受破坏的文澜阁遗书,是丁氏在文献活动方面的重大功绩,广为人知。①藏书史与四库研究方面的论著,大多谈及此事。但细读史料,则发现目前通行的说法距离史实有不少偏差,有必要加以澄清。以下,先列举几种描述较详的论著中的相关记载:

兄弟相谋,以收拾文澜阁之残编为己任。初则夤夜潜拾,继复遇险不惧,既已自为搜集,复因书贾曲致。辛勤坚卓,备尝艰阻。……《宜堂小记》:"……渡江至留下镇,见兄相持泣,……自梅东里别后,兄因愤……贼牵出将刃之,逸出郭,

① 除《四库全书》外,文澜阁还藏有《古今图书集成》。因此,丁氏所称"文澜阁书""文澜阁遗书",有时包括《古今图书集成》在内。

趋留下。……乃渡江至甬东，饥渴惊疑。……题名陶堰，返留下。……先是兄见留下市卖食物，率裂四库书纸包裹，乃集胆壮数人乘夜捡拾，陆续藏西溪数千册。至是，余随之，收其残帙，至书尽而止。”……俞樾《丁君家传》：“……苏省沦陷，杭势益孤，……君渡江至萧山，……出城时与竹舟君相失，至陶堰。至陶堰见其壁题字，始知其在留下，乃往从之。即于留下设肆鬻米，访求亲串之自城者。留下市中卖物，率以字纸包裹，取视皆《四库》书也。……随地检拾，得数十大册。”（陈训慈）①

先是，丁氏竹舟松生兄弟避难西溪，瞥睹留下市上卖食物，率裂四库书纸包裹，中心怒然，乃赍夜挈壮夫，冒险潜运，藏诸善地，兄倡弟和，每夕往返数十里，不辞劳瘁，摭拾所得，则暂妥乃父殡宫。……寻以敌氛益逼，浙西难居，辄复不畏烦难，携书俱迁至沪。……残喘稍舒，手编书目。（见《年谱》同年闰八月条）犹感不足，复于同治元年闰八月，计托书贾周京趁回杭负土之便，假惜字名，搜得残书高二尺一束者八百数，以翌岁四月，运沪爬梳。（张鋆）②

当同治元年（一八六二），丁氏兄弟（丁申、丁丙）自甬（宁波）渡江至留下镇（杭州西北小镇），丁申见镇上卖食物者，多将四库书纸作包裹，于是约集胆壮者数人，乘夜潜拾，陆续搜得而藏于西溪，凡数千册。丙又续收残帙，至书尽而止。寻以敌氛日逼，西溪亦难安居，于是谋至上海，道出乌戍，太平军见书上朱玺累累，知为官家之物，以虎视白刃相向。幸经丁氏兄弟从容辨析，始能化险为夷，人书安抵上海。继复溯江赴如皋，至泰州，偶过书摊，即有所获，可知阁书散佚地域之广。再者，丙犹以所得未足，于同治元年闰八月，托书贾周京（字汇西）趁回杭之便，乃属其以惜字为名，搜拾四库遗书，计收购残书高二尺一束者，凡八百束，于同治二年四月运返上海，交与丁丙。（沈新民）③

后八千卷楼藏书之恢复与发展，是与丁氏兄弟抢救、钞配文澜阁《四库全书》相伴而行的。丁丙渡江出城避难时，与兄丁申相失，“至陶堰见其壁题字，始知其在留下，乃往从之。即于留下设肆鬻米，访求亲串之自城者。留下市中卖物，率以字纸包裹，取视皆《四库》书也。惊曰：文澜阁书得无零落在此乎？随地检拾，得数十大册”。“因自绍兴至定海而上海而如皋，仓皇奔走。犹托书贾周姓者，间道至杭州，购求书籍，其装订成本者十之一，余则束以巨絙，每束高二尺许，共得

① 陈训慈《丁氏兴复文澜阁书纪》，《浙江省立图书馆月刊》1卷7—8期合刊。

② 张鋆《文澜阁四库全书史稿》，《文澜学报》1935年1期。

③ 沈新民《清丁丙及其〈善本书室藏书志〉研究》，47页。

八百束，皆载之至沪”。（郑伟章）①

上引诸书均认为，丁氏委托周京回杭搜求文澜阁书，得文澜阁书八百捆，每捆高二尺左右。这其实是误读材料，将两事混淆为一。以下先列出相关材料对此事的记述：

咸丰十一年十一月二十八日，贼再陷杭州。寒家无长物，惟藏书数十厨传自祖庭者，悉遭毒厄。身既出坎，心恒耿耿。同治元年夏四月，自甬游沪上，复航海至如皋、泰州，门摊偶涉，行箧时装。闰八月，仍返沪。故人周汇西，书贾也，将回杭负土。余嘱其假惜字举，寓搜书计。贼知书之得获赀也，牛腰捆负，麇集出售，零乱损残，如人之遭患难而无由完合也。火者半，存者半，间关至沪，暇略检别，拂尘驱蠹。其中故家之收藏、耆旧之雠校，吉光片羽，愈堪宝贵，爰为录目，以识燹余。特寒家八千卷楼所藏，无一册璧还，曷胜惘然。后之视今，亦犹今之视昔。推此，则余之收人书，安知人不收余书而室之乎？沧海桑田，云烟过眼，其微焉者尔。同治二年佛浴日，书田耨夫自记。（《八千卷楼收藏书籍记》）

未几，城破，位西、仲芳殉难。余避走，与伯翁会于如皋。先是，伯兄以先亲葬事，冒贼烽至西溪，见村市货物率裹旧纸，以四库书页为多。星偕匐诣文澜阁，书本狼藉过半。沿途贼设垒卡逻伺，不容携片纸。乃侨称收购字纸，贼果担书来售，孱羼无次，亦不仅四库书。分别简料，得书八百余束，束高二尺，《图书集成》与《四库》书不计。渐运至沪，属周君汇西部署。是志即出其内，姚氏故物也。……光绪丁酉曝书日，松老识。（抄永乐大典本《淳祐临安志》丁丙手跋）②

松生五月十九日（同治二年）撰此跋，二十日即以录副之本寄均儒。先于十一日与均儒书曰：周汇西去秋潜回杭州寻亲，不得，于其家中舁停柩七具，出城以葬。于城内外收掩骼胔数百，收焚字纸数万斤。就中检出成本者几及十之一，又收残书，约高二尺一束，计八百束。今年四月，悉携来上海以与丙。汇西复往新市买丝，遂病殁。《温氏母训》即成本之一。（《温氏母训》高均儒跋）

（同治元年正月）二十一日，渡江至留下镇，与先伯父同收集四库书残本，暂妥先祖殡宫。《宜堂小记》：时壬戌正月，留下贼已立卡抽捐，兄即以甬资与出难之故人，就镇设复泰米行，籴沪粜杭。不十日，俨成巨集。先是，兄见留下市卖食物，率裂四库书纸包裹，乃集胆壮数人，乘夜捡拾，陆续藏西溪，至数千册。至是，余随之，收其散帙，至书尽而止。……（同治二年四月）周汇

① 郑伟章《文献家通考》，中华书局，1999年，1034页。

② 《馆藏善本书题跋辑录》，14页，《第二年刊》。

西负书至沪。汇西潜回杭州，府君属其假惜字收遗书。比回，寻亲不得，舁家中停柩七具，出城以葬，收掩城内外骸骨数百，焚字纸凡数万斤，就其中检出成本者几及十之一，又收购残书约高二尺一束者计八百束来沪，悉以与府君。汇西名京，杭州人。（《年谱》）

而竹舟主政、松生征君赈恤其亲故，更能不避艰险，每夕往返数十里，摭拾文澜阁残编，运至西溪，亟思所以宝守之。……及由西溪至歙浦，道出乌戍，经逆党路要隘盘诘，见朱玺累累，知为官家物，虎视蜂拥，举白刃相向；同舟者咸心悸目瞪，而二君独从容剖辨，卒能保其所深藏者，出虎穴而达沪渎。（《文澜阁志》）①

与之相关，据《年谱》记载，咸丰十一年十一月二十八日杭州城破后，丁丙在各地流转的轨迹如下：城破后，丁丙一度与家人失散。十二月，“避居萧山水村曹氏”。同治元年正月十八日，离开萧山，“至陶堰”。二十一日，“渡江至留下镇”，与丁申汇合。三月初，因萧山战事，“由绍至甬”。五月，从宁波海路至上海，“十五日，又乘沙船由通州至如皋”。七月，前往泰州，“居数日，仍回如皋”。十一月，“至普陀礼忏”。十二月，“寓沪度岁”。同治二年正月，因“如皋乡间多窃患，食物价格尤昂，乃移家沪上居之”。同治三年三月，丁氏返杭，文澜阁书于六月“由沪运杭”，“尊藏文澜阁遗书于杭府学尊经阁”。

将上引材料及丁氏行踪拼接印证，可以得出丁氏搜访文澜阁遗书的行动轨迹：从杭州城内逃出后，丁申在郊外的西溪留下镇开设米行，发现此地商贩用《四库全书》散叶包裹物品，遂开始搜集。他纠集数人，乘夜潜入西湖孤山上的文澜阁，收集遗书，运往西溪暂存。在同治元年正月二十一日丁丙到达留下镇前，搜集活动已进行了一段时间，捡得“数千册”。丁丙到留下镇后，随丁申继续捡拾。在搜集过程中，遇太平军设卡盘查，“乃侨称收购字纸”，诱使太平军“担书来售”。此计虽然起效，但所得到的书籍相当杂乱，并非全为文澜阁遗书（“孱羼无次，亦不仅四库书”）。

此番搜集“至书尽而止”，则在丁氏当时所能接触到的范围内，已无文澜阁书。至三月初，丁氏因战乱离开留下镇，经绍兴、宁波等地，辗转来到上海。而一旦前往外地，丁氏便再无机会亲手获得文澜阁书。

之前暂存于西溪的文澜阁书，亦运至上海。但在从西溪（留下镇）至上海的过程中，又遭损失，未能全部抵沪。丁丙的堂弟丁午撰《文澜阁购补遗书议》称：“道经乌戍，复被攫取数千册。”②此事即前引《文澜阁志》所说：“及由西溪至歙浦，道出乌戍，

① 王同《文澜阁补书记》，《文澜阁志》卷下，清光绪丁氏刻武林掌故丛编本。

② 丁午《文澜阁购补遗书议》，《文澜阁志》卷下。

经逆党路要隘盘诘，见朱玺累累，知为官家物，虎视蜂拥，举白刃相向。”由这两则材料，还可知文澜阁书系陆路运沪，路线是杭州—嘉兴—上海，是以“道经乌戍”(乌镇)。这与丁氏家族先陆路向南至宁波，再海路向北，迂回至沪至江北的逃难路线，完全不同。

至于瀚海堂书贾周京返杭收书，如引文所示，是在同治元年八月至翌年四月间。由他买来的“八百束”残书，则绝非文澜阁《四库全书》。其说如下：

首先，丁氏兄弟在留下镇尽力搜罗，“至书尽而止”，因收集行动始于杭州城破之后不久，故所得颇多。丁申开始搜集时，文澜阁书已被撕开，用来包裹货品，若无人及时收拾，必致迅速毁亡。周京返杭，已是杭州城破近一年之后，按上述情形逆推，此时还能有多少文澜阁书遗存呢？

其次，如第二节所述，此八百束残书中，目前可确切考出者有：嘉靖刊本《慎言集训》、抄永乐大典本《淳祐临安志》、梁山舟抄本《温氏母训》、道光刻本《张杨园先生年谱》、邵懿辰手稿本《忱行录》、明刊本《何氏语林》、明刊本《孔丛子》，无一是文澜阁书。且丁丙《八千卷楼收藏书籍记》称，八百束残书中有“故家之收藏、耆旧之雠校”，显然不是文澜阁书，此文作于同治二年四月八日(佛浴日)，即这批书甫运抵上海之际，绝无可疑。

更重要的是，此文名“八千卷楼收藏书籍记”，若八百束残书果为文澜阁书，此篇名便荒谬不伦：难道丁丙打算化公为私，将文澜阁书据为己有么？且不论他的政治取态如何，单就潜在风险而言，此事便极不可能。当时，京官们盗窃前朝的《永乐大典》至少也要零零星星，遮遮掩掩；一介地方士绅居然妄想将“纯庙钦颁”的近万册《四库全书》一气私吞，这恐将招致灭族之祸。由此亦可反证，八百束残书必是私人可以收藏无碍的一般书籍。

最后，从文澜阁《四库全书》的形态特征来看，八百束残书也绝不可能是文澜阁书。同治三年十一月初十日丁申上呈杭州知府的《恭缴阁书拟暂储杭府学尊经阁禀》称，至此时，“所有陆续收获阁书共八千六百八十九本”，包括丁氏在“市肆购得八千一百四十本，又震泽生员徐葵之在沪收集五百四十九本”。[①]若将这 8140 册书打包为 800 捆，每捆平均约 10 册，而每捆约有 2 尺，则每册则须厚 2 寸。而以笔者实际接触文澜阁《四库全书》乾隆原抄本的经验，平均厚度恐不及 1 寸。换言之，即便以每册厚一寸计，每束二尺，则需 16000 册左右。这远超文澜阁《四库全书》原抄本的现存数量。

---

① 丁申《恭缴阁书拟暂储杭府学尊经阁禀》，《文澜阁志》卷下。

要之，综合各方面情况分析，八百束残本绝非文澜阁书，至多不过是有零星残册混杂其间。造成误解的原因，主要是研究者误读“残书”一词，盖脑海中先存了文澜阁书受损残破的印象，一见“残书”，遂不假思索，自动与之系联。加之在收集过程中，周氏师丁氏之故智，以收废纸为名，诱太平军来贩；这就容易加深上述直线思维，认为周氏是以同样的手法收购同样的书籍。

第二章　丁氏蟫林交游考

蟫是以蠹蚀书籍为食的小虫。《尔雅·释虫》:"蟫,白鱼。"郭璞注:"衣书中虫,一名蛃鱼。"由此引申,后世称藏书界为"蟫林"。本节所谓"蟫林交游",即指以书籍为中心的交流活动。

同时代学人因志趣相投,或互有所求,发生此种往来,是非常自然且普遍的。丁氏收藏宏富,向其借阅书籍、托其传录善本的学人必不在少数。另一方面,丁氏在书籍活动中也会遭遇各种困难,而寻求他人帮助。

此种交流或曰互助,会呈现为不同方面的多种形式,如互赠书籍、代购书籍、代为校勘、出借底本、藏书品鉴,等等。出于双方在书籍资源、学识专长等方面的差别,其样态会有丁氏助某甲较多、某乙助丁氏较多、双方助求相当之分。以下举出与丁氏交往较为密切的数家,约略分为藏书家、学者两类,考察他们与丁氏的书籍交游情况。

第一节　与同时代藏书家之书籍交游

作为著名藏书家,丁氏与同时代藏书家之间的交游,自是所谓蟫林交游的重点。以下考述丁氏与铁琴铜剑楼瞿氏、皕宋楼陆氏、寿松堂孙氏、艺风堂缪氏四家的交游事迹。

一、与铁琴铜剑楼瞿氏之交游

瞿氏铁琴铜剑楼亦是"晚清四大藏书家"之一。自瞿绍基肇端,至同光间的瞿秉渊(字镜之,或作敬之)、瞿秉清(字濬之)兄弟,已三代世守。在太平天国战争中,瞿家兄弟护书迁徙,藏书基本得以保全。而八千卷楼,传至丁申、丁丙兄弟,亦历三世,但前期藏书在战争中损毁殆尽。由是,尽管双方同列"晚清四大藏书家"行列,但丁氏藏书的基础不如瞿氏。此点反映于双方书籍交往,就表现为丁氏多次向瞿氏商借书籍传录。

同治十二年春，丁丙出游常熟，拜会瞿秉渊、秉清兄弟，获观铁琴铜剑楼藏书。数日后，于旅次追记观感：

> 同治癸酉三月二十二日，自金昌门放櫂琴川。次日，拜言子、仲雍二墓。次日，游破山、三峰、藏海诸寺，登拂水岩，寻剑门，饮露珠泉。次日，至罟里，访瞿镜之、濬之兄弟。出景祐刻《汉书》，南宋刊《史记》、《黄勉斋集》、《东坡集》残本、《刘后村集》、《国朝文鉴》，元刊《论衡》、《东坡全集》、《苍崖金石例》，凡十许种，皆希有秘笈。……二十七日，田园丁丙于虞山舟次。①

"景祐刻《汉书》"，系黄丕烈旧藏，今人定为北宋末南宋初刻本（现又确定为南宋绍兴间刊本），是《汉书》现存最古刻本。现存两部（均藏中国国家图书馆），瞿氏藏本仅有二卷以别本补配，较另一部为全，可称铁琴铜剑楼藏书之冠冕。②

"南宋刊《史记》"，《铁琴铜剑楼藏书目录》（以下简称"《瞿目》"）著录两部宋刊，均为十四行本。据今人研究，前者是南宋初期覆刻北宋刻本，经徐乾学、汪士钟递藏；后者刊刻时间稍晚，为汲古阁旧藏。③未知丁氏所见是哪一部，推测后者的可能性更大，盖因南宋初期覆刻北宋本，在当时多被认为是北宋本。检《瞿目》卷八，前一部称为"仁宗以前刊本"，后一部称为"当出神宗以前刻本"。④

"《黄勉斋集》"，见于《瞿目》卷二一，称为"《勉斋先生黄文肃公集》四十卷《附集》一卷《语录》一卷《年谱》一卷　宋刊本"。⑤宋刻之说不确，《中国古籍善本书目》著录为"元延祐二年重修本"。但此本极罕见，仅中国国家图书馆、吉林省图书馆有藏。

"《国朝文鉴》"，即《瞿目》卷二三著录的"《皇朝文鉴》一百五十卷　宋刊本"。⑥此本被影入《四部丛刊》初编，又被影入《中华再造善本》，今人定为"宋嘉泰四年新安郡斋刻本"。

"《苍崖金石例》"，则是《瞿目》卷二四著录的"《苍崖先生金石例》十卷　元刊本"，经朱彝尊、黄丕烈递藏，有黄丕烈、顾广圻题跋。⑦

---

① 《馆藏善本书题跋辑录》，16 页，《第二年刊》。

② 尾崎康著，乔秀岩、王铿编译《正史宋元版之研究》，298—304 页。

③ 尾崎康著，乔秀岩、王铿编译《正史宋元版之研究》，215—219、249—251 页。

④ 瞿镛编，瞿果行标点，瞿凤起覆校《铁琴铜剑楼藏书目录》，上海古籍出版社，2000 年，191、195 页。

⑤ 瞿镛编，瞿果行标点，瞿凤起覆校《铁琴铜剑楼藏书目录》，592—593 页。

⑥ 瞿镛编，瞿果行标点，瞿凤起覆校《铁琴铜剑楼藏书目录》，663—664 页。

⑦ 瞿镛编，瞿果行标点，瞿凤起覆校《铁琴铜剑楼藏书目录》，687 页。

如上所示，瞿氏兄弟出示的这些宋元刻本，即便在宋元本琳琅满目的铁琴铜剑楼藏书中，亦堪称精粹，足见他们接待同有藏书雅好的丁丙，相当热情诚恳。

同治十二年，距离咸丰十一年末丁氏旧藏尽毁，不过10年出头。此时，丁氏经多方购求，已重新积聚起相当规模的藏书，但规模品位想来尚难与瞿氏比肩。藏书积聚是一个漫长过程，绝不能将20多年后编成的《丁志》等同于为同治末年的八千卷楼藏书状况，盖《丁志》所载书很多当时尚未购入。且如前述，丁氏藏书注重广采博收，而将宋元珍本放在稍后位置上，这与他补抄四库需要大量底本有关；瞿氏则以宋元珍本宏富而著称。观彼之长，思己之短，宜哉丁丙观后发出赞叹。

铁琴铜剑楼贮藏珍本极多，可补八千卷楼之不足，加之参观时瞿氏兄弟表现出友好态度，丁氏乃多次商借传录。上海古籍出版社整理本《瞿目》附录，载丁丙致瞿秉清函二通，均涉求借传抄之事。第一函称“春间奉造高庐，扰及郇厨”云云，与前引跋文所述访瞿氏观书的情形颇为吻合，应即作于同治十二年。

> 濬之仁兄大人阁下：春间奉造高庐，扰及郇厨，得窥邺架，琳琅满目，慰生平之饥渴。更承慨假秘笈，古谊云情，不图犹存今日，感颂曷已。辰下敬惟萱福康娱，棣祺雍睦，引詹霁采，式协忭忱。弟载游沪渎，仲夏返杭，谨将尊书随钞随校，惟《黄文献文集》字数较多，尚未卒业。余十有一种，另单先行奉归，幸乞检入。尚有续请一单，计三十二部，祈先惠假十余部，掷交来价赍回。其中宋元旧板，明知珍重，特传本甚稀，恃爱渎求，断不敢损失，有辜雅意。奉去拙刻儒先书八种，金腿二只，南枣两篓，希哂存是幸。今冬如游吴门，尚拟趋聆绪论也。肃泐，敬请台安，诸希蔼詧不具。弟丁丙顿首。八月廿三。镜之先生大人暨斐卿仁世兄均请安道候。
>
> 濬之五兄大人阁下：暮春大驾莅杭，辱承枉顾，湖山深处，未克徧陪杖履，歉歉！兹想吉旋潭府，侍福都佳，颂颂。前惠假之《周官集传》四本奉缴。《读易详说》稍迟寄完。蒙允续假各籍，邮寄未便，刻鲍叔兄有来舍装书之约，特属趁前，幸祈查照来单，赐借若干部，即交叔手赍来，万无贻误也。长编在意，此颂大安。弟丁丙顿首。四月廿四。尊书缺卷，最好开示，叔衡来舍，遇有可配者，俾可随时抽奉也。[1]

由以上两函，可见丁氏向瞿氏求借书籍的数量不少。第一函提及两批借书，首批12种，第二批32部。第二函亦提及两批，前一批至少有《周官集传》《读易详说》二种，

---

[1] 瞿镛编，瞿果行标点，瞿凤起覆校《铁琴铜剑楼藏书目录》，705页。

后一批数量未详，但足以开列清单，请求“赐借若干部”，可知数量不少。丁氏求借的书籍，版本颇为精善，中有宋元刊本传本甚稀者，如《黄文献文集》，应即《瞿目》卷二二所载之“元刊本”。从信中看，瞿氏对此事持相当开明的态度，的确分批出借了大量书籍。在商借过程中，丁氏为打消对方顾虑，承诺善加保管，确保万无一失；为表谢意，向瞿氏赠送金华火腿等土产，及“拙刻儒先书八种”。考虑丁氏刻书情况，这应是一整套《当归草堂丛书》。另一方面，瞿氏似乎也提出所藏书有阙卷，请求丁丙帮助抄配；这说明双方交往并非“一边倒”的丁氏求助瞿氏。

目前可以确知的丁丙向瞿氏商借的书籍，有如下几种：

第一函之《黄文献文集》。《丁志》卷三四著录《黄文献公集》“影写明本 张氏爱日精庐藏书”，称“粤匪之乱，毁失六卷，今假罟里瞿氏藏本，倩凌兰生补足之”。《瞿目》卷二二著录一部“元刊本”《黄文献公集》：“前有宋濂序，后有正统戊午杜桓补刊序。……卷一至三曰初稿，卷四至十曰续稿上，俱题‘临川危素编’；卷十一至十六曰续稿中，题‘门人王袆编’；卷十七至二十三曰续稿下，题‘门人宋濂、傅藻同编’。”[①]以上特征，与《丁志》所载影写明本相合，可知“影写明本”的底本与瞿氏藏本同源。

第二函之《周官集传》，《丁志》卷二著录“抄本”，《瞿目》卷四有“《周礼集传》十六卷 抄本”。可知八千卷楼藏本乃据瞿藏本传钞，“周官”“周礼”，各自著录不同而已。

第二函之《读易详说》，《丁志》《瞿目》均著录十卷“抄本”。

在两函提及的书籍之外，尚有他书。《丁志》卷一九著录“明刊校宋本”《自警编》，称“此本更借瞿氏宋本校补之”。

前文指出，丁氏借抄书籍，多与补抄文澜阁《四库全书》有关，他向瞿氏借书也显露出这方面的痕迹。首先，他一次借书，多达十余种乃至数十种，这与补抄四库须有大量书籍作为底本的情形吻合。其次，上文指出的确切可靠的借抄书籍，均为四库著录书，且文澜阁原抄或毁或残。《周官集传》《自警编》，全为丁抄；《黄文献集》原抄仅存卷一，《读易详说》原抄存卷三至五、八，余为丁抄。[②]

二、与皕宋楼陆氏之交游

陆心源皕宋楼亦在“晚清四大藏书家”之列。丁、陆交往，似较丁、瞿交游为密，故史料留存较多。在交往内容上，亦以丁氏向陆氏求借书籍居多。不过，除了增加藏书品种、抄配残本、补抄文澜阁《四库全书》之外，丁氏向陆氏借书，还有鉴别版本、用作

---

① 瞿镛编，瞿果行标点，瞿凤起覆校《铁琴铜剑楼藏书目录》，623 页。

② 《文澜阁四库全书版况一览表》，《浙江图书馆古籍善本书目》，浙江教育出版社，2002 年，909—968 页。

刊刻底本等目的。

汇聚众本,参核考稽,是版本鉴定中行之有效的方法。光绪十八年,丁立中鉴定《后汉书》版本,遭遇困难("不知刊于何时"),乃从皕宋楼借出嘉靖间崇正书院本,"假以对看",然后得出结论:已藏系未经崇正书院重修补版的初印本,较皕宋楼藏本为早。事见明翻元本《汉书》光诸十八年丁立中手跋:

> 《前》《后汉书》凡八十册,得于珠宝巷退补斋书肆。旧为永康胡月樵观察所藏。每页二十行,每行二十二字。首行题"帝纪",下题"班固汉书"。次行题"正议大夫行秘书少监琅琊开国子颜师古注",较宋本增"正议大夫行"五字,少"下护车"三字。前有师古序例,又余靖上言。首题"景祐刊误本"五字。考《恬裕斋藏书目》所载元大德乙巳太平路刊本《汉书》,与此正同,是此本即从太平路本所出。又《后汉书》板式亦与元大德九年宁国路刊本同,不知刊于何时。归安陆氏皕宋楼藏明嘉靖本《后汉书》,为何义门手校。假以对看,板式无异,惟余靖上言后有"嘉靖丁酉冬月广东崇正书院重修"木记。陆氏据此定为嘉靖本。此册无木记,并无修板,当为未修以前印本。考嘉靖丁酉为十六年,为嘉靖初刊本,抑为正德刊本,与是否广东所刊,均无考证。《天一阁书目》载《后汉书》明崇正书院重刊者,误也。光绪壬辰夏五,钱唐丁立中记此以俟考。①

光绪十二年,丁氏为补抄文澜阁《四库全书》,向陆氏借录《吴都文粹续集》("复从存斋借抄以作底本")。丁氏录副之本,藏诸八千卷楼,载《丁志》卷三九。陆氏出借的原本,载《皕宋楼藏书志》卷一一七,作"旧抄本 王莲泾旧藏"。②

文澜阁本《易通变》,丁氏亦借陆氏藏影宋本补全,陆心源称:"杭州文澜阁乱后,此书仅存数册,细审皆《皇极经世》之文。丁松生明府经理文澜阁书,已借此本补足矣。"③

此外,丁氏"影钞宋本"《宾退录》,底本来自皕宋楼。《丁志》卷一八该书解题称"此从湖州陆氏藏本影抄"。检《皕宋楼藏书志》卷五六,著录《宾退录》两部,一为"影宋抄本 顾千里临何义门校",二为"朱竹垞手校本"。丁氏影抄所据应是前者,实非直接出自宋刻。不过,将据影宋抄本再次传抄或翻刻者,笼统称为"影宋抄本""影宋刻本",在当时并不少见。另,《宾退录》文澜阁本系丁氏补抄,或许与借抄陆本也有

---

① 《馆藏善本书题跋辑录》,4 页,《第二年刊》。此本载《丁志》卷六,作"明人重刊元大德宁国路学本"。

② 陆心源《皕宋楼藏书志》卷一一七,清光绪陆氏刊本。

③ 陆心源《影宋易通变跋》,《仪顾堂书目题跋汇编》,中华书局,2009 年,381 页。

关联。

影写明覆宋本《潮溪先生扪虱新话》，《丁志》卷一九该书解题："其书归陆氏皕宋楼，今借而影写之。"陆氏所藏原本著录于《皕宋楼藏书志》卷五八，称"明刊本 黄荛圃旧藏"。[①]另，此书四库存目，丁氏借抄应与补抄文澜阁书无关。

丁丙因所藏明抄本《贡文靖云林诗集》残阙，向陆氏借抄，意外从中获得证据，可支持他关于集中作品真伪的猜想。事见此本丁丙手跋：

> 余初得明钞残本，见《神道碑铭》后补书《见妇人偶兴二首》，字迹不类原钞，信笔勾抹。续借湖州花楼桥陆氏藏钞本，补录其全。陆钞无此二诗。益信余勾抹之不妄。[②]

所谓"湖州花楼桥陆氏藏钞本"，应是下引陆心源跋中的"旧抄本"。有趣的是，陆氏称自己"以阁抄本校过"这部旧抄本，依当时情事来看，"阁抄本"宜指文澜阁本（或其传抄本），设使推测不谬，那么他很可能是在丁氏帮助之下，得以利用文澜阁本。

> 《云林集》六卷，元贡奎撰，旧抄本。同治八年，以阁抄本校过，补卷三《九月二十七日龙溪寄王敬叔》七古一首。光绪十年，复以弘治刊本校一过，卷一补《夜坐》五古一首、《伯长南归余方北行以诗见贻因和以谢》五言一首。卷六《题倪氏今是亭诗》脱题，与《宿古柳墅诗》误连，阁本亦同，亦据弘治本补题。卷首范吉识语，亦补二十余字。[③]

丁氏刊行丛书亦得到陆氏帮助，有数种书的刊刻底本系陆氏提供（详后）。甚至获知丁氏刊书计划后，陆氏还会主动出借善本，供丁氏刊刻使用，《芳芷栖词》丁丙手跋称：

> 归安陆存斋观察知余刊词，邮寄此种，为汲古阁旧藏乌丝栏精钞本。前有"毛晋私印""汲古阁"二印，后有"毛晋之印""毛氏子晋"二印。继归吾杭孙古云袠伯，有"孙均私印"。复归古吴汪阆源观察，有"汪士钟""三十五峰园主人"二印。尚有"徐康"一印，无考。余据以录出，藏之八千卷楼。……丁亥仲春八日，丁丙。[④]

---

① 陆心源《皕宋楼藏书志》卷五八，清光绪陆氏刊本。

② 《馆藏善本书题跋辑录》，11页，《第四年刊》。

③ 陆心源《贡云林集跋》，《仪顾堂书目题跋汇编》，185页。

④ 赵鸿谦《松轩书录》，130—131页，《第四年刊》。

当然，通假书籍不是单方面的，皕宋楼藏《所安遗集》，“从钱塘丁松生大令所藏鲍渌饮校本过录”。[①]检《丁志》卷三四，有《所安遗集》两部，一有附录一卷，为“影写成化本”，一无附录，为“赵氏星凤阁抄本”，两书解题均未提及中有鲍廷博批校，不知陆氏所借是何。

此外，与丁氏一样，陆氏在藏书之余，乐于刻书，编刻有《十万卷楼丛书》《湖州丛书》。丁氏曾就《十万卷楼丛书》选目，向陆氏建言。《遗著后编》丁立中识语称：“若吾丘衍《周秦刻石释音》、陈思《宝刻丛编》，已乞陆存斋观察列入《十万卷楼丛书》。”

三、与寿松堂孙氏之交游

寿松堂孙氏是杭城藏书故家，藏书始于乾隆时期的孙宗濂，传至宗濂之子仰曾，粲然大备。乾隆帝诏开四库馆，孙氏进呈书籍百余种，获赐《佩文韵府》。[②]丁申《武林藏书录》“孙氏寿松堂”条云：

> 孙宗濂，字栗忱，号隐谷，仁和人。乾隆甲子举于乡，一试春官，即息辙乡里。构堂曰寿松，藏书数万卷，以枕葄为荣。子仰曾，字虚白，号景高，岁贡生，候选盐运司运同。胚胎家学，赓续绪余，宋椠元雕，充牣几架，鼎彝碑版，罗列文厨。梁山舟学士、王梦楼太守相与题评考跋。乾隆癸巳，应诏进书数百种，内《乾道临安志》三卷仰邀御题，并赐《佩文韵府》全部。[③]

丁申之子丁立诚作有《题孙景高先生遗像》诗，对孙氏的藏书事迹表示敬佩，诗云：“家承孝友为通儒，书香万卷读在口，桂香一枝折在手。佩文韵府拜恩赏，临安宋志邀题奖。为好古欢天语嘉，褒以世守陈编家。”[④]

与丁丙有交往的是孙炳奎（字仁甫，仰曾五世孙）及其子孙峻（字极宇，又字康侯），孙峻与丁丙、丁立诚等人交往尤密。与八千卷楼情形类似，寿松堂藏书在太平天国战争中遭严重破坏。孙峻称：“咸丰辛酉，寇烽再炽。寒家所藏图籍，尽付云烟。”[⑤]战后，孙氏父子努力收拾丛残，然未能尽复旧观。丁立诚《题寿松堂读书图为仁甫丈寿》：“天语陈编褒世守，燹余一二佚八九，灵珪断璧书簏珍，珍交龙作绘犹新。”[⑥]便是很好的

---

① 陆心源《所安遗集跋》，《仪顾堂书目题跋汇编》，186页。

② 关于孙宗濂、孙仰曾情况，可参阅侯印国《孙宗濂、孙仰曾家世及藏书考论》，《新世纪图书馆》2013年12期。

③ 丁申《武林藏书录》卷下。

④ 丁立诚《小槐簃吟稿》卷二。

⑤ 孙峻《序》，《八千卷楼书目》卷首，民国十二年钱塘丁氏铅印本。

⑥ 丁立诚《题寿松堂读书图为仁甫丈寿》，《小槐簃吟稿》卷六。

概括。光绪十五年，孙峻在寿松堂抄本《妇人集》手跋中夫子自道：

先世藏书颇夥。峻六世祖景高公，曾举家藏善本进呈四库，叠邀纯庙褒锡。而先人精钞墨本，亦累世有之。庚辛，寇烽炽，颠沛流离，遗书尽佚。乱定归来，稍稍搜访故籍，间有幸逃劫火者，已残阙失伦，求所谓精钞墨本，则渺不可得。[①]

要之，同光年间，寿松堂因乱中落，八千卷楼卓然崛起。在双方交往中，丁氏屡次向孙氏赠送寿松堂旧籍。孙峻回忆，他年少时，丁丙便曾赠以寿松堂旧藏："忆某自髫龄，习闻先生潜德懿行。一日，先生过敝庐，见箧中有先生从父冲泉公乡试程文，敬奉以归，而以所藏寿松堂旧帙报之。嗣是往来益密。"[②]

前揭寿松堂抄本《妇人集》，便是光绪十五年丁丙赠予孙氏的，卷末丁丙手跋称："右孙华海先生手录《妇人集》，同治初年得于市上，今特归之康侯茂才，即乞茂才手录一册，仍归之内。再阅百十年，寿松堂既永宝华海先生之墨芬，寒家八千卷楼更得宝藏康侯之手笔，则两家余韵流传艺林，岂不益快。光绪己丑重九，丁丙记。"此本孙峻手跋云："顷执丈松生先生持先高伯祖花海公手钞迦陵《妇人集》一册，首尾完好，以归家君，家君命峻受而藏之。峻生也晚，何幸于风霜兵燹后获亲先世手泽，故物复还，虽和氏璧、合浦珠不足拟已。"可知"孙华海先生"为孙峻"先高伯祖"。

在丁氏向孙氏馈赠的寿松堂旧籍中，最为名贵者是进呈四库馆的宋刊本《新刊名臣碑传琬琰集》。[③]赠书事见《年谱》光绪二十年条："十二月，得宋刊《名臣琬琰集》，归之寿松堂孙氏。四库诏下征采，孙氏进书百种，《琬琰集》为宋刊之一。杭再陷于粤贼，旧日收藏不可问矣。今有以是书求售者，府君购而归之孙仁甫丈，俾世守焉。仁甫属陈蓝洲丈作图志幸。""陈蓝洲丈"即陈豪，蓝洲其字，仁和人，官房县知县。[④]著有《冬暄草堂遗诗》《遗文》，擅丹青。此图名为《岁暮归书图》，上有丁丙、丁立诚、俞樾、张宗祥、吴士鉴、吴庆坻、张濬万、谭献、樊镇、张景云、张宗祥等人题咏。[⑤]

---

① 此本今藏浙图，浙图著录为"清孙氏寿松堂抄本"。半叶八行，行二十字，小字双行同。红格，白口，单鱼尾，四周单边。原封题"嘉庆丙寅二月朔花海录于无梦庵□□□□"（此四字无法辨认），钤有两印，模糊不清。正文首页有"华海"白文长方印、"丁"朱文圆印、"钱唐丁氏正修堂藏书"朱文方印、"□孙读过"朱文方印、"寿松堂书画记"朱文长方印、"赐书堂藏阅书"朱文方印、"仁和孙氏寿松堂藏书"朱文方印。首无序，后附《妇人集补》。卷末有丁丙、孙峻手跋各一。此据原件录出。

② 孙峻《世丈丁松存先生哀辞》，《宜堂类编》卷五。

③ 1934 年 11 月，孙氏将此本转让与浙江省立图书馆，见《浙江省立图书馆馆刊》2 卷 5 期《馆讯鳞爪》。此本今藏浙江图书馆，著录于《浙江图书馆古籍善本书目》。

④ 吴庆坻等《民国杭州府志》卷一三七。

⑤ 1935 年，浙江省立图书馆举办立馆 30 周年展览会，孙氏将此图送展。图上题咏，录刊于《浙江省立图书馆馆刊》3 卷 1 期。

有关藏书的品藻题咏，是丁孙交游中的另一重点。光绪十五年，丁丙过眼寿松堂藏厉鹗批校《澄怀录》抄本，赋《为孙仁甫炳奎题樊榭山人校阅周草窗澄怀录四首》，其一曰："小跋亲题厉太鸿，校雠如叶扫秋风。收藏试证珊瑚印，珍入三家铁网中。小山堂接寿松堂，屈指君家七代藏。卅幅胜朝绵料纸，行间字里古芸香。"①诗中指出此本用棉纸，古意盎然，油然显现出藏书家的品鉴眼光与趣味。22年后(宣统三年)，孙峻又向丁立诚出示此卷，后者依丁丙旧韵，成《康侯以家藏明钞澄怀录出观用叔父留题诗韵记之》七绝两首，其一云："别号今年署老辛，澄怀观道卧游新。重披四水潜夫录，影事如尘廿二春。"其二云："细寻泥印认飞鸿，景仰高山拜下风。七代相承家永宝，感深臣叔四诗中。"

光绪十五年，丁丙题咏《涪翁书开堂疏》。此卷为寿松堂先世旧藏，经乱幸存，得孙炳奎抢救重装。其跋云："《涪翁书开堂疏》一卷，仁甫兄乱后还家，于荆棘骨堆中拾得之，遭寇毁裂，阙文两段。幸景高先生题识尚存，重加装治，洵如疏中所云是真归依处矣。……仁甫兄善守清门，护藏世宝。郎君康侯茂才读书励行，他日学业大成，盍仿夏大理故事而书补其缺，不更快欤。光绪己丑夏日丁丙谨跋。"②

同年，丁丙观赏寿松堂先人孙传曾《碧山楼诗稿》稿本，并为补录佚诗，事见该书丁丙手跋："仁甫兄出示先世《碧山楼诗稿》一册，盖辛酉劫灰之遗也。因检吴仲耘尚书旧辑《杭郡诗》，如《上已挽汪春圃》《过斜塘》《待潮》三诗，已在稿中。《夏夜陪陈句山师杭堇浦先生集南华堂分韵》一律，稿中佚去，谨为补录，并抄先生小传，归之仁甫，其以宝玉大弓视之哉。光绪己丑五月十六日，后学丁丙识。"③

丁立诚手录《汪讱庵先生蒲团晏坐图题咏》一卷以赠寿松堂，《小槐簃吟稿》有《手钞汪讱庵先生蒲团晏坐图题咏成册充寿松堂插架题后》纪其事。该本今存浙图，卷前有丁立诚题诗，与《吟稿》略有文字差异，卷末有立诚手跋一则："此卷小像，不知何人手笔。已失吴东壁先生之前题者，有若干人，亦不可知。今归天津尹澂甫大令，出以赏鉴。余以家藏讱庵先生趺坐小像补之适合，亦快事也。匆匆录题诗三十八家毕，记之。光绪著雍涒滩阳月，修道人。"④署"光绪著雍涒滩"即三十四年戊申，赠书宜即在此年。

丁、孙书籍交游的第二大方面是：孙氏父子协助丁氏编书刻书。具体而言，有以下几事：其一，孙峻协助丁丙编纂《武林坊巷志》，此书收集史料，记述杭城街巷的沿革掌故。⑤据

---

① 丁丙《松梦寮诗稿》卷五。

② 丁丙《跋涪翁书开堂疏》，《松梦寮文集》。

③ 孙传曾《碧山楼诗稿》，清稿本，浙江图书馆藏。此据原件录出。

④ 《汪讱庵先生蒲团晏坐图题咏》，清丁立诚抄本，浙江图书馆藏。此据原件录出。

⑤ 关于此书的编纂，可参阅吴启寿《〈武林坊巷志〉及其编纂者》，《文献》1985年3期。

《年谱》,丁丙编纂此书始于同治十一年十月,因"载籍极博,编划为难",故"属之孙康候茂才,使卒其业"。其二,孙峻协助丁丙编撰《丁志》,详中编第一章。其三,丁氏编刊《丛编》,孙峻任《西湖游览志》《西湖游览志余》(与罗榘合校)及《艮山杂志》(与罗榘、张尔嘉等合校)的校勘之责。此外,孙炳奎编纂《同仁祠录》,孙峻编纂《文澜阁志》(与孙树礼合纂)、《陈忠肃公墓录》,均刊入《丛编》,详下编第二章。其四,孙峻为丁氏校勘藏书。光绪十七年二月,他为丁氏代校明刊本《银海精微》,事后撰跋称:"右《银海精微》二卷,为八千卷楼新得之本,执丈松生先生出示旧藏四卷本,命为合校。手诵一过,互有增益。……光绪辛卯仲春望日,孙峻谨识。"①

同年春,又以四本合校影明正统刊本《重编西湖林和靖先生诗集》,该书孙峻手跋称:

> 辛卯仲春,执丈松生先生命校影抄《林和靖诗集》,原本为明正统八年刊本,并出示影宋抄残本、明正德刊本、长洲朱氏依抱经堂本合校。四种以影宋本为最优。就中高宗讳构、光宗讳惇,均不直书,其为宋本明矣。正统本损益互见,惟末载叶景修《祠堂本末》一记为他本所无。记中叙述各事,颇足以资参考。长洲朱氏本与康熙吴调元本无异,末附《拾遗》一卷,多有与抱经学士辨驳者,其援引各条辄据《瀛奎律髓》,不免臆肊过甚。然博览群籍,互相考订,亦不可非。正德本锓版之际,既草率校勘,又模糊残脱,正不如朱本之清朗。洪两峰太保复益以附录一卷,拉杂成书,殊不足为处士增辉。如宋本者,谁敢以断珪残璧视之。孙峻谨记。②

光绪二十年,为丁氏校勘清抄本《陈刚中诗集》(此本收入《丁志》卷三三),该书卷尾孙峻手跋称:"右《陈刚中集》,从竹垞翁藏本校一过。曰朱本者,朱氏原本也。曰朱校本者,姚氏鉏校朱本也。朱本卷一末行有'云间竹庭徐氏家藏,广州府学校刊',而是册亦同,殆与朱氏同本传写。特朱本有洪武壬午皇甫陳后叙,天顺庚辰沈琮一跋,沈跋后有吴岫记,疑从天顺本录入耳。光绪甲午九月三日展卷,越一日夜半校毕,翰林司里人孙峻记。"③

丁氏藏钞校本《国朝名臣事略》十五卷,亦经孙峻校勘。《松轩书录》称:

> 《国朝名臣事略》十五卷,元真定苏天爵撰。一之五卷、八之十卷,系影元钞本,目后有"元统乙亥余志安刊于勤有书堂"一行。余卷以乌丝栏钞配。孙峻朱

---

① 明刊本《银海精微》孙峻手跋,《馆藏善本书题跋辑录》,3页,《第三年刊》。

② 《馆藏善本书题跋辑录》,4页,《第四年刊》。

③ 陈孚《陈刚中诗集》,清抄本,南京图书馆藏。此手跋据原件录出。

笔精校，末有"上章摄提格中秋前五日校毕，康侯孙峻谨识"一行。

附藏印 汪鱼亭藏阅书 善本书室 八千卷楼藏书之记 嘉惠堂丁氏藏书之记 光绪庚寅嘉惠堂所得①

要之，寿松堂孙氏与丁氏的书籍交往，呈现出与瞿、陆两家大不相同的面貌。瞿氏、陆氏收藏的宋元珍本远在八千卷楼之上，故而丁氏屡屡向其借抄书籍，丁氏可以提供的同类帮助较少，因此反映丁氏求助于瞿、陆的史料就远多于丁氏协助瞿、陆者。寿松堂与之恰相反。孙氏虽是源远流长的藏书世家，乾嘉间声名煊赫，但因战乱而中落，至同光间，藏书的规模质量远逊于丁氏。是以在书籍交游中，孙氏主要是受惠的一方。而孙峻精于版本校勘之学，大力协助丁氏编撰书志、校刻书籍。就这一角度而言，丁氏受孙氏之惠，亦称良多。

四、与艺风堂缪氏之交游

（一）丁、缪交游的开端

缪荃孙，字炎之，号筱珊，又号艺风，江苏江阴人，是清末民初的著名学者、藏书家、文献学家。缪氏生于道光二十四年，年辈晚于丁丙。据《艺风老人日记》《艺风堂友朋书札》等史料，与缪氏实际交往较多的是丁立诚。《丁志》缪荃孙序称："岁在丙子，与修甫中翰订交于京师。时作一瓻之借。戊戌游浙，丈（丁丙）已老病，请见未能，深憾来游之晚。"可见他与丁立诚订交，早在光绪二年，但一直未曾与丁丙晤面。

据《民国杭州府志》，丁立诚为光绪元年举人。②双方在京结识，宜在光绪二年会试前后。但在《艺风老人日记》中，迟至光绪二十年，丁立诚才首次出现。③尽管现存缪氏日记始自光绪十四年，无法完整体现缪氏生活轨迹，但仍可约略感觉到，双方起初的接触联络不密。

关于双方的早期交往，缪荃孙致章钰的一函称："潘师所付之八十余（黄丕烈）跋，即聊城一家物，时在光绪丁丑（三年），弟与茀卿钞陆存斋、瞿子雍、丁松生家以益之。甲申刻成，板寄致苏州，是时潘师在苏守制。"④光绪初年，他和王颂蔚（茀卿）协助潘祖荫辑录黄丕烈题跋，为之增补丁氏藏书中的黄跋。

缪荃孙从"丁松生家"增补的黄跋，理应是丁立诚代录。《艺风堂友朋书札》丁立

---

① 赵鸿谦《松轩书录》，63页，《第二年刊》。

② 吴庆坻等《民国杭州府志》卷一一三。

③ 《日记》："（光绪甲午）三月廿一日，丁修甫送书来。"

④ 缪函转引自章钰《章氏四当斋藏书目》卷七《士礼居藏书题跋续记》条，民国二十七年燕京大学图书馆排印本。

诚致缪氏第一函，谈及代录一事："《东湖丛记》未知刻成否？原本如已校毕，望便中寄下。泽山同年现馆宗氏，相去咫尺，时时晤语。伊渴欲见新雕本，如已印行，早日赐下，以便转交。荛圃题跋近又得二篇，录呈汇梓。湖州陆氏究有无钞寄，何妨请伯寅尚书索之。敝刻《武林掌故》小种，俟来年得有成数，再行呈览。此复，敬请撰安不一。弟丁立诚顿首。闰七月杪。"①

既然此时潘祖荫（"伯寅尚书"）尚在世，则此函写于光绪十六年冬潘氏病故前。光绪二年至十六年间，仅光绪七年有闰七月。案，潘辑《士礼居藏书题跋记》刻成于光绪十年，潘氏为之撰序，则在光绪八年。②光绪七年，正值此书汇辑阶段。黄跋诸书，当时散落诸家，收集不易，此阶段耗时必然不短。丁氏称"近又得二篇，录呈汇梓"，显然之前已有过代录。抄辑黄丕烈题跋，应是光绪早期丁、缪书籍交往的一个核心话题。

如丁立诚函所示，那时双方还有黄跋之外的书籍交往：丁氏向缪氏赠送家刻书籍，代他人向缪氏索要赠书。从"原本如已校毕，望便中寄下"一语来看，缪荃孙刊刻《东湖丛记》（收入《云自在龛丛书》）的底本，似乎也是丁氏提供的。

（二）丁、缪书籍交游编年

接下来，以《日记》为主要材料，从光绪二十年起，分年考述双方书籍交游史事。

光绪二十年　"三月二十一日……丁修甫送书来"。此为丁立诚首见于《日记》。丁氏"送书来"，则两人面晤。此时缪荃孙在京师，丁氏来京，当是为参加会试（是年行恩科）。四月一日，缪氏回访丁立诚。这一年双方的交往只有这两次。

光绪二十一年　是年双方通信 3 次，丁致缪 1 次，缪致丁 2 次。最值得注意的事件是：四月十四日，"交廿元与丁修甫，托钞书"。由此开始，《日记》频繁出现缪氏托丁氏代抄书籍的记载。此事是丁、缪书籍交往的重点所在，贯穿始终。

当时，缪荃孙正在为盛宣怀操持《常州先哲遗书》的编刻。他委托丁氏抄书，很可能与之有关。九月四日，"寄丁修甫杭州信，并《七家词》《荆川集》《周通政集》"。检《日记》，六月六日，"校定《荆川集》，促印书五十部"；七月十六日，"《荆川集》红本印成"；二十一日起，缪氏先后向杨守敬、江标、王懿荣、屠寄及丁立诚寄去此书。综合先后记载观之，"《荆川集》"当为《常州先哲遗书》中的《唐荆川先生文集》。缪荃孙最终校定后，印出 50 部红印本分赠诸友，其中有丁立诚的一部。将自己主持刻成的书籍赠送友人，是当时藏书家之间人情交际的普遍做法。

---

① 《艺风堂友朋书札》，694 页。

② 关于《士礼居藏书题跋记》的编纂刊刻过程，参阅李开升《黄丕烈题跋辑刻考述》，《古籍之为文物》，中华书局，2019 年，69—85 页。

光绪二十二年 是年丁、缪书信往来相当频繁，双方通信 15 次，丁致缪 8 次，缪致丁 7 次，寄去抄书费用 80 元。要事如下：

三月八日，“接钱唐丁修甫信，寄书七种”。可能便是缪氏上一年托抄之书。十三日，“发丁修甫信、汪穰卿信，寄《春卿》《毗陵》二集”。“《春卿》《毗陵》”宜指宋人蒋堂《春卿遗稿》与张守《毗陵集》，均刊入《常州先哲遗书》。

六月十一日，“发钱塘丁修甫信，寄《得月楼书目》《文贞公年谱》”。二十日，“寄廿元及《文清集》与丁修甫”。八月十二日，“阅……丁修甫两信，寄《萧茂挺集》《诗传旁通》《西湖志补遗》各种”。《艺风堂友朋书札》丁立诚第八函与以上记载多相契合，可知便是《日记》所载八月十二日收到者：

> 两奉手教，并寄钞资洋二十圆，及赐珍刻领到，谢谢。藉稔起居佳胜，为慰且颂。《文恭集》敝藏为聚珍版，即四十卷本。文澜旧存本已失，无可查。《提要》多十卷，不可信。总之，七阁所藏与武英所刻同，必得旧钞本方可补全青词、致语各种也。《明名臣琬琰录》第十九卷至廿四卷及《后编》八卷，与《诗传旁通》全部，均钞未毕工。似未由穰卿兄借抄。如有他种须抄，亦望示知。《萧茂挺集》已钞成，托人校过，奈敝藏亦非精本。据云《全唐文》有一篇可补。《天兴墨泪》敝藏所无。承询辟蠹之方，实无良法。大约不读必须雇人翻动，三年不得人气，新订者必蛀。订好数年不蛀者，本书必不生蠹也。尊藏《播芳大全》明钞本为谦牧堂藏书。谦牧堂何家？弟多年蓄疑，未得其详，乞示知。《从野堂集》如成，尚乞见赐一部。《戒庵漫笔》如成，亦乞见惠。《摘文堂集》已由穰兄借钞矣。《道乡集》敝藏有明刻本，究未知与道光刊本如何？记得二十余年前无锡重刊，曾来借过，似近年尚有版存也。《容春堂集》敝藏有小字本，如校《萧集》之罗君尚可，请寄下样本，请罗君取敝藏本对校何如？兹附近刻二种，乞察存。此复，敬请台安。弟立诚顿首。七月二十一日。①

“两奉手教”，指六月十一日、二十日缪氏两函。“寄钞资洋二十圆”，是六月二十日缪氏汇去的“廿元”。“及赐珍刻”，则指缪氏随函寄去的《得月楼书目》等书。《得月楼书目》为明李鹗《江阴李氏得月楼书目摘录》，《文贞公年谱》附刊于《从野堂存稿》，均收入《常州先哲遗书》。《萧茂挺集》与《诗传旁通》亦收入《常州先哲遗书》，且刊刻底本与丁氏有关。②遗书本《萧茂挺集》卷末跋称“今本钞自钱塘丁氏”。《诗传旁通》底本为传抄文澜阁本，推测由丁氏代抄。③

---

① 《艺风堂友朋书札》，697 页。

② 杨洪升《缪荃孙集外题跋辑考》，《文献》2007 年 2 期。

③ 《常州先哲遗书》卷前目录，清光绪盛氏刻本。

八月二十五日，“丁修甫送《明琬琰集续编》八卷来”。上函称此书未抄毕，此时则抄毕寄来。

九月二日，“发……杭州丁修甫信，《清秘阁》一部，洋廿元”。十六日，“接杭州丁修甫信，寄钞补《明碑传集》六卷”。“《清秘阁》一部”指元人倪瓒《清闷阁全集》，亦是《常州先哲遗书》所收书。

十月二十四日，“接杭州丁修甫信，寄《鸿庆集》补叶并张孝廉撰《杭州驻防八旗志》”。“《鸿庆集》”即宋人孙觌《鸿庆居士文集》，收入《常州先哲遗书》。缪氏《鸿庆居士集跋》称：“卷三十二缺一叶，借钱塘丁氏本补足。卷三十四缺一叶，丁氏本亦缺，无从补矣。”①与《日记》恰相印证。

十二月十四日，“接丁修甫信，并《蔡定斋集》《容春堂集》。复修甫信，寄洋四拾元”。前揭丁立诚函提议，由罗榘（“校萧集之罗君”）代校《容春堂集》，罗榘为丁氏西宾，故可“取敝藏本对校”。此次寄来的《容春堂集》，当是罗榘校好的本子，《蔡定斋集》大约亦如此。此两种均收入《常州先哲遗书》。缪氏寄去的40元，宜为校勘酬资。

光绪二十三年　是年双方通信15次，丁致缪8次，缪致丁7次，寄抄资50元。要事如下：

二月二十日，“接醉六堂信，带至丁修甫信并新写各书”。前文述及，醉六堂系当时上海有名书肆，丁氏曾在此购书，据《艺风老人日记》，缪氏与之交易亦相当频繁，故可通过此店转呈信函。

五月十日，“接丁修甫信，并《方少集》一部”。

六月四日，“接丁修甫信，并《孙尚书大全集》七十卷”。

十一日，“接丁修甫信，并《容春堂集》十九卷”。《容春堂全集》部帙甚大，推测去年丁氏寄来的只是一部分，故此次又寄来十九卷。

九月十三日，“发恽松云信、丁修甫信，寄四十元”。

十二月十六日，“接杭州丁修甫信，寄影绘《离骚图》一册”。

十八日，“发恽松云筠信、丁修甫信，寄《汉书疏证》六册、新刻书三册、洋十元”。

光绪二十四年　是年春，缪氏出游杭州。《日记》显示，缪氏游杭期间，与丁立诚会面，参观文澜阁及八千卷楼，借阅八千卷楼藏书目录。双方互赠书籍，缪氏留款60元（抄书资费）。在杭要事如下：

闰三月十六日，“修甫借《汉书疏证》廿二册，又赠以《常州词录》乙部”。二十一

---

①　缪荃孙《鸿庆居士集跋》，《艺风堂文集》卷七，影印清光绪二十六年刻本，收入《续修四库全书》，上海古籍出版社，1996—2003年。

日，“丁修甫来，偕登文澜阁，请钥观《四库全书》”。二十七日，“入城诣丁修甫谈，登八千卷楼，所见以《汉书》、《旧唐书》、开禧本《云仙杂记》为最佳，假旧本书目一册回”。二十八日，“读八千卷楼善本书目，交《侨吴集》，托修甫付装，并交洋蚨廿元，托钞书”。二十九日，“还丁修甫善本书目，又借《嘉惠堂书目》回”。四月二日，“借翁铁梅四十元，交丁修甫，修甫送《武林往哲遗书》”。四月三日，“还修甫《书库抱残图》《文澜归书图》《流芳图》三种卷子，《嘉惠堂书目》八帙。”

此处出现的“《汉书疏证》廿二册”及去岁十二月缪氏寄去的“《汉书疏证》六册”，指沈钦韩《两汉书疏证》。丁氏商借，乃因浙江书局拟刻此书。后来，缪氏为浙江书局本作跋称：“光绪己卯，荃孙在京师。长沙王师借陈培之户部藏本录副，嘱为校字，亦录副焉。《前汉》八册，《后汉》纪传十二卷、地理十八卷。丁修甫中翰假去，刻于杭州官局。”①

除去在杭期间的交流，是年双方通信15次，丁致缪9次，缪致丁6次，寄款40元。要事如下：

三月二十三日，“接丁修甫二月信，并《汉艺文志疏证》”。

四月十三日，“校《江月松风集》，得逸诗十三首，拟录寄修甫”。《江月松风集》收入《遗著》，缪氏出游杭州，丁立诚赠以《遗著》一部。缪氏所校当即遗著本，发现佚文，即拟函告丁立诚，助其补完。

五月十八日，“接丁修甫信，寄传钞《元陵记》一册”。

八月二十日，“接吴申甫、丁修甫信，寄《北征录》《无锡县志》来。发浙江恽眉卿、丁修甫信”。

十月二十四日，“接吴申甫信、丁修甫信，寄影写至正本《金陵新志》”。《丁志》卷一一著录元刊本《金陵新志》，此“影写至正本”当据该元刊本传抄。

二十六日，“发恽松云信附丁修甫信，寄洋四十元”。

十一月十六日，“又发丁修甫信，寄还八千卷室倭版《皇宋事实类苑》《湖海新闻》两种”。“倭版《皇宋事实类苑》”载于《丁志》卷一九，著录为“《新雕皇宋事实类苑》东瀛翻宋麻沙本”。

十二月三日，“接丁修甫信，言《事实类苑》《湖海新闻》已收到”。九日，“接丁修甫信，寄《句容志》六卷，《严冬友诗》二卷”。二十八日，“丁修甫寄《类说》来，并函”。

光绪二十五年　是年春，丁丙病故，丁立诚、丁立中筹划刊刻遗著，其中《丁志》是重点，遂托缪荃孙审校改订，此事将在下文详述。此外，是年双方通信14次，丁致缪

① 缪荃孙《浙本沈文起两汉书疏证跋》，《艺风堂文续集》卷六。

9次，缪致丁5次，寄抄资50元。要事如下：

正月十日，“寄丁修甫五十元，《先哲遗书》乙部”。十七日，“接丁修甫去年祀灶日信，寄《句容志》全部”。三十日，“接丁修甫信，寄《景陆汇编》六册，覆丁修甫信”。所谓“《先哲遗书》”，即《常州先哲遗书》，之前缪氏陆续寄赠过多个零种，大约此时全书刊竣，故再寄全书一部。

三月十七日，“接丁修甫信，寄《文澜阁志》三部”。

六月二日，“接吴申甫、丁修甫二信，寄《浙江丛书》全部，又《句容志》一部”。七月九日，“接丁修甫信，并《武林掌故丛书》《于忠肃公奏议》”。此函应即《书札》丁立诚第六函，可与以上《日记》记载相对应：

> 前月奉寄敝刻《武林遗著》全部，并附寄交《句容志》第二次钞及新刻《宏艺录》于茗生兄，定荷照收。因接茗生兄六月间来函提及耳。昨由恽方伯饬人送下洋五十元，及读来书，似在前所发者，尚乞示慰。承赐全《常州丛书》朱本，感谢感谢。兹寄上敝刻《掌故》书由醉六堂转寄较妥，乞查收相抵。墨印《常州丛书》一部，便中寄下。……兹有寄茗生兄书二包、信一封，乞饬送为托。兹新刻《于公奏议》奉呈，望察存。此在《遗著》之外，拟再刻一集，未知此愿能偿否？手此，布请台安。弟期丁立诚顿首。廿四日。[①]

十月十六日，“接丁修甫信，寄《千顷堂书目》乙部”。此即《书札》丁立诚第五函，其中正谈到代抄《千顷堂书目》事：

> 兹寄上《千顷堂书目》钞本十四册，此书因罚钞五册，故格外迟迟。通部笔迹尚看得过。敝处所藏者不分卷，钞本在乾隆间，故亦不欲改作四库式子。尊意想必以为然。现在写官有暇，尚乞示及要钞何书，以便转发。前求代刻书，兹已在杭写样，先成《永乐大典》中辑出之《淳祐临安志》八卷此八卷亦今分者，将来拟寄呈，乞台端与尊藏本校录后即行付梓。此书欲刻入《丛书》已二十余年，发愿迄未能偿。今《丛书》已到二十二集，欲刻者不多，不得不亟求援手也。再，先叔藏书题跋已成者二千余种，所撰非一时，故前后重复不少，得能荷斧削鉴定，庶可问世，未知俯允所求否？不胜盼祷，专此，布请台安。弟期丁立诚顿首。十月初六日。
>
> 《千顷堂书目》字三十二万七千七百七十五，计洋十九元六角，又纸洋二元，又校资洋十四元。[②]

---

① 《艺风堂友朋书札》，696页。

② 《艺风堂友朋书札》，696页。

《艺风藏书续记》卷五该书条称:“此萧山王氏藏书,惜残缺过半,借钱唐丁氏本补足。”[①]可知此次代抄原委。此外,此函中还请缪氏代为校勘《淳祐临安志》辑本(收入《丛编》),校阅修订所谓“先叔藏书题跋”即《丁志》(详下)。

光绪二十六年　是年,缪氏为丁氏校勘《丁志》,双方的通信次数也达到高峰,共21次,丁致缪14次,缪致丁7次,寄款1元。要事如下:

正月二十二日,“接丁修甫信及诗集”。二月四日,“发杭州丁修甫信,……寄修甫《宋中兴百官题名》一册”。所谓“《宋中兴百官题名》”,指缪氏编刻《藕香零拾》所收《宋中兴学士院题名》《东宫官寮题名》《行在杂买务杂卖场提辖官》。

三月二十一日,“接丁修甫信,并寄诗二册”。

五月十四日,“接丁修甫信并二僧诗”。十八日,“发丁修甫信,托钞书”。

七月十四日,“接丁修甫信,并《于公祠墓考》及托钞《汉书》五卷、陈鼎著述、柯丹邱诗”。缪氏《辑本丹丘生集跋》称:“光绪庚子,柯逊庵中丞在扬州都转任,嘱荃孙搜辑编次。先钞钱塘丁氏《元人十二家集》,又钞《元诗选》,为二卷以寄。”[②]乃知此次寄来的“柯丹邱诗”,即跋中所称从丁藏《元人十二家集》抄出者。《元人十二家集》,即《丁志》卷三九著录“元人小集十二卷　旧抄本”。

八月二十四日,“接丁修甫信,寄钞书帐”。

十月四日,“接丁修甫信,并《武林藏书录》”。二十三日,“接丁修甫信,寄《洪文安集》”。二十七日,“还丁修甫《五礼新仪》”。

十二月二十六日,“丁修甫寄《淳祐临安志》四册来”。《淳祐临安志》,前揭丁立诚第五函,曾邀请缪氏代为校勘。而抄永乐大典本《淳祐临安志》有光绪丁酉(二十三年)丁丙手跋,称曾“假缪筱珊太史藏本钩校,视此尤多阙误”,则丁丙生前便已借缪氏藏本校过。

光绪二十七年　是年双方通信21次,丁致缪14次,缪致丁7次。要事如下:

正月十一日,“接丁修甫信,并《宜堂类编》《拙庵词》”。《宜堂类编》二十五卷,丁立中编,汇录丁丙行述、传记、年谱、各家哀悼诗文。丁丙病故后,即开始编纂,光绪二十六年刻成。

二月三日,“发……丁修甫一信,及词录末卷四册”。十一日,“接丁修甫去年信,并《宜堂类纂》一部”。

---

① 缪荃孙撰,黄明、杨同甫标点《艺风藏书续记》,上海古籍出版社,2019年,350页。

② 缪荃孙《辑本丹丘生集跋》,《艺风堂文续集》卷七,影印清宣统二年刻本,收入《续修四库全书》,上海古籍出版社,1996—2003年。

三月二十五日，“接丁修甫信，并《孟子师说》”。

四月十四日，“发……丁修甫信并《首辅传》”。

七月七日，“丁修甫寄《柳集》及《皇朝大臣谥迹录》”。

十二月十九日，“丁修甫借《古泉汇》去”。

光绪二十八年　是年双方通信15次，丁致缪9次，缪致丁6次，寄资96元8角。要事如下：

三月十九日，“接丁修甫信，寄《五礼新仪》七卷”。四月二十二日，“发丁修甫信，寄《山右石刻丛编》《藏书记》《文集》”。《山右石刻丛编》，清胡聘之编，综录山西地方石刻。胡氏纂定后，请缪荃孙校阅修订。《艺风老人自订年谱》光绪二十四年载：“山西胡中丞聘之寄《山右石刻丛编》稿本，嘱订定。为检拓本，补入一百余种，并加考，成书四十卷。”[①]此书有光绪二十七年刻本。“《藏书记》《文集》”，则指《艺风藏书志》《艺风堂文集》，均刊于光绪二十六年。

五月十一日，“丁修甫寄《乐善录》来”。《乐善录》，丁丙纂，记载晚清杭州地方慈善事迹，光绪二十七年刊成。

七月二日，“发丁修甫信，寄《石鼓论语答问》”。八月十八日，“接丁修甫信，并《古今名贤确论》”。二十日，“发丁修甫信，寄书目并托购书”。

十一月十日，“发杭州丁修甫信，寄玖拾陆元八角”。十二月十三日，“接丁修甫信，寄《汉书疏证》贰部”。二十八日，“发杭州丁修甫信，寄《元朝典故编年》第十卷”。光绪二十四年，丁氏借缪藏抄本沈钦韩《两汉书疏证》，交浙江书局刊行，已详上文。缪氏《浙本沈文起两汉书疏证跋》：“刻成，寄初印书，并书底寄回。”浙江书局本刊于光绪二十六年，此时刻成，遂寄赠缪氏以致意。[②]

光绪二十九年　是年双方通信10次，丁致缪4次，缪致丁6次。要事如下：

闰五月一日，“接丁修甫信并钞《剡源集》逸文”。二十二日，“接丁修甫信，寄补《荆川外集》三叶”。

六月六日，“发杭州丁修甫信，寄《柳集》《读书记》各二分”。

十二月十九日，“发杭州丁修甫信，寄《皇甫少元外集》十卷”。

光绪三十年　是年双方通信15次，丁致缪8次，缪致丁7次，寄英洋100元。要事如下：

四月十二日，“发丁修甫信，寄《养吾斋集》廿八卷”。二十五日，“接丁修甫信，并

---

① 缪荃孙《艺风老人自订年谱》，民国二十五年刻本。

② 《书札》丁立诚第七函称：“浙江书局尚延一线，《汉书疏证》已成过半。”可知该函作于《两汉书疏证》刊刻过程中，即光绪二十四年至二十六年间。

《元统元年进士题名录》《建文元年京闱小录》”。

六月二十三日，“寄英洋乙百元与丁修甫钞书”。

九月七日，“丁修甫寄《元遗山词》《涧泉诗余》《烬余录》三册”。

十二月十九日，“发丁修甫信，寄《燕石集》《安晚堂集》，又新刻《续礼记集说》”。二十七日，“接丁修甫信，寄《闻见后录》来”。《艺风藏书续记》卷八《河南邵氏闻见后录》条载：“传抄本……原书在钱唐丁氏，长洲张绍仁学安所校。”①此次丁氏寄来者乃据已藏为缪氏传抄，即《艺风藏书续记》所载。

光绪三十一年　是年双方通信12次，丁致缪7次，缪致丁5次。要事如下：

三月三日，“接丁修甫信，并《珊瑚木难》下四卷”。《艺风藏书续记》卷八本书条载：“传抄本……原本藏钱唐丁氏，其中诗文世所罕觏。”此次寄来的《珊瑚木难》，即《艺风藏书续记》所载。

五月十二日，“发丁和甫信，送《丛书》《辽文》《四谱》。……发丁修甫信，寄去旧钞《黄文献公集》廿三卷、旧钞《播芳文粹》八大册”。十二月一日，“接丁修甫信，寄补钞《圣宋名贤播芳文粹》及《积余饮膳正要》”。这两次通信可能存在关联。《艺风藏书续记》卷六《圣宋名贤播芳文粹》条载：“荃孙先得两旧抄本配合，阙卷借丁氏八千卷楼补足，吾友罗桨臣校之。”②缪氏五月十二日寄去“旧钞《播芳文粹》八大册”，本次收到丁氏“补钞《圣宋名贤播芳文粹》”，正好反映《艺风藏书续记》所述“补足”云云。

光绪三十二年　是年双方通信13次，丁致缪7次，缪致丁6次。要事如下：

闰四月二十六日，“接丁修甫信，寄补钞《临川集》”。

七月十日，“接丁修甫信，钞《桂胜》《桂故》来”。

九月六日，“接丁修甫信，寄《天下同文集》”。

十一月六日，“接丁修甫信，寄《杨诚斋集》二卷”。《艺风藏书续记》卷六《诚斋外集》条载：“集外文两卷，钞自钱唐丁氏，尤属不传之秘笈矣。”③此次寄来的“《杨诚斋集》二卷”，便是丁氏代为传录的《诚斋外集》。

十二月十三日，“又发……丁修甫信，寄书《对雨楼》两部，又交《存复斋全集》《吕氏读诗记》托钞补”。“《对雨楼》”，即《对雨楼丛书》，缪氏自编自刻。

光绪三十三年　是年发生的最大事件是丁氏经商失败，将八千卷楼藏书转让给江南图书馆，缪荃孙代表端方来杭商洽，此事详下文。转让藏书之前，双方通信11次，丁致缪6次，缪致丁5次。要事如下：

---

① 缪荃孙撰，黄明、杨同甫标点《艺风藏书续记》卷八，474页。

② 缪荃孙撰，黄明、杨同甫标点《艺风藏书续记》卷六，384页。

③ 缪荃孙撰，黄明、杨同甫标点《艺风藏书续记》卷六，422页。

五月十三日，“接丁修甫信，寄书《存复斋集》”。十九日，“接丁修甫信，寄《读诗记》”。《存复斋集》《读诗记》两种，应即是前一年缪氏委托丁氏抄补的。

六月二十九日，“小杨上太仓，带去……丁修甫信一件，《玉峰志》四册”。

八月二十四日，“接杭州丁修甫信，寄还《黄文献集》，又代钞《政府奏议》二卷、《柳文》一卷，函中言书籍欲出售，可叹”。这是丁氏代缪氏抄录的最后两种书，之后的《日记》中再无缪氏委托丁氏抄书的记载。

光绪二十年至三十三年，丁、缪双方保持着不间断、高密度的书籍交游，直至丁氏出让藏书，书籍交往的基础不复存在为止。双方每年通信基本在10次以上，以当时的通讯条件来看，这是相当频繁的。

丁、缪书籍交游的最大事宜，是为对方代抄书籍，其中缪氏委托丁氏抄书居多。这可以得到金钱往来的佐证：《日记》屡有缪氏向丁氏寄款的记载，谓之“钞资”，却未见丁氏向缪氏寄款的记录。这是双方藏书规模不同所致，丁氏是清末顶尖的大藏家，《艺风藏书记》缪氏自序坦承无法望其项背：“今天下称瞿、杨、丁、陆四大家，目皆高尺许，荃孙一鳞片甲，第与拜经楼、平津馆相伯仲也。”①

丁氏还有传录文澜阁《四库全书》的便利，这是缪氏所不具备的条件。如《北郭集》，缪氏称“昔年从杭州丁修甫孝廉钞得”。②据《书札》第二函，丁立诚称“《北郭集》舍下所藏即文渊传抄之本”，则此本实传录自四库。此外，《读史记表》(《艺风藏书续记》卷四)、《文章精义》、《文说》、《修辞鉴衡》、《作义要诀》(卷七)、《灌园记》(见《艺风藏书再续记》)，均传录自文澜阁，其中必然有丁氏的帮助。此外，丁氏与缪氏是晚清著名的出版家，抄书多与各自刊书需要有关。刻成之后，则向对方赠书以表谢意。要之，丁、缪交游涵盖藏书家生活的三大领域——藏书、刻书、编撰书目，体现出他们对文献事业的孜孜以求与本色当行。

综观瞿、陆、孙、缪与丁氏的书籍交往，内容不外乎通假借录、馈赠书籍、切磋品鉴，但藏书的质量、规模及与丁氏关系之亲疏远近，有明显差异，遂造成交往的侧重点与主客之势，各有不同。铁琴铜剑楼瞿氏与寿松堂孙氏，同为素有渊源的藏书名门，但至同光间，瞿氏能保守其书，孙氏藏书损毁严重，故而瞿氏多次向丁氏出借秘本，孙氏则屡屡接受丁氏馈赠的书籍。就交际疏密而言，孙氏与丁氏同在杭州，交往最密，在著书、刊书、校书诸方面协助丁氏颇多。陆心源皕宋楼与缪荃孙艺风堂，一崛起于同治，一突起于光绪，时间上有先后之别，但皆勤于刊布文献，与丁氏的交流大多围绕

① 缪荃孙《艺风藏书记》，3页。

② 缪荃孙《北郭集跋》，《艺风堂文续集》卷七。

刻书这一话题。对比而言，陆氏帮助丁氏较多，缪氏则受助于丁氏较多，这自然也与藏书的质量与规模相关。

第二节　与同时代学者之书籍交游

本节考述丁氏与同时代学者的书籍交游事迹。须先说明的是，此处的所谓学者，是指其人相对于瞿、陆、孙、缪四家而言，不以藏书闻名，而以学术见长；而绝不意味着此人箧笥空如，否则书籍交游便无从谈起。

一、魏锡曾

魏锡曾，字稼孙，浙江仁和人。曾任福建浦南盐场大使，光绪七年卒于官。专攻金石篆刻之学，少时即好此道，太平天国之役后，益嗜金石，节衣缩食，罗致碑拓墨本。锐志著述，手校王昶《金石萃编》，并欲撰《萃编补石》。与赵之谦、谭献相切磋探研，意见不同，辄争论至面赤拂衣而去，次日相见，欢好如初。入闽为盐吏，官事之余，不废读碑。校《唐石经》及易州刻石《老子》，正严可均之失。①

魏、丁相交，始于同治四年，魏锡曾《砚林印款书后》称“乙丑秋识松生”。②就在相识之当年，魏氏因欲配齐翁方纲手校《淳化秘阁法帖考正》，怂恿丁氏购买“残破书一船”，此事前已述及。丁氏慨然作此豪举，可见两人订交后甚为相得。之后，丁申之子立诚娶锡曾女为妻，两家结秦晋之好，由此过从益密。具言之，双方的书籍往来，有以下几个方面：

其一，魏氏为丁氏代购书籍。他在福建任官时，受丁氏之托，在当地代购书籍。蒋凤藻向叶昌炽言及此事：“前见汪刊初印竹纸《咸淳临安志》二十四本，实价八千，亦因已有未购，然精印宽大，悦目可爱。盖此书丁松生曾托稼孙在闽买过一部。丁氏多藏本，特托闽中购寄浙杭，其少而罕见，必矣。”③

其二，魏氏向丁氏馈赠书籍。如《玉几山房听雨录》手稿本，魏氏得自许乃钊（信臣），后转赠丁氏。《丁志》卷一九该书解题称：

> 《玉几山房听雨录》一卷　手写稿本　魏稼孙旧藏
>
> 陈撰著。撰字楞山，号玉几山人，鄞人，寓杭最久。乾隆丙辰，荐举博学鸿词。工书善画，皆入逸品，年至八十以外。先生《南宋杂事诗题辞》有云：“宋社既

---

① 谭献《亡友传》，《复堂文续》卷四，清光绪二十七年刊本。

② 魏锡曾《砚林印款书后》，《绩语堂题跋》，清光绪九年仁和魏氏刻本。

③ 蒋凤藻《心矩斋尺牍》，24 页。

屋，南渡事迹俱湮。其杂见于志乘纪载者，悉零椦孑屑，缺而未备。予本鄞人，侨居是地，屡欲搜讨，勒成一编。而遗文放失，秘籍莫窥。无已，而阅市借人，掌题舌舐，迄今数阅寒暑，尚未卒稿。”殆即是录，随笔行楷，风神遒逸，真可作法帖观。旧为新安项芷房、古润戴培之收藏，劫后归许信臣中丞，手跋以赠魏稼孙，转而赠八千卷楼。有“陈撰印”“云溪词客”“蒋生玉屏珍赏”“小天籁阁”诸印。

陈氏为鄞人，但长年寓居杭州，故此书可视为杭州地方文献。魏氏转赠此书的缘由是女婿丁立诚入杭州府学，详该书丁丙手跋，此跋作于同治七年戊辰，赠书则在同治六年，跋云：“犹子立诚，稼孙聟也。上年以犹子入钱塘郡庠，且以寒家藏有厉征君《东城杂记》手稿，因出遂翁所赠此册见赐。”[①]

光绪三年，又赠明正德刊本《金华正学编》，《丁志》卷九该书解题称：“光绪三年，魏稼孙鹾尹寄赠此帙。”

其三，魏氏为丁氏补抄书籍。同治七年，魏氏借周星诒藏本，为丁氏补录元至正翠岩精舍刊本《注陆宣公奏议》缺叶（此本著录于《丁志》卷八）。此本有魏氏手跋，称：“丁君松生、周君季贶各得元刊《郎注宣公奏议》。其前序、表、札子七叶，丁本所缺，周本亦出后人钞补。右据周本录贻松生。……同治戊辰元夕，锡曾在厦门钞毕，上巳后四日，记于福州。”[②]

周约耕抄本《宋季三朝政要》亦经锡曾校勘，《丁志》卷七该书解题称：“魏稼孙又以袁氏贞节堂本校字，并录陈鳣跋。”

又，旧抄本《宝刻丛编》，《丁志》卷一四该书解题称：“此魏稼孙以海丰吴氏本校勘者。”

其四，魏氏因校勘而向丁氏借书（参校本）。例如，他借校八千卷楼抄本《苍润轩元牍记》，其跋云：“光绪丁丑三月，以往年苏州所得旧钞本及丁氏八千卷楼钞本合此汇校。及半，旋以他事中辍。戊寅九月，自福州来漳浦，复续为之。”[③]

此外，魏氏还受他人之托，向丁氏借书。光绪初年，代李以烜向丁氏商借翁方纲诗文手稿。李以烜之父李彦章为翁方纲弟子，道光刊本《复初斋文集》即由李彦章编校。李以烜谋重校刻是集，闻翁氏手稿藏诸八千卷楼，遂托魏氏为中介，借稿本校勘。魏锡曾跋语称：

右大兴翁覃溪先生《复初斋文集》三十五卷，先大夫编校未竟，身后刊成。今

---

① 《馆藏善本书题跋辑录》，24—25页，《第三年刊》。

② 《馆藏善本书题跋辑录》，10页，《第二年刊》。

③ 魏锡曾《苍润轩元牍记》，《绩语堂题跋》。

据先生手稿暨先大夫原校残帙，重加参改本也。先大夫官中书日，从先生受诗法，称苏斋入室弟子。嘉庆戊寅春，先生殁，先大夫谋钞定遗文。是秋，奉典试江右之命，冬遭先大父丧，里居数年。及辛巳入都，则先生文稿已转徙，不可踪迹。逾十年，始得副墨。会备兵常镇，簿书之暇，手自校勘。既钞前十卷成，甫命梓人，遽于道光丙申夏五月厌世。时以烜蒙稺，遗命门下士续为之，其前后无序跋以此。比以烜稍长，间取涉猎，乃知全书编次之羼错、字句之失雠，时时有之。……往岁晤仁和魏稼孙鲢尹锡曾，知先生诗文手稿三十六巨册旧藏其乡孙氏，由孙入范，今为丁竹舟广文申、松生明府丙所得。以烜辄介稼孙郑重寓书，勤请借校，于今春自杭寄至。按，手稿多未刻文，其已刻者，先生皆手书存字其上，凡已刻文，稿存者什七，稿佚者亦十三。遂与稼孙竭数月之力，从一再涂乙中辨别点画，据正原刻讹夺倒衍五百七十余事。其中原刻义长者，审是定本，不当参手稿。手稿不存，遇显然讹字，前三卷谨据先大夫校本，余则益以以烜旧校，今更旁证他书，慎改一二，又得一百八十余事。①

此重校刻本，约在光绪三四年间刻成。吴庆坻称："盖先生卒时，孤孙尚幼。文稿三十余册，流传数姓，后为吾乡八千卷楼丁氏所得。侯官李氏藏先生文残稿，刊而未成，乃假丁氏所藏全稿刻于福州，今所行《复初堂文集》是也。"②

魏氏又代丁氏辑校刊刻丛书，详下编。

二、傅以礼

傅以礼，原名以豫，字戊臣，号小石，后字节子，号节庵，又号灌园。会稽人，隶籍大兴。光绪二十四年卒，年七十二。同治末，署台湾海防同知；光绪间，在福建任知府。③

傅氏喜治明末史事，欲撰《明史续编》，未成，著有《庄氏史案本末》《楚之杌》《忠节故实》《残明宰辅年表》《残明大统历》等，见《续修四库全书总目》著录。傅氏亦好聚书，藏书虽不及丁氏，然亦颇富，尤好残明史籍，搜剔靡遗，撰有《华延年室题跋》。④另编有《长恩阁书目》，北京大学图书馆、哈佛大学燕京图书馆各藏有抄本，著录书籍1700余种。⑤

---

① 魏锡曾《代侯官李太守以烜跋重校复初斋文集后》，《绩语堂题跋》。

② 吴庆坻《跋翁覃溪学士书册序》，《补松庐文稿》卷二。

③ 关于傅氏生平，可参阅廖章荣《傅以礼的家世及生平》，《长江文明》2018年4期。

④ 廖章荣《傅以礼〈华延年室题跋〉的落款及若干题跋系年考》，《人文论谭》第9辑，武汉出版社，2017年。

⑤ 北大藏本被影入李万健《清代私家藏书目录题跋丛刊》第8册，国家图书馆出版社，2010年。

傅以礼与当时藏书家、金石学家过从甚密，日夕研讨。《绍兴县志资料》有傅氏传，称：

> 性好聚书，并嗜金石，收藏之富，几与孙氏平津馆相埒。……与丁丙、陆心源、赵之谦、李慈铭、魏锡曾、周星诒往来无虚日。每得珍椠佳本、秘籍精钞，辄彼此饷馈，互相赏析。[①]

至于与丁氏的书籍交游，叶景葵称傅氏“在闽时所得异书，每与丁氏昆仲书札往还，互相通假”。[②]具体而言，有以下几端：

其一，丁氏代傅氏校书。这方面的实例有《元朝名臣事略》，实际校者为丁氏西宾罗椝，《华延年室题跋》该书解题称：“素稔钱唐丁明府丙藏有影元刻旧钞，爰寓书借校，附以闽镌旧帙。明府属罗茂才椝勘补五千余言。”[③]

其二，傅氏借八千卷楼藏书校勘。约同治中期，傅氏向丁氏商借《傅忠肃公文集》，《华延年室题跋》该书解题称：“戊辰冬，赴官三山，获交杨雪沧观察，承以残编持赠。会陆存斋观察奉檄来闽，亦出吴兔床藏书相示。复寓书丁松生大令，借得两种：一为吴州来校本，即何氏故物，一则蓝格旧钞。”[④]

傅增湘《藏园群书经眼录》卷一三著录“旧写本”，并过录该本傅以礼手跋，该跋言及借丁氏藏本校勘之事，行文与前引颇近：“此本乃同治癸酉杨雪沧观察所赠，藏之垂二十年矣。嗣从陆存斋观察、丁松存明府，假得吴兔床、吴州来两家旧钞暨一蓝格写本。遂合家藏本，命子眉侄详列异同，标著脱衍，又经魏稼孙大令反覆互勘，是正良多。”[⑤]

至于“吴州来校本”与“蓝格旧钞”，《丁志》卷二八著录《傅忠肃公文集》二部，其一为“旧钞本　吴石仓校藏”，即傅氏所称“吴州来校本”；其二为“味书室精钞本”，称“此蓝格精钞本，版心有‘味书室’三字，会稽傅以礼借此本校勘于福州，称其缮写无讹，洵为善本”，即傅氏所称“蓝格旧钞”。

又如《唐史论断》，《华延年室题跋》该书解题称：“又从丁松生明府丙假得旧钞，参互雠对，择善而从。”[⑥]《丁志》卷一四著录此书“精钞本”，《丁目》卷九则著录“抄本　学

---

① 绍兴县修志委员会《绍兴县志资料》卷一六，民国二十八年铅印本。

② 叶景葵《卷盦书跋》，古典文学出版社，1957年，26页。

③ 傅以礼撰，李慧、主父志波标点，杜泽逊审订《华延年室题跋》，上海古籍出版社，2018年，148页。

④ 傅以礼撰，李慧、主父志波标点，杜泽逊审订《华延年室题跋》，190页。

⑤ 傅增湘《藏园群书经眼录》，中华书局，2009年，1005页。

⑥ 傅以礼撰，李慧、主父志波标点，杜泽逊审订《华延年室题跋》，167页。

津讨原本 学海类编本 粤雅堂本 艺海珠尘本 函海本”。学津讨原本以下均是刻本，可勿论，“抄本”与“精钞本”为一物，也就是傅以礼借去校勘之“旧钞”。

其三，丁氏为傅氏传录书籍。如《鲁春秋》，《华延年室题跋》该书解题称：“吾友丁松生大令从海昌人士得其手稿，录副邮寄。”①所谓“手稿”云云，未必确切。《鲁春秋》，《丁志》未著录，《丁目》卷四仅著录有“抄本”，宜为傅氏所云“手稿”。

又如《弘光实录抄》，《华延年室题跋》该书解题称：“此本从丁松生大令所藏虎林瞿颖山良清吟阁写本传钞。原本但题‘古藏室史臣撰’，不著名氏，殆当时尚有所嫌讳，不敢显著其名。”②《弘光实录抄》又名《弘光日录》，黄宗羲撰。检《丁志》卷四，有“《宏光日录》四卷 国朝黄宗羲撰 清吟阁抄本”，正与《华延年室题跋》所述对应。

其四，丁氏向傅氏馈赠书籍。例如，丁丙向傅氏赠送自刻《临安旬制记》(收入《丛编》)，傅氏认为丁刻尚不完善，遂将自己的考证意见录寄丁丙。事见《华延年室题跋》卷上该书解题：“今秋丁松生大令以新刻寄赠，后增佚事十六则，乃罗椝臣茂才补辑，惜其采摭仍未赅备，因录旧跋遗之。”③案，傅以礼编《长恩阁丛书》亦收录此书，但该丛书未刊行，仅有抄本存世。

其五，傅氏向丁氏借阅书籍。光绪十年，借阅写本《张忠烈全集》，为该本补抄阙文，并撰两跋以还之：

> 是编从松生明府借读，暇日手校数过，是正颇多。惜所载祇《奇零草》《采薇吟》即散附《奇零草》中《北征录》《乡荐经义》暨全氏所撰《年谱》，而《冰槎集》全阙。爰据湖郡李氏旧钞潘文慎《乾坤正气集》，补所未备，汇钞一帙以赠。较之昔人还书一瓻之事，意似少厚，附识以博松老一笑。光绪甲申仲冬下浣，大兴傅以礼识于临漳行馆。
>
> 集内诸文，皆有时事可考。而李氏旧录《乾坤正气集》两本，均先后失次，殊不可解。爰合《奇零草》《采薇吟》《北征录》，参证明季稗野，重加排比，勒定《张忠烈公文集》十二卷，而以《经义》《年谱》附之。视谢山《张尚书集序》所载，只阙《诗话》一种耳。他日当将嫌讳字句删润，绣梓以永其传，识此聊当息壤。甲申嘉平朔日，灯下又记。④

案，此本著录于《丁志》卷三七，解题称：“傅以礼汇而编之，附以卢氏撰《忠烈传》、

① 傅以礼撰，李慧、主父志波标点，杜泽逊审订《华延年室题跋》，112页。
② 傅以礼撰，李慧、主父志波标点，杜泽逊审订《华延年室题跋》，118页。
③ 傅以礼撰，李慧、主父志波标点，杜泽逊审订《华延年室题跋》，115页。
④ 《馆藏善本书题跋辑录》，18页，《第四年刊》。

全祖望所辑《年谱》，视原著只阙诗话一种云。傅以礼字节之，越人，有两跋缀于后。"

此外，傅氏似曾在福建为丁氏购书。同治九年，傅氏向丁丙寄书两箧，似为代购，事见《闲居录》丁丙跋："今秋，越中傅节子托魏性之寄书两箧于闽，中有此书，为竹素后人雕本。"①

傅以礼与丁氏的书籍交往，颇能体现他专攻晚明史的学术爱好。所通假传录之书，多为晚明史籍，《鲁春秋》《弘光实录抄》可顾名思义，《张忠烈全集》是南明忠臣张煌言的别集，《临安旬制记》记述明末潞王朱常淓在杭州称制至败亡史事。

三、王棻

王棻字子庄，别字耘轩，黄岩人。先世自县南之赵奥，迁东乡柔桥，遂称柔桥王氏。同治初，拔优贡，六年中举，春官不利，遂不复试。历主九峰精舍、清献、文达、宗文、经训诸书院讲席。光绪二十三年，学使徐致祥以学行荐于清廷，赏加内阁中书衔。光绪二十五年卒，年七十二。②《清儒学案小传》称其论学不立门户，其说经以经证经，不偏于汉宋，为文不事雕琢，而持论明通。于乡邦文献尤所究心，晚年成《台学统》一百卷，裒录自晋以来乡先哲 330 余人。③一生著作极夥，广涉四部。张舜徽称："其甥喻长霖，尝综计棻所著《玩芳草堂丛书》，凡经类五部、史类十五部、子类四部、集类五部，都二十九部，七百三十四卷(见喻氏所撰是集序)。述造之富，罕可比伦。"④

王棻亦是晚清修志名家，主持修纂各地方志颇多，如《黄岩县志》《青田县志》《永嘉县志》《仙居县志》等，皆出其手。光绪二十一年，他受丁丙之邀来杭，主持纂修《杭州府志》，寓居丁府。但二人结识，远在此前，王氏《赠丁松生先生序》称："钱塘丁松生大令丙，余三十年前已识其面，而未悉其生平之行与其心之所存也。……光绪乙未(二十一年)黄岩王棻。"⑤可见同治初年双方即已面识。

王棻来杭修志前，双方已有书籍往来。所著《柔桥文钞》收录《与丁松生书》三通，反映了双方围绕补抄文澜阁《四库全书》、乡邦文献的搜集整理等方面而展开的交往实情。据下录函中内容，三函所涉事情相接，且时间相隔不远。第一函提及王棻将《湖山集》《静学文集》借给丁氏抄录，按前列丁氏历年所得书表，光绪十九年有抄本

---

① 《闲居录》卷末，光绪二十二年丁氏刻武林掌故丛编本。

② 王棻生平见王舟瑶所撰传，《碑传集补》卷三八，《清代传记丛刊》，明文书局，1985 年。

③ 徐世昌《清儒学案小传》卷二一，《清代传记丛刊》，明文书局，1985 年。

④ 张舜徽《清人文集别录》，华中师范大学出版社，2004 年，548 页。

⑤ 王棻《赠丁松生先生序》，《柔桥文钞》卷一六，民国三年上海国光书局排印本。案，此本排印多有错误，但乏可校勘的别本，以下引文悉照原书而不改。

《湖山集》;在第三函中,王棻应允“明岁”赴杭修志。因此,这些信函应写于光绪十九至二十年间。

久疏音敬,梦想为劳。敬维道体安和,撰述宏富,网罗古今之图籍,奖名教之风流。引跂清辉,曷胜钦慕。近偶于友人案头见阁下所刻《四库图书待访目》,内有《湖山集》《静学文集》二种,舍间偶有藏本,辄以奉贡,伏维詧入。棻近年以来搜集吾台文献,而《四库》所有敝庐所无者,尚有数种。如《周易爻变义蕴》《阆风集》《桧亭集》,其最要者也。今阅访目,知此三种阁中皆有藏本。欲恳阁下为雇写官,迻书副本,交原友夏子英茂才带归。所需纸墨薪资,当交妥友寄奉。专此奉求,敬请大安不一。(第一函)

八月杪,舍亲夏子英茂才回。拜读尊缄,收到《阆风集》下半部,又承惠赠钱小庐先生《方言笺疏》六册。此书张香涛先生《书目答问》注云未刊,今获刊成见赠,诚罕觏之秘笈也。又惠凌夫人《翠螺阁诗词稿》二册,夫人夙慧天成,清言如玉,见者咸以为工,未知能再惠一二部否。九月初五日,夏价回,接到《阆风集》上半部一册。十七日,由雨旸差送到《周易爻变义蕴》四册、《丁桧亭集》一册。甚感盛情,无以为报,谨奉上重校《杜清献公文集》六册、《姜北山先生诗文钞》二册、《黄岩志集校议续录》一册、《梅庵遗集》一册、《灵越赓春集》一册,谨以奉赠。又,《重订王静学文集》二册迻书毕后,乞赐掷还。又,刘仁本《羽亭集》六卷,其文二卷,已由杨定夫侍御从京都钞来,却分四卷,而无诗。其诗四卷,敬乞饬写官迻书惠寄,不胜感祷之至。

再,舍间所有《徐始丰稿》仅六卷,前三卷题曰“前稿”,盖元时所作,后三卷题曰“后稿”,则入明以后作也。其平生行谊,《曝书亭集》卷六十四《徐一夔传》载之颇详,即《明史·文苑传》所本也。传云:洪武十六年,帝以灵谷寺初建,敕一夔自杭州撰碑文以进,称旨,赐蟒衣采币。则《剪胜野闻》称以表文忤旨,收捕斩之,其不足信亦明矣。《灵谷寺碑》,六卷本无之,未知十四卷本有之否耶?据来示,云教授杭学几二十年。考宋景濂《送徐教授还任序》在洪武七年正月,而大章被征在六年九月,则教授试职即在五六年间。是大章之卒,当在洪武二十四五年间,其寿当七八十岁。盖终于杭学矣,否则亦仍归嘉兴耳。希检《嘉兴府志·流寓传》,或能详其轶事,亦未可知。吾台文献寥落,殊深媿叹也。

再,考《逊志斋集》初刻于天顺癸未,诗文仅二百六十七篇,有林公辅、王绅二序,及临海赵洪序,是为蜀本。再刻于成化庚子,凡正集三十卷拾遗十卷附录一卷,为文一千二百首,有谢铎、黄孔昭序、张弼书后,宁海令郭绅刊,是为邑本。正德庚辰,顾尚书璘守台州,并为二十四卷,梓于郡斋,是为郡本。璘有序,为第三刻。嘉靖辛酉,王可大守台,与提学范惟一、兵宪唐尧臣,据上三刻重加审定,有删有补,即今所传定本也，有范、唐、王三序及徐阶序，是为第四刻。万历壬子，中丞丁宝、鸿胪钱士元、谕德孙如游复梓于南京，是为第五刻，上元姚履旋编《外纪》二卷附焉，有孙如游序。崇祯壬午，宁海令张绍谦重刻，余姚卢演著《年谱》附焉，是为第六刻，有刘宗周、倪元璐、陈子龙三序。又有国朝康熙戊寅俞化鹏序，虽称重刻，实仍旧板略修之耳。康熙癸亥，松江重修旧板，有会稽鲁超序，是为第七刻。案，刘念台序称姚江卢生演从云间方裔搜得善本，即以遗张令绍谦，亟付之梓。似松江旧板为第六刻，崇祯张本为第七刻，然松刻未见传本，鲁序亦未申明，姑以旧板为次。同治乙丑，济宁州牧新会卢朝案属会稽宗稷辰重加选录，凡文六卷，分上下，诗一卷，首末各一卷，共十五卷，计七厚本，刻于济州，是为第八刻。卢有跋，宗有后序。案，《正谊堂丛书》有《方正学集》七卷，亦后选本，其与济州本同异，未曾校对。同治癸酉，吴县孙憙用张本刻于杭县，是为第九刻。舍间仅有孙刻本，其万历、崇祯本皆不全。嘉靖本，则吾友张子远优贡濬有之，刻工颇精，误字最少，所刻正学先生像，亦系真像，与康熙本黄岩蔡元镕重摹者迥然不同。济州本，吾友仙居李天隐孝廉芳春有之，其像与嘉靖本同，又有南薰殿摹本像，宗迪甫为赞，盖先生晚年真像也。谨案所见诸本，旧本以嘉靖郡本为最善，以济州选本为最精。孙刻误字颇多，且有肊补之失。内《族谱序》一篇，乃谱师所伪托，决非先生之文。其外纪，仅依姚本上卷，删去碑记二篇，补入《明儒学案》等二篇，则张本所无也。阁下所得明刻残本，其文颇有出新刊外者，自系成化邑本无疑。据示，《正集》尚阙五卷，《拾遗》尚阙一卷。此本向来未见，虽残，亦可宝也。（第二函）

十一日接读上月廿五日手教，并领《静学文集》二册、董氏《纪元表》二部。惟曲园先生回信尚未奉到，岂封函时偶忘却耶？据示，《逊志》《求古》两部书板需洋二百元，颇为不多。如可酌减一二成，更妙，倘不肯减，即依此数订定。拟俟明年学院按台时，属其书板带至台州，过付交割可也。订定之后，再求示悉。至《脚气集》之板，当有着落，可否再恳一查为感。承示《杭州府志》修成未梓，现将筹刊，应须补纂，而欲延弟主裁，实恐不胜其任。但自同治辛未入都道杭以后，湖山风景未领略者二十余年矣。倘承佳招，得参协纂之役，暂住数月，遨游湖上，历览新建蒋祠、鼓庵、俞楼诸胜迹，又得与阁下诸公晨夕过从，扬搉古今，蒐罗文献，以扩充其见闻而增长其学识，固所愿焉。且常得假归，一再赴局，似于晨昏之事无甚碍。不若西江往返数千里，每岁一归，殊为寥阔也。虽明岁已受县尊书院之聘，可兼则兼之，否则，辞彼就此，亦无不可。第惭学殖荒陋，文词质直，恐为珂里诸贤所非笑耳。手此肃复，仍候大裁。敬请潭安不一。（第三函）①

① 王棻《与丁松生书》，《柔桥文钞》卷一三。

先看与补抄文澜阁《四库全书》相关之事：王棻看到丁氏所刻《四库图书待访目》（此目未闻存世），主动通信联系，出借己藏《王静学先生文集》《湖山集》，供补抄文澜阁《四库全书》之用。《王静学先生文集》是明初王叔英的别集，《湖山集》是宋人吴芾的别集。这两种书文澜阁本原抄不存，丁氏补抄。①

关于《王静学先生文集》，存在一点疑问。南图藏有《王静学先生文集》三卷首一卷末一卷，两册，著录为"清光绪十七年王棻抄本 丁丙跋"（《中国古籍善本书目》集部6759号）。此本即《丁志》卷三五所载"《王静学先生文集》三卷 写本"，所谓"丁丙跋"是《丁志》初稿，书中另有光绪辛卯十一月九日王棻识语，这应该便是"清光绪十七年王棻抄本"的编目依据。从情形看，此本与函中提及的王棻借给丁丙的本子有直接关系。但若它果为王棻抄本，便与"迻书后乞掷还""并领《静学文集》二册"两句，有所扞格。盖王棻只是出借底本，而非将自己抄好的本子寄赠丁氏。若循函中所述理解，则南图鉴定不确，此本实是丁氏据王棻藏本录副之本，传录时将王氏识语一并抄录而已。②

另，《四库全书》收录的王叔英别集，为"《静学文集》一卷"。丁氏补抄所用底本，要求与四库本卷数一致（详第一章第二节）。准此，王棻寄去的《王静学先生文集》，因卷数不符，应未实际用于补抄，但此事与丁氏过录此本不相妨碍。至于丁氏补抄的真正底本，当为《丁目》卷一六的"《静学文集》一卷 明王叔英撰 抄本"。

第二函"舍间所有《徐始丰稿》仅六卷"一段，似亦与补抄有关。明人徐一夔《始丰稿》，四库本为十四卷，文澜阁原抄存卷五、八至一〇、一三、一四，余为丁抄。③王氏第一函称自己正在"搜集吾台文献"，徐一夔是天台人，其著作当然属于"吾台文献"。推测此时补抄底本尚无着落，丁丙猜想王棻或许已经访得十四卷本，故在去信中询问，王氏回信遂告以仅有六卷本。

接下来再看与王棻搜集乡邦文献有关之事。王氏第一函请丁氏代为传录文澜阁本《周易爻变义蕴》《阆风集》《桧亭集》，第二函表示已收到以上三书。与之对应，元陈应润（天台人）《周易爻变义蕴》四卷，文澜阁本全为丁抄。宋舒岳祥（宁海人）《阆风集》十二卷，文澜阁四库原抄存卷一、二、五、七。元丁复（天台人）《桧亭集》九卷，文澜阁四库原抄存卷一至三。④可见，"此三种阁中皆有藏本"，但不全，所以王棻从丁氏处得到的传抄本，是据文澜阁原抄残本与丁氏补抄本混合而成。同时还可推知，以上三

① 《文澜阁四库全书版况一览表》，《浙江图书馆古籍善本书目》，950、957页。

② 当然，也有丁氏寄还后王棻再将此本赠予丁氏之可能，但从情理上看，这种可能性很小。

③ 《文澜阁四库全书版况一览表》，《浙江图书馆古籍善本书目》，956页。

④ 《文澜阁四库全书版况一览表》，《浙江图书馆古籍善本书目》，910、953、955页。

书的文澜阁本补抄，至晚在光绪二十年，业已完成。

第二函又请丁氏代抄元刘仁本（天台人）《羽庭集》。四库本《羽庭集》为六卷，系从《永乐大典》辑出，“以类编次，厘为诗四卷、文二卷”（《四库全书总目》），文澜阁本原抄仅存卷六。[①]至于由杨晨（定夫）“从京都钞来”的四卷无诗本，应是道光间姚莹、顾沅、潘锡恩编刻的《乾坤正气集》所收录的《羽庭集》四卷，该丛书的编纂原则是“各家集内兼有诗文者，诗集既有另编，是集专刊文，故与原书卷数不尽符合”。[②]王氏欲求全本，乃向丁氏求助。

在以上三函所示之外，光绪十九年，王棻还托丁丙据文澜阁《四库全书》本，补抄《赤城集》（宋林表民所编总集）阙文。此书文澜阁本原抄存卷一至三、七、八、一一至一六，余为丁抄。[③]事见王棻《补刻赤城集阙叶书后》：

> 案，宋确山先生所刻《赤城集》，其《思爱庵记》自“庵且圮泣曰”下阙二百六十字今又肊补“之后”二字，《重建青青堂记》“其孰能”下阙六十九字，《与清堂记》“至清孰能与于此”上阙一百九十八字及撰人名氏。余常以为憾。光绪癸巳秋，函托虎林丁松生丙，雇钞文澜阁书数种。因思阁本《赤城集》必尚完，续函托访。果蒙写寄，为之狂喜累日，爰属宋氏后人补刻如右。黄岩王棻识。[④]

传录文澜阁本之外，光绪二十三年，王棻还经丁丙居间介绍，从天一阁传录了明黄孔昭（天台人）《定轩存稿》：

> 右黄文毅公《定轩存稿》十七卷，计二百四十三页，内目录十九页，五万七千九百七十一字外加金存庵序九百五十七字，为天一阁藏本。由钱塘丁松生大令属余杭孙补翁广文，用洋蚨六枚，雇范氏所钞每页十八行，行十六字。凡诗九卷五七古、五律、七绝各一卷，七律二卷，唐县稿、江西湖北稿、邓州稿、池州稿各一卷，奏稿、杂文、行状、表志、祭文、书启各一卷，《读通鉴续编》一卷，第十七卷为附录，则祭文、传状、碑志、哀词、像赞之属也。公与谢文肃公齐名，而著述流传不及文肃之多，想天壤间惟有范氏此本，是以不惜重资购而存之，以备乡邦文献之一云。光绪丁酉七月乞巧日，装订既竟，因书于其后。[⑤]

---

① 《文澜阁四库全书版况一览表》，《浙江图书馆古籍善本书目》，955 页。

② 《凡例》，《乾坤正气集》卷首，清道光二十八年泾县潘氏袁江节署刊同治五年新建吴坤修皖江印本。所谓“诗集既有另编”，指顾沅所编诗选集《乾坤正气集》二十卷，与只收文的《乾坤正气集》同名异书，被分别俗称为“小乾坤”“大乾坤”。

③ 《文澜阁四库全书版况一览表》，《浙江图书馆古籍善本书目》，962 页。

④ 《柔桥文钞》卷一一。

⑤ 王棻《书定轩存稿后》，《柔桥文钞》卷一一。

王棻传录补抄这些书籍，与他热心于辑刻乡邦文献有密切关系。先看王棻《答顾云衢芹书》：

尊示谓旧《丛书》宜补，此真留心乡献之言，苟非务名高者能见及此。盖宋刻所阙，不但《滇考》下卷首页也。其《赤城集》卷十二所阙尤多，《思爱庵记》阙三百六十字，《重建青青堂记》阙六十九字，《与清堂记》首阙一百九十八字。上年函托杭城丁松生先生，从文澜阁本钞补。岁杪，函致宋常甫名庐德，今宋氏惟此君颇能继志，春谷不及也，已将丛书板片补刊完好矣。鄙人又托松翁钞得《周易爻变义蕴》四册、《阆风集》二册、《桧亭集》一册、《羽庭文集》一册其诗集一册，前托定夫从京都钞来，合为全璧矣。此皆《续丛书》所宜刻者也。……孙刻《方集》，系据明崇祯中宁海张令绍谦所刻二十四卷本。其四十卷本，丁松翁有之而不全，去年曾蒙寄阅，诗文较多，误字不少，然多可以正今本之失。①

"旧《丛书》""宋刻"，指嘉道间临海人宋世荦辑刻《台州丛书》。该丛书为浙江郡邑丛书之前驱，收录台州先贤著述9种，前引文"宋确山先生所刻《赤城集》"，乃其中之一。《台州丛书》多少存在一些脱漏，而版片至光绪时仍存，王棻从丁丙等处抄补后，即交宋世荦后人宋庐德(常甫)补刻完善。

王棻还极力倡议编刻《台州丛书》的续编，即此函提到的"《续丛书》"。光绪二十年四月，他撰《征捐续刻〈台州丛书〉启》，次月又起草《续刻台州丛书章程》(共8条)，回顾台州文献编刻旧事，募集同志，共举此事：

嘉庆季年，临海宋确山先生宰扶风，首刻《台州丛书》七种，计八十卷，为二十册。吾台文献赖以不坠，诚盛业也。无何，先生解组归田，遽游道山，未竟其业，有志之士深为惜之。同治中，孙欢伯明府宰黄岩，校刻《杜清献公文集》二十四卷、《逊志斋集》二十六卷、《求古录礼说》二十卷。书只三种，卷盈七十，而为册三十有二，视宋刻加多。《清献》书板藏九峰名山阁，而《逊志》《求古》两部书板，旧藏杭城。明府既殁，其板为越城聚奎堂书坊所得，今集赀购归九峰。惟吾台素称文献之邦，宋明以来，撰述宏富，流布人间，载在《四库全书总目》者不下百余部。百余年来，渐就湮没，若不广为增刊，何以光前贤而诏后学乎。爰拟集赀若干，存贮生息，用息刻书，名曰"续台州丛书"。藉继乡先生之美意，与贤吏之盛心，又足传宋明人之遗书，表乾嘉来之朴学，行见英贤辈出，非徒文献足征，愿诸君踊跃输将，玉成盛举。鄙人忘老，喜可知矣。光绪二十年四月，王棻谨启。②

① 王棻《答顾云衢芹书》，《柔桥文钞》卷一三。

② 王棻《征捐续刻〈台州丛书〉启》，《柔桥文钞》卷一六。

其后，王棻的同乡友人杨晨（定夫）先后编刻《续台州丛书》《台州丛书后集》《台州丛书己集》，在光绪后期至民国年间陆续印行。其中《续台州丛书》收入《周易爻变义蕴》，《台州丛书己集》收入《桧亭集》《羽庭集》，均为上文提及的王氏留心传抄的书籍，当与他的建言不无关系。

《征捐续刻〈台州丛书〉启》提到，同治年间，黄岩县令孙熹（欢伯）刊刻了几种台州乡贤著述——宋杜范《杜清献公文集》、明方孝孺《逊志斋集》、清金鹗《求古录礼说》。孙氏刻书，王棻多有参与。后两种书的书版曾藏杭州，孙氏卒后，为绍兴（越城）聚奎堂书坊所得，再被台州方面购回。因书板"旧藏杭城"，在回购过程中，王棻托请丁丙协助，《柔桥文钞》第三函"《逊志》《求古》两部书板需洋二百元，颇为不多。……《脚气集》之板，当有着落，可否再恳一查为感"云云，即指此事。至于宋车若水《脚气集》，《征捐续刻〈台州丛书〉启》未言及，实际也是孙熹所刻，且由王棻承担校勘之责：

> 予友王子裳客甬上，得车玉峰先生《脚气集》，命写官录藏其副。入都，出以示余，并属携归，告于孙侯欢伯，授之梓人。因为覆校，并记其语如右。……孙侯莅吾邑，平土寇，兴水利，农商乐业，而尤加意于文教。往岁既梓清献之集，今复梓二车之书。……同治辛未九月朔，后学王棻谨跋。①

如前引文，丁、王还屡屡互赠书籍，相互致意，作为交往中的润滑剂。双方赠书皆为近时新刻，且多是自己主持或参与刊刻之书。丁丙赠出的书籍，一为钱绎《方言笺疏》，一为凌祉媛《翠螺阁诗词稿》。凌氏是丁丙亡妻，咸丰四年，丁氏刻《翠螺阁诗词稿》。赠给王棻的便是此家刻本。《方言笺疏》，王氏称"今获刊成见赠"，则为刻本；截至光绪二十年，此书有两种刻本，一为红蝠山房刻本，一为广雅书局刻本，均刻于光绪十六年。王氏回赠的图书，以乡邦文献为主。"重校《杜清献公文集》"，应即前述同治孙熹所刻。《姜北山先生诗文钞》，指《北山文钞》四卷《诗钞》五卷，是清人姜文衡（黄岩人）别集。王棻为蒋氏门人，姜氏卒后，为作《北山姜先生墓版文》。②此书有咸丰六年至八年刻本，《诗钞》姜氏自跋称："是编及文钞四卷，校正付梓，皆出王生子庄之力。"③《黄岩志集校议续录》，应指《光绪黄岩县志》所附《黄岩志校议》，此为王棻著述。《灵越赓春集》是俞樾弟子章梫（三门人）所编。《梅庵遗集》应指赵之谦的文集。

---

① 王棻《征捐续刻〈台州丛书〉启》，《柔桥文钞》卷一六。
② 王棻《北山姜先生墓版文》，《柔桥文钞》卷一四。
③ 姜文衡《北山文钞》《诗钞》卷末，清咸丰六年至八年刻本。

光绪年间，杭州三度修志，延请王棻主持的乃是第三次。[1]此事大略，见光绪二十四年王棻所撰自序：

光绪己卯，知杭州府事龚公嘉儁谋于应公宝时、丁君丙等，延李公榕重修《杭州府志》。其后秦公缃业、冯君一梅、濮君子潼、张君预、吴君庆坻、张君景云等继之。至丙戌而志稿成，览者以为美，犹有憾。岁甲午，知杭州府事陈公璚与仁和宰伍君桂生谋于丁君丙，属棻重纂订焉。……乃以乙未莫春，强勉赴杭，馆丁氏，翻阅志稿百数十册，条分件系，博引繁称，鲜可议者。惟建置、金石、名宦、人物，稍未详核。而列女一门，则委之孙君树礼。皆重加缀缉，颇事更张，而其余则悉仍其旧，亦订正而补苴之，凡分四十门，为卷二百十二。……光绪二十四年戊戌立秋日，黄岩王棻谨序。[2]

王棻来杭之后，寓居丁宅，借机得观八千卷楼藏书。王棻事后谈及，大有目不暇接之感，其《赠丁松生先生序》云："今岁以杭州修志之役，下榻其家。见其聚书一万五千余种，计三十万卷。其富逾于四库三倍，则范氏之天一阁、鲍氏之知不足斋不能专美于前矣。"[3]

目前所知王棻获观的八千卷楼善本有：宋庆元刊本《五百家注昌黎文集》、宋淳祐刊本《昌黎集》、宋本《韩文考异》、稿本《位西先生所见书目》《刘念台先生钞稿》、黄丕烈旧藏抄配明初刻本《始丰稿》等。观后，王棻为诸书撰题跋，这些题跋后多被收入《柔桥文钞》(与原跋偶有细微差异)。现将诸跋迻录于下：

右《新刊五百家注音辨昌黎先生文集》四十卷《外集》十卷《序传碑记》一卷《韩文类谱》十卷。首载评论训诂音释诸儒名氏，唐十一家，宋一百三十七家，其余新添、集注、补注、广注、释事、补音、协音、正误、考异，凡二百三十家，皆无姓氏，亦止三百七十八家耳，而曰总计五百余家，夸已。此本为宋建安魏仲举所编，庆元六年刊，见《天禄琳琅书目》。凡宋讳皆缺笔。每叶二十行，每行十八字，小注则二十三字。有山阴祁氏及朱竹垞、惠定宇名字印。其首一叶印文云："澹生堂中储经籍，主人手校无朝夕。读之欣然忘饮食，典衣市书恒不给。后人但念阿翁癖，子孙益之守弗失。"末署"旷翁铭"三字。旷翁者，山阴祁参政承㸁也万历甲辰进士，官江西参政。盖藏书之家皆愿子孙世守，而至今已三易主矣。然自祁氏、朱氏、

① 洪焕椿《浙江方志考》，浙江人民出版社，1984年，56—57页。

② 王棻《光绪杭州府志自序》，《柔桥文钞》卷九。

③ 《柔桥文钞》卷一六。

惠氏及今钱塘丁氏，皆宇内名家，珍重庋藏，不啻拱璧。则此书之遭，诚不偶矣。既为此书贺，复以贺丁氏之克继三家而兴也。光绪二十有二年岁在丙申五月九日，黄岩王棻识。①

右《昌黎先生集》四十卷，门人李汉编。无《外集》《遗文》。首载汉序，有"乾学"阳文、"徐健庵"阴文二印，盖传是楼旧藏本也。板心上下鱼尾，上记卷数，下记叶数，又上记字数，下记剞人姓名。每叶二十行，行二十字。唯第八卷联句、第九卷律诗皆行二十二字，与前后异，而板样则同。凡敬、殷、匡、胤、恒、贞、侦、桢、徵、让、曙、署、竖、树、煦、桓、完、莞、构、觳、縠、慎、敦、扩、廓等字皆缺末笔，当系宁宗时刊本。独第十八卷首末题"昌黎先生文集"，多一"文"字。书十首目录总题于前，每篇间注别本异同，行数字数亦皆二十，而板样短寸许。卷内殷、让、树、敬、完等字皆缺笔，而廓字乃宁宗嫌名，独不缺笔，则当在庆元以前所刊矣。卷后有"木石居"长印、"西竺"方印，皆阴文，不知何许人也。板心上记卷数，有鱼尾，下记叶数，无鱼尾，最下记剞人姓名而上不记字数，与诸卷异。然虽属配合本，而皆为宋刻，则无疑矣。晴窗展读，古色古香，真可宝也。光绪丙申四月十日，松生先生出以示余，因识于其后，黄岩王棻。②

右晦庵朱侍讲先生《韩文考异》十卷。装为八册。皆有祁氏、朱氏、惠氏印，惟首册二卷系补钞，止惠定宇名字二印。疑祁朱二家所藏本全，至惠氏而失其首二卷，乃借他本，属善书者仿钞，而钤以己印耳。卷一之末又题《陪杜侍御游湘西两寺》，标"长沙千里平"一句，小注谓"千当作十"，称其名曰洽，盖朱子门人清江张元德也。其书当与《五百家注》同时所刊，惟每叶十八行，每行十七字，小注则十九字，与《五百家注》异，盖本朱子原定行款也。今之学者未窥许郑藩篱，辄诋宋儒为空疏，未入萧《选》堂奥，辄訾八家为尘腐。观朱子于韩公之文，一字一句，不肯轻易放过。其服膺昌黎，诂训不苟如此，岂东汉六朝所能驾二公而上之者耶。松生先生以此书与《五百家注》共装一匣，间以示余，因书余之所感者如此。光绪二十二年丙申夏五，黄岩王棻书于丁氏求己斋。③

往余客瑞安孙仲容同年诒让所，见邵位西懿辰以生平所见群书，记于《四库

---

① 宋庆元刊本《五百家注昌黎文集》王棻手跋，《馆藏善本书题跋辑录》，1页，《第四年刊》。与之对应者为《书五百家注昌黎文集后》，《柔桥文钞》卷一一。

② 宋淳祐刊本《昌黎集》王棻手跋，《馆藏善本书题跋辑录》，1—2页，《第四年刊》。与之对应者为《书昌黎先生集后》，《柔桥文钞》卷一一。

③ 宋本《韩文考异》王棻手跋，《馆藏善本书题跋辑录》，2—3页，《第四年刊》。与之对应者为《书韩文考异后》，《柔桥文钞》卷一一。

全书简明目录》之眉，每书或数本，或数十本。盖近时所谓版片之学也。仲容覆加审定，属写官迻书，成二十卷。富矣哉，古未之有也。今岁，客武林，从丁松生丙所，得见原编稿本八册，未知与仲容所编异同若何。宜从孙氏假录副本，参互雠校。益以八千卷楼所藏诸本，重为编定，刊行于世。俾乡曲孤陋之士，抱残自足者，获窥一二，庶足为博物洽闻之一助云。光绪二十三年丙申孟夏十日，黄岩王棻书于求古斋。①

右《刘念台先生钞稿》一册，凡尺牍四十八首、文二首、诗五首、语录四则。内尺牍抹去者十二首，抹其半者二首，不知谁所为也。今以雷翠庭所刊《蕺山先生集》校之，如《秦履思》共十七首，而刻本仅载五首，首尾间多刊落，此外所删甚多，而第五首又不在此册，则钞稿当倍蓰于刊本矣。第钞稿全帙其存佚不可知，然即此册以观，可以考见刊本删节之善否，亦学者用心之一端也。修甫孝廉家此册，出以示余，先贤手泽之遗，尚其永宝勿失也哉。光绪丙申九月。②

光绪二十有二年九月初五日，黄岩王棻在求己斋读一过。（卷三末）光绪二十有二年岁在丙申九月五日，黄岩王棻校读于钱唐丁氏之求己斋。（卷六末）光绪二十二年九月，王棻阅一过。（卷十四末）③

另一方面，寓居丁府之际，王棻又抄录八千卷楼藏书，补己未备。王氏《书白云稿后》称：

同治辛未，余集京师，假朱伯贤右《白云稿》五卷，属同县蔡朱孙篪、李子笃庆、临海周黍香郇雨、大平陈尹珊莹、天台范聘石、仙居李天隐芳春，分卷缮录。而余与同县杨定夫晨、王子常咏霓、临海葛逸仙咏裳、瑞安孙仲容诒让，为之雠校。既毕，携归，而临海黄子珍又覆校焉。考《四库全书总目》，谓《白云稿》十卷，今世所传仅五卷，是伯贤之文传世者止于此矣。光绪甲午，钱塘丁松生丙以新刊《徐始丰稿》见赠，其附录中有朱右《知学斋记》，为五卷本所未有。乙未客杭，寓丁氏求己斋中，问所从得，则松生所藏《白云稿》自六卷至十一卷灿然完备，《知学斋记》则卷六第一篇也。亟假其书，属友人录副以归。盖前五卷为骚赋，为杂著二卷，为序二卷，计共九十六首。后六卷为记二卷，为铭赞，为题跋，为哀诔及疏启，为传一篇，计共八十二首，总凡十一卷，不止十卷也。……光绪丁酉七月既望。④

---

① 赵鸿谦《松轩书录》，36—37页，《第二年刊》。

② 王棻《题刘念台先生钞稿后》，《柔桥文钞》卷一一。

③ 徐一夔《始丰稿》，明初刻本，南京图书馆藏。此据原件录出。

④ 王棻《书白云稿后》，《柔桥文钞》卷九。

光绪二十二年，《杭州府志》的纂修告一段落。王棻临行之际，丁丙赠诗饯别，称赞其修志成就，足见两人交往甚欢，诗云："虎林文献属先生，百卷图经幸有成。不愧绛人开绛帐，待刊青史映青檠。湖山载酒资游兴，祠庙题碑振道情。杖策春风先有约，重来安稳越江行。"①

如上述，王棻与丁氏的书籍交游以传录书籍为主，文澜阁《四库全书》居间为核心。丁氏刻"待访目"，征求补抄底本，王棻遂以自藏报命。乾隆时，兴建南三阁，允许士人入阁钞书，观览嘉道间成书的书志书目，多著录有四库传抄本，足见其效用。这是《四库全书》历史上值得梳理探究的重要一环。经太平天国战争，文宗、文汇两阁已毁，文澜阁岿然独存，成为普通学人传录四库本的唯一途径。经由抢救补抄文澜阁书的丁氏介绍或代抄，自是"近水楼台先得月"的捷径。在丁氏的书籍交游中，代人过录文澜阁四库本，当是相当频繁且重要的一端。王棻与丁氏的书籍交游，恰能反映此方面的细节状况。

另一方面，王棻向丁氏借抄书籍，又以丁氏为中介，从文澜阁、天一阁传录。这些书籍多为台州乡贤著述，与王氏在同光间刊布乡邦文献的活动存在直接关系。在借抄过程中，双方又针对书籍的版刻源流、诸本差异展开研讨。

魏锡曾、傅以礼、王棻与丁氏的书籍交游，不外乎传录校勘、通假互赠，与前述丁氏与同时代藏书家的交游，看似无甚差别。不过，藏书家广搜博采、遍及四部；魏、傅、王三人与丁氏的交游，则依各自治学旨趣，专注于某一门类（或类型）的书籍，特色鲜明。傅以礼研治晚明史事，与丁氏之交流，乃以明季史乘为主。魏锡曾酷嗜金石碑版，与丁氏交往的接点便是金石学书。王棻不治专门之学，涉足颇广，又勤于地方文献，其关注点在于台州乡邦著述。丁氏能与术业各有专攻的不同学者保持往来，正可说明其书籍交游之广泛与丰富多彩。

---

① 丁丙《黄岩王子庄棻寓寒家修杭州府志临别送之》，《松梦寮诗稿》卷六。

第三章　八千卷楼藏书流散考

藏书之家希望子孙永宝，世守勿替，这是可以理解的美好愿望。然而，有聚有散，才是世间常理，或因子孙无知，或因家道中落，私人藏书终究难免捆载而出、风云流散的结局。

八千卷楼亦不例外。丁丙死后仅八年，八千卷楼藏书即被两江总督端方购去，后者以之为基干，组建江南图书馆。当然，也有少量八千卷楼藏书因故未入江南图书馆，或入藏后再度流出。

藏书散出，是八千卷楼历史的终局。先行研究对此虽有探讨，但仍有诸多细节尚不明晰。本章以缪荃孙日记为主要史料，结合书信、公私目录、诗文集中的材料，考述八千卷楼藏书转归江南图书馆史事以及零星流散的情况。

第一节　八千卷楼藏书转归江南图书馆始末

光绪二十五年丁丙过世后（丁申卒于光绪十三年），八千卷楼的继承人是申子立诚（修甫）、丙子立中（和甫）。二人自幼受父辈熏陶，雅好图籍，利用赴京会试等机会，大量购置藏书，并积极参与刻书事务，如丁立诚协助缪荃孙编刊《常州先哲遗书》，负责"钞校文澜阁书"，丁立中主持编刻《遗著后编》。丁立诚有"邃于目录之学"之誉，[①]丁立中则"缮录校雠，时与其役"，[②]可见皆具有相当程度的版本目录校勘的知识及实践经验。同治十一年，丁立诚作《八千卷楼校书偶得四绝》言志，其三曰："纷纷落叶点丹黄，心醉醰醰书古香。罗列牙签三万轴，百城坐拥傲侯王。"[③]

要之，立诚、立中兄弟有志于文献活动，是非常理想的藏书继承者。他们出让八

---

① 丁立诚《小槐簃吟稿》樊增祥序。

② 丁立中《禾庐诗钞》李鹏飞序。

③ 丁立诚《八千卷楼校书偶得四绝》，《小槐簃吟稿》卷一。

千卷楼藏书，实出迫不得已，系因经营的官银号出现巨额亏空，须承担赔付之责。出售藏书之际，丁立诚致信代表端方来杭洽谈的缪荃孙、陈庆年，谈到售书原因。此函后为长泽规矩也所得，因其关系甚大，兹据书影，全引如下：

筱珊、善余仁兄大人阁下：日昨祇聆大教，快甚幸甚。轮舟历碌，辛苦可知。匆匆返舍，未尽所怀。售书一事，全仗鼎力，感泐良深。惟有不得不预为陈明者：《藏书志》第一种宋本《周易》一部，敝箧实无其书。祇因开卷之初，即系明板坊刻，殊不足弁冕群籍，故即借孙氏藏本入录。穷儿炫富，不期数年之后，不能保有其书，遂至破案。文人积习，可笑亦可悯也。其余所载宋本，则未缺一部。将来书抵江宁，乞于午帅前陈明颠末为祷。盖此次售书，实因瓯号亏折太钜，满拟售有十万以偿各债，否则何忍将先世手泽之藏，一旦尽付他人。若不得请，必以九数为归。还祈婉商午帅。仁者济拯为怀，必乐于从命也。早泐，祇请近安，诸布亮詧。愚弟丁立诚顿首。①

丁立诚所说的“瓯号”，是指裕通银号温州分号。1936 年，浙江省立图书馆举办“浙江省文献展览会”，称“时丁氏开设裕通银号分号于温”。②关于亏空金额，立诚之子丁仁称：“宣统初，余家赐□为司筦者不慎，负公私帑至五亿之多，因举所藏以归江南图书馆。”③晚清币制混乱，这里的“五亿”及前引函的“十万”，是何种货币的何种单位，丁仁与丁立诚未作说明。从转让结果看，丁氏藏书最终得到了 73000“元”，循此，似可认为上函中的“十万”也是“元”，即银元。但当时在市面上多种银元流通，价值有一定差别。但无论如何，按晚清货币的情况，“五亿”与“十万”之间无法建立等值关系（相当于 1∶5000），则可以肯定。

另一方面，丁氏世代经商，自同治初年起，在 40 余年间，积聚起极大规模的藏书，成为当时的顶级藏书家，财力之丰厚不难想见，当时即有“富甲一郡”之称。④从情理考量，丁氏可出售抵债的资产，应远不止藏书一项。那么，温州裕通银号究竟发生了什么？丁氏为何需要赔付？金额究竟有多大？当时丁氏家族的资产情况如何？这些情况在序跋等公开材料中未有明言，或者说不愿明言，通过当时报纸，则能略窥大概。

一、晚清报纸中的裕通银号倒闭事件

晚清时期，近代报业在以上海为首的沿海城市，迅猛发展。温州裕通官银号倒

---

① 《长泽规矩也著作集》卷端书影，汲古书院，1982 年。

② 《文澜学报》2 卷 3—4 期合刊，102 页。

③ 《八千卷楼书目》卷末丁仁跋。

④ 丁立诚《小槐簃吟稿》樊增祥序。

闭，牵涉金额巨大，遂迅速进入新闻界的视野。《申报》《时报》《新闻报》这几家在上海开办的报纸，不约而同，对此均有多篇连续报道。最先爆出这一新闻的是《申报》，该报光绪三十三年八月十八日（1907 年 9 月 25 日）第 3 版“专电”栏目：

> 电六 温州（同日午后九点三刻）
>
> 温州裕通官银号倒，亏关税十八万，官款二十万，号主丁立诚将查抄备抵，保人王梅伯先行押追。①

“专电”栏目是以电报方式发来的新闻稿，多为政商要闻，如同日的“电一”是徐世昌入都陛见，“电二”是伍廷芳任驻美大使（出使美国大臣），萨荫图任驻俄大使（出使俄国大臣）。在当时，电报是一种高成本的通讯方式，以此种形式采编报道，说明《申报》预判此事的新闻轰动效应不小；因为牵连到总计 38 万的关税与官款，不能不说是一件大事。

三天后，《申报》刊发“裕通银号倒亏公款事要电”，内容是八月十五日（删）、十六日（谏）的政府电文。发信人分别是以温处道员寿松、温州知府锡纶为首的温州地方行政官员与瓯海关道员贺元彬，收件方则是浙江巡抚与浙江布政使。以下为政府电文全文：

> ▲温州府县局卡各官禀抚藩电　瓯裕通官银号执事人史姓猝病故，各县局卡汇解公款多被压搁。贺道力为维持，并无办法。号东丁立中瓯，亦毫无布置，各县局卡向催款项，一味□约。旋即回杭，濒行仅至道署，并闻呈有存欠清账，余公未面，但云在杭筹款应付。嗣有函来瓯，谓款难筹，已将家产开单呈明，杭瓯两关道派委查明备抵，尽先税项。询之贺道，则云委验禀函未据丁君递到，已电询上海。有刘君派人来温，如此时逼令倒闭，于彼此公款无益。昨有自沪来瓯冯、施两人，径至道署密议，外间传说承接裕通官银号，专管道署海关公款，其余各衙局公款概不预闻。复询贺道，函复：冯、施两人，系刘道学询派来，请接银号。公款未清，准接与否，尚在未定。闻丁氏已将家产禀呈抚宪，备抵各款，道署款亦在内。再询贺道，所言公款专指道署，抑统各处而言。据复，刘道请项官银号，并非接开裕通，现从缓议。窃思裕通因系官银号，故温处两郡衙局均与往来。今该号东丁立诚、立中所欠官款，置之不理，运动刘道，营求贺道，承接银号有改裕通为泰丰之说，则人言恐非无因。各员愁急万状，公款无着，处分甚重，将来恐有身家性命之虑。仰乞宪恩，可否将丁诚等所有产业一律查封，准抵公款。若刘道承接

① 《专电》，《申报》光绪三十三年八月十八日（1907 年 9 月 25 日），第 3 版。

银号，须将官款一律认缴，方准接开。大局攸关，能毋上达，幸速示复，不胜迫切，并求鉴察施行。职道寿松、卑府纶、各县局员同叩。删。

▲瓯关道贺元彬禀浙抚电　裕通官银号亏欠税款约十八万元零，现已倒闭，乞迅饬该号东丁立诚、保人上海信大庄王眉伯，从速清理。职道元彬。谏。（董）　按，裕通倒闭，已略志十八日本报专电。①

由上可知，丁立诚、立中兄弟是裕通官银号的东家，“裕通因系官银号，故温处两郡衙局均与往来”，地方政府的“汇解公款”（应指捐税等）、瓯海关的关税款均存裕通，或经它转汇。银号的实际管理者“执事人史姓”突然亡故，导致存在银号中的公款“多被压搁”。公款关系重大，一旦亏空，必须追赔。而官员们担心万一裕通银号无法解决亏空，赔付责任便会转嫁到自己身上，“恐有身家性命之虑”，“愁急万状”，遂向上官禀告，声称丁氏没有切实解决办法，要求查封丁氏的所有财产，变卖退赔。同时，这还暴露出温州地方政府与瓯海关，存在利益冲突。此时出现了愿意承担欠款并接手裕通官银号的第三方刘学询，②但刘氏派出的代表只与瓯海关道员贺元彬密谈。尽管贺氏声称是否由刘氏接手，要视清偿公款的情况而定；但仍引起温州地方官府的警觉，担心这是虚晃一枪的烟雾，唯恐贺、刘双方达成仅落实海关税款清偿的协议而将自己晾在一边，因此联名上书，向巡抚、布政使陈诉苦情。

那么丁氏为何经营官银号呢？较晚的九月十六日至十八日（10月22—24日），王眉伯在《新闻报》上连续发布申明，称自己作为担保人，没有赔偿储户存款的连带责任，其中顺带讲到裕通原是丁氏经营的钱庄，光绪二十八年始改为官银号。王氏申明称：

杭州丁氏温州裕通钱庄，系光绪十七年开设，至廿八年始添开官银号。其银号例有保商，余添在戚谊，代作保商。查保商专保税饷，有结详院咨部。各存户无论官款商款，不涉保商之事。现在丁氏呈产备抵，有六十余万，业经具禀抚宪。税饷如有急解之款，新商并允暂垫，似此税饷必无贻悮。近阅各报，所有温州各存户纷纷电省，饬追保商，不知保商衹保税饷，不保存款。恐涉悮会，有碍个人名誉，不得不报声明，伏乞公鉴。王眉伯谨上。③

---

①　《裕通银号倒亏公款事要电》，《申报》光绪三十三年八月二十一日（1907年9月28日），第4版。这两封电文，《时报》光绪三十三年八月二十四日（1907年10月1日）第5版亦载，个别文字略有出入。

②　关于刘学询事迹，可参阅孔祥吉《戊戌前后的孙中山与刘学询关系发微》，《广东社会科学》2005年2期；雪珥《危险关系——晚清转型期的政商赌局》，山西人民出版社，2015年。

③　《新闻报》，光绪三十三年九月十六、十七、十八日（10月22、23、24日），第1版。

为何银号的实际负责人死亡，会导致如此严重的金融危机呢？稍后几天，《新闻报》开始报道此事，称裕通银号早有亏空，负责人史鼎甫隐瞒不报，丁氏亦未察觉。史氏死后，事始败露，并进一步发酵放大，杭州裕通官银号随之倒闭。同时，《新闻报》还暗示了史氏因东窗事发，走投无路而自杀的可能性：

温州裕通官银号为杭州丁绅所开，经手史君鼎甫久有亏空，号东未能觉察。延至上月，史猝患急病（或云实系吞金）身死，该号遂即倒闭，计亏公私各款数十万金，内有史姓亏空者八万余。号东丁绅当即亲到温州，其时温州官场颇为惶急。丁绅回杭后，即将家产开呈清单，禀详浙抚备抵。未几日，杭州之裕通官银号又继之而倒，亏空尚无实数。闻杭人言，将来接开杭温两处官银号者，当为广东巨富刘问刍观察学询云。①

关于倒闭所牵涉的退赔金额，前述称关税18万、官款20万，但随着报道增多，出现了多种说法；有些可能只是统计口径的不同而造成的表面歧异，另有一些，则不知消息来源是何。至于丁氏的赔付资源，有变卖家产、裕通银号可用于冲抵亏空的应收账款这两方面，但家产价值几何，应收账款的具体金额多少，亦众说纷纭：

杭垣头发巷丁绅，素称巨富，其营业在外资本亦颇重厚。讵杭温两府属所开裕通官银号忽然倒闭，丁绅以各项官款为数甚巨，竟有亏欠三十八万之谱，因急将自己田产等，以及在外营业各项资本，运动刘学询。即请刘赴温，接顶裕通号，以维持公共利益，且顾全丁绅一己名誉。惟闻丁绅自己田产等项抵押，可得五六十万之数，而亏欠公私款项不足相偿云。②

温州裕通官银号亏倒一事，曾志前报。兹悉该号共亏倒关税银十五万零，府县暨各局所亦在十万内外，商款则尚未知其详。其放出之款，亦约有五十万。现号东丁绅，已将家产六十万开呈清单，禀请当道备抵，并又亲至温州清理账目。至接开官银号者，确为广东富绅刘问刍观察，将来拟更号泰丰。至兴业银行，前虽禀请接开，因系合股公司，与例不合，已作罢论云。③

抚藩宪钧鉴：电谕敬悉。遵即知照府县局卡各员，于初八日来道署公同查账，其中稍有参差，均由各员自行更正。并据该号司帐丁、张两伙声称，该号结欠税关及府县各处，共需洋二十六万，商款十四万零。现查温地各户欠该号款项，

---

① 《杭州裕通官银号亏倒志详》，《新闻报》光绪三十三年八月二十六日（1907年10月3日），第4版。

② 《裕通官银号倒闭详志》，《时报》光绪三十三年八月二十四日（1907年10月1日），第5版。

③ 《裕通官银号亏倒后情形》，《新闻报》光绪三十三年九月十六日（1907年10月22日），第10版。

约可得十余万元，正在商办间。丁立中已由杭来温，所呈清折，全无切实办法，实属有意拖骗。职道等公同商酌，拟请先将该中书丁立中暂行斥革，发县看管。并请宪台电饬上海道，密提裕通中保信大庄执事王眉伯，押解来温。并将杭州产业，饬两首县严行查封，以便清厘归抵，而免延宕拖骗。职道元彬、寿松、卑府锡纶、县局卡各员同叩。真印　远①

各家报道都提到，丁氏将家产开列清单，呈报官府，以备抵赔。即便如此，官府方面仍不满意，不约而同地斥责丁氏搪塞抗拒，“全无切实办法，实属有意拖骗”，甚至怀疑倒闭本身是丁氏蓄意为之（将资产转移挪空，然后号称亏损而破产）。丁立中有举人功名，又捐得内阁中书衔，官府不便采取强力措施，于是提出动议，要将他“暂行斥革”，以便收押拘禁（“发县看管”）。从之后报道看，官府的确付诸行动。温州官府的强力追逼，是丁氏急于转让藏书的大背景。

……窃温州裕通官银号倒，欠温处各衙局公款，除本道税款及盐局府宪公款外，共计卑职等十处，洋六万元左右，业已分别开数具禀，并先后公同电禀，各在案。乃该庄主丁立诚、立中远居杭城，保人王梅伯在上海信大银号经手，屡次严催，抗不清理。丁、王在申布置，另开新官银号。倒闭裕通官银号，丁家仅以家产变抵一言含糊搪塞，究竟家产已未开送备抵，应否准如所请，家产价值若干，能否如数备抵，无从悉其底蕴。……查该号自经手史鼎辅病故后，庄主丁立中于十月十五日到温，略与官场应酬外，即声言照常交易，各衙局解批尽数带省投缴，除现银无从查悉外，且席卷现钱八千串往申。不意丁立中到申后，与王梅伯商议倒闭，即在杭州将一切现款，寄顿王梅伯处。中间历二十余日之久，布局已定，而杭州裕通亦得以从容倒闭矣。八月十二日，海定轮船抵瓯，丁家始宣布变抵家产之说。信大银号经手王梅伯又派冯施二人来瓯，谓信大刘姓接充新官银号。群情骇异，以为昔日开张裕通发起人以及担保，乃信大银号经手王梅伯也。今日倒闭裕通，开设新官银号，又缘刘姓为名，而王梅伯从中主使。视温处官场若无人。十六早，关道派委将丁张二伙提署，核算账目，税款算清后，并谕令各员亲往清算。无如丁立中、立诚在杭高枕，保人王梅伯在申运动，无从追缴。诘其店伙丁张二人，据云所欠官款约二十六万元，私款十余万元，被人所欠亦四十万元左右，数恰相值，但为人所欠实有着落，可以抵垫者不敷甚巨，产业亦属无多。问其如何了结，只云经手已故，保人在沪，庄主在杭，我辈不知其详。现在温州情形，欲

① 《温州道府县局卡各员禀抚藩电（为裕通银号倒闭事）》，《申报》光绪三十三年九月十五日（1907年10月21日），第4版。

查数而数不甚清，欲追款而款不敷抵，欲归结而承认无人，欲少待而情形孔迫。……惟有吁恳宪台，迅速咨饬沪道，押解信大银号经手王梅伯来温，俾官款有所着落。至丁家兄弟，既将杭温裕通一律倒闭，例应由杭先行参革押追。惟渠兄弟二人，务须任择一人，赶解来温，料理归结公款，以免赔累……[1]

浙抚批丁立诚弟兄禀　该职商于光绪二十八年，开设温州裕通官银号，先后不过五年，若非蓄意倒骗，何竟亏欠公私各款，多至七十余万？杭裕通非该职商所开，何亦牵连在内？现呈备抵产业清单，核有先已抵押于人者，其余能还几何，无从悬揣。在该职商自称约值六十万元，并另有可收之款，足以相抵。着速变价催收，偿还公款重要，万难短少分文。慎勿宕延图吞，致干参办，切切。此批。（乃）[2]

以强力手段严逼恫吓，催促赔付，是官府的常用手段。但在此次事件中，不能将其简单视为封建官衙作威作福的恶习。如此严厉逼迫，不仅是因为前述府县"官款"一旦损失，地方官有赔付之责，会遭严厉处分，更因裕通银号的亏空累及海关关税。晚清时期向外国贷款以及对外赔款，多以关税为担保，重要性可想而知。九月十八日（啸），瓯海关道员贺元彬称，现有"俄、法两国偿款银二万两解限到期"，须用瓯海关税款偿付，事情迫在眉睫；刘学询（慎余）愿以垫付关税款为前提，接手裕通银号，请求浙江巡抚冯汝骙指示。

〇温州道禀浙抚电　抚宪钧鉴：元电敬悉，自当遵办。唯俄、法两国偿款银二万两解限到期，无从筹措，失信外人，关系非浅。兹有刘慎余，请充瓯关官银号，拟改名泰丰，认垫解款。事在眉急，应否准充，乞迅赐电示。职道元彬叩。啸。印。

〇浙抚复电　温州贺道台鉴：啸电祇悉。瓯关官银号有刘慎余接充，是否殷实可靠？关款既允代垫，其余裕通所倒各署局公款，能否一律垫解？应否接充，即由尊处妥酌确核详办，可也。信。勤。印。[3]

冯氏的回复颇为有趣，他担心刘氏"是否殷实可靠"，也关心刘氏是否垫付关税之外的"各署局公款"。但他最终指示，此事由瓯海关道斟酌处理，将裁量权交给对方，实则就是默认关税的优先性，换言之，若迫不得已，须首保关税。温州道府县官员之

---

① 《温州同知兼办东门厘局吴中俊等通禀文（为温州裕通官银号倒闭事）》，《新闻报》光绪三十三年九月十八日（1907年10月24日），第10版。

②③ 《温州裕通银号倒闭再纪》，《申报》光绪三十三年九月二十四日（1907年10月30日），第4版。

所以群情汹汹，向巡抚与布政使诉苦，其实正是知道地方公款不及关税紧要，舍车保帅之时，孰为车，孰为帅。瓯海关与温州地方官府之间的紧张，也被新闻界敏锐地捕捉到了：

温州裕通官银号倒闭后，亏欠道府县及各局卡款目甚巨，曾由道府电禀省台请示。现号东丁君业已来省，具禀抚辕，愿将家产备抵。被欠各户，闻有家产可抵，运动省台，均欲争先收还欠款。而温处道贺观察以该银号欠税款至十八万余，为数尤巨，欲将关款先行赔还，再归其余各款，以致府县与各局卡决意将丁姓家产自行封闭，抵偿伊款。此事若非信中丞独力主持，秉公核办，则温州官场必致大起争执矣。（青）①

在事件的后半段，永嘉县令丁惟晋追索裕通银号亏欠的该县税银（“托解课银”“地漕粮捐”）尚无着落，向冯汝骙上禀，请求允许查封丁氏房产，严厉追索，结果遭致冯氏的一番申饬。冯氏称，上缴税捐，本非仅有裕通银号一途，既然该县选择委托该号汇解，那么追缴善后理应自寻办法，而非动辄劳烦上官。冯氏的这番话，与之前和瓯海关道联络时的态度大相径庭，恰反映出地方府县在此事中相对较低的优先度。事见《时报》报道：

永嘉县丁大令惟晋，因被裕通银号倒欠托解课银，求请追提该号主到案勒缴。当奉抚宪批，饬自理如下：裕通近忽倒闭，以致各府县托解之款概均无着，兹由永嘉县等禀，严向该绅追提，并查封房产，以重课帑等因。冯中丞着仍自向追理，并即批示云：地漕粮捐均应派差拨兵护解等情，据禀谓向由裕通银号汇解，并无别户可托。然则，裕通闭歇，该县经征款项，从此不能批解乎。乃款被倒欠，不自查追，辄复禀请委提，尤觉无此办法。现在各款曾否解到，尚短若干，希布政司会同督粮道查核明确。如未上兑，即行委员守提补解，并饬该县自向该号理追归垫云云。②

从前后材料透露出的迹象来看，裕通银号可冲抵亏欠的应收账款似乎有限，赔付的主要来源只能是丁氏家产。前揭报道给出了五六十万的约数，而九月二十日（10 月 26 日），《申报》居然登出了丁家的资产清单，其情报能力委实令人惊讶。

查封温州裕通银号主家产清单

○温州裕通银号倒闭后，经温处官场函电纷驰，吁请查封号东丁立诚、丁立

① 《裕通官银号赔款之争执》，《申报》光绪三十三年八月二十四日（1907 年 10 月 1 日），第 5 版。

② 《禀请追提裕通欠款不准》，《时报》光绪三十三年十一月十八日（1907 年 12 月 22 日），第 5 版。

中等家产备抵，并求押追保人王梅伯等情，迭志前报。兹又觅得丁氏杭申等处产业清单一纸，计开：

一，拱宸桥世经丝厂一所，一切生财机器俱全，约值洋六万五千元。

一，仁和县属许村收茧厂屋一所，生财茧灶等全，约值洋一万元。

一，又良诸镇收茧厂屋一所，生财均全，约值洋三千元。

一，拱宸桥吉祥里洋式丝厂栈房一所，约值洋二万八千元。

一，又西岸市屋六十六幢，约值洋六万二千元。

一，又西岸如意里口石库门厅屋六间，约值洋一万元。

一，又如意里内楼屋二十九幢，约值洋一万二千元。

一，又同和里口市屋十四幢，约值洋一万四千元。①

按照以上估价，这些资产合计20.4万元，距离丁立诚自称的60万左右相差甚远，应只是其产业的一部分。此外，可以看出，丝绸业是此时丁氏经营生意的核心。位于杭州拱宸桥的世经丝厂，在以上资产中占值最大，该厂系丁丙开办。光绪二十二年，《时务报》刊登从《日本新报》翻译的《论杭州缫丝厂》一文，对丁氏的世经丝厂有详细介绍，可知其规模甚大：

日本驻杭州领事，具报本国政府云：杭州富商丁丙及庞元济等为首，在杭州武林门外拱宸桥西南数百步，建设制丝所，曰世经缫丝厂，以本年八月初旬，兴始创业矣。该厂资本三十万两。工场在楼上，用日本煤，一日二吨有余。机器用上海磨宜笃公司所制造，与怡和洋行制丝所使用相同，皆新式也。现置二百八个锅，每一个锅，置采丝口六。若总用此等锅采丝，一日可以制茧丝一担。然当时女工之数寡少，故不备使用。女工之数，殆二百人，其三之二募诸上海，其余募于本地。……现今所用之制丝原茧，乃余杭县仓前所产，品质良好，称杭州第一，每担值价百两。闻此地水质甚佳，故制丝优于上海云。②

在收押等一系列追索手段下，至十一月十九日（效），丁氏已赔付“公款五成”，但瓯海关的关税以及亏欠的私家存款（“商款”），尚未赔付。另一方面，杭州商会出面，向温州官府商请释放丁立中，后者向冯汝骙请示，冯氏未明确表态，温州官府决定继续拘禁：

---

① 《查封温州裕通银号主家产清单》，《申报》光绪三十三年九月二十日（1907年10月26日），第5版。

② 《论杭州缫丝厂》，《时务报》光绪二十二年十月二十一日（1896年11月25日），第12期，25页。此文又节引于汪敬虞《中国近代工业史资料》第2辑，科学出版社，1957年，下册，695页。

▲温府禀抚院电　抚宪钧鉴：温裕通倒闭，庄东丁立中禀奉前宪台电饬押追，始归还公款五成，商款议先还三成，尚未照付。瓯关税项，本道饬追归还无着。十八日，接杭商会电，请将丁立中释回理值等语。卑府查杭产既有丁立诚料理，而丁立中以遵奉宪饬押追为主，贺道以照杭商会请释回为主。现在公款商款均未偿清，应否押释。请宪示遵办。卑府锡纶叩。效。

▲抚院覆电　温州贺道锡守鉴：效电悉。丁立中亏欠瓯关巨款，据来电，贺道以照杭商会请释回为主等情，究经丁裕通欠款是否应令丁立中回杭料理，希会商电。抚院皓印。①

温州裕通官银号倒闭后，经温州府禀，奉浙抚电饬，将庄东丁立中管押追偿。已归还公款五成，商款议先还三成，尚未照付，至瓯关税项，亦尚无着。本月十八日，温州府接杭州商会电，请将丁立中释回理值。当以杭州所欠各款，既有丁立诚料理，而温州公款商款均未偿清，未敢擅即释放，已电请浙抚，核示遵办矣。②

温处道贺元彬、温州府锡纶，上浙抚冯星帅电云：丁立中留押追缴，与释回料理，同属因公起见。现会商核议，若遽准释回，恐其籍端延挨，更无把握。业已电复杭商会，必俟税款公款均有实在着落，再准保释。知关宪廑，肃此电陈。未知冯府如何答复。（元）③

之后，杭州商会大约又作了一番努力，终于获得冯汝骙的首肯。约半个月后，经冯氏指示，以回杭变卖产业为由，温州地方官府释放丁立中。此时已届年末，从公历来说，已是1908年。

〇温州裕通官银号倒闭后，温处道贺观察即将号主丁立中拘押县监，勒限理楚。现浙抚冯中丞，因商会禀请，将丁释回，以便变产缴款，当即电饬温处道遵照。现闻据该道电复，已遵示办理，饬县释回矣。④

不过，裕通银号案至此并未彻底结束。宣统三年，杭州地方官府因裕通银号欠款尚未偿清，再次传唤丁立诚、立中兄弟。

职员王赓诗日前禀，裕通银号欠款拖累日久，不讯不结，恳请速予提质，以清积负等情。昨奉批示，云查杭州裕通亏欠一案，前于商会评议后，即经会详札，饬

① 《电商裕通欠款办法》，《申报》光绪三十三年十一月二十四日（1907年12月28日），第12版。

② 《请示应否释放裕通官银号主》，《新闻报》光绪三十三年十一月二十五日（1907年12月29日），第10版。

③ 《丁立中仍拟押追》，《申报》光绪三十三年十一月二十九日（1908年1月2日），第12版。

④ 《饬释裕通官银号主》，《新闻报》光绪三十三年十二月十三日（1908年1月16日），第4版。

印委集讯追缴。昨复札令，速传丁和甫、丁修甫等到案提问，该职质对明白，勒限追缴清款在案。据呈前情，仰仁和县会同委员张令遵照前札，立速传集，讯明限追，具报。勿延推宕，切切。①

综上所述，温州裕通银号本是丁氏名下钱庄，从光绪二十八年起，承担官银号业务。瓯海关关税及地方税捐各款，均经此号汇出解送。实际负责人史鼎甫经营不善，造成亏空，丁氏被瞒不知。史氏死后，此事爆出，导致关税及地方公款亏空约 38 万银元，私人存款亏空约 10 余万元。丁氏通过变卖家产与收回裕通银号在外放款，赔偿亏空。

再联系前揭丁仁"五亿"及丁立诚"十万"之说，就可以大致明了："五亿"指制钱 5 亿文，当时各种银元成色不一，大体在 1 银元合库平银 7 钱左右，与制钱的比价亦不尽相同。1905 年起，出现了一次大规模的银钱比价飙升，为时数年之久。1907 年，浙江地方的银钱比价约在 1800 文兑 1 两上下。②以此计算，5 亿文约合银 27.8 万两或 39.7 万银元，这个数额与关税及地方公款亏空金额接近，由此推测，丁氏收回的裕通银号在外放款，大致可以冲抵私人存款的亏空。

至于出售藏书所得的金额，即便以丁氏理想的 10 万银元计，也仅占所需总额的约 1/4，丁氏另须筹集近 30 万银元。丁氏声称家产约值 60 万，若所言属实，则此次赔偿至少使丁氏家产折半（此处还未考虑紧急变卖造成的折价损失）。

二、《艺风老人日记》中所见八千卷楼藏书的出售过程

如前述，在丁氏出售藏书的光绪三十三年，丁、缪双方仍与之前一样，鸿雁往来，保持着抄补寄赠的书籍往来。从正月至七月，缪致丁书 5 次，寄赠《小山乐府》《玉峰志》等书；丁致缪书亦 5 次，寄还缪氏所托抄补诸书。在《日记》中，看不出这段时间有何异常。八月二十四日，《日记》首次提及丁氏欲出售藏书："接杭州丁修甫信，寄还《黄文献集》，又代钞《政府奏议》二卷、《柳文》一卷。函中言书籍欲出售，可叹。为致书陶帅。"③

端方对此颇感兴趣，次日便回函，表示"力任筹款事"。二十六、二十七日，缪氏连续致书端方，二十八日，"晚入署，诣陶帅谈，俞恪士、何黼廷同坐"。这次商谈，当与收

① 《杭道催审裕通欠案之急迫》，《时报》宣统三年三月六日（1911 年 4 月 4 日），第 6 版。

② 王宏斌《清代价值尺度：货币比价研究》，生活·读书·新知三联书店，2015 年，365—373 页。

③ 本节引文，如无特别说明，均出自缪荃孙《艺风老人日记》，《缪荃孙全集》，凤凰出版社，2014 年。为免繁琐，不再一一出注。

购八千卷楼藏书有关。

九月一日，缪氏又“上陶帅一笺，言八千卷室书事”，并“发杭州丁修甫信，嘱留书籍，未知能成否”。显然，在之前的几次沟通中，端方对于收购的态度较为积极。缪荃孙认为已有眉目，所以让丁氏留书，但能成与否，此时确难逆知，毕竟八千卷楼藏书规模巨大，售价必然不低。

其后数日，缪氏与杭州方面有多次电报通讯。三日，缪荃孙“发杭州瞿雪斋信，并电杭州”。九日，“电钱塘丁修甫”。十日，“接丁修甫覆电”。十一日，“接丁修甫电”。至此，双方大约达成了初步意向，缪氏遂于是日开始“覆勘丁氏书目”，并在晚间冒雨“入署诣陶帅谈”。当时，《丁目》尚未刊行，缪氏所阅应为光绪二十七年刊刻的《丁志》。收购大宗藏书，善本的数量与质量，最为要紧，缪氏从《丁志》入手，也是理所应当。

十三日，缪氏又“上陶帅一笺，接钱塘丁修甫信”。十四日，情况又有变化：“接丁修甫两信，一言事已稍缓，一言和甫被押”。不难推想，丁立中被羁押后，丁氏出售藏书的愿望必然更加急迫，缪氏遂于当晚“入署诣陶帅谈”，并在随后几日有一连串动作。十五日，“丁氏书目寄到两部，一送礼卿，一送陶帅”。十六日，“礼卿送旧校丁氏书目来。又接丁修甫电。再与陶帅一笺”。二十日，“上匋帅一笺”。二十一日，“发丁修甫信”。二十三日，“上陶帅一笺”。

二十四日，南京方面决定派缪荃孙、陈庆年赴杭，与丁氏面洽转让事宜，故而当天“陈善余来，订杭州之游”。此日晚，缪氏“又上匋帅一笺”。二十八日，缪氏又一次“入署，与陶斋谈”，应是临行前去敲定一些细节。

缪氏原定于二十九日出发，可笑的是，缪氏“起过迟，不及启程”，只好推迟一天。三十日，“巳刻赴下关，……申刻到镇江”。之后十天，缪氏沿水路在镇江、常州、苏州等地走走停停，会亲访友，似乎不急于赴杭。直至十月十日，他与陈庆年在苏州汇合，约定“明日赴杭”。

十二日，缪氏一行于“丑刻抵嘉兴，辰刻过石门，未初过塘栖，申刻到拱宸桥。修甫延王绶珊体仁在马头招呼，乘轿入城，借寓南板巷顾养和宅”。丁立诚迫不及待，“修甫即来谈”。

十三日，缪氏开始着手点检八千卷楼藏书，在南京时他只能阅读登载善本的《丁志》，所以他先“索丁氏全书目录八大册”，考察丁氏藏书的全貌，看后赞叹“可谓大观”。

十五日，缪氏等人前往丁宅，实际检阅藏书，“善存来，偕至修甫处早饭。遂看书”。光绪二十四年，缪氏曾登八千卷楼观书，后又受丁立诚之托校阅《丁志》稿本，对丁氏藏书（尤其是善本）早有掌握，所以他只花了两三天时间检阅丁氏书目及藏书。

十六日，即开始“与丁氏磋商”，洽谈转让的具体事宜。

双方的商谈相当迅速，仅一天时间，便达成协议。十七日，“早与王绶珊、丁修甫商定书价八万元”，且包括“书箱、书架、打捆绳索、船只押送宁垣，一并在内”，缪氏认为这一售价相当公允，“并不为贵”，遂致电端方，汇报情况，“饭后，善余来，商电报与午帅”。

何曾想到，在南京遥控、掌有最终决定权的端方，突然横生枝节，要求大幅杀价。十八日，缪荃孙收到端方复电，“止允七折”，即五万六千元，仅为同年皕宋楼藏书转让岩崎书库的价格约一半。惊闻如此离谱的还价，他几乎绝望，哀叹“事不行矣”，但仍未放弃努力。十九日，缪氏做双方面工作，“与陈善余、王绶珊、金谨斋承诰合覆一电”，想来是向端方陈情，要求提高价格，又“诣丁修甫谈”，大约是劝丁氏降价。二十日，与陈庆年、丁立诚同游西湖，至文澜阁、岳庙、林和靖墓等处，但心里仍在挂念“电报未回，奇极”。二十一日，接到端方回电，“仍未谐”，乃“上午帅一笺”陈情。

十月二十二日，是关键的一天。经缪荃孙居中不懈努力，双方分歧逐渐缩小，之前丁立诚已从80000元降价至75000元。二十二日，缪氏又压价至73000元。丁立诚表示，70000元须全部用去抵债，剩余的3000元不足以承担运费，无法接受。缪荃孙提出折衷方案：若运费超过此数，则超出部分由南京方面解决，保证丁氏无须补贴运费，但这一君子约定只限于口头，不能写入合同。或许是之前多年的交谊起了作用，丁立诚态度松动。缪氏认为价格基本谈妥，将此最终价格电告端方，并开始起草合同。当天的《日记》写道：“善余来，拟覆电，……拟合同。”合同订立后的十月二十六日，与缪氏同去洽谈的陈庆年致信端方，详细汇报谈判过程的一些细节，可与缪氏《日记》相印证：

> 十二日抵杭州，当于十六日上一书，计已达入崇鉴。以后磋商书价，并由电达。二十二日，第三次往商，以火候已到，遂示以最后之决语，强丁再减去二千元，并书籍包运在内，总共七万三千元。发电告我公后，夜间艺风函告，谓顷有世侄沈仲盍湛钧来见，谓学部拟以十万金购丁书，特来杭勾当此事，恐有变卦云云。其时丁修甫以陆存斋书装运至六千元，此次作为书价七万元，须全抵公亏，不能折散，此外三千元恐不敷运费，甚为迟疑。庆年亦虑沈君一经宣示，事必不安，遂于翌晨往商。艺风复诣丁处，微示以运款万一不赡，总为设法，但不能写入载书，祇于面谈之顷。口气重轻，略为活动，冀歆其意。延至昨日下午，合同竟得成立。私衷窃为庆幸，非第以他处之不能攘也。前次来时，胸中只有一刊目，但虑丁氏于中或有抽短之弊，实不料其刊目之外尚有写目，竟多至四倍也（前电言二倍尚少计）。窃念江南财政大难，岂不愈省愈妙。然零星购求，直如散沙，苟欲抟之，

费财更倍，则《管子》所谓“用财啬则费”者，正此类也。日本岩寄氏静嘉堂文库今年购得陆氏藏书，有岛田翰者作文张之，谓其事于国有光。我公闳识孤怀，毅然集此邦典，不使其为皕宋楼之续。通国人士无不拜嘉，固可决也。丁氏详目八册，来时即已取至，照目点验，期无短少，复载入合同矣。然我公漾电既注重此层，庆年自当少留，再与丁氏坚明约束，复至书楼，详细周览，以期妥帖。性之所存所乐，固于此事不觉疲也。艺风师明日即行，当先到省。今约同游灵隐飞来峰，上多有宋人题名。惜住僧甚俗，却无雅怀，欲见一拓本，不可得耳。昨夕，冯星帅始到，适在购书合同订立之后。当属同乡支学使告知始末，即亦不往谒矣。丁未十月二十六日。[①]

二十三日，端方发来电报，认可73000元的价格。“善余饭后来，偕绶珊拟合同稿。金陵电亦至，价照给。”之后，进展相当顺利。二十四日，双方正式签订合同，《日记》称：“善存来，同往丁宅订合同，以七万三千元订定。王绶珊、金谨斋、善余、荃孙四人签押，各执一纸。”二十五日，缪氏与陈庆年同游灵隐。二十六日，开始“收拾行李”，丁氏为表谢意，“寄剑洗汉印与午帅”。二十七日，缪氏离杭，临行前“顾养和饯行，榘臣、谨斋、修甫同席”。

光绪三十三年八月二十四日，缪荃孙接丁立诚函，获悉丁氏决心出售藏书，至同年十月二十四日，双方签订合同，转让事件历时两个月。对于如此大宗的藏书转让而言，可称相当迅速，价格亦很优惠。起初商定为80000银元，缪氏已表示“并不为贵”。他是藏书的行家，洞悉旧籍贩卖的行情，《日记》是他的私密记录，更无文饰歪曲的必要。而最终成交价仅为73000元，所以他后来为丁立诚撰写《修甫家传》，就不能不说此价“值稍贬”。江南图书馆以低价购得八千卷楼藏书，固然是因为丁氏急于变现偿债，出售意愿强烈；缪氏居间协调之功，亦值得称许。

八千卷楼藏书分三批运抵南京。十二月八日，“杭州头批书到”。十一日，“上图书馆，候书未至，饭后始知船饭后到埠”。十二日，“头批书全收入图书馆”。二十三日，“陈子方自杭州押二、三批书来”。二十四日，“丁善之来，云书已全数到宁”。二十五日，“下关书亦到，……全数运入楼”。至此，八千卷楼藏书正式入藏江南图书馆。

三、有关八千卷楼藏书出售的传言

翻览史料所及，围绕八千卷楼藏书出售一事，还出现过若干传闻，可谓此事的插曲。以下略作介绍与辨析。

---

① 陈庆年《上端陶帅书》，《横山乡人类稿》卷一〇，民国十三年横山草堂刻本。

第一个传闻(或曰插曲)是:学部图书馆亦有意收购丁氏藏书,拟出价10万元。缪氏率先获知此事,时在十月二十二日晚,《日记》称:“雪斋约晚饭。拟合同。常州沈仲盍来,言学部欲购八千卷楼书,愿出十万金。”

如前述,在这一天的商谈中,丁立诚已基本接受73000元的价格,但学部的报价远多于此,丁家正逢严重经济困境,有临事反悔的充分动机。缪氏迅速告知陈庆年,后者在前揭函中向端方汇报。缪氏或许对此颇感紧张,但在旁观者看来,纵然学部确有此议,也为时过晚。当时丁立中正被羁押,丁氏急于变现,使脱囹圄之灾。学部只是“欲购”,距派员商洽的实质阶段尚远,即便所声称的10万元是实价,终属远水难解近渴。

第二个传闻是当时浙江省内亦有人建议筹款收购,但未获当局支持,其议遂寝。1932年,浙江省立图书馆举办成立三十周年纪念式,国民党浙江省部委员王廷扬到场发言,讲话中有如下一段:

> 洎乎光绪季年,本省藏书界有一异常之憾事,则钞补阁书之丁松生先生,其后裔因经营钱业失败,竟以八千卷楼善本书室等之藏书,由郑苏戡之绍介,经端匋斋,购置于江南图书馆。当时本人曾建议于当局,以官书局、寺庙修理局等徒供乾薪之款二万两,益以公帑,赎还其书,汤蛰仙先生亦与闻其事,未荷采纳。①

此说虚实难辨。单看“徒供乾薪之款二万两,益以公帑”云云,即便付诸行动,恐亦难购得。以1银元合银7钱2分计,2万两约等于2.78万银元,不及端方价格的四成,“公帑”能再添出多少,又是一个疑问,大约是很不乐观的。

第三个传闻是日本方面有意收购八千卷楼藏书。持此说者,以齐耀琳为最早,之后还有张崟、黄裳(容鼎昌):

> 光绪中叶,东瀛以重金敛皕宋楼所储以去,复眈眈于丁氏八千卷楼藏书。时溧阳尚书总制两江,乃亟市之以归江宁。②
>
> 维时皕宋楼陆氏之藏,方贩东瀛,重聆此风,颇怀望蜀。于是江督端午桥亟徇缪荃孙等之请,以七万金为酬,尽辇之金陵。③
>
> 当时钱塘八千卷楼丁丙的藏书,有继陆氏皕宋楼售与静嘉堂之后更让及日本人之议。缪荃孙大声疾呼,以为不可以,以为这是国耻。得到了当时两江总督

---

① 《浙江省立图书馆月刊》1卷7—8期合刊,130页。检《郑孝胥日记》,无相关记载。

② 齐耀琳序,《江苏省立第一图书馆覆校善本书目》,民国八年铅印本。

③ 张崟《嘉惠堂藏书之回顾》,《浙江省立图书馆月刊》1卷7—8期合刊。

端午桥（方）的帮助，用了七万两银子买下了。[①]

然而细究下来，此事是否实有，深可怀疑。遍稽缪荃孙、陈庆年、丁立诚等当事人的别集日记，并无切实线索。惟有前引陈庆年《上端陶帅书》中的这段话，值得辨析：

> 日本岩寄氏静嘉堂文库今年购得陆氏藏书，有岛田翰者作文张之，谓其事于国有光。我公闳识孤怀，毅然集此邦典，不使其为皕宋楼之续。通国人士无不拜嘉，固可决也。

乍看上去，“毅然集此邦典，不使其为皕宋楼之续”云云，似乎暗示有日方行动的身影，但实则只是悬空构拟，寓提醒于吹捧，向端方暗示：若斤斤计较价格，错过收购机会，则可能重蹈皕宋楼之覆辙，恐招骂名。陈氏听闻学部欲出手购买，便在函中告知端方，自何处听到何样消息。准此，若日方果有行动，而为陈氏所知，亦必如此办理，以便端方判断决策，而不应作如上虚辞。

缪荃孙《修甫传》、《丁目》丁仁跋，皆未提及日人求购之事，足证此说不实。皕宋楼藏书流入日本，对当时国内的知识界造成强烈刺激。倘使日方果来商洽，丁立诚拒绝，坚持售予国内机构，上述文字必大力褒扬，不应闭口不提。

另一方面，欲收购八千卷楼藏书的究竟是日本的哪一机构（或私人藏家），也未有人言明。不过，岛田翰确与八千卷楼有过来往，光绪三十一年，经俞樾介绍，他访问了八千卷楼。所著《访余录》称：“迨乙巳之夏，来于吴下，介白须领事温卿访归安陆氏，介费梓怡访常熟瞿氏，又赖俞曲园以访钱塘丁氏。”[②]

岛田翰《皕宋楼藏书源流考》称，正是在这一年的访问中，他开始游说陆树藩出售皕宋楼藏书。[③]至于他是否也游说了瞿氏与丁氏，则未明言。不过，当时丁氏尚未遭遇财务危机，没有卖书还债的需要，即便岛田氏提出此议，也不会成功。而丁氏转让藏书的全过程，历时不过两月，日本方面能否及时获得消息，即便获知，又能否立刻筹集书款并派员洽谈，大可怀疑。

“日人虎视眈眈”之所以流传甚广，当与皕宋楼与八千卷楼出售藏书的时间恰巧极为接近有关。皕宋楼藏书出售，是在光绪三十三年春，八千卷楼藏书出售则在秋冬。是年夏，董康在北京刊行《皕宋楼藏书源流考》，使国内知识界广泛获知皕宋楼藏书流失一事。就在舆论一片哗然，警惕“海内藏书家与皕宋楼相埒者，如铁琴铜剑楼，

---

① 黄裳《柳翼谋先生印象记》，柳曾符、柳佳编《劬堂学记》，上海书店出版社，2002 年，129 页。

② 岛田翰《访余录》。

③ 岛田翰《皕宋楼藏书源流考》，上海古籍出版社，2005 年，30 页。

如海源阁，如八千卷楼，如长白某氏等，安知不为皕宋楼之续”之际，忽又传出八千卷楼将转让藏书的消息，出现售予日人的传言，虽不属实，但却合乎情理。①

第二节　八千卷楼藏书零星散出之考察

八千卷楼藏书号称整体让予江南图书馆，但今日在其他公藏机构甚至古书市场中，不时可以看到八千卷楼旧藏。但凡大宗收购，多有漏网之鱼，这是藏书史上的常有之事。至于如何流出、流散去向又如何，则相当复杂，本节拟就此展开考察。

一、柳诒徵与《八千卷楼藏书未归本馆书目》

八千卷楼藏书转归江南图书馆后，不断有人按图索骥，检索《丁志》《丁目》，前往国学图书馆，要求阅览。郑振铎便是这些读者中的一员，其《跋脉望馆钞校本古今杂剧》云“《八千卷楼书目》所载明抄本《燕孙膑用智捉袁进》《吴起敌秦挂帅印》二种曾引诱过我特地跑到南京。等到知道这二种不知何时已亡佚了去，我却懊丧了好几天”。②

1932 年，时值丁丙百年诞辰，浙馆举办了一系列纪念活动，其中一环是《浙江省立图书馆月刊》第 1 卷 7—8 期合刊“丁松生先生百周纪念号”。浙馆馆长陈训慈是国学图书馆馆长柳诒徵的弟子，乃向柳氏约稿。柳氏因“世多以丁书归馆，依据《善本书室藏书志》，访之山馆”，③遂撰《盋山丁书检校记》，“旨在申述《八千卷楼书目》与《善本书室藏书志》所载，其书不尽在宁馆”。④此文刊出时，陈氏在文末加有识语，介绍约稿经过，并引柳氏来信，体现写作背景：

> 惟海内咸以丁书在宁，实则《善本书室藏书志》及《八千卷楼书目》所载，不尽在此。将检校为记，以释世疑。时值炎夏，师（柳诒徵）属馆友竟取馆目与《八千卷楼书目》等互检，猝未获竟。复邮书见示，谓检点经、史二类，誊录已逾数百种，篇幅太多，拟俟详检无讹，揭于国学图书馆馆刊。先述梗概如此，可先付梓。⑤

柳氏撰文时，止检及经、史二部，但事后的确清点完毕，成果便是《八千卷楼藏书

---

① 岛田翰《皕宋楼藏书源流考》董康题识，38—39 页。
② 郑振铎撰，吴晓玲整理《西谛书跋》，文物出版社，1998 年，454 页。
③ 柳诒徵《盋山丁书检校记》，《浙江省立图书馆月刊》1 卷 7—8 期合刊。
④ 陈训慈《劬堂师从游脞记》，《劬堂学记》，73 页。
⑤ 柳诒徵《盋山丁书检校记》篇后陈训慈识语，《浙江省立图书馆月刊》1 卷 7—8 期合刊。

未归本馆书目》(以下简称"《未归本馆书目》")。可惜此目始终未"揭于国学图书馆馆刊",或以其他方式印行,仅有抄本存于馆内,利用者少。[①]此目是考察八千卷楼藏书流散情况的重要依据,有必要加以介绍。

关于此次点检的操作规则,或曰《未归本馆书目》的编制依据,柳诒徵称:"比属同人,详校诸目,凡《善本书室藏书志》《八千卷楼书目》所有,为此馆《装箱书目》、第一次所印《善本书目》《江南图书馆目》及民国所印《覆校书目》所无者,分析胪举,又以移归通俗教育馆及往年官署调阅、经乱遗失者附之。"[②]

"第一次所印《善本书目》",是指《江南图书馆善本书目》;"《江南图书馆目》",是指《江南图书馆书目》,这两种目录编印于江南图书馆开办后不久。"民国所印《覆校书目》",指《江苏第一图书馆覆校善本书目》,民国七年印行。"此馆《装箱书目》",则是光绪三十三年收购时的装箱记录,实际有两种。柳诒徵又称:

> 馆人相传丁书归馆,未有底册。十八年冬,无锡许君仲威(同藺)自状元境书肆购得草目九本。曰"善本装箱书目下"者,一册,曰"外楼装箱书目者",八册一至四,六至十,审系馆中购书装箱底册,欣然来告,遂赠山馆。斯九册者,虽未足为购丁书之证,然亦可谓十九年在是。所载书名,潦草简略,颇似坊肆账本。以校馆目,殊有裨益。如《善本书室藏书志》所载《云笈七签》,固在《善本装箱书目》中,而简目及覆校目均无之,不知何时散佚矣。《善本装箱书目》后粘一纸,载缪先生借阅归还之书,如《吴越所见书画录》下,注"缪还,未入书目"。然简目即覆校目,确有是书。可证缪先生借阅未入书目之书,阅毕即还,仍载书目,馆员未入之隐匿。[③]

《未归本馆书目》是1930年代初的点检结果,此时不在馆内的八千卷楼藏书,实质是从未入馆、入馆后再流出这两类情况的叠加。读者不可因"未归"两字,遽认为仅指转让之际未运抵江南图书馆的丁氏藏书。从这一角度讲,此目命名为"未在本馆书目",或许更为妥帖。

更须注意的是,当时点检的主要参照物是《丁目》,因此《未归本馆书目》标注版本基本与《丁目》一致。缘此,若流散的某书《丁目》原未登载,《未归本馆书目》便很难反映。另一方面,清点比勘,难免失漏,且数量可能不少。柳文提到的吴氏瓶花斋抄本

---

① 沈新民《清丁丙及其善本书室藏书志研究》:"惜未能看到此书,无法确知其部类与种数。"(123页)2018年,《南京图书馆藏稀见书目书志丛刊》出版,亦未收此目。

② 柳诒徵《盋山丁书检校记》,《浙江省立图书馆月刊》1卷7—8期合刊。

③ 柳诒徵《盋山丁书检校记》,《浙江省立图书馆月刊》1卷7—8期合刊。此两种书目今仍存南图,著录为"《江南图书馆善本装箱书目》残存不分卷 一册""《江南图书馆外楼装箱书目》不分卷 八册"。

《元典章》就是一例:"董刻《元典章》出自丁书,为吴氏瓶花斋钞本,许氏鉴止水斋藏书,载在《藏书志》者。陈援庵先生著《元典章校补》时,函属检校原书,当以馆目故无此书复之。"①

此本著录于《丁志》卷一三,题为"《大元圣政国朝典章》六十卷附《新集至治条例》 吴氏瓶花斋抄本 许氏鉴止水斋藏书",《丁目》卷九著录"《元典章》六十卷附《新集》不分卷 抄本",应是一物;《未归本馆书目》却未载。

综计《未归本馆书目》所著录书,有易类 8 种 8 部,书类 11 种 11 部,诗类 5 种 5 部,礼类 21 种 22 部,春秋类 11 种 11 部,孝经类 3 种 3 部,五经总义类 5 种 5 部,四书类 8 种 8 部,乐类 3 种 3 部,小学类 22 种 22 部,正史类 4 种 4 部,编年类 3 种 3 部,纪事本末类 8 种 8 部,别史类 5 种 6 部,杂史类 9 种 9 部,诏令奏议类 9 种 9 部,传记类 34 种 35 部,史钞类 4 种 4 部,载记类 3 种 3 部,时令类 1 种 1 部,地理类 125 种 128 部,职官类 44 种 48 部,目录类 20 种 20 部,史评类 9 种 9 部,儒家类 5 种 6 部,兵家类 7 种 8 部,法家类 3 种 3 部,农家类无,医家类 28 种 30 部,天文算法类 12 种 12 部,术数类 14 种 15 部,艺术类 95 种 96 部,谱录类 18 种 18 部,杂家类 76 种 77 部,小说家类 42 种 44 部,释家类 29 种 30 部,道家类 17 种 18 部,楚辞类 3 种 3 部,别集类 179 种 181 部,总集类 56 种 57 部,诗文评类 9 种 9 部,词曲类 64 种 66 部,共计 1032 种 1057 部。

在版本方面,未归国学图书馆之书,多为明清刊本,但也有一定数量的抄本及少数稿本。简言之,八千卷楼旧藏珍本大多入馆。单依此目的版本标注来看,较为珍善之本有:元刊本《周礼复古编》《月江和尚语录》,计 2 部;明抄本《明寺观志》《后村乐府》《乔梦符小令》《吴起敌秦挂帅印》,计 4 部;稿本《尚书传授异同考》《西湖六一泉从祀录》《米楼日记》《曲江复对》《东城记余》《颜鲁公集集览》《鄉嬛文集》《六风阁诗稿》《张小山乐府补遗》,计 9 部。

在数量方面,据沈新民统计,《丁目》收录书籍 18479 种。②《丁目》是八千卷楼的藏书总目,漏载固所难免,但总不致与实际相差过大。据此计算,未入国学图书馆的丁氏藏书为总数的 5.58%,占比有限。但八千卷楼藏书规模委实庞大,即便流散比例不高,绝对数量(1029 种 1054 部)仍相当可观。

二、零星散出的事由与途径

零散流散的八千卷楼藏书,按时间之先后,可分为三类:光绪三十三年转让前已

---

① 柳诒徵《盋山丁书检校记》,《浙江省立图书馆月刊》1 卷 7—8 期合刊。

② 沈新民《清丁丙及其〈善本书室藏书志〉研究》,141 页。

从丁氏流出、转让时未入江南图书馆、入馆后再度流出。

（一）转让前已流出

藏书是一个动态过程，藏家实际持有的书籍会随时变动，且非只进不出。丁丙交游广泛，以藏书馈赠亲朋，是平常之事，此事不难理解。这是转让前流出的主因。前文书籍交游一节，已举出丁氏赠予王棻《方言笺疏》、向孙峻赠送多种寿松堂旧藏之事。除此之外，尚有如下实例。

同治六年，丁丙向许增（益斋）赠送清建宁何氏深柳读书堂抄本《许白云先生文集》，丁丙手跋称："益斋翁鉴古嗜书，缘以君家《白云集》奉归藏庋，于焉扬清芬、衍令绪也。白云尚有《四书丛说》，何梦华曾梓入《何氏丛书》中，余止有一本，俟续得，当效此书故事，增充檀榹也。同治丁卯甲辰月丙寅，丁丙记。"[①]《丁志》卷三三载《许白云先生文集》两部，一为"澹生堂钞本　振绮堂丛书"，二为"精钞本　刘疏雨藏书"；《丁目》则著录有"明抄本、金华丛书本、率祖堂本、精抄本"。金华丛书本、率祖堂本（指率祖堂丛书）是刻本，明抄本、精抄本则分别对应《丁志》所载两部。以上诸本皆与赠出之本无涉。盖此本早已赠出，《丁志》《丁目》无从著录，《未归本馆书目》缘是亦无。

同治十三年，丁丙将明刊残本《嘉靖桐庐县志》赠予袁昶。袁氏为桐庐人，此书是其乡邦文献。[②]与上例情形相似，此书赠出时间很早，故《丁目》《丁志》不载，《未归本馆书目》亦无。

光绪二十二年，丁丙又向袁昶赠送了袁芳瑛旧藏明刊校宋本《家语》，以为袁昶之子"游庠序"之贺礼。此本目录首叶有贴签丁丙手跋："光绪乙未冬月，袁爽秋观察嗣君世兄游庠序，因举明刊校宋本《家语》为赠。是书八卷以上与宋本合，九、十两卷则沿包山陆治刻之旧。袁氏漱六以宋本校补，极善。卢抱经尝以此刻校汲古本，云有王弇洲序，称吴生刻。吴不知其名，按《天禄琳琅》，记吴名勉学，字肖愚，歙县人。世兄既入孔子之门，应诵孔圣之书，况本属袁氏旧藏？璧返珠还，尚其世守之。丙申试灯节，丁丙记。"[③]

光绪五年，丁丙向表亲陈春叔赠送清乾隆二十三年刻本《禁林集》（杭世骏辑），乃因此书系陈氏先代旧藏（详附录三）。《丁目》卷一九此书条著录"刊本"，《未归本馆书目》却不载。检《江苏省立国学图书馆现存书目》，著录有"乾隆刊本　丁书"。[④]乃知丁氏至少藏有两部乾隆刻本，一赠人，一入馆。八千卷楼藏书规模极大，同一版本而有

① 《标点善本题跋集录》，"中央图书馆"，1992年，567页。

② 张廷银《晚清藏书家丁丙致袁昶手札》，《文献》2007年4期。

③ 《家语》，明刊本，上海图书馆藏。此据原件录出。

④ 《江苏省立国学图书馆现存书目》卷一五，7页。

多个复本，此类情况应不在少数，而这恰是《未归本馆书目》不易照顾到的盲点。

民国十七年，周叔弢在北京文禄堂购得八千卷楼旧藏宋刊本《景德传灯录》。该本载于《丁志》卷二二、《丁目》卷一四，《未归本馆书目》却无。傅增湘言其流散原因，称是丁丙嫁女之陪嫁："光绪之季，端忠敏公以六万金悉买八千卷楼藏书，置之江宁图书馆，独此书不在焉。闻丁松生之女归胡氏者，平生礼佛，酷嗜经典，手携此帙，朝夕循讽。……闻此人顷已化去，其戚属挟此残帙入都，留架上者经年，而后持去。私心叹喟不知流落何所，不意展转竟归于叔弢。把卷重温，如故友之逢，喜珍籍之得所，因志其原委，俾后来有所考焉。岁在戊辰九月九日，藏园居士傅增湘书于翠微山归来庵中，即端忠敏故居也。"①

丁丙热心于"善举"，因地方公益事务而捐书，也会造成事实上的藏书流出。南图藏清红格抄本《焦山书藏目录》附《丁氏焦山书藏目录》，合订一册，其中后者是光绪十七年丁氏为兴复镇江焦山书藏而捐书的目录，正文卷端题"嘉惠堂丁氏移弆焦山书藏目录"。卷前有光绪辛卯秋月钱塘丁丙《记焦山藏书记》，介绍捐书始末：

> 乾隆四十七年，《四库全书》告成，以江浙为人文渊薮，诏再写三分，分储扬州大观堂之文汇阁、镇江金山寺之文宗阁、杭州圣因寺之文澜阁。俾稽古之士窥中秘，涵濡圣泽，抑何幸也。嘉庆十四年，阮文达抚浙时，推广教思，无穷之意，立书藏于灵隐寺。十八年，督漕江上，又立焦山书藏，丁观察百川为治其事，文达并有记，刊于《揅经室文集》。咸丰三年，粤寇肆扰江南，文汇、文宗两阁之书，悉罹兵火。又八年，辛酉，杭州再陷，文澜阁书摧毁六七，而灵隐书藏亦随龙象俱灰。焦山之藏接峙金山，当亦不可复问矣。同治三年，浙省收复，先兄首以难中所搜四库书呈当轴，暂储杭州府学。后浙抚谭公修复文澜阁，移藏其中，先兄益以《钦定全唐文》尊藏之。更集旧本或抄或补，六七年来，已得三千三百余部，所阙仅百余种耳。今年，粤东梁星海太史来杭，言客岁游焦山，见书藏未毁，瑶函秘笈，如在桃花源不遭秦火，山僧尚守成规，簿录管钥，虽历七八十年，流传弗替，可谓难矣。藏中尚空四厨，太史遍告同侪，将募书以实之，增助山中故事，太史亦有心人哉。因捡嘉惠堂所藏所刊所写诸书，又从朋好分乞家集凡四百五十一部，计二千六百卷，综一千册，缮目弆置其中，敬乞山灵如前呵护。倘得余暇，再继阮约，复兴灵

① 王文进撰，柳向春标点《文禄堂访书记》，上海古籍出版社，2007年，224—225页。案，俞樾《丁君松生家传》(《浙江省立图书馆月刊》1卷7—8期合刊)："女四人，延，适仁和陆氏；恒，适仁和顾氏；苓，适钱塘陈氏；祺，未嫁，字仁和陆氏。"则丁氏未有归胡氏之女，俞樾与丁丙交游密切，其说当可信，未详傅说所据。

隐旧藏，今日之举实为嚆矢。若夫文汇、文宗，杰阁千寻，琳瑯万轴，重修盛典，嘉惠艺林，则有在节钺重臣、輶轩使者，固非草野所敢望也。光绪辛卯秋月，钱塘丁丙记。[①]

丁丙此次捐出的是“嘉惠堂所藏所刊所写诸书”。核验该目，计有《当归草堂丛书》8 种 8 本，《当归草堂丛书》10 种 12 本（当指《当归草堂医学丛书》），《武林掌故丛编》（截至第十四集）116 种 112 册，《西泠五布衣遗著》5 种 8 本，《西泠词萃》6 种 2 本。

此外，出借未还、遗失等意外原因而造成的流出，想来在所难免，惟尚未发见可以确指的实例。

（二）转让时未入江南图书馆

在洽谈转让藏书的过程中，端方担心丁氏隐匿截留，特意在电报中指示此点，陈庆年向他保证“照目点验”，“与丁氏坚明约束”，其《上端陶帅书》云：“丁氏详目八册，来时即已取至，照目点验，期无短少，复载入合同矣。然我公漾电既注重此层，庆年自当少留，再与丁氏坚明约束，复至书楼，详细周览，以期妥帖。”[②]

尽管端方早已虑此，但终究未能杜绝此弊。陈训慈转述柳诒徵来信中所提及缪荃孙的说法：“又有缪师艺风与某君书，谓运载时为丁氏抽取数箱，后来亦未深究，此札现存馆员汪君处。”[③]

关于丁氏截留的书籍，《未归本馆书目》透露出一个有趣的痕迹。整个经部的未归本馆书为 97 种 98 部，而“子部艺术类篆刻之属”之下，“未归本馆”的印学书籍多达 74 种 75 部，比例畸高，显得不太寻常。案，丁立诚之子丁仁（字辅之）是近代篆刻名家，西泠印社创始人之一。印学书的大量截留，是否与之有关，乃有意为之呢？这当然只能停留在推测阶段。

再看一些截留书籍的实例。1932 年，浙江省立图书馆举办“丁松生先生文物展览”，展出多部八千卷楼藏书。据参观者描述，其中数部当时仍属丁氏家藏。如武英殿聚珍本《金渊集》，系“转让江南图书馆后遗存之一种”；《毗陵邵子湘全集》，乃“丁氏家藏文物”；《甘泉乡人稿》，“此为丁氏家藏之一”，“首页有‘光绪辛巳所得’‘曾经八千卷楼所得’藏书印记两方”；《贻安堂诗集》，“亦为丁氏家藏之一，首页曹序第一行有‘八千卷楼’‘彊圉涒滩’‘彊圉柔兆’三印”。[④]

---

① 《焦山书藏目录》附《丁氏焦山书藏目录》，清红格抄本，南京图书馆藏。此据原件录出。

② 陈庆年《上端陶帅书》，《横山乡人类稿》卷一〇。

③ 陈训慈《劬堂师从游脞记》，《劬堂学记》，73 页。

④ 漱石《丁松生先生文物展览参观印象记》，《浙江省立图书馆月刊》1 卷 7—8 期合刊。

1933年12月30日至1934年1月3日，浙馆为庆祝成立30周年，举办纪念文物展览，展品中有绣谷亭抄本《元和郡县志》、旧抄本《辅臣赞和诗集》，由“丁阶平(珏)先生送陈”。《元和郡县志》有“丁松生”藏印，著录于《丁志》卷一一，《辅臣赞和诗集》著录于《丁志》卷三九，均是确定无疑的转让前所得书。①有趣的是，以上两种书，《未归本馆书目》均未载。

宣统元年，丁立诚向表弟李梅孙赠送崇祯刊本《增补武林旧事》，赠书虽在转让后，得书则在转让前。是书丁立诚手跋详细说明赠书缘起：

> 右明崇祯刊本《武林旧事》二册，工部主事督理杭州关务山东朱廷焕即四水潜夫旧本，增入睿藻、恩泽、吴山胜概、物产、灾异五门，刻于杭州者也，传本极罕。光绪初元，监利李小山司马得之故书摊中，持以见赠，藏余家者已数十年。卷首有“古杭董醇”长方印一，知为杏塍先生旧藏，又有“桐香馆”及“平阳汪氏家藏书画法帖图记”大小长方印二，则叔明先生所钤也。叔明丈受业杏塍先生之门，董氏故□举而赠之，以志师生沆瀣之谊。今表弟李君梅孙为叔明丈入室弟子，师弟情谊之笃不减董之于汪，故举以奉赠，俾宝藏之。今去叔明丈之殁时，将三十年，暇时展卷，当生泰山梁木之感，不仅旧帙之可珍已。丈名敦善，仁和贡生。宣统元年闰二月廿八日，钱塘丁立诚记。②

（三）入馆后再度流出

调拨与失窃，是入馆后流出的两大事由。前揭柳诒徵文称：“惟民国五年，江苏省公署调取馆中复本，移存通俗教育馆。有丁氏书四百一十部六千七百二十册。其存佚不可考。……(缪荃孙)札中又谓丁书尝为京贾窃取。其未全归盋山，殆以此欤。”③

藏书是动态过程，遗憾的是，失窃亦如之。“丁书尝为京贾窃取”，究竟发生于何时，引文未明说。据文献所示痕迹，八千卷楼藏书运抵南京未久，甚至在运输途中，很可能即已遭窃。先看吴昌绶的两条材料：

> 昌绶年十四，省试还杭州，得旧钞一帙。首题“绣谷亭书录”，朱笔抹去，夹签曰“绣谷亭熏习录八册”，卷端例言佚其前叶，末云男城、玉墀恭记。盖族祖尺凫

① 《善本展览说明辑录》，《浙江省立图书馆馆刊》3卷1期。丁氏送展的另有《宋景定四年敕书》《俞曲园王壬秋诗文合璧》《书库抱残图》，则为书画。据《钱塘丁氏家谱大系表》，丁珏为丁立诚之孙，丁三在之子。

② 朱廷焕《增补武林旧事》，明崇祯刊本，南京图书馆藏。此据原件录出。另，此本著录于《未归本馆书目》，后不知如何辗转入藏南图。

③ 柳诒徵《盋山丁书检校记》，《浙江省立图书馆月刊》1卷7—8期合刊。

老人手稿，而瓯亭、小谷两先生重编者。册中仅易类已百余种，别有一纸，记诸经分卷及部数。三十年来，久尘敝箧，后见同郡丁氏书目颇引《熏习录》语，疑其别有钞传之本。昨岁在都，吾友伯夔京卿购八千卷楼遗籍，有《熏习录》二册，纸墨行款悉同，乃知绶所获者即清吟阁散出之首帙，惜当日未遑持示松老，证成其说。首册多有尺凫翁手迹，此二册校改，谓出樊榭笔，亦甚碻。大略删逐补缀，不出一时，惟祇有别集而无总集，意是原书第六、七册，即明人集亦疑有未竟也友石以下七家误装次册之首，当为移正。绶书尚在南中，他日携来，当并赠伯夔，为延津之合。末记所见，先希諟正。宣统庚戌二月，仁和吴昌绶。①

吾乡丁氏书散出，自归江宁图书馆外，悉已分属于诸家。昔之慨叹，遂成事实。沧海横流，文献丧尽，忍再言耶。宣统庚戌十二月甘遯又识。②

宣统二年庚戌，距丁书转让只有两年光景（丁书运抵南京，在光绪三十三年末）。吴昌绶却说，丁氏旧藏已分属各家，可见流出发生于转让后不久乃至同时。他的朋友袁思亮（伯夔），恰于上一年在北京购得八千卷楼旧藏《绣谷亭熏习录》，可谓是“丁书尝为京贾窃取”之说的生动注脚。吴氏是清末民初知名的藏书家，自然明晓书界动态。由此来看，光宣之交，丁书被窃，确属事实。吴氏的两段文字多少反映了一些销赃情形，尽管他并未直接说出“窃”字。

孙峻亦购得八千卷楼旧藏清抄本《谢氏后汉书补逸》。此本著录于《丁志》卷七，作“《谢氏后汉书补逸》五卷　精写本　何梦华藏书”；《丁目》卷四则作“《重订谢承后汉书补逸》五卷　国朝孙志祖撰　抄本”；《未入本馆书目》不载。孙氏得书是在“壬子冬”，系 1912 年末或次年初，距离丁书转让，也不过四五年时间。这同样证明，丁书运至南京后不久即有散出。孙氏称得于“秣陵故家”，若所言不虚，则在短短四五年间，此本还经另一藏家之手；且此藏家正在江南图书馆所在地的南京，不由令人怀疑这是盗窃后就地销赃所致。

抗战时期的动荡，是丁书入藏江南图书馆之后再度流出而转归其他机构收藏的另一重要缘由。

抗战末期的 1945 年春，江苏省立苏州图书馆收到汪伪“教育厅”拨来的江苏方志“凡百有十种”，皆有“江苏省立第一图书馆藏书”印，其中 33 种又有丁氏藏印。③国学图书馆藏书在抗战中曾有损失，这批方志宜为战乱中流出，落入汪伪“教育厅”之手，

① 《标点善本题跋集录》，209 页。

② 吴昌绶《梅祖庵杂诗》四十一首之十五首下小注，《松邻遗集》卷五，民国十八年刻红印本。

③ 点元《可园书库乙酉所得钱塘丁氏旧藏江苏方志提要》，《江苏文献》续编一卷第 9—10 期合刊。

再拨至江苏省立苏州图书馆。另，国学图书馆使用“江苏省立第一图书馆”之名，是在1919年至1927年9月。①

无独有偶，今藏“国家图书馆”的以下诸书，同时钤有八千卷楼藏印及“江苏省立第一图书馆藏书”朱文方印，与前述江苏方志情形类似，它们很可能亦因抗战流出，后被国立中央图书馆收得：清光绪葛氏学古斋刊本《说文凝锦录》《金石略》《元丰金石跋尾》《金薤琳琅》《金石史》《亭林文集》《识小编》《金石续录》《金石古文》《石墨镌华》《庚子消夏记》、清同治光绪间钱塘陈氏粤东刊本《如不及斋汇钞》、清光绪六年杨沂孙刊本《三陶先生合刊》、清同治十年吴门臬署刊本《同治上海县志》、清光绪四年福州刊豫章先贤九家年谱本《汉晋二征士年谱》、清光绪四年福州刊四朝先贤六家年谱本《汉诸葛忠武侯年谱》、清同治二年至八年长沙余氏刊本《明辨斋丛书》、清同治十二年至光绪二年歙县鲍氏刊观古阁丛书本《观古阁丛稿》、清同治十二年鲍氏刊观古阁丛书本《海东金石苑》、清光绪六年苕溪丁氏刻本《月河精舍丛钞》、清同治光绪间钱塘陈氏粤东刊本《如不及斋汇钞》。此外，明万历四十年豫章李氏家刊本《李长卿集》，钤有“管理中英庚款董事会保存文献之章”朱文长方印，可知是抗战中郑振铎等人在敌后为国立中央图书馆秘密购得的。②

三、收得八千卷楼旧藏的诸家

（一）孙峻寿松堂

如前述，1912年，孙峻在南京购得清抄本《谢氏后汉书补逸》（清姚之骃辑、孙志祖增辑）。此本现藏浙江图书馆。原书为五卷，孙峻得书后再加补辑，乃成卷六，与前五卷合订。半叶十一行，行二十二字，小字双行同。无栏格。书中有绿墨两色批校，多署“峻案”，知为孙峻所批。卷一至五题“钱唐姚之骃辑，后学孙志祖增订”，卷六题“仁和孙峻补辑”。封面钤“八千卷楼珍藏善本”“史”，叙首叶钤“钱唐何元锡字敬祉号梦华又号蜨隐”“钱唐丁氏藏书”，目录首叶钤“虞山周辅借观”，卷五末钤“钱江何氏梦华馆藏”“钱塘丁氏正修堂藏书”。知是何元锡旧藏，后入八千卷楼。卷前有吴士鉴手跋、孙峻手跋：

有清诸儒锐意于辑逸之书。甲部师说十得八九，乙部则创始于姚鲁斯侍御《后汉书补逸》，凡八家，其中谢承逸书四卷，同里孙颐谷侍御复从而□缉之。捃坠订讹，粲然大备。庚辛浩劫，传本稀如晨星。吾友康侯孙兄竺守楹书，奉

① 卢子博《南京图书馆志（1907—1995）》，南京出版社，1996年。
② 以上据“国家图书馆”古籍与特藏文献资源（http://rbook.ncl.edu.tw/NCLSearch）。

其先世寿松堂奏进秘籍，珍如彝鼎。独于谢氏书，承尊人仁甫丈未竟之志，求之海内，越数十寒暑，梦寐之间，冀得一遇。岁在壬子，始见之于金陵，为何氏梦华馆旧藏本。天人相感，若有鬼神使之者，携归杭州，重加理董。至丙寅秋，成书六卷，姚氏所辑四卷之外，君先人侍御补辑者一卷，君又增采脱文逸简一卷，至是而人间故书雅句无一字一句之僻漏矣。窃谓辑逸之作，前人为其难而后人为其易，校勘既经众手，则前人为其疏而后人为其密。即如《北堂书抄》，宋元以来未见足本，自孙氏祠堂本由闽入粤，南海孙氏精校刊行，人世始重睹全帙。此亦时会使然，而乾嘉诸儒则求之终身而不可获者也。士鉴好搜乙部逸书，有志于采掇成编，已脱稿者有鱼豢《魏略》、郭颁《魏晋世语》二种。人事逡巡，未遑卒业。今读君谢书全稿，或可匡督士鉴之所不逮乎。戊辰重五日，同里弟吴士鉴拜序。

康熙间，钱塘姚鲁斯侍御蒐辑《后汉书》之不传于今者八家，其一曰《谢承后汉书》四卷。先公颐谷侍御病其沿明儒旧习，不详所自，重加釐订，正其所讹，补其所阙，并一一著其出处，其未采者，别为《续辑》一卷。先子求之数十年而未得者，宜张文襄《书目》谓孙辑谢书未见传本。壬子冬，峻得何敬祉写本于秣陵故家，为梦华馆旧藏，心焉窃喜。以武林先哲遗书重还故里，不可谓非厚幸，矧其为先公补辑先子求而未得者乎？闷藏于椟，已越十年。丙寅孟秋，占毕初完，颇多疑义。于是检范氏《后汉书》《北堂书钞》《六臣文选》《世说新语》《初学记》《白孔六帖》《匡谬正俗》《开元占经》《太平御览》《艺文类聚》《事类赋》《余东序录》《本草纲目》《侯鲭录》、王氏《苏诗注》、周氏《同书》、赵氏《水经注》《佛说本行经》，聚于一堂，详加校勘，讹敚如毛，如严序所云。考之《北堂书钞》，而知有《风教传》，与夫《冯暹传》之初讹隐暹，继讹尹暹，郝孟节之敚其姓氏。以铁桥之博洽，先公之精审，且为所蔽，末学如峻敢置喙乎！复从黟县汪南士先生所辑谢书，互相合校，其踳驳尤甚于姚。因就原书加以案语，积日既久，满幅斑斓。每一展卷，如群蚁攒聚，殊费凝眸，遂移清本，寘诸案头。乃校读之余，觉先公续辑之外，尚多遗轶，复三辑一卷，殿于编末，犹晨星继于羲和，纤尘集于泰岱，以俟贤者之攻错焉。戊辰孟夏，同里后学孙峻拜撰。

孙峻在南京的古书市场上，还购得八千卷楼旧藏稿本《梧园诗文集》，时间不晚于1920年。此本著录于《丁志》卷三七，作“《梧园诗文集》二十九册 原稿本 萧山王小谷藏书”；《丁目》卷一七作“《梧园诗文全集》不分卷 国朝吴农祥撰 稿本”；《未归本馆书目》不载。此本现藏浙江图书馆，著录为“《梧园诗文集》不分卷 稿本 清丁丙跋 吴庆坻跋 三十四册”。首册封面题“梧园诗文汇”，右下方钤“八千卷楼珍藏善本”长方朱文楷书印。卷内钤有"赐书堂藏阅书"朱方、"寿松堂书画记"朱长方印。卷前有丁氏浮签手跋(即《丁志》初稿),另有吴庆坻手跋,称:

> 星叟征君撰著宏富,见于《乾隆杭州府志·艺文》者,凡三百四十二卷朱朗斋、吴思亭两家所纪卷数各异,而世间传本绝罕觏。先高大父绎《杭郡诗》,仅录十余首。先大父补传云,征君遗稿藏萧山王小谷家太史家,卒无刊本。此八千卷楼所藏钞本,为征君手稿。松存丈识语云凡二十九册,盖未经编定之本。光绪之季,丁氏书归江南图书馆。此书乃复出于金陵市上,孙君康侯得之,比于赵璧之归,亦奇缘也。……庚申初秋,吴庆坻。

民国时期,寿松堂藏书分多次转让或捐赠浙江省立图书馆。1936年,孙峻去世,残余藏书捐入浙馆。浙馆编有《杭州孙氏寿松堂捐赠浙江图书馆书目》,记录此次捐书细目,《谢氏后汉书补逸》在其中,而无《梧园诗文集》,然则二者入藏浙馆时间不一。[①]

(二)袁思亮刚伐邑斋

袁思亮字伯夔,湘潭人,为道咸间著名藏书家卧雪庐袁芳瑛同族后人。[②]袁芳瑛卒后,卧雪庐藏书于光绪间散出,其中部分流入八千卷楼。丁氏藏书散出后,袁思亮转又收得部分丁氏旧藏。思亮卒后,藏书转归其侄袁法荣。1984年,袁氏后人将刚伐邑斋藏书的迁台部分,捐献"中央图书馆"。[③]

前文已述,宣统元年,袁思亮在北京购得清稿本《绣谷亭薰习录》。该本未入《丁志》,《丁目》卷九作"抄本",《未归本馆书目》著录,《刚伐邑斋藏书志》亦著录。[④]

除此之外,据《刚伐邑斋藏书志》各书解题所著录的藏印情况,袁氏所得八千卷楼旧藏,尚有以下诸本:

> 明嘉靖壬寅疗鹤亭刊本《诚斋易传》
>
> 清嘉庆间钞本《尚书训诂》
>
> 明林若抚精抄本《闲居录》
>
> 明万历刊本《滑耀编》

---

① 浙江省立图书馆编《杭州孙氏寿松堂捐赠浙江图书馆书目》,民国二十五年浙江省立图书馆排印本。

② 袁思亮生平,参阅龙发兴《袁思亮及其诗歌研究》,湖南大学硕士论文,2017年。

③ 袁芳瑛藏书始末,参阅郭明芳《袁芳瑛藏书研究》,《有凤初鸣年刊》2012年8期。刚伐邑斋藏书始末,参阅袁孝俊《藏书缘起》,袁荣法《刚伐邑斋藏书志》,"中央图书馆",1988年。

④ 袁荣法《刚伐邑斋藏书志》,274页。

明刊本《杜律虞注》

清嘉庆间抄本配八千卷楼丁氏补抄本《北山小集》

明万历刊本《东坡守胶西集》

明抄本《石林居士建康集》

清康熙二十六年钱塘高氏刊本《信天巢遗稿》

清抄本《宁极斋稿》

清嘉庆抄本《古逸民集》

明初刊配补精钞本《始丰稿》

清嘉道间刊本《小岘山人诗集》

清乾隆刊本《香草居集》

清康熙杭州芹香斋刊本《南宋杂事诗》

清赵氏星凤阁抄本《阳春白雪》

清初钱塘频罗庵钞本《虚斋乐府》

清芥舟书舍写本《芥舟书舍初集曲谱》①

其中有两部是《丁志》著录书。一为明林若抚精抄本《闲居录》,《丁志》卷一九著录《闲居录》两部,其一为“曹秋岳钞本 何义门藏书”,称“此册出于曹秋岳侍郎家,林若橅手钞也”,显然便是此本。二为清嘉庆抄本《古逸民集》,《丁志》卷三二著录“精钞本 陈仲鱼藏书”,称“卷前有鲍以文跋”,钤有陈氏诸藏印,与《刚伐邑斋藏书志》所述相合,即为一物。

（三）周大辅鸽峰草堂

周大辅字左季,号少鹤,江苏虞山人,清末民初藏书家。②目前已知周氏收得的丁氏旧藏,有以下两部:

稿本《春秋上历表》,此本现藏浙江图书馆。半叶九行,行二十二字,小字双行同。白口,四周单边,无鱼尾。四册。卷前有《丁志》浮签初稿。封面钤“八千卷楼珍藏善本”,卷内钤“甘泉书藏”“钱唐丁氏藏书”“八千卷楼藏书印”“钱唐丁氏正修堂藏书”“书库抱残生”“八千卷楼”“善本书室”“虞山周大辅藏书刻章”“鸽峰草堂”“虞山周左季鸽峰草堂藏书记”“常熟周氏鸽峰草堂藏书印”等印。首册末贴有“浙

① 袁荣法《刚伐邑斋藏书志》,1、3、54、507—508、527、544—545、554—555、563—564、575、577、580—581、601、629、664、707—708、764、792—793、802页。

② 周氏生平大略,参阅王松泉《民国杭州藏书家》,政协杭州市委员会文史委编《杭州文史资料》第25辑《杭垣旧事》,2001年,48页。周氏藏书事迹,参阅郑伟章《常熟周大辅鸽峰草堂钞书藏书知见录》,《版本目录学研究》第6辑,北京大学出版社,2015年,465—484页。

江省立图书馆善本书简表”，填有如下内容：“此书为丁氏八千卷楼旧藏，《善本书室藏书志》著录。解题原稿尚浮粘卷端。又有嘉惠堂藏印。来源：常熟周氏鸽峰草堂。”此本见《丁志》卷三，作“不分卷 旧抄本”；《丁目》卷二作“二卷 抄本”；《未归本馆书目》著录。

乾隆刊本《庚辛之间亡友列传》，此书不入《丁志》，《丁目》卷五著录有“刊本”，应即此本；《未归本馆书目》著录。该本递藏王宗炎十万卷楼、丁氏八千卷楼，后为周氏收得，壬申年(1932)周氏题跋其上。之后再度流出，壬辰年(1951)冬，黄裳在杭州收得，著录于《来燕榭读书记》，并录周大辅跋：“此书虽是乾隆年刻本，然传世稀如星凤。亦恐世间无第二本。曾经萧山王氏、钱塘丁氏所藏，可宝也。周篔谷先生跋中所谓子季武清和县某某者，即辅之高祖。小螺旅人周大辅记，时壬申冬。”①

（四）丁国钧荷香馆

丁国钧字秉衡，江苏常熟人，清末民初学者。师从缪荃孙、黄以同，撰有《荷香馆琐言》《晋书校文》《补晋书艺文志》等。卒于民国八年。②丁氏曾在江南图书馆任典守之职，所得八千卷楼旧藏若干，未知是否得于任内。

1915年，傅增湘在丁国钧家中获观八千卷楼旧藏明活字本《旧闻证误》残本(存卷一、二)，其上有魏稼孙跋。傅氏称：

> 乙卯八月二十九日晨，在苏州灵芬阁徐敏甫处购得钞本《旧闻证误》二卷，云是魏稼孙所钞，姑妄听之，未敢以为实也。晚至虞山，宿丁秉衡先生斋中，因出藏书相示，则此本俨然在焉。卷后魏氏跋语笔迹亦与钞本合，为之忻喜不已。沅叔灯下书。
>
> 按：此书号为宋刊，然余详审再三，实明活字本也。重违其意，即告以是活字本而已。
>
> 收藏印记列后：“爱日精庐藏书”朱、“张月霄印”朱、“八千卷楼藏书印”朱、“子晋”朱、“汲古主人”朱、“皃自常印”白、“圣雨斋”朱、“杨灏之印”白、“继梁”朱、“济阳文府”朱。(乙卯)③

此本即《丁志》卷一四之“宋刊本 毛子晋、张月宵藏书”，《丁目》卷九则作“宋刊残本”，《未归本馆书目》不载。傅氏“此书号为宋刊”云云，即指《丁志》的鉴定意见。

① 黄裳《来燕榭读书记》，辽宁教育出版社，2001年，88页。
② 郑伟章《文献家通考》，1127页。
③ 傅增湘《藏园群书经眼录》，436页。

此次观书，傅氏还见到了明赵琦美手写本《东国史略》，亦为八千卷楼旧藏。傅氏称："八千卷楼旧藏，今归丁秉衡，乙卯八月见于常熟丁宅。"①该本著录于《丁志》卷一〇，作"明赵清常钞本　孙庆曾、冯舒、汪鱼亭藏书"，《丁目》卷五著录为"《朝鲜史略》六卷　万历赵清棠抄本"，《未归本馆书目》未载。

丁国钧尚藏有明洪武永乐间奉新县刻本《贾浪仙长江集》，后入邓邦述群碧楼；旧抄本《旧京遗事》，后入王大隆蛾术轩，均系八千卷楼旧藏（详下）。

（五）邓邦述群碧楼

邓邦述字孝先，号正闇，江苏江宁人。光绪二十四年进士，历任吉林省交涉司使、民政司使等，曾入清史馆，晚岁侨居苏州，卒于民国二十八年。②邓氏是清末民初知名藏书家，藏书楼号"群碧楼"，后改名"寒瘦山房"。

见载于《群碧楼善本书录》的八千卷楼旧藏，有以下几种：

抄本《建炎以来系年要录》，"有'士钟''阆源父'二印，又'读易楼秘笈印'，又'八千卷楼所藏'一印"。③

抄本《诚斋全集》，"有'八千卷楼收藏书籍'一印"。④

抄本《矩庵集》，"有'八千卷楼藏书记'印"。⑤

影宋旧抄本《增广圣宋高僧诗选前集》《后集》《续集》，"有'八千卷楼所藏'一印，'士钟''阆源'两印，'茶偕''审定珍玩'两印"。⑥

抄本《太仓稊米后集》，"有'新安孙氏秘本'一印，又'上善堂书画珍藏'一印，又'钱塘丁氏正修堂藏书'一印"。⑦据电子书影，此本卷前尚有竹书堂主手跋，跋云："此皆选宋末元时诗。当时因名'太仓稊米集'，遂误加周少隐字耳。少隐名紫芝，南宋初人，安得选元人诗哉。书为孙庆增家藏，版匡与汲古《吴郡志》《中吴纪闻》同，其来甚古，不能以少《前集》而少之。竹书堂主曼记。"竹书堂为丁氏室名，且字迹与丁丙相符。

以上诸书，均在"中研院"收购的群碧楼藏书之中，现存台湾。⑧

---

① 傅增湘《藏园群书经眼录》，270 页。

② 关于邓邦述生平及藏书事迹，参阅苏精《近代藏书三十家（增订本）》，中华书局，2009 年，72—79 页。

③ 邓邦述撰，金晓东整理，吴格审定《群碧楼善本书录　寒瘦山房鬻存善本书目》，上海古籍出版社，2020 年，158 页。

④ 邓邦述撰，金晓东整理，吴格审定《群碧楼善本书录　寒瘦山房鬻存善本书目》，209 页。

⑤ 邓邦述撰，金晓东整理，吴格审定《群碧楼善本书录　寒瘦山房鬻存善本书目》，219 页。

⑥ 邓邦述撰，金晓东整理，吴格审定《群碧楼善本书录　寒瘦山房鬻存善本书目》，231—232 页。

⑦ 邓邦述撰，金晓东整理，吴格审定《群碧楼善本书录　寒瘦山房鬻存善本书目》，233 页。

⑧ 可用史语所数位典藏资料库整合系统（https://ihparchive.ihp.sinica.edu.tw/ihpkmc/ihpkm_op?@@0.2607729451327052）检索。

明洪武永乐间奉新县刻本《贾浪仙长江集》，邓氏“寒瘦山房”之“瘦”即指此。此本载于《寒瘦山房鬻存善本书目》卷六，并录傅增湘手跋、邓氏手跋及题诗。傅跋作于1915年，称当时该本藏于丁国钧处，邓氏于1926年收得，称从丁国钧家流出后，由旧山楼后人赵士权（钧千）收藏，经孙伯渊中介而得，当时宗舜年（耿吾）亦拟收购云云，可见民国时期藏书流转之速。所录二跋云：

此明初奉新县刻本《浪仙集》，字画古雅，当在洪永之间，至为罕觏，旧藏八千卷楼。叶氏之校、黄氏之跋，皆足为此书增重。顾黄跋云，自《孟协律》以下无校字，今卷中朱校固已终卷。细审再四，始知淡朱笔者为叶氏原校，浓朱笔者即张讱庵借黄氏景宋本所补校。讱庵字迹，余能识之，其补校亦由黄跋启之也。余藏有何校此集，与此颇不同，异日当借此本重勘之。沅叔傅增湘记。乙卯九月。

宋刻据荛翁跋，指为书棚本。沅叔所得义门校本，乃《八唐人集》之一，余曾见之，其所据不尽属棚本，有柳大中家之宋本，又有玉室本，则不知是宋刻、是明刻也，与荛翁所见校于钞本上者有异。此刻无序跋，但其字体古质，纸墨极旧，沅叔谓为洪永时刻本，虽亦想象之词，然不诬也。篇中讹谬百出，经叶张两氏递校，始称完善，其中亦有与玉室本合者，知所据仍是旧本，惟窜易篇次，不加详校，是明人锢习，明初已然耳。余旧有弘治本《孟东野集》，兹得是编，郊寒岛瘦之观，于是乃大备矣。偶一展读，为之狂喜，不必宋椠名钞，然后足餍欲望也。丙寅三月，友人孙伯渊为致此书于虞山。四月六日，群碧居士记。

郁伊仍似旧时僧，拟人修门谤即腾。差喜怜才韩吏部，相逢驴背作诗朋。

分体应嫌失部居，古香犹幸挹蟫余。叶张校笔流传久，信是人间未见书。

群碧当年署一楼，复翁题字足千秋。藏家海内尊荛圃，不数前人记敏求。

野录轩中割一函，痴顽两字未为谗。只怜染指争洪永，尝鼎何能便解馋。此书递藏于常熟丁秉衡、赵钧千两家，余友宗耿吾闻而欲得，知余酷嗜，遂举以相让。余内兄赵君闳告孙伯渊，曰“是真痴子”，可谓深知余者。野录轩，耿吾书斋名也。

东野遗编检旧签，荒斋寒瘦一时兼。骄儿初解摹秦篆，小印猩红卷卷钤。余旧藏弘治本《东野集》亦为善本，因更署曰“寒瘦山房”。侯儿年十八，初学做印，因命镌一章，将偏钤之。

前跋书竟越日，作五绝句道其未尽者。群碧居士。①

该本即《丁志》卷二五之“《贾浪仙长江集》七卷 明刊校宋本 叶氏菉竹堂藏书”，《丁目》卷一五著录“《长江集十卷》 唐贾岛撰 明刊本 明刊校宋本 汲古阁本 八唐人集本 日本刊本 席氏刊本”，“明刊校宋本”即指此。《未归本馆书目》未载。另，依《丁

① 邓邦述撰，金晓东整理，吴格审定《群碧楼善本书录 寒瘦山房鬻存善本书目》，487—488页。

目》著录习惯，此书七卷，与题名标注卷数不同，应作"明刊校宋七卷本"，系偶有脱漏。

（六）李盛铎木犀轩

李盛铎号木斋，江西德化人，光绪十五年进士，历任翰林院编修、江南道监察御史、内阁侍读学士、京师大学堂总办、山西布政使等职。①李氏为清末民初藏书名家，收藏美富，藏书后入北京大学图书馆。

目前所知，他收得的八千卷楼旧藏有：

明刻本《子华子》二卷，"丁氏八千卷楼旧藏，有'嘉惠堂丁氏藏书记'白文方印"。②此本未入《丁志》，《丁目》卷一二著录"《子华子》二卷　旧本题晋程本撰　子汇本　郎氏刊本　刊抄合配本　子书百种本　明刊十卷本"，难以确认此本系其中何者；《未归本馆书目》不载。

八千卷楼抄本《须溪先生评点简斋诗集》十四卷《无住词》一卷，《木犀轩藏书题记及书录》称"顷得八千卷楼抄本"。③此本未入《丁志》，《丁目》卷一五著录"《简斋集》十六卷　宋陈与义撰　翻聚珍本　闽刊本　抄十五卷本　抄十五卷本"，十五卷本有二，未知此本是否为其中之一；《未归本馆书目》不载。

抄本《山家清事》一卷，《木犀轩藏书题记及书录》称"有'钱塘丁氏藏书'白文方印、'八千卷楼藏书之印'朱文方印"。④此本未入《丁志》，《丁目》卷一二作"《山家清事》一卷　宋林洪撰　抄本"；《未归本馆书目》不载。

明刊本《新锓抱朴子内篇》四卷《外篇》四卷，《木犀轩藏书题记及书录》称："每卷标题次行题'吴兴郡山人慎懋官校'。……有'嘉惠堂藏阅书'朱文长方印、'八千卷楼'朱文方印。"⑤此本未入《丁志》，《丁目》卷一四著录"《抱朴子内外篇》八卷"，载有"明慎懋官刊本"，即此；《未归本馆书目》不载。

（七）傅增湘双鉴楼

傅增湘字沅叔，号藏园居士，四川江安人。光绪二十四年进士，曾官京师女子师范学堂总理、贵州学政、直隶提学使等，民国时任教育总长。后辞职，潜心著述，1948 年卒。⑥傅氏是近代版本学名家，藏书楼号"双鉴楼"。

《双鉴楼善本书目》卷四著录元明间刊本《纯阳吕真人文集》，系八千卷楼旧藏。

---

① 张玉范《李盛铎及其藏书》，《文献》1980 年 3 期。

② 李盛铎著，张玉范整理《木犀轩藏书题记及书录》，北京大学出版社，1985 年，192 页。

③ 李盛铎著，张玉范整理《木犀轩藏书题记及书录》，40 页。

④ 李盛铎著，张玉范整理《木犀轩藏书题记及书录》，207 页。

⑤ 李盛铎著，张玉范整理《木犀轩藏书题记及书录》，246 页。

⑥ 郑伟章《文献家通考》，1408 页。

傅氏著录云:“《纯阳吕真人文集》八卷 元明间刊本,九行十八字,黑口,左右双阑。有‘项氏墨林珍赏’‘钱唐丁氏正修堂藏书’‘八千卷楼珍藏善本’各印。”①

此本未入《丁志》,《丁目》卷一五作“《吕真人文集》八卷 唐吕喦撰 明刊本”。《未归本馆书目》著录。《双鉴楼善本书目》刊行于1929年,傅氏购得此本,大约就在是年。《藏园群书经眼录》卷一二著录明刊本《重刊纯阳吕真人文集》,行款版式及藏印全同此本,知是一物,称“徐梧生遗书,翰文斋阅。己巳(1929)三月”。②徐坊(梧生)是清末藏书家,宣统帝师,卒于1916年。翰文斋是琉璃厂书肆。③

（八）刘承幹嘉业堂

刘承幹字贞一,号翰怡,别号求恕居士,湖州人。资财雄厚,为近代藏书巨擘。所得八千卷楼旧藏有:

《嘉业堂钞校本目录》史部杂史类:“《三朝要典》二十四卷 明顾秉谦等编 泉唐丁氏抄本 丁松生题记。”④《丁志》卷八有“影写本”,《丁目》卷四有“抄本”,应即指此;《未归本馆书目》不载。

《嘉业堂钞校本目录》子部兵家类:“《白猿经》二卷 唐李靖著 旧钞本 二册 筠清馆 八千卷楼旧藏。”⑤《丁志》《丁目》均不载,《未归本馆书目》缘是亦无。

《嘉业堂钞校本目录》子部医家类:“(《颅囟经》)又一部 抄本 一册 丁松生有跋。”⑥《丁志》卷一六著录此书“陈简庄钞本”,该本今存南图,与此非一物;《丁目》卷一〇著录“抄本 函海本 当归草堂本”,“抄本”应即《丁志》之“陈简庄钞本”;《未归本馆书目》未载。

《嘉业堂钞校本目录》集部别集类:“《金陵杂兴》一卷 宋苏迥著 钞道光双梧轩刊本 一册 八千卷楼旧藏。”⑦此本未入《丁志》,《丁目》卷一五著录为“《金陵杂兴》一卷 宋苏泂撰 抄本”;《未归本馆书目》著录。

明万历刻本《丰对楼诗选》四十三卷,载于《嘉业堂藏书志》卷四:“明万历间广陵陈大科校梓。……有‘四库附存’‘八千卷楼’‘嘉惠堂丁氏藏书之印’诸记。(董稿)”⑧此本未入《丁志》,《丁目》卷一六著录“《丰对楼诗选》四十三卷 明沈明臣撰 明

---

① 傅增湘《双鉴楼善本书目》卷四,民国十八年傅氏藏园刻本。
② 傅增湘《藏园群书经眼录》,919页。
③ 缪荃孙《琉璃厂书肆后记》,孙殿起《琉璃厂小志》,78页。
④ 周子美《嘉业堂钞校本目录 天一阁藏书经见录》,华东师范大学出版社,2000年,17页。
⑤ 周子美《嘉业堂钞校本目录 天一阁藏书经见录》,42页。
⑥ 周子美《嘉业堂钞校本目录 天一阁藏书经见录》,44页。
⑦ 周子美《嘉业堂钞校本目录 天一阁藏书经见录》,70页。
⑧ 缪荃孙等撰,吴格整理《嘉业堂藏书志》,复旦大学出版社,1997年,988页。

刊本”，应即指此；《未归本馆书目》著录。后刘氏鬻书，此书归“中央图书馆”，现藏台北。①

明万历三十四年陈仁锡阅帆堂刻本《陈沈两先生稿》，钤有八千卷楼及刘承幹藏印，今存浙江大学图书馆。②此本《丁志》《丁目》《未归本馆书目》及《嘉业堂藏书志》均未著录。

（九）周暹自庄严堪

周暹字叔弢，以字行，原籍安徽建德。近代实业家、藏书家，藏书楼号“自庄严堪”。③

如前述，1928年，他在北京文禄堂收得八千卷楼旧藏宋刊本《景德传灯录》，并撰手跋，称：“宋本《景德传灯录》三十卷，此存卷五至卷九，又卷一三至十九，又卷二十三、四，凡十四卷，每半叶十五行，每行廿八九字不等，丁氏八千卷楼旧藏。丁氏藏书举归江南图书馆，此或先散佚者，戊辰正月廿三日，以重值得之北京文禄堂。”④周氏后以元至正刊本及刘世珩影元延祐刊本将此书配全，见《自庄严堪善本书目》著录。⑤

（十）王大隆蛾术轩

王大隆字欣夫，号补安，以字行，江苏吴县人。文献学家，历任上海圣约翰大学、复旦大学教授，1966年去世。⑥已知王氏所得之八千卷楼旧藏，有以下几种：

清康熙泽存堂刻本《佩觿》，《蛾术轩箧存善本书录》庚辛稿卷一著录云：“清康熙吴县张士俊泽存堂刻初印本。临清瑞金罗有高校，并录大兴翁方纲、归安丁杰、海宁吴骞跋。……此为丁氏八千卷楼藏本。……有‘八千卷楼珍藏善本’‘四库著录’‘嘉惠堂藏阅书’诸印。”⑦《丁志》卷五有“丁希曾校本　吴瓯亭藏书”，与此非一物；《丁目》卷三著录有“抄本　泽存堂本　铁华馆本　石印本　唐宋丛书本”，“泽存堂本”即指此；《未归本馆书目》不载。

明谢肇淛小草斋精钞校本《沈下贤文集》，《蛾术轩箧存善本书录》庚辛稿卷四著录云：“三见于丁丙《善本书室藏书志》，所记藏印尚遗‘武陵赵氏培荫堂同治甲子后所

① 据“国家图书馆”古籍与特藏文献资源（http://rbook.ncl.edu.tw/NCLSearch）。

② 杨国富《浙江大学图书馆古籍善本书目》，254页。

③ 关于周氏生平与藏书事迹，参阅李国庆《弢翁藏书年谱》，黄山书社，2000年。

④ 转引自李国庆《弢翁藏书年谱》，33页。

⑤ 冀淑英《自庄严堪善本书目》，天津古籍出版社，1985年，65页。

⑥ 吴格《吴县王大隆先生传略》，《蛾术薪传》，商务印书馆，2019年，626—630页。

⑦ 王欣夫《蛾术轩箧存善本书录》，上海古籍出版社，2002年，63—64页。

得书’朱文一印。案，赵名笃恩，字淡如，湖南武陵人。尝为仁和令，多善政。储藏精本甚夥，殁后以书簏过重，难于返乡，半付坊肆。丁氏即从所得。……有‘谢在杭家藏书’朱文长印、……‘四库著录’白文长方印、‘嘉惠堂丁氏藏书之记’白文方印。”[①]《丁志》卷二五著录“明谢氏小草斋钞本 周栎园藏书”，即此；《丁目》卷一五著录“抄本 小草斋抄本”；《未归本馆书目》失载。

清康熙戊辰海宁马思赞刻本《剡源文钞》，《蛾术轩箧存善本书录》庚辛稿卷四著录云：“旧为钱塘丁氏藏书，而不著录于《善本书室藏书志》，亦以未得评者主名故欤？有‘四库附存’朱文长方印、‘钱塘丁氏正修堂藏书’朱文方印。”[②]此本未入《丁志》，《丁目》卷一五著录有“刊本 重刊附佚文本”，《未归本馆书目》未载。

丁国钧校旧抄本《旧京遗事》，《蛾术轩箧存善本书录》辛壬稿卷二著录云：“此旧钞本为钱塘丁氏所藏。丁秉衡先生朱笔校字，落叶尚未尽扫。……有‘八千卷楼’朱文方印、‘嘉惠堂丁氏藏书之记’白文方印、‘两江总督端方为江南图书馆购藏’朱文长方印。”[③]此本未入《丁志》，《丁目》卷一四著录“《旧京遗事》一卷 明史玄撰 抄本”，应即指此；《未归本馆书目》著录。

求己斋抄本《营平二州地名记》，《蛾术轩箧存善本书录》辛壬稿卷二著录云：“清求己斋钞本。墨格，皮纸。版心上有‘求己斋总录’五字。……此为丁丙旧藏，《善本书室藏书志》目外书也。……有‘嘉惠堂藏阅书’朱文长方印、‘善本书室’朱文方印。”[④]此本未入《丁志》，《丁目》卷八著录有“抄本 槐庐刊本”，“抄本”宜即指此；《未归本馆书目》未载。

管廷芬校旧钞稿本《卢忠肃公家书》，《蛾术轩箧存善本书录》辛壬稿卷二著录云：“昂驹、庭芬与《彭节愍公家书》合编备梓，后入钱塘丁氏。有‘光绪辛巳所得’朱文方印、‘曾藏八千卷楼’白文方印。”[⑤]此本未入《丁志》，《丁目》卷一六作“《卢忠肃家书》一卷 明卢象升撰 抄本”，所指即此；《未归本馆书目》著录。

管廷芬校旧钞稿本《彭节愍公家书》，《蛾术轩箧存善本书录》辛壬稿卷二著录云：“有‘光绪辛巳所得’朱文方印、‘曾藏八千卷楼’白文方印。”[⑥]此本未入《丁志》，《丁目》卷一六著录“抄本”，《未归本馆书目》著录。

---

① 王欣夫《蛾术轩箧存善本书录》，243—244 页。

② 王欣夫《蛾术轩箧存善本书录》，254 页。

③ 王欣夫《蛾术轩箧存善本书录》，501 页。

④ 王欣夫《蛾术轩箧存善本书录》，507—508 页。

⑤ 王欣夫《蛾术轩箧存善本书录》，513 页。

⑥ 王欣夫《蛾术轩箧存善本书录》，514 页。

（十一）徐则恂东海藏书楼

徐则恂字允中，浙江青田人。早年参加辛亥革命，曾任浙江省内河水上警察厅长。其东海藏书楼在民初小有名气，晚年将藏书售予日本外务省对支文化事业部。[①]据《东海藏书楼书目》所载"《北隅缀录》二卷《续录》二卷　清丁丙辑　丁氏嘉惠堂原稿本"，[②]可知徐氏收得丁丙稿本1部。

（十二）沈知方粹芬阁

沈知方，浙江山阴人，近代出版家、藏书家。早年先后供职于商务印书馆、中华书局，1921年创立世界书局。又与陈立炎合办古书流通处。藏书楼名"粹芬阁"。[③]据《粹芬阁珍藏善本书目》，沈氏收得丁氏旧藏2部：

《两汉策要》十二卷　有嘉惠堂丁氏珍藏印　白纸写刊本　八册

《彤管新编》八卷　嘉靖白棉纸精刊本　有丁氏八千卷楼印记　四册[④]

《两汉策要》，未入《丁志》，《丁目》卷五著录"乾隆刊本　石印本"，沈氏所得"白纸写刊本"应即"乾隆刊本"；《未归本馆书目》未载。

《彤管新编》，未入《丁志》，《丁目》卷一九著录有"明刊本"，沈氏所得"嘉靖白棉纸精刊本"应即指此；《未归本馆书目》著录。

（十三）陈群泽存书库

陈群字人鹤，福建闽县人。抗战中投敌，任汪伪政权"内政部长"。泽存书库为其藏书楼，抗战胜利后被"中央图书馆"接收。[⑤]据《泽存书库善本书目》，陈氏所得丁氏旧藏如下：

《武夷志略》明刊本　八册

《近思录》明吴勉学刊本　十四卷二册

《林居漫录》旧钞本　八册

《文子》明刊本　二册十二卷

《王司马集》清谷园胡氏刊本　四册八卷

---

① 关于徐氏生平及藏书始末，参阅巴兆祥《日本劫购徐则恂东海楼藏书始末考》，《文献》2008年1期。

② 徐则恂《东海藏书楼书目》史部地理类，影印民国十年排印本，《书目类编》，成文出版社，1978年。

③ 关于沈氏生平及藏书始末，参阅黄佳娜《沈知方〈粹芬阁珍藏善本书目〉研究》，云南大学硕士论文，2016年。

④ 沈知方《粹芬阁珍藏善本书目》，民国二十三年上海世界书局排印本。

⑤ 关于陈群生平及藏书始末，参阅苏精《近代藏书三十家（增订本）》，174—178页。

《相山集》旧钞本 四册三十卷

《东莱集》旧钞本 八册[①]

（十四）黄裳来燕榭

黄裳为笔名，本名容鼎昌。现代作家、藏书家。容氏收集藏书晚于以上诸家，但仍得到了数种八千卷楼旧藏。

1951年，购得稿本《嫏嬛文集》。此本未入《丁志》，《丁目》卷一七有之，《未归本馆书目》著录。《来燕榭书跋》称：

> 书友郭石麟向曾以虞山沈氏旧藏书介以归余，颇有佳本，大抵皆爱日精庐张氏、旧山楼赵氏故物。近又以数种来，却鲜佳本。前又遇之市中，怀中出原单见示，知别有钞本《塔影园集》《嫏嬛文集》，已为范某取去，即嘱其取归。前日过市，见此《嫏嬛文集》，系八千卷楼故物，确为宗子手稿，不禁狂喜。……此册则不知何时流入武林，入泉唐丁氏。八千卷楼书散，又未随楼书俱入盋山，流至常熟，有翁同龢观印，今又散入市肆，并归余斋。[②]

1952年，收得乾隆刊本《庚辛之间亡友列传》，已见周大辅条。

1956年，收得康熙刊本《御览孤山志》，钤有“丁”（朱圆）、“东门菜侬”（白方），皆丁氏藏印。此本未入《丁志》，《丁目》卷八著录有“原刊本 掌故丛编本”，“原刊本”即指此；《未归本馆书目》未载。容氏称，此本自丁氏流出后，曾藏况周颐处。《来燕榭读书记》载：

> 今年岁首，得临桂况氏遗书数十种，此则其白眉也。丙申新春。
>
> 《御览孤山志》一卷，康熙刻。十行，二十字。白口，单边。……收藏有“丁”（朱圆）、“东门菜侬”（白方）、“桂林况周颐藏书”（朱长）。书面有陈彰手题三行：“《孤山志》，钱塘丁氏旧藏，临桂先生手校本。甲午七月二十日过又韩小宋家，获观，敬署，弟子陈彰。”[③]

光绪二年汪氏振绮堂刻本《东轩吟社画像》，“旧为八千卷楼藏书，有‘钱唐丁氏正修堂藏书’印”。[④]《丁志》《丁目》《未归本馆书目》，均不载此书。

（十五）其他藏家

夏孙桐（闰枝）藏有明绵纸蓝格写本《新刊古杭杂记诗集》，1929年，夏氏托傅增

---

① 《泽存书库善本书目》，稿本，南京图书馆藏。

② 黄裳《来燕榭书跋》，上海古籍出版社，1999年，139页。

③ 黄裳《来燕榭读书记》，15页。

④ 黄裳《清代版刻一隅（增订本）》，复旦大学出版社，2005年，392—393页。

湘出售，傅氏因得过目，称："天一阁藏本，夏闰枝前辈守四明时得之武林丁氏。三月十八日，夏闰枝托售，因校一过。"①

案，此事存疑。《丁志》卷二一著录"汲古阁写本"，称"版心有白文'汲古阁写本'五字"；《丁目》卷一四著录"古杭杂记诗集四卷　不著撰人名氏　汲古阁抄本　瓶花斋抄本　学海类编本　掌故丛编本"；《未归本馆书目》未载。夏氏旧藏此本今在国图，著录为"明抄本"，有"夏孙桐印"白文方印。版心无汲古阁字样，与《丁志》所载绝非一本。

同年稍后，傅氏又见元刊本《医经溯洄集》，此本历藏怡府、李之郇瞿铏石室、八千卷楼，后为刘凤山（禹门）所得，钤有"江城如画楼""八千卷楼所藏""自强斋藏书印""嘉惠堂藏阅书""宛陵李之郇藏书印""宣城李氏瞿铏石室图书印记""李之郇印""吴郡""安乐堂藏书印""明善堂览书画印""怡府世宝""禹门宣统纪元以后得"各家藏印。②刘氏死于辛亥革命，从藏印印文来看，他获得此本，是在宣统一朝的短短三年间。

检《丁志》卷一六，著录有"明初刊本　怡府藏书"，称"有'怡府世宝'、'明善堂览书画印记'二方"，与傅氏所述相合，应即一物；《丁目》卷一〇著录有"元刊本　明刊本　医统本"，推测"元刊本"即《丁志》之"明初刊本"，盖明初刊本与元代刻本不易判别；《未归本馆书目》未载。

（十六）各家机构

晚清以来，公共图书馆为代表的文化机构纷纷建立。诸家机构因各种机缘，收得八千卷楼旧藏若干。

先看涵芬楼。《涵芬楼烬余书录》史部："（《三朝北盟会编》）又一部二百五十卷　钞本　四十册　鲍以文校　八千卷楼丁氏旧藏……藏印：'善本书室''八千卷楼丁氏藏书印'。"③此本傅增湘亦曾过目，时在1917年，称"《三朝北盟会编》二百五十卷　清写本……（八千卷楼旧藏，旋为涵芬楼购之。丁巳）"。④

《涵芬楼烬余书录》史部："《新编方舆胜览》七十卷　宋刊本　二十四册　怡府旧藏……半叶十四行，行二十三字。《事类》标题以大字跨列两行之中。版心黑口，双鱼尾。书名题'方几'。左右双阑，阑外有耳。……藏印：'安乐堂藏书记''侍郎后人''城中静处''八千卷楼所藏'。"⑤《丁志》卷一一所载"宋刊本　吴氏瓶花斋、汪氏裘杼

---

① 傅增湘《藏园群书经眼录》，656页。

② 傅增湘《藏园群书经眼录》，496页。

③ 张元济《涵芬楼烬余书录》，《张元济古籍书目序跋汇编》，商务印书馆，2003年，483—484页。

④ 傅增湘《藏园群书经眼录》，221页。

⑤ 张元济《涵芬楼烬余书录》，《张元济古籍书目序跋汇编》，517页。

楼藏书”，与此不合，非一物；《丁目》卷六著录有“宋刊本 宋刊黑口本”，“宋刊本”即《丁志》著录本，“宋刊黑口本”宜即此本；《未归本馆书目》未载。

燕京大学亦收得八千卷楼旧藏。1935 年，燕京大学图书馆举办图书展览，随后出版《燕京大学图书馆图书展览目录》，其中载有：

《历代疆域志》九卷 钞本 是书记载止于明末，有乾隆御笔、伯羲父、沧苇、天禄继鉴、知不足斋藏书、八千卷楼丁氏珍藏、曾在李鹿田处等印。

《职官分纪》五十卷 十万卷楼钞本 八千卷楼补成①

除去得自邓邦述群碧楼的几种八千卷楼旧藏之外，傅斯年图书馆另有明刊本《唐太宗李卫公问对直解》、旧抄本《尚书汇纂集要》、抄本《湖壖杂记》，或钤丁氏藏印，或有丁丙题跋，乃丁氏旧藏。后两种钤有“东方文化事业总委员会所藏图书印”，知是抗战胜利后接收敌产而得。②

如前述，“中央图书馆”收有一批自国学图书馆流出的丁氏旧藏。除此之外，尚有明万历四十年豫章李氏家刊本《李长卿集》，钤有“管理中英庚款董事会保存文献之章”朱文长方印，可知是抗战中郑振铎等人在敌后秘密购得的。③

此外，还有部分零星散出的八千卷楼藏书囿于材料和线索，无法确知散出及辗转授受的具体情况，如：

鲍渌饮丁松生藏钞校本《味水轩日记》不分卷，《贩书经眼录》卷二著录：“旧钞本，存十一册，有批校。递藏鲍氏知不足斋、丁氏八千卷楼及仁和李氏，有藏印。”④

旧抄本《铁板数》，《贩书经眼录》卷四著录：“旧钞本，竹纸二十二册。无栏格。有丁氏八千卷楼藏印。此得自鄮陵陶广磐园后人处。”⑤

何梦华临钱宗伯钱星湖翁覃溪评乾隆刻本《樊榭山房集》十卷《续集》十卷《文集》八卷，《贩书经眼录》卷七著录：“清乾隆四十三年刻本，竹纸八册。同邑何梦华三色临钱宗伯朱笔、钱星湖脂笔、翁覃溪蓝笔评。曾藏丁氏八千卷楼。藏印《文集》首有‘四库著录’龙边白长方印、‘钱塘丁氏藏书’‘嘉惠堂丁氏藏书之记’二白方。”⑥

---

① 《燕京大学图书馆报特刊·图书展览目录》，1935 年 4 月。

② 以上据史语所数位典藏资料库整合系统（https://ihparchive.ihp.sinica.edu.tw/ihpkmc/ihpkm_op?.620b00E0F100000A0000000^00000E1000001000000020F20711A0406f）。

③ 此据“国家图书馆”古籍与特藏文献资源（http://rbook.ncl.edu.tw/NCLSearch/）。

④ 严宝善《贩书经眼录》，浙江古籍出版社，1994 年，84 页。

⑤ 严宝善《贩书经眼录》，183 页。

⑥ 严宝善《贩书经眼录》，290 页。

综上，零星散出的八千卷楼藏书，事由、途径及去向非常复杂。丁氏转让藏书前，已有部分书籍因馈赠、捐助等事流出。藏书转让之际，丁氏截留了部分藏书，这部分藏书后又逐渐流出。丁书转让后不久，北京与南京的古书市场均出现了八千卷楼旧藏的身影，可见为书贾盗取之说实有其事。抗战时期，又有部分存于国学图书馆的丁氏旧藏，再度流出，大多辗转进入别家收藏机构。

清末以降，神州多故，私人藏书随之旋聚旋散，这是动荡时局下的无可奈何之事。缘此，零星流出的丁氏藏书，往往在不长时间内多次易主。后人追踪授受源流，颇有难度；然就另一角度视之，此事足可反映当时的书籍流转的实态，是饶有兴味的话题。

此外，《未归本馆书目》是考察八千卷楼藏书零星流散的重要参考依据。但此目据馆内藏书，比勘《丁目》而成。丁氏藏书多有同版复本，若某本丁氏原有 2 部（或更多），1 部入馆，其余流出，编目点检时恐难发现。此外，当时点检，略嫌粗心，非复本者亦不无遗漏。此类问题未便深责，但研究者利用此目时，必须持充分警惕。另一方面，仅据前文追踪流散痕迹的直观感受来说，《丁目》未载的复本恐怕数量不少，如何评估丁氏藏书总量，宜重加考量。

中编　丁氏著述新证

藏书之余，丁氏家族勤于著述。丁申撰有《武林藏书录》，丁丙撰有《松梦寮诗稿》《菊边吟》，纂辑《北隅续录》《武林坊巷志》《国朝杭郡诗三辑》《历朝杭郡诗辑》。丁立诚有诗名，撰有《小槐簃吟稿》《东河新棹歌》《续东河新棹歌》《武林市肆吟》《武林杂事诗》《王风笺题》《永嘉金石百咏》《永嘉三百咏》《和永嘉百咏》。丁立中撰有《禾庐诗钞》《禾庐新年杂咏》。对于丁氏以藏书家而兼能著述，时人多有表章，孙衣言赋诗称："知君家有邺侯书，万卷琳琅拥石渠。延阁道山能好古，龙翔凤翥共研都松生与其兄竹舟皆有论著。天涯独夜闻鸿雁，江上微波托鲤鱼。我亦永嘉思旧学，离群但作闭门居。"①

丁氏著述既多，势难逐一考述。加之本书话题所限，本编仅探讨丁氏在版本目录方面的著作，即《丁志》《丁目》《武林藏书录》三书。②

---

① 孙衣言《丁松生丙杭州书来以所刊武林掌故十数种见赠皆南渡后故都遗书也却寄二首》，《逊学斋诗抄续抄》卷四，清同治刻增修本。

② 《两浙著述考》称，丁丙从弟丁午著有《善本书室题识》，显然也是版本目录学著作，然未见传本，只能付之阙如。宋慈抱原著，项士元审订《两浙著述考》，浙江人民出版社，1985 年，1200 页。

第一章　《善本书室藏书志》考

《丁志》收录善本2600余部，以登载书籍的部数而论，在清代民国的私家藏书志中首屈一指。正因其多，此书可为研治考订版本，提供大量参考便利，故甫一问世，即受学界瞩目，时至今日，利用频率仍高。职是之故，在丁氏著述中，《丁志》最引人关注，先行研究亦较多。

不过，先行研究基本是据光绪二十七年丁氏家刻本展开，很少关注并利用丁氏藏书题跋、《丁志》初稿及稿抄本等过程性史料。受此影响，诸如现存稿抄本的面貌、《丁志》的编纂过程及具体操作、丁氏日常鉴藏活动与《丁志》之关系等问题点，尚未得到清晰揭示。本章发掘丁氏藏书题跋、《丁志》单篇初稿、稿本《八千卷楼藏书志》《八千卷楼藏书目》《善本书室题跋》等材料，复原《丁志》编纂过程及其间的微观操作，进而讨论其体例内容思路等问题。

第一节　丁氏藏书题跋与《善本书室藏书志》

丁氏的藏书活动丰富多彩，写作藏书题跋是其中值得关注的一环。藏书题跋与《丁志》，同为丁氏鉴藏活动的成果，如下文所述，二者存在密切关联。将二者对比分析，可考见之前未受注意的《丁志》编纂过程的一些细节。

一、丁氏藏书"题跋"的两种类型及其特点

探讨藏书题跋与《丁志》的关系之前，须先对丁氏藏书题跋的情况，略作介绍与辨析。

据《中国古籍善本书目》统计，有"清丁丙/丁申/丁立诚/丁立中跋"之书，多达1800部以上。考虑到某些书上的丁氏题跋不止一篇，部分公藏机构的善本收藏未入《中国古籍善本书目》，以及境外收藏机构、私人收藏的丁氏题跋本，现存丁氏题跋的

准确数量虽无法确知，但若说总数在2000篇左右，想来并不离谱。熟悉藏书史的读者必能体会，这是极为惊人的数量，很可能在历代藏书家中首屈一指。

但细加分析，就会发现被《中国古籍善本书目》笼统归为一体的"丁氏题跋"，实际是两类差异明显的文字：一是有整齐格式的《丁志》初稿，二是普通意义上的藏书题跋。前者数量远多于后者，盖因善本书志须逐书作出解题，《丁志》著录善本极多，初稿数量自然相当可观。

在形制上，《丁志》初稿一般写在浮签之上，再将浮签粘贴在书籍首册卷前，书写字迹大多潦草，不署名，不记写作日期，亦不钤印。[①]而丁氏的藏书题跋，则与其他藏书家的题跋类似，并无固定位置，卷前、卷末乃至书中各处空白，均可书写，笔迹有楷有草，多有落款，并署日期，间或钤印。

在内容旨趣乃至格式上，二者亦区别明显。《丁志》初稿有固定格式，先题书名卷数，次标版本（及旧藏者），然后是解题正文。与《丁志》刊本比勘，内容往往极为接近，仅有细部的润色增补。如以下两例：

《竹书纪年》二卷 明刊本 卢抱经校藏

梁沈约附注 明张遂辰阅

右称魏之史，由汲郡人发冢而得，《晋书》具载其事，《隋经籍志》亦载。沈约之名，世人疑其依托，顾氏《日知录》中往往引以为据，孙之录、徐文靖先后考定笺注。此为明时刊本，卢抱经以吴琯、徐文靖两本校勘，有"数间草堂藏书""文弨校正""卢文弨字绍弓"三印。张遂辰，钱塘隐士，后人因其所居而称张卿子巷者也。（浮签初稿）[②]

《竹书纪年》二卷 明刊本 卢抱经校藏

梁沈约附注 明张遂辰阅

右称魏之史，由汲郡人发冢而得，《晋书》具载其事，《隋经籍志》亦载。沈约之名，世人疑其依托，顾氏《日知录》中往往引以为据，孙之騄、徐文靖先后考定笺注。此为明时刊本，卢抱经以吴琯、徐文靖两本校勘，有"数间草堂藏书""文弨校正""卢文弨字绍弓"三印。张遂辰，字卿子，钱塘隐士，精医理，后人因其所居而称张卿子巷者也。（《丁志》卷七）

---

① 《丁志》初稿书于浮签、并贴卷首这一特征，民国学者已指出。赵鸿谦《松轩书录》小引称："（国学图书馆）甲库所贮，均八千卷楼珍藏善本。每书有丁松生丙手写签语，已刊入《善本书室藏书志》。"《松轩书录》，1页，《第二年刊》。

② 此本现藏南图，初稿据原件录出。

《秋岩诗集》二卷 馆底本

元陈宜甫撰

焦竑《国史经籍志》载陈宜甫《秋岩集》一卷，下无注语。馆臣从《永乐大典》辑编二卷，并考宜甫为闽人，元世祖时为侍从，成宗时又为晋王僚属。其诗多与卢挚、姚燧、赵孟頫、程钜夫、留梦炎诸人相倡和。诗则抒所欲言，自有雅音。卷首有翰林院印，中有涂改之笔，似馆中底本也。（浮签初稿）①

《秋岩诗集》二卷 旧抄本

元陈宜甫撰

焦竑《国史经籍志》载陈宜甫《秋岩集》一卷，下无注语。馆臣从《永乐大典》辑编二卷，并考宜甫为闽人，元世祖时为侍从，成宗时又为晋王僚属。其诗多与卢挚、姚燧、赵孟頫、程钜夫、留梦炎诸人相倡和。其诗则抒所欲言，自有雅音。卷首有翰林院印，中有涂改之笔，盖馆中底本也。（《丁志》卷三三）

丁氏藏书题跋无固定格式，内容自由，这是历来藏书题跋的常态。“明刻本”《王文正公遗事》（实为宋刻），有光绪七年丁丙手跋，卷端又有《丁志》初稿，恰可比对：

许丹臣心扆为叶九来先生婿，藏书具有渊源。是册尾题“与内子话旧”，卷前有叶氏藏书印，当为奁中物也。余藏《陆甫里先生文集》亦有丹臣题“康熙壬辰六月十八日校正”一行，乃后两载所记者，何幸熊鱼兼获耶。光绪七年七月七日暴书偶记，八千卷楼丁丙。（丁丙手跋）②

《王文正公遗事》一卷 明刊本 叶九来许丹臣藏书

前有文正公旦幼子素序。素字仲仪，举进士，历官工部尚书，谥曰懿，《宋史》有传。是编晁氏《读书志》作四卷，凡五百条。陈氏《书录解题》作一卷，与此本合，则南宋时已经删节矣。有“叶氏藏书”“荣德荣甫世藏”“心扆之印”三印。丹臣后有：“康熙庚寅七月廿九日曝书检及，补印小凤图记，时年五十有二。内子书将另录目，昨秉烛话旧，驹隙堪惊，丹臣识霏玉轩瓶兰北窗。”丹臣姓许氏，松江人，叶九来先生婿也。玩其题记，当为奁中物耳。（《丁志》初稿）③

丁丙题跋只谈许心扆，先讲许氏藏书与叶九来的渊源，然后旁及八千卷楼的许丹臣旧藏《陆甫里先生文集》，对于《王文正公遗事》此书此本的情况，反而一字不提。《丁志》初稿明显有一定格式与规划，有板有眼，先谈作者仕履，再谈诸家著录卷数差

① 陈宜甫《秋岩诗集》，清翰林院抄本，浙江图书馆藏。此据原件录出。

② 《王文正公遗事》《韩忠献公遗事》，宋刻百川学海本，南京图书馆藏。此据原件录出。

③ 在刊本中，此书解题在《丁志》卷九，文字与初稿大体一致。

异(尽管这些内容实际是自《四库全书总目》抄撮),然后记藏印,过录旧藏者许心扆题跋,最后谈许氏与叶九来的翁婿关系。

《丁志》是有规划、有意识、有预期的书志著作,故而在初稿阶段便以格式体例约束之,不能信笔漫书。初稿写成,将浮签贴于首册卷前,既可防遗失,也便于复核与最终汇编成书。题跋则恰恰相反,它是完全自由的文体,没有特定的结构体例,有感而发,可长可短,可考证,可抒情,由此及彼,旁逸斜出,散记得书由来、版本源流、故旧逸事,均无不可。

在古籍编目工作中,凡题写于藏书之上、关涉书籍相关情况的文字,均可谓之题跋;就这一角度而言,《中国古籍善本书目》将《丁志》初稿著录为"丁丙跋",固无不可。但从文体角度审视,《丁志》初稿与丁氏藏书题跋,在用意旨趣以及内容形式上,均有明显差别,未可一概而论。

二、藏书题跋与《丁志》的生成

上文强调初稿与题跋不可混为一谈,目的不只是展现两者差别,毋宁说,更是为了进而论述两者的联系。藏书家的鉴藏活动是一个长期的动态过程,版本鉴定与之相始终,且是居于核心的关键话题。编写藏书志,往往在这一过程的中后期,积累起一定规模的藏品,方可为之。因此可以说,藏书志是日常版本鉴赏活动的最终结晶。在时间维度上,题跋与书志有先后之分;从形态来看,两者呈"分散—集合"的态势。

职是之故,若能将藏书志置于藏家日常鉴藏活动的语境下考察,明晰从"分散"到"结晶"的演化脉络,由此探索藏书志的生成过程,无疑是相当理想的研究路径。但受材料限制,很多藏书志无法作此样研究。幸运的是,丁氏题跋与《丁志》初稿大量留存,将丁氏日常鉴藏活动的史料(题跋)与鉴藏活动的"最终结晶"(《丁志》)参照比勘,具有可行性。

(一)剪裁融汇:《丁志》对题跋的改造利用

丁氏的藏书活动历时数十年,编撰《丁志》是在丁丙生命的最后几年,编成次年,他即病故。孙峻称:"乙未(光绪二十一年)春,丈(丁丙)有善本藏书志之作,……阅三年毕事。"①

《丁志》收录善本2666部,全书四十卷,字数约有60万,仅用3年时间,即完成初稿,速度相当惊人。速度惊人的另一种说法,便是时间紧迫。缘此,剪裁序跋,熔冶旧说,是《丁志》的常用手法。严佐之指出原书序跋与《四库全书总目》是《丁志》的主要

---

① 孙峻《序》,《八千卷楼书目》卷首。

取材来源:“丁志载录文献有两种情况。一种注明摘自原书序跋、藏书题识。……另一种没有注明是哪一家的文字,乍看以为是丁丙的考订心得,其实大多是抄录、摘节或改写别人的东西,采自《四库全书总目提要》者尤甚。”①

丁氏自己的旧日鉴藏心得——藏书题跋,当然也在《丁志》的取材利用范围之内。若某本被收入《丁志》,且之前又经丁氏题跋,则《丁志》解题往往脱胎于题跋,至少是部分采用题跋的考证意见或所叙史事。这种情况相当多见,先看南图藏明嘉靖刊本《周易赞义》:

谨案《浙江采集遗书总录》题:“《周易赞义》六卷《系辞上传》一卷,以下阙。刊本。”与此合。此即竹垞著《经义考》所阅本。岂郑絅本未刊竣耶?不然,何范朱所藏同属刊本,阙卷又适相符耶?兹所阙仅《系辞下》及《序卦》《说卦》《杂卦》等传,不应尚有十卷,与原序十七卷亦不合,或刻时归并欤?然未可以残阙少之耳。光绪三年七月十二日,循俗迎祖,灯下检记。八千卷楼主人。(丁申手跋)②

《周易赞义》七卷 明嘉靖刊本 朱竹垞藏本

前有嘉靖三十五年朱睦㮮序云:溪田先生自卿寺谢归,雅志著述,谓《易》为六籍之原,发凡起例,求诸儒同异,得十万余言,釐十有七卷。南泉公名俊,泾阳进士。葵山公名絅,莆田进士。二公以经术饰吏事,盖有合于是编者,特为表章云。又有郑絅序及理自序。理字伯循,三原人,正德甲戌进士,官南京光禄卿,《明史》有传。是书先为门人庞俊缮藏,继为郑絅付梓。惟序称十七卷,而此仅七卷,所阙止《系辞下》及《序卦》《说卦》《杂卦》等传,不应尚有十卷。或刻时归并者欤?竹垞著《经义考》,即据是本。未可以残阙少之耳。(初稿)

《周易赞义》七卷 明嘉靖刊本 朱竹垞藏书

前有嘉靖三十五年朱睦㮮序云:溪田先生自卿寺谢归,雅志著述,谓《易》为六籍之原,发凡起例,求诸儒同异,得十万余言。公以经术饰吏事,盖有合于是编者,特为表章云。又有郑絅序及理自序。理字伯循,三原人,正德甲戌进士,官南京光禄卿,《明史》有传。是书先为门人庞俊缮藏,继为郑絅付梓。惟序称十七卷,而此仅七卷,所阙止《系辞下》及《序卦》《说卦》《杂卦》等传,不应尚有十卷。或刻时归并者欤?竹垞著《经义考》,即据是本。未可以残阙少之耳。(《丁志》卷一)

① 严佐之《近三百年古籍目录举要》,172 页。

② 马理《周易赞义》,明嘉靖刊本,南京图书馆藏。此据原件录出。另,此手跋后钤“彊圉涒滩”朱文小方印,知为丁申所作。

此书《丁志》解题由三个源头的材料拼合而成，丁申手跋是其中之一。开头部分是撮抄原书序文，中段的作者仕履及刊刻经纬，来自《四库全书总目》；最后部分朱彝尊《经义考》即据是本的论断以及对存佚卷数的推论，则源自光绪三年的丁申手跋，且行文大体保持不变。

再看利用丁申手跋的一例。明抄本《虚斋乐府》，卷首有丁申手跋（署“竹书堂主人”），又有《丁志》初稿。初稿后半乃据丁申手跋，汲古阁《六十家词》无虚斋词、侯本卷数与此不同、阮元进呈、此本卷数与《历代诗余》所载相符、经鲍廷博校勘以及“明抄本”的判断，与跋均同。

汲古阁《六十家词》不列此种，惟康熙间锡山侯文灿编《十家词集》，有《虚斋乐府》一卷。后阮文达得之，写进内府。此犹明抄本，作上下二卷，与《御选历代诗余》词人姓氏内所载卷数合，当是庐山真面。通介鲍叟即据侯刊本校正，且著用父爵里于后。读之豁然，殊可珍也。竹书堂主人记。（丁申手跋）

虚斋乐府二卷　明抄本　鲍以文藏书

赵以夫

以夫字用父，号虚斋，福之长乐人。嘉定中正奏名，历知邵武军、漳州，皆有治绩。嘉熙初，为枢密都承旨，二年，拜同知枢密院事。淳祐初，罢，寻加资政殿学士，进吏部尚书兼侍读诏。与刘克庄同纂修国史。汲古阁不列此词。康熙间，锡山侯文灿编《十家词集》，有《虚斋乐府》一卷。后阮仪征得之，写进内府。此明抄，分上下二卷，与《历代诗余》卷数相合。有淳祐己酉中秋芝山老人序。鲍以文得而校正，后有题字。（《丁志》初稿）①

宋刻本《欧阳先生文粹》，首册扉叶有《丁志》初稿及光绪二年丁丙手跋。丁丙手跋明显被采入初稿中段：

龙川《六一文粹》，《宋史艺文志》不著录，至明时诸家藏目始见，皆二十卷。《四库提要》亦未详卷数分合之由，第以郭编《遗粹》析出别存，似馆臣所据者即嘉靖本，疑二十卷亦郭氏所分也。余既得五卷本，因以二十卷标目并《遗粹》目附录于尾，以补考云。光绪丙子中秋月下书，丁丙松生甫。（丁丙手跋）

《欧阳先生文粹》五卷　宋刊巾箱本　明陈九川沈辨之藏书

首列门人苏轼撰《六一居士文集序》，次苏子瞻、王介甫、曾子固、又子瞻《祭欧阳文忠公文》四篇，次目录。凡五卷。后接乾道癸巳九月朔陈亮序，称：右《欧阳公

① 赵以夫《虚斋乐府》，明抄本，南京图书馆藏。此据原件录出。

文粹》一百三十篇。公之文根乎仁义而达之政理，虽片言半简，犹宜存而弗削，顾犹有所去取其间，毋乃不知其旨，敢于犯是不韪而不疑也。予姑掇其通于时文者，以与朋友共之。《四库提要》云：修著作浩繁，亮所选不及十之一二，似不足尽其所长。然考周必大序，谓《居士集》经公决择篇目素定，而参校众本，迥然不同。如《正统论》《吉州学记》《泷冈阡表》，皆是也。今以此本校之，与必大之言正合云云。洵亮别有见地矣。按，龙川《六一文粹》，《宋史》不著录，至明时始见诸家藏目，皆二十卷，似四库馆或仅据郭云鹏所梓文遗两《粹》，析而著录欤。此宋刊巾箱本，每叶二十八行，行二十六字，字极精湛，棉纸，背有官书文字，并为宋印。亮字同父，永康人，绍兴中进士第二，授佥书建康府判官厅公事，《宋史》有传。卷端及末有"沈九川收藏图籍印章"，又"沈与文印""姑余山人""吴郡沈文""辨之印""繁露堂图书印"及"江德量观"诸图记。永康胡丹凤小跋。(《丁志》初稿)①

再看明正统刊本《蒲庵集》(见《丁志》卷三五)。是本卷前扉叶有《丁志》初稿，卷末有丁丙手跋。丁跋考察来复见心被杀史事，据《清教录》，驳正《七修类稿》《西湖游览志余》记载失实；初稿的后半段明显移用了丁丙手跋的大部分内容：

光绪十年长夏卧病，阅《七修类稿》，因属道甫侄录于《蒲庵集》之首页。去秋，复得《清教录》残本，内列僧徒爰书交结胡惟庸谋反者凡六十四人，以智聪为首。宗泐、来复皆智聪供出逮问者也。复见心招辞：本丰城县西王氏子，祝发，行脚至天界寺，除授僧录司左觉义，钦发凤阳府槎芽山圆通寺住。洪武二十四年，山西太原府捕获胡党僧智聪，供称胡丞相谋举事，时随泐季潭长老及复见心等，往来胡府。复见心坐凌迟死，年七十三岁。泐季潭免死，着做散僧。似《类稿》所称元明濬曾为学士，后应制诗有"殊域"字，触怒赐死，立化阶下之说未合。又田汝成《西湖志余》载见心临刑，道其师欣笑隐语，上逮笑隐而释之，尤为传会。笑隐入灭于至正四年，来复未尝师笑隐，与《类稿》同一传讹。是集刊于正统五年，上溯洪武二十四年见心受刑之时，才五十年，而以宁后序无只字道及见心之生平，殆为尊者讳耳，仍属道甫书此。钱塘丁丙。(丁丙手跋)

《蒲庵集》六卷 明正统刊本

门人昙锽法住编次

释来复见心撰。前有庐陵欧阳元序云：翰林修撰张翥橐示豫章见心复公所为文一巨帙，且属为序。静阅数过，启沃老怀。见心以敏悟之资、超卓之才，于禅

① 欧阳修《欧阳先生文粹》，宋刻公文纸印本，南京图书馆藏。此据原件录出。《丁志》卷二七此书解题，与初稿基本一致，此不录。

学之暇，发于文辞，其叙事简而明，其造理深而奥，其吐辞博而赡，其寓意幽而婉云云。又洪武十二年金华宋濂序云：见心之作浓丽而演迤，整暇而森严，寘诸古人篇章中，几不可辨。公卿大夫交誉其贤，名闻九天，特加褒美。其徒昙锃编类成书，厘为十卷，来征濂序云云。后有正统五年徽州府僧纲司都纲豫章雄山靖庵孙以宁刻而为后序。附《豫章云峰幻庵法住诗》一卷。有烟霞道人一印。按，《七修类稿》载，元明浚，字天渊。胡人也，世祖朝明安之后。髯长数尺，仕元为学士，元亡，削发为僧，改名来复见心，而髯如故。太祖召至，怪而问之曰："汝不欲仕我，而出家为僧，吾亦任汝。然去髪留须，亦有说乎。"对曰："削发无烦恼，留须表丈夫。"上笑而遣之。后承诏赐食，谢诗有"金盘苏合来殊域"及"自惭无德颂陶唐"等句。上怒曰："汝用殊字，是谓我歹朱耶。又言无德诵陶唐，是谓朕无德，虽则欲陶唐颂我而不能耶。何物奸僧，辄敢大胆如此。"见心遂玉筋双垂，圆寂于丹墀之下。又按，《清教录》内列僧徒交结胡惟庸谋反者凡六十四人，以智聪为首，宗泐、来复皆智聪供出逮问者也。复见心招辞，本丰城县西王氏子，祝发，行脚至天界寺，除授僧录司左觉义，钦发凤阳府圆通院修住。洪武二十四年，山西太原府捕获胡党僧智聪，供称胡丞相谋举事，时随季潭长老及复见心，往来胡府。见心坐凌迟死，年七十三。似与《类稿》所载不合。正统刊集，讵见心受刑之时，才五十年。而以宁后序无只字道及，殆为尊者讳耳。(《丁志》初稿)①

《周易赞义》丁申手跋，话题集中于内容存佚与卷数差异；《欧阳先生文粹》丁丙手跋，考察欧阳修文集选本的渊源及卷数分合；《蒲庵集》丁丙手跋，则考辨作者生平。它们都将话题集中于一点。至于书志解题，内容须更加全面，凡涉及此书此本此人，如版式行款、作者仕履、版刻源流、诸本异同、卷数存佚、刊刻经纬、文字优劣、藏印及旧藏家，等等，皆所宜有。缘此，以上丁氏题跋只能被移用作为解题的一部分，在此基础上，还需引入其他材料来源，或者补充描述客观特征，才能形成四角齐全的整则解题。

反之，若题跋内容周详，要件齐备，那么《丁志》解题便会径以之为基干，乃至通篇照搬。"元刊巾箱本"《详注东莱先生左氏博议》，被收入《丁志》卷三，有光绪十九年丁丙题跋。两相比照，解题只添补藏印情况、序跋次序，未引入其他材料来源或参考他书，主体部分一仍丁丙题跋，该跋较长，解题还作了一定程度的简化：

按，《提要》云：观其标题版式，盖麻沙所刊。此本有董其昌名字二印，又有朱彝尊收藏印，亦旧帙之可宝者。今是书有董名阴阳文两印，首叶已另纸影写，殆

① 《蒲庵集》《幻庵诗》，明正统五年孙以宁刻本，南京图书馆藏。此据原件录出。《丁志》解题，与初稿基本一致，此不录。

因四库馆钤盖翰林院印，发还原书，辗转收藏，未谙典章者误为官书，匿去印文，并竹垞图书亦割去耳。其为采进本无疑。又读《天禄琳琅书目》，云祖谦以《左氏博议》为诸生课试而作，故当时付刊，仿巾箱本之式，书中无刻梓年月，亦不载作注人姓氏。观其纸黝黑黯，乃元抚宋椠而不能工者也。洵与此同一版刻。道光己亥，瞿氏清吟阁重雕，时假得平湖胡氏所藏宋椠本，参以元本、明本雠校。东莱自序，宋本多"乾道五年九月初四日"九字，则仍之。其篇目下详载左氏传文，及引用注释，又用黑文白字标挈主意，如首篇论机心，次篇论天理，三篇论名分之类。及"桓""征""贞""匡"诸讳，均从删改，使古书面目不能尽传。此书虽无标挈主意，而传文注释桓作成之类，犹显显在目，岂不重可宝欤。谨录提要于前，而详记于右。光绪癸巳四月二十四日，丁丙。①

《详注东莱先生左氏博议》二十五卷 元刊巾箱本 董思翁旧藏

前有吕祖谦伯恭序，并目录。谨按，《天禄琳琅》载此书云：祖谦以《左氏博议》为诸生课试而作，故当时刊刻仿巾箱本之式。又按《四库》是书提要云：观其标题版式，盖麻沙所刊。此本有董其昌名、字二印，又有朱彝尊收藏印，亦旧帙之可宝者。今是帙有文敏朱、白文二印，首叶序文已另纸影写。殆因四库馆钤盖翰林院印，发还原书，辗转收藏，未谙典章者误为官书，匿去印文，并竹垞图书亦经割去。其为采进发还者无疑。道光己亥，瞿氏清吟阁重雕，时假得平湖胡氏宋椠本，参以元本、明本校雠。宋本惟东莱自序后多"乾道九年五月初四日"九字，余无别异，岂不重可宝哉。卷中尚存"董其昌印""思白"两方印，"董其昌印"一圆印，又"韩五云秘笈"一印。(《丁志》卷三)

明刊本《堪舆仙传四秘》，被收入《丁志》卷一七，又有丁丙手跋。解题的考订内容与结论，与丁跋如出一辙，只是文句作了润色增补，更为明晰通畅：

此四种葬书，收《四库》。《披肝露胆经》，附《存目》，题刘基撰。此题宋赖文俊撰。《提要》所称"笔架科名应有分，满床牙笏世为官"等句，此本作"笔架三台卿与相，满床牙笏世为官"。后所称附南北平阳论数条，此本亦无附入，或尚是原本欤。杨筠松著有《撼龙经》《疑龙经》《葬法倒杖》《青囊奥语》《天玉经内传外编》，无《安门秘法》，或即各著内摘出之种欤。吴望江《造福秘传》，《地理大全》中亦不收此种。东南兵燹，书卷荡然。是帙犹明刊本，较坊刻恶抄，胜逾数倍，亦可宝也。田园。(丁丙手跋)②

① 《馆藏善本书题跋辑录》，10—11 页，《第一年刊》。

② 《馆藏善本书题跋辑录》，12 页，《第三年刊》。

《堪舆仙传四秘》四卷 明刊本

右《堪舆四秘》，一为郭景纯《葬书古本》，收入《四库》者也。一为《赖布衣披肝露胆秘诀》，江右赖文俊撰。《四库附存》则题刘基撰。《提要》所称“笔架科名应有分，满床牙笏世为官”，此本作“笔架三台卿与相，满床牙笏世为官”。后所称附南北平阳论数条，此本亦无，或尚是原本。一为杨筠松《安门秘法》，筠松著有《撼龙经》《疑龙经》《葬法倒杖》《青囊奥语》《天玉经内传外编》，无《安门秘法》，或于各著内摘其要欤。一为吴望江《造福秘传》，《地理大全》中亦不收此种。有申时行撰序。望江名天洪，歙人，自称了隐，有万历辛巳自序。郭书题“古杭张文介惟守校”，赖书题“钱塘希谷张尚方校”。封面中题“河南张氏梓行”。葬书皆坊刻恶抄，此尚是明刊，存以备考。（《丁志》卷一七）

接下来，再看利用丁立中题跋的一例。明刻本《素轩集》扉页有丁立中手跋，《丁志》初稿在目录首页。丁立中似对此书钟爱有加，“检阅各家书目”，很下了一番功夫，考之又考，连撰三跋；《丁志》将他陆续考得的见解捏合成篇，可谓是前述藏书志乃平日鉴藏活动的“结晶”之说的典型注解。以下为相关跋文：

沐昂字景颙，黔宁昭靖王之子，以左都督镇守云南，卒赠定边伯，谥武襄。《静志居诗话》：定边平麓川之寇，威著西南，而能以余暇留情文咏，辑明初名下士官于滇及谪戍者自郏仲经以下二十一家诗，凡二百五十首，目曰《沧海遗珠》。杨东里序之，谓当时选录诸家，刘仔肩过略，王偁虽精且详，犹未免有遗。惟沐公所择，和平婉丽，可玩可传。其赏识若此。

《天一阁书目》：《三轩诗集》，明左都督总兵云南定边武襄伯沐昂著《素轩诗》十二卷，锦衣副千户沐僖著《敬轩诗》四卷，右都督总兵云南沐璘著《继轩诗》十二卷。裔孙黔国公沐崑重刊。嘉靖三年滇抚黄岩王启序曰：沐氏起自昭靖，武襄佐太祖、太宗，继世上公。所谓三轩者，则素轩、敬轩、继轩也，各有诗行于世。顷者故黔国公讳崑重梓未就，厥嗣笃字世贞始成厥志，今袭黔国公。笃庵又能益武而文，予叨抚滇南，得与笃庵朝夕聚，而获睹其所为《三轩集》，顾不幸欤。又有何孟春序、武林平沇后序。

光绪乙未春日，得此书于汪氏。检阅各家书目，皆不载，及见《天一阁书目》，始知为《三轩集》之一。考《万姓统谱》，昂谋远过人，任思发叛，昂以都督统兵征剿，捣其穴，贼遂平。留镇云南，号令严明，夷人詟服，边徼肃然。弟璘读书工诗，抚治有方，夷人悦服。又案《文瑞楼书目》，《素轩集》刻于天顺年间，行世已久，嘉靖时，故黔国公崑因旧板脱裂，乃辑所未备，再梓焉。是册前后无序，殆书贾因三轩不全而割裂之欤。安得使《敬轩》《继轩》二集复出，珠联璧合，同登诸八千卷楼耶。和道人丁立中谨记于宜堂。

《素轩集》十二卷 明刊本

明沐昂撰。昂字景颙，黔宁昭靖王之第三子，定远忠敬王之弟。以左都督镇守云南，正统间讨平麓川寇任思发，威著西南，余暇留情文咏，辑明初名下士官于滇及谪戍者自郏仲经以下二十一家诗，凡二百五十首，曰《沧海遗珠》。杨东里序之。与其子锦衣副千户沐僖、孙右都督总兵云南沐璘，武纬文经，并著声绩。《天一阁书目》及《文瑞楼书目》均载。僖字可昭，著《敬轩集》四卷，璘字廷璋，著《继轩集》十二卷，世称《三轩集》。而《千顷堂书目》则单列《素轩集》，岂先有专行之本，与此帙相合欤。惟《文瑞楼记》称《素轩集》刻于天顺间，行世已久，嘉靖时重梓。是册前后无序跋，岂书贾因三轩不全而割去欤，抑为先时单刻欤。(浮签初稿)①

前揭诸本的丁氏题跋，分别是丁申、丁丙、丁立中所作。《素轩集》《堪舆仙传四秘》题跋的写作年月不详，《欧阳先生文粹》丁丙手跋作于光绪二年，《周易赞义》丁申手跋作于光绪三年，《虚斋乐府》丁申手跋必不迟于光绪十三年(是年丁申卒)，《详注东莱先生左氏博议》丁丙手跋作于光绪十九年，《蒲庵集》丁丙手跋作于光绪十年后。诸跋距离光绪二十一年《丁志》撰写之始，或远或近，均成为《丁志》利用取材的对象。可见在《丁志》的撰写过程中，藏书题跋作为丁氏平日鉴藏活动的成果，被广泛参考、吸收与利用。

(二) 放弃抒情:从题跋到解题

上文强调《丁志》利用或曰沿袭丁氏题跋的一面，可谓之“因”。另一方面，书志解题与题跋的性质旨趣判然有别，利用时必须加以改造，这便是“革”。题跋可集中于一点，解题则须四角齐全，照顾周详，所以要按固定格式，补足如版本、行款版式、序跋次第、旧藏者及藏印等计划内的著录项。这是“革”时所须留意的第一要点，前已述及，此不赘。

放弃抒情，是“革”的第二要点。在本质上，藏书题跋是私密性很强的文本，题写于藏书原件上，除非经人传录或自己主动公开，否则至多只在可以看到原书的小圈子内流传，故而写时禁忌较少，兴之所至，话题自由，考证索隐、故事逸闻均可谈及，感性内容多，不宜公开示人的内容多。书志是正式著述，旨在向他人披露珍本，发覆文献价值，因此写作重点是客观描述版本特征以及内容方面的诸项要件，进而考证梳理版

① 沐昂《素轩集》，明刻本，南京图书馆藏。此据原件录出。

本源流、文本差异等问题点。感性的抒情乃至不宜示人的内情秘辛，在书志中是“无用”的，甚至是“有害”的，须尽量删削。单看《丁志》刊本，很难察觉这种删削的存在，与藏书题跋对看，便一目了然。关于此点，南图藏嘉靖刊本《升庵长短句》，是一个很好的范例：

升庵词集未收《四库》，未入附存。《太史全集》八十一卷中，亦未编入。惟《天一阁书目》有《升庵长短句续集》三卷、《玲珑倡和》二卷《附刻》一卷、《乐府拾遗》一卷。右册虽无《玲珑》以下诸刻，却多《正集》三卷，尤可宝也。修甫侄从书摊上购回，喜而记之。斋头适悬钱叔美摹太史画像，题云：“先生像，滇南有三本，一在永昌铁树岭，作道士装；一在大理写韵楼，作处士装；一在昆明陆尔玉家，作冠冕装。盖晚年为弟子所摹，存其观也。兹摹晚年本。”瞻像，广颡疏髯，眉目宽阔，神采如生，洵足与此词相辉映耳。光绪辛巳午月尾，丁丙识。[①]

《升庵长短句》三卷《续》三卷 明嘉靖刊本

明杨慎撰。升庵词集未收《四库》，《全集》八十一卷亦未编入。惟《天一阁书目》有《升庵长短句续集》三卷、《玲珑倡和》二卷《附刻》一卷、《乐府拾遗》一卷。此明嘉靖陆氏刊本虽无《玲珑倡和》以下诸刻，然多《正集》三卷。有唐锜及杨南金序，后有临安王廷表跋，次又列“门生楪榆韩宸拜书”“门生南华李发重刻”两行。《续集》三卷则不知谁所编辑也。（《丁志》卷四〇）

相较丁丙题跋，解题利用了题跋的前半段杨慎词集在前人书目的著录情况，多出序跋次第、刊语，删去丁立诚购得此书、家藏杨慎画像以及由后者引发的感慨赞叹。杨慎画像与考订本书情况无涉，购书经过与感慨赞叹，在书志中更属无谓，故删去；序跋次第与刊语，则是版本特征要件，解题所宜提及。

再看叶石君手抄本《五代春秋》，有光绪十三年丁丙题跋，跋文通篇都在围绕时间流逝的沧桑感展开抒情，最后点出此书历经诸贤校正收藏，深可宝贵。《丁志》解题则完全另起炉灶，前半部分是将《四库提要》改头换面，用以介绍本书情况，后半段过录诸家题记，记录藏印，仅在末尾略提此本何等可贵云云。

是纪起丁卯，迄庚申，凡五十有四年。余生道光壬辰，至今年光绪丁亥，已五十六岁，春秋过五代矣。石君翁竭半宵之力，钞此四千言，运腕如飞。上溯钞时，四周甲子。又经邵二云、赵味辛校正，张芑堂题书眉，鲍以文搜藏，尤可宝贵。正

① 《馆藏善本书题跋辑录》，29页，《第四年刊》。

月彀日，丁丙志。[①]

《五代春秋》二卷 叶石君手钞本 鲍以文藏书

宋尹洙撰

洙字师鲁，河南人，天圣二年进士，事迹具《宋史》本传。是书所纪，始梁太祖开平元年，迄周显德七年，实五十有四年。卷分上下，与郑樵《通志艺文》合。《河南集》中本载全文，此盖其初别行之本欤。末有林宗志云："丁亥冬十一月初九日黄昏，假于冯已翁，即夕挥毫，漏三下录完。"又邵晋涵手记云："薛氏《五代史》叙事详核，而帝纪未免冗烦，尹师鲁《五代春秋》书法谨严，欧阳《史》帝纪所仿也。论者多病其太简，然于十国废兴大事必书，视欧阳《史》之不载于纪者，为得史法矣。传写多脱误，鲍君以文以叶石君钞本见示，因取卢绍弓手校本对勘，参以旧时所见本为，校正四十一字。至张颢作灏，漠谷作幕，薛欧二《史》本有异同，今仍其旧云。"又有"乾隆丙午闰月从知不足斋假阅，复为校正数字，怀玉"，则赵味辛手书也。册面题"叶林宗钞本"五字，则为张艺堂手书。卷尾押"陆氏金管斋审定印""歙西长塘鲍氏知不足斋藏书印"，又"宣州老兵"小印，殆姜贞毅采从石君借阅时所钤。书仅十九叶，迭经叶、姜、邵、陈、赵、鲍、张诸贤之手，岂不可珍耶。（《丁志》卷七）

为何此则解题放弃利用丁丙题跋呢？盖因此跋通篇抒情，于书志所应交待的项目，全无提及，用无可用，只好弃用。通观以上两例可知，尽管题跋与书志同为鉴藏活动的产物，所用术语及考订版本的方法亦无区别，但撰写书志时利用题跋，不能简单照搬，必须按书志体例，作"客观化改造"，加强书籍特征的描述，专注于介绍、考证书籍本身，发散性的题外话与主观色彩强烈的抒情感慨，则无存在必要。这其实是书志编撰体例的共性问题，《丁志》初稿和丁氏题跋的存在，恰为思考这一问题提供了极佳史料。

小 结

相对于《丁志》著录善本的总量，其中事先经丁氏题跋者，为数有限。但只要有丁氏题跋存在，《丁志》往往会参考利用其成果，乃至照搬或化用成文。丁氏题跋与《丁志》初稿，在时间上有先后关系，在内容上具有承续性，故而为考察丁氏日常鉴藏活动与《丁志》撰写之间的关联，提供了大量连续性证据。

另一方面，《丁志》解题利用题跋的前提是对其进行改造，中心原则是去除主观情

---

① 《馆藏善本书题跋辑录》，7 页，《第二年刊》。

感色彩，强化客观描述。这既是藏书志撰著旨趣与体例的共性要求，同时也为考察丁氏个人编纂书志时的学思提供了一手史料。

第二节　写本形态的八千卷楼善本书目

上文论述丁氏题跋与《丁志》的关系，指出前者是可资后者利用的素材或曰雏形。然而，撰写题跋，高度取决于偶然，只会在有心得处、有雅兴时为之，绝不可能遍题群书。编纂书志的工作样态则完全不同，凡拟收录之本，须逐一加以解题，方克成书。

缘是，从宏观角度看，日常鉴藏活动的痕迹（题跋）与作为"最终结晶"的书志，诚然存在关联；但就微观操作而言，从零星偶发的藏书题跋到由2600余篇解题组成的《丁志》，中间有多个无法跳过的环节。

具言之，一旦决意编纂书志，首先须甄选善本，确定收录范围，再逐书撰写解题。之前已有题跋者，可参考糅用，无可借鉴者，则从零开始。写成初稿后，经修改定稿，始称成书。在此过程中，特别是对于之前未经丁氏题跋的《丁志》著录书而言，体现《丁志》生成诸细节的基本史料就是早于《丁志》刊本的写本形态的八千卷楼善本书目。已知存世的此类八千卷楼善本书目写本有4部，其中解题目录3部，无解题的简目1部，以下逐一对其进行考述。

一、南京图书馆藏《善本书室题跋》

《善本书室题跋》不分卷，黑格写本，一册。每半叶十行，行二十字，左右双边，单鱼尾，版心下方刻"眠云精舍"。无目录序跋，首叶钤"嘉惠堂丁氏藏书之记"白文方印，书衣及书根题"善本书室题跋"。南图著录为"抄本"。

此书专记集部善本，起《楚辞》，终《唐女郎鱼元机诗》，明显依四部次序，相当于集部楚辞类与别集类的宋前部分，共计103部，其中99部见于《丁志》。《丁志》的对应部分是卷二三至二五（载楚辞至宋前别集），共著录170部。换言之，《善本书室题跋》所载善本，《丁志》近乎全收，《丁志》所载善本，则大大溢出此书。

"眠云精舍"一名，值得留意。今藏浙图的眠云精舍抄本《禅髓》《禅考》《禅警》《禅学》《禅偈》（五种合抄），扉页有丁丙手跋：

> 莲池大师以六字真言深入佛海，不欲以语言文字之障贻误后学。然偶然类记，以备遗忘，亦法门中之小止观也。右凡五类，曰《禅髓》，曰《禅考》，曰《禅警》，曰《禅学》，曰《禅偈》，未尝编入《云栖法汇》。明万历间，吾杭胡居士文焕汇刻于《格致丛书》中。三百年来，流传绝罕，即缁流亦少挂眼。宏憙和上，固云栖之法

乳也，清修梵行，绍振宗风，分主城西之龙兴寺、华邬之眠云室，虔请东瀛小字全藏刻本参观而礼诵之，余方外交之最挚者也。因依原刻写成五卷，奉充供养，庶与香光墨宝永镇山门。光绪丙申秋九月，优婆塞丁丙合十记。（下钤“丁”朱小方）

抄写此本并充供养者是丁丙，那么抄书所用的眠云精舍格纸，是丁丙之物的可能性很大。八千卷楼另藏有多部以此种“眠云精舍”格纸抄写的写本，如《楚石大师北游诗》《拾翠集》等，值得注意的是，这些本子无一例外，并无丁氏之前藏家的痕迹（藏印、题跋等）。

另一方面，眠云精舍与“华邬之眠云室”，宜有关联。主持眠云室的僧人宏意与丁丙有交，是以丁氏的某些活动便围绕眠云室展开。丁丙有《华坞诸精舍》诗，第七首为《眠云室》。[①]宣统元年二月二十九日，缪荃孙在杭州，他与丁立中会面，便在“眠云室”。缪氏日记载：“九钟，出钱塘门，先至松木场，由秦亭山到东岳，会丁善之、王寿珊、罗榘亭，入山。古林修竹，浓绿夹道，小溪流水，溅溅湫湫，不亚九溪十八涧。先至眠云室，晤丁和甫。”

综上情形，大致可以推测：当时，杭州西郊的华坞有一佛教场所，名“眠云室”，丁氏与主事僧人有交，故常在此活动，进而以“眠云精舍”为室名，并制有相应格纸。果如此，则南图谓之“抄本”，便嫌保守。《善本书室题跋》用丁氏格纸，著录丁氏藏书，钤有丁氏藏印，自是丁氏稿本无疑。

回到《善本书室题跋》本身上来。在体例上，此书是善本解题目录，但也有一些条目仅标记书名卷数、作者、版本、旧藏者，无实质解题；加之每条单独另起一叶，予人以尚未完稿、留白待补的感觉。如：

《刘随州集》十卷 明活字刊本 何梦花藏

唐刘长卿撰

《华阳集》三卷附《顾非熊诗》 旧抄本 抱经堂藏

唐顾况撰

还有部分解题仅简略记录卷端题名、卷次、序跋次序、藏印等面貌特征，且大多行文粗粝，几不成句，有欠打磨润色。如下引《元氏长庆集》解题，“末为‘嘉靖壬子仲春十日东吴董氏宋本翻雕于茭门别墅’”一句，文词不伦，应作“末有‘嘉靖壬子仲春十日东吴董氏宋本翻雕于茭门别墅’刊语”。

---

① 丁丙《松梦寮诗稿》卷二。

《集千家注分类杜工部诗》二十五卷 明翻元至正刊本

唐杜甫撰 东莱徐居仁编次 临川黄鹤补注

前有宋祁、元稹、韩愈、李观、王洙、孙仅、王安石、胡宗愈、鲁訔、王琪、王彦辅、郑卬、孙何、欧阳修、张伯玉、杨蟠传铭序跋题记一卷，黄鹤撰年谱一卷，注诗姓氏一卷，后有“至正戊子潘屏山刊于圭山书院”。明时以官书残纸所印也。

《元氏长庆集》六十卷 明翻宋本

唐元稹撰

前后有宣和建安刘麟、乾道鄱阳洪适两序，末为“嘉靖壬子仲春十日东吴董氏宋本翻雕于茭门别墅”。

《皮日休文薮》十卷 明刊本

唐皮日休袭美著 明许自昌玄佑校

自序，柳开序，万历戊申冬日吴门许自昌书刻文薮小引。休宁汪季青家藏书籍。

与《丁志》相比，《善本书室题跋》的大部分解题的完成度远为逊色。明刊本《唐元次山文集》，《善本书室题跋》仅记卷端题名、序跋次序、藏印，《丁志》多出作者仕履、历代著录、版本源流辨析；即便是二者同样记载的卷端题名、序跋次序与藏印情况，《丁志》亦更详尽充实。

《唐元次山文集》十二卷 明刊本 古香楼汪氏藏本

唐元结次山著 明陈继儒眉公定

卷首本传，李商隐后序，有“休宁汪季青家藏书籍”印。（《善本书室题跋》）

《唐元次山文集》十二卷 明刊本 汪季青藏书

元结次山著 陈继儒眉公、吴震元长卿、王时敏逊之同较

结，后魏之裔，天宝十三年进士，复举制科，授右金吾兵曹，累迁容管经略使。逢天宝之乱，或仕或隐，自谓与世聱牙，岂独行事而然。其文辞亦如之。《郡斋读书志》：《元子》十卷《琦玗子》一卷。今不传，惟存《文编》十卷。明湛若水校本有《补遗》一卷，题“太保武定侯郭勋编”。此十二卷，与《四库全书》所载同，其实十一卷注曰“拾遗”，十二卷注曰“拾遗补”，是原编仍旧十卷也。首载元结本传，末载李商隐后序，并晁氏、陈氏、洪氏《容斋随笔》、高氏《子略》四则。有“摛藻堂藏书印”“平阳季子收藏图书”“休宁汪季青家藏书籍”三印。（《丁志》卷二四）

又如明刊本《庾开府诗集》，解题援引诸家书目著录，考辨四卷本与六卷本之差异，在《善本书室题跋》中，算是相对详备细致；但相比《丁志》，仍显粗略，且行文逻辑

与表述次序,亦嫌缠绕,不及后者清晰明了。

《庾开府诗集》六卷 明刊本

前有明朱日藩刊叙。《天一阁书目》所藏即为此刻。按《读书敏求记》,所藏亦六卷。较朱子儋存余堂四卷本,多诗一百十五首。又吴江吴兆宜《庾子山集注凡例》云,《开府集》坊刻未免谬讹,惟朱子价先生日藩旧刊善本顿觉耳目一新,久为士林所重矣。(《善本书室题跋》)

《庾开府诗集》六卷 明刊本

前有《周书》庾信本传。信《集》二十卷,《隋经籍志》,二十一卷,久佚。明正德辛巳,朱子儋承爵,重刻《庾开府诗集》四卷于存余堂。诗尚未全。此为朱日藩刊本。有序云:《文献通考》云,信在扬都,有集四十卷,及居江陵,又有三卷。皆因兵火不存。今集止入魏以来所作,乃知予家所有,直魏以后诗耳。因取家藏钞本,为之校雠。内《周圜丘》《方泽》《五帝》《宗庙》《大袷》《五声调曲》诸乐章,则考之《隋书音乐志》、郭茂倩《乐府诗集》等书。五七言诸诗,则考之《艺文类聚》《初学记》《文苑英华》等书。凡增诗十二首,非信诗删去者二首,釐为六卷云。钱氏述古堂、范氏天一阁所藏皆是此本。按吴兆宜《庾子山集注凡例》有云,《开府集》坊刻未免谬误,惟朱子价先生日藩旧刊善本顿觉耳目一新。可以见此刻之佳矣。(《丁志》卷二三)

要之,《善本书室题跋》所载善本数量不及《丁志》对应部分的2/3,很多解题的完成度较低,甚至部分解题谈不上有实质内容,留空待补。更关键的是,《善本书室题跋》相较于《丁志》的差异,总体上远大于《丁志》初稿之于刊本的差异。这就暗示:编纂《丁志》之前,丁氏另有一次书志编纂的尝试,只写出一些很不成熟的稿件(即《善本书室题跋》),便因故中辍。《善本书室题跋》未收而《丁志》收录的约70部善本,也可由此得到解释:或彼时尚未购入,或当时甄选标准严于《丁志》,又或者是以上两种情况的合力结果。当然,《善本书室题跋》也可能是《丁志》编纂之初的样稿,因不尽如人意而被弃用。然而,无论如何,《善本书室题跋》早于《丁志》,则可断言。

在《丁志》撰写之际,难称完善的《善本书室题跋》如同丁氏藏书题跋那样,成为《丁志》可以采材利用的对象。徐乾学旧藏宋刊本《昌黎先生集》,载于《善本书室题跋》,该本卷前有《丁志》浮签初稿,初稿本身又经过一番较大程度的修改,从《善本书室题跋》至《丁志》的变化轨迹,宛然可见。

《昌黎先生集》四十卷 宋刊本 徐健庵藏书

唐韩愈撰 李汉编

右宋椠韩文，每叶二十行，行二十字，字画圆湛，纸墨精好，洵宋刻之最佳者。按《传是楼书目》，宋板《昌黎集》四十卷者，凡五部。此从周莲舫购于庚申正月。书未携归，杭垣遽陷，莲舫捆书避至瓯郡，又遭粤匪之变，竹笥被刃，书幸无恙，殆有呵护。不知传是余藏四部，流落何所。有“乾学”“徐健庵”两印。(《善本书室题跋》)

《昌黎先生集》四十卷 宋【淳祐】刊本 徐健庵藏书

李汉编

前有门人李汉集序，次目录。每叶二十行，行二十字，板心上下鱼尾，上纪字数，下纪刻工姓名。行款阔大，字画圆湛，纸墨精好，(洵宋刻之最佳者。)【凡“玄、朗、匡、胤、耿、殷、恒、贞、征、署、桓、完、构、觳、慎、敦、廓、彍、让、敬”等字，皆阙笔，当为理宗时刊本之最佳者。】惜无《外集》与《遗文》耳。有“乾学”“徐健庵”两印。按《传是楼书目》，宋版《昌黎集》四十卷者，凡五部。此(为)周莲舫为余购自关晋轩侍郎家，【光绪】庚申之春，书未携归，杭城遭寇，事稍定，莲舫捆书避至瓯郡，又遭会匪之变，竹笥虽被刃裂，书迄无恙。同治甲子，书还故庐，洵有神灵呵护。特未知传是余藏四部，流落何所耳。(《丁志》初稿)①

《昌黎先生集》四十卷 宋淳祐刊本 徐健庵藏书

李汉编

前有门人李汉集序，次目录。每叶二十行，行二十字，版心上下鱼尾，上纪字数，下纪刻工姓名。行款阔大，字画圆湛，纸墨精好，凡玄、朗、匡、胤、耿、殷、恒、贞、征、署、桓、完、构、觳、慎、敦、廓、彍、让、敬等字，皆阙笔，当为理宗时刊本之最佳者。惜无《外集》与《遗文》耳。有“乾学”“徐健庵”两印。按《传是楼书目》，宋版《昌黎集》四十卷者，凡五部。此周莲舫为余购自关晋轩侍郎家。光绪庚申之春，书未携归，杭城遭寇，事稍定，莲舫捆书避至瓯郡，又遭会匪之变，竹笥虽被刃裂，书迄无恙。同治甲子，书还故庐，洵有神灵呵护也。(《丁志》卷二四)

《善本书室题跋》解题先后言六事：行款、视觉美观、《传是楼书目》著录、得书经过、旧藏印、另四部宋本不知去向。《丁志》初稿有九点内容：序次、行款、版心情况、刊刻精美、避讳、阙卷、旧藏印、《传是楼书目》著录、得书经过、另四部宋本不知去

① 南京图书馆编《家国书运：八千卷楼藏书特展图录》，国家图书馆出版社，2021年，23页。以( )括出者，为最初有而后被删去；以【 】括出者，为最初无而后添加者。

向。刊本删去最后一项，其余不变。从细节来看，初稿是以《善本书室题跋》为基础增补润色而成，尽量沿用后者成文，特别是修改前的初稿保留了很多《善本书室题跋》的提法，如“宋刊本”“洵宋刻之最佳者”。在修改时，这些提法被改动，沿袭的痕迹随之不见。

更有趣的是，《丁志》此则解题新增的内容(版心情况、避讳、阙卷)，与前述王棻寓丁宅观书时留下的题跋有关，照搬了王跋的部分成文，一望可知；但又有所保留，王跋称补配卷册与此非同一版本，《丁志》丝毫未提。

> 右《昌黎先生集》四十卷，门人李汉编。无《外集》《遗文》。首载汉序，有“乾学”阳文、“徐健庵”阴文二印，盖传是楼旧藏本也。板心上下鱼尾，上记卷数，下记叶数，又上记字数，下记剞人姓名。每叶二十行，行二十字。唯第八卷联句、第九卷律诗皆行二十二字，与前后异。凡“敬、殷、匡、胤、恒、贞、侦、桢、徵、让、曙、署、竖、树、煦、桓、完、莞、构、觳、彀、慎、敦、扩、廓”等字，皆缺末笔，当系宁宗时刊本。独第十八卷首末题“昌黎先生文集”，多一“文”字。书十首目录总题于前，每篇间注别本异同，行数字数亦皆二十，而板样短寸许。卷内“殷、让、树、敬、完”等字皆缺笔，而“廓”字乃宁宗嫌名，独不缺笔，则当在庆元以前所刊矣。卷后有“木石居”长印、“西竺”方印，皆阴文，不知何许人也。板心上记卷数，有鱼尾，下记叶数，无鱼尾，最下记剞人姓名而上不记字，与诸卷异。然虽属配合本，而皆为宋刻，则无疑矣。晴窗展读，古色古香，真可宝也。光绪丙申四月十日，松生先生出以示余，因识于其后，黄岩王棻。①

当然，《善本书室题跋》中也有少数解题较为成熟，被《丁志》整体移用。如“唐太宗皇帝集二卷 明活字刊本 何梦华藏”，《丁志》明显袭用了《善本书室题跋》的成文，但不慎有遗漏，乃使文句不畅。

> 《唐太宗皇帝集》二卷 明活字刊本 何梦华藏
>
> 按，《天一阁书目》作一卷，明淮海朱应辰订梓，北江闻人冷序。吴郡都穆跋云：“《太宗集》四十卷，世不传。直斋陈氏本三卷，今亦不见。此本得之边太常廷实。《馆阁书目》有《文皇诗》一卷，凡六十九首。今以诗考之，正符是数，但其中《春台望》乃明皇诗，《饯中侍郎来济》乃宋之问诗，当是后人误入，非馆阁之旧矣。”是本前有《感应》《临层台》《小池赋》三篇，诗六十七首，《望春台》及《饯来济》二首均不列，正合前数，似较朱应辰梓本为佳。(《善本书室题跋》)

---

① 南京图书馆编《家国书运：八千卷楼藏书特展图录》，22页。

《唐太宗皇帝集》二卷 明活字刊本 何梦华藏书

按，《天一阁书目》作一卷，明淮海朱应辰订梓，北江闻人治序。吴郡都穆跋云："太常边廷实。《馆阁书目》有《文皇诗》一卷，凡六十九首。今以诗考之，正符是数，但其中《春台望》乃明皇诗，《饯中侍郎来济》乃宋之问诗，当是后人误入，非馆阁之旧矣。"是本前有《感应》《临层台》《小池赋》三篇，诗六十七首，《望春台》及《饯来济》二首均不列，正合前数，似较朱应辰梓本为佳。（《善本书室题跋》）

至于《善本书室题跋》的编写时间，或曰丁氏较早的书志编纂之举，约在何时，亦可由此得到一些线索。王棻跋于光绪二十二年，《善本书室题跋》宜早于此，否则当时即可抄用王跋，何必待至《丁志》始为之。

《善本书室题跋》又著录"抄配本"《刘宾客文集》，是本扉页有光绪十三年丁丙手跋，又有《丁志》初稿。以下先将丁跋、《善本书室题跋》解题与《丁志》初稿录出：

《刘宾客文集》，修甫配以明初刊《中山集》残本七卷，季沧苇影钞宋本十五卷，益以新钞八卷，合成三十卷，并以王西庄钞藏《别集》十卷足之，装钉整齐，亦可称百衲本也。光绪丁亥闰四月二十三日，田园丁记。（丁丙手跋）

《刘宾客文集》三十卷《外集》十卷 抄配本 季沧苇王西庄藏书

唐正议大夫检校礼部尚书兼太子宾客赠兵部尚书刘禹锡撰

右文集，以明初刊《中山集》残本七卷、季沧苇影抄宋本十五卷，益以新抄八卷，合成三十卷，又以王西庄抄《别集》十卷足之。装订整齐，亦可称百衲本矣。（《善本书室题跋》）

《刘宾客文集》三十卷《外集》十卷 钞配本 季沧苇王西庄藏书

唐正议大夫检校礼部尚书兼太子宾客赠兵部尚书刘禹锡撰

右文集，以明刊《中山集》残本七卷、季沧苇影写宋本十五卷，益以新钞八卷，合成三十卷，又以王西庄抄藏《别集》十卷足之。装钉整齐，亦可称三合本矣。（《丁志》初稿）[①]

《善本书室题跋》解题几乎全袭丁丙手跋，《丁志》初稿将末尾"亦可称百衲本矣"一句，改为"亦可称三合本矣"，其他与《善本书室题跋》无异，三者的先后关系宛然可见。然则，《善本书室题跋》的编纂不能早于光绪十三年春丁丙撰此跋。此外，如前

① 据南图藏原件录出，南图著录为"明刻本（卷一至四、七、二十一至二十三、外集配清抄本，八至十六、二十四至二十九配清影宋抄本）六册"，索书号111044。

述,《善本书室题跋》的可用之处会被《丁志》利用,而多被大幅增补改订;此则几乎未易一字,较为少见。

要之,《善本书室题跋》纂于光绪十三年春至二十二年春之间。它的存在,反映出《丁志》与更早阶段编纂书志的努力之间的联系。前文指出,《丁志》编纂时间紧迫,撮抄序跋及他人成说之处不少,因此前纂草稿虽不完善,但总有一些内容可以沿用,丁氏自不会弃之不顾。

二、哈佛燕京图书馆藏《八千卷楼藏书志》与重庆图书馆藏《八千卷楼书目》

接下来要介绍的是,现藏哈佛燕京图书馆的《八千卷楼藏书志》。①此本为日人薄井恭一购得。1941 年,长泽规矩也与薄井氏合撰《关于稿本八千卷楼藏书志》(稿本八千卷楼藏书志について),予以介绍。此本现藏哈佛燕京图书馆,《美国哈佛大学哈佛燕京图书馆藏中文善本书志》有著录。刘蔷另有专文介绍。以上论文及书志指出,此书为善本解题目录,是《丁志》稿本。

此为绿格抄本,每半叶十五行,行三十字。卷前有光绪丁酉三月清明丁丙识语。卷端无题名。存经、史两类,题作"甲部""乙部",11 册。每类前有目录,记载本类著录书籍之书名卷数、作者、版本及旧藏者(基本等于每则解题之首行)。每篇解题单独另起一叶。各叶不标页码,部分叶面的版心中部标记部类,如"史部杂史类"。解题次序与目录基本一致,偶有个别有目无篇,或无目有篇。书衣题"八千卷楼藏书志",并题"八千卷楼善本书目十一册,杭州丁松生所藏。有经史,无子集,不完之本。辛丑冬月,购自三山书贾"。据《美国哈佛大学哈佛燕京图书馆藏中文善本书志》,此目有解题 830 篇。卷前丁丙识语录下:

> 先世传遗,幼时讲习,缣缃箧笥,悉化劫灰。同治上元,追随伯氏,重罗载籍。月聚岁增,历三十年,积万余部。既列簿录,得所检寻。其中有前代雕印、旧时缮写、名人校勘、故家藏庋,迥出寻常,尤堪珍秘。因又择别诠次,略叙源流,心写心藏,名曰善本。慨念伯氏已归道山,此目编成,不及目见,而余亦冉冉老矣。昔人云,积书什九,积金什一。今易其说,曰积书什一,积善什九。修甫、道甫诸侄及

① 长泽规矩也、薄井恭一《稿本八千卷楼藏书志について》,《书志学》17 卷 2 号,1941 年 9 月;沈津主编《美国哈佛大学哈佛燕京图书馆藏中文善本书志·史部》,广西师范大学出版社,2011 年,第 2 册,805—807 页;刘蔷《海外佚存——哈佛燕京图书馆藏〈八千卷楼藏书志〉》,《清华园里读旧书》,岳麓书社,2010 年,280—300 页。目前,此本已被电子化,可在哈佛大学图书馆网站上浏览并下载。

传儿辈尚其知所积焉。

光绪丁酉三月清明丁丙识。

接下来，介绍重庆图书馆藏《八千卷楼书目》。在“全国古籍普查登记基本数据库”中，它著录为“《八千卷楼书目》不分卷（清）丁丙藏（清）丁和甫编 清抄本 20册”。尽管书名与《丁目》同，但据所见书影，它决非《丁目》的抄本或誊清稿本，而与哈佛藏《八千卷楼藏书志》相同，是《丁志》稿本。

重图藏本所用格纸与哈佛藏本相同。每半叶十五行，行三十字。前后无序跋。卷端无题名，惟书根处题“八千卷楼书目”。钤有“文禄堂书籍记”“王文进印”“晋卿”“国立罗斯福图书馆收藏善本”诸印。经、史、子、集四类全，前三部题作“甲部”“乙部”“丙部”，惟集部题作“集部”，共20册。首册为目录(该册书根处题“总目”)，著录所收各书之书名卷数、作者、版本及旧藏者，即相当于哈佛藏本各类前目录的汇总，各类之前则不再列目录。二至四册为经部，五至八册为史部，九至十二册为子部，十三至二十册为集部。每篇解题单独另起一叶，各叶不标页码，部分叶面的版心中部标记部类，亦与哈佛藏本同。在内容方面，据所得书影，比对与哈佛藏本所共有的经、史两部的若干篇解题及部分目录，除去偶有细微差异(可视为抄手偶有疏漏)，解题内容及目录中各书排列次序一致。要之，在物质形态与文本内容两方面，重图藏本与哈佛藏本高度近似，是在相近时间抄写的同源之物。

值得一提的是，重图藏本与哈佛藏本共用的十五行绿格格纸。这种格纸虽无任何文字标识，但可以肯定是丁氏之物。其中部分叶面版框右上角及版框右侧有较大缺口(断版)，这是一个显著的识别特征。此种格纸在丁氏其他著作的稿抄本中亦见使用，如上海图书馆藏《松生府君年谱》初稿本、浙江图书馆藏《武林坊巷总志》抄本即是，后二者部分叶面也具有上述特征，可为铁证。

既然所用格纸相同，已基本可以排除他人作伪的可能性。再从内容上比勘，可进一步确认此点。与分散粘贴在原书之上的《丁志》初稿相比勘，可知重图藏本与哈佛藏本系据浮签初稿誊录而出。如前述，《丁志》初稿与刊本解题，文字大多无明显差异，有时甚至不易一字，但也有少数解题差异较大。但凡此类，除非作伪者亲见全部《丁志》初稿，否则单凭《丁志》刊本，根本无从逆料何篇初稿在何处有异，更无法使重图藏本与哈佛藏本符合初稿的文本面貌。

《丁志》卷一三政书类著录有2部《通典》，其二为“《杜氏通典》二百卷 明刊本 明郑端简公藏书”，刊本解题作：

《杜氏通典》二百卷 明刊本 明郑端简公藏书

唐京兆杜佑君卿纂 明御史后学李元阳仁甫校刊

前有唐左补阙李翰序，天文、地舆两图，历代传继图，五帝至宋代世次纪年十五图，《唐书》杜佑本传，及增入宋儒议论姓氏、校刻官生姓名。此书每卷附诸儒议论，自欧阳修至叶适，共二十一家，即从元刊《通典详节》本增入。卷一百后旧有大德丁未李仁伯跋，称锦山杨公牧临川，乃命诸学院协力刊成。自廿六至百，共七十五卷，区区点勘再四，凡正一千七百六十八字，删三百廿三字，增三百八十八字。今虽佚去，不可不知也。李元阳，云南人，曾刊《十三经注疏》等书。有"浙西郑晓图书印"。晓字窒甫，号淡泉，海盐人。嘉靖二年进士，历官刑部尚书，隆庆初，赠太子太保，谥端简。《明史》有传。

重图藏本与哈佛藏本不差一字，二者又与此本卷前《丁志》初稿几乎一致，仅有两处差异："审才在精选"，初稿作"审才在精选举"；"非可不知"，初稿作"不可不知"。与刊本解题相较，则有明显差别：一是末尾，刊本添入旧藏者郑晓的介绍；二是刊本无"先是，刘秩仿《周官》之法，……亦附载注中"一段。这段文字其实并未消失，在刊本中，它被移入前一部即"《通典》二百卷 明嘉靖刊本"，位居该书解题的中段。与之相对，哈佛藏本、重图藏本的"《通典》二百卷 明嘉靖刊本"解题，便无此段。现将重图藏本的全文录于下：

《杜氏通典》二百卷 明刊本 明郑端简公藏书

唐京兆杜佑君卿纂 明御史后学李元阳仁甫校刊

前有唐左补阙李翰序，天文、地舆两图，历代传继图，五帝至宋代世次纪年十五图，《唐书》杜佑本传，及增入宋儒议论姓氏、校刻官生姓名。先是，刘秩仿《周官》之法，摭拾百家，分门诠次，作《政典》三十五卷。佑以为未备，因广其所阙，参益新礼，勒为此书。分类八门，曰食货，曰选举，曰职官，曰礼，曰乐，曰兵刑，曰州郡，曰边防，每门仍分子目。自序谓：既富而教，故先食货，行教化在设官，任官在审才，审才在精选，故选举、职官次焉。人才得，而治以理，乃兴礼乐，故次礼次乐。教化隳，则用刑罚，故次兵次刑。设州郡分领，故次州郡。而终之以边防。所载上溯黄虞，讫于唐之天宝，肃、代以后，间有沿革，亦附载注中。每卷附诸儒议论，自欧阳修至叶适，共二十一家，即从元刊《通典详节》本增入。卷一百后，旧有大德丁未李仁伯跋，称锦山杨公牧临川，乃命诸学院协力刊成。自廿六至百，共七十五卷，区区点勘再四，凡正一千七百六十八字，删三百廿三字，增三百八十八字。今虽佚去，非可不知也。李元阳，云南人，曾刊《十三经注疏》等书。有"浙西郑晓图书印"，即海盐端简公也。

要之，通过以上考察，重图藏本与哈佛藏本是《丁志》初稿的汇录，或曰誊清稿本，可称无疑。在文本面貌上，二者基本与初稿保持一致。在形态上，誊清的过程又是一个汇集与排序的过程。单篇初稿写成后，以浮签形式分散粘贴在原书内，誊录时先将各部原书上的初稿逐一录出，然后再确定同一部类中各书各本的先后次序。重图藏本与哈佛藏本之所以每则解题另起叶，各叶不标页码，而很多叶面标识部类，正因上述操作过程所致。盖将单篇解题逐一抄录时，无法预知此则解题为该部该类第几篇，更不能预测页码流水。

此外，哈佛藏本的各类前目录与解题之间，时有差异，如有目无解题，有解题无目，目录所记书名卷数作者版本与解题有所不同，等等。如诗类首部书《毛诗注疏》，解题作"明闽刊本"即明嘉靖李元阳刻本，目录作"明闵刊本"，明显是笔误，但只看目录，不免让人误会此为明末吴兴闵氏刻本。哈佛藏本与重庆藏本的目录之间，亦偶有所出入，如重庆藏本(目录)易类有"苏氏易解八卷 明万历刊本 忠州李芋仙藏书"，哈佛藏本的易类前目录无此书，亦无解题。

三、南京图书馆藏稿本《八千卷楼藏书目》

非常有趣的是，南京图书馆藏稿本《八千卷楼藏书目》，亦与哈佛藏本《八千卷楼藏书志》、重图藏本《八千卷楼书目》同源。①

此稿本为蓝格写本，1册，不分卷。半叶十五行，行三十字。书中无丁氏藏印。卷端题"八千卷楼藏书目"，书根题"八千卷楼善本书目"。无解题，仅以"书名卷数＋作者＋版本＋旧藏者"格式，按四部分类，列出诸本。四部不称"甲乙丙丁"，而作"经史子集"。书中有少量圈乙涂改，面貌与哈佛藏本、重图藏本极为接近。简言之，南京图书馆藏稿本《八千卷楼藏书目》相当于重图藏本的首册；或者说，此本的经、史两部相当于哈佛藏本各类前目录的汇总。此外，南图藏本卷前无光绪丁酉三月清明丁丙识语，但有如下文字，则是哈佛藏本、重图藏本所无。

> 八千卷楼所藏善本
> 经 三百七十九部
> 史 四百六十五部
> 子 六百三十四部
> 集 一千二百七十六部

① 此稿本索书号为南图另藏一部稿本《八千卷楼藏书目》(4册)，是《八千卷楼书目》一系的稿本，与此非一物，详下章。

总 二千七百五十四部①

表 2 哈佛藏本、重庆藏本、南图藏本形式结构异同

	解题	部类	丁丙识语	八千卷楼所藏善本部数
哈佛藏本	✓	(存)甲乙	✓	×
重庆藏本	✓	甲乙丙集	×	×
南图藏本	×	经史子集	×	✓

除形式结构异同(表 2)之外,在形态方面,南图藏本所用格纸与哈佛藏本、重图藏本为同一种,即前述出现于多种丁氏著作稿本的十五行格纸,部分叶面右上方的缺口特征一致,惟格纸刷印所用颜料似略有不同,更接近蓝色。在内容上,南图藏本的“书名卷数+作者+版本+旧藏者”,与哈佛藏本、重图藏本几乎完全一致。综合以上两点,可以认定三者同源,南图藏本是随《丁志》初稿誊录而产生的八千卷楼善本清单。至于南图藏本最初是否与重庆藏本相同,其下尚有解题部分,因故离散,抑或原先便无解题,无从得知。

表 3 稿本《八千卷楼藏书目》分类及著录数量

部	类	著录部数	《丁志》著录部数
经部	易类	63	63
	书类	25	22
	诗类	27	26
	礼类	57	58
	春秋类	65	64
	孝经类	9	8
	五经总义类	18	16
	四书类	26	26
	乐类	12	12
	小学类	76	75

① 《八千卷楼藏书目》,清光绪间杭州丁氏稿本,南京图书馆藏。此据原件录出。另,经清点,此目实际著录数量为经部 378 部、史部 465 部、子部 633 部、集部 1274 部,共 2750 部。

续　表

部	类	著录部数	《丁志》著录部数
史部	正史类	40	40
	编年类	34	34
	纪事本末类	11	11
	别史类	12	12
	杂史类	39	38
	诏令奏议类	19	19
	传记类	57	58
	史钞类	7	7
	载记类	26	27
	时令类	2	2
	地理类	109	108
	职官类	13	11
	政事类	30	33
	目录类	44	41
	史评类	22	21
子部	儒家类	66	64
	兵家类	13	11
	法家类	14	13
	农家类	4	4
	医家类	63	60
	天文算法类	6	5
	术数类	32	32
	艺术类	30	31
	谱录类	45	45
	杂家类	156	155
	类书类	50	48
	小说家类	73	71
	释家类	38	25
	道家经	43	36

续　表

部	类	著录部数	《丁志》著录部数
集部	别集类 楚词	9	8
	别集类 汉至五代	164	162
	别集类 北南宋	398	386
	别集类 元明国朝	394	389
	总集类	134	129
	诗文评	37	33
	词曲类	138	127
总计		2750	2666

无论如何，哈佛藏本无子、集两部，重图藏本仅获见若干书影，南图藏本便是了解《丁志》稿本阶段的八千卷楼善本总貌的重要资料，其部类划分排列及著录善本数量，如表3所示。除别集类之外，各类之下未设小类。此外，南图藏本不单设楚辞类，而将其并入别集类，列该类之首，作“别集类 楚词”，重图藏本则以“楚词类”为集部之首。

四、从稿本到刊本：写本八千卷楼善本书目的价值

长泽氏对稿本《八千卷楼藏书志》（哈佛藏本）有如下结论：“特别本书是《丁志》的稿本，刊本固然多有订补之处，另一方面，在上木之际又产生了讹误。此外，被删补的部分正是可资考证之处。又可见刊本与稿本内容的顺序，多有在刊本之际加以整顿处。两者互有长短。不管怎样，此书都是新发现的佚存书。”这些观点当然是正确的。但他未见《善本书室题跋》、重图藏本《八千卷楼书目》与南图藏本《八千卷楼藏书目》，善本原件上的《丁志》浮签初稿，他大约亦未能较多接触，所以其文只能止步于哈佛藏本与《丁志》刊本之间的比对。上述长泽氏未见之物，同样是《丁志》撰写过程的重要节点，比勘它们，便能更清晰地了解《丁志》的演化链条。

如前所述，《善本书室题跋》早于《丁志》初稿，乃为后者所利用；在初稿阶段，《丁志》的文本面貌基本确立；誊清稿本基本沿袭了初稿的文本面貌，《丁志》结构（部类排序）亦在此阶段始成型。不过，誊清稿本与最终的刊本之间还存在一些局部而实质的调整修改，正是这些调整修改，决定了《丁志》的最终面貌。

（一）解题内容的增删修润

所谓增删修润，是相当笼统的说法，改动幅度或大或小，有的只涉局部，有的近乎

重新起稿。前揭“《杜氏通典》二百卷 明刊本 明郑端简公藏书”，改动涉及字数很多，但实质仍是局部更动。经部易类“《周易程朱传义》二十四卷 明刊本”解题，篇幅有限，只描述版本的文本面貌与形态特征，无考辨性内容，刊本却作通篇修改，近乎重写。如下引文，稿本解题之病在于不够细致准确，行文亦有欠通畅，如“格格夹注”，不知所云，刊本解题则详细明白。

《周易程朱传义》二十四卷 明刊本

首列宋元符二年河南程颐正叔序，次朱子《易序》《上下篇义》《易本义图》《五赞》《筮仪》。经则正文大字，传与本义皆格格夹注，末页有木记“巡按福建监察御史吉澄校刊”。（哈佛藏本）

《周易程朱传义》二十四卷 明刊本

前有程子《易传序》，朱子《周易本义序》，次《上下篇义》，次《经传总目》，次《图说》，次《五赞》，次《筮仪》，次上下《经》二十一卷，次《系辞上下传》二卷，次《说卦传》《序卦传》《杂卦传》共一卷。传及本义均方规白文，标“传”“本义”字，每半叶九行，每行十七字，传、本义夹行，字数同。每卷末均有“巡按福建监察御史吉澄校刊”长方木记。（《丁志》卷一）

如前述，《杜氏通典》解题的修改不是孤立的，它牵涉了位于其前的明嘉靖刊本《通典》解题；与之类似，《周易程朱传义》解题的修改，使与之相隔一部的明刊本《周易经传》（见下引）出现“联动反应”。在稿本中，该解题先列出正文前的序文等物件次序，然后描述版式行款特征；刊本则只用“此书卷帙次序悉同明吉澄刊本”一句交代，然后转向强化介绍版式行款特征。

《周易经传》二十四卷 明刊本

程朱传义

前有《易序》，次《上下篇义》，次朱子《图说》，次《五赞》，次《筮仪》。传则圆规黑质白文，本义则长方黑质白文。每半页九行，每行经文字十七，传、本义夹行，字数同。（哈佛藏本）

《周易经传》二十四卷 明刊本

程朱传义

此书卷帙次序悉同明吉澄刊本。惟经文、传及本义均接刻，不提行。传则圆规，标白文“传”字。本义则椭圆规，标白文“本义”字。每半叶九行，传、本义夹行，每行均十七字。（《丁志》卷一）

《丁志》初稿原是单篇写成，何本收入，何本不收，何本居前，何本在后，此时尚难完全确定，加之写成后分散粘贴在原书内，各篇解题之间的呼应照顾便很困难。至誊清汇录阶段，书志的结构排序被（或者说必须被）搭建起来，各书先后次序既定，方能有“此书卷次/行款/版式/藏印悉同某本”这样的处理。以上两组实例，反映的便是由“散篇”至“集合”这一过程中的因应变化。

至于细部修正，则数量更多。如下引《丁志》卷五的“《字孪》四卷 写本”，稿本解题原先标注“马笏斋藏书”，并记录马氏藏印（“汉晋唐斋”），刊本删去。

> 《字孪》四卷 写本 马笏斋藏书
>
> 三衢叶秉敬著
>
> 秉敬字敬君，衢州西安人。万历辛丑进士，官至荆西道布政司参议。是编取字形相似而义则殊者，分类诂之，缀以四言歌诀，以便记诵。末有钱塘潘之淇、之淙《校订篆体辨诀》一篇，乃以七古歌括辨篆文偏旁之同异，亦颇有资于六书。版心有“花影轩”三字，又有“花影轩藏书”“第三十六宿”“南崖张氏家藏”，又“汉晋唐斋”诸印。（哈佛藏本）

在稿本至刊本的变化中，还有一类情况较为突出且多见。《丁志》刊本著录名家旧藏书，常在首部书的解题末尾介绍藏家的生平行谊，初稿及誊清稿本往往无此。案，《丁志》写作时间紧迫，藏家生平需要寻检文献，而此项又与善本本身相对疏离，所以写作初稿时可先行放置，留待事后增补。

前揭《杜氏通典》，初稿及誊清稿本均无旧藏者郑晓的事迹，至刊本，始见于解题末尾。又如《丁志》卷三的“《监本附音春秋公羊注疏》二十八卷 宋刻十行本 唐仁寿藏书”初稿及刊本著录如下：

> 《监本附音春秋公羊注疏》二十八卷 宋刻十行本 海昌唐仁寿藏书
>
> 何休学
>
> 卷首有景德二年六月中书门下牒文，及工、兵、吏部侍郎冯、王、寇、毕四衔，次汉司空掾任城樊何休序。每卷某公俱与大题相连，每叶二十行，行十七字，小字行二十三字。间有元明补刻之叶。岳倦翁云，旧新监本不附释音。此监本亦附音，当出岳氏所见刊本之后。而东瀛《经籍访古录》载有是书，作元椠本，谓元大定四年刻《十三经》之一，明正德补刊，所谓十行本者。天水耶，蒙古耶，当再考之。有“鸥寄室王氏收藏”“王锡瑗”“海昌唐仁寿”诸印。（《丁志》初稿）①
>
> 《监本附音春秋公羊注疏》二十八卷 宋刻十行本 唐仁寿藏书

① 《监本附音春秋公羊注疏》，元刻元明递修本，南京图书馆藏。此据原件录出。

何休学

卷首有景德二年六月中书门下牒文，及工部侍郎参知政事冯、兵部侍郎参知政事王、兵部侍郎平章事寇、吏部侍郎平章事毕四衔，次汉司空掾任城樊何休序。每卷某公俱与大题相连，每叶二十行，行十七字，小字行二十三字。间有元明补刻之叶。岳倦翁云，旧新监本不附释音。此监本亦附音，当出岳氏所见刊本之后。而东瀛《经籍访古录》载有是书，作元椠本，谓元大德四年刻《十三经》之一，明正德补刊，所谓十行本者。天水耶，蒙古耶，当再考之。有"鸥寄室王氏收藏""王锡瑗""海昌唐仁寿"诸印。仁寿字端甫，号镜香，海宁人，诸生。读书好古，游钱警石之门，购求宋元善本，参校同异。著有《讽字室诗稿》。(《丁志》卷三)

刊本解题末尾记旧藏者唐仁寿之事迹，初稿及誊清稿本皆无(二者无差异，以下据初稿录出)。此外，刊本还补全了卷前诸官题衔，纠正了"大定"之笔误。

(二) 标题行的合理化与著录方式的变化

以上是解题内容的调整变化。在统稿过程中，目录及各则解题首行"书名卷数＋作者＋版本＋旧藏者"的著录细节及处理方式也有不少变化，"合理化"是其间的总趋势。

一是整齐著录形式。稿本对同一版本杂用多种称谓(这是单篇写作解题难以避免之弊)，统稿时则作了整齐化处理。最典型的例子是，八千卷楼有一套明嘉靖李元阳刻本《十三经注疏》(内阙《公羊注疏》一种)，系叶元阶得一居旧藏。丁氏将它拆分著录，散于经部各类。在稿本中，对李元阳本的称谓五花八门，《周易兼义》作"闽刊本"，《尚书注疏》《周礼注疏》《仪礼注疏》《礼记注疏》作"明嘉靖李氏刊本"，《毛诗注疏》《春秋穀梁注疏》《孟子注疏解经》《论语注疏解经》《尔雅注疏》作"明闽刊本"，《春秋左传注疏》作"明闽刊九行本"，《孝经注疏》作"明嘉靖闽刊本"；在刊本中，则被统一为"明闽刊本"。

又如，八千卷楼藏有不少四库采进本、四库底本或传抄四库本。稿本似乎特别强调揭示该本与四库的关联，乃有"四库发还本"(《周易洗心》)、"依阁抄本"(《唐律疏议》)、"馆吏抄本"(《东南纪闻》)、"旧抄馆退本"(《山窗余稿》)、"馆退马氏小玲珑山馆藏抄本"(《逃虚子诗集》)、"抄馆本"(《勤斋集》)、"馆辑草底本"(《沧海居士集》)、"馆中草底本"(《蒙隐集》)等，凌乱繁杂，又与常用的版本著录指称不合；统稿时明显有一番清理，刊本大多改作"旧抄本""抄本""精钞本""某氏抄本"，而在解题中介绍此本与四库的关联。

二是简洁化的倾向。稿本的书名标题处著录版本与旧藏者相对较繁，偏向于更多保留细节，统稿时多加简化。盖《丁志》是善本书志，完全可在解题中详细记录各项情况，无须在书名标题上叠床架屋。

《吕衡州文集》，《八千卷楼藏书目》作“抄校本 顾千里校 郁泰峰藏书”，用意在于强调此为顾氏校本，但“抄校本”与“顾千里校”未免重叠，刊本仅作“抄校本”，而在解题中引用顾广圻跋，说明此为顾氏校本。

《宋文鉴》，《八千卷楼藏书目》作“明宏治严州刊归南雍本”，同样有繁琐缠绕之病，刊本乃作“明宏治严州刊本”，而将版片后入南京国子监一事放在解题中交待（“继以版籍入南雍”）。

《仪礼戴记附记》四卷《外记》一卷，《八千卷楼藏书目》及哈佛藏本著录为“蓝丝栏抄本 甬东范氏旧藏”，刊本改作“明天一阁抄本”，在解题中指出蓝格特征。《梅屋诗稿》《融春小缀》《三稿》《四稿》，《八千卷楼藏书目》著录为“旧黑格精抄本”，刊本改为“旧钞本”，解题亦未提黑格特征，盖墨格最为常见通用，似无特意指出的必要。

与之类似，若某本叠经诸家收藏，稿本倾向于在标题行逐一罗列旧藏者，统稿时则往往择取一人写入标题行，其他藏家则在解题中予以反映。《周易本义》，《八千卷楼藏书目》及哈佛藏本作“仪封张清恪公、马氏小玲珑馆藏书”，刊本改作“张氏正谊堂藏书”。《鄱阳刘彦昺诗集》，《八千卷楼藏书目》作“文瑞楼金氏、抱经楼卢氏藏书”，刊本改作“文瑞楼藏书”。《谢叠山先生文集》，《八千卷楼藏书目》作“明吴中柱及徐虹亭藏书”，刊本只保留“徐虹亭藏书”。——与此相关，著录用语也有变化。凡经多家收藏者，稿本一般爱用“甲、乙、丙、丁先后收藏”，刊本若保持著录多人，则会作“甲、乙、丙、丁藏书”，如宋刊小字本《晋书》，《八千卷楼藏书目》及哈佛藏本均作“王世贞、毛晋、宋荦、马瀛先后藏书”，刊本则改为“王世贞、毛晋、宋荦、马瀛藏书”。

三是更趋精确清晰。稿本多有含糊不清或易滋生误解的著录，统稿时多加修改调整。如《周易乾凿度》，《八千卷楼藏书目》及哈佛藏本均作“卢刻卢校本”，令人不明所以，刊本改为“卢见曾刻卢文弨校本”，便一目了然。又如，《中州集》《中州乐府》，《八千卷楼藏书目》作“细字抄过何义门校本”，所指固非不能理解，但用词缠绕繁琐，有悖一般著录习惯；刊本改作“旧钞本”，于解题中交待“此本皆依毛刻，细楷书成”，妥帖不少。

前述刊本的著录有简洁化倾向，但简洁化不是盲目的，更不是目的。为求精确清晰，刊本有时也会增加著录内容，特别是增补刊行时地与机构人物。如《分类补注李太白诗》，《八千卷楼藏书目》著录为“元至大本”，刊本改作“元至大辛亥刊本”，补明刊刻年份。《集千家注分类杜工部诗》，《八千卷楼藏书目》著录为“元刊本”，刊本改作“元广勤堂刊本”，指明刊刻者。《建康实录》，《八千卷楼藏书目》及哈佛藏本均著录为

"旧抄宋抄本",刊本改作"明依宋抄本",补明抄写时代。《绛守居园池记注》,《八千卷楼藏书目》著录为"影写明刊本",刊本改作"影写明宏治刊本",明确了所据底本。不过,也有一些反向实例,将稿本著录详细明确者,改为笼统著录,如《于肃愍公集》,哈佛藏本作"明嘉靖间大梁书院刻本",刊本则改作"嘉靖刻本";《高太史凫藻集》附《扣舷集》,哈佛藏本作"明正统九年刊本",刊本则改作"正统刊本"。可见,究竟采取何种著录方式,丁氏在不同阶段的不同实例中左右依违,没有制定整齐划一的规则。

需要说明的是,稿本中缠绕笨拙、有欠清晰妥帖的著录,源头有时甚至可以追溯到单篇初稿之前,如《吕衡州文集》:

> 《吕衡州文集》十卷 抄校本 顾千里校 郁泰峰藏书(《善本书室题跋》)
>
> 《吕衡州文集》十卷 旧抄校本 顾千里校 郁泰峰藏书(《八千卷楼藏书目》)
>
> 《吕衡州文集》十卷 旧抄校本 郁泰峰藏书(《丁志》)

这就又一次说明《丁志》与日常鉴藏活动的密切关联。

(三)收录善本的取舍

如本章后附"《丁志》稿本、刊本之异同"所示,稿本与刊本所收录的善本不尽相同。这种差异是最终统稿之际丁氏对所收善本作调整所致,此种调整自在意料之中。

然而,同属稿本的南图藏本、哈佛藏本所著录的善本亦时有出入,甲本此有彼无,乙本此无彼有;甚至哈佛藏本内部,也存在着有篇无目、有目无篇这两种情形。这给统计与描述造成了一些困难。不过,既然南图藏本、哈佛藏本与重图藏本是同源之物;那么,凡在任一稿本中出现之书,无论是仅见于目录,抑或实有解题,即可认为丁氏至少一度拟将它收入书志,否则便难以解释它何以出现在稿本之中。照此办理,就可以得出丁氏最初拟收善本的"最大值"。再将此"最大值"与刊本比对,便会发现稿本与刊本收录善本的差异,并不像长泽氏仅以哈佛藏本与刊本比对所得出的那样大。

在南图藏本、哈佛藏本共有的经、史两部中,南图藏本与哈佛藏本皆无而刊本有载之书,有 3 部;南图藏本与哈佛藏本皆有而刊本不载之书,有 19 部;南图藏本与哈佛藏本一有一无而刊本有载之书,有 19 部,南图藏本与哈佛藏本一有一无而刊本不载之书,则未见。在子、集两部,南图藏本无而刊本有载之书,有 8 部;南图藏本有而刊本不载者,有 78 部。以上合计,稿本阶段有而最终被删去之书有 97 部,稿本阶段无而最终被补入之书有 22 部,可见在最终统稿阶段,丁氏对于收录对象的调整乃以裁汰为主,新补入之书的遴选较为严格。

稿本有而刊本无的 97 部书,包括抄本 40 部,明刊本 50 部,日本刊本 3 部,稿本

3部，未注版本的1部。抄本中有明抄3部，日本刊本中有翻(覆)宋本2部，明刊本中有成化本1部、弘治本1部、正德本2部、嘉靖本3部、隆庆本1部、覆宋本1部、翻元本1部。

值得一提的是，被裁汰出局之书的部类分布不均。释、道两类被删汰的比例最高，前者减去13部，由38部降为25部；后者减去7部，由43部降为36部。词曲类亦被裁汰不少，减去11部，由138部降为127部。以上三类，应是经过一番刻意删削。别集类减去的绝对数量最多(23部)，但别集类体量巨大，所以比例反而有限。至于新补入之书，数量过少(11部)，未见明显倾向。

各书为何被裁汰或添入，无法一概而论。新补入之书，大体皆足以称善本，如影宋抄本《东家杂记》(汪鱼亭藏书)、明刊本《福州府志》(祁氏淡生堂藏书)、明赵府刊本《补注释文黄帝内经素问》、厉樊榭抄本《澄怀录》、明翻宋本《李端诗集》(惠定宇藏书)，一望可知其善。

有些被裁汰之书，大约是珍善程度有限，在可收可不收之间；而最终统稿阶段的审核出多进少，可见是以严选为宗旨，此类"边缘善本"遂出局。例如抄嘉靖本《缙云先生文集》、明万历本《东坡守胶西集》、东瀛刻本《乐府明辨》，大约就是此类。又如，前揭抄配本《刘宾客文集》(季沧苇、王西庄藏书)，在《善本书室题跋》阶段既已著录，最终却被刊落，此书用李振宜藏影钞宋本、王鸣盛抄本及其他几种本子拼合配成，这可能是最终被筛除的原因。

但另一些被裁汰之书，足以列入善本行列，又或者《丁志》刊本有收录同类或近似版本之书，它为何被删落，委实费解。如明正德刊本《白洲诗集》(吴兴授经楼藏书)，此本甚为罕见；明翻元刊本《杜工部七言律诗》、明万历本《吴文肃公文集》(汪鱼亭藏书)、明官刊颁行本《五经四书大全》，以《丁志》收录善本的规则衡量，完全够格。精抄本《白雪词》(何梦华藏书)，刊本收录精抄本《金荃词》《逍遥词》《半山词》《虚靖真君词》《竹斋词》《莲社词》《石湖词》《和石湖词》《近体乐府》《克斋词》《日湖渔唱》《宁极斋乐府》《吴文正公词》《半轩词》《耐轩词》，均是何氏藏书，应与前者为同批之物，不知为何单单舍去《白雪词》。再如，明抄本《楚昭公疏者下船杂剧》《燕孙膑用智捉袁达杂剧》《吴起敌秦挂帅印杂剧》被删落，或许是认为杂剧难登大雅之堂?

值得注意的是，在稿本至刊本之间，还有替换所著录版本之例。《丁志》卷五有"《新刻释名》八卷 明胡文焕刊本 孙渊如手校本"，哈佛藏本与之对应的则是"《新刻释名》八卷 明胡文焕刊本 重论文斋校藏"，这两部校本原书均为明胡文焕刻本，一为孙星衍校，一为王端履校。最初虽然已有孙校本，但仍决定选择王校本，统稿阶段却又改选孙校本，于是重新撰写提要如下：

《新刻释名》八卷 明胡文焕刊本 重论文斋校藏

汉刘熙成国撰

汉刘熙，北海人。其释凡二十七篇，以同声相谐，推论称名辩物之意。虽间有穿凿，然足因以考见古音，又去古未远，所释器物亦足因以推求古人制作之遗。前有熙自序。卷四末有"嘉庆庚辰仲冬，芗圃詹事借示不全宋本，校于重论文斋"。又一册，同是胡刻，乾隆甲辰阳湖孙星衍手校于岭南，有"孙星衍印"。（哈佛藏本）

《新刻释名》八卷 明胡文焕刊本 孙渊如手校本

汉刘熙成国撰

是书前有熙自序及目录。卷一首叶有渊如先生朱字手书一行，曰："阳湖孙星衍校于岭南。"八卷末叶朱笔记曰："九月十六日校毕。"前后朱笔校改处，极为精审。前后有"孙星衍印"白文方印。（《丁志》卷五）

此类实例，可能不止一个。子部儒家类之《小学集说》，《八千卷楼藏书目》及重图藏本著录为"东瀛刊本"，刊本改作"明刊本"；这很难用笔误来解释，说是版本鉴定意见有变化，亦显牵强，最大的可能便是原先选用此书和刻本，最终统稿阶段改用明刻本。

需要指出的是，替换著录版本，不仅发生于誊清稿本至刊本阶段。以下举出初稿阶段替换版本的一例。明内府刻本《古今列女传》，扉叶有两篇初稿，第二次初稿贴在第一次初稿之上。第二次初稿的文本形态相当奇特，仅有书名标题一行及末一行，中间留空。再看哈佛藏本，乃知第二次初稿如此面貌，意指空白处（即解题主体）沿用第一次初稿文字，题名行涉及版本及旧藏者，末尾记录藏印，则作更动。换言之，丁氏最初拟将此书抄本收入书志，并写成初稿，后替换为版本更为珍贵的明内府本（或许恰在编纂过程中购得），但仍想最大程度地利用原稿，遂形成这样略显滑稽的场面：

《古今列女传》三卷 抄本

首有永乐元年九月朔旦御制序，称：皇考修身齐家，皇妣辅治同德，每听女史读书，至《列女传》，谓宜加讨论，删定为书，永作世范，请命儒臣考正，未就。永乐元年六月，既上册宝尊谥，乃命儒臣编次古今后妃、诸侯大夫士庶人妻之事，分为三卷，颁之六宫，行之天下云云。奉敕撰者为解缙、黄淮、胡广、胡俨、杨荣、金幼孜、杨士奇、王洪、蒋骥、沈度诸臣也。（第一次初稿）

《古今列女传》三卷 明内府刊本 钱某簃藏书

（中空数行）

沈度诸臣也。有“尊敕堂”“行恕字佩一”“钱某簃图书记”诸章。(第二次初稿)

《古今列女传》三卷 明内府刊本 钱某簃藏书

首有永乐元年九月朔旦御制序,称:皇考修身齐家,皇妣辅治同德,每听女史读书,至《列女传》,谓宜加讨论,删定为书,永作世范,请命儒臣考正,未就。永乐元年六月,既上册宝尊谥,乃命儒臣编次古今后妃、诸侯大夫士庶人妻之事,分为三卷,颁之六宫,行之天下云云。奉敕撰者为解缙、黄淮、胡广、胡俨、杨荣、金幼孜、杨士奇、王洪、蒋骥、沈度诸臣也。有“尊敕堂”“行恕字佩一”“钱某簃图书记”诸章。(哈佛藏本)

小　结

从早于《丁志》的善本书目编纂尝试,到分散写成的《丁志》初稿,再到汇录成册的誊清稿本,最终至正式刊本,反映《丁志》编纂各阶段工作进展的史料均有大量留存。《丁志》逐步成型的演进脉络,遂宛然可见。譬喻言之,稿本是一个群落,文本在其中生长。生长的过程不是单方面的叠加增长,也会有某些片段出于作者的意图而被删落消除,正如同人的胎发与乳牙会掉落那样。《丁志》的生成过程,就此提供了极适宜观察分析的范例。

第三节　孙峻与缪荃孙:《善本书室藏书志》的编纂协助者

清代民国时期,私人藏家编纂书志目录,邀人协助乃至委托代撰,是常见之事。如孙星衍《平津馆鉴藏记书籍》有洪颐煊的很大功劳,潘祖荫《滂喜斋藏书志》有叶昌炽的参与,刘承幹《嘉业堂藏书志》邀请缪荃孙、董康等人代撰,皆为人所熟知。但时过境迁,加之有关史料不容易保存,更不易披露,并非所有书志书目的编纂内情,均能被今人清晰掌握。某某书志有无聘人参与,若有,此人是助手、共撰,还是全盘委托,不免存在异说。

一、孙峻与《丁志》

孙峻与丁氏往来密切,他与丁氏的书籍交游事迹,已见上编,协助丁氏编刻丛书的情况,将在下编论述。此外,丁氏著述多有孙峻的参与,如协助丁丙纂辑《武林坊巷志》。《丁志》的编纂,亦有他的功劳。孙峻主张《丁志》实际是他代撰,丁丙笔录,见《丁目》光绪二十五年七月孙峻序:“乙未春,丈有善本藏书志之作,约峻辰集酉散,日撰解题二十部。峻常登楼，择其尤者六七十种，供三日之编纂。每晨趣正修堂，丈危坐以待。及开卷检阅，靡不参伍错综，博引旁征，峻述之而丈书之。阅三年，毕事。丈欲重加覆审，而病已甚矣。”

丁氏一方则称，《丁志》系丁丙所作，丁立中汇编。《丁志》丁丙跋称：“自丁酉秋日养疴之暇，始分别部类，谨依四库次第，每书列其文字异同之大致、名人收藏之源流，日积月累，札记遂多。儿子立中一一手录，裒然成四十卷，名曰《善本书室藏书志》。”《丁志》丁立中跋称：“右《藏书志》四十卷，先君所手著也。光绪丁酉且月，先君偶示微疾，养静松梦寮，躬自纂辑，命立中缮录排纂。”

严佐之认可孙峻的说法，称：“佣笔编目之事在清晚期藏书家中屡见不鲜，丁跋绝口不提并不奇怪。后来丁立中让孙峻在《八千卷楼书目序》里抖出此事，应该说是默认了。”①

前已述及，《丁志》初稿无署名及钤印，与丁丙藏书题跋、手札比对，笔迹一致。但若如孙峻所言，初稿是由“峻述之而丈书之”，那么初稿为丁丙手迹，反倒可以说是从侧面印证了这一说法。

前已举例述及，《丁志》屡屡利用丁丙、丁申、丁立中手跋，将其按书志解题的格式改造利用。很难想象，在《丁志》的编纂过程中，丁丙只是记录孙峻口述意见的角色。检阅《丁志》初稿及刊本，还可发现一些解题确系丁丙所作的实例。如南图藏明抄本《田兵部集》，是书扉叶有浮签初稿，另有丁丙手跋一则。现录二跋及《丁志》刊本解题于下：

《田兵部集》六卷 范氏明钞藏本

按《天一阁书目》载：《田兵部集》六卷，朱丝阑钞本，不著撰人名氏。集中有赠严介翁暨谢四溟诗，知为嘉隆间人。今按，尚有《夏日游吹台追忆》《与空同大复二子寄五岳山人黄勉之》《桂洲相公生日一章》《闻诏起桂翁复相》诸作。遍考其名，不能得。因范氏旧籍藏之。(浮签初稿)

《田兵部集》六卷，明田汝耔撰。汝耔字深甫，祥符人。少领乡荐，十三试春官不第，官至兵部司务。少游李空同之门，与左国玑齐名，人呼田左掾。俞汝成《盛明百家诗》所收是集，名《莘野集》。前有李蓘序，且云李子谪官阳城，乃序其诗刻之。今核其所选之诗，有出此集之外者，其余亦间有改窜。此本得之甬上，为天一阁中散出之帙。每卷之首均空一行，且不著撰人姓名，前无蓘序。缮写绝精，疑是未刻时清本。其后蓘撰序登木，别有增改，故参差舛牾，不能尽合也。其

① 严佐之《近三百年古籍目录举要》，167页。

诗专尚气骨,局势开张,虽间有虚声,迥殊庸驽。《天一阁书目》云不著撰人姓氏。余读《盛明百家诗》,知即《莘野集》,为考定如右。今《莘野集》刻本已不可见,暇当取俞选及他处所载深甫逸诗,为补遗一卷,且重刻而流传之。因记于此以俟。丁丙识。(扉叶跋)①

《田兵部集》六卷 明钞本 天一阁藏书

明田汝耔撰。汝耔字深甫,祥符人。少领乡荐,十三试春官不第,官至兵部司务。少游李空同之门,与左国玑齐名,人呼田左掾。俞汝成《盛明百家诗》所收是集,名《莘野集》。前有李蓑序,且云李子谪官阳城,乃序其诗刻之。今核其所选之诗,有出此集之外者,其余亦间有改窜。此本得之甬上,为天一阁中散出之帙。每卷之首均空一行,且不著撰人姓名,前无蓑序。缮写绝精,疑是未刻时清本。其后蓑撰序登木,别有增改,故参差舛牾,不能尽合也。其诗专尚气骨,局势开张,虽间有虚声,迥殊庸驽。《天一阁书目》云不著撰人姓氏。余读《盛明百家诗》,知即《莘野集》,为考定如右。今《莘野集》刻本已不可见,暇当取俞选及他处所载深甫逸诗,为补遗一卷,且重刻而流传之。因记于此以俟。(《丁志》卷三七)

显然浮签初稿未能考证出作者,之后丁丙考出作者为明人田汝耔及田氏生平,另作一跋以替代前稿。《丁志》刊本解题与扉叶丁丙手跋基本一致,只是按藏书志格式补上题名行,并将末尾的"丁丙识"三字删去。

不过,正如严佐之所指出的那样,孙峻在丁丙去世当年为《丁目》作序,直接主张是自己代撰,而丁立诚、丁立中等任由他披露,可视为默许,足见孙氏的确承担了大部分初稿的实际撰写。综合以上情势分析,应认为《丁志》系丁丙、孙峻合撰。

二、缪荃孙校订《丁志》的实态

民国时期,陈乃乾提出《丁志》由缪荃孙代撰:"筱珊晚年以代人编藏书目录为生财之道,人亦以专家目之,造成一时风气,如今之翰林先生为丧家点主题旌然。已刊行之丁氏《善本书室藏书志》《适园藏书志》,自撰之《艺风堂藏书记》及未刊之《积学斋藏书记》《嘉业堂藏书志》,皆出其手。"②

而《丁志》缪荃孙序称:"今修甫仲昆命襄校雠。"在传统的著述语境下,帮助校勘云云,有时的确是代笔的隐讳说法。但据缪氏《日记》、丁立诚致缪荃孙信札,缪氏的

---

① 田汝耔《田兵部集》,明抄本,南京图书馆藏。此据原件录出。

② 陈乃乾《上海书林梦忆录》,《蠹鱼篇》,辽宁教育出版社,1998年,47页。

确只承担审阅校订的工作，陈说完全背离事实。

光绪二十五年冬，丁立诚两次致信缪荃孙，托他校订《丁志》，分别是《书札》丁立诚第五函、第九函：

> 先叔藏书题跋已成者二千余种，所撰非一时，故前后重复不少。得能荷斧削鉴定，庶可问世，未知俯允所求否？（第五函）
>
> 兹求其带奉《善本书室藏书志》二十册，《北隅赘录》《续录》四册，均乞查收。……先叔乃竭数年之心力，既编其目，复考古书之源流，辨刻本之同异，而为《藏书志》。……舍弟立中，以刊刻先人遗著为念，立诚不学无术，既不能遵先叔遗命，取精华而弃糟粕，又未忍将此草创之稿漫灾梨枣，而使人指摘。因思当世精于《七略》之学者，舍阁下其谁。恃爱妄渎，伏乞严加选择，重为删削。大木以斧削而成材，璞玉以雕琢而成器。想阁下成人之美，必不惮此修饰润色之劳也。如蒙俯允所请，并求于鉴定之后，赐撰叙文，以弁其端。（第九函）①

上编第二章第一节已将第五函系于光绪二十五年十月，此不赘。第九函未标日期。检《日记》，光绪二十五年十二月二十日，“接……丁修甫信，寄书目求勘”，与引文中“兹求其带奉《善本书室藏书志》二十册”，情形相符，可见第九函即是十二月二十日缪氏所收到者。丁立诚寄去的是“藏书题跋已成者二千余种”“二十册”，所拜托的内容是“严加选择，重为删削”“修饰润色”与“鉴定”，陈说之谬显然。

翌年即光绪二十六年正月，缪氏开始校读《丁志》。根据《日记》，至二月初，他完成了经部的校订。从此时至三月十四日，《日记》未有校订《丁志》的记录，而三月十五日，他校订的是史部职官类。在该类之前，尚有正史、编年、纪事本末、别史、杂史、诏令奏议、传记、史钞、载记，这九类的校订情况在《日记》中全无记载，但可以推想，这九类的校订实际就是在这一期间完成的。

> 正月十九日，读丁氏书目易类。二十日，读丁氏书目书类。二十一日，读丁氏书目诗类。二十二日，读丁氏书目礼类。
>
> 二月一日，读丁氏书目春秋类。二日，读丁氏读书记五经总义类。三日，读丁氏书目乐类。四日，读丁氏书小学类。
>
> 三月十四日，勘校丁氏书目。十五日，勘校丁氏书目职官类。十六日，勘校丁氏书目政书类。十七日，校勘丁氏书目目录类。十八日，勘校丁氏书目史评

① 《艺风堂友朋书札》，696、698—699页。

类。十九日，勘校丁氏书目地理类。二十日，勘校丁氏书目地理类。二十二日，勘校丁氏书目地理类。

至四月，缪氏完成了经、史两部的校订。四月八日，“送八千卷室善本书目经、史两集，……并致丁修甫信，均交丁瑞泰杭烟店转寄”，将校订好的经、史两类原稿寄还丁立诚。四月中旬，缪氏开始校订子、集二部：

四月十八日，校勘丁氏书目子类一册。

五月四日，校勘丁氏书目子类半册。十五日，校勘丁氏书目类书类。十六日，校勘丁氏书目小说类。十七日，校勘丁氏书目释类。十八日，校勘丁氏书目道类。十九日，校勘丁氏书目医家类。二十一日，校勘丁氏书目诗文评类。二十二日，校勘丁氏书目曲类。二十三日，校勘丁氏书目楚辞类。

五月二十九日，缪氏将已完成的第二批原稿寄交丁氏，仍由丁瑞泰杭烟店转送（“交丁氏书目四册与陈伯雅，转交丁瑞泰”）。其后，校订工作中断了两个多月，于八月重开并完成：

八月十日，校勘丁氏书目集类唐。十二日，校勘丁氏书目集类北宋。十三日，校勘丁氏书目集类南宋。十四日，校勘丁氏书目集类南宋。十五日，校勘丁氏书目集类南宋。十六日，校勘丁氏书目总集类。十七日，校勘丁氏书目诗文评类、词曲类。十八日，校勘丁氏书目集类南宋。十九日，校勘丁氏书目集类元一。二十日，校勘丁氏书目集类元二。二十一日，校勘丁氏书目集类明一。二十二日，校勘丁氏书目集类明二毕。八月二十八日，发杭州丁修甫信，寄藏书志十六大册。

要之，光绪二十六年正月至八月，缪氏校读修订《丁志》，前后耗时七个多月，扣除五月末至八月初的中断，实际耗时四月有余。从《日记》来看，集中精力校订的是一月底至二月初、三月中旬、五月和八月，这段时间进展神速，几乎一天完成一类，整个四月则只校订了“子类一册”。而在校订《丁志》的同时，缪荃孙还有其他大量工作，穿插进行。翻览《日记》，即可一目了然。

在这种情况下，以一类仅花一天的速度，实际不可能有太多实质性修改，前述《丁志》初稿、誊清稿本与刊本的大部分解题差异不大乃至全无差异，也可证明缪氏校订基本只是“修饰润色”。事实上，即便缪氏发觉疑问，但他当时身处异地，无从目验解疑。这是缪氏未对《丁志》作大改动的根本原因。

第四节 《善本书室藏书志》的体例与内容特点

关于《丁志》的体例与内容特点，已有一些先行研究。本节将讨论《丁志》中的夸饰作伪现象、解题利用他人考订意见的情况，并审视《丁志》自订的善本标准以及在实践中的“断裂”与“游移”。

一、作伪与夸饰

出于夸奇矜富的心理，有意无意地拔高版本，是私人藏家的常有陋习。但要凿实此系鉴定有误，彼系有意作伪，却很困难。总体来看，《丁志》的写作态度相对诚实，版本鉴定错误固然不少，可确指为刻意作伪者却不多，但作伪与夸饰亦未能绝迹。

《丁志》卷一的开篇首部书“宋刊本《周易》”，实为孙氏寿松堂藏本，前揭诸稿本皆未著录此书。此处作伪的缘由有些可笑：《丁志》以四部分类，开卷首书必是《周易》，但丁氏仅藏有明刊，即南图藏《八千卷楼藏书目》、哈佛藏本与重图藏本开篇首部书“《周易》 明刊本 曹楝亭”，未免有些难看。丁氏乃向孙氏商借，装点门面。藏书转让时，丁立诚不得不向缪荃孙、陈庆年澄清此事：

> 《藏书志》第一种宋本《周易》一部，敝箧实无其书。祇因开卷之初，即系明板坊刻，殊不足弁冕群籍，故即借孙氏藏本入录。穷儿炫富，不期数年之后，不能保有其书，遂至破案。文人积习，可笑亦可悯也。①

《艺风老人日记》亦有此事痕迹，宣统二年二月十二日，“交丁秉衡修甫信两叶，言宋版《周易》事，嘱粘入交册”。盖因循目索书，则短缺一部宋本，会引起麻烦或误会，故要将丁函存档（“粘入交册”），以为日后凭据。

《丁志》卷一八之“影抄宋本”《宾退录》，解题称“此从湖州陆氏藏本影抄”，检《皕宋楼藏书志》卷五六，陆氏藏本为“影宋钞本 顾千里临何义门校”，则丁氏藏本只是影宋本的过录本。不过，将影宋抄本的过录本径称为“影宋抄本”，在清代藏家中是惯常做法，不似今日古籍编目界定严格。

八千卷楼藏有不少晚近传录的抄本，《丁志》多作笼统著录，对于晚近抄写一事，避而不谈。前揭光绪十七年王棻抄本《王静学先生文集》，南图藏《八千卷楼藏书目》尚注明为“黄岩王棻重编写本”，《丁志》则作“写本”，解题也未有详细说明。

---

① 《长泽规矩也著作集》卷端书影，汲古书院，1982 年。

对于此类情况，当时人已有察觉，陈庆年指出《丁志》著录的“汲古影宋写本”《芸隐二稿》有作伪嫌疑：“钱塘丁氏善本书室有摹写汲古影宋写本《芸隐二稿》，……丁氏于《二稿》中有夹签云，沪上见汲古阁影写宋本，精绝可爱，借而摹成。乃其所著《善本书室藏书志》径谓以汲古阁影写宋本，购归插之八千卷楼，实饰言也。”①

陈庆年参与八千卷楼藏书的收购，后又供职于江南图书馆，有目验原书的便利，此例足可采信。与《宾退录》相同，丁氏将据《芸隐二稿》影宋抄本传录的本子径直称为“影宋抄本”，显系有意为之。以上实例也提醒研究者，利用《丁志》而无法目验原书时，对于所载“影宋本”“影元本”，不能无保留地凭信。

二、利用他人藏书题识及考订意见

治目录学者理应以辨章学术、考镜源流为追求目标；然而贯通四部，于每一书均能原原本本，道其源流，又谈何容易，非大多数人学力所能及。缘此，剪裁序跋、融铸旧说的做法，在解题目录中相当普遍。特别是在《四库全书总目》问世之后，有1万多篇解题可供人利用，而善本书志在本质上是针对“版本”而作，对于“内容”的考辨，原非重点，抄撮《四库总目》实在是情势使然。《丁志》自然也不例外，此点已经严佐之指出。

八千卷楼收藏名家旧藏甚多，其中不少经人题跋，这些善本原件上的题跋，是原书序跋与《四库总目》《直斋书录解题》《郡斋读书志》等经典目录之外，《丁志》重要的取材对象。

卷九之《元统元年进士题名录》，从“后有竹汀钱大昕跋云”至“爰记所考证于卷末”，全系抄录钱大昕题识，仅末尾“有‘虞山张氏蓉镜芙川印’，芙川名蓉镜，昭文人，有小瑯嬛福地，藏宋元椠本极夥”一句，出自丁氏。②

卷一八之影写本《墨子》十五卷，解题全钞黄丕烈两跋，出自丁氏的惟有介绍藏印、卷次存佚的末两句：“有‘读未见书斋收藏’‘荛翁’两印。惜缺卷一至卷五。”

卷一八之明崇祯刊本《容斋随笔》，解题的主体部分引用严元照题跋：

> 洪文敏公以卓绝之才，得贤父兄之助，读书多，历官久，其所著《容斋随笔》五集，为卷七十有四，总千一百七十余则。古今人物之贤否，事势之得失，以及诸子百家遗文佚事，无不著录。而汴京、临安典章制度，言之尤悉。按其论说，皆平允明通，无穿凿苛细之病。名儒之学，与浅见谀闻之徒知其一而不知其二者，故不

---

① 陈庆年《芸隐倦游横舟二稿跋》，《横山乡人类稿》卷三。

② 钱大昕跋见《馆藏善本书题跋辑录》，11—12页，《第二年刊》。

同也。此系近时翻雕明末刻本，字画颇粗恶。予从获港章文鱼借得宏治八年会通馆活字铜版印本，校勘一过，补录嘉定中邱㭬、洪伋二后序、绍定中周谨跋、宏治中华燧序。校录既竣，题而藏之，嘉庆八年岁在昭阳大渊献十二月初六日，归安严元照书。（严元照手跋）①

《容斋随笔》十六卷《续笔》十六卷《三笔》十六卷《四笔》十六卷《五笔》十卷 明崇祯刊本 严九能校藏

此书为嘉定马元调得弘治戊午河南巡按李瀚刊本，重为翻雕。前有谢三宾序。严九能先生用别本手校，自题其后云：洪文敏公以卓绝之才，得贤父兄之助，读书多，历官久，其所著《容斋随笔》五笔，为卷七十有四，总千一百七十余则。古今人物之贤否，事势之得失，以及诸子百家遗文佚事，无不著录。而汴京、临安典章制度，言之尤悉。按其论说，皆平允明通，无穿凿苛细之病。名儒之学，与浅见謏闻之徒知其一而不知其二者，故不同也。又补录邱㭬、洪伋、周谨序于卷首。（《丁志》）

丁氏引用严跋时，删去了“此系近时翻雕明末刻本，字画颇粗恶”等语，对此又未加驳正，径著录为“明崇祯刊本”，乍看似乎是有意作伪。不过，此本今藏南图，著录为“明崇祯三年马元调刻本（随笔卷三 续笔卷一至三配清抄本）”，乃知是严氏判断有误，《丁志》径予纠正而已。

如以上三例所示，《丁志》利用前人藏书手跋，一般会标明“某某手跋云”或“某某有跋”。与之成对比，他利用同时代人的题跋却往往不加说明。卷三八之宋麻沙刊本《二十先生回澜文鉴》，解题前半部分基本照搬陆心源手跋，未作说明：

《二十先生回澜文鉴》二十卷，存卷一至卷七，卷十四至二十，题曰“承奉郎连州签判虞祖南承之评次，慢亭虞夔君举笺注”。目录后有“建安江仲达刊于群玉堂”木记。每页二十四行，行十九字。宋讳有缺有不缺，盖宋季麻沙本也。是书不见于《宋史艺文志》。明范氏《天一阁书目》始著于录，注四十卷，蓝丝格钞本，缺首六卷，序目均佚。又，倪灿《宋艺文志补》有《类编回澜文选》十卷《后集》二十卷《别集》十卷。疑即一书。合计之，则四十卷。分言之，则有前、后、别之分。书名微有不同者，坊贾之所为也。所采者，司马温公、范文正、孙明复、王荆公、石徂徕、汪龙溪、洪容斋、张南轩、朱文公、吕东莱、周益公、杨诚斋、刘屏山、郑艮轩、林拙斋、刘谦斋、张晋庵、方鉴轩、戴少望、陈顺斋二十家之文。如艮轩、谦斋、晋庵、

① 《馆藏善本书题跋辑录》，19页，《第三年刊》。

鉴轩、少望、顺斋六家之文，今皆不传，藉以存其厓略，可宝也。两虞仕履皆无考。光绪十有九年冬至，归安陆心源识。（陆心源手跋）①

《二十先生回澜文鉴》十五卷《后集》八卷 宋麻沙刊本

承奉郎连州签书判官厅公事虞祖南承之评次 慢亭虞夔君举笺注

两虞仕履无考。夔题幔亭，或为闽人。是书目录后有"建安江仲达刊于群玉堂"木记，后有"二十先生行实"一叶。每叶二十四行，行十九字。宋讳有缺有不缺，盖麻沙坊刻也。《宋史艺文志》不载。倪灿《补宋艺文志》有《类编回澜文选》十卷《后集》二十卷《别集》十卷。范氏《天一阁书目》始著于录，注四十卷，蓝丝格钞本，缺首六卷，序目均佚。疑与倪《补志》所载同，即一书。合计之，则四十卷。分言之，则有前、后、别之异。书名微有不同者，坊贾之为也。所采二十先生为司马温公、范文正公、孙明复、王荆公、石徂徕、汪龙溪、洪容斋、张南轩、朱文公、吕东莱、周益公、杨诚斋、刘屏山、郑艮轩、林拙斋、刘谦斋、张晋庵、方鉴轩、戴少望、陈顺斋之文，凡一百篇。略注音之反切，文之主意起伏、事之来历，每篇各有评论。内如艮轩、谦斋、晋庵、鉴轩、少望、顺斋六家之文，今皆罕传，得此尚见崖略。原书二十卷，内缺第八至十四六卷，乃从天一阁假钞……（《丁志》）

《丁志》甚至还利用他人书信中的考辨内容，充当解题。王棻《柔桥文抄》卷一三《与丁松生书》第二函，对方孝孺《逊志斋集》诸刻本，有详细梳理，其中前半部分被《丁志》卷三五"《逊志斋集》二十四卷 嘉靖刊本"条照搬：

再，考《逊志斋集》初刻于天顺癸未，诗文仅二百六十七篇，有林公辅、王绅二序，及临海赵洪序，是为蜀本。再刻于成化庚子，凡《正集》三十卷《拾遗》十卷《附录》一卷，为文一千二百首，有谢铎、黄孔昭序、张弼书后，宁海令郭绅刊，是为邑本。正德庚辰，顾尚书璘守台州，并为二十四卷，梓于郡斋，是为郡本。璘有序，为第三刻。嘉靖辛酉，王可大守台，与提学范惟一、兵宪唐尧臣，据上三刻重加审定，有删有补，即今所传定本也，有范、唐、王三序及徐阶序，是为第四刻。（王棻函）

《逊志斋集》二十四卷《附录》一卷 嘉靖刊本

浙江按察司副使提督学校云间范惟一、浙江按察司佥事南昌唐尧臣、浙江台州府知府东吴王可大校刊

初，孝孺既死，门人王稌叔丰收其遗文藏之。宣德后，稍传于世。天顺癸未初刻，诗文仅二百六十七首，有林公辅、王绅二序，及临海赵洪序，是为蜀本。再

① 《馆藏善本书题跋辑录》，21页，《第四年刊》。

刻于成化庚子，凡四十卷，为文千二百首，有谢铎、黄孔昭序、张弼书后，宁海令郭绅刊，是为邑本。正德庚辰，顾尚书璘守台，删并为二十四卷，梓于郡斋，是为郡本，璘有序。此本，嘉靖辛酉王可大守台，与提学范惟一、兵宪唐尧臣，据上三刻重加审定，有删有补，是为第四刻。即今所传定本也。有范、唐、王三序及徐阶序，并正学小像。后有《附录》一卷。（《丁志》）

三、浓厚的乡邦感情

如前述，丁丙具有强烈的家乡情怀，喜收藏乡邦文献。这一个人倾向，在《丁志》中也有充分显露，成为此书的一大特色。但凡此书与"吾杭"有关，无论是杭人著述，还是杭州刻本，抑或杭人收藏，《丁志》往往特意点出。

《丁志》卷一五载稿本《性理大中》。作者应㧑谦是钱塘人，解题指出应氏乃"杭州理学大儒"，居于杭州何处，最后还加上一句"藏之以志敬恭"，乡邦情感表露得非常充沛。

《性理大中》二十八卷 稿本

卷首有钱塘后学应㧑谦自序，云："《性理大全》一书，永乐间诸儒所辑先贤之格论。余向者不揣，曾修序之，颜为大中，尚有阙略焉。越六年，在临平闲居无事，手订成书，以为圣人之道从此以入，必可达也。"后列凡例七条，引载先儒姓氏及目次。钞字精整，始终不苟。㧑谦字潜斋，明诸生，居威乙巷，为杭州理学大儒。藏之以志敬恭。

再看《丁志》对于杭人旧藏书的处理。卷二一之明刊本《何氏语林》，解题称："且是吾杭海昌陈谢浮侍郎旧物，维桑与梓，必恭敬止，况三百载后经劫之遗编邪。"卷一之明嘉靖刊本《周易本义通释》的解题更为有趣，此书有"'古杭冯氏藏书''云楼''子中'三印"，尽管此冯氏"名虽无考"，解题仍特意指出"曾为杭人旧藏者也"。

杭人编校刊刻之书，也是《丁志》青眼有加的对象。如卷二著录明万历刊本《文公家礼仪节》，称："（是书）又经杨廷筠所订。按，元应氏《家礼辨》，其文不传，仅见于是书。廷筠字作坚，万历乙未进士，累官顺天府丞。魏阉用事，乞归。《府志》入名臣传。应氏，武林籍。廷筠亦仁和人。先后皆吾乡先哲羽翼此书，不仅以刻工精好，版字宽大，为可宝也。"

又如，卷一八之明刊本《吕氏春秋》，称："《吕览》雕本甚多，重以乡先哲所梓，特存之。"可见若依版本珍贵程度，此本并不足道，很可能无缘入选，乃因杭人刻本而被著录。

四、游移与潜规则:《丁志》善本标准再探

丁丙在《丁志》自序中提出了四条界定善本的标准,对于之后善本书志书目的编纂,尤其是善本的界定遴选,产生了重大影响。[①]自序称:

一曰旧刻。宋元遗刊,日远日鲜,幸传至今,固宜球图视之。二曰精本。朱氏一朝自万历后,剞劂固属草草,然追溯嘉靖以前,刻书多翻宋椠,正统成化,刻印尤精,足本孤本,所在皆是。今搜集自洪武迄嘉靖,萃其遗帙,择其最佳者,甄别而取之。万历以后,间附数部,要皆雕刻既工、世鲜传本者,始行入录。三曰旧钞。前明姑苏丛书堂吴氏、四明天一阁范氏,二家之书,半系钞本。至国朝小山堂赵氏、知不足斋鲍氏、振绮堂汪氏,多影钞宋元精本,笔墨精妙,远过明钞。寒家储藏将及万卷,择其尤异,始著于编。四曰旧校。校勘之学,至乾嘉而极精,出仁和卢抱经、吴县黄荛圃、阳湖孙渊如之手者,尤雠校精审。他如冯已苍、钱保赤、段茂堂、阮文达诸家手校之书,朱墨烂然,为艺林至宝。补脱文,正误字,有功后学不浅。荟萃珍藏,如与诸君子面相质也。

针对以上善本标准,徐昕指出,丁丙判断版本价值时,特别强调宋元旧刻,并重视源于宋元旧刻的明清刻本、精钞旧校以及罕传的版本。[②]这一说法,符合《丁志》的实际情况。

四条标准中的第一条"旧刻",所指乃是宋元刊本。但凡藏书家,几乎无不珍视宋元刊本,这一条实际是藏书家善本观念的共性反映。而八千卷楼所藏宋元本少于同时代的铁琴铜剑楼、海源阁、皕宋楼等大藏家,因此更宜对其"球图视之"。

对于"多翻宋椠""刻印尤精"的明翻宋元本与"笔墨精妙"的"影钞宋元精本",丁氏也颇为重视。凡此两类本子,《丁志》解题大多会特意指出刊刻或抄写尤精,并通过行款及文本特征,力证其源出宋元刊本。对于这两类本子的珍视,其实是重视宋元本观念的变型,可以称为"宋元本中心观"。

---

① 毛春翔《古书版本常谈》(1965 年):"肯定善本含义,我以为丁氏四例足以尽之。"昌彼得《谈善本书》(《版本目录学论丛(一)》,1977 年):"这一善本标准一直沿用到民国初年。民国二十二年,国立北平图书馆出版的善本目录即照此标准。并又编善本书目乙编,以著录明万历以后的刻本及清初所刻而较罕的版本。民国三十六年江苏省立国学图书馆出版的书目,在书名下分别注明甲或乙或不注明。注甲字者即依丁丙的善本标准,注乙字者则与北平图书馆善本书目乙编的标准略同,不注明者是普通本。"严佐之在《近三百年古籍目录举要》:"对目录学、版本学研究影响较大的倒反而是丁丙在《善本书室藏书志跋》里提出的四条善本标准。……因编纂《全国古籍善本书目录》而引发的对善本涵义的学术讨论,众说纷纭而暂归一是,丁丙的标准仍是其理论基础。"

② 徐昕《试论丁丙鉴定图书价值的方法——读〈善本书室藏书志〉》,《古籍研究》1999 年 1 期。

由此进一步推衍，《丁志》遂著录了一些不那么“旧”的影宋元刊本或抄本。卷一五之“日本翻刻影宋台州本”《荀子》，“此为杨惺吾于日本得唐仲友刊于台州本，即仍熙宁之旧”，即《古逸丛书》本，这是很晚近的版本。《丁志》特意解释了收录此本的理由：“日本刊版之精，模印之工，似过影宋，其亦如青取之于蓝，而青于蓝欤。未可以外域新雕而不登于目。”又如前揭“影抄宋本”《宾退录》，是丁氏据皕宋楼藏影宋抄本过录的，同样时代晚近，但并不妨碍其登诸《丁志》。

既然，时代晚近的影宋元刻本/抄本可以列入善本，那么在宋元旧刊日渐稀少难获的局面下，退而求其次，明刻本就是可以关注的对象。同治四年，丁申便说去古日远，明本亦可珍视：“也是翁《读书敏求记》所收，即此影写之至元后丁丑刻本。其卷终有虞集收藏字迹。是帙尾有崇祯末年字迹。明之视元，与今之视明，一也，安得不珍如鸿宝乎？”①

当然，明刊本难与宋元刻本相提并论。《丁志》对它有所谓“精本”限定，关注刊刻是否精良，看重那些“字画端正，纸墨精良”的明本，并以宋元本为标尺，特意指出此明刊本如何“不减宋椠”。可见丁氏对明刊本的重视，是有限度的。明刊本《均藻》八千卷楼主人手跋称：

> 世人皆以明人刻本轻视之。凡书之不足者，必曰：此明人刻书恶习。二百年来，牢不可破。不知此乾隆时人所创，尔时去明未远，故有是说。今则视明刊，不啻明之视宋刊也。此册首尾俱残，轻视久矣。况《函海》中亦刊此种，拟欲弃之。偶取《函海》本校之，行款不符，其第四卷之尾一叶未刊。大约雨村所见之本，适阙一叶，故未能刊也。计失刊二十四条，仅将首半阙字补写。余生也晚，已非雍乾全盛之时。遇一时刊，亦断不肯漠视，于此书益信。②

丁氏起先对此本并不在意（“拟欲弃之”），后来发现有校勘方面的价值，才予以重视。受太平天国战争影响，加之去古日远，旧本渐少，丁丙发现明刊佳本已不易得，光绪十八年，他感慨道：“从此古书日少，书贾居奇，虽明刊之佳者，亦不可多得矣。”③

《丁志》著录抄本为数众多，值得研讨之处不少。按照丁丙制定的原则，择取抄本的首要标准是“旧钞”，并重视是否“精妙”，“择其尤异，始著于编”。然而，覆案实例，则会发现《丁志》著录的不少抄本距离这一标准，实有差距。

《丁志》著录的抄本，不少是丁氏自抄本或同时代人所抄本，这些当然无法说是“旧钞”。卷五之精写本《复古编》，“从嘉靖本影写，篆文则闽中高叔迟鹾尹行笃所

---

① 明崇祯年间影写至元刊本《梨岳诗集》丁申手跋，《馆藏善本书题跋辑录》，3页，《第四年刊》。

② 赵鸿谦《松轩书录》，49—50页，《第三年刊》。

③ 明嘉靖震泽王氏刊本《史记》丁丙手跋，《馆藏善本书题跋辑录》，1页，《第二年刊》。

作”。高行笃是丁丙友人高均儒之子，此本抄写时代很晚，《丁志》因其“笔法入古，可宝也”而收录。

卷一一之精抄本《嘉定镇江志》，也是当时人抄录之本：“阮文达曾传梓此书，以原写本实之焦山书藏。粤匪扰及江南者十年，焦山居然无恙。梁星海太史适寓书藏，因钞以寄我。”

在所谓“精钞本”中，有丁氏自抄之本。如卷三四之“精抄本”《姚叔器先生集》，《中国古籍稿钞校本图录》称此本是“清丁丙正修堂钞本”，“黑格，四周双栏，版心下有‘正修堂钞本’五字”，并附书影。①

除了以上丁丙同时代的抄本之外，《丁志》著录的某些“旧钞本”，时代也相当晚近。如卷八之梅湖盛氏旧藏“旧钞本”《五代史补》，此本今藏南图，目验发现避清讳至“宁”，抄写时代不早于道光，抄写亦难称精工，与汲古阁本对校，文字互有优劣。

总之，《丁志》的所谓“旧钞本”“抄本”“精钞本”，抄写时代未必很早，旧钞本的下限大致在道咸之间，钞本与精钞本甚至可下探至光绪年间。

有趣的是，《丁志》收录道咸乃至同光抄本的同时，却几乎不著录道光以降人物著作的稿本。先以罗以智为例，罗氏是杭州人，活跃于嘉道咸间，卒于咸丰末或同治初。《丁志》著录的罗氏藏书不少，如卷六之旧抄本《淳祐临安志》、卷一二之明刊本《南湖考》、卷一三之抄本《大元海运记》、卷一四之旧抄本《元牍记》（有罗氏校补）、卷二四之明济美堂刊本《河东先生集》、卷三一之罗以智传钞天一阁本《新注朱淑真断肠诗集》、卷三九之精写本《西湖八社诗帖》（有罗氏批校）、旧抄本《武林怡老会诗集》。

八千卷楼另藏有如下 2 部罗氏稿本，均未入《丁志》，《松轩书录》对其有介绍。按一般理解，相比罗氏藏书，罗氏著述稿本更为难得，既然藏书可入《丁志》，稿本更宜收入。

《历代纪年汇考正编》不分卷。清钱唐罗以智撰。批改涂乙，均罗先生手迹也。绿丝栏。版心下有“文山紫芷草庐”六字。册面题“历代纪年汇考正编四册，钱唐罗以智撰”两行，为八千卷楼主人所题。凡分三皇纪，至明纪止。每纪前有序。

附藏印 八千卷楼藏书记②

《诗苑雅谈》五卷。清钱唐罗以智撰。前四卷为乌丝栏写本。每半叶十一行，行二十一字，间有朱笔校字，乃钞胥所写。第五卷蓝方格纸，每半叶十二行，

① 陈先行等《中国古籍稿钞校本图录》，587—588 页。

② 赵鸿谦《松轩书录》，35 页，《第二年刊》。

行二十四字。版心上有“恬养斋偶钞”五字，行体书。钤“罗以智印”“镜泉”二印，乃镜泉手稿也。末附《国朝杭郡诗辑补遗》，白纸，亦镜泉手写稿。卷前附叶有八千卷楼主人手写识语七行：“光绪丁亥正月初三日，雨止。出贺亲友二十余家，归已薄暮。抽架上书，得此，为罗镜泉先生以智稿本。第五卷，先生亲笔也。近年诗话，半涉标榜。此独网罗旧闻，搜采名隽，不媿雅谈。先生别著《新门散记》，以所居夹墙巷在南宋崇新门之间，仿厉氏《东城杂记》为之。余曾刊入《武林掌故丛编》，他日尚拟持以付沪上石印，以广其传。八千卷楼主人丁丙。”

附藏印 钱唐丁氏正修堂藏书①

这类情形在《丁志》中并不唯一。邵懿辰卒于咸丰十一年，与罗氏卒年接近。《丁志》卷三一之旧抄本《秋崖先生小稿》是邵氏旧藏，其稿本《稿本位西先生所见书目》（即《四库简明目录标注》原稿），亦藏八千卷楼，却未收入《丁志》。

《丁志》最终统稿阶段，刊落了一些善本，结合上述情况考量，作者时代（成书时代）可能是影响因素之一。被刊落之书有王引之《尚书训诂》、吴德旋《诗经集传拾遗》、刘喜海《苍玉洞宋人题名》，王氏与吴氏均卒于道光，刘氏更晚，卒于咸丰二年。同样是金石著作，孙星衍《泰山石刻记》与黄易《小蓬莱阁金石目》始终保留，孙氏卒于嘉庆二十三年，黄易卒于嘉庆七年。又如卷三之《春秋上历表》，作者范景福为乾隆五十七年举人，书前有嘉庆八年自序及阮元序，成书大致就在当时。

综览全书，作者的时代下限约在嘉庆，道光及之后尚在世的人物，则不与焉。换言之，道光之前成书者，即便版本晚近，仍可酌情收入；道光以降成书者，即便是未刊稿本，亦不收。此条是表面的四条标准之外的“潜规则”，未形诸明文，也未经人指出，特为表出。

附 《丁志》稿本、刊本之异同

本表比对南图藏本《八千卷楼藏书目》、哈佛藏本《八千卷楼藏书志》与《丁志》刊本而成。书名卷数、版本著录、旧藏者，悉据原件。如清代藏书家何元锡号梦华，稿本常作“何梦花”，本表仍之。表中列出的异同，有些明显只是变换措辞，无实质差别，有的可能是笔误，有的则是实质性改动。这里不作区分，一概照实比对记录。

某些书籍，《丁志》著录多部不同版本。凡不易分辨者，书名后加①②③，意指它为《丁志》该书之第几部。

---

① 赵鸿谦《松轩书录》，100—101页，《第四年刊》。

表 4 《丁志》稿本、刊本著录书籍之有无

	八千卷楼藏书目	八千卷楼藏书志	丁志
周易不分卷 明刊本 曹楝亭藏书	√	√	×
郑氏周易三卷 精抄本	√	√	×
苏氏易解八卷 明万历刊本 忠州李芋仙藏书	√(明万历南京吏部刊本未记旧藏)	×	√
周易程朱传义二十四卷 明刊本	×	√	√
尚书汇纂集要六卷 抄本	√	√	×
书经地理今释一卷 精写本	√	√	×
尚书训诂一卷 抄本 陈仲鱼藏书	√	√	×
诗经集传拾遗二卷 精写本	√	√	×
仪礼二十二卷 明刻细字本 钮氏世学楼藏书	√	×	√
檀弓丛训二卷 明嘉靖刊本	√	×	√
孔子三朝记 抄本	×	√	√
监本纂图春秋经传集解三十卷 宋刊本	√	×	√
春秋经传集解三十卷 明覆相台岳氏刻本 施氏杏雨楼藏书	√(明覆相台刊本未记旧藏)	×	√
春秋繁录求雨止雨直解一卷 明万历刊本 怡府藏书	√	√	×
御注孝经一卷 日本翻宋天圣明道间刊本	√	√	×
五经四书大全一百五十七卷 明官刊颁行本	√	√	×
五经摘注五卷 明刊本	√	√	×
续复古篇四卷 影元钞本	√	×	√
说文疑十二卷 稿本	√	√	×
国事三卷 明刊本	√	√	×
郑端简公奏议十四卷 明刊本	√	×	√
东家杂记二卷 影宋抄本	×	×	√
孔孟事迹图谱四卷 旧抄本 鸣野山房藏书	√	×	√
孔门传道录十六卷 明刊本	×	×	√
安禄山事迹三卷 旧抄本 汪鱼亭藏书	√	√	×
锦里耆旧传四卷 旧钞本	×	√	√
嘉泰会稽志二十卷续志八卷 明正德重刊本	√	√	×
辽载前集二卷 旧抄本	√	√	×
福州府志三十六卷 明刊本 祁氏淡生堂藏书	×	×	√

续 表

	八千卷楼藏书目	八千卷楼藏书志	丁志
齐云山志六卷	✓	×	✓
高寄斋订正武林旧事六卷后集五卷 明刊本	✓	×	✓
敬止集四卷 精抄本	×	✓	✓
缅略一卷 旧写本	✓	✓	×
皇明太学志十二卷 明刊本	×	✓	✓
臣轨二卷 旧抄本	×	✓	✓
山屋百官箴六卷 明刊本	×	✓	✓
重刊救荒治民补遗书二卷 明万历刊本	✓	×	✓
楝亭书目二册 精抄本 汪季青藏书	✓	✓	×
清绮斋藏书目一卷 精抄本	✓	✓	×
名迹录六卷附一卷 徐虹亭钞本 马笏斋藏	✓	×	✓
苍玉洞宋人题名一卷 影抄本 魏稼孙藏书	✓	✓	×
童蒙训二卷 日本覆宋本	✓	(以下不存)	×
唐太宗李卫公问对直解三卷 明刊本	✓		×
折狱龟鉴 明万历刊本 怡府藏书	✓		×
棠阴比事一卷补编一卷续编一卷 旧钞本	×		✓
新刻刑统赋一卷 明刊本	✓		×
补注释文黄帝内经素问十二卷遗篇一卷 明赵府刊本	×		✓
新刻脉诀刊误二卷 明刊本 怡府明善堂藏书	✓		×
推求师意二卷 明嘉靖刊本 鸣野山房藏书	✓		×
中星谱一卷 精抄本	✓		×
太乙起例十六册 旧抄本	✓		×
宣和书谱二十卷画谱二十卷 明刊本	×		✓
独断二卷 明汉魏丛书本 卢抱经藏书	✓		×
清梦录一卷 醉经楼抄本	✓		×
澄怀录二卷 厉樊榭钞本	×		✓
石药尔雅二卷 旧抄本	✓		×
可谈一卷 明覆宋本	✓		×
青楼集一卷 旧抄本 汪季青藏书	✓		×
青泥莲花记十三卷 明刊本 开万楼汪氏旧藏	✓		×
止观辅行传宏决四十卷摘语唐释湛然撰 抄本	✓		×
泗州大圣明觉普照国师传一卷 明刊本	✓		×
十七家解注金刚经四卷 明万历刊本	✓		×

续 表

	八千卷楼藏书目	八千卷楼藏书志	丁志
佛祖历代通载二十二卷 明刊本 济阳丁氏旧藏	√		×
六祖法宝坛一卷 明刊本	√		×
新注楞伽经四卷 明成化刊本	√		×
大佛顶首楞严经疏解蒙钞十二卷 明刊本	√		×
佛遗教经约注一卷 明刊本	√		×
妙法莲花经要解七卷 明宏治刊本	√		×
大方图广觉修多罗了义经一卷 写本	√		×
思益梵天所问大乘经四卷 抄本	√		×
圣楞伽阿跋多罗宝经一卷 写本	√		×
集篆金刚经三十二章 明刊本	√		×
黄庭内景玉经一卷外景经三卷内景五脏腑图说一卷 明刊本	√		×
太上黄庭内景一卷外景经三卷内景五脏腑图说一卷 明黄鹤楼雕本	√		×
道德宝章一卷 李节贻手抄本 王蔼士旧藏	√		×
古篆道德经二卷 明万历刊本	√		×
文始真经言外经旨三卷 明刊本	√		×
玉青金笥青华秘文金宝内炼丹诀三卷 精抄本	√		×
金丹正理大全四十三卷 明刊本	√		×
楚辞二卷 明万历本	√		×
离骚集传一卷 影宋本 汪鱼亭藏书	×		√
篆文楚辞五卷 明正德本	√		×
梁陶贞白先生文集一卷 精写本 何梦华藏书	×		√
杜工部七言律诗二卷 明翻元刊本	√		×
颜鲁公集辑览不分卷 稿本	√		×
李端诗集三卷 明翻宋本 惠定宇藏书	×		√
刘宾客文集三十卷外集十卷 抄配本 季沧苇王西庄藏书	√		×
纯阳吕真人文集八卷 明刊本	√		×
范文正公集二十四卷附录 明刊本	√		×
河南集三卷遗事一卷 旧抄本 汪鱼亭藏书	√		×
司马文正公集略三十一卷诗七卷明嘉靖刊本	√		×
东坡守胶西集二卷 明万历本	√		×
三十代天师虚靖真君语录二卷 明刊本	√		×
缙云先生文集四卷 抄嘉靖本	√		×

续　表

	八千卷楼藏书目	八千卷楼藏书志	丁志
吴文肃公文集二十卷　明万历本　汪鱼亭藏书	√		×
性理吟二卷　旧抄本	√		×
蒙隐集二卷　精抄本	√		×
竹庄小稿一卷	√		×
东斋小集一卷　黑格精抄本	√		×
宋郑所南先生心史二卷　明刊本　鲍氏知不足斋藏书	√		×
荻溪集二卷　旧抄本	√		×
白洲诗集三卷　明正德刊本　吴兴授经楼藏书	√		×
南斋先生魏文靖公摘稿	×		√
环碧斋诗三卷小言一卷尺牍五卷　明万历刊本	√		×
宗子相集七卷　明刊本	√		×
北游漫稿文三卷　明隆庆刊本	√		×
讲习堂诗二册　旧抄本　武原旧家藏书	√		×
复初斋文集二十册外集十六册小本诗六册　原稿本　范稗禾旧藏	√		×
古赋辩体八卷外集二卷　明嘉靖翻本	√		×
彤管新编八卷　明刊本	√		×
钓台集二卷　明万历刊本	√		×
滑耀编四卷　明刊本	√		×
文字会宝不分卷　明万历刊本	√		×
乐府明辨五卷　东瀛刻本	√		×
选诗合评七卷　明刊本	√		×
始可与言八卷　田养斋罗氏抄本	√		×
侨庵诗余一卷北乐府一卷　精抄本　何梦华藏书	√		×
蓬莱鼓吹一卷　旧抄本	√		×
篁嵘词　典雅词抄本	√		×
白雪词一卷　精抄本　何梦华藏书	√		×
章华词一卷　典雅词抄本	√		×
楚昭公疏者下船杂剧一卷　明抄本	√		×
燕孙膑用智捉袁达杂剧一卷　明抄本	√		×
吴起敌秦挂帅印杂剧一卷　明抄本	√		×
群仙庆寿蟠桃会一卷新编瑶池会八仙庆寿一卷　明刊本	√		×
新编张天师明断辰钩月一卷　明刊本	√		×
芥舟书舍初集曲谱八卷　精抄本	√		×

表5 《丁志》稿本、刊本版本著录之差异

	八千卷楼藏书目	八千卷楼藏书志	丁志
周易兼义	闽刊本	闽刊本	明闽刊本
周易详解	馆写底本	馆写底本	旧钞本
周易洗心	四库发还本	四库发还本	旧钞本
周易乾凿度	卢刻卢校本	卢刻卢校本	卢见曾刻卢文弨校本
尚书注疏	明嘉靖李氏刻本	明嘉靖李氏刻本	明闽刊本
读风臆评	明万历闵氏朱墨刊本	明万历闵氏朱墨刊本	明万历闵氏刊本
六家诗名物疏	明刊本	明刊本	明抄本
仪礼识误	卢抱经校三单本	卢抱经校三单本	卢抱经校本
仪礼戴记附记	蓝丝栏抄本 甬东范氏旧藏	蓝丝栏抄本 甬东范氏旧藏	明天一阁抄本
檀弓丛训	明嘉靖刊本	（未载此书）	明嘉靖丙辰 姚安府刊本
春秋经传集解	东瀛刊本	东瀛翻宋本	东瀛翻宋本
春秋左传注疏	明闽刊九行本	明闽刊九行本	明闽刊本
孝经注疏	明嘉靖闽刊本	明嘉靖闽刊本	明闽刊本
唐御注八分孝经	东瀛翻明刊本	东瀛翻明刊本	明刊本
琵谱	依阁抄本	依阁抄本	旧钞本
六书统	元刊本	元刊本	原刊本
三国志	校冯祭酒南监刊本	校冯祭酒南监刊本	南监刊本
三国志注补	东潜赵氏定本 会稽陶文冲校	东潜赵氏定本 会稽陶文冲校	东潜赵氏稿本
资治通鉴纲目	（未记版本）	明归仁斋书林刊本	明归仁斋书林刊本
建康实录	旧抄宋抄本	旧抄宋抄本	明依宋抄本
议处安南事宜	明刊本	明抄本	明钞本
晏子春秋②	再校孙氏刊本	再校孙氏刊本	精校孙氏刊本
明成化宏治 万历乡试录	抄本	刊抄本	影钞本
华阳国志	影写宋嘉泰本	影写宋嘉泰本	旧钞本
蛮书	翻刻馆本 卢抱经藏书	翻刻馆本 卢抱经藏书	聚珍版本 卢抱经校本
咸淳临安志九十三卷 札记稿三卷	小山堂借绣谷亭抄本	小山堂借绣谷亭抄	小山堂抄本
唐律疏议	依阁抄本	依阁抄本	旧钞本
内阁藏书目录	爱余堂丛书	抄本	钞本
寒山金石时地考	石仓翁手抄本	石仓翁手抄本	旧钞本
十七史纂古今通要	影元抄本	影元抄本	影元本
孔子家语①	明覆宋本	（以下不存）	（家语）明翻宋本

续 表

	八千卷楼藏书目	八千卷楼藏书志	丁志
新序②	明刊本 何义门校宋		(刘向新序)明刊本 何义门校
扬子法言②	元刊黑口本		(纂图互注扬子法言) 元刊本
潜夫论①	明刊校宋本		明刊本
中论	明抄本		(徐幹中论)精钞本
家范②	明刊本		(宋司马温公家范) 明万历刊本
小学集说	东瀛刊本		明刊本
性理大中	国初写本		稿本
性理大全书	内府刊本		明内府刊本
黄帝内经太素 二十四卷	影写残本		(黄帝内经太素残本 二十三卷)日本写本
黄帝内经明堂一卷	影写残本		(黄帝内经明堂残本 一卷)日本写本
太乙博济经效秘 传旅舍备要方	(未记版本)		旧钞本
范围易数明断精义	明刊本		明钞本
大明清类天文分野书	明刊本		明钞本
广川书跋	(未记版本)		明刊本
宝真斋法书赞	依阁抄本		旧钞本
书苑精华	明抄蓝格本		明抄本
珊瑚木难	明末旧抄本		明钞本
砚史	明华氏刊本		明覆宋本
歙砚说歙石说	明华氏刊本		明刊本
歙州砚谱	明华氏刊本		明刊本
茶录	明华氏刊本		明覆宋本
宣和北苑贡茶录	(未记版本)		旧钞本
酒史	旧刊本		朱印本
菌谱	明华氏刊本		明覆宋刊本
鹖冠子	武英殿聚珍本 卢抱经校道藏本		卢抱经校聚珍本
鬼谷子	鲍以文校本		鲍以文校钞本
东坡先生志林	影写万历赵氏刊本 原本为卢抱经校藏		旧钞本
避暑录话	明稗海刊本 孙潜夫 初校黄荛圃复校		明刊本 孙潜夫校本
涧泉日记	杭州照殿刊本		杭州刊本

续 表

	八千卷楼藏书目	八千卷楼藏书志	丁志
燕泉何先生余冬序录	明刊本		明万历刊本
家训笔录	朱丝格精钞本		精钞本
大明仁孝皇后劝善书	明刊本		明小字刊本
子汇	明万历刊本		明万历钞本
艺文类聚	明刊本 陈子准手校		陈子准校宋本
世说新语	（未记版本）		明刊本
湘山野录	明刊本		明钞本
河南邵氏见闻后录	明汲古刊本		明汲古阁写本
东南纪闻	馆吏抄本		旧钞本
人海记	（未记版本）		旧钞本
续高僧传	支那本		明刊本
一切经音义	庄刻本 孙渊如校宋本		孙渊如校
古清凉传广清凉传	影金元刊本		旧钞本
开元释教录	支那本		明刊本
宋高僧传	支那本		明刊本
晁文元公道院集要	（未记版本）		明刊本
抱朴子	（未记版本）		明鲁藩刊本
张叔平悟真篇集注	明刊本		元刊本
离骚图	影摩本		精写本
汉蔡中郎集十一卷②	明万历刊本		明万历庚辰刊本
蔡郎中集十卷 外集四卷③	海源阁刊本		罗镜泉校本
梁昭明太子文集	影写嘉靖刊本		写本
唐太宗皇帝集	明刊本		明活字本
唐元宗皇帝集	明刊本		明活字本
王子安集①	（未记版本）		旧钞本
陈伯玉文前集 后集附录	明宏治刊本		明宏治刊黑口本
苏许公诗集三卷 苏廷硕集二卷	明刊本		（苏许公诗集三卷） 明翻宋本
分类补注李太白诗 二十五卷①	元至大本		元至大辛亥刊本
集千家注分类 杜工部诗①	元刊本		元广勤堂刊本
集千家注分类 杜工部诗②	明翻元刊本		明汪谅翻元刊本
孟浩然诗二卷②	明硃墨刊本		明刊本

续 表

	八千卷楼藏书目	八千卷楼藏书志	丁志
孟浩然诗集三卷③	抄明刊本		明刻本
皇甫补阙诗	明依宋刊本		明正德依宋本
皇甫御史诗集	明依宋刊本		明正德依宋本
郎刺史诗集	明依宋刊本		明正德依宋本
唐卢户部诗集①	影抄明刊宋本		影抄宋本
昌黎先生集四十卷外集十卷遗文一卷	明嘉靖合刊本		明徐氏刊本 陈景云手校 稽瑞楼藏书
韩文	明徐氏刊本 陈景云手校 稽瑞楼藏书		明嘉靖合刊本
朱文公校昌黎先生文集四十卷外集十卷集传遗文二卷②	明依宋刊本		明依宋黑口刊本
五百家注音辨唐柳先生文集	抄馆本		旧钞本
河东先生集	明刊本		明济美堂刊本
柳文	明嘉靖合刊本		明嘉靖游氏刊本
吕衡州文集	旧抄校本 顾千里校		旧抄校本
孟东野诗集	明仿宋刊本		明宏治仿宋刊本
绛守居园池记注	影写明刊本		影写明宏治刊本
李文饶公文集（马笏斋藏书）	明刊本		明袁州刊本
章孝标诗集章碣诗集	明正德刊本		明正德依宋刊本
温庭筠诗集	钱遵王抄宋本		钱遵王精抄宋
梨岳诗集①	明影写元本		明影写正统刊本
梨岳诗集②	明影写元本		明影写至元刊本
会昌进士诗	明刊本		明宏治刊本
唐甫里先生文集	明抄本 黄荛圃以成化本校补		明钞本
尹师鲁河南集	配赵氏小山堂抄本		赵氏小山堂抄本
宋蔡忠惠文集	明万历双甃斋刊本		明万历刊本
金氏文集	依阁抄本		旧抄本
直讲李先生文集	明正德本		明正德戊寅刊本
都官集	依阁抄本		旧抄本
安岳冯公太师集	鲍氏抄校本		知不足斋钞本
王魏公集	四库馆底本		旧钞本
欧阳文忠公集	明正德本		明正德吉州刊本
欧阳文忠公全集	明嘉靖本		明嘉靖庚辰刊本

续 表

	八千卷楼藏书目	八千卷楼藏书志	丁志
王荆文公诗	元刊配卢抄本		元刊本
重刊苏文忠公全集	明成化本		明成化吉州刊本
东坡禅喜集	明硃墨本		明刊本
栾城集	明清梦轩本		明刊本
山谷内集诗注二十卷目录一卷年谱一卷③	东瀛宽永翻宋绍定本		日本翻宋绍定本
宋黄太史公集选	明万历本		明万历河南刊本
宛邱先生文集②	抄配旧本		钞本
淮海集四十卷后集六卷长短句三卷①	明嘉靖小字本		明嘉靖己亥刊本
淮海集四十卷后集六卷②	明刊本		明山东刊本
淮海集四十卷后集六卷长短句三卷③	明万历本		明万历戊午刊本
济南集①	旧抄校本		旧钞本
参寥子诗集十二卷	明崇祯刊本		明刊本
宝晋英华集六卷	赵氏星凤阁抄校本		赵氏钞本
石门文字禅	明支那本		明刊本
云溪居士集	依阁抄本		旧钞本
潏水集	旧依阁抄本		旧钞本
道乡先生邹忠公文集	（未记版本）		明正德刊本
北湖集①	依阁抄本		旧钞本
摛文堂集	依阁抄本		旧钞本
竹隐畸士集	依阁抄本		钞本
跨鳌集	依阁抄本		旧钞本
忠愍集	依阁抄本		旧钞本
龟山杨文靖公集	明宏治刊本		明宏治本
浮溪文粹	明万历重刊本		明万历重修本
忠惠集	抄大典本		旧钞本
藏海居士集	馆辑草底本		旧钞本
北山小集	依阁抄本		旧钞本
樾溪居士集	文澜阁传抄本		旧钞本
三余集	馆辑草底本		旧钞本
鄱阳集	依阁抄本		旧钞本
灊山集	邵二云抄本		钞本 邵二云藏书
庐溪先生文集	明嘉靖本		明嘉靖五年刊本
庐溪先生文集	雍正间谢氏精抄本		谢氏钞本

续　表

	八千卷楼藏书目	八千卷楼藏书志	丁志
陵阳先生集②	（未记版本）		旧钞本
豫章罗先生文集	元至正本		至正乙巳刊本
高东溪先生文集	影写明嘉靖本		旧钞本
芦川归来集①	依阁抄本		旧钞本
斐然集	抄细字本		旧钞本
莆阳知稼翁集②	红格旧抄本		旧钞本
唯室集	依阁抄本		旧钞本
竹轩杂著	依馆抄本		旧钞本
雅林小稿	抄宋书棚本		影钞宋本
罗鄂州小集	明洪武配天启本		明刊本
渔溪诗稿②	抄宋本		影钞宋本
晦庵先生朱文公文集	日本依嘉靖刊本		日本刊本
蒙隐集	馆中草底本		旧钞本
象山先生外集四卷	明正德本		明正德刊黑口本
舒文靖集	馆底本		旧钞本
洪文安公小隐集	仁和劳格辑稿本		劳格补辑本
洪文敏公集	仁和劳格补辑稿本		劳格补辑本
应斋杂著	依阁抄本		旧钞本
艮斋先生薛常州浪语集	明淡生堂抄本		明钞本
石湖居士诗集	陈楞山校藏顾刻本		陈楞山校本
涧谷精选陆放翁诗集②	明宏治本		影写明宏治本
南轩先生文集	明宏治本		明刊黑口本
勉斋先生黄文肃公文集	影宋本		影宋钞本
山房集	依阁抄本		旧钞本
宋杜清献公集	小玲珑馆抄本		钞本
方是闲居士小稿	影写至正本		影写元本
翠微南征录	旧抄校本		旧钞本
沧州尘缶编	依阁抄本		钞本
安晚堂诗集	影宋残刻本		影宋本
篔窗集	依阁抄本		钞本
友林乙稿	翻宋刊本		明翻宋刊本
沧浪先生吟	明嘉靖刊本		明嘉靖闽刊本
沧浪先生吟	精抄明正德刊本		影抄明正德本

续 表

	八千卷楼藏书目	八千卷楼藏书志	丁志
玉楮诗稿①	明刊本 后鲍士恭进呈四库之发还之本		明刊本
梅屋诗稿融春小缀三稿四稿	旧黑格精抄本		旧钞本
葛无怀小集	黑格精抄本		影宋钞本
林同孝诗（汪鱼亭藏书）	黑格精抄本		影宋钞本
芸隐横舟稿倦游稿	黑格精抄本		精钞本
汶阳端平诗隽	旧抄宋书棚本		旧影宋本
石堂先生遗集	明万历本		明万历重刊本
须溪集	依阁抄本		旧钞本
苇杭漫游稿	依阁抄本		旧钞本
碧梧玩芳集	依阁抄本		旧钞本
彝斋文编②	抄小字本		旧钞本
秋晓先生覆瓿集	影写万历本		影写明刊本
阆风集	依阁抄本		旧钞本
梅岩胡先生文集①	旧影抄嘉靖本		旧钞本
梅岩胡先生文集②	旧影抄嘉靖本		旧钞本
有宋福建莆阳黄仲元四如先生文稿	（未记版本）		旧钞本
庐山集英溪集	依阁抄本		旧钞本
伯牙琴	馆底本		旧钞本
自堂存稿	馆底本		旧钞本
心泉学诗稿	馆底本		旧钞本
张淮阳诗集	抄明正德刊本		旧钞本
白云集	知不足斋正本		知不足斋钞本
稼村先生类稿	影写明正德刊本		影写明刊本
郯源戴先生文集	影写明万历刊本		旧钞本
桂隐诗集四卷②	明嘉靖刊本		明嘉靖钞本
金渊集	卢抱经校翻聚珍本		卢抱经校本
还山遗稿	影写明嘉靖刊本		影写明本
双溪醉隐集	旧抄馆本		旧钞本
秋涧先生大全集	雍正六年宋宾王抄校本		宋宾王钞校本
楚国文宪公雪楼程先生文集	观稼楼吕氏抄校洪武刊本		影钞洪武刊本
汉泉曹文贞公诗集	补元刊本		元刊本

续 表

	八千卷楼藏书目	八千卷楼藏书志	丁志
秋岩诗集	馆底本		旧钞本
弁山小隐吟录②	旧抄馆底本		旧钞本
静春堂诗集	士礼居抄五砚楼本		旧抄本
勤斋集	旧抄馆本		旧钞本
翠寒集	旧抄钱罄室藏本		旧钞本
桧亭稿	影抄元至正十年刊本		元至正十年刊本
黄文献公集	影写明正统补刊本		影写明本
存复斋文集	旧抄明刊合璧本		明刊本
秋声集	劳蟫隐手抄精校本		劳蟫隐手钞本
圭峰卢先生集	影万历己酉刊本		万历己酉刊本
贡礼部玩斋集	明嘉靖补修天顺本		明天顺刊本
句曲外史贞居 先生诗集②	（未记版本）		旧钞本
侨吴集	花山马氏抄宏治刊本		钞宏治刊本
傲轩吟稿	影写明嘉靖重刊本		影写嘉靖本
友石山人遗稿①	明洪武后刊本		明刊本
鹤年诗集①	从黄氏士礼居 藏元刻录本		影元刻本
山窗余稿	旧抄馆退本		旧钞本
梧溪集	明洪武原刊本 景泰补成本		明洪武本
佩玉斋类稿①	劳氏平甫抄校本		劳氏校本
石门文集	明嘉靖重刊永乐本		明嘉靖刊本
重刊宋濂学士 先生文集	明嘉靖翻天顺刊本		嘉靖刊本
潜溪集	明嘉靖重刊本		嘉靖刊本
庸庵集	馆吏抄本		旧钞本
丹崖集	抄明天顺刊本		天顺刊本
始丰稿	配抄明初刊本		明初刊本
望云集	裘杼楼抄 明嘉靖重刊本		裘杼楼钞本
西郊笑端集	影抄成化刊本		钞本
松雨轩集	旧影写明嘉靖重刊本		旧钞本
鄱阳刘彦昺诗集①	影明初刊本		旧钞本
蓝山集	馆底本		旧钞本
蓝涧集	馆底本		旧钞本

续 表

	八千卷楼藏书目	八千卷楼藏书志	丁志
高太史凫藻集 附扣舷集	明正统九年刊本		正统刊本
杨孟载眉庵集	影写明重刊成化本		写本
张来仪先生文集	过抄黄士礼居藏本		士礼居钞本
北郭集	影写明成化刊本		旧写本
全室外集	明永乐刊本 四库馆底本		永乐刊本
会稽怀古诗	影写明宏治刊本		旧写本
逊志斋集②	明嘉靖辛酉刊本		嘉靖刊本
希董先生遗集	影明嘉靖刊本		旧钞本
王静学先生文集	黄岩王棻重编写本		写本
易斋稿	明刊本		明初刊本
逃虚子诗集	馆退马氏 小玲珑山馆藏抄本		马氏钞本
杨文敏公集	明正德刊本		正统刊本
金文靖公集	明宏治修刊本		宏治刊本
节庵集	（未记版本）		旧钞本
于肃愍公集	明嘉靖间 大梁书院刻本		嘉靖刻本
石淙诗稿	明嘉靖孙氏恩刊本		嘉靖孙氏刊本
见素诗集	明嘉靖重刊本		嘉靖刊本
容春堂全集	明嘉靖甲午刊小字本		嘉靖刊本
吴文素公摘稿	明万历刊馆刊本		明钞本
草窗梅花集句①	明宏治刊本及旧抄本		宏治刊本
朱玉洲集	明嘉靖丙申刊本		嘉靖刊本
杨忠愍公集	明万历壬寅刊本		万历刊本
田兵部集	范氏明抄藏本		明钞本 天一阁藏书
宗子相集	明嘉靖初刻本		嘉靖刻本
花王阁賸稿	馆发还本		旧钞本
文选	明嘉靖汪谅 翻张伯颜刊本		明汪谅翻元本
增补六臣注文选	明嘉靖钱塘汪氏刊本		嘉靖洪氏刊本
六家文选	明嘉靖吴郡 袁氏仿宋裴氏刊本		明吴郡袁氏仿宋刊本
古文苑	明宏治己未 奉新县刊本		明宏治奉新县刊本

续 表

	八千卷楼藏书目	八千卷楼藏书志	丁志
文苑英华辨证①	吴敦复影宋抄本		影宋钞本
文苑英华辨证②	蓝格抄本		旧钞本
圣宋文选	南宋建阳小字配抄本		南宋建阳小字本
宋文鉴①	明宏治严州刊归南雍本		明宏治严州刊本
宋文鉴②	嘉靖五年晋 藩依天顺刊本		嘉靖五年晋藩刊本
二十先生回澜文鉴	宋麻沙刊并补抄		宋麻沙刊本
中州集中州乐府②	细字抄过何义门校本		旧钞本
二妙集	明成化抄本		明钞本
梅花百咏 中峰梅花百咏	馆底本		明钞本
国朝文类	元至正二年刊本		元至正刊本
草堂雅集	依文氏竺隝藏书抄本		旧钞本
荆南倡和诗	明初刊本		明刊本
唐诗品汇	明宏治刊嘉靖修本		弘治刊本
文章辨体	明天顺八年刊本		明天顺刊本
风雅逸篇	明嘉靖刊本		明钞本
辅臣赞和诗集	影写墨本		旧钞本
盛明百家诗	明嘉靖隆庆刊本		明刊本
古诗纪附诗纪匡谬	明万历刊本及旧抄本		万历刊本
历代文纪	明崇祯间刊本		明刊本
戴鹿床选宋元四家诗	精钞本		戴文节手钞本
藏海诗话	馆辑草底本		旧钞本
四六谈麈	明刊本又旧抄本		明刊本
环溪诗话	馆辑草底本		旧钞本
浩然斋雅谈	卢抱经校三单本		卢抱经校本
莲堂诗话	劳季言校胡氏活字本		劳季言校本
信斋词	明抄蓝格本		明钞本
初寮词	明抄蓝格本		明钞本
乐斋词	明抄蓝格本		明钞本
养拙堂词	明抄蓝格本		明钞本
无弦琴谱	精抄本		明钞本
中兴以来绝妙词选	明万历刊本		明刊本
后村居士诗余	明蓝格抄本		明钞本

表6 《丁志》稿本、刊本著录旧藏者之差异

	八千卷楼藏书目	八千卷楼藏书志	丁志
周易本义	仪封张清恪公 马氏小玲珑馆藏书	仪封张清恪公 马氏小玲珑馆藏书	张氏正谊堂藏书
周易虞氏消息	徐星伯跋 陈扶疋藏书	徐星伯跋 陈扶疋藏书	陈扶雅藏书
尚书旁注二卷 明刊本	吉府旧藏 汪启淑藏书	吉府旧藏 汪启淑藏书	（尚书二卷 明刊本）吉府旧书
仪礼商	潘叔润藏书	潘叔润藏书	（未记旧藏）
熊先生经说	陆靖伯藏书	陆靖伯藏书	（未记旧藏）
大学章句中庸章句 论语集注孟子集注①	袁又恺蒋介青旧藏	袁又恺蒋介青旧藏	袁又恺藏书
逸语	马笏斋藏书	马笏斋藏书	韩小亭藏书
苑洛志乐	马笏斋藏书	马笏斋藏书	（未记旧藏）
輶轩使者绝代语 释别国方言③	卢学士藏书	卢学士藏书	（未记旧藏）
书学正韵	岳氏藏书	岳氏藏书	（未记旧藏）
宋史	钱穀补阙卷 陆僎树兰藏书	钱穀补阙卷 陆僎树兰藏书	钱穀藏书
资治通鉴释文辨误	（未记旧藏）	（未记旧藏）	季沧苇藏书
续资治通鉴	周约耕陈仲鱼藏书	周约耕陈仲鱼藏书	陈仲鱼藏书
通鉴前编	徐紫珊章紫伯 先后藏书	徐紫珊章紫伯 先后藏书	徐紫珊藏书
通鉴续编	蒋介青藏书	蒋介青藏书	（未记旧藏）
三朝北盟会编	顾竹泉藏书	顾竹泉藏书	（未记旧藏）
王文正公遗事	叶九来许丹臣藏书	叶九来许丹臣藏书	许丹臣藏书
宋忠献韩魏王 君臣相遇家传	许焞藏书	许焞藏书	（未记旧藏）
宋丞相崔清 献公言行录	瓶花斋鉴止水斋 先后藏	瓶花斋鉴止 水斋先后藏	（未记旧藏）
古今列女传	钱某篨藏书	钱某篨藏书	（未记旧藏）
肇域志	慕天颜汪士钟 先后藏书	（未记旧藏）	（未记旧藏）
嘉兴府图记	章紫伯藏书	章紫伯藏书	（未记旧藏）
淮南水利考	吴星叟汪鱼亭 先后藏书	吴星叟汪鱼亭 先后藏书	吴星叟藏书
云门志略	赵氏小山堂汪氏 振绮堂先后藏书	赵氏小山堂汪氏 振绮堂先后藏书	赵氏小山堂藏书
长安志	吴绣谷卢抱经 先后藏书	吴绣谷卢抱经 先后藏书	吴绣谷藏书

续 表

	八千卷楼藏书目	八千卷楼藏书志	丁志
岳阳风土记	许氏尚质藏书	许氏尚质藏书	(未记旧藏)
影宋本会稽三赋	许氏行素轩藏书	许氏行素轩藏书	(未记旧藏)
三事忠告	怡府藏书	怡府藏书	(未记旧藏)
建炎以来朝野杂记②	吴氏绣谷亭许氏 鉴止水斋先后藏书	吴氏绣谷亭许氏 鉴止水斋先后藏书	吴氏绣谷亭藏书
秘书省续编 到四库阙书	张芙川藏书	张芙川藏书	(未记旧藏)
金石录②	函雅堂藏书	函雅堂藏书	(未记旧藏)
法帖释文①	崇福寺藏书	崇福寺藏书	(未记旧藏)
名迹录	旧钞本 徐虹亭 马笏斋藏书	(以下不存)	徐虹亭钞本 马笏斋藏书
新刊刘向先生说苑②	朱氏柎琴山馆旧藏		(未记旧藏)
家范①	(未记旧藏)		金元功藏书
慈溪黄氏日钞分类	曹仲谋藏书		(未记旧藏)
东宫备览	四熙阁藏书		(未记旧藏)
疊庵杂述	璜川吴氏振绮 汪氏先后藏书		璜川吴氏藏书
泰西水法	葛靖调藏书		(未记旧藏)
类编南北经验 医方大成	东瀛藏书		(未记旧藏)
外科精义	(未记旧藏)		汲古阁藏书
医经溯回集	(未记旧藏)		怡府藏书
太医院经验 奇效良方大全	鸣野山房藏书		(未记旧藏)
古今识鉴	赵次欧藏书		(未记旧藏)
宝章待访录	袁漱六藏书		(未记旧藏)
书苑精华	董氏藏书		(未记旧藏)
书画记	(未记旧藏)		鸣野山房藏书
硃砂鱼谱	鲍氏旧藏		(未记旧藏)
杨子卮言	(未记旧藏)		鸣野山房藏书
石林燕语	(未记旧藏)		汪季青藏书
鹤林玉露①	张芷斋藏书		(未记旧藏)
自警编	鹿原林氏藏书		(未记旧藏)
百八手珠	丁菡生旧藏		(未记旧藏)
联新事备诗学大成	碧荷亭藏书		(未记旧藏)
桯史	韩履翁藏书		(未记旧藏)

续 表

	八千卷楼藏书目	八千卷楼藏书志	丁志
四朝见闻录	曹柳桥藏书		（未记旧藏）
唐段少卿酉阳杂俎	瞿氏藏书		（未记旧藏）
道德真经文始真经 冲虚真经南华真经	萧山王氏 十万卷楼藏书		（未记旧藏）
关尹子	王蔼士藏书		（未记旧藏）
纂图互注南华真经	刘惺常		（未记旧藏）
楚辞集注②	溪上读书堂藏书		（未记旧藏）
读织锦回文法	宣城李之郇藏书		（未记旧藏）
陶贞白集②	何梦华藏书		（未记旧藏）
分类补注李太白诗①	（未记旧藏）		钱叔盖藏书
分类补注 李太白诗文集②	钱叔盖藏书		（未记旧藏）
韩君平集	（未记旧藏）		何梦华藏书
姚鹄诗集	（未记旧藏）		刘蓉峰藏书
刘沧诗	余秋室藏书		刘蓉峰藏书
徂徕文集	曹楝亭长白昌龄 先后藏书		曹楝亭藏书
青社黄先生伐檀集	鲍以文李伯雨 先后藏书		鲍以文先后藏书
南丰曾文昭公曲阜集	怡府及曹溶先后藏书		怡府藏书
临川先生文集一百卷 目录三卷①	韩世能孙潜先后藏书		韩世能藏书
新刊临川王先生 荆公文集②	赵尊光藏书		（未记旧藏）
山谷内集诗注外集 诗注别集诗注①	项药师沈椒园惠定宇 潘功甫先后藏书		项药师藏书
大隐集	壶隐居藏书		（未记旧藏）
豫章罗先生文集②	明李竹懒藏书		（未记旧藏）
周益国公全集	查 藏书		（未记旧藏）
颐堂先生文集	城南王氏珍藏		（未记旧藏）
退庵先生遗集	济阳丁氏藏书		（未记旧藏）
信天巢遗稿	赵辑宁旧雨楼藏书		（未记旧藏）
重校鹤山先生 大全文集	季沧苇吴欧亭 先后藏书		季沧苇藏书
友林乙稿	朱竹垞胡篴江 先后藏书		朱竹垞藏书
琼馆白玉蟾上清集	吴郡文氏藏书		（未记旧藏）

续　表

	八千卷楼藏书目	八千卷楼藏书志	丁志
蒙川先生遗稿四卷①	冯苍舒王晚闻 先后藏书		王晚闻藏书
蒙川先生遗稿七卷②	怡府倦圃先后藏书		怡府藏书
谢叠山先生文集	明吴中柱及 徐虹亭藏书		徐虹亭藏书
刘须溪先生记钞	章紫伯藏书		（未记旧藏）
桂隐诗集②	璜川吴氏藏书		振绮堂藏书
鲁斋全书	璜川吴氏振绮汪氏 先后藏书		璜川吴氏藏书
秋涧先生大全集②	汪阆源潘茉坡 先后藏书		汪阆源藏书
楚国文宪公雪楼 程先生文集	花山马氏藏书		未记旧藏
存复斋文集	汪秀峰季沧苇藏书		季沧苇藏书
傅与砺诗集①	王莲泾汪鱼亭 先后藏书		明叶文庄藏书
周翰林近光集①	御儿堂吕氏杭州汪氏 先后藏书		御儿堂吕氏藏书
经济文集	吴敦复王宗炎 先后藏书		吴敦复藏书
圭塘小稿	宛平王慕斋藏书		（未记旧藏）
雁门集	宋蔚如校　张讱庵藏书		宋蔚如校藏
贡礼部玩斋集	（未记旧藏）		汪鱼亭藏书
友石山人遗稿一卷①	沈椒园汪鱼亭藏书		沈椒园藏书
闻过斋集	季沧苇汪鱼亭 先后藏书		季沧苇藏书
华阳贞素文集	嘉兴李聘藏书		黄椒升藏书
江风秋月集①	朱竹坨吴石仓吴绣谷 汪鱼亭先后校藏		朱竹坨藏书
梧溪集	马寒中鲍以文严九能 先后藏书		鲍以文严九能藏书
吕敬夫诗集 鹤亭倡和诗	季沧苇陈仲鱼并藏		季沧苇藏书
胡仲子集	明徐兴公及 宛平王氏藏书		徐兴公藏书
始丰稿	荛圃汪阆源先后藏书		黄荛圃藏书
鄱阳刘彦昺诗集①	文瑞楼金氏 抱经楼卢氏藏书		文瑞楼藏书

续 表

	八千卷楼藏书目	八千卷楼藏书志	丁志
武夷蓝山先生诗集	金星轺汪鱼亭 先后藏书		金星轺藏书
半轩集	黄荛圃校补藏书		黄荛圃藏书
殷强斋先生文集	何义门跋		（未记旧藏）
思复斋稿	文瑞楼振绮堂藏书		文瑞楼藏书
古廉李先生诗集	明冯开之及金星轺 汪季青藏书		冯开之藏书
竹室内集	王莲泾汪鱼亭藏书		王莲泾藏书
龙皋文稿	王莲泾金星轺 汪鱼亭藏书		王莲泾金星轺藏书
祝氏集略	胥山柴世堂藏书		（未记旧藏）
何燕泉诗集	（未记旧藏）		汪鱼亭藏书
阳明先生别录	（未记旧藏）		康熙间沈贲园评 乾隆间覃溪题识
太白山人漫稿	赤堇山人藏书		（未记旧藏）
谷庵集选	海盐姚叔祥张文鱼 先后藏书		张文鱼藏书
白泉家稿	汪龙庄鲁瑶仙 先后藏书		汪龙庄藏书
少湖先生文集	朱竹垞吴石仓汪鱼亭 先后藏书		朱竹垞吴石仓藏书
贻清堂集	振绮堂汪氏藏书		（未记旧藏）
花王阁賸稿	徐星伯藏书		（未记旧藏）
陆桴亭先生诗集	娄东钱氏藏书		（未记旧藏）
笛渔小稿	戴松门黄荛圃旧藏		黄荛圃藏书
松陵集	卢抱经父子校藏		卢抱经校藏
柴氏四隐集②	赵素门汪鱼亭 先后藏书		赵素门藏书
古乐苑	韩履卿藏书		（未记旧藏）
精选古今名贤 丛话诗林广纪①	钤山堂严氏藏书		袁漱六藏书
东堂词	鉴止水斋许氏藏书		（未记旧藏）
莲社词	何梦花劳舜卿藏书		何梦花藏书
梦庵词	何梦华藏书		梅禹金藏书
玉琴斋词	楝亭堇斋先后藏书		曹楝亭藏书
沈氏乐府指迷	张月霄藏书		（未记旧藏）
张小山小令	毛氏汲古阁汪氏 振绮堂先后藏书		毛氏汲古阁藏书

表 7 《丁志》稿本、刊本卷数著录之差异

	八千卷楼藏书目	八千卷楼藏书志	丁志
周易程朱二先生传义（元刊本 晋府藏书）	二十四卷	二十卷	十九卷
读风臆评	不分卷	不分卷	一卷
诗集传	存八卷	存八卷	八卷
周礼疑义	原四十四存十八卷	原四十四存十八卷	四十四卷
仪礼要义	原五十存十二卷	原五十存十二卷	五十卷
乡射礼集要	（未记卷数）	（未记卷数）	一卷
礼记存疑	原七十二存十八卷	原七十二存十八卷	七十二卷
大学章句中庸章句论语集注孟子集注（伊藩翻正统本）	大学章句一卷中庸章句一卷论语集注一卷孟子集注十四卷	大学章句一卷中庸章句一卷论语集注一卷孟子集注十四卷	大学章句一卷中庸章句一卷论语集注十卷孟子集注十四卷
说文系传考异	考异四卷附录一卷	考异四卷附录一卷	考异一卷附录一卷
晏子春秋（再校孙氏刊本）	七卷	七卷	八卷
洗冤录	一卷	（以下不存）	五卷
唐开元占经	一百三十卷		一百二十卷
灵棋经	不分卷		一卷
藏一话腴	四卷		藏一话腴内编二卷外编二卷
五色线	卷中一卷		三卷
列子鬳斋口义	十卷		二卷
韦苏州集	前六卷宋刊后六卷元刊		十卷拾遗一卷
柳文	四十三卷		四十三卷别集二卷外集二卷附录一卷
李文饶公文集②	文集二十卷外集十卷		文集二十卷别集十卷外集四卷
范文公集	二十卷别集四卷政府奏议二卷尺牍二卷年谱一卷年谱补益一卷言行拾遗事录四卷鄱阳遗事录一卷义庄规矩一卷褒贤集九卷		二十卷别集四卷政府奏议二卷尺牍二卷年谱一卷年谱补益一卷言行拾遗事录四卷鄱阳遗事录一卷遗迹一卷义庄规矩一卷褒贤集九卷
高东溪先生文集	文集二卷附二卷		文集二卷附一卷
甫阳知稼翁集	上下卷		二卷
艮斋先生薛常州浪语集	三十五卷		三十卷

续 表

	八千卷楼藏书目	八千卷楼藏书志	丁志
白云集	三卷题赠附录		三卷
信天巢遗稿	遗稿一卷林湖遗稿一卷江村遗稿一卷疏寮小集一卷		遗稿一卷林湖遗稿一卷江村遗稿四卷疏寮小集一卷
王忠文公文集	二十四卷附继志斋赜斋齐山文稿四卷		二十四卷附继志斋稿二卷赜斋稿一卷齐山稿一卷
王静学先生文集	三卷首末二卷		三卷
玉台新咏②	十卷		十卷续五卷
唐诗始音正音遗响	十五卷		始音一卷正音六卷遗响七卷
六朝诗集	二十四卷		二十四家无卷数
履斋先生诗余	二卷		一卷
方壶词	二卷		三卷

表 8 《丁志》稿本、刊本书名著录之差异

八千卷楼藏书目	八千卷楼藏书志	丁志
周易程朱传义	周易程朱传义	周易(程颐传 朱子本义)
周易总义	周易总义	周易经义
缩刻唐开成石经并五经文字九经字样	缩刻唐开成石经并五经文字九经字样	续刻唐开成石经并五经文字九经字样
黄四如先生六经四书讲稿	黄四如先生六经四书讲稿	黄四如六经四书讲稿
重刊并音连声韵学集成	重刊并音连声韵学集成	重刊并音连声韵集成
松汉纪闻	松汉纪闻	松漠纪闻
皇明肃王外史	皇明肃王外史	皇明肃皇外史
十七史详节	十七史详节	十史详节
淮南水利志	淮南水利考	淮南水利考
皇明太庙志	皇明太学志	皇明太学志
扬子法言	(以下不存)	纂图互注扬子法言
知言		胡子知言
木钟集①		潜室陈先生木钟集
木钟集②		重刊木钟集
至言		白沙先生至言
名医类案		明医类案
宝祐会天万年历		宋宝祐四年丙辰会天万年具注录

续 表

八千卷楼藏书目	八千卷楼藏书志	丁志
易通变		通变
茶书全集		茶书前集
金华子杂编集①		金华子
道院集要		晁文元公道院集要
神圣传		神僧传
唐大年先生武夷新		唐大年先生武彝新集
陵阳先生集②		陵阳先生集江西诗派
退庵先生遗集		退庵遗集
洪文安公小隐言		洪文安公小隐集
汶阳端平诗		汶阳端平诗隽
石室先生遗集		石堂先生遗集
古梅遗稿		古梅吟稿
蚁术诗		蚁术诗选
鹤年诗集①		鹤年四集
重刻杨孟载眉庵集		杨孟载眉庵集
杨文懿公集		杨文献公集
笛余小稿		笛渔小稿
二十先生回澜文鉴十五卷又八卷		二十先生回澜文鉴十五卷后集八卷
元人十二家小集		元人小集十二卷
稼知翁词		知稼翁词
蜂术词选		蚁术词选
后村居士诗余		后村诗余

次序先后之差异

《周易本意附录纂注》与《易学启蒙》,前后次序相反。

《周易古象通》在《周易孔义后》。

《学易枝言》在《像象管见》和《周易孔义》之间。

《周易纂》在《读易述》后。

《尚书考异尚书谱》在《书传大全书传集解》前。

《周礼句解》十二卷在《周礼传》十卷《翼传》二卷后。

《丧服志》在《内外服制通释》之前。

《礼记》在《监本纂图重言重意互注礼记残本》之前。

《夏小正》前无《孔子三朝记》。

《监本附音春秋穀梁注疏》在《春秋穀梁注疏》二十卷之前。

元刊小字本《春秋胡氏传》在崇道堂刊本《春秋胡传》之后。

《春秋属辞》在《春秋师说》之后。

《春秋辨义》在《左概》之前。

《孟子赵氏注》在《孟子注疏解经》之前。

《论语义疏》在《论语集解》之前。

《乐述》接于《苑洛志乐》之后。

重刊《埤雅》在《埤雅》之后。

《改并五音类聚四声篇海》在《重刊并音连声韵学集成》之后。

残本《汉书》十四卷在明重刊元大德本《前汉书》之后。

《唐书》宋嘉祐刊本在元大德本之后。

《司马温公稽古录》在《资治通鉴纲目外纪》一卷《前编》十八卷《纲目》五十九卷《续编》二十七卷之后。

史部杂史类前七部书，在《八千卷楼藏书目》中依次为：明刊本《国语》、明刊本《重刊鲍氏战国策》、元至正刊本《战国策校注》、明初刊本《国语》二十一卷《补音》三卷、明刊大字本《国语》二十一卷《补音》三卷、明嘉靖刊本《国语》二十一卷、明刊本《战国策》。

《宋丞相崔清献公全录》在《宋丞相崔清献公言行录内集》二卷《外集》三卷之前。

《汉隽》明翻元本在明刊本之后。

旧抄本《乾道临安志》在影抄宋乾道本《临安志》前。

《嘉兴府图记》在《金陵古今图考》前。

《雍录》在《汴京遗迹志》后。

《南湖考》在《金陵琐事》后。

《岛夷志略》在《百夷传》后。

《淳熙玉堂杂记》在《宋宰辅编年录》前。

《明藩府政令》在《大明会典》后。

《大明律》在《大唐开元礼》前。

《子略》明翻宋本在明抄本前。

《秘书省续编到四库阙书》在《隋经籍志考证》后。

《淡生堂藏书谱》八册《藏书训略》二册在《金石录》前。

《法帖释文》明翻宋本在旧抄本前。

《元陵记》在《泰山石刻记》前。

《历代纪年》列入史评类，在《类编皇朝大事记讲义》后。

《说苑》明刊校宋本在元麻沙本之前。

《中说》明刊本在《文中子中说》前。

宋刊本《读书记乙集上大学衍义》在明宏治刊本《西山先生经进大学衍义》后。

《疊庵杂述》在《居业录》后。

《十七史百将传》在《张氏集注百将传》残本之前。

《管子》明刊本在明成化刊本之前。

《重刊经史证类大全本草》三十一卷在明嘉靖刊本《重修政和经史证类备用本草》三十卷之前。

《太医院经验奇效良方大全》在《卫生易简方》后。

《医术六种》在重刻《安骥集》后。

《易通变（通变）》在《皇极经世书》十二卷《观物篇》二卷后。

《皇极经世元元集》在《天原发微》前。

《天文鬼料窾》在《唐开元占经》后。

明刊本《易林》在明嘉靖本《焦氏易林》前。

《五行精纪》在《大统历注》前。

《印史》在《新刻文会汤琴谱》前。

《图绘宝鉴》五卷《补益》一卷在《画苑补益》前。

《书画记》在《书画题跋记》后。

崇福寺藏《茶经》三卷在《茶录》前，汪鱼亭藏《茶经》三卷《附》一卷在《香谱》后。

《容斋随笔》崇祯本在前，活字本在后。

《困学纪闻》马氏丛书楼刊本在元刊本前。

明万历刊本《元城语录》在《东谷赘言》后。

《涧泉日记》杭州刊本在聚珍刊本前。

《闲居录》曹秋岳学耨书屋抄本在旧抄本后。

《清秘藏》在《山房四友谱》后。

《书叙指南》在《太平御览》后。

《绀珠集》归入类书类，在《六帖补》前。

《云仙散录》在《云仙杂记》前。

《金华子》归入杂家类，在《崔豹古今注》后。

《北里志》归入小说家琐语类，在《唐段少卿酉阳杂俎》后。

《禅林僧宝传》在《续高僧传》后。

《老子鬳斋口义》在《老子道德经》后。

《道德真经传》在《道德宝章》后。

《道德经集义》在《关尹子》后。

《列子》八卷并卢校明刻残本四卷与《列子》张湛注附殷敬顺释文八卷在《秘传关尹子言外经旨》后。

《楚辞》十七卷万历本在前，翻宋本在后。

李伯雨藏书《王子安集》十六卷在周雪客藏明刊本后。

《卢昇之集》在《杨盈川集》后。

《骆宾王文集》在《骆子集注》后。

《李峤集》在《李峤杂咏》后。

《孟浩然诗》二卷在《孟浩然集》四卷前。

《颜鲁公文集》万历本在明活字本前。

《刘随州集》明活字本在明翻宋本前。

《吕叔和文集》与《吕衡州文集》次序对换。

《唐孙樵集》在《张乔诗集》后。

《唐皮从事倡酬诗》在《麟角集》后。

《徐省骑文集》在《徐公文集》前。

《林和靖先生诗》在《宋林和靖先生诗集》后。

条目之合并

明刊本《新刊素问入式运气论奥》三卷、抄配本附《黄帝内经素问遗篇》一卷，被合为一条著录，《素问入式运气论奥》三卷《黄帝内经素问遗篇》一卷，明成化刊本。

《云庄刘文简公文集》十二卷、《云庄外集》十卷，被合为一条著录，并多《年谱》一卷。

第二章 《八千卷楼书目》考

《丁目》是八千卷楼藏书总目，欲了解丁氏藏书的整体面貌，必须由此入手。另一方面，此目著录书籍与版本极夥，可为版本目录学的其他研究提供不少参考。遗憾的是，或许由于它是无解题的简目，研究者不甚重之，少有专门的深入研究。缘此，关于此书的面貌结构乃至成书过程，尚有不少可发之义。本章以南图藏稿本《八千卷楼藏书目》（与上一章论及的南图藏同名稿本非一物，详下）为核心材料，探讨上述问题。

第一节 《八千卷楼书目》的编纂者及其生成

一、编纂者诸说

或许会令人稍感意外，关于《丁目》的编纂者，存在异说。长泽规矩也主张编者是丁立中，来新夏认为是丁丙，严佐之依据《丁目》罗棨序与孙峻序，“暂以丁丙、丁立中同为编者”。[①]而在不少图书馆的编目数据中，则著录为丁仁编。究竟孰是孰非呢？

《丁目》印本卷前有光绪二十五年罗棨序与孙峻序，卷末有民国十二年丁仁跋。丁仁跋称：“乃日月不居，星霜十易，书虽亡而目尚存。不及此而梓之，必澌灭而不传也。因仿聚珍本式，校印以行之。”可知八千卷楼藏书出让后，藏书目录仍存，他只是将稿本“校印”而已。藏书既已不存，自然无法作实质性的重审修订，只能有一些技术性更正，如统一格式、纠正明显讹误等等，大体则依稿本印行。鉴于此，所谓“校印”，只能从字面意思理解，不能视为实际是他编纂而故作谦词。

罗棨序、孙峻序则不约而同，称丁立中（和甫）活跃于此目编纂过程之中：

① 长泽规矩也编，梅宪华、郭宝林译《中国版本目录学书籍解题》，141 页；来新夏《清代目录提要》，齐鲁书社，1997 年，196—197 页；严佐之《近三百年古籍目录举要》，174 页。

(丁丙)因举家藏著录四库之书,构堂以储之,额曰嘉惠,识天语、拜君恩也。其存目之书暨未经四库著录者,则藏于八千卷楼,志彝训、述旧德也。编目二十卷,命和甫孝廉录之。(罗榘序)

(丁丙)举重写文澜阁书之底本暨所藏群籍四十万卷有奇,分别部居,按甲乙丙丁而度之。命哲嗣和甫孝廉,编纂书目二十卷。(孙峻序)

不过,罗榘称"录",孙峻称"编纂",意味完全不同。按字面理解,若前者属实,则丁立中只是协助丁丙编目;若后者属实,那么编目的主体便是丁立中。孙序与罗序皆作于光绪二十五年夏秋之交,可以认为《丁目》在此时完稿,那么之前的一段时间,便是《丁目》的编纂期间。丁丙卒于光绪二十五年三月,临终前的病重阶段,自然无法编目;另如前述,光绪二十一年至二十三年,他与孙峻合作,紧锣密鼓地编纂《丁志》。《丁志》篇幅可观,在三年间编成已是十分紧迫;加之丁丙高年多病,势不能再抽出精力编辑藏书总目。综合这些情事判断,在这几年中,丁立中是《丁目》的实际编纂人(当然不排除有他人如罗榘等的协助),此目最终成稿是他操办的结果。

但需要注意的是,《丁目》的形成是一个长期渐进的过程,几乎贯穿于丁氏藏书活动的始终,其间不能脱离丁丙本人的参与乃至主导。丁氏最初编纂书目,是在同治二年获得周京代为购买的大批书籍之后。此目现不知所踪。但丁氏的编目活动,在其藏书复兴的初期即已开始,则无疑问。光绪年间,丁氏又多次编纂年度得书目录。这些目录虽不能简单视为《丁目》的前身,但毫无疑问,它们直接或间接地构成了《丁目》编纂的基础。光绪中期,丁氏还编纂了兼收善本与普通本的藏书目录,面貌格式与《丁目》印本如出一辙(即下文所要记述的稿本《八千卷楼藏书目》)。

正因丁氏不断有编纂藏书目录之举,在光绪二十五年《丁目》完稿前,已有可以翻阅的八千卷楼藏书总目。光绪二十四年春,缪荃孙拜访丁家,借阅了两种藏书目录,《日记》闰三月二十九日:"还丁修甫《善本书目》,又借《嘉惠堂书目》回。"既与《善本书目》对举,则这部《嘉惠堂书目》宜为八千卷楼藏书总目,有别于专载善本的前者。至光绪三十三年,丁氏出让书籍,缪氏再次翻阅"丁氏全书目录""八大册"。此时《丁目》已编成,按情理,他此次看到的宜为定稿本。而无论是光绪二十四年的"《嘉惠堂书目》",还是光绪三十三年的"丁氏全书目录""八大册",均为登载八千卷楼全部藏书的总目,与后来的《丁目》排印本有直接而密切的亲缘关系;换言之,它们是《丁目》稿本或曰前身。

要之,今天所见的《丁目》,既有丁立中的最终整理编纂修订之功,又根植于丁氏家族的长期持续努力,其间必有丁丙的深度参与。特别是下文将要介绍的稿本《八千卷楼藏书目》,明显有大量丁丙笔迹。因此,将《丁目》指为丁丙、丁立中二人共编,当符合实情。

二、《八千卷楼书目》的早期稿本及定稿本的传录本

民国十二年，丁立诚之子丁仁(辅之)用自创的“仿宋聚珍字”排印《丁目》，这是《丁目》的通行本。在印本之外，还有若干以“八千卷楼书目”为名的写本存世。

中国国家图书馆藏有抄本2部:《八千卷楼书目》三卷，5册，抄年不详，并称“原书8册，缺集部3册”;《八千卷楼书目》，未注卷数，3册，蓝丝栏抄本，亦未详抄写年代。

天一阁博物院藏有2部:《八千卷楼书目》不分卷，清抄本，6册;《八千卷楼书目》不分卷，稿本，1册。

“中央图书馆”藏有1部，称为“清光绪十五年序手抄本”，8册。沈新民《丁丙及其〈善本书室藏书志〉研究》收录该本首叶书影，与排印本相比较，卷端大题小题、著录格式以及所收录的书籍，完全一致。只是《周易郑康成注》，抄本误作“杂海本”，而排印本为“玉海本”。①

南京图书馆藏有4部:《八千卷楼藏书目》不分卷，稿本，4册;《八千卷楼书目》二十卷，清刘世珩家抄本，4册，存卷四至五、一〇至一四、一九至二〇;《八千卷楼书目》(集部)，绿格抄本，2册;《八千卷楼书目》二十卷，抄本，2册，存二卷。

在逻辑上，写本形态的《丁目》可以有以下几类:一是早于定稿的初稿本或其传抄本;二是定稿本及其传抄本，特别是从光绪二十五年《丁目》完稿至丁仁印本问世，相隔约25年，这一时段出现定稿本的传抄本的可能性不小;三是印本的传抄本，其抄写时间必晚于民国十二年。

遗憾的是，以上写本大多未能经眼，无法逐一辨析它们分别属于以上三类的哪一类。但可以肯定，确有在印本问世前据定稿本传录之本，如今归金程宇教授收藏的抄本即是。

此本是神田香岩(神田喜一郎祖父)传录，8册。首册卷末有“明治三十六年癸卯夏日写，香岩居士”。钤有“香岩珍藏”“神田家藏”。卷前有丁丙《嘉惠堂藏书目序》(即前揭《八千卷楼收藏书籍记》)、《八千卷楼自记》(即《八千卷楼记书后》)。次“八千卷楼书目总数”，分类统计各部类收录书籍种数及卷数。此本所据底本不全，四部皆有阙类，经部只存小学类，史部存正史类、编年类、纪事本末类、别史类、杂史类、诏令

① 沈新民曾利用现藏台北的“清光绪二十五年抄本”，但检索“台湾地区善本古籍联合目录”数据库，《丁目》抄本仅一部，可知沈氏所称即是此本。

奏议类、传记类、载记类、时令类、目录类、史评类，子部存艺术类、谱录类、杂家类（内丛书）、类书类、小说家类、释家类、道家类，集部存楚辞类、别集类、总集类、诗文评类。通校小学、目录两类，可知此本的格式、所著录书籍、各书次序乃至所著录版本，与丁仁印本近乎一致。不过，在印本中，有些书籍著录为“刊本 刊本”或“抄本 抄本”，意指藏有两种不同的刊本/印本，而神田抄本只作“刊本”“抄本”，不知何故。神田香岩抄录此本的时间是1903年，即清光绪二十九年，距离《丁目》定稿不过四五年时间，《丁目》却已有了外国抄本，传播之速，令人惊讶。无论如何，神田抄本的存在，证明了丁仁印本与定稿本的差异极小。

南图所藏名为《八千卷楼藏书目》的四册稿本则更为重要，可以确定它是早于定稿的初稿本。①此本不分卷，无栏格。书中增补之处甚多，笔迹不一，可知屡经增订，非成于一时。它的编纂格式与丁仁印本一致：每书（而非每本）一条，于书名卷数作者之下罗列所藏诸本。每类单独起叶（印本则连排）。每册卷端标题“八千卷楼藏书目某部”，下钤“丁丙”白文小方印。首册卷前有丁丙序，审其字迹，与《丁志》初稿及丁丙书札相同，确系丁丙手书：

> 小楼藏庋书籍不下十万卷，中间故家名流曾经手翻目审墨题朱印者，约百十家。历年三百，荟萃精秘，不谓之富不得也。况在东南巨劫后乎。丙就书中或题或印，可以追溯之家，序录于后。（下钤“丁丙”白文小方印）
>
> 毛子晋斧季汲古阁 钱蒙叟绛云楼 遵王述古堂 徐尚书传是楼 叶九苞箓竹堂 季沧苇 钱叔宝 钱罄室 宋宾王 宋牧仲 冯己苍 赵清常脉望馆 朱竹垞潜采堂 张清恪公 祁旷翁淡生堂 钮 世学楼 吕耻翁观稼楼 何义门 潘次耕 曹洁躬倦圃 吴梅村 尤西堂 翁萝轩 王弇州 龚蘅圃玉玲珑阁 吴庆百梧园 吴石仓四古堂 顾侠君秀野草堂 梅禹金东壁楼 金星轺文瑞楼 吴尺凫绣谷亭 瓯亭瓶花斋 赵谷林 小谷东潜小山堂 厉太鸿樊榭山房 林佶人 孙庆曾 王莲泾 查莲坡马半槎小玲珑山馆 沈椒园隐拙斋 金寿门 汪鱼亭振绮堂 孙景高寿松堂 惠定宇红豆山房 丁鲁斋 翁覃溪 孙渊如 何梦花 钱竹汀 卢召弓抱经堂 袁又恺五砚斋 鲍以文知不足斋 王晚闻十万卷楼 周松霭 梁山舟频罗庵 汪水莲 汪松泉关晋轩惜阴书屋 陈仲鱼 吴兔床拜经楼 黄小松 陈颐道 妙道人 朱朗斋 张金吾爱日精庐 黄荛圃百宋一廛 顾千里 严修能 许周生鉴止水斋 汪阆原艺芸精舍 吴枚庵 杨芸士 张芷斋 张讱庵 李荐仙 赵辑宁星凤阁 马二槎 马笏斋 冯柳东 罗镜泉恬养斋 蒋生沐别下斋 瞿颖山清吟阁 怡府明善堂 汪季青裘杼楼

① 上一章所述仅著录善本、与《丁志》有密切关系的《八千卷楼藏书目》，与此本同名异书。

展砚斋　昌龄敷槎氏　叶　得一居

不过，此稿本与《丁目》印本存在一个重大差别：所收书籍限定于四库著录书，不收四库附存书及未收书。前揭罗檠序称，印本为区分三者，设置有以下格式：顶格者为文渊阁著录，低一格者为四库附存，低二格者为四库未收。换言之，若两相对比，稿本只著录印本顶格排列之书。兹以集部诗文评类为例，稿本与印本著录的前9种书各为：

文心雕龙十卷　梁刘勰　明嘉靖刊本　崇文局丛书本

文心雕龙辑注十卷　国朝黄叔琳　原刊本

诗品三卷　梁钟嵘　汲古阁本　龙威秘书本　历代诗话本

文章缘起一卷　梁任昉　明陈懋仁　国朝方熊　抄单注又续一卷本　学海类编单注又续一卷本　抄本

本事诗一卷　唐孟棨　汲古阁本　龙威秘书本　古今逸史本

诗品一卷　唐司空图　汲古阁本　裘元辅写刊本　明辨斋丛书本　龙威秘书本　历代诗话本

六一诗话一卷　宋欧阳修　汲古阁本　历代诗话本

续诗话一卷　宋司马光　又　历代诗话本

中山诗话一卷　宋刘攽　又　历代诗话本

（以上稿本）

文心雕龙十卷　梁刘勰撰　嘉靖刊本　万历刊本　崇文局本

　批点文心雕龙十卷　明杨慎撰　明刊本

文心雕龙辑注十卷　国朝黄叔琳撰　乾隆刊本

诗品三卷　梁钟嵘撰　汲古阁本　龙威秘书本　历代诗话本

　文章始一卷　梁任昉撰　任氏刊本　抄本　学海类编本

文章缘起一卷　梁任昉撰　明陈懋仁注　国朝方熊补　抄本

　诗格一卷　魏文帝撰　格致丛书本

乐府古题要解一卷　唐吴竞撰　汲古阁本　学津讨原本

本事诗一卷　唐孟棨撰　古今逸史本　汲古阁本　龙威秘书本　唐宋丛书本

（以上印本）

稿本所收的9种书，均为四库著录书；印本的第8种《乐府古题要解》系存目（低一格排列），第2种《批点文心雕龙》、第5种《文章始》、第7种《诗格》是未收书（低两格排列），皆不见于稿本。稿本的第6—9种《诗品》（司空图）、《六一诗话》、《续诗话》、《中山诗话》，亦载于印本，只不过其间穿插有四库存目书或未收书，所以在印本中它们分别是诗文评类的第 14、16、17、18 种。稿本只收四库著录书的特殊限定，清晰可见。

进一步观察，稿本著录书名、卷数乃至各书的先后次序，同样依循《四库》。与《四库》对看，便可明了此点，其中卷数是一个相当便利的观察点。如稿本易类首叶著录“《周易口义》十二卷 宋倪天隐 康熙间刊十三卷本”。按一般情理，藏书目录依照实物编写，所藏本为几卷，便著录为几卷，而不应悬置与实物不合的著录，让实物去“迎合”。既然丁氏仅藏十三卷本，何不径直著录为“《周易口义》十三卷 宋倪天隐 康熙间刊本”？盖四库本为十二卷，丁氏特意遵从，遂导致这种违和的著录。

又如子部儒家类“《读书记》六十一卷 又（宋真德秀） 祠堂刊四十卷本”、子部艺术类“墨池编六卷 宋朱长文 雍正刊二十卷本”，同样是只著录一种版本，而与四库本卷数不同，著录卷数时仍按四库，造成奇怪面貌。

所谓“四库”，是一个复杂集合。更具体地说，稿本依据的对象是《四库全书简明目录》（以下简称“《简明目录》”）。如所周知，《简明目录》著录书籍，相比《四库全书》及《四库全书总目》存在一些出入，各书的排序先后亦略有不同。而在这两方面，稿本均表现出与《简明目录》的同一性，以下仅举数例加以说明。

稿本史部编年类，紧接《大唐创业起居注》之后的是《资治通鉴》及其相关书 7 种：在《四库全书总目》与《简明目录》中，这 7 种书的排序不同，而稿本与《简明目录》次序相同。

表 9 《资治通鉴》三目排序异同

八千卷楼藏书目	四库全书简明目录	四库全书总目
资治通鉴二百九十四卷	资治通鉴二百九十四卷	资治通鉴二百九十四卷
资治通鉴考异三十卷	资治通鉴考异三十卷	资治通鉴释文辨误十二卷
通鉴释例一卷	通鉴释例一卷	通鉴胡注举正一卷
资治通鉴目录三十卷	资治通鉴目录三十卷	通鉴地理通释十四卷
通鉴地理通释十四卷	通鉴地理通释十四卷	资治通鉴考异三十卷
资治通鉴释文辨误十二卷	资治通鉴释文辨误十二卷	资治通鉴目录三十卷
通鉴胡注举正一卷	通鉴胡注举正一卷	通鉴释例一卷

周亮工的多种著作，原被收入《四库》，后触忌被撤毁。《简明目录》赵怀玉刻本刊行于下令撤毁前，故仍载其书。检稿本，周氏《闽小纪》《读画录》《印人传》《书影》《同书》具在，可见必据《简明目录》而成。后来丁氏发觉此事，虽不至于凛遵朝廷功令，加

以撤毁，但印本将周氏诸书改作低两格排列，即按四库未收书处理。此外，稿本别集类有明初人黄钺《黄给谏遗稿》，词曲类有清初人彭孙遹《词藻》，这两种书亦是见于赵本《简明目录》而在《四库全书总目》之外的"未收书"。[①]在印本中，它们与周氏诸书相同，低两格排列，按四库未收书对待。

当然，稿本的确零星收有真正的四库未收书。经部易类第二种"《周易郑康成注》一卷 汉郑元 湖海楼丁张校订十二卷本"，四库著录的是王应麟辑一卷本，稿本著录的是丁杰、张惠言的十二卷辑本，与王辑本不能视为一书。不过，王辑一卷本向乏单刻，主要附于《玉海》流传；推测编制稿本时，丁氏未从《玉海》将一卷本析出，而丁张辑本系以王辑本为基础修订增补，丁氏乃将其列于此。之后丁氏改变做法，从《玉海》析出王辑本，将丁张辑本单列，故而印本此条一分为二，作"《周易郑康成注》一卷 汉郑元撰 宋王应麟辑 玉海本"，"《郑氏周易》十二卷附《正误》一卷 汉郑元撰 国朝丁杰张惠言辑 湖海楼本"。

稿本之于《简明目录》，可谓亦步亦趋；但与此同时，稿本又非尽收《简明目录》所载之书。如史部传记类，《魏郑公谏续录》与《诸葛忠武书》之间，无《忠贞录》；《儒林宗派》与《孙威敏征南录》之间，无《明儒言行录》《闽中理学渊源考》。集部别集类一，《曲江集》与《李太白集》之间，无《李北海集》；《集千家注杜诗》与《杜诗详注》之间，无《杜诗攟》。

推其原因，丁氏编制此目只依《简明目录》部类及次序，记架上实有之书，此后再获之前未藏之书或未有之本，乃加添补；而非先照样录出所有书名，再于各书名下，登记目前藏有何本。所以，但凡此书无藏，稿本便不会登载。与之相关，稿本还有一个突出现象：夹行挤写的条目，触目可见。比如，仅书类首叶，便有《洪范口义》《尚书全解》《尚书说》《尚书讲义》《尚书要义》5 种，是夹行挤写。又因行间留白较小，挤写只能是蝇头小字，叶面因此变得凌乱拥挤。倘若事先照《简明目录》录出所有书名，添补时直接在书名下的空白处标注所得何本即可，挤写现象便不会存在。退一步说，最初誊录时或许会有脱漏，乃导致挤写，但断不至于脱漏如此之多。

丁氏为补抄文澜阁四库，全力搜访四库著录书。但四库著录书有 3500 种上下，尽数获得，谈何容易。部分冷僻罕传之书，丁氏未能获得，遂造成两方面后果，一是稿本（乃至印本）中这些书名"空缺"，二是无法补抄文澜阁四库（倘使此书原抄已毁）。如上举《明儒言行录》《杜诗攟》，《丁目》印本亦不载，可见终未获得；与之对应，此二书的文澜阁四库原抄损毁，丁氏未能补抄（后为张宗祥补抄）。《忠贞录》《闽中理学渊源

---

① 丁氏补抄文澜阁四库，亦"误抄"《读画录》《词藻》两种，显然也是受《简明目录》的影响。《文澜阁四库全书版况一览表》，《浙江图书馆古籍善本书目》，968 页。

考》《李北海集》,印本有载,则丁氏嗣后收得;与之对应,这三种书的文澜阁四库原抄亦毁,现有为丁抄。①

综上可以推知,稿本《八千卷楼藏书目》的现有面貌是层累积成的,而且与当时丁氏的藏书实际操作密切相关。在某一时间点,丁氏点检家中所藏四库著录书,按照《简明目录》的部类次序,逐一登记实有书籍及其版本,编制成目,乃形成此稿本的A状态。之后陆续有所得,则不断在其上增补,直至不再更新为止,这是B状态。从情理上看,编目是一定时间内清点四部,一气而成,其间纵有停歇,但在总体态势上仍可视为连续工作。B状态则是笼统的权宜性说法。盖因不断增补,大约每次又只涉及局部,而势难全面补修(否则无异于重新编目),最可能的样态是辰月初三在史部添入之前未有的18部书,未月既望在子部与集部已有的20种书下添加新购得的45种版本,亥月三十,新得某书宋刊,遂急忙在其书名下添加一笔,如此等等。是以其间层层叠盖,如今已不可能逐条分辨由A至B之间的每一次添加,甚至无法离析出A状态的样貌。

不过,这并不意味着无法对A状态以及由A至B的变化作出任何讨论。在展开讨论前,首先需要从逻辑角度澄清以下关系:若从整体上观察,稿本有它自己的A状态;若从局部观察,则每一条目又各有其A状态;而且至为关键的是,各条目A状态所发生的绝对时间,很可能相隔甚远。因此,尽管稿本必然是由各条目所组成,但稿本的A状态却不是各条目A状态的总和。集部别集类一的《张燕公集》《陈拾遗集》《骆丞集》三书,共同构成了一处既足以体现层累积成的"渐进"又可清晰展现其间"断裂"的极佳例证。稿本的著录如下:

> 骆丞集四卷 唐骆宾王 明颜文 明刊陈魁士注本 道光己酉刊颜注附考异一卷本 项氏刊无注四卷本 秦氏重刊宋十卷本 陈熙晋注十卷刊本 明刊本 明刊灵隐子六卷本 唐人三家集本 金华丛书本
>
> 陈拾遗集十卷 唐陈子昂 道光丁酉杨氏重编本文三卷诗二卷 明刊本
>
> 张燕公集二十五卷 唐张说 武英殿本 又翻本

观察叶面的书写痕迹与特征,可得出四点判断:第一,《陈拾遗集》系后补,夹行挤写,稿本的A状态中无此条。第二,《张燕公集》条下,原先仅著录"武英殿本"(A状态),后来才得到"翻本"(外聚珍本)。第三,《陈拾遗集》的"明刊本",笔迹与"道光丁酉杨氏重编本文三卷诗二卷"有所不同,位置关系亦有些微妙,应是分两次写成。第四,《骆丞集》下标注诸本,根据笔迹差别与变化,可确认非一次写入,大致可分为五组:a."明刊陈魁士注本 道光己酉刊颜注附考异一卷本 项氏刊无注四卷本 秦氏重刊宋十卷本",b."陈熙晋注十卷刊本",c."明刊本 明刊灵隐子六卷本",d."唐人三家

① 《文澜阁四库全书版况一览表》,《浙江图书馆古籍善本书目》,923、924、946页。

集本”，e.“金华丛书本”。

何以知“翻本”非A状态所原有呢？乃因《陈拾遗集》被添入的同时，自然也要标注版本，遂占去《张燕公集》“武英殿本”下面原有的留白，之后补入“翻本”，只好另外觅空补写。反之，若“翻本”系A状态所原有，又或者“翻本”之补写，早于《陈拾遗集》的补入，则“武英殿本”之下当时仍有空白，“翻本”必直接接写，而绝不可能未卜先知，为今后《陈拾遗集》的补入让路。

就稿本整体而言，《张燕公集》《骆丞集》属于A状态，《陈拾遗集》则发生于A状态之后，或可谓之B状态。而以各条目的微观角度视之，无论是最初编目时即写入，还是此后补写添入，出现于纸面之时，便是该条目自己的A状态，各条目A状态的发生，未必共时。在绝对时间上，《陈拾遗集》的A状态，明显晚于《张燕公集》《骆丞集》的A状态，却早于《张燕公集》的B状态；至于《陈拾遗集》的B状态，是否一定晚于《张燕公集》的B状态，则无法断言。

《陈拾遗集》《张燕公集》只载两种版本，它们由A状态到B状态的变化，简单明了——A状态仅载一种版本，之后收得另一版本，遂成B状态。《骆丞集》则复杂很多，设使以上分组不谬，当它处于A状态时，其面貌是：

> **骆丞集四卷** 唐骆宾王 明颜文 明刊陈魁士注本 道光己酉刊颜注附考异一卷本 项氏刊无注四卷本 秦氏重刊宋十卷本(A状态)

之后随着购置更多版本，丁氏不断在稿本上添加标注，此条由A至B之间，面貌发生多次变化(如下所示A1、A2、A3)，或者说，曾经历多个中间样态。不过，这些中间样态，相对于《陈拾遗集》的A状态与B状态、《张燕公集》的B状态，孰先孰后，则无法给出判断。

> **骆丞集四卷** 唐骆宾王 明颜文 明刊陈魁士注本 道光己酉刊颜注附考异一卷本 项氏刊无注四卷本 秦氏重刊宋十卷本 <u>陈熙晋注十卷刊本</u>(A1)
>
> **骆丞集四卷** 唐骆宾王 明颜文 明刊陈魁士注本 道光己酉刊颜注附考异一卷本 项氏刊无注四卷本 秦氏重刊宋十卷本 陈熙晋注十卷刊本 <u>明刊本 明刊灵隐子六卷本</u>(A2)
>
> **骆丞集四卷** 唐骆宾王 明颜文 明刊陈魁士注本 道光己酉刊颜注附考异一卷本 项氏刊无注四卷本 秦氏重刊宋十卷本 陈熙晋注十卷刊本 明刊本 明刊灵隐子六卷本 <u>唐人三家集本</u>(A3)
>
> **骆丞集四卷** 唐骆宾王 明颜文 明刊陈魁士注本 道光己酉刊颜注附考异一卷本 项氏刊无注四卷本 秦氏重刊宋十卷本 陈熙晋注十卷刊本 明刊本 明刊灵隐子六卷本 唐人三家集本 <u>金华丛书本</u>(B状态)

整体来看，《丁目》印本有一项明显特征，即所载诸本大致按版本贵重程度作降序排列。如以下《春秋》三传注疏，访书时岂能如此凑巧，循次购买，先得“宋十行本”，次买李元阳本（“明刊本”），又买明北监本（“北监盛讷刊本”“北监曾朝节刊本”），再买汲古阁本、武英殿本，直至同治广东翻刻殿本（“粤刊本”）与同文局本。《经典释文》亦如之，首列康熙刻通志堂丛书本，次为乾隆卢文弨抱经堂丛书本，最后是同治广东翻刻通志堂丛书本（“广东刊本”）。这样的排列顺序，必是刻意“整齐化”的产物。

春秋左传正义六十卷 周左邱明传 晋杜预注 唐孔颖达疏 宋刊十行本 明刊本 北监盛讷刊本 汲古阁本 殿刊本 粤刊本 同文局本

春秋公羊传注疏二十八卷 周公羊高撰 何休注 唐徐彦疏 宋刊十行本 明刊本 明闽刊本 北监曾朝节刊本 汲古阁本 殿刊本 粤东刊本 同文局本

春秋穀梁传注疏二十卷 周穀梁赤撰 晋范宁注 唐杨士勋疏 宋刊十行本 明刊本 北监曾朝节刊本 汲古阁本 殿刊本 粤东刊本 同文局本

经典释文三十卷 唐陆德明撰 通志堂本 抱经堂本 广东刊本

既然部分条目的 A 状态面貌可以被辨析出来，那么核验复数条目就大致可以判定：“整齐”版本排序，不是印本所独有，而是稿本编纂之初的既定方针；毋宁说，印本的“整齐化”，是循前例而为之。请看以下稿本中的实例：

子略四卷目录一卷 宋高似孙 抄本 学津讨原本/ 百川本

文渊阁书目四卷 明杨士奇 抄本 读画斋本

笠泽丛书四卷补遗一卷 唐陆龟蒙 江都陆氏刊本 许梿校宋刊十卷本 重刊陆本

古文苑二十一卷 不著名氏 明刊本 守山阁本 惜阴轩本/ 明刊本 明刊翻宋本

文苑英华辨证十卷 宋彭叔夏 抄本 抄校本 知不足斋本 学海类编本/ 武英殿本卢校

从笔迹的连贯性来看，《文渊阁书目》与《笠泽丛书》两条系一次成型，之后未有添加。《文渊阁书目》的“抄本”具体情况不明，不知是否即《丁志》卷一四所载“旧钞本 钱竹汀藏书”？“读画斋本”指嘉庆间顾修读画斋丛书本。读画斋本刊刻虽不恶，但距清末不足百年。重抄本而轻近时刻本，则是彼时惯例。将它放在“抄本”之后，自属正常。《笠泽丛书》“江都陆氏刊本”指雍正陆钟辉水云渔屋刻本，“许梿校宋刊十卷本”指嘉庆许梿古韵阁刻本，许刻虽晚，却是精刻名品，相比“重刊陆本”自然贵重一些。

《子略》《古文苑》《文苑英华辨证》皆有 A 状态之后的增补，增补处的字迹与原有字迹有所不同，可以分辨。《子略》的“百川本”（弘治华氏重刻百川学海本）系后加，“抄本”虽未必就是《丁志》卷一四所载“明钞本 何梦华藏书”，但《学海类编》刊行于道光年间，无论如何，应列“抄本”之后。《古文苑》的“明刊本 明刊翻宋本”系后补，前三种“明刊本 守山阁本 惜阴轩本”，《守山阁丛书》刊行于道光年间，《惜阴轩丛书》有道光、光绪两刻，不知丁氏所藏是何，但即便是道光本，亦比《守山阁丛书》稍晚几年。

《文苑英华辨证》的“武英殿本卢校”系后加，原有的四种中两种抄校本列前，乾嘉间的知不足斋丛书本其次，学海类编本殿后，这同样符合对于版本珍贵程度的一般认知。

要之，稿本《八千卷楼藏书目》尽管面目潦草，但编制时实有讲究，其最初状态是相当有秩序规则的。但之后丁氏在其上不断添注新得版本，遂使原先整齐化的样子变得模糊凌乱。

比勘稿本与印本可知，总体而言，稿本著录的版本与书籍明显少于印本。这是因为：在某一时间点，丁氏停止了更新（或曰补注）此稿本；嗣后所得，自然无法体现于其上。关于这一时间点，可作出一些推断。

展开推断的逻辑前提是：丁氏不断在此稿本上补注新得书籍与版本，若某书之下著录多个版本，如无特殊原因，那么处于末尾者就是他最晚获得之书。另一方面，丁氏获得某些版本的时间可考（详上编附一）。然则，试将二者比对，就可以大致得出此本停止更新的时间点。

上编第二章曾述，《柔桥文钞》收录三封王棻致丁丙的书信。第一函称，近期看到丁丙所刻的征访书籍目录，上有《静学文集》《湖山集》，手头恰有，故寄去供丁丙抄录云云。前列丁氏历年所得书表，光绪十九年有抄本《湖山集》。再检稿本，不载《静学文集》《湖山集》，可知此稿本停止更新在此之前。

因此，光绪十九年就是展开讨论的基点。这一年，丁氏所得书中属于四库著录书，因而在稿本著录范围之内者，有天启刊本《文心雕龙》、明施惟诚刻本《释名》、明临川朱东光刻中立四子集朱印本《庄子南华真经》，以上各书稿本均不载。上推到光绪十八年，是年丁氏所得之宋刊明修本《晋书》、宋刊明修本《北齐书》、宋刊明修本《周书》、明刊本《杜樊川集》，亦不载于稿本。

再看光绪十六、十七年的情况，则大不相同。

光绪十六年，丁氏所得有明弘治辛酉刻本《稽古录》（振绮堂旧藏），稿本此书条载“明刊本　学津讨原本　明刊抄配本”，其中“明刊抄配本”乃后添补。而《松轩书录》称，此明弘治辛酉刻本《稽古录》“十四卷下抄配”，正可称为“明刊抄配本”。

影元抄本《国朝名臣事略》（振绮堂旧藏），稿本《元朝名臣事略》条系后补，载“翻聚珍校元刊本　景元抄本”。

抄本《秘书监志》，稿本此书条为后补，仅载“抄本”，应即指此。

抄本《嵩阳石刻集记》，稿本此书条载“原刊本　抄本”。

明刊本《中论》，稿本此书条载“汉魏丛书本　子书百种本　近刊本　小万卷楼附札记本　汉魏丛书本　明弘治刊抄配本”。而《松轩书录》称，此明刊本“为明刻大字本，每半叶八行，行十六字，上卷影抄配补。每卷标题下有‘四明薛晨子熙校正’一行。卷末有弘治壬戌姑苏都穆跋”，正可称为“明弘治刊抄配本”。

明吴琯刊本《独断》，稿本此书条载“明刊卢校本 抱经堂本 子书百种一卷本 汉魏丛书本 古今逸史本 刊本”。古今逸史本，即明吴琯刊本。

明吴琯刊本《古今注》《中华古今注》，稿本此书条载“古今逸史本 明单刊古今注本 子书百种单刊古今注本”。

明吴琯刊本《刊误》，稿本此书条载“古今逸史本 学津讨原本 刊本”。

明陆子元刊小字本《艺文类聚》（锄经楼旧藏），稿本此书条载“明刊本 明刊大字本 明刊小字本”。“明刊小字本”，即明陆子元刊小字本。

万历己卯华亭蔡汝贤刊本《陶靖节集》，稿本《陶渊明集》条载“豫章刊朱批八卷本 明刊四卷本 翻宋苏氏手写本 拜经楼刊四卷本 绿君亭屈陶合集本 明刊八卷本 缩宋刊十卷本 明蔡汝贤刊十卷抄配本”。

嘉靖十三年姜时和刊本《文章轨范》，稿本此书条载“望三益斋本 乾隆间刊本 日本刊本 日本翻元板 万氏刊本 明刊批点抄配本 明刊抄配本”。《松轩书录》称，嘉靖十三年姜时和刊本“评语小字单行，在右侧，总评另行，低五字，有批点”，可见具有批点是姜本特征之一，与“明刊批点抄配本”相符合。

光绪十七年，丁氏所得书有明初刊本《洪武正韵》十六卷，稿本此书条载“明刊十六卷本 明刊本”。

明嘉靖十八年方献夫刊本《通典》，稿本此书条载“京板本 明增诸儒议论刊本 明刊本”，印本载“明嘉靖刊本 明李元阳刊增议论本 殿刊本 浙局刊本”，乃知“京板本”实指殿本；“明刊本”与“明嘉靖刊本”为一物，即方献夫刊本。

天启刊本《法言》，稿本此书条载“元刊纂图互注本 明刊仿宋本 汉魏丛书本 十子全书本 浙局刊本 明刊本 子书百种不分卷本 元刊纂图互注本 程荣刊汉魏丛书本 明朱蔚然刊本”。《松轩书录》称此天启刊本“标题下题‘仁和朱蔚然茂叔父校’”，可知即“明朱蔚然刊本”。

万历赵用贤刊本《韩非子》，稿本此书条载“明刊卢校本 日本刊本 十子全书本 子书百种本 浙局刊本 明张鼎文刊本 日本刊校本 明万历赵用贤刊本”。

明刊本《银海精微》，稿本此书条载“坊刊四卷本 日本刊本 明刊本”。

明胡文焕刊本《风俗通义》（潘叔润旧藏），稿本此书条载“明翻元刊十卷本 国初刊十卷本 汉魏丛书本 古今逸史四卷本 明胡氏刊本”。

要之，光绪十八、十九年所得书未见补入稿本，光绪十六、十七年所得书则被大量登载，泾渭分明。更重要的是，十六、十七年所得书，往往标记在各条末尾，字迹又多与前列诸本存在差异，相隔一段时间后再添入的迹象明显。据此可以推断，稿本《八千卷楼藏书目》反映截至光绪十七年的丁氏藏书状况，其最后更新的时间，很可能在这一年年末或稍后的光绪十八年初。此稿本的初编时间虽无法确切考出，但考虑到其中部分条目所著录的版本有分多次添入的迹象，是以从光绪十七年上推数年，宜无不妥。

既然《八千卷楼藏书目》只体现截至光绪十七年的丁氏藏书状况，也就不难理解它与《丁目》印本（的四库著录书部分）存在相当差异。如前述，印本与最终稿本差距不大。然则，比勘《八千卷楼藏书目》与印本，所得两者差异，就基本可以等同于《八千卷楼藏书目》与最终稿本之间的差异。

循此思路，试比勘二者，则不难发现：光绪二十五年稿本并非完全重起炉灶，而是在很大程度上尽量移用旧有编目的成果；另一方面，当然也作出不少调整，如修正原先不甚妥帖的版本著录方式，等等。这种有因有革的处理方式，事所宜然，是常见做法，自不难理解。

在各方面的调整中，有一项值得关注：如前述，《八千卷楼藏书目》在编纂时有“整齐化”原则，故其A状态下，各书的诸本大致按贵重程度降序排列，但之后在其上不断增记新得版本，且只能添加在原有版本之后，无法按珍贵程度排序，所以原先整齐的面貌遂变得不甚清晰。而最终稿本编纂之初，同样经过“整齐化”处理，即将《八千卷楼藏书目》的最终状态下所载诸本按版本珍贵程度重新排序。如表10所示，尽管某些版本的名称标注有所不同（如《周易集解》之“明沈氏刊本”与“明刊本”），另有个别版本在《八千卷楼藏书目》中未载（当是之后新得之本，如《南史》之“南监本”），但其间“整齐化”处理的痕迹仍非常清晰，尤其是对《八千卷楼藏书目》已载诸本加以“整齐化”处理。

表10　稿本、印本著录版本次序之对比

	稿　本	印　本
周易集解	雅雨堂本　汲古阁本　明沈氏刊本　古经解汇函本　学津讨原本	明刊本　汲古阁本　雅雨堂本　学津讨原本　古经解汇函本　岱南阁本
南　史	明刊本　汲古阁本　金陵书局本　同文局石印本　北监杨道宾刊本　元大德刊本	元大德刊本　南监本　北监杨道宾刊本　毛本　殿本　金陵局本　同文局本　竹简斋本
子　略	抄本　学津讨原本　百川本	抄本　百川本　学津讨原本
中　论	汉魏丛书本　子书百种本　近刊本　小万卷楼附札记本　汉魏丛书本　明弘治刊抄配本	明弘治刊本　明抄本　汉魏丛书本　小万卷楼附札记本　子书百种本　近刊本
乐府诗集	汲古阁本　元刊本	元刊本　汲古阁本
古文苑	明刊本　守山阁本　惜阴轩本　明刊本　明刊翻宋本	明覆宋本　明刊本　明刊本　守山阁本　惜阴轩本

从光绪十七年或十八年初丁氏停止更新《八千卷楼藏书目》，至光绪二十五年《丁目》最终稿本编成，再到光绪三十三年让售藏书，其间各有八九年之久。如前列"丁氏历年得书表"所示，丁氏在此期间不断添置藏书，且为数不少。若说光绪十七年至二十五年间所得书可与《八千卷楼藏书目》所载旧有书一起，在光绪二十五年最终稿本编成之际得以"整齐化"，那么，此后所得书必只能如《八千卷楼藏书目》那样，添加在原有书之后。缘是，正如《八千卷楼藏书目》存在 A、B 两种状态，最终稿本同样存在编成时整齐的 A 状态，以及随历年增补而显凌乱的 B 状态。只不过此时丁氏藏书已多，新得书相对于原有书的比例下降，B 状态所导致的凌乱程度不及《八千卷楼藏书目》那样醒目，但仍可在印本中找到一些痕迹。请看表 11 中的实例：

表 11 稿本、印本不同状态之对比

	稿 本	印 本
诚斋易传	明刊本 道光间刊本 经苑本	明刊本 道光刊本 闽刊本 经苑本 明嘉靖刊本
元朝名臣事略	翻聚珍校元刊本 景元抄本	景元抄本 翻聚珍本 闽刊本 聚珍本 刊本

《诚斋易传》，《八千卷楼藏书目》载三种版本，从笔迹上看，它们是一气写成，没有后补，亦即此条在 A 状态形成后未有变化，因此三种版本按照整齐化原则，依版刻年代先后排列。其中"道光间刊本"指清道光十年慈溪叶氏鹤麓山房刻本，"经苑本"指清人钱仪吉所辑从书《经苑》，该书于道光、咸丰间由大梁书院刊刻，比较常见的是同治间印本，略晚于慈溪叶氏刻本。三种版本的排列井然有序。而印本多出"闽刊本""明嘉靖刊本"，"闽刊本"指福建翻刻武英殿聚珍本。闽刻外聚珍的刊刻及修补后印情况复杂，刊刻始于乾隆四十二年，道光、同治、光绪年间不断有增补修版后印，将其置于慈溪叶氏刻本与经苑本之间，也无特别不妥。[1]而"明嘉靖刊本"即嘉靖二十一年尹氏疗鹤亭刻本，置于最后则明显违和。由此推测，最终稿本的 A 状态时，丁氏较之前多出闽刻外聚珍本，根据整齐化原则，将其置于慈溪叶氏刻本与经苑本之间；而嘉靖疗鹤亭刻本的获得时间晚于 A 状态，只好将其添加在末尾。

《元朝名臣事略》，由"翻聚珍校元刊本 景元抄本"变为"景元抄本 翻聚珍本"，自然是整齐化的结果；但与此同时，"聚珍本"却置于"翻聚珍本""闽刊本"（即闽刻外聚珍）之后，显得相当违和。推其原因，"景元抄本 翻聚珍本 闽刊本"为一组，它们在编制最终稿本时已入藏（较之前多出了"闽刊本"），"聚珍本 刊本"则是后添入的。

此类反映最终稿本完稿后又有增补的实例，还可找到一些。以下举例中带有下划线者，一看可知，依版刻贵重程度而言，绝不应处于末尾。相当数量的实例，皆指向

---

① 马月华《略论福建本"外聚珍"》，《中国典籍与文化》2010 年 2 期。

最终稿本存在 B 状态，即所谓“完稿”之后，丁氏又将新添置的藏书更新于其上，而非不再更动。这一现象又说明，丁仁排印时的“校订”，程度相当有限，他既无从复核藏书实物，纠正版本鉴定等方面的错误，亦未作“整齐化”工作（或至少不太彻底），否则，最终稿本两种状态之间的“断裂”痕迹，便会因“整齐化”而被抹去。

尔雅注疏十一卷 晋郭璞注 宋邢昺疏 闽本 监本 毛本 殿本 日本覆监本 粤覆殿本同文局本 元刊明修本

汉书一百二十卷 汉班固撰 妹昭续 唐颜师古注 宋刊元修本 宋鹭洲书院本 残正统翻宋本 嘉靖间刊本 北监刘应秋刊本 汲古阁本 殿刊本 金陵局本 同文局本 竹简斋本 汪文盛刊本 南监张邦奇刊本 南监本

金陀粹编二十八卷续编三十卷 宋岳珂撰 明刊本 浙局本 乾隆重编本 明刊合配本

要之，丁氏不断将新得版本与书籍记录到稿本之上，添加到一定程度后，稿本面貌变得凌乱，乃至留白不足，不堪再补，原本依序排列的版本次序亦不再齐整。丁氏遂重新编制目录，编目对象是截至此时的实藏书籍（其中当然包括旧稿本所载之书），著录版本的原则是“整齐化”。新稿本编成后，藏书仍在增长，遂不断添加至新稿本中。随着不断添加，这部“新稿本”的面貌亦渐显凌乱，很有可能在某一时间点上，又会变为不再更新的“旧稿本”，乃须再度编制“整齐化”的“新稿本”。其间样态，可用以下形式描述：

……更早稿本 A 状态—更早稿本 B 状态……稿本《八千卷楼藏书目》A 状态—稿本《八千卷楼藏书目》B 状态……更晚稿本 A 状态—更晚稿本 B 状态……最终稿本 A 状态—最终稿本 B 状态……印本

《八千卷楼藏书目》实质就是上述过程的节点之一。早在同治二年，丁氏便有编目之举，丁氏出售藏书是在光绪三十三年，而《八千卷楼藏书目》的更新下限是光绪十七年，正好处于大约 2/3 的时间点上。以丁氏购书之迅猛、藏书增长之迅速，在它与同治二年之间，很有可能存在面貌与之类似、截至某时不再更新的“更早稿本”；同理，在《八千卷楼藏书目》与最终稿本之间，或许还存在中间环节亦无足深怪。《丁目》就是在这样新旧更替的循环下层累积成的。

第二节 《丁目》与丁氏的藏书实务

稿本《八千卷楼藏书目》以只载四库著录书为原则，作出如此限定，在私人藏书目录中并不常见。藏家购书抄书，自不可能仅限于四库著录书，丁氏亦不例外。之后编制目录，系以实藏书籍为对象，似乎也没有理由特意只选四库著录书编目。嗣后《丁目》印本，虽兼收四库存目书及未收书，却仍以顶格、低一格、低两格的排版方式，对这三类书籍进行区分，这一著录方式同样少见。丁氏编目之所以依存四库的色彩如此强烈，绝非悬空构拟所致，而是与丁氏藏书楼的物理建置及收藏实务有关。

“八千卷楼”，实际有两个不同含义：其一，是丁氏藏书楼的总名，此名系丁丙祖父丁国典创立，长期沿用，以至于谈及丁氏，必会想起“八千卷楼”一名；其二，是作为建筑实体的丁氏藏书楼的空间部分之一。而后一种含义为前者所遮盖，很少被人注意，有必要加以说明。

据《年谱》，光绪七年九月，丁申丁丙兄弟因抢救文澜阁四库，获清帝嘉奖，上谕中有“洵足嘉惠艺林”一语。丁氏遂新起“嘉惠堂”一名。因源自朝廷褒奖，丁氏非常爱用此名，“嘉惠堂”遂与“八千卷楼”并行，成为丁氏藏书楼的另一总名。

光绪十四年，丁氏营造藏书建筑，以“嘉惠堂”为该建筑总名。这座建筑的各个区块，被分别命名为“八千卷楼”“善本书室”“小八千卷楼”“后八千卷楼”，每个区块的收储职能（范围）有明确安排。“八千卷楼”专门放置四库著录书及《钦定图书集成》《钦定全唐文》，模仿嘉道时期的文澜阁藏书样貌（“遵定制也”），两侧的厢房存放四库存目书。“善本书室”与“小八千卷楼”实为一体，专门储存善本书（《丁志》即以此得名）。后八千卷楼专门放置四库未收书。以上情况，丁丙《八千卷楼记书后》有明确记载。

> 光绪十有四年，拓基于正修堂之西北隅，地凡二亩有奇，筑嘉惠堂五楹。堂之上为八千卷楼，堂之后室五楹，额曰“其书满家”，上为后八千卷楼。复辟一室于西，曰善本书室，楼曰小八千卷楼，楼三楹，中藏宋元刊本约二百种有奇，择明刊之精者、旧钞之佳者，及著述稿本、校雠秘册，合计二千余种，附储左右。若四库著录之书，则藏诸八千卷楼，分排次第，悉遵《钦定简明目录》，综三千五百部，内待补者一百余部。复以《钦定图书集成》《钦定全唐文》附其后，遵定制也。凡四库之附存者，已得一千五百余种，分藏于楼之两厢。至后八千卷楼所藏之书，皆四库所未收采者也，以“甲、乙、丙、丁”标其目，共得八千种有奇，如制艺、释藏、道书，下及传奇小说，悉附藏之。计前后二楼，书厨凡一百六十，分类藏储。以后历年所得之书，皆因类而编入矣。于是松生老人濡笔记之，而诏兄子立诚、儿子立中兄弟曰：此吾祖吾父之志，吾兄未竟之事，吾勉成之，小子识之。并命兄子立本书诸壁，以示后之子子孙孙永保之。[1]

① 丁丙《八千卷楼记书后》，《松梦寮文集》。此文又附《丁志》卷后，名为《八千卷楼自记》。

换言之，这里的“八千卷楼”，从属于“嘉惠堂”，是这一建筑的组成部分之一，而非抽象的丁氏藏书楼总名。若以今日图书馆来类比，“善本书室”“八千卷楼”等，分别是丁家的善本书库、第一书库、第二书库。了解此点之后，就可以明白稿本《八千卷楼藏书目》仅载四库著录书，乃因它是专门针对书库“八千卷楼”而编制。且如引文所示，书库“八千卷楼”的实际存放，是依照《四库全书简明目录》“分排次第”，所以《八千卷楼藏书目》依照《简明目录》，不是务虚的模拟，而是反映了收储的实际情形。顺此推论，“分藏于楼之两厢”的四库存目书，也很有可能依照《四库全书总目》的著录次序，“分排次第”。而丁氏“四库著录”“四库附存”这两方藏印，也有务实的一面，与其藏书楼的实际建置存在关联。

无独有偶，《文澜学报》2 卷 3—4 期合刊提及“善本书室藏书目”，“一册”，“稿本”，“用《古今图书集成》稿纸写，有‘八千卷楼’‘嘉惠堂’两印。盖《八千卷楼书目》之雏形也”。可以推测，此目与《八千卷楼藏书目》相同，也是“分支性”目录，登载位于书库“八千卷楼”西北侧的善本书室(或者说是小八千卷楼)所储书。不过如前文所示，《八千卷楼藏书目》也记载四库著录书的善本，所以“善本书室”中的四库著录书之善本可能会在这两份目录中同时登载。而收储在“八千卷楼”两侧厢房的四库存目书，以及存放在“后八千卷楼”中的四库未收书，也很可能分别编有此类“分支性”目录。最终形成的《丁目》，就是以这些分支书目为基础汇总拼合而成。

丁氏之所以选择《四库》作为操作基准，管理藏书实务，自然与他补抄文澜阁四库全书有关。毫无疑问，丁氏自藏书是补抄底本的最大来源。访得书籍后，为便抄补和管理，遂以《四库》为准绳分类放置。既然丁氏的藏书活动与藏书楼建设与《四库》密切相关，那么他的藏书目录自然也会以之为基准。

总之，《丁目》的面貌结构，与丁氏的藏书楼建置、空间布局、储藏实态等收藏活动的实际事务存在密切关联。实际的收藏活动必然在前，而编制书目在后，后者遂不能不受前者的影响与制约。不过，这些实际事务、具体操作，很少会有文字记录存留，即便有，也往往是零散的、偶发的。因此，在研讨藏书目录时，探索每则条目之下的隐性的人的活动，揭示藏书活动与藏书目录的实质性关联，将是有益且有必要的。

第三章 《武林藏书录》考

《武林藏书录》，丁申编撰，丁丙增订。此书从方志、笔记、文集以及石刻文献中纂辑历代杭州官私藏书刻书的相关记述而成，对于考察杭州书籍史、印刷史和藏书史有重要参考价值。

此书编撰始于光绪初年，但至光绪二十六年，方正式付刊，收入《丛编》第二十四集。之后，古典文学出版社(1957)、北京燕山出版社(1999)先后出版整理本，底本自然都是丛编本(以下简称"刊本")。长期以来，对于此书的研究与利用，皆以刊本为出发点。有鉴于此，本章引入南图藏初稿本作为基础材料，分析它与刊本之间的差异，进而探讨此书的成书过程、体例特点等问题。

第一节 《武林藏书录》的初稿本

已知的此书稿本仅有一部，现藏南京图书馆。此本不分卷，1 册。卷端无书名及作者名，前后无序跋。无栏格，开本 25.2×12.8 cm。共 43 叶，各叶不标页码。书中有多种字迹，圈改增补之处甚多，明显不是出自一人手笔，甚至在同一条内亦有笔迹变更，显然经过多次不同时间的增删改订。偶有几处绿笔批校。未钤丁氏藏印，书根处题"武林藏书录"。

此稿本共有 57 则，数量上相当于刊本的二分之一强(96 则)，但如表 12 所示，有些条目，丁氏拟有标题，书中条目如下。需要说明的是，其中部分条目无标题，取此条首句或首几字，暂作命名(表中前加 * 号者)。

刊本的结构设定是先官后私，以下再依时代先后排列，正文卷上为历代杭州官府藏书刻书访书事迹，卷中是晋至明末的杭州私人藏家，卷下是明末至清代的私人藏家，而将对于丁氏有特殊意义的文澜阁置于最前(卷首)，寓杭人士藏书以及寺观藏书刻书事迹单独附后(卷末)。

表 12 《武林藏书录》刊本与稿本条目对应表

刊　　本	稿　　本	刊　　本	稿　　本
文澜阁(卷首)		钱氏书藏	* 宋钱龢 19
北宋杭州学书版 (以下卷上)		释文莹	
秘书省	秘书省藏书 1	关氏藏书	
太学书版库		吴子发	
南宋诸刻		陈宗之芸居楼	
西湖书院	西湖书院书目序 2 元西湖书院书目碑 3 西湖书院重整书目记 4	小陈道人思	
尊经阁	杭府学尊经阁、 尊经阁碑 5 杭州府学儒学 尊经阁书目 6	董静传书楼	* 董静传书楼 23
虎林书院		荪壁山房	
杭州诸公署镂版	万历杭州府志 诸公署镂板 8	张子昭	
杭州官刻书	周宏祖辑《古今书刻》 内浙江条 14	吾子行	
杭州府学官书	* 乾隆二十九年 奉上谕 11	张贞居	
敷文书院	* 乾隆十六年三月初一 日内阁奉上谕 9	张仲实	张仲实 21
仁和学	仁和学尊经阁 15	青门处士	* 元至正间 杭魏一愚 24
浙江采集遗书	* 乾隆三十八年闰 三月初七日奉上谕 12	尊德堂	
重刊聚珍版诸书	* 谨案乾隆甲午 五月 10	王仪之	
浙江巡抚续进书	浙江巡抚续进四库 未收书提要 13 * 仁宗睿皇帝因阮文达 奏进四库未及著录 26	张氏藏书	
灵隐书藏	杭州灵隐书藏记 16 灵隐书藏歌 17	洪氏列代藏书	
浙江书局		高瑞南	* 高濂 27
范子安(以下卷中)	*《晋书》范平 18	郎仁宝	
褚季雅		方承天	
钱希圣	* 钱惟演字希圣 20	吕氏樾馆	
		虞长孺僧孺两先生	
		文会堂	胡氏文会堂 25
		翁氏书阁	翁氏书阁 28
		宝名楼	* 吴太冲 29
		卓氏传经堂	卓氏传经堂 32
		江邦玉	
		徐孝先先生 (以下卷下)	
		皋园清校阁	*《碧溪诗话》严沆 30
		吴讬园先生	
		玉玲珑阁	

续 表

刊　本	稿　本	刊　本	稿　本
日及园		何梦华	
广仁义塾	广仁义塾 34	姚古香姚虎臣	
好古堂	好古堂书目四卷 22	童佛庵	
吴石仓先生	*《碧溪诗话》 吴石仓先生 31	琳琅秘室	
小山堂	小山堂 39	玉雨堂	玉雨堂 50
汪韩门先生	汪韩门先生 48	丹铅精舍	丹铅精舍 54
道古堂	道古堂 38	罗镜泉广文	罗镜泉广文 53
隐拙斋		蒋村草堂	
小眠斋读书日札	小眠斋读书日札 51	清吟阁	清吟阁 35
耳食录		清来堂	清来堂 52
振绮堂	振绮堂 45	朱氏结一庐	朱氏结一庐 55
绣谷瓶花斋	绣谷瓶花斋 33	周昭礼(以下卷末)	
孙氏寿松堂	孙氏寿松堂 47	周草窗	
宝日轩		阿鲁翚公	
开万楼	开万楼 46	快雪堂	
抱经堂	抱经堂 36	知不足斋	
欣托斋	欣托斋 37	鉴止水斋	鉴止水斋 44
琴趣轩	琴趣轩 40	释道经版	
翟氏书巢	翟氏书巢 41	上乘院	
东啸轩	东啸轩 49	灵隐经藏	灵隐藏经碑 56
关氏书楼	关氏书楼 43	吴山火德庙道藏	吴山火德庙道藏 57
思茗斋			万历府志经籍 (有目无文)7
小仓山房所好轩	小仓山房所好轩 42		

在稿本中，或曰编纂初期，上述先官后私再依时代顺序排列的主体架构业已形成，将寺观藏书刻书置于最后的处理方式也已确定，由上表可一目了然。不过，与刊本不同，最初未计划将寓杭人士单独抽出，是以在稿本中“鉴止水斋”条(许宗彦是德清人，乾隆丙午举人、嘉庆己未进士)与大致同时代的“振绮堂”和“关氏书楼”相邻。当然，在稿本中，寓杭人士仅许氏一人，之后才增补周昭礼等条，或许条目一多，“寓杭”的问题凸显，乃作出改动。

另一方面，在这一阶段，丁申的工作进展明显不均衡。宋代以来的官府刻书藏书访书事迹史料的收集已较为齐备。刊本卷上共 17 则，有 12 则可在稿本中找到对应条目,这是刊本与稿本条目相差最小的一部分。清代私家藏书的条目亦搜得不少,清代之前的私家藏书条目则欠缺较多。这种现象也容易理解:官府刻书藏书史料相对集中,易于寻获,私家藏书的材料需要搜检的范围更大。

稿本还保留有很强的资料长编的性质。有相当数量的条目只是从原书中抄录或节录的原始材料,未经整合。如稿本"西湖书院书目序""元西湖书院书目碑""西湖书院重整书目记"三条,照录原文;刊本则将此三条改并为"西湖书院"一条。又如刊本卷上的"灵隐书藏"条,是将稿本"杭州灵隐书藏记""灵隐书藏歌"两条连缀修润而成。

在稿本之后,丁氏显然又做了大量工作,不仅增添了大量条目,对于稿本已有条目,也有进一步的补充和润色,内容更丰富,寻检利用材料的范围亦更大。如"范平"条,稿本取材全依《晋书》,刊本增补了清人陈文述诗歌中的材料。

另一方面,尽管稿本与刊本相比完成度较低,但恰可考见《武林藏书录》成书过程中的一些问题。首先,关于《武林藏书录》的编撰时间,刊本卷前有光绪乙酉(十一年)七夕曝书日丁申识语,由此可以推定丁申编纂《武林藏书录》至此基本告一段落。不过丁申识语未提及编撰始于何时,刊本卷末丁立中跋也只称"先伯父竹舟公编纂是录,未及定稿而卒"。值得注意的是,光绪乙酉丁申识语及刊本卷首"文澜阁"一条,在稿本中均无;而刊本"文澜阁"条有以下记载:"(光绪)七年,奏请匾额,十月十六日奉谕……主事丁申着赏四品顶戴,以示奖励。"丁丙与丁申因抢救、补抄文澜阁《四库全书》受清廷嘉奖,对丁氏而言是极大的荣誉,刊本特将"文澜阁"一条列于全书卷首。稿本不载此条,似可说明不仅此书编纂始于光绪七年获清帝嘉奖之前,稿本亦早于此时形成。

其次,据稿本可以明晰《武林藏书录》的编撰与修订情况。刊本丁立中跋称,"先伯父竹舟公编纂是录,未及定稿而卒",可知刊本并非全出丁申手笔。顾志兴指出,丁申卒于光绪十三年,而《武林藏书录》记浙江书局刊书,这可能是"丁丙编辑刊印《武林藏书录》时所增补"。[①]他的推测可得到稿本的印证:稿本无"浙江书局"一条。此外,稿本的部分修改增补是丁丙笔迹,这些改动多为刊本所沿用,这说明丁丙亲手修订《武林藏书录》。如前述,稿本与刊本的条目数量相差很多,至于条目内容,刊本也比稿本更丰富完善。因此,可以说丁丙对《武林藏书录》的增补是相当多的。

最后,前已述及,稿本更多保留了所引文献的原始样貌,刊本则做加工修饰,连缀成文。从行文角度来看,刊本自然要比稿本完善。但在修改加工的过程中,不免有刊

① 顾志兴《浙江出版史研究——元明清时期》,浙江古籍出版社,1993年,248—249页。

落引文来源之处。如刊本卷上“仁和学”条:“……以上书目,考沈朝宣旧志所载,虽有缺帙,尚多存者,亦可见盛时学校,犹有古意。隆万以来,士子专尚制义,习为浮华,不知古学。毋论学无藏书,即有残篇断简,亦饱蠹鱼之腹,可胜浩叹哉。”

刊本未说明此段议论出自何人,而稿本则注明此段议论为赵世安所发:“……赵世安曰:以上书目,考沈朝宣旧志所载,虽有缺帙,尚多存者,亦可见盛时学校,犹有古意。隆万以来,士子专尚制义,习为浮华,不知古学。毋论学无藏书,即有残篇断简,亦饱蠹鱼之腹而已,可胜浩叹哉。”

如此例,稿本的存在就为查索《武林藏书录》的材料来源提供了线索,对于一部以辑录史料为主的著作来说,这是尤应重视的。

第二节 《武林藏书录》的材料来源

《武林藏书录》以人与事为经纬,以时间顺序编次,爬罗剔抉,纂集杭州官私藏书刻书史事。在它之前,此类著作只有嘉道间范锴《吴兴藏书录》,此书是将郑元度《湖录》的藏书家传记部分抽出重编而成。所以从原创角度而言,《武林藏书录》可谓是开创风气之作;但在编撰过程中,《武林藏书录》明显受到《吴兴藏书录》的影响,丁申卷前识语称:

> 郡县志经籍一门,乃载各家所撰之书,非各家所藏之目。昔郑芷畦元庆手订《湖录》,中载五代以迄明季藏书者三十家,并采录事实附缀于后,范声山锴校定为《吴兴藏书录》一卷。而武林为浙中首郡,天水行都,声名文物,甲于寰宇。士多好学,家尚藏书,流风遗韵,扇逸流芬。

在体例上,《武林藏书录》与《吴兴藏书录》相同,一条记一人或一事。不过,《吴兴藏书录》只记载私人藏家事迹,《武林藏书录》记述范围广泛,涉及官私刻书、藏书、访书等各方面。即便是私人藏家,《武林藏书录》收录的藏书家也远多于《吴兴藏书录》。

不过,有趣的是,八千卷楼的不少藏书(特别是《丁志》著录书),是《武林藏书录》所载明清杭州诸家的旧藏,但《武林藏书录》的相应条目,却几乎不谈某人旧藏。当然,此书始撰时间较早,当时八千卷楼藏书规模不及光绪末年,或许某些书籍此时尚未购入。另一方面,由此也可看出《武林藏书录》专念于辑录资料。因此,它征引文献的数量和种类,就值得探究。

以下是《武林藏书录》的引书情况,只列出明确提及文献来源者,共 70 种,实际引用的文献当然更多。相对该书篇幅而言,征引可谓博富。以下按四部分类排序,被多次征引之书只列首次出现处：

史部正史类

《晋书》（卷中“范子安”条）

史部别史类

《东都事略》（卷中“钱希圣”条）

史部传记类

《鹤征后录》（卷下“隐拙斋”条）、《武林耆旧集》（卷中“关氏藏书”条）、《两浙名贤录》（卷末“周昭礼”条）、《张氏家乘》（卷中“张氏藏书”条）

史部地理类

《梦粱录》（卷上“南宋诸刻”条）、《西湖游览志余》（卷中“张贞居”条）、《浙江通志》（卷中“翁氏书阁”条）、《乾道临安志》（卷上“北宋杭州学书版”条）、《咸淳临安志》（卷上“秘书省”条）、《成化杭州府志》（卷上“尊经阁”条）、《嘉靖仁和县志》（卷中“张氏藏书”条）、《万历杭州府志》（卷上“杭州诸公署镂版”条）、《万历钱塘县志》（卷中“苏壁山房”条）、《康熙仁和县志》（卷上“仁和学”条）、《乾隆杭州府志》（卷下“吴石仓先生”条）、《光绪杭州府志》（卷首）、《处州府志》（卷中“钱氏书藏”条）、《塘栖志略》（卷中“吕氏樾馆”条）、《清波杂志》（卷末“周昭礼”条）

史部政书类

《建炎以来朝野杂记》（卷上“秘书省”条）、《两浙盐法志》（卷首）

史部目录类

《直斋书录解题》（卷上“秘书省”条）、《古今书刻》《尊经阁藏书记》（卷上“杭州官刻书”条）、《绛云楼书目》《天禄琳琅书目》《士礼居藏书记》（卷上“南宋诸刻”条）、《好古堂书目》（卷下“好古堂”条）、《四库全书总目》（卷中“小陈道人思”条）、《揅经室外集》（卷上“浙江巡抚续进书”条）、《平津馆鉴藏记》（卷中“洪氏列代藏书”条）、《爱日精庐藏书志》（卷中“陈宗之芸居楼”条）、《赵氏书目》（卷中“张子昭”条）、《小眠斋读书日札》（卷下“小眠斋读书日札”条）、《楹书偶录》（卷下“隐拙斋”条）、《持静斋书目》（卷末“鉴止水斋”条）、《田裕斋书目》《铁琴铜剑楼书目》（卷上“南宋诸刻”条、卷中“张子昭”条）、《皕宋楼藏书志》（卷中“陈宗之芸居楼”条）、《西湖书院重整书目记》《元西湖书院书目碑》《西湖书院书目序》（卷上“西湖书院”条）

子部杂家类

《齐东野语》（卷末“周草窗”条）、《云烟过眼录》（卷上“南宋诸刻”条）、《庶斋老学丛谈》（卷下“东啸轩”条）、《遵生八笺》（卷中“高瑞南”条）、《妮古录》（卷中“吾子行”条）、《香祖笔记》（卷中“钱氏书藏”条）、《居易录》（卷中“张氏藏书”条）、《水曹清暇录》

（卷下“开万楼”条）、《群书拾补》（卷下“抱经堂”条）

子部小说家类

《玉壶清话》《续湘山野录》（卷中“释文莹”条）、《耳食录》（卷下“耳食录”条）

集部别集类

《梅野集》（卷中“吴子发”条）、《夷白堂集》（卷中“钱希圣”条）、《学古斋诗稿》（卷中“张仲实”条）、《樊榭山房集》（卷下“吴石仓先生”条）、《潜研堂文集》《曝书亭集》（卷中“小陈道人思”条）、《鲒埼亭集》（卷下“小山堂”条）、《道古堂诗文集》（卷下“道古堂”条）、《上湖文编》（卷下“汪韩门先生”条）

集部总集类

《国朝杭郡诗辑》（卷中“宝名楼”条）

集部诗文评类

《蓉塘诗话》（卷末“周草窗”条）、《宋诗纪事》（卷中“关氏藏书”条）、《碧溪诗话》（卷下“吴石仓先生”条）、《蒲褐山房诗话》（卷下“蒋村草堂”条）

另一方面，《武林藏书录》也有丁氏亲身见闻的记录，主要是针对时代晚近，缺乏可征引文献者。如下引“鉴止水斋”条，以丁氏自身见闻，介绍许宗彦藏书的流散原因及去向。许氏是嘉道间人，藏书流散是在咸丰、同治之交，为丁氏所亲见。如前述，丁氏曾购得不少鉴止水斋旧藏，自然与所述流散有直接关系。

> 申又按：许氏书先得于粤东，又转得于瓶花斋零帙，实多秘笈。自子渌丈官苏，子双丈官粤，其书质于许辛泉家。咸丰辛酉，辛泉家为伪府，克复后，为制军行台。烧残撕毁，益不可问矣。

又如卷末“上乘院”条，也是记述丁氏亲见亲闻的同时代人物的藏书实况：“又城东法藏院僧桂野，号纳庵，蜀人，尝集书本藏经全者凡二部，余则钞补。咸丰辛酉，因寇警，移藏西溪护生庵中，仍为土贼所掠，桂野亦不知所踪。”

《武林藏书录》以辑录文献为主，结合作者见闻，记述杭州地区藏书、刻书事迹。由于搜罗资料丰富，作者本人又是知名藏书家，熟于书林掌故。因此，此书是考察杭州书史的必备参考书，民国时期编撰的《续修四库全书总目》即称赞“其有裨于地方文献者甚巨，名作也”。[①]以上对该书的成书过程、体例和特点，略作梳理考述，深入研究则有俟将来。

① 《续修四库全书总目》第9册，齐鲁书社，1998年，608页。

下编　丁氏编刻丛书考

我国藏书文化源远流长，出版图籍亦由来尚矣。许多藏家在搜访购求之余，又能留意刊布秘笈，化身千百，其有功于学术文化，自不待言。明嘉靖间，范钦天一阁编刊《范氏奇书》，开藏书家编刻丛书之风气。至明末，汲古阁毛氏，刻书与藏书并重，刊书时间之长、范围之广、数量之巨，远迈前修。

至清，学风渐归实证考索，讲求版本目录之学，搜求古书旧籍，蔚然成风。与相呼应，以藏书家而兼出版家者比比皆是，刊布古书之风大盛，各家辑刊之丛书，尤为引人注目。丁氏网罗文献，寻访有得，辄为刊布，孜孜不倦于此者垂四十年，使若存若亡者化身千百，在晚清诸家中卓然特出，实有阐扬探讨之必要。

第一章　丁氏编刻丛书史述

丁氏刻书，在内容上以乡邦文献为核心，在形式上以丛书为主干。凡郡邑掌故、乡邦文献，非本地人鲜有兴趣，且多畸零小种，若不及时收拾，便有亡佚风险。太平天国之役，江浙被兵祸尤烈，乡邦文献大量损毁，有识之士惧此，纷纷从事收集。丛书较之单行，更利保存流布，是故郡邑丛书之编刻，极盛于晚清。丁氏编刻丛书六种，中有郡邑丛书四种，在晚清诸家中首屈一指。以下略述其编刻丛书始末。

第一节　丁氏编刻丛书的历程

目前已知丁氏的最早刻书是在咸丰三年，《年谱》是年条："闰七月，刊先继妣《翠螺阁诗词稿》。"编刻丛书则始于10年后的同治二年。自是年刊行《童蒙训》《温氏母训》起，至光绪二十六年刊行《青溪漫稿》等书，丁氏编刻丛书的历史有近40年之久，先后刻成《当归草堂丛书》《西泠五布衣遗著》《当归草堂医学丛书》《西泠词萃》《武林掌故丛编》《武林往哲遗著》。

据本编附录"丁氏刊行丛书子目编年表"统计，丁氏的六部丛书共收录书籍302种1198卷，刻书之多，规模之大，同时代罕有可匹。除了同治六年、八年、十二年未见刊行书籍的明确文献记载之外，其他年份或多或少皆有产出。刻书是一个经年累月的过程，牌记序跋标识的某年某月付刊/刊竣/绣梓云云，只是其中的某一时间点。所以，表面记录的缺失并不意味着同治六年、八年、十二年丁氏中断刻书。要之，丁氏长年刻书不停，刊行文献的热情高涨。张崟（慕骞）说"嘉惠堂主人刊书之热心与毅力，不惜耗费，不惮长途，孳孳于斯，若不遑给，有非后此嗜好藏书刻书之私家所可及矣"，可谓的评。①

① 张慕骞《八千卷楼刊书碑牌汇录》，《浙江省立图书馆馆刊》2卷2期。

丁氏编刻的首部丛书是《当归草堂丛书》，始于同治二年，终于同治五年。该丛书编刻伊始，正值太平天国战争，丁氏流亡申城，旧有藏书尽毁，加之战时物力凋敝，百业萧条，刻书面临诸多困难。任此丛书校勘之责的高均儒在刻书跋中谈及所遭遇的刻工难觅、价格高涨等难题：

> 是谱，厚子于道光二十三年冬在杭州刊版，版用白皂树，每百字写刻贾钱八十，印行多本，厚子携版归桐城。是本于同治二年春周汇西自杭州难中购至上海，丁竹舟、松生伯仲寄淮，属均儒重为校刊。用梨版，每百字写刻贾钱一百三十。字画视旧刻未见精整，而贾多五分，物力之贵，愈以征事为之难。①
>
> 松生之兄竹舟书来，亦促付版，而刻手殊少，成尚需时。②

有鉴于此，《当归草堂丛书》所收书籍均为短小易刊者，全书仅 8 种 16 卷。高均儒对此有说明："钱唐丁君竹舟申、松生丙……意以为东南劫后，书籍多沦，就易刻之本先存其概。"③即便如此，刊刻进度仍很缓慢，耗时四年始刻竣，平均每年仅成 4 卷。这与光绪年间刊刻《丛编》《遗著》，一年动辄数十上百卷的高速，实不可同日而语。

《西泠五布衣遗著》是丁氏刊行的第二种丛书，收录清代杭州名士吴颖芳、丁敬、金农、魏之琇、奚冈的别集，兼顾杂著。同治七年刊行《冬心先生集》，为该丛书之始。据各书序跋刊语及卷前牌记，至同治十一年六月，五家别集均已付刊。《西泠五布衣遗著》卷前有"同治癸酉（十二年）钱唐丁氏刊成"牌记，又有是年仲冬袁昶序及总目，可认为全书刊刻至此告一段落。

之后丁氏陆续增刻《冬心先生三体诗》一卷（同治十三年）、《冬心先生杂著》一卷、《冬心先生随笔》一卷（光绪四年）、《临江乡人集拾遗》一卷、《砚林集拾遗》一卷、《砚林印款》一卷、《冬心集拾遗》一卷（光绪六年）、《冬心先生续集》一卷（光绪九年）。后续增入者，以金农著作居多。金氏著作在其生前多次刊刻，皆畸零小种，至同光年间已不易搜集，加之丁氏搜辑逸文，耗时不少，是以《西泠五布衣遗著》篇幅有限，刊刻历程却长达十六年。

光绪四年是丁氏刻书的首个高峰，刊书 15 种 54 卷，而此前十五年，丁氏刻书总数不过 27 种 66 卷。这与当年丁氏集中刊行《当归草堂医学丛书初编》有关，《初编》收书 10 种 41 卷，占当年刻书总数的 4/5。光绪九年、十年，丁氏又刻《铜人针灸经》《西方子明堂灸经》附后。复旦大学图书馆藏有一部《当归草堂医学丛书初编》，无附后二书，保持

---

① 《张杨园先生年谱》高均儒跋，清同治间丁氏刻当归草堂丛书本。

② 《忱行录》高均儒跋，清同治间丁氏刻当归草堂丛书本。

③ 《程氏家塾读书分年日程》高均儒跋，清同治间丁氏刻当归草堂丛书本。

了该丛书的最初面目，但版面文字漫漶与断版已很严重，可见刻成后刷印频繁。

《丛编》是丁氏编刊的第四种丛书，刊行持续时间最长，部帙最繁，头绪亦最复杂。其中《复园红板桥诗》，早在同治三年七月既已付梓，《武林杂事诗》则晚至光绪二十六年十一月，首尾相距三十七年，几与丁氏刊行丛书的历史相始终。

同治初年起，《丛编》的若干零种陆续刊行，但彼时尚无丛书名义。而先刻成若干种再赋以丛书名目，在明清丛书刊刻历史上不乏其例。光绪七年，丁刻杭州方志与掌故书的进度陡然加速，当年共刻 51 种 95 卷，次年又刻 14 种 43 卷，全为收入《丛编》者，可见此时丁氏已产生将它作为专门项目经营的念头。光绪九年，丁氏将之前刊成的杭城方志及掌故诸书正式汇为《丛编》。因前期刻成的品种已多，遂一举编至第八集，这是《丛编》成型的第一个重要节点。《年谱》称：

> 七月，编辑《西湖集览》。府君历刊董嗣杲、陈贽《西湖百咏》、杨维桢《西湖竹枝集》，……至是，编辑汇为一书，许益斋丈为之序。
>
> 八月，编《武林掌故丛编》。
>
> 十二月，刊《俞楼诗纪》。《宜堂日记》：八月，余编《掌故书》至八集竟，乞俞曲园为之序，访曲园于俞楼，以是书见贻。

当时编至八集的《丛编》迅速出现在图书市场上。它以“寄存”(寄售分成)的形式在上海扫叶山房贩卖(可见双方有商业往来)。为促进销售，光绪九年九月十三日(1883 年 10 月 13 日)至十月二十九日(11 月 28 日)，扫叶山房在《申报》刊登广告九次：

> 新刻《武林掌故丛编》是书子目八十种，分八集，均前贤染翰，各自成书。今适丁君聚鲭，都为汇刻，盖将以备补图经，考郡故者之伐山鬻海焉。是编盖师其意，别开丛书面目。寄存不多，如蒙博雅赏识者，请至上洋抛球场扫叶山房并城内购取。每部六十四本，洋十元。

不过，《丛编》一至八集的编排似乎有些随性，既与刊刻时间无关，如刊刻最早的《复园红板桥诗》被放入第八集，光绪七年刊刻的几种却被收入第二集，又无明确的逻辑原则，各集内不同部类的书籍相混，仅依作者时代大致排序。

至于所谓《西湖集览》，乃从《丛编》诸书中遴选若干，另起名目刷印而已，与丛编本实为一版，毫无更动。有些书目将集览本与丛编本并列，可能引发二者不同版的误解，这是需要指明的。①

---

① 《增订四库简明目录标注》：“西湖梦寻五卷　清张岱撰　有刊本【续录】武林掌故丛编本　西湖集览本。”(上海古籍出版社，1979 年，308 页)

此外,《西湖集览》所收子目并不完全固定,初印本与后印本或有不同。1980年代,杭州古旧书店重印《西湖集览》,较《中国丛书综录》所载多出六种:《西村十记》《湖壖杂记》《雪庄西湖渔唱》《清波小志》《西湖纪游》《俞楼诗记》。其中《雪庄西湖渔唱》《俞楼诗记》,刊行晚于光绪九年七月,丁氏最初编辑《西湖集览》时必无此两种,至于之后是否增补,限于资料,目前无从判明。

光绪十七年,丁丙为兴复镇江焦山书藏,捐赠了一批家刻书籍。据前揭《丁氏焦山书藏目录》,中有"《武林掌故丛编》十四集一百十六种 丁申、丁丙编 一百十二册"。然则,截至此时,《丛编》已刻至第十四集,而第十五集尚未完成,否则当一并赠出。

光绪十一年初,丁氏着手刊行《西泠词萃》,至十三年末,全书告成。《年谱》是年条称:"十二月,《西泠词萃》刊成。"其中周邦彦《片玉词》刊刻最早,封面有"光绪十一年岁乙酉二月付梓"字样。可怪的是,抄本《芳芷栖词》光绪十三年丁丙手跋却称,光绪十二年秋刊刻仇远《无弦琴谱》,是《西泠词萃》的发端:

> 光绪丙戌秋,予得仇山村先生《无弦琴谱》钞本,刊而传之。惧单词薄帙,久仍湮没,复刊周成美《片玉词》、姚绍尧《箫台公余词》、朱淑真《断肠词》、张天羽《贞居词》、凌彦翀《柘轩词》,题曰《武林六家词》。冀萃之众,而传之远也。……丁亥仲春八日,丁丙。①

另一方面,此丛书收录宋元明杭人词集六种。陆心源则称,丁丙原拟刊行八家词集("丁松生明府将有杭州八家词之刻"),但未说明具体选目。②如下引文,丁丙亦称原拟收入他家词集,如明瞿佑《乐府遗音》,且已做了"详加诠次"的工作(指排比瞿氏生平行谊,如他"少不得于亲"之类)。此跋作于光绪十三年初,正值《西泠词萃》刊行之际,《乐府遗音》却终未刊行,不知是何原因。

> 右《乐府遗音》一卷,从明影抄天顺七年刊本传录。大半皆塞垣所作。《四库》附存有《存斋乐府》五卷,当为别本,余未之见。按先生生于元至正七年丁亥七月十四日,词中有"今朝初度,明日中元"之句。祖居荐桥街,少不得于亲。……余集刊宋元明武林诸名家词,拟以此卷入梓,因详加诠次云。光绪丁亥二月十二日为亡妇陆氏三周忌,礼佛云栖,灯下漫识。丁丙。③

丁氏刊行的最后一种丛书是《遗著》。与《丛编》类似,《遗著》也是先单刻若干品种,

---

① 赵鸿谦《松轩书录》,130—131页,《第四年刊》。

② 赵鸿谦《松轩书录》,130页,《第四年刊》。

③ 抄本《乐府遗音》丁丙手跋,《馆藏善本书题跋辑录》,28—29页,《第四年刊》。

再整编汇辑为丛书。例如,《少保于公奏议》同治八年既已刊刻,《褚亮集》《褚遂良集》两种刊于光绪八年,但迟至光绪二十年方大规模编刊,至二十三年,《遗著》正编已全部付刊。据《遗著》丁丙识语,“起李唐,终胜国,凡成五十种,名《武林往哲遗著》,而以有明杭学校官二家附焉。嗣有所刻,待之后编”。可知当时已计划扩充选目、编纂后编。

《遗著后编》由丁立中实际主持,不过选目仍由丁丙圈定,至光绪二十六年刊竣,此时丁丙谢世已一年有余。《遗著后编》丁立中识语称:“先君子校刊《武林往哲遗著》五十种竟,复手书一目,以谕中曰:‘……吾先择其遗逸而弗彰者凡十种付梓,以广流传,嗣有所刻,其并此为后编乎。’中唯唯受命,爰乞翁铁梅、孙补三、何勉亭三君分为校梓,刻于江西者三,江宁者二,宁波者五,函询往还,途遥易滞,比及刊竣,而先君子弃养逾一载矣。”

从刻书工作的进展来看,如图1所示,丁氏每年刊书数量落差颇大。同治年间及光绪初年的刊书数量很少,光绪四年以降,则有大幅度增长;特别是光绪四年、七年、十四年、二十至二十三年、二十五至二十六年,是明显的高峰。

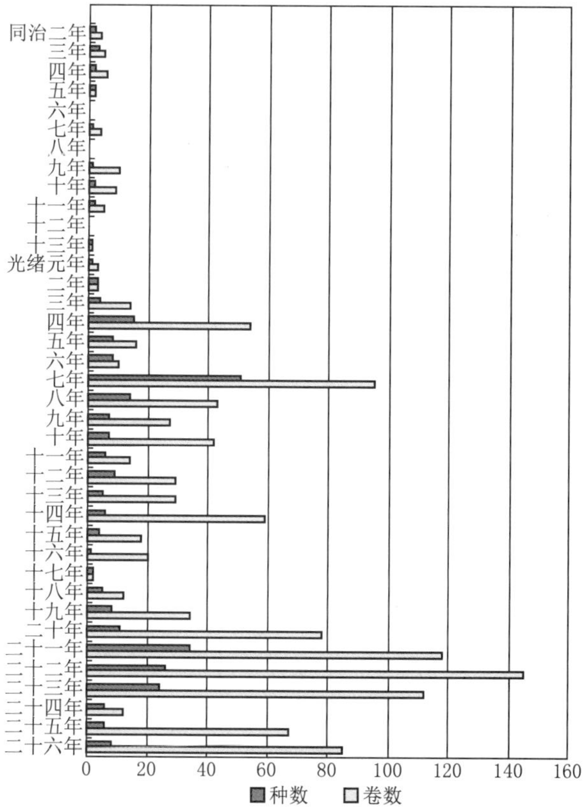

图1　丁氏历年刊行书籍种数与卷数

刊书数量的剧烈波动，除了人事等客观原因之外，与丁氏求速成的心理有关，故而一旦决意刊行，即雷厉风行，数量便会暴增。蒋凤藻称："弟闻杭州丁松生云，刻书但求速成。盖人情兴致一过，自虑始勤终怠。况人事难必，我辈人生若梦，岁月几何，正恐光阴易迈，有志莫成。故以得了早了为佳。"①

光绪十九年后，刊书数量始终维持很高水平，表面是因大规模刊行《丛编》《遗著》所致，根本原因则是丁丙当时已过六旬，身体日衰。《年谱》卷末丁立中识语称，光绪二十二年秋，丁丙"患痰疾，精力衰颓"。"岁月几何""有志莫成"的担忧，日甚一日，必须"得了早了"。光绪二十四年，刊书数量遽减为 6 种 12 卷，这大约与丁丙病情恶化及《丁志》定稿有关。次年三月，丁丙病故。因《遗著后编》的集中刊行，当年及次年的刊书数量再度暴增，但这只是回光返照，随着《遗著后编》刊竣，丁氏编刻丛书的历史随之告终。

第二节　编刻丛书的文化背景与个人选择

丁氏编刻的诸丛书，部帙大小不等，主题各有差别，但背景有相通之处。太平军攻破杭州前，丁氏已有相当可观的藏书，显然也具备刻书所需的财力，却未编刻丛书，反而是在战乱播迁、物力凋敝的处境下开始此事。究其原因，是素称人文之邦的江南地区在战争中遭受严重破坏，加之太平天国政权在文化上的极端政策，使士大夫阶层惊恐于文化破灭、传统沦亡的深重危机。

职是之故，抢救文献、重刊旧籍，在此时已不仅是单纯的学术问题，而是一跃成为重大的文化使命。进言之，危机赋予刻书以更为重大急迫的意义，刻书行为因此广邀美誉。张之洞劝人刻书之说出现于此时，实非偶然。俞樾对于丁氏刻书，也从很高的立意层面予以高度评价："自庚申辛酉之乱，缥囊缃帙，半付劫灰。承平以来，搜访遗文，存者仅矣。两丁君购觅文澜阁遗书，得十之二三，言于大吏，次弟钞补，俾浙东西承学之士复得窥石渠天禄之藏，其有裨于两浙文教已不浅矣。乃又博观精选，成此巨编，言武林掌故者，余此何观焉。此抱残守阙之苦心，亦即敬梓恭桑之雅意乎。"②

面对文献放失、亟待收拾的局面，晚清学者注意到丛书大而通行，利于保存文献，特别是不易单刻之书，更宜通过丛书保存与流传。张之洞称："丛书最便学者，为其一

① 蒋凤藻《心矩斋尺牍》，31 页。

② 《武林掌故丛编》俞樾序。

部之中，可该群籍。搜残存佚，为功尤巨。”①俞樾则举出具体实例，表彰丛书汇聚文献的功用：“近有康氏莲伯、子兰两昆仲修《临平志》，得十余帙，皆厚如巨臂，乃乱后无一字之存矣。使其犹在，得刻入丁氏此编，不亦美乎？即此推之，知载籍存留日少一日，况遗文轶事，丛残琐屑，非如经义史学之师友渊源后先授受，可以永久勿坠也。然而征文考献，则又不能不有取于此，苟非汇而刻之，则散失不传如康氏之书者，岂少哉。”②

晚清时期，丛书刊刻异常兴盛，当然与知识界的上述共识有密切关联。在这一大背景下，丁氏编刻的诸丛书各有不同的收书主旨，则体现出他文献活动的丰富多样。

《当归草堂丛书》的编刻始于战争期间，受太平天国激进政策的刺激，当时知识分子有“天崩地裂，人伦尽丧”之忧。该丛书所收几乎全为匡扶性理道德的理学著作，不能不说是受时局之影响，有思藉以挽回世风。另一方面，《当归草堂丛书》的理学取向，又与代任此丛书校勘的高均儒有关。高氏笃守程朱之学，丁氏与他交厚，遂受影响。谭献称：“松生与高伯平游，有志宋儒之学。”③具体来说，《切近编》是“辑朱子及三先生之书最明白切近者，溥教齐民，一切妇孺，人人可知可行，共由大道，凡深邃者不摭入”（桑调元序）的理学普及读物。《松阳钞存》，“申与弟丙反复共读”，认定此书“言近而远，义峻而和，其间严儒释之大防，阅时俗之所服，惩彼流弊，肫然苦心”（丁申跋），是醇严精正的理学著作。唯一在目录学分类上不属子部儒家类的《张杨园先生年谱》，谱主也是“承紫阳之学”的理学者。

《遗著》《丛编》《西泠五布衣遗著》《西泠词萃》均在战后刊行，编选宗旨则以杭州为轴心，以杭州掌故书、杭人著述为两翼。相比受高均儒影响而感兴趣的理学，杭州文献是丁丙持之以恒的兴趣点，也是丁氏书籍活动的基本底色，陈训慈对此有概括：“凡所刊印，虽大自经义（如补刊宋孙觉《春秋经解》），小及俗书（如《太上感应图说》），包罗綦广，而榷其旨归，除为其自有特嗜之例外（如小学书、宋词），几莫不与吾浙文献有联系，缪艺风所谓拾乡先辈之丛残者也。”④

丁丙对于杭州文献的偏爱，当然首先是出于敬梓恭桑的乡邦感情。他对家乡杭州抱有强烈自豪，在题跋诗文中屡屡表露，由此衍生开来，乃以搜集乡邦文献为己任。他说：

---

① 张之洞《书目答问》，清光绪刻本。

② 《武林掌故丛编》俞樾序。

③ 谭献撰，范旭伦、牟晓朋整理《复堂日记》，河北教育出版社，2001 年，230 页。

④ 陈训慈《丁松生先生与浙江文献》，《浙江省立图书馆月刊》1 卷 7—8 期合刊。

吾杭山川清淑，人文蔚起，昔蒲氏宗孟辑诗，集三千余家为《钱塘集》，书久佚失，仅见其目于潜氏《临安志》。国朝吴氏城仿其体例，为《杭郡诗编》，旋亦散亡。吴氏颢踵而辑之，颢孙振棫再辑《续编》，版毁于兵。丙与先兄申不揣固陋，继之以《三辑》，重雕其《初》《续》，书成，先兄不及见矣。而前代之遗什，尚未克兼采也。吴氏允嘉先有《武林耆旧集》，自唐迄明，零篇只语，靡不搜录。卢氏文弨更辑《武林杂录》数十帙，稿本虽存，排比匪易。犹子立诚曰：与其汇集丛残，曷若先雕完整。寿之枣梨，藉以敬止桑梓。（《遗著》总序）

在太平天国战争中，杭州的书籍业及藏书家被创惨烈，地方文献大量损失，有些书籍至丁氏刊刻时已无法觅得足本。为防其佚亡，丁氏乃亟加刊行，故《丛编》颇收残书与辑佚书：

今丁君和甫家藏是书二册，仅存记人、记事、记文三卷，欲求其全，久而未得。一日，与余言及杭垣记录，《东城杂记》《北隅掌录》既详且备，而西南一隅，惟此书可补徐氏《小志》之阙。……若不将此残帙先行开雕，恐日久重佚，欲续此三卷不可得，不重可惜欤。因怂恿付梓，改题《清波三志》。书虽非全，然谈掌故者夙称是志最为渊雅，景先贤之芳躅，稽故老之旧闻，搜崖石之残刻，因取龚颐正跋周煇书语名之，亦足备《武林掌故丛编》之一种矣。（《清波三志》蔡玉瀛序）

此册余劫后购于市上冷摊，存祠庙及寺二门。后访得朱氏结一庐藏有旧钞，远道借录，较余藏本增多院及宫观二门，因亟为补钞。然叶数无多，似仅存学士所辑之半。闻江阴缪小山编修藏本亦始祠庙，迄宫观，次序悉与此同。盖流传仅此数门矣。兹因分为八卷，付之剞劂，用广流传。（《淳祐临安志辑逸》丁丙跋）

兵燹凶狂，销磨未尽。若必规其全璧，始就雕摹，深恐岁月逡巡，并已得者而复失之，乌可哉。（《艮山杂志》丁丙跋）

不可否认，丁氏也有标榜博名、矜耀自夸的功利性考虑。《丛编》收录了不少丁氏家族成员及其师友的著述，与之相对，某些应收之书却未刻。如明人吴之鲸《武林梵志》，题材与《丛编》契合，传本极罕，《丁目》卷八著录有“抄本”，不乏底本，不知何故未刻。

各丛书的刊行，还会受其他文献活动的牵引。如刊行《丛编》，与丁丙纂辑《武林坊巷志》直接相关。编纂《武林坊巷志》需要查考大量杭州地方文献，遂引发了丁丙刊刻地方掌故书的想法，最终催生了《丛编》：

余少好武林琐细旧闻，尝聚小志数十种。辛酉围城中，尚得金江声先生《吴山志》。虽炮火满天，干戈遍地，一时不顾也。未几城陷，家室流离，图书荡尽，仅以身免。甲子乱平，重返故庐。复收残烬，杜门息影，辑《杭城坊巷志》，益思网罗群籍。（万历丙辰刻本《快雪堂集》丁丙手跋）①

八月，重刊《乾道临安志》。《乾道临安志》三卷，宋周淙撰。……书第二卷纪坊市桥梁，府君辑《武林坊巷志》，引用首此书，故先刊之。（《年谱》光绪元年）

至于具体收录的书籍选目，则取决于某些更加具体的因素。毫无疑问，在符合刊刻宗旨的备选书籍中，有必宜刊刻者，有两可之间者。在甄选时，书籍的知名度与重要性所占权重极大，如南宋临安三志、《都城纪胜》、《梦粱录》、《西湖游览志》等书，是刊刻杭州方志掌故书的必选品种，自不待言。

其次，有些书籍是出于对历史人物的敬仰与纪念而刻。如《樊公祠录》，樊公指元人樊执敬，元末守杭州战死，身后哀荣甚显。丁丙跋称："天下惟不趋荣利者，乃能不避危难。当樊公不拜帝师时，亦似稍迂阔矣，然劲气介节已基于此。及官浙省，徽寇猝至，卒能见危授命，大节不夺，其自命为孔氏之徒，何愧焉。向令尊孔氏者皆如樊公其人，亦何惧异教为。"

有些书籍则因师友推荐而刻。如元代僧人释圆至《牧潜集》（刊入《遗著》），何敬钊跋称："丁酉，自豫章旋杭，谒松生姻丈于里第。以余补授高安，出《牧潜集》示余，且戏曰：'此为一重公案。披读其书，圆至虽产自高安，而集稿则传于天目，是去为天目僧矣，亦武林文献也。'怂恿付梓，许诺。"

还有一些书籍是亡故亲友的遗著，刻之以为纪念。如《郭孝童墓记略》，系丁丙堂侄丁立志辑录。丁立志年少夭亡，是书丁丙识语称："从侄立志，号张甫，奚生弟之三男也。三岁而孤，目光炯炯，神似其父，事母尤孝。十龄后，读书罔懈，学为文，亦楚楚可观。余颇期其有成也。去秋八月病，病旋已旋作。今年仲春十一日化去，年十有七。吁，可悲已。因命其兄立燊检其窗作诗文，于丛稿中得此数纸，盖杂录郭孝童墓记也，并附七古一章。阅其结句，殆诗忏耶，岂其先鬼神已凭之耶。特就其所录刻之，以存其志。光绪乙未寒食节，丁丙识。"

反之，若某书宜刻而未刻，大体有以下两种情况。其一，未能觅得底本。如丁丙拟刻倪璠《武林伽蓝记》，因无底本而作罢。《神州古史考》（收入《丛编》）刊竣后，丁丙撰跋，提及此事："《清吟阁目》尚载先生所著《武林伽蓝记》一卷，惜不能与《方舆通俗文》并备掌故云。"

① 赵鸿谦《松轩书录》，49 页，《第四年刊》。

丁立中亦曾明言《遗著》选目不尽理想，有不少应刊拟刊的杭人著述，仓促间无法获得底本，只好作罢。《遗著后编》丁立中识语称："又若周邦彦《片玉集》、释德净《山林清气集》、王洪《毅斋集》、释德祥《桐屿集》、高应冕《白云山房集》、许应元《水部集》、茅瓒《见沧集》、沈淮《三洲诗脍》、田艺蘅《子艺集》、高濂《雅尚斋诗草》，咸愿重梓而猝不可求。"

当然，决意刊刻且觅得底本，也未必终能刻成。南图藏清卢文弨抄本《湖上编》《白下编》《蓬宅编》《衰晚编》，卷前有丁丙手跋，大约写于光绪六年或稍晚，称欲刊刻明人张遂辰(西农)的诗集(《湖上编》《白下编》等)，而且已影摹画像、辑录诗作，做了一番先期工作，但此书终未见刊成。丁跋云："庚辰季冬，从吴君子修假得曾波臣缋张隐君小象一帧，影摹半身及诸家题咏，订于抱经先生手校西农《诗集》之耑。又属许君壬伯录《清尊集倡和诗》四家附焉，俟他日重雕作一善本，因识其原起。八千卷楼主人。"①

其二，丁氏的刻书重点是未刊稿抄本，以及虽有旧刻但传本罕见之书。若某书刊本流传尚多，或近年有别处新刊本，丁氏便有意回避，以免重复。关于此点，前揭丁立中识语称：

> 先君子校刊《武林往哲遗著》五十种竟，复手书一目以谕中曰："乡先生遗书若强至《祠部集》、仇远《金渊集》，武英殿已有刊本，叶时《礼经会元》已刻于通志堂，薛尚功《历代钟鼎彝器款识》已刻于文选楼，邓牧《洞霄图志》、俞松《兰亭续考》、瞿佑《归田诗话》已刻于知不足斋，沈括《梦溪笔谈》、释文莹《玉壶野史》已刻于守山阁，李之藻《同文算指》已刻于海山仙馆，世间均有传本。吾先择其遗逸而弗彰者凡十种付梓，以广流传，嗣有所刻，其并此为后编乎。"……若吾丘衍《周秦刻石释音》、陈思《宝刻丛编》，已乞陆存斋观察列入《十万卷楼丛书》，胡世宁《端敏奏议》、徐象梅《两浙名贤录》、沈遘《西溪集》、沈辽《云巢编》、沈括《长兴集》，当道已于官局重雕，蔚然彪炳。

清代学者特重经传小学，地志掌故书的受重视程度远不能与之相提并论，加之此类书籍往往印数不多，极易散亡。丁氏着力搜集地方文献，多刊畸零小种(《丛编》尤为突出)，不弃丛残，难能可贵。陈训慈称："惟先生(丁丙)之不朽，犹有所自。吾人考之道闻，覈其成就，则先生最有造于邦国者，厥为地方文献之保存与整理。"②此番发言，允称公论。

---

① 张遂辰《湖上编》《白下编》《蓬宅编》《衰晚编》，清乾隆卢氏抱经堂抄本，南京图书馆藏。此据原件录出。

② 陈训慈《丁松生先生与浙江文献》，《浙江省立图书馆月刊》1卷7—8期合刊。

第三节　丁氏所刻书版的流出

《遗著后编》刊竣后，丁氏的刻书活动渐趋停顿。尽管其后丁氏尚刊印《武林丁氏家集》《丁志》《丁目》等，但对象由先贤时人之著述转为家族成员著作，在性质上已蜕变为士绅阶层“扬祖德、述清芬”的矜耀门第之举。

光绪末年，丁氏经商失败，被迫将藏书让售江南图书馆，刻书所需的两大物质条件——充足的底本来源、支撑刻书的财力，不复存在。丁立诚、立中兄弟又于民国初年先后去世，刻书一事，再难提起。

另一方面，清末民初，石印、铅印等新式印刷技术逐成主流，传统的木刻印刷日趋式微，这一趋势甚至波及丁氏家族。丁三在、丁仁兄弟（立诚之子）创制仿宋铅印活字，在上海开办仿宋聚珍书局，承印书籍。[①]上述几方面的情况，是丁氏书版流出的基本背景。

一、丁氏书版捐入浙江省立图书馆

丁氏刻书规模巨大，储藏书版需要相当空间，而位于杭州头发巷的丁氏宅邸空间狭窄。或许与此有关，早在民国初年，丁氏已将书版寄存于浙江公立图书馆木印部，[②]由该部代为刷印售卖：

> 民国初年，丁氏以家藏地位狭隘，适本馆木印部设三忠祠，遂商准本馆暂为寄存。[③]
>
> （八千卷楼）楼颇轩敞，庭前有树，有假山，惟院落殊小，无回旋之余地。……（善本书室）室仅三楹，殊逼仄，……厅事甚小，……室前天井尤湫隘……[④]

缘此，在1920年编行的《浙江公立图书馆附设印行所书目》中，《丛编》《遗著》《西泠五布衣遗著》《当归草堂丛书》《当归草堂医学丛书》《西泠词萃》，及《丁志》《翠螺阁词稿》等单种书，均列入“寄存类发卖书籍”。

---

① 关于丁氏仿宋聚珍活字，可参阅俞佳迪《聚珍仿宋体设计版本考证与补遗》，中国美术学院博士论文，2017年；谭昕《大雅之成——仿宋字体的演变发展研究》，湖南师范大学硕士论文，2015年；王火青《杭州丁氏聚珍仿宋体的创制与贡献》，《文献》2012年2期。

② 浙图木印部的前身为浙江书局。清末，筹建浙江图书馆，将浙江书局与浙江藏书楼合并，书局承担传统木刻印刷的部分，被改编为图书馆木印部。民国时期，该部用浙江书局及各家寄存、捐赠书版继续刷印。

③ 《馆讯鳞爪》，《浙江省立图书馆馆刊》2卷4期，239页。

④ 漱石《丁松生先生文物展览参观印象记》，《浙江省立图书馆月刊》1卷7—8期合刊。

在使用与存放过程中，书版不免会发生损坏，浙馆木印部遂作修补。如《游明圣湖日记》，《丛书集成续编》影印所据底本的末尾数叶版心有“民国十八年补刊”字样，便是该部所刻补版。

随着时间推移，丁氏后人对于寄存的书版似乎少有兴趣，听之任之。浙江省立图书馆认为，丁刻书版“有关于本省文献者甚大”，却“因系寄存之故，修补续印，甚感不便”，乃提议丁氏捐献书版。①此事发生于1933年，具体的办理过程如下：6月20日，浙馆派员前往丁家，提出此议。29日，丁氏应允。7月1日、26日，图书馆两次与丁氏接洽捐赠事宜。这些情况，在该馆馆刊中皆有记录报道：

本馆以丁氏八千卷楼旧刻《武林掌故丛编》《武林往哲遗著》等书，关系本省文献甚巨，其书向由本馆印行所售书处代售，版片亦寄存该所木版部。爰于今日派总务处史主任编纂组员前往头发巷丁氏故居，访候丁序之、祁之两先生（松生先生之孙），商请将前项书版捐归公家，以永保存，当承允以会商考虑，再行决定。（六月二十日条）

本馆前为征求丁氏八千卷楼刻《武林掌故丛编》等版片，曾于本月二十日派员前往洽商，今日丁序之先生来馆，允为参照永康胡氏捐赠《金华丛书》版片办法，订立契约，将各书版片，完全赠与本馆。（六月廿九日条）

丁氏八千卷楼版片，前曾表示愿意捐赠本馆，今日由本馆总务史主任与丁氏代表丁序之先生作第二度接洽，议据草稿，双方已同意，俟版片清册造就后，即可正式订约。（七月一日条）

事毕，复赴丁序之先生处，接洽捐赠八千卷楼藏版事。（七月廿六日条）②

双方洽谈进展顺利，很快议定了捐赠事宜。《浙江省立图书馆馆刊》2卷4期《馆讯鳞爪》以头条报道此事告成：

本馆鉴于是项版片之重要，爰分别向丁氏后人丁辅之、序之、祁之诸氏磋商，请将此项版片捐赠归馆，以广先贤刻书利济之遗泽。丁氏方面，亦以先人竹舟、松生两先生刻书志在文化，愿推其心，化私为公。特仿永康胡氏捐版先例，订立议据，并请孙康侯、杨见心诸氏为见议，正式移捐本馆。该项版片数达一万八千四百余块之多，已逾本馆现藏版片全部什之一，诚书林之好音，不独本馆一馆之庆已也。

---

① 《馆讯鳞爪》，《浙江省立图书馆馆刊》2卷4期。
② 《馆务大事记》，《浙江省立图书馆馆刊》2卷4期。

9月27日，丁氏将签署好的合同送至图书馆，具体的移交事宜随即进行。至11月，移交完毕，浙馆开具证明，提请国民政府教育部褒奖丁氏：

八千卷楼书版捐赠本馆，前于七月一日商议就绪，订立议据，今日丁序之先生来馆，将此项捐赠书版之合同送馆，盖章后各持一份，以资信守。①

杭县丁氏家刻八千卷楼书版，曾由丁立方（贤甫）等以一部分版片捐存本馆，今已装运到馆。今特依照捐资兴学褒奖条例，开具事实表册，呈厅转呈教育部核奖。②

捐赠次年即1934年10月编印的《浙江省立图书馆出版图书目录》，列有《丛编》《遗著》《当归草堂丛书》《当归草堂医学丛书》。相比1920年的《浙江公立图书馆附设印行所书目》，少去《西泠五布衣遗著》《西泠词萃》两种。

值得一提的是，浙江省立图书馆的销售方式灵活，“特定九折办法，优待各学校、各机关及图书馆”，“又将大部丛书，拆售零种”，《丛编》《遗著》均有零种销售（见1936年编印的《浙江省立图书馆出版图书目录》启事）。此外，该馆又重设名目，抽取《游明圣湖日记》等十四种“合编为《名家西湖游记》”，抽取《钱塘西湖百咏》等十五种“合编为《名家西湖山水诗》”，皆单独发卖（见1934年10月编印的《浙江省立图书馆出版图书目录》）。

二、毛春翔的清点与1930年代的书版状况

1935年，毛春翔对浙馆储存的书版（包括寄存者）进行清点统计，并按清点结果，撰《浙江省立图书馆藏书版记》。③此文详细记载当时浙馆所藏各种书版的数量、材质、来源与保存情况，很有参考价值。

据毛氏统计，当时浙馆藏有书版163690片（不包括残版及未标号者），其中自刻（指浙江官书局所刻）122486片，寄存1053片，各家捐赠40151片。丁氏捐赠的书版有18071片（另有《松梦诗稿》92块、《翠螺阁诗稿》50块为寄存），为诸家之首，约占捐赠总数的45%；较第二名金华胡氏退补斋（13981片，系《金华丛书》与《续金华丛书》书版），多出4090片。

根据毛文，丁氏捐赠的书版，有单刻书、丛书两类，细目如下：

《善本书室藏书志》，547块

① 《馆务大事记・九月廿七日》，《浙江省立图书馆馆刊》2卷5期。
② 《馆务大事记・十一月十六日》，《浙江省立图书馆馆刊》2卷6期。
③ 毛春翔《浙江省立图书馆藏书版记》，《浙江省立图书馆馆刊》4卷3期。

《杭郡诗正辑》,612 块

《杭郡诗续辑》,752 块

《杭郡诗三辑》,2003 块

《茶梦庵诗稿》,105 块

《半岩庐遗诗》,24 块

《苏堤渔唱》,17 块

《宜堂类编》,378 块(以上零种书,计 4438 块)

《武林掌故丛编》,8427 块

《武林往哲遗著》,3953 块

《当归草堂丛书》,279 块

《当归草堂医学丛书》,405 块(以上丛书,计 13064 块)

以上总计 17502 块,较前揭 18071 块的总数为少,原因在于《西泠五布衣遗著》"板已霉烂残缺,现停印",故未编号计数。逆计之,《西泠五布衣遗著》书版为 569 块。不仅《西泠五布衣遗著》,其他书版亦有程度不同的损坏。《丛编》"内有烂板,如《昭庆律寺志》十卷,蛀蚀最烈,无一完板";《遗著》"内有《青溪漫稿》一种,霉烂不堪";《当归草堂丛书》,"多数蛀烂"。

另据毛文可知,"(浙馆所藏各家)所有书版材料,计有梨木与白皂二种,前者质佳值昂,后者反是",丁刻书版全为梨木,可见丁氏对于书版材质,甚为注重。

三、《西泠词萃》书版的流出

捐入浙馆的丁氏书版,独缺《西泠词萃》。如前述,此种丛书曾在浙馆木印部寄售。毛文之所以未提及,乃因此套书版转归杭州抱经堂书店所有(原因未详),未入浙馆。

抱经堂是民国时期杭州最有名的旧书店,店主为朱遂翔。该店不仅贩卖旧籍,还购入书版,自行刷印贩卖:

> 杭州旧书经营规模最大、声誉卓著者,当推朱遂翔之抱经堂书店。终其一生,他致力于旧书经营,从一目不识丁的乡下佬,到创业开店,成为藏书家,富有传奇色彩。时人将他与《贩书偶记》的作者孙殿起合视为旧书业南北领袖,称"南朱北孙"。……抱经堂印有《榆园丛书》(仁和许氏校刊)、《范氏三种》(乾隆范氏原刊)、《白华绛跗阁诗集》十卷(李氏原刊)等二十五种。[①]

---

① 褚树青《民国杭州旧书业》,秋禾、少莉《旧时书坊》,生活·读书·新知三联书店,2005 年,134—135 页。

《西泠词萃》书版，为朱遂翔所获，复旦大学藏有朱氏抱经堂后印本，其后订有《杭州抱经堂书局本版书目》，中载"《西泠词萃》 钱塘丁丙校 白纸大本 四本 二元"。

综上，民国初丁氏所刻书版先寄存于浙江省立图书馆，1930 年代，大多捐入该馆，独《西泠词萃》被抱经堂获得。1962 年，《丛编》《遗著》书版被调拨给广陵古籍刻印社，由该社整理修补。1984 年、1985 年，广陵古籍刻印社重刷《丛编》《遗著》，之后书版归还给浙江图书馆收藏。①

① 王澄《扬州刻书考》，广陵书社，2003 年，342、366—367 页。

第二章　丁氏的师友交游与其丛书校刻

编刻丛书一事，千头万绪。丁氏刻书规模巨大，仅凭家族成员，不足以支撑起如此大的局面，寻求外人协助，势在必行。协助丁氏编刻书籍之诸人，或代为校勘，或代为监刻，或出借所需底本，或提出建议；他们之于丁氏，或为亲朋，或为师弟。若无他们的支援，丁氏刻书能获得几分成功，实未可知。换言之，丁氏诸丛书是文人交际网络的协作成果，掌握丰厚财力与藏书的丁氏居间为核心。

毋庸赘言，这是清代民国私家刻书的典型样态之一，而反映丁氏刻书运作的文献材料保存较多，可作为考察私家刻书运作的重要样本。本章将就此展开，考述丁氏的师友交游与其丛书校刻之间的关系、诸人协助刻书的具体情况，以及丁氏编刊丛书的组织运作形式。

第一节　丁氏刊书的协助者

丁氏主要在杭州活动，交游圈子自以杭人为主。下文以杭州人士、外地人士为区分，逐人考述其协助丁氏刻书的情况。杭州人士按钱塘、仁和、余杭三县先后排序，外地人士则按先浙江后外省的次序排列。

一、杭州人士

（一）张预

字子虞，号虞庵，钱塘人。光绪九年进士，授翰林院庶吉士，升编修，历官至江苏松江府知府，候补道。有《崇兰堂诗集》。①

张氏有诗名，入铁花吟社，与丁丙、吴庆坻、应宝时等相倡和。丛编本《月会约》丁

① 徐世昌《晚晴簃诗汇》卷一七四，民国退耕堂刻本。

丙跋称："余携侄修甫立诚，从沈辅之映钤、吴筠轩兆麟、盛恺庭元、秦淡如缃业、王小铁堃、王琳斋景彝诸丈，应敏斋宝时、胡月樵凤丹、李巘堂桓、龚幼安嘉儁、戴少梅燮元、夏薪卿曾传、宗啸吾山、江秋珊顺诒、张子虞预、高白叔云麟、边竹潭保枢、吴子修庆坻诸公，月举铁华吟社，至今已六十余集。"

光绪八年，张预为丁氏提供其父张道所著《定乡小识》，丁氏将其刊入《丛编》。是书张预跋称：

先君子少长是乡，以搜葺为己任。既广为续咏百绝句，以补胡氏之缺。因稽访故籍，博咨乡老，口耳所穷，继以登涉，久乃纂为《定乡小识》一书。析门者八，曰山水，曰古迹，曰梵刹，曰隄彴，曰耆旧，曰艺文，曰石墨，曰田里，而祠宇古窆附焉。书成，为城中仁和黄丈取去，将以付梓，而庚申二月城陷，书没贼中。旬日，贼退，捡归，仅存山水、古迹、隄彴、石墨四种。……辛酉，贼再至。……是四种者，亦倖而存也。……自甲子贼平，将二十稔，不肖困礼部试有年，负米四方，以养慈母，先集在楹，无力问世。去冬，自鄂归里，丁君竹舟昆弟方有杭郡丛书之刻，来索是书。窃思书阙过半，往欲补缀一二以竟先人之志，以备故乡之籍。而婴乱以后，文献彫丧，不肖奔陋，又瘁饥驱，网罗无暇。谨承先君子手稿之旧，以副丁君之意，曰记曰略，各标篇目，明非完书。……光绪壬午夏月，不肖张预谨跋。

此外，张预又为《云栖纪事》（光绪五年刊）、《西湖月观纪》（光绪七年刊）、《龙井见闻录》（光绪十年刊）题署封面。

（二）吴庆坻

字子修，一字敬彊，钱塘人。曾入诂经精舍，师从俞樾。光绪二年举人，光绪十二年进士，改翰林院庶吉士。历官翰林院编修，四川、湖南学政。民国十三年卒，年七十七。著有《补松庐诗录》《悔余生诗》《蕉廊脞录》。①

吴氏亦是铁花吟社中人，又与丁氏有通家之好，其女归丁立中之子。丁立中《禾庐诗钞》吴庆坻序称："庆坻海上归来，执手道故，以两世之交谊，复申之以婚姻。"

光绪八年，吴氏劝说丁氏刊行《东郊土物诗》，并提供底本。《东郊土物诗》吴庆坻跋称：

《东郊土物诗》一卷，吾乡古心朱先生与同时诸老分咏东乡物产之作也。旧藏吴君半耕所，经乱未失，颇珍惜之。尝语其友山阴陆君廉史，冀刊布以永其传。今年正月，吴君物殇，陆君感其意，介严君容孙携以畀余。时松生丁丈蒐辑里中

① 姚诒庆《清故湖南提学使吴府君墓志铭》，《碑传集补》卷二〇。

掌故，凡前人著述涉及杭事者，辄板行之。余遂以是书怂恿付梓。……先是丁丈求晴江翟先生《艮山杂志》，累年不获，得是书，谓可补是乡文献之缺，大喜过望。刊成，属余识其缘起。……壬午花朝，钱塘吴庆坻跋。

同年，吴氏又提供《江乡节物诗》的刊刻底本。此书作者吴存楷，乃吴庆坻伯祖。是书吴庆坻跋称：

往者家祭酒縠人先生与朋辈联吟里中，时值新岁，传坐送酒，分笺赋诗，都为一集，题曰《新年杂咏》。吴郡西庄王先生叙之，谓其理不空，绮言皆有物，可以劝学而励空疏，观风而扬盛美，非謏言也。辛巳岁莫，松生丁丈覆刻旧本，辱以见贶。余作十绝句奉酬，因述先伯祖当涂君尝有江乡节物之咏，差足比拟。丁丈闻而善之，遽令写副，授之手民。曩时兴到之作，俨然为单行别本。……壬午莫春，吴庆坻谨跋。

（三）何敬钊

字勉亭，钱塘人，为丁立中内兄。同治十一年举人，光绪十六年进士，官德化知县、高安知县。①

何氏在江西高安任职时，为丁氏代校代刊书籍。《遗著后编》丁立中识语称："中唯唯受命，爰乞翁铁梅、孙补三、何勉亭三君分为校梓，刻于江西者三，江宁者二，宁波者五。"

《遗著后编》中由何氏代刊于江西的三种，具体是：《参寥集》，有"光绪己亥钱唐丁氏刊于南昌"牌记，封面亦由何氏题署；《牧潜集》，有"光绪己亥十月钱塘丁氏刊于南昌"牌记；《石门文字禅》，有"光绪己亥十有一月钱唐丁氏刊于南昌"牌记。另据下引《牧潜集》何氏跋，光绪二十三年，他向丁丙提议刊刻此书，遂一并承担另几种书的校勘督刻之责，至二十五年始刻竣。可见三书牌记所署年月，是付刻之初的时间。

丁酉，自豫章旋杭，谒松生姻丈于里第。以余补授高安，出《牧潜集》示余，且戏曰："此为一重公案。披读其书，圆至虽产自高安，而集稿则传于天目，是去为天目僧矣，亦武林文献也。"怂恿付梓，许诺。因并出书数种，属付写官梓匠，兼任校雠。乃写竟而丈疾，镌竟而丈没一期矣。……庚子三月，何敬钊记。

此外，何氏在江西还为丁氏代刊《宏艺录》附《艺苑玄儿》《田叔禾集》（收入《遗著》）、《吴越备史》（收入《丛编》），并见《年谱》记载：

① 吴庆坻等《民国杭州府志》卷一一一。

（光绪二十年四月）刊《宏艺录》。……府君乞何勉亭刊于江右。

（光绪二十一年十一月）刊《吴越备史》于江右。时何勉亭内兄敬钊宦游江右，府君属其校刊。

（光绪二十三年三月）刊《田叔禾集》。田叔禾名汝成，有《西湖游览志》，著名艺苑，是书为其子义蘅所刊。府君乞何勉亭重刊于江右。

（四）张景云

字寅伯，钱塘人，光绪八年举人。[1]张氏与丁丙弟丁午有交，又是丁立诚的老师（《丁目》罗椝序），与丁氏有多方面的交往与联系。

光绪二十一年，张氏为先人明张瀚《奚囊蠹余》（收入《遗著》）搜集逸文，纂成附录，是书张跋称："《奚囊蠹余》二十卷，先世恭懿公所撰也。曾从丁君松生假而录副，以识遗徽。……今丁君拟为重刊，且出所藏，属云搜补遗编，别纂附录。云因与罗生椝、丁生立中及婿孙峻搜采讨论，汇录成帙，并辑先世诗文若干首为《济美集》一卷，附于后。……光绪乙未秋月，裔孙景云谨识。"

此外，光绪八年，丁午遗著《扬清祠志》被刊入《丛编》，张氏为之撰序。光绪十九年，为《四时幽赏录》署检封面。

（五）魏锡曾

魏氏为仁和人，系丁氏姻亲，双方交游事迹详上编第二章。他协助丁氏刊行丛书，始自同治年间，直至光绪八年去世为止，《西泠五布衣遗著》的校勘及增补辑佚多由他承担。此时，他宦游于闽，故某书校毕后，即由他在当地觅工刊刻。目前已知的他协助丁氏编刻的书籍，循时间先后，有以下几种：

同治九年，魏氏先校刊丁敬《砚林诗集》，后将丁敬印款辑成《砚林印款》，其《砚林印款书后》云："近为松生校刊《砚林诗集》，因辑此卷。……庚午四月又识。"[2]

光绪四年，代丁氏校勘《冬心先生杂著》《冬心先生随笔》两种，校定后即在福州觅工付刻。前者由福州刻工吴玉田承刻，魏锡曾刻书题识后有"福州吴玉田镌"。后者由吴玉田之弟吴玉桂承刻，魏锡曾刻书跋称："因稍加校正，取自序语，题曰《随笔》，为当归草堂付闽工吴玉桂玉田弟缮刊，中多可与《诗集》相证明者。光绪四年冬十月后学魏锡曾。"

光绪六年，又在福州为丁氏代刊《临江集拾遗》《砚林集拾遗》《砚林印款》《冬心先生集拾遗》，事见《年谱》："八月，辑《临江集拾遗》《砚林集拾遗》《砚林印款》《冬心先生

---

① 吴庆坻等《民国杭州府志》卷一一三。

② 魏锡曾《砚林印款书后》，《绩语堂题跋》。

集拾遗》成。魏稼孙丈为府君刊于福州。”

此外,《冬心先生续集》亦是魏氏校勘后交刻工吴玉田付梓。丛编本卷首有魏氏识语,未署年月,卷末有“三山吴玉田镌”字样。此书封面乃高保康光绪癸未(九年)仲秋题署,并有“八千卷楼重刊”牌记,此时魏氏已亡故。

(六)许增

字迈孙,一字益斋,仁和人。游张文毅、马端敏幕府,由保举历阶至道员。在杭州金洞桥筑娱园,奉养其母,母殁,改称榆园。喜勘订书籍,与谭献同校刻《唐文粹》,精核无比。刊行各家词集,皆精审可爱。①

光绪十一年起,丁氏着手刊行《西泠词萃》,据《年谱》光绪十三年条及词萃本《片玉词》许增跋,似乎通部皆由许氏任校订之责:

> 十二月,《西泠词萃》刊成。上年七月,府君得仇山村先生《无弦琴谱》钞本,乞许益斋丈校刊之。惧单词薄帙,久仍湮没,复刊周成美《片玉词》、姚绍尧《箫台公余词》、朱淑真《断肠词》、张天羽《贞居词》、凌彦翀《柘轩词》,题曰《西泠词萃》。(《年谱》光绪十三年)

> 声音之学至明季不绝如线,故宋人词集散佚几半。使非汲古阁汇刻《六十家词》流传海内,此事遂成广陵散矣。《四库》著录亦以汲古为蓝本。毛氏之有功于词学,实非浅尠。丁君松生刻杭人词,属为校订。其表章乡邦文献之盛心,实与子晋后先媲美。……光绪丁亥正月仁和许增跋。(《片玉词》许增跋)

《丛编》亦多经许增校正,然各书序跋皆未提及,惟光绪十八年所刊《续东河棹歌》,由许氏书端。丁丙致信陈豪称:“弟所刊《武林掌故丛编》,半赖迈孙校正,半赖令弟之经营。子虞尊人所著《定乡杂志》已将刊竟,如通信,幸先告之,其《定乡杂诗》三十余首亦附刊也。……弟丙顿首,九月望。”②

所谓“《定乡杂志》”,即张预(子虞)之父张道《定乡小识》,光绪八年丁氏刊刻此书。然则,上函应作于光绪八年九月。是年丁丙着手正式汇编《丛编》,一举编至第八集。另如本节所述,《丛编》的不少书籍各有校者,然则“半赖迈孙校正”,似指许增承担总校之役,他人校某书毕,交许氏最终把关。正因总校须介入所有书籍的校勘,反致各书序跋大多不予提及。

丁丙如此倚仗许增,乃因许氏是刻书名家,所刻诸书精审绝伦。丁丙将已刻与

---

① 张鸣珂《寒松阁谈艺琐录》卷三,影印清宣统二年上海聚珍仿宋印书局排印本,收入《续修四库全书》,上海古籍出版社,1996—2003年。

② 陈豪、陈汉第辑《冬暄草堂师友笺存》,中华书局,1936年。

《娱园丛刻》相比，自叹不如："弟年来刊成《武林掌故》八十种，谬兄帮助之力不少，不过一隅偏著，不足行远，即恐不能垂久。以视娱园精刊小品，爽心悦目，真有霄壤之殊。"①

除了《西泠词萃》及《丛编》，许增代校之书还有《无类生诗选》《山村遗集》，均收入《遗著》，《年谱》称：

（光绪二十一年五月）刊《无类生诗选》。府君乞许益斋丈校定刊之。

（同年）八月刊《山村先生遗集》于越中。乞许益斋丈校定付梓。

许氏还将己藏书画出借，供丁氏刻书之用。光绪十八年，丁氏刊刻《圣水寺志》，丛编本卷前之中蜂和尚画像即借许氏画卷缩摹，是书丁丙跋称："又数年，得此志于海昌管芷湘处。……恐并此志而失坠也，因付梓人，以永其传。且缩摹许迈孙所藏赵承旨绘中峰遗像，翼助庄严。"

光绪十九年，许氏提供《横桥吟馆图》册页，丁丙将诸家题咏录副，刊成《横桥吟馆图题咏》，并撰跋："光绪癸巳秋八月，予友许君迈孙挟巨册见属，才展示，即此图也。首尾完好，无残缺，若有呵护之者。迈孙固居为奇构，予亦摩挲老眼，幸复睹儿时习见之物，相视而笑，为之狂喜。亟录副，授之梓人。"

（七）张大昌

字小云，号程伯，仁和人。光绪十五年举人。②入浙江书局校书，不惮劳苦。著有《养余诗集》《王氏玉海札记》《深宁年谱》《李氏通鉴长编补佚》《杭州府建置考》《杭州驻防志略》。③

张氏与丁丙、丁午皆有交谊。丁午著有《湖船续录》，身后刻入《丛编》，张氏为之校勘并撰跋。张氏又参与丁丙主导的补抄文澜阁《四库》之役，《年谱》光绪八年五月载："补抄文澜阁书。设局东城讲舍，府君举王同伯丈及张君小云、孙君和叔经理其事。"

此外，张氏为丁氏校勘《临平记》（收入《丛编》）一书，并作《补遗》，《年谱》光绪十一年载："三月刊《临平记补遗》。府君刊《临平记》，乞张君小云校录。小云因作《补遗》四卷，乃刊附沈书后。"

张氏撰有《龙兴祥符戒坛寺志》，身后被丁丙刊入《丛编》，俞樾为之序，称："张小云孝廉，吾党中高材生也。博采群书，访求故老，成《龙兴祥符戒坛寺志》十二卷。其初属稿，曾与余言之，余许为作序。乃书甫成，而小云遽卒。丁君松生取付剞劂，仍以

① 陈豪、陈汉第辑《冬暄草堂师友笺存》。
② 吴庆坻等《民国杭州府志》卷一一三。
③ 以上据《年谱》光绪十九年七月"经理张君小云之丧"条下小注。

小云遗意，乞序于余。余喜此书之行，而惜小云之不及见，又深感丁君之不负死友也。”

（八）张尔嘉

字春岫，仁和人，善丹青。多次为丁氏所刻书摹绘图画，《孙花翁墓征》卷前《宋诗人孙花翁墓图》即张氏所绘，又为《陈忠肃公墓录》绘墓图，为《临平记》绘《临平图》。

张氏有两种著作被丁氏刊入丛书。光绪二十年，纂《孙花翁墓征》，被刊入《丛编》。是书丁立中跋称：“春岫丈恐古迹之显而复湮也，摹绘一图，搜采群籍，编成卷帙。犹恐有遗，属加补缀。……亟请授梓，俾垂久远。光绪乙未春日，丁立中谨跋。”光绪二十一年，丁丙编刻《庚辛泣杭录》（此书记述庚申、辛酉杭城战事），收录各家诗文，卷一一上即为张氏所撰《难中记》。

光绪二十二年，张氏与王同、罗榘、孙峻一同校勘《艮山杂志》，是书丁丙跋称：“因属张君春岫、王君同伯、罗君榘臣、孙君康侯重加校正。更摘先生遗诗之有关斯地者，附缀编末。……光绪丙申小春，丁丙。”

（九）王同

字同伯，号吕庐，仁和人。光绪三年进士，擅书法篆刻。其子王福庵为近代篆刻名家，西泠印社创始人。王氏早年入杭州东城讲舍，为高均儒门人。《续东轩遗文》丁丙手跋称：“又四年，（高均儒）没于讲舍。叔迟亦以鹾尹入都引见，不及视含殓。一时肄业生徒侍疾理丧者凡数十人，尤挚者袁爽秋、王同伯两君也。”①

光绪十八年末至次年初，为丁氏校勘《嘉靖仁和县志》《万历钱塘县志》。前书王同跋称：

> 明嘉靖间，仁和沈三吾先生以一人之力，积八年之功，成仁和邑志十四卷。无论书之何如，亦勤矣哉。然逡巡延至今，三百四十四年未梓行也。……同里丁君松生富藏书，得钞册，不自秘，付剞劂氏，精写样本。盖有鉴于前此之因循，而志在必刻也。然讹缺过多，猝难付梓，亦非完书。光绪壬辰十二月，以写本诿予校正，并钱塘聂《志》写本，共二种。……爰于解馆之暇，岁暮年初，屏绝尘俗，昕夕斗室中，集《咸淳临安志》《成化府志》《万历府志》及涉是书者，逐卷校之。正其讹，补其缺，十得八九，不敢云善本，大谬已尠矣。……光绪十有九年正月人日，后学仁和王同谨识。

王氏善篆隶，为丁氏刻书题写封面甚多，有《于公祠墓录》《新门散记》《钱塘怀古

① 高均儒《续东轩遗文》，清抄本，南京图书馆藏。此据原件录出。

诗》《武林藏书录》《风木庵图题咏》（以上收入《丛编》）及《闲居录》《柘轩集》《节庵集》《龙珠山房诗集》《湖上篇》《韩忠献公遗事》（以上收入《遗著》）。

（十）孙炳奎孙峻父子

孙氏为仁和人，与丁氏交游事迹详上编第二章。

光绪元年，丁氏刊刻《乾道临安志》，封面有“竹书堂重刊宋本”牌记，宋本系寿松堂收藏，知是孙氏父子出借（详下）。

孙氏父子著述，亦有多种被丁氏刊入丛书。孙峻独纂《陈忠肃公墓录》，与孙树礼合纂《文澜阁志》，均刊入《丛编》。孙炳奎纂《同仁祠录》，刊入《丛编》。俞樾序称：“仁和孙君仁甫乃蒐辑建祠始末，并备载三公行事以至公牍艺文，合为一编，题曰《同仁祠录》。”

（十一）罗榘

字榘臣，仁和人，光绪间优贡。《丁目》罗榘序，称自己与丁立诚先后受业于张景云，因此层关系于光绪七年结识丁立诚，之后成为丁氏西宾，课丁立诚之子。罗序云：“光绪辛巳，榘以吾师寅伯张先生，得交丁修甫中翰。中翰为寅师入室弟子，先榘十余年而受业焉。旋中翰延榘课其子上左昆弟，授经于梅溪书屋。”

从之后文献透露的痕迹来看，罗氏长期坐馆于丁氏，因此深度参与丁氏刻书事业，任校勘纂辑之责，《遗著》丁丙识语称：“罗榘臣旋自京邸，学博而校勤，遗文逸事兼能补缀。”文献明确指出罗氏校辑之书有以下几种：

光绪二十二年，校刻《西湖游览志》《西湖游览志余》，是书丁丙跋称：“罗君榘臣、孙君康侯屡加怂恿，愿事校雠，因聚诸刻，择善而从。……光绪二十二年六月六日，东河丁丙。”

同年，又与孙树义同校《钱唐韦先生集》，是书丁丙跋称：“助余校字者，余杭孙补山学博树义、仁和罗榘臣明经榘也。光绪二十二年秋八月下浣，同邑后学丁丙。”

光绪二十三年，校刻《临安旬制记》，是书丁丙跋称：“乞罗子榘臣校刻之，榘臣更从坠简中钞撮若干条，附录于后，亦可见仁慈胜而决断少也。丁酉上巳丁丙识。”

同年，校刻《贞居先生诗集》，是书丁丙跋称：“因乞罗明经榘校，付剞劂氏，以广汲古之传。罗君更博搜载籍，旁及碑版书画，辑为《补遗》二卷《附录》二卷，与犹子立诚详审精确，辅之翼之。……光绪丁酉夏日，钱塘丁丙。”

同年，又与孙树义合校《松窗梦语》，是书丁丙识语称：“兹以旧钞《梦语》上版，而冠之以冯《传》，聊补史传之遗，并扬先哲之美。助余校勘者，孙广文树义、罗明经榘。丁酉夏日，丁丙记于松梦寮。”

光绪二十四年，校订编次《淳祐临安志辑逸》，《年谱》是年三月载：“校刊施锷《淳祐临安志》辑本。……乞罗君榘臣详加校订，分编八卷，付之梓人。”

此外，罗氏建言刊刻《畴斋二谱》，并增辑《外录》。是书丁丙跋称："余校宋刘仲甫《棋诀》，付之枣木。罗君椝臣持海昌陈氏玉烟堂所刻《畴斋二谱》见示云：'琴韵墨香，足助清簟疏簾之逸趣。'……椝臣又辑其题跋诗章，相为辉映，畴斋著作亦仿佛具之耳。光绪丁酉七月，丁丙识。"

（十二）邹在寅

字典三，仁和人。岁贡，候选训导，曾为浙江书局校书。①又与丁丙监造文澜阁，事见《年谱》光绪六年："十月，与邹丈在寅监造文澜阁。"

光绪二十一年，邹氏纂成《照胆台志略》，刊入《丛编》。

（十三）陆有壬

字似山，仁和人，生平不详。他向丁氏赠送《寒山旧庐诗》，后作为刊刻底本收入《丛编》。事见《年谱》光绪二十一年四月："复刊《寒山旧庐诗》及《琼英小录》……陆似山丈以此(《寒山旧庐诗》)为赠，府君因重刊之。"

（十四）盛起

字凤翔，余杭人。光绪七年，他为丁氏校勘《崔府君祠录》，并撰识语："此录为钱塘郑荔轩先生所辑，吾乡严厚民先生序之。劫后刊本流传渐稀，丁君松生汇刻武林掌故书，以此《录》属余校勘，余因补录《清白士集》文一篇，以拾郑君所遗。……光绪七年闰七月二十二壬子日，禹航盛起谨识。"

（十五）孙树礼

字和叔，余杭人。同治间恩贡，光绪十一年举人，曾任慈溪县学训导。②光绪间，孙氏纂《樊公祠录》，刊入《丛编》，自序称："时在光绪丙子七月，适礼采访杭郡志事实有年，因属礼辑公祠录，礼见闻浅陋，所得寥寥数则，未能成帙。今忽忽二十余年矣。将有慈湖之役，检点行箧，初稿尚存，深惧散失，亟为排比。凡叙述樊公死事者为上卷，平时与樊公往还诗文为下卷，仍请丁君审定付刊，并识数语弁诸简端。"

（十六）孙树义

字补三，又字补山，余杭人。光绪十七年举人，与丁立中为乡试同年。③曾任宁波府学教谕。他为丁氏向天一阁借抄书籍用作刊刻底本，并在宁波代刻书籍多种。孙氏有诗云："我自与公交，十年涉文史。梨枣付雕镌，校刊辨鱼豕。"④

---

① 刘锦藻《清续文献通考》卷二六七，民国景十通本。

② 褚成博《光绪余杭县志稿·选举》，清光绪三十二年刻本。

③ 褚成博《光绪余杭县志稿·选举》。又，《菊边吟》孙树义题辞："(丁丙)长义十年，素在兄事之列。自与和甫兄齐年，乃执年家子礼。"

④ 《菊边吟》孙树义题辞，清光绪二十五年刻本。

前一事自然与他任宁波府学教谕的职务便利不无关系，后者则因宁波刻书工价低廉。光绪二十二年，他在宁波为丁氏监刻《西湖游览志》《志余》，是书丁丙跋称："计《游览志》二十四卷，综十二万八千三百有七言，《志余》二十六卷，综二十一万四千三十一言。孙补三孝廉秉铎宁波郡学，剞劂之工盛于武林，因乞董梓。十月工竣，用钱四百三十缗有奇。"

准此，宁波刻字工价为每百字126文弱。丁丙《拟江南浙江湖北合刻二十四史意见书》称："全史字数综三千万计，以官局刻价，需钱七万缗有奇。"①合每百字工价233文强，是前者的一倍。丁氏刻书规模宏大，工价总数必可观，自然倾向选择工价较廉之处。

《遗著后编》收书十种，半数系孙氏在宁波代刻，丁立中识语称："爰乞翁铁梅、孙补三、何勉亭三君分为校梓，刻于江西者三，江宁者二，宁波者五。"

目前可以确知，由孙氏在宁波代为丁氏监刻之书，有《奚囊蠹余》《昭忠录》《亶爰子诗集》《汴都赋》《于肃愍公集》，《昭忠录》被收入《丛编》，其余四种皆在《遗著》及《遗著后编》之中：

> （光绪二十一年）七月，重刊宋邓牧《伯牙琴》、明张瀚《奚囊蠹余》。……府君属孙补三广文校刊于四明，自为跋以纪其事。
>
> 十一月，得明周璟《昭忠录》，重刊于甬。……属孙补三同年重刊于甬。
>
> （光绪二十二年）四月刊《橘潭诗稿》《渔溪诗稿》《云泉诗稿》《芝田小诗》《碧筠馆诗稿》《亶爰子诗集》。……是书(《亶爰子诗集》)孙补三同年录范氏天一阁藏本付梓。（以上《年谱》）
>
> 复以是书(《汴都赋》)为诸家书目所未见，世鲜传本。……爰乞孙补三同年校正重雕，命中搜辑遗诗附录于后，以志景仰。（《汴都赋》丁立中跋）
>
> 去年，乞孙君补山重刊公诗文集于甬东，刻未竟，而府君已病，犹惓惓以公之祠墓录为念，盖平时景仰之志切矣。……光绪二十五年七月上旬，钱塘丁立中谨识。（《于肃愍公集》丁立中跋）

另，孙氏与罗榘合校《钱塘韦先生文集》，遗著本有"光绪丙申年八月丁氏嘉惠堂以瓶花斋吴氏影写宋乾道四年刊本重彫于四明"牌记，宜为孙氏在甬代刊。

（十七）韩澄

杭州人，生平不详。光绪二十五年，为丁氏校勘《东城记余》，事毕撰跋称："今年

① 丁丙《拟江南浙江湖北合刻二十四史意见书》，《松梦寮文集》。

秋，丁君和甫出是编，嘱为斠雠。……丁氏曩刻《武林掌故丛编》，搜采遗稿至数百种，可谓盛矣。今又将以是编付刊，予望博雅君子各出所藏，俾寿诸梨枣，以饷世居是邦者。……己亥九月城东小隐韩澄靖龕氏谨跋。"

二、外地人士

（一）高均儒

字伯平，浙江秀水人，原籍福建闽县。幼即嗜学，知治经必先识字，于小学致力尤勤。咸丰间客游江淮，为杨以增等校刻书籍，校勘精细。晚年主持杭州东城讲舍，以实学课士。同治八年卒，年五十八。[①]治学不求博而贵专三《礼》，主郑康成，故自号郑斋，笃守程朱之学，是当时颇有名气的儒学者。[②]

高氏是最早协助丁氏刻书的人士。咸丰十一年春，他避乱来杭，与丁申、丁丙兄弟结识，后寓居丁宅，年末杭州城破，双方走散。同治二年春，于"五十一岁流离至淮，吴仲宣侍郎属校刊陈氏选注《小学》"，遂在淮上暂居，同时在当地为丁氏校刻书籍。《当归草堂丛书》的实际刊刻事务，由他一手打理。

高氏校刻的首种为《童蒙训》，是书高均儒跋称："二年春，丁松生丙自上海寄来是《训》大字本暨黄荛圃校本《武林旧事》，属为重刊。窃谓《童蒙训》视《武林旧事》尤有裨于学者，即以红荔馆重刊小字本互勘，略无增损。……今再重刊，仍依小字本，盖工劣不能摹玉山堂楷书，兹刊但取其有字而已。"

此后，除《切近编》无明确证据可证明系高氏校刻之外，《当归草堂丛书》的其他各种均出其手。高氏在淮上居至同治四年冬，之后来杭，主东城讲舍。《当归草堂丛书》的刊刻时间，与高氏居淮期间基本重叠，因此各书校毕后，大多是由高氏在当地觅工刊行。

至于《当归草堂丛书》的刻书底本，多是丁氏藏本，邮寄至淮；但《松阳钞存》《程氏读书分年日程》两种，则是高均儒觅得底本：

> 往岁十一月，高君伯平自淮上寄陆清献公《松阳钞存》杨氏开基原校，今刊列当归草堂新刷本。（《松阳钞存》丁申跋）
>
> 均儒因忆及程氏书，乞借于山阳丁君俭卿晏，俭卿出示三鱼堂刻初印本，曰："此读书者之高曾规矩也。"均儒谛视，与被毁本无异，亟属写官以当归草堂书格写成样本，一再翻校。（《程氏读书分年日程》高均儒跋）

---

① 徐世昌《清儒学案小传》卷一七。

② 吴昆田《高君伯平行状》，《碑传集补》卷三八。

高均儒长丁丙兄弟二十余岁，双方交谊在师友之间，因此高氏对于刊书选目的意见很有分量。如《松阳钞存》，据卷末丁申跋，高氏获得底本后决意刊刻，乃命工以当归草堂格纸写样付刻，再寄呈丁氏兄弟，形同先斩后奏：

> 往岁十一月，高君伯平自淮上寄陆清献公《松阳钞存》杨氏开基原校，今刊列当归草堂新刷本。附书曰："是书流传极少，张清恪公所刻尚失其真。道光十四年冬，秀水文少桐如峻购得陆申宪刻杨校本，贻桐城苏厚子惇元，厚子携去，憾未录副。二十二年，于乍浦刘氏故纸堆中偶检得，亦申宪刻印本，视厚子携去者较精整，藏在行箧。咸丰十年，毁于平湖。今春，海盐张铭斋鼎来淮，携有嘉庆二十五年清献族曾从孙光宗重刊申宪本，以贻均儒。亟命工依草堂书格写以付版，足与前刻吕氏《童蒙训》并传。盍校而跋识之。"

（二）高行笃

字叔迟，高均儒之子。任两淮盐大使，入淮南书局校书垂二十年，工篆书，得石鼓笔法。①

同治后期，高氏参与《西泠五布衣遗著》的刊刻事宜，《柳洲遗稿》《冬花庵烬余稿》两种由他校勘，二书吴昆田识语称：

> 松生大令属叔迟校刊《柳洲遗稿》，叔迟以旧本示余，盖版毁于兵火矣。
>
> 《冬花庵烬余稿》，亦松生大令属叔迟校刊者也。

此外，《临江乡人诗》《砚林诗集》《冬心先生集》《柳洲遗稿》四种书的封面，是高氏题署。

（三）陆心源

陆氏为湖州归安人，与丁氏的书籍交游事迹详上编第二章。

丁氏刻书所用底本有数种借抄自陆氏，或得赠于陆氏。如《箫台公余词》，据皕宋楼藏抄本录副刊刻，词萃本有陆心源跋，称："是本流传极罕。《四库》及《揅经室外集》皆未著录。余从仁和劳氏得钞本。丁松生明府将有宋元明杭彦词集之刻，移书借录，并嘱考订仕履，因识其颠末于后。"②

此外由陆氏提供底本者，尚有《宋学士院题名》《艮山杂志》（均收入《丛编》）以及《书小史》（收入《遗著》），并见丁丙跋语及《年谱》记载：

---

① 钱祥保修，桂邦杰纂《民国续修江都县志》卷二七，民国十五年刊本。

② 另，《松轩书录》（130 页，《第四年刊》）著录有一抄本，有陆心源此跋，似是据劳氏本录副充任底本者。然检《丁志》卷四〇，又著录"劳氏钞本"，据此则丁氏最终获得劳氏原本。刊书时陆氏出借原本，事竣后丁氏未奉还，抑或陆氏之后赠与丁氏，此事疑不能明。

适刊《南宋馆阁录》竟，归安陆存斋观察以钱晓徵学士旧从《大典》录本相畀，因为校梓，以存武林掌故之一。(《宋学士院题名》丁丙跋)

顾余幼从弼教坊沈雨溥肆中恰得全帙，凡志地、志人、志事、志文各两卷，写极潦草。乱中失去。厥后网罗文献，访之东乡，觅之故家，不能复得。嗣见上海郁氏书目有之，知归陆氏存斋，特为鸱借。存斋慨然寄赠，仅志地两卷。余虽遍求，终杳然也。(《艮山杂志》丁丙跋)

重刊宋本《书小史》。……府君假皕宋楼所藏宋本，摹写付梓。(《年谱》光绪二十二年九月)

(四) 凌霞

字子与，号尘遗，又号病鹤，湖州归安人。诸生，官候选训导。与陆心源、施均甫等并称"苕上七子"。著有《天隐堂文录》，被刘承幹刊入《吴兴丛书》。①通小学金石之学，以诗、书、画号称三绝，尤善画梅。陆心源称："凌子与博学能文章，尤长于诗，所居秋风破屋，藏书数千卷，古画百签，琴一张，剑一具，法帖鼎彝数十种。"②

凌氏为丁氏校勘《南宋院画录》，是书张维嘉跋称："同治纪元之岁，丁竹舟、松生两兄得此稿于四明书肆，审视跋语，知为罗镜泉先生校本。复乞归安凌君尘遗重为勘阅，补正甚多，疑者阙之，慎之至也。"

此外，凌氏为《钱唐湖山胜概诗文》《武林怡老会诗集》《南宋院画录》(均收入《丛编》)题署封面。

(五) 朱文懋

嘉兴人，即《年谱》卷端署"愚侄嘉兴朱文懋拜填讳"者。朱氏所纂《直阁朱公祠墓录》，刊入《丛编》，是书王棻序称："嘉禾朱君文懋，盖公之远孙，惧其久而失传也，乃裒自宋以来纪公之墓若祠者，录为二篇，附以行实、诗文等，分为二卷。"

朱氏善绘事，为《西溪梅竹山庄图咏》《鉴公精舍纳凉图题咏》临摹图绘，又为《湖山杂咏》《湖舫诗》题署封面。以上各书均刊入《丛编》。

(六) 许仁杰

字壬伯，海宁人。同治四年举人，曾任平湖县学教谕。③光绪十年，许氏代校其叔高祖许承祖《雪庄西湖渔唱》(收入《丛编》)，校毕撰跋："丁君竹舟、松生昆仲富于庋藏，曾呈其所搜阁书，奉有"嘉惠士林"之谕。尤留意乡邦文献，孳孳然唯恐其弗传，或

---

① 刘声木《桐城文学渊源考》卷一一，《清代传记丛刊》，明文书局，1985年。

② 陆心源《送凌子与之上海序》，《仪顾堂集》卷七，影印清光绪刻本，收入《续修四库全书》。

③ 吴庆坻等《民国杭州府志》卷一一三。

传之不能久且远。爰有《武林掌故丛编》之刻，是书亦邀甄录，甚感甚感。校录既竟，谨附书所知者于简末云尔。时光绪甲申上巳日，仁杰谨跋于定阳学舍。”

光绪十五年，提供《武林第宅考》（收入《丛编》）的底本，事见《年谱》：“三月，刊柯汝霖《武林第宅考》。府君撰《坊巷志》，求此书久矣。许壬伯丈秉铎平湖，始从其家录副见赠，因重刊焉。”

光绪十六年，赠丁氏以《西湖杂咏》，后被刊入《丛编》，是书许仁杰跋称：“门下士沈生文藻征文考献，雅有同志，每有所得，辄以相示。一日，手《西湖杂咏》一册见赠，曰：‘此吾师乡人诗也。’检视阮辑，其姓氏已在补遗中。时钱塘丁氏方刊《武林掌故丛编》，已成百十种，乃邮致修甫孝廉。不数月，修甫书来，告已付手民。逾岁而工竣，属为一言以志缘起。”

（七）孙锵

奉化人，生平不详。[①]光绪二十一年，孙氏为《褚堂闾史考证》（收入《丛编》）撰校勘记，事毕撰跋，称：“锵既受而读之，知校雠尚有疏漏，爰假各书，再为参核，以证其异同，然未敢自谓能尽善也。丁丈属写为校勘记，用敢分条校录，著于左方。”

（八）翁长森

字铁梅，江宁人。补诸生，屡试不售。乃援例为知县，分省浙江。后升知府、盐运使衔。少劬于学，储书极富。留意乡邦掌故，旁搜博采，辑为《金陵丛书》，因乱未刊。民国三年卒，年五十八。[②]

翁氏在南京为丁氏代刊书籍多种。《遗著》丁丙识语称：“若江宁，若江右，剞劂皆盛于吾杭，又烦翁铁梅、何勉亭两君助益之。”

目前可以确切指为翁氏代刊者，有《松雨轩诗集》《倪文僖集》《清溪漫稿》。《年谱》称：“（光绪二十年）七月，刊《松雨轩诗集》。……府君乞翁铁梅大令重刊于金陵。（光绪二十四年十月）刊《倪文僖集》《清溪漫稿》于金陵。……府君乞翁铁梅大令刊于上元。”

（九）傅春官

生平不详，江宁人。光绪二十四年，与丁立诚结识，次年为丁氏校刊《倪文僖公集》，遗著本傅氏跋称：“戊戌春，官游钱唐，获交丁君修甫。越一岁，修甫以《文僖集》嘱代刊。既成，又嘱作跋语。官谓斯集所载李序已备称之，所欲言者仅申其移籍而已，然非故争之用为吾邑光。盖深叹丁君于其乡之文献溯源及流，不惮余力，

① 《褚堂闾史考证校勘记》孙锵序称：“锵以光绪辛卯授徒杭垣仙林寺，……光绪二十一年夏六月望前五日，奉化孙锵谨跋于试馆之式雁堂。”知为奉化人，并寓杭任教。

② 陈作霖《翁明府传》，《碑传集补》卷二六。

而官忝作者同邑，转忽忽靡以彰之，斯足愧矣。光绪二十六年闰八月江宁傅春官跋。”

（十）鲍廷爵

字叔衡，常熟人，浙江候补知县。晚清藏书家，在常熟、上海等地辑刻《后知不足斋丛书》。①

鲍氏曾在广东为丁氏刊书。事见《年谱》光绪十九年：“五月刊《万历钱塘县志》于粤东。……府君购得刊本，时鲍叔衡别驾需次粤东，因继《仁和志》并付刊行。”

另，《新刻古杭杂记诗集》的刊书底本由鲍氏购得，《丁志》卷二一著录“汲古阁写本”，称“光绪庚辰午月，鲍叔衡从江阴试棚寄到，梓入《武林掌故丛编》”，次年即以此本付刻。

（十一）秦缃业

字澹如，无锡人。道光十六年举人，会试屡不中，以副贡充史馆誊录，叙盐大使，后援例改浙江同知，累官至候补道加盐运使。与上官不合，乞归。杭人请其主持东城讲舍，并属修府志。光绪九年卒，年七十一。②

秦氏向丁氏出借所藏《夜山图》，丁氏录副为《夜山图题咏》，光绪二十一年，刻入《丛编》。是书丁丙跋称：“无锡秦澹如观察缃业权两浙鹾使，时以此题课诂经精舍生。始知图为所藏，因假录之。……光绪乙未夏日，丁丙记于暴书廊。”

此外，《西湖韵事》《随喜庵集》《武林旧事》之封面，并由秦氏题署。

小　结

以上共举出 28 人，他们各以不同的方式在多个方面为丁氏编刻丛书提供帮助。文献材料无法穷尽实态，相信实际的参加者尚不止此数。

因与某人结交，结识其亲友弟子，进而与之有交，这是社会交际中的常态，古今无异。丁氏通过这种方式，不断拓展交游范围，如先结识高均儒，均儒卒后，其子行笃亦协助丁氏刻书。另一方面，这些人士并非只与丁氏单线联系，彼此间也往往存在关联，如王同为高均儒门人，吴庆坻与张预皆在铁花吟社，张大昌与邹在寅同在浙江书局校书，等等。可以说，在丁氏编刻丛书的背后，存在着一个复杂的以杭州为中心的士人交游网络。

丁氏寻求协助，往往根据个人情况取彼之长，可见其善于规划而收取实效（不能

---

① 关于鲍氏藏书刻书事迹，参阅王亮《后知不足斋主人鲍廷爵书事述略》，《文献》2011 年 1 期。

② 孙衣言《秦君澹如墓志铭》，《碑传集补》卷一七。

不说这与其经商才能有关)。如许增长于刊词,乃托其校勘《西泠词萃》;宁波刻工价格低廉,遂委托在当地任官的孙树义代刊。这实际已涉及丁氏编刻丛书的组织运作,将在下一节详述。

第二节　共同体与交游圈:丁氏丛书编刻的组织运作

清代私家刊刻丛书,出资人延请学者提供专业帮助,是极为常见的做法。当然,细审被聘者的参与程度,则各家不一,或助校,或顾问,或主持,乃至完全委任某人总揽由编至刻的一切实务,出资者仅挂虚名。

总体来看,丁氏在编刻丛书事业中不仅投入了大量财力,还投入了相当精力,主导并参加实际事务,与那些将编校事务完全委托他人的金主式出版者,不可混为一谈。

首先,如上节所示,丁刻诸丛书中的某些书籍,确系他人建议怂恿而被刊刻。但从全局看,丛书编刻的规划安排,如选题宗旨、收录范围乃至具体选目等,确系丁氏谋篇布局。对于何书可刊、何书已刊、何书当刊而无底本、何书应优先付刻、何书可以缓行,丁氏有清晰明白的认识。《遗著后编》丁立中识语称:

> 先君子校刊《武林往哲遗著》五十种竟,复手书一目以谕中曰:"乡先生遗书若强至《祠部集》、仇远《金渊集》,武英殿已有刊本,叶时《礼经会元》已刻于通志堂,薛尚功《历代钟鼎彝器款识》已刻于文选楼,邓牧《洞霄图志》、俞松《兰亭续考》、瞿佑《归田诗话》已刻于知不足斋,沈括《梦溪笔谈》、释文莹《玉壶野史》已刻于守山阁,李之藻《同文算指》已刻于海山仙馆,世间均有传本。吾先择其遗逸而弗彰者凡十种付梓,以广流传,嗣有所刻,其并此为后编乎。"……兄立诚谓中曰:"兄随侍有年,纂辑编校,承提命者稔矣。昔请编刊《遗著》,俞许者再。洎今择要而刊,犹先志也。"夫书之隐而不显者,何可胜道,若吾丘衍《周秦刻石释音》、陈思《宝刻丛编》,已乞陆存斋观察列入《十万卷楼丛书》,胡世宁《端敏奏议》、徐象梅《两浙名贤录》、沈遘《西溪集》、沈辽《云巢编》、沈括《长兴集》,当道已于官局重雕,蔚然彪炳。又若周邦彦《片玉集》、释德净《山林清气集》、王洪《毅斋集》、释德祥《桐屿集》、高应冕《白云山房集》、许应元《水部集》、茅瓒《见沧集》、沈淮《三洲诗脍》、田艺蘅《子艺集》、高濂《雅尚斋诗草》,咸愿重梓而猝不可求,吾兄所宜悬诸胸臆间者。

另一方面,丁氏家族成员也大量参与校订增辑等实务工作。早期丁丙、丁申皆有参与，后期则多由丁立中、丁立诚承担。关于此点，周庆云称：“其家刻《武林掌故丛编》及《先哲遗书后集》，中翰（丁立中）手定者居多。”①

与之相关，在实际刻书操作中有以下现象：协助校刊者人数不少，每人承担校刊的书籍数量却相对有限。上一节列出协助者28人，参与校勘/督刻/增辑事务的有21人，其中承担10种以上书籍者，仅孙树义1人（11种）；6—10种者有5人，为许增（9种）、魏锡曾（9种）、罗槼（8种）、高均儒（7种）、何敬钊（7种）；3—5种者有3人，为王同（3种）、孙峻（3种）、翁铁梅（3种）；3种以下者有11人，为高行笃（2种）、张大昌（2种）、盛起（1种）、凌霞（1种）、张尔嘉（1种）、韩澄（1种）、张景云（1种）、鲍廷爵（1种）、孙锵（1种）、许仁杰（1种）、傅春官（1种）。以上诸人，共计校刊增辑书籍约70余种，不及丁氏刊书总数（302种）的1/4。且某些书籍系多人同校，上述统计结果包含重复计算，实际比率还要更低。

当然，并非所有托人代校代刊之书均有文献证据留存。有些书籍，可以确知是在外地刊刻，按理说须托人料理，却因缺乏证据无法归入具体人物名下。如《雪庄西湖渔唱》，刻于光绪十年，卷末有“羊城西湖街富文斋承刊”一行。光绪九年，此店承刻魏锡曾《绩语堂题跋》《诗存》《文存》，《文存》卷末亦有“羊城西湖街富文斋刊印”一行。由此推测，《雪庄西湖渔唱》的刊刻，或与魏氏有关，但光绪十年魏氏已卒，究竟是谁代丁氏将此书交富文斋刊刻，已无法探明；抑或魏氏生前已将书交付该店，光绪十年是刻竣时间？

又如，《西湖百咏》《广福庙志》《金牛湖渔唱》《西湖八社诗帖》，均由福州吴玉田承刻。如前述，《西泠五布衣遗著》中有数种是魏锡曾交吴玉田承刻，但无法循此确证《西湖百咏》等书亦是魏氏经办。孙树义在宁波为丁氏刻书多种，《节庵集》《西轩效唐集录》《竹素山房集》各有牌记或刊语，知是光绪二十年至二十一年间刻于宁波，但是否果由孙树义负责，则无证据。

从一些细节可以看出，丁氏谋划编刻事宜颇费心思，取宜就便。特别是他托人代校，对于书籍的内容性质、校者的擅长领域以及校者与作者的关系等因素，皆有权衡考量。如他请魏锡曾校订吴颖芳、丁敬、金农著作，系因锡曾酷嗜金石篆刻，而吴、丁、金三人是治印学的前辈名家。《年谱》光绪六年八月载：“魏稼孙姻丈好金石，与三先生尤深夙契，索稿去，付三山梓人吴玉田，镌诸版。”

丁丙延请许增校刊《西泠词萃》，则因自己不谙词学，而许氏为刻词名家，于同光年间刊行《榆园丛刻》，所收多为词集，广受好评。抄本《芳芷栖词》丁丙手跋称：“许益

① 《西溪怀古诗》周庆云序，民国十四年丁氏梅溪书屋排印本。

斋词伯校读一过，须宜精选后再刻。余不解音律，姑录旧闻，备他日订正尔。丁亥仲春八日，丁丙。"①

在丁氏的权衡考量中，最重要也是最见成效的一项是，他充分照顾了士绅阶层光宗耀祖的情感需求。某些著作或因卷帙繁重，或因家道中落，后人无力付梓，丁氏愿意出资刊刻，因而大受欢迎。丁氏再将这些书籍的校订辑录事务委托给作者的子弟门人，彼等自然热情高涨，乐于从事。无一例外，他们会在刊书序跋等处极力赞美丁氏刊布文献、热心地方公益等义举嘉行(当然这些皆是事实)。光绪十年，丁氏重刻许承祖《雪庄西湖渔唱》，邀其后人许仁杰校勘，许氏校毕撰跋，详述此书版本源流情况，最后对丁氏表示感谢：

> 右《西湖渔唱》七卷，叔高祖复斋先生所撰，凡得诗三百六十五首。是书初刻于乙丑之冬，仅诗一百三十二首，注亦甚略，为《雪庄渔唱》一卷。越六年，乃有是刻。先生副乾隆庚午贤书，以直隶州判候铨，所居在邑治。后人不能保有其居，先君子载其诗版以归硖石。咸丰庚申，毁于寇火。然两刻尚有传本，管氏庭芬《海昌备志·艺文》谓初刻一百六十四绝，后附张氏熷《雪庄记》一篇，与所见传本不合。……丁君竹舟、松生昆仲富于庋藏，曾呈其所搜阁书，奉有"嘉惠士林"之谕。尤留意乡邦文献，孳孳然唯恐其弗传，或传之不能久且远。爰有《武林掌故丛编》之刻，是书亦邀甄录，甚感甚感。校录既竟，谨附书所知者于简末云尔。时光绪甲申上巳日，许仁杰谨跋于定阳学舍。

又如，光绪七年，丁氏刊行罗以智《新门散记》，请罗氏门人胡凤锦撰跋。胡氏写作长跋，称罗氏著述或散或亡，乏人收拾，丁氏刊书之举令人感叹：

> 嗟乎，先生之殁，距今二十二霜矣，半生著作沦于劫灰。锦不敏，未能抱遗订坠，以存十之一二，憾事也。犹幸吉光片羽，时露人间。岁乙丑，从谭仲修明府所得先生《吉祥室诗草》一册，盖十卷之五，皆少作。仲修得自王纫香员外，员外得自四明书肆，卒归锦而藏之。先生故交闻之，咸索观。吴仲筠尚书删存十之六七，许出赀授梓，旋归道山，未果。惟张仲甫中翰采入《诗铎》，丁松生明府采入《杭郡诗三辑》而已。松生亦淫于书者，劫后东南遗文往往为所购得，其得自四明者居多，而先生所著书数种在焉。今年春，松生犹子修甫孝廉于丛残手稿中录出《新门散记》一册，将付手民。以锦尝从先生游，知先生生平，属详述之。锦闻先生为昭谏裔，世家新城。大父棠，父景熹，并以新城籍贡乾隆乙酉、嘉庆辛酉拔萃

① 赵鸿谦《松轩书录》，130页，《第四年刊》。

科。至先生,始占籍钱塘,贡道光乙酉拔萃科。一周甲而祖孙父子三贡拔萃,当日以为嘉话。时先生年甫冠,以贡为慈溪教谕,旋丁父忧,去官。中年试,不得志于有司,遂弃去,不复试,一意于著作。家故富于藏书,盈数万卷,丹黄校勘几遍。晚年尤好金石,坐是所藏益富而家日贫矣。先生拥书自乐,晏如也。人有所不知,叩诸先生,辄源源本本以告。尝自扪其腹曰:"此小小书肆耳"。诸老辈讲考据者,多推先生。先生著作有《经史质疑》《文庙从祀贤儒表》《浙学宗传》《敬哀录》《赵清献年谱》《金石所见录》《恬养斋文集》,综计百余卷。今所存者,《吉祥室诗草》十卷之五及此《新门散记》一卷。新门者,南宋所新设,亦名新开门。元末改名永昌门,今名望江门。先生旧居在宋德寿宫之左,俗名吉祥巷,故颜所居室曰"吉祥室"。地与新门近,因考其地之逸事,以补志乘之阙,乃属草未成者,祇寥寥数十页,已足见先生之勤于考据矣。微丁氏,并此寥寥数十页,亦无以存。今出而刊之,所以谋传先生者,意良厚也。虽未及十之一二,可不因先生而感丁氏欤。光绪七年三月,受业仁和胡凤锦谨跋。

丁氏大力刊布遗文佚稿,颇受时人赞许。许多在外地的人士愿代丁氏购置、过录底本,或提供信息,这使丁氏有了伸向各地的"触角",改善了他对各地文献流通态势的感知,遂有更多机会购得待刊可刊的秘帙孤本。例如,光绪十七年,吴恒主动从江阴录寄清人朱樟《观树堂诗集》,并称此书传本已罕见,事见丛编本《里居杂诗》吴恒跋:"《观树堂诗》十四卷,劫后传本甚罕。……松生二兄罗刊武林掌故诸书,因录以畀之,为他日归里之约。光绪辛巳春日,吴恒识于江阴行馆。"

丁丙热心地方事务,主持操办慈善公益,修桥铺路,赈灾救荒,不辞辛劳与金钱,《年谱》中记载极多。或许在当时杭州人的眼中,丁丙更鲜明的形象是热心地方公益的良善士绅。丁氏刻书事业的协助者多为杭人,外地人士亦基本均有寓杭经历。是故,在地方公益事务方面,他们与丁氏也多有协作关系。丁氏刊行丛书又多与此类地方事业存在关联,大体有以下几个方面:

其一,丁氏因办理某项地方事业,如修葺古迹庙祠,进而起念刊行相关文献。光绪五年,杭州方面在重阳庵内修建阮元祠堂,丁丙任监工,事毕兴起,乃刻《重阳庵集》。是书丁丙跋称:"光绪己卯,浙中士民追慕前抚部阮文达公遗爱,吁请大吏奏建专祠,以伸崇报。既得旨报可,当事择地于吴山重阳庵,命丙监工焉。……越岁,工竣,因检丁敬身隐君旧藏《重阳庵集》付之梓,并附明倪文僖公赋一篇,及国朝陈法师碑传于其后,俾与文达俎豆永永无斁云。"

其二,丁氏主持或参与某项地方事业,将此事经纬编辑成书。如《杭府仁钱三学洒扫职》(收入《丛编》),中有《募复修学宫洒扫职启》(作于光绪十五年正月),记载丁丙等杭州士绅修复郡县学校、重订规章制度，并推举陆家骧、丁立本为首，由丁立中等分理诸事云云。

其三，某人参与丁氏操办的地方事业，相处甚得，遂参与刊刻丛书，形成良性互动。如张大昌、王同，皆预补抄文澜阁四库之役。张纂《临平志补遗》《龙兴祥符戒坛寺志》，被刊入《丛编》；王氏则为丁氏代校《万历钱塘县志》《嘉靖仁和县志》。

其四，某人兴办地方事业，纂辑相关书籍，被丁氏刊入丛书。如张尔嘉发现宋人孙花翁之墓，又与丁氏共同筹划修葺，之后张氏纂《孙花翁墓征》，遂被刊入《丛编》。

要之，在编刻丛书的具体事务中，丁氏采取灵活的运作方式，在底本置备、校订修纂等诸方面有效运用人际关系，收事半功倍之效。特别是他注意经营情感，刊行助刊者本人或其师长先人的著作，淡化受托（乃至受雇）之感，使之更有“合作”意味。加之所刊诸书往往符合彼时的“政治正确”，遂使诸人颇有共襄文化乃至道德盛举的获得感。丁氏及其协助者遂形成事实上的、松散的共同体，参与其中的人士会对此项事业抱有更大好感与积极性。而在这种互动中，无论是世间声誉，抑或刊刻实务，获益最大者无疑便是主导刻书活动的丁氏家族。

第三章　丁氏丛书底本考

欲判断某本的版本价值，探讨其优劣，必先考察所据底本是何。丁氏所刻诸丛书收录书籍约300种，各书刊刻所用底本的情况，至今尚乏系统考索。本章拟对此作初步研讨。

第一节　《武林掌故丛编》底本考

在丁氏诸丛书中，《丛编》部帙最巨，耗费最多，影响亦最大。该丛书搜罗广泛，共刻成26集，收录近200种书籍。它在体例上也有独特之处：郡邑丛书多以作者籍贯设限，收录本地人士著述，偶尔酌收寓居人士著作；而《丛编》以杭州文史地掌故书为范围，不拘作者籍贯与体裁部类，所收书籍散布于史、子、集三部，亦无时代限制，时人著作多有收纳。缘此，《丛编》不但是地方文献渊薮，治杭州史地者必取资焉，亦可为考察结社雅集、清末地方事业等文学、社会学课题提供丰富材料。以下按底本的版本类型为区分，讨论《丛编》的底本情况。

一、以刊本为底本者

（一）以宋刊本为底本

宋周淙《乾道临安志》(1)，①原书十五卷，传至清代，仅寿松堂藏有宋刻三卷残本。清代的诸抄本皆源出此本，故均止三卷。《丁志》卷一一著录“影钞宋乾道本 袁又恺、汪士钟藏书”，即据寿松堂藏本影抄(“此乃影摹原本”)。

丛编本刊于光绪元年，内封有“竹书堂重刊宋本”牌记，若所言不虚，则是向寿松堂商借原本而刻成。另，此宋本今已不存，寿松堂藏书不幸于“民国二年复罹回禄，宋

① 书名后括号内的数字表示此书在《丛编》的第几集，如(1)即收入《丛编》第一集。

椠元刊，都付劫灰，《乾道临安志》原书亦与其厄”。①

（二）以明刊本为底本

明梅之暹辑、俞大彰《重阳庵集》（2），丁丙跋称：“因检丁敬身隐君旧藏《重阳庵集》付之梓，并附明倪文僖公赋一篇，及国朝陈法师碑传于其后。”此丁敬旧藏本，载于《丁志》卷一二，著录为“明嘉靖刊本”。

明李翥《慧因寺志》（2），丛编本明显保留了明末刻本的特征：首天启丁卯徐时泰序，次天启丁卯蒋如奇序，次目录，题“古阳羡李翥飞侯甫辑/虎林姚二煜葆明甫方新子鼻甫校”，卷后有崇祯改元中秋后一日李翥跋。

是书丁丙跋称：“余偶得寺志，尚是明本。……余愿藉志留寺，亟为梓行。”可见系据崇祯刻本重刊无疑。《丁目》卷八著录此书有“原刊本　掌故丛编本”，“原刊本”即指崇祯刻本。

宋释元敬、元复《西湖高僧事略》附明释袾宏《续事略》（6），卷末丁丙跋称：“今从莲师续辑本复刊，汪氏后序渺不可得，记此俟访求之。”案，“莲师”即释袾宏，“莲师续辑本”指明崇祯间刻云栖法汇本。《丁目》卷一四著录“《武林西湖高僧事略》一卷　宋释元敬元复同撰　明刊本”，“《武林高僧续事略》一卷　明释袾宏撰　刊本　云栖法汇本　掌故丛编本”。

元杨维桢《西湖竹枝集》（6），丛编本首天顺三年和维序，次至正八年杨维祯序，卷末有万历甲辰冯梦祯跋。案，明万历陈于京漱云楼刻本《杨铁崖文集》附有《西湖竹枝集》，正与此同，丛编本宜据其重刻。

明释大善《西溪百咏》（10），此书有崇祯刊本。丛编本首崇祯庚辰大善自序，次目录，末有天顺庚辰周谟序及旧诗题，与崇祯刊本特征相符，似据其重刊。

明陈锡仁《西湖月观纪》（7），此书前无单行本，被收入陈氏《无梦园遗集》。《丁目》卷一六有“《无梦园遗集》八卷　明刊本”，丛编本似从此抽刻。

明聂心汤《万历钱塘县志》（16），此书之前仅万历一刻。《丁志》卷一一著录此书“明万历刊本”，丛编本据该本重刻。《年谱》光绪十九年称：“五月刊《万历钱塘县志》于粤东。……府君购得刊本，时鲍叔衡别驾需次粤东，因继《仁和志》并付刊行。”

明田汝成《西湖游览志》《志余》（20），丛编本丁丙跋称：“是书始刻于嘉靖二十六年丁未，继修于万历十二年巡按范公鸣谦虚，至二十五年，杭州太守季公东鲁又刻之，及四十七年，会稽商氏惟濬略为增益，别新雕镂。是七十三年中，板凡四刻。国朝康熙己巳，姚氏靖又删《志》为八卷，《志余》为十八卷，至今传本更尠于明时诸刊。竹舟

① 《馆讯鳞爪》，《浙江省立图书馆馆刊》2卷4期。

先兄雅志汗青，以卷繁辄止。罗君榘臣、孙君康侯屡加怂恿，愿事校雠，因聚诸刻，择善而从。”据此，丛编本参核诸本而成，但卷数与康熙姚靖删节本不同，乃知底本仍用明刊，姚本只是参校本之一。检《丁目》卷八此书条，著录有“明刊本 刊本”。

《昭忠录》(21)，丛编本丁丙跋，称“光绪二十一年冬，忽得原刊本，七周乙未，洵非偶然”云云，知丛编本据弘治刊本重刊。弘治刊本见载于《丁志》卷九。

（三）以清刊本为底本

《丛编》收录众多清人著作，故以清刻本为底本者不少。又因编纂宗旨所致，方志杂乘、唱和诗集占比很大，除个别有名品种之外，这两类书籍极少重刻翻刻。换言之，丁氏重刻前仅有一刻，但凡可以确定所用底本是刻本，即指原刻无疑，毋庸辨析。鉴于此，以下仅论述情况较为特殊者。

1. 参核众本而成

《广福庙志》(1)，卷末丁申跋称：“右《广福庙志》一卷，今就乾隆、道光初续两刻，粗加增舂本也。”

清厉鹗《湖船录》(6)，《年谱》光绪五年九月“刊湖船录”下小注：“府君命颐生叔合前后三次刊本重编，并补注以集其成。”可见丛编本据诸本参核而成。所谓“前后三次刊本”，《丁目》卷一三此书条著录“刊本 汪氏刊本 昭代丛书本”，《昭代丛书》有康熙原编本、道光增补重刻本之分，收有《湖船录》的是道光本，“汪氏刊本”指道光间汪氏振绮堂刻本，“刊本”似指同治间胡凤丹退补斋刊本。

2. 抽刻

清汪汝谦《西湖韵事》附《不系园集》《随喜庵集》(1)，丛编本丁丙跋称：“按汪上湖先生师韩乾隆辛卯冬日《春星堂诗集后识》云：‘先生著作富有，杭城多火，春星堂在缸儿巷，三被火灾，版刻纸钞尽失。师韩之生距先生卒，越五十年，尝于故旧家及旧书肆先后得《听雪轩集》《绮咏梦草》《游草》《西湖韵事》《闽游诗纪》《不系园集》《随喜庵集》及钞本遗稿一编，珍收箧笥。因念师韩为先生元孙之宗子，今已齿逾六十，流寓四方，不能续有所得，恐代远年湮，无能述德，爰汇诸集重刊，列于家集之首云。’今光绪辛巳，上距乾隆辛卯，又一百十年。杭城两遭兵火，故家书肆版刻纸钞，灰灭殆尽。即《春星堂诗集》传本极罕，适有武林掌故之刻，因摘取《西湖韵事》《不系园》《随喜庵》两集，削板以传。”据此，丛编本从乾隆汪师韩刻本《春星堂诗集》抽出重刊。《春星堂诗集》，《丁目》卷一六著录有“汪氏刊本”。

清朱彭《吴山遗事诗》《西湖遗事诗》(3、22)，丛编本《西湖遗事诗》丁丙识语称：“《湖山遗事诗》向附《抱山堂集》末，因有阙页，仅刻《吴山遗事诗》一卷。今春，犹子立诚得于都城厂肆，阙页在焉。爰付梓人，庶可免残山剩水之叹。”据此，《吴山遗事诗》

《西湖遗事诗》皆从朱彭《抱山堂集》抽刻。《抱山堂集》曾多次增补刊刻，有十四卷、十五卷、十八卷之分，如上海图书馆藏嘉庆年间十八卷刊本，国家图书馆藏咸丰十一年刊本2部，一为十四卷，一为十五卷。检《丁目》卷一七，著录“《抱山堂集》十八卷　国朝朱彭撰　刊本　刊本”，未知丛编本从何本出。

清朱樟《里居杂诗》(7)，丛编本系从《观树堂诗集》抽录刊刻，是集有乾隆刻本，《丁目》卷一七著录“刊本”，似即乾隆刻本。丛编本吴恒跋称：“《观树堂诗》十四卷，劫后传本甚罕。恒先人旧庐亦在铁冶岭下，幼时寻讨诸迹，已不可得。今则兵火之余，满地荆棘，又羁宦吴中，欲如先生之梦寐家山，模范桑梓，不惟不才，亦不暇。闻松生二兄罗刊武林掌故诸书，因录以畀之，为他日归里之约。”

清赵士麟《武林草》(7)，此书之前未有单行，丛编本系从赵氏《读书堂采衣全集》抽刊。是集有康熙三十五年刊本、光绪十九年浙江书局刊本，八千卷楼皆有收藏，《丁目》卷一七著录“原刊本　浙局本”。丛编本刊于光绪八年，必以康熙刊本为底本。

清赵昱《春草园小记》(8)，此书之前未见单行。赵氏《爱日堂吟稿》有乾隆刊本，丛编本当据此抽录刊刻。《丁目》卷一七著录“刊本　刊本”，则所藏不止一部，未知孰为刻书底本。

清吴存楷《江乡节物诗》(8)，丛编本吴庆坻跋称：“因述先伯祖当涂君尝有江乡节物之咏，差足比拟。丁丈闻而善之，遽令写副，授之手民。曩时兴到之作，俨然为单行别本。……先伯祖学博行絜，低颜粗官，连蹇失职，侘傺以老。遗诗刊成，毁于庚辛之乱。从兄子厚薄宦楚北，方谋重雕。丁丈斯举，其亦导之初桄，发此潜曜也乎。”据此，《江乡节物诗》系从吴氏别集录出抽刻，吴氏撰有《砚寿堂诗抄》八卷《诗余》一卷《诗续抄》二卷，有嘉庆二十三年刻本、嘉庆刊道光三年增修本及光绪十二年刊本。《丁目》卷一八著录有“刊本”，未知究系何本。《江乡节物诗》刊于光绪八年，则所据非嘉庆本，即道光增修本。

清陈文述《西溪杂咏》(21)，丛编本丁丙跋称：“偶阅陈退庵先生《颐道堂集》，中因负土而作此诗，虽止古体五十篇，题序简而明，咏歌苍且秀，留下十八里之景物，略具于斯。用付手民，传为西溪故事云。”据此，丛编本系从《颐道堂集》抽刻。是集于嘉道之间多次刊印，《丁目》卷一八著录有“刊本”，未详究系何本。

二、以稿本及手迹图咏为底本者

《丛编》的部分书籍系以稿本付刊，其中多为未刊遗书，颇具文献价值。又有若干书籍，原系手迹图咏，丁氏录出刊行，就版本学角度而言，亦可视为据稿本刊刻，故并置于此论述。

清罗以智《新门散记》(7),丛编本系据手稿刊刻,罗氏著作大多散亡,此书之前亦未经刊刻。丛编本胡凤锦跋称:"今年春,松生犹子修甫孝廉于丛残手稿中录出《新门散记》一册,将付手民。……先生著作有《经史质疑》《文庙从祀贤儒表》《浙学宗传》《敬哀录》《赵清献年谱》《金石所见录》《恬养斋文集》,综计百余卷。今所存者,《吉祥室诗草》十卷之五及此《新门散记》一卷。"

清吴农祥《西湖水利考》(23),此书之前未见刊行,前后无序跋,似从文集中录出。吴氏撰有《梧园诗文集》不分卷、《流铅集》十六卷,均未经刊行。《梧园诗文集》稿本为丁氏收得,著录于《丁志》卷三七,丛编本当从此出。

清周三燮辑《秦亭山民移居倡和诗》(25),此书之前未经刊刻,丛编本乃据手迹原稿刊行,《年谱》光绪二十四年:"三月刊《秦亭山民移居倡和诗》。……此其移居马婆巷,诸名流倡和诗也。许贯之丈以原册示府君,遂摹而刊之。"

清吴修辑《复园红板桥诗》(8),此书之前未经刊刻,丛编本从手迹录出付梓。《年谱》同治三年七月:"得《复园红版桥诗册》,摹刻登版。乾隆甲子七月,复园红版桥新成。诸名流会者凡二十人,刻晷赋诗,装潢成册,丁砚林先生书眉。越六十年,为吴思亭所得。至是,又六十年,府君得之。沧桑阅变,而是册幸出劫灰,爰摹刊以广其传。"

明傅严《护国寺元人诸天画像赞》(18),丛编本系据经管庭芬题跋之图绘录出刊行。丛编本有咸丰二年管庭芬跋,称"每帧明季重装,上下界以素缣,……尚属真迹"云云。又有光绪乙未丁丙跋:"辛酉之冬,题跋之子湘管明经因避难殁于海昌村落。六舟开士劫前已示寂于白马寺。所蓄金石书画,悉先云散海昌,劫灭于杭。是像或仗佛力拔出燹灰,未可知也。……同治甲子正月,竹舟兄得此帙于甬上汲绠书肆。忽忽三十二年,兄既归道山,余亦衰病日侵。惧其久藏箧中,徒饱蟫腹,特为板传之。"

清朱文藻辑《鉴公精舍纳凉图题咏》(19),据绘本录出刊刻。丛编本卷末吴恒跋称:"鉴公以卷赠家志上先生,先生遍征题咏,后归梁山舟学士。……松生二兄今梓入《武林掌故丛编》,摹绘甚精,追录诸什,以当跋尾。"

《松吹读书堂题咏》《小松吹读书堂题咏》(19),从图绘录出刊刻。丛编本丁丙序称:"余先后得堇浦太史暨艿野文学松吹读书堂两图,绘事之雅,题咏之富,可供鉴赏而宝收藏矣。……适余友汪子用明府补雕太史《道古堂全集》,并访得大马山葬地,重表墓碣,更祠其栗主于西溪交庐庵,与樊榭征君同绵香火。余因承其意而梓斯图,牵连以记颠末,俾与《道古集》永垂无斁。"

《横桥吟馆图题咏》(19),系据许增所藏绘本录出刊刻。卷末丁丙跋称:"道光间,有横河吟馆图,是玉年许先生为葛秋生丈所绘者。一时名流题咏,伟为巨观。……光绪癸巳秋八月,予友许君迈孙挟巨册见属,才展示,即此图也。……亟录副,授之梓人。"

《夜山图题咏》(22)，据秦缃业所藏真迹刊刻，以他书增补。丛编本卷末丁丙跋称："无锡秦澹如观察缃业权两浙鹾使，时以此题课诂经精舍生。始知图为所藏，因假录之，并检《铁网珊瑚》对校，补注题咏诸公爵里行谊，并录王继学御史题跋及诂经课作于后。"

三、以抄本为底本者

（一）底本为影宋抄本、明抄本

宋葛澧《圣宋钱塘赋》(9)，丛编本有"钱塘嘉惠堂丁氏重刊景宋本"牌记，卷末有"临安陈氏书籍铺刊行"一行，乃据影宋抄本刊刻。《年谱》光绪十年条："(四月)重刊宋葛澧《钱塘赋》。府君得旧钞本，校以宋刻潜氏《临安志》，颇多讹误，且乏单行本，因校定付梓。"

元佚名《新刻古杭杂记诗集》(1)，目录后有"以上系宋朝遗事，一新绣梓，求到续集，陆续出售，与好事君子共之"及"一依庐陵正本"刊语两行。《丁志》卷二一著录"汲古阁写本"，与之同，并称"光绪庚辰午月，鲍叔衡从江阴试棚寄到，梓入《武林掌故丛编》"，即为刊刻底本。

（二）底本为据稿本录副之抄本

元郭畀《客杭日记》(5)，以劳氏丹铅精舍旧藏抄本为底本。劳氏藏本系据"真迹摹出"，《丁志》卷九之"精钞本 劳氏丹铅精舍藏书"，即此。此书之前以鲍廷博知不足斋丛书本最为通行，但该本经厉鹗删节，丛编本则更接近本来面貌。丛编本丁丙跋称："《客杭日记》，鲍以文以厉征君删本刻入《知不足斋丛书》。光绪戊寅夏，购得塘栖劳氏旧藏《云山日记》，实从真迹摹出者。今自至大元年九月二十二日到杭，至十一月初四十离杭，记事皆依真迹，前后所记仍从厉本。"

清柯汝霖《武林第宅考》(12)，《年谱》光绪十五年载："三月，刊柯汝霖《武林第宅考》。……许壬伯丈秉铎平湖，始从其家录副见赠，因重刊焉。"可知许氏据稿本传录。案，丛编本首《光绪平湖县志》本传中称："(柯汝霖)任钱塘教谕时，作《武林第宅考》一卷，未刊。"

（三）底本为未经刊行之抄本

清朱点《东郊土物诗》(8)，此书向未刊行，丛编本据写本付梓。是书吴庆坻跋称："时松生丁丈蒐辑里中掌故，凡前人著述涉及杭事者，辄板行之。余遂以是书怂恿付梓。……是书世鲜传本，然《乾隆杭州府志》物产门已征引及之，迄今百余年，几在若存若灭间。"

清厉鹗《南宋院画录》(9)，丛编本系据罗以智校抄本刊行。是书张维嘉跋称："独此《南宋院画录》虽邀天家搜采，秘府储藏，而艺林终未雕梨，传本绝稀。……同治纪元之岁，丁竹舟、松生两兄得此稿于四明书肆。审视跋语，知为罗镜泉先生校本。复乞归安凌君尘遗重为勘阅，补正甚多，疑者阙之，慎之至也。”

宋陈骙《南宋馆阁录》宋佚名《续录》(10)，此书系四库馆臣从《永乐大典》辑出，未经刻刊。从编本卷末有朱彝尊跋、卢文弨跋。《丁志》卷一三著录“卢抱经写校本”，称卷末有卢文弨跋，当即刊刻底本。

宋何异《宋学士院题名》(10)，此书从《永乐大典》辑出，之前未曾刊刻。从编本据钱大昕辑录抄本刊刻，丁丙跋称：“适刊《南宋馆阁录》竟，归安陆存斋观察以钱晓徵学士旧从《大典》录本相畀，因为校梓，以存武林掌故之一。”

明沈朝宣《嘉靖仁和县志》(17)，《丁志》卷一一著录此书“旧钞本”，称：“先兄竹舟乱后得于甬上，似为罗氏以智传抄本，今与聂志并刊于《武林掌故丛编》中。”即刊刻底本。从编本王同跋称：“明嘉靖间，仁和沈三吾先生以一人之力，积八年之功，成《仁和邑志》十四卷。……然逡巡延至今，三百四十四年未梓行也。艺文书目中虽有‘板存家塾’一语，殆欲刻而未果欤。……又为钱塘邑宰周公借阅，携归吴阊。至国朝顺治间，求之不得，迄后朱君辗转觅得之周氏之裔，而仅留残本。重加补缀，盖亦幸而存矣，然仍未刻也。一二钞册，珍同拱璧。同里丁君松生富藏书，得钞册，不自秘，付剞劂氏，精写样本。”

清瞿灏《艮山杂志》(21)，从编本据陆心源所赠残抄本刊刻。丁丙跋称：“独《艮山杂志》未经梓行，……顾余幼从弼教坊沈雨溥肆中恰得全帙，凡志地、志人、志事、志文各两卷，写极潦草，乱中失去。厥后网罗文献，访之东乡，觅之故家，不能复得。嗣见上海郁氏书目有之，知归陆氏存斋，特为鸥借。存斋慨然寄赠，仅志地两卷。余虽遍求，终杳然也。”

清陈景钟《清波三志》(22)，从编本据抄本刊刻。蔡玉瀛序称：“《清波类志》若干卷，咸丰初年余曾借观于李节贻同年处。书凡四册，其子目及卷数不能记忆矣。……当时欲将全部鸠同人醵资刊行，而校雠未毕，即遭粤匪之变。节贻殉难，书亦散失。今丁君和甫家藏是书二册，仅存记人、记事、记文三卷，欲求其全，久而未得。……若不将此残帙先行开雕，恐日久重佚，欲续此三卷不可得，不重可惜欤。因怂恿付梓，改题《清波三志》。”

清施谔辑《淳祐临安志辑逸》(24)，从编本据抄本刊刻。丁丙跋称：“幼时闻胡书农学士从《永乐大典》中摘录十六卷，分为四巨帙，亦未见有传本。此册余劫后购于市上冷摊，存祠庙及寺二门。后访得朱氏结一庐藏有旧钞，远道借录，较余藏本增多院及宫观二门，因亟为补钞。然叶数无多，似仅存学士所辑之半。闻江阴缪小山编修藏本亦始祠庙，迄宫观，次序悉与此同。盖流传仅此数门矣。兹因分为八卷，付之剞劂，用广流传。原本由《大典》辑录，每条或不具首尾，且转辗传钞，不无讹脱。今悉依原钞付梓，不敢以《咸淳志》窜入，用存其真。”

《丁志》卷一一载“《大典本淳祐临安志》二册　钞本”，称“此又从《永乐大典》中辑出者，一为祠庙，前著总论，一为寺院，亦有总论”，即上跋所谓“购于市上冷摊”者。朱氏结一庐藏本，检《结一庐书目》，未见。

（四）底本为名家抄本

明夏时《钱唐湖山胜概诗文》(3)，此书由《钱塘湖山胜概记》一卷、《湖山百咏》一卷合成。首天顺癸未陈贽序，卷末有同年夏时跋。南图藏清抄本《湖山百咏》一卷，首天顺癸未冬十月陈贽序，卷尾有夏时跋，序首叶钤“江东罗氏藏书”朱文方印，即《丁志》卷三七著录之“旧钞本　罗镜泉藏书”。与丛编本同，当即刊书底本。

清徐逢吉《清波小志》附《清波小志补》(4)，《丁目》卷八有“罗氏抄本　读画斋本　昭代丛书一卷本　刊本”。罗氏抄本，见载于《松轩书录》：“《清波小志》二卷《补》一卷。清钱唐徐逢吉撰，陈景钟补，罗以智朱笔校。”末有“咸丰元年辛亥六月二十三日校阅一过，镜泉罗以智识”一行。附藏印“江东罗氏所藏”“钱唐丁氏正修堂藏书”“辛卯劫后所得”。案，丛编本刊于光绪七年，获得底本必不晚于当年。“辛酉劫后所得”为丁氏藏印，多钤于同治至光绪初年所得书。然则，罗氏校本在丛编本刊刻前已入藏八千卷楼，且经罗氏镜泉校勘，可称精善，丁氏宜以之为底本。

《武林怡老会诗集》(7)，丛编本首万历戊子张瀚序，次怡老会约，次各老像并简介，卷末有万历戊子沈友儒跋。《丁志》卷三九有“旧钞本　罗镜泉藏书”，与此同，当即刊刻底本。

明祝时泰等辑《西湖八社诗帖》(5)，丛编本首方九叙序，卷末有童汉臣跋。《丁志》卷三九著录有“精写本　罗镜泉藏书”，称“前有嘉靖壬戌春三月十洲三人方九叙撰序”，“后有童汉臣跋”，与丛编本同，当即刊刻底本。

清查人渶《西湖游记》(4)，丛编本似据咸丰十一年管庭芬抄本刊刻。丛编本卷尾管庭芬识语称：“余友查清华明府所撰此记颇为隽雅，虽疏于考证，然未足为病也。今湖山秀丽已为戎马之场，追思花前觞咏，月底笙歌，不啻华胥一梦矣。咸丰庚申三月上巳，芷湘老人管庭芬录毕记。”

宋范坰、林禹《吴越备史》附《补遗》《杂考》(19)，丛编本卷末有康熙乙未吴焯两跋，次嘉庆甲子张海鹏跋。《杂考》题“吴中二十四世孙受徵辑”。《丁志》卷一〇著录“瓶花斋吴氏钞校本”，称“末附受徵辑《吴越杂考》一卷”，并录吴焯两跋。[1]乃知丛编本以吴焯旧藏抄本为底本，校以学津讨原本，从中录出张海鹏跋。

---

① 吴焯跋见《馆藏善本书题跋辑录》，12页，《第二年刊》。

（五）自抄本抽刻

明史鉴《西村十记》(6)，丛编本丁丙跋称："兹从《西村集》得游杭诸记。"《丁志》卷三六著录两部"旧钞本"，一为《西村集》八卷，另一为《西村先生集》二十八卷。二十八卷本今藏南图，书衣有"光绪辛巳冬日补钞成，摘《十记》一种，刊入《武林丛钞掌故书》中"题记一行，可知丛编本系据此本抽刻而成。

清胡敬《定乡杂著》(4)，亦系抽刻，《松轩书录》称："《定乡杂著》二卷。清仁和胡敬撰。朱丝栏。版心下有'当归草堂'四字。间有朱笔校字。为刊《武林掌故丛编》之底本。末有八千卷楼主人识语：'同治七年，从邹典二家借得书农先生全集，匆匆属写官录此册。用当归草堂版格，有重刻之意。越十二年，始附手民，光绪七年孟春刊成。因记。'"①"书农先生全集"，指胡敬《崇雅堂诗抄》十卷《诗删余稿》一卷《定乡杂著》二卷《骈体文钞》四卷《应制存稿》一卷。

明王瀛《西湖冶兴》(19)，系从吴允嘉(志上)《钱塘县志补》抽刻。丛编本丁丙序称："吴志上先生《钱塘县志补》录有此卷，凡诗八十八篇。惧其湮没，因付手民。"《钱塘县志补》，系就魏㟲《康熙钱塘县志》而作，向无刊本。《丁目》卷六著录"《康熙钱塘县志》三十七卷 国朝吴允嘉撰 抄本残"，即刊书底本。洪焕椿《浙江方志考》称："《钱塘县志补》 清钱塘吴允嘉补编。此书作于康、雍间，不分卷，南图藏有钞本一部，六册，原为钱塘丁氏八千卷楼藏本。"②

《丛编》还收录丁氏族人及其师友的著述，就情理而言，这些书籍当是直接以稿本付刻，故不赘述，以下仅列出清单。

丁氏族人著述：丁申《武林藏书录》(24)，丁丙《庚辛泣杭录》(18)、《续东河棹歌》(21)、《于公祠录》(23)、《风木盦图题咏》(24)、《三塘渔唱》(25)、《北隅缀录》《续录》(26)、《北郭诗帐》(26)，丁立中《武林杂事诗》(24)，丁午《龙井显应胡公墓录》(4)、《扬清祠志》(5)、《湖船续录》(6)、《城北天后宫志》(7)、《紫阳庵集》(8)，丁立志《郭孝童墓记略》(19)。

丁氏师友著述：杨文杰《东城记余》(25)，俞樾《银瓶征》(4)、《俞楼诗记》(9)、《琼英小录》(19)，孙炳奎《同仁祠录》(21)，孙峻《陈忠肃公墓录》(22)、孙峻、孙树礼合撰《文澜阁志》(26)，孙树礼《樊公祠录》(24)，邹在寅《照胆台志》(22)，张大昌《临平记补遗》(10)、《龙兴祥符戒坛寺志》(15)、《广陵曲江复对》(19)，张尔嘉《孙花翁墓征》(19)，朱文懋《直阁朱公祠墓录》(19)，潘衍桐《灵隐书藏纪事》(21)，仲学辂《金龙四大

① 赵鸿谦《松轩书录》，66 页，《第二年刊》。

② 洪焕椿《浙江方志考》，61 页。

王祠墓录》(21)。

第二节　《武林往哲遗著》底本考

在丁氏所刻丛书中,《遗著》规模仅次于《丛编》,收录书籍62种。该丛书的收录范围是清代以前的杭人著作。以下仍按版本类别,考述《遗著》刊刻底本。

一、底本为宋元刊本者

宋陈思《书小史》十卷。遗著本有"八千卷楼重雕宋本"牌记,乃据皕宋楼藏宋刻本重刊,《年谱》光绪二十二年九月载:"重刊宋本《书小史》。府君假皕宋楼所藏宋本,摹写付梓。"检《丁志》卷一七,著录有"影宋本",即当时借录摹写者:"宋刊起卷六,一至五,毛氏影补之,后归百宋一廛,今归皕宋楼。余从而影写者。"

宋强至《韩忠献公遗事》一卷《补遗》一卷。遗著本有"泉唐丁氏重刊宋本"牌记,卷末丁立中跋称:"余家藏《遗事》凡二,一宋刊本,前题官衔,一为万历甲寅侍御温陵徐公刊本,与王岩叟《忠献别录》附刊《君臣相遇传》后。今以二本相校,宋本多者十二则,少者四则,徐本不及宋本之善。先君子既重刊宋本,中以徐本流传已久,不忍轻弃,谨摘录宋本所无者附录于后,以待后人之参考云。"据此,遗著本参合二本而成,以宋本为主,《补遗》则采自明万历本。所谓宋本,是指宋刻百川学海本零种,今藏南图(索书号110230),与《文正王公遗事》合订一册,《韩忠献公遗事》卷末有清初许心扆题跋。《丁志》卷九著录该本,作"王文正公遗事一卷　明刊本　许丹臣藏书",乃有双重疏谬:一是误为明刊,二是不提此册后半是《韩忠献公遗事》。《丁目》卷五亦作"《王文正公遗事》一卷　宋王素撰　明刊本"。案,《丁目》习惯析分条目(将丛书拆散,按零种著录),但同卷"《韩忠献遗事》一卷　宋强至撰　三大臣汇志本",失记此宋刻本。

元吴亮辑《忍经》一卷。遗著本有"钱塘丁氏嘉惠堂重刊元本"牌记。此元刊本见《丁志》卷一九著录,又见载于《丁目》卷一三。卷末丁丙跋称:"此卷前虽阙冯寅一序,而后有明正统二十四年郑季文重整字迹,其为明卿初刻无疑。又有陆廷灿印,……是书为吾乡先达遗著,元刻明题,又经国初名人收藏,岂不重可宝哉。"

二、底本为明刊本者

在《遗著》中,以明刊本为底本付刻者有近20种,这与《遗著》收录明人著作较多存在一定关联。

唐郑巢《郑巢诗集》一卷。遗著本封面有"钱塘丁氏嘉惠堂重刊百家唐诗本"刊语。案，以"百家唐诗""唐百家诗"等为名目之唐诗总集有数种，其中仅明朱警《唐百家诗》收录郑集，可知遗著本系据其重刊。《丁志》卷三九有《唐百家诗》"明翻宋本"，即刊书底本。

宋陈思《海棠谱》三卷。遗著本封面有"竹书堂仿宋本重刊"刊语。《丁志》卷一八有"明翻宋本"，《丁目》卷一二载"百川本 刊本"。检《丁志》卷一九，又载《百川学海》"明宏治翻宋本"，即明弘治华珵刻本。综上线索分析，遗著本据《百川学海》明弘治华珵刻本重刻，《丁志》卷一八之"明翻宋刻本"，乃从卷一九之《百川学海》析出。

明周思得《周真人集》一卷《补遗》一卷，系据俞宪《盛明百家诗》刊行。俞氏《盛明百家诗》，《丁志》卷三九、《丁目》卷一九，皆载"明刊本"。遗著本丁丙跋称："今从俞氏《明百家诗》录出一卷，并附金书序文，寿诸梨枣。"

明沈行《集古梅花诗》二卷《附录》一卷。遗著本丁丙跋称："万历中，洪州散人王圻之子思义，仿黄大舆《梅苑》，尝编梅之图谱事类、赋记诗词，为《香雪林集》二十六卷，疏影暗香，盈溢楮墨。中有沈行履德集七言律诗一百二十首、七言绝句二百四十首，句锻意炼，璧合珠联，洵得天然之巧者。当时必从单行本汇入，今析出重梓，岂如梅之返魂香乎。"《香雪林集》，《丁志》卷三九著录"万历刊本"，《丁目》卷一九作"明刊本"，即丁氏刊书底本。

明张瀚《奚囊蠹余》二十卷《补遗》一卷《附录》二卷。遗著本丁丙跋称："己丑秋，犹子立诚忽从青云街试棚购归。喜甚，细读之，《西湖庞公永赖祠碑》，集中无之，又广文藏公自题生平出处图记，集亦不载，则文之散落尚多也。余恐是集之显而复晦，因约寅伯收集遗文，重登枣木，以永乡之前徽，以迪乡之后学。"既称"重登枣木"，则是以刻本为底本。案，遗著本有隆庆戊辰徐养正序、张佳胤序、隆庆三年曹天祐序、隆庆戊辰张瀚序。《丁志》卷三七有"万历刊本"，称"前有自序，……隆庆戊辰徐养正、曹天祐为序，张佳胤为后序"，与遗著本同，当即刊刻所用底本。

明丁养浩《西轩效唐集录》十二卷《补遗》一卷。遗著本有弘治辛酉刘丙序。《丁志》卷三六载"正统刊本"，"此本前有宏治辛酉提督学校福建按察副使安成刘丙序"，与遗著本同，当即刊刻底本。

明杨文俪《孙夫人集》一卷。遗著本丁丙跋称："诗稿附《文恪公集》行世，今特为付诸梓云。"《丁志》卷三七著录"《孙文恪公集》二十卷附《孙夫人集》一卷 嘉靖刊本吴方山藏书"，即刊刻底本。

明田汝成《田叔禾小集》十二卷。遗著本有嘉靖癸亥蒋灼序、嘉靖四十二年田艺蘅序，序后附已刻杂集及未刻杂集目，每卷各有目录，卷末有"男艺蘅私钞"一行。这些都是源自明嘉靖四十二年田艺蘅刻本的特征(嘉靖本“男艺蘅私钞”在各卷卷端题名第二行)。遗著本宜据嘉靖本重刻。《丁目》卷一六著录有“明刊本　刊本”,“明刊本”即指嘉靖本。《年谱》光绪二十三年三月载:“刊《田叔禾集》。田叔禾名汝成,有《西湖游览志》,著名艺苑。是书为其子义蘅所刊,府君乞何勉亭重刊于江右。”

明江晖《亹爰子诗集》二卷《附录》一卷。遗著本封面有“钱唐嘉惠堂丁氏以天一阁本重梓”刊语,可知底本来自天一阁。检范邦甸《天一阁书目》,卷四之一著录“刊本”,周子美《天一阁藏书经见录》著录为“嘉靖间刊白口本”,当是丁氏刊刻底本。[①]

明卓明卿《卓光禄集》三卷。遗著本卷首有沈朝焕序、丙申胡胤嘉序、万历戊寅王世贞序(后附与澂甫书)、万历甲申李维桢卓澂甫诗续集序、万历甲午屠本畯卓光禄北游稿序、方应选北游草跋、冯梦桢卓澂父传,次凡例,末有“万历岁次丙申十月朔日尔康敬识”一行,卷末有“男尔昌校刻”一行。遗著本似出自明万历刻本,保留了以上特征。《丁志》卷三七著录“明万历刻本”,称“万历丙申,汇为三卷,同里胡胤嘉、沈朝焕序之,冯梦桢为之传,男尔昌校刊”,与遗著本同,当即刊书底本。

明徐一夔《始丰稿》十四卷《补遗》一卷《附录》一卷《续附录》一卷。遗著本卷末有丁丙跋,称:

> 同治甲子肃清,举遗书暂度郡庠尊经阁。检先生稿,尚存五卷,亟录副,冀规其全。越数年,得明初刻本卷九至十一凡三卷,喜跃累日。光绪间,大吏奏明补钞阁书,访知四明卢氏有其书,孙孝廉树礼奉札纳币,祭其先祠,始得借抄而归。顾卢本亦钞非刻,时病鲁鱼。又数年,得黄荛圃藏本,前六卷为明初刊,后八卷影写明刊者,于是方睹原书面目。……因写付剞劂氏,并录《提要》《明史》传、宋学士序冠其端,旁采王忠文、梁石门诸序记,与志文轶事附于末,更补辑遗诗一卷。

八千卷楼藏此书两部,一为由传钞文澜阁四库本、明初刊本及传钞四明卢氏抱经楼藏抄本配成,一为黄丕烈旧藏抄配明初刊本。《丁志》卷三五著录黄丕烈旧藏本:

> 此一卷至六卷,乃明初所刊,即竹垞所称家藏之本。后七卷至十四卷乃续刻,为黄荛圃影写顾抱冲藏本,跋称字体颇得其似,迥非钞胥比矣。……别藏卷九至十一凡三卷,亦有“黄丕烈印”“荛圃”两图记。余虽补钞全帙,不能如黄氏影写顾本之工,又不忍将黄氏所影者撤去,故两存之。

丁丙认为“卢本亦钞非刻,时病鲁鱼”,然则刊刻似在获得黄丕烈旧藏本之后,以后者为底本。黄丕烈旧藏本现存南图,卷前贴有《丁志》初稿,中称:“又得卷九至十一

---

① 周子美《嘉业堂钞校本目录　天一阁藏书经见录》,193页。

凡三卷，与明先刻前六卷一式。”刊刻时，丁氏应以此三卷原刻替换黄氏影抄，作为底本。

宋周密《汴都赋》一卷《附录》一卷。遗著本有“嘉惠堂重刊明本”牌记。卷末丁立中识语称：“此明刊《汴都赋》，亦美成先生所撰。……此书为当时单行本，不知集中载此赋否。先君子既重刊《片玉词》为《西泠词萃》之一，复以是书为诸家书目所未见，世鲜传本，在宋时两呈御览，足与王氏《会稽三赋》并垂不朽。爰乞孙补三同年校正重雕，命中搜辑遗诗附录于后，以志景仰。”据此可知底本是明刻单行本，然检《丁志》《丁目》，皆不载。

宋释道潜《参寥集》十二卷《附录》二卷。遗著本首参寥子行录，次陈无已序、崇祯丙子吴之屏序、黄谏序、崇祯乙亥年汪汝谦序、崇祯壬午杨德周序。以上特征与明崇祯间汪汝谦刊本相合，当据该本重刊。《年谱》光绪二十四年七月：“重刊《参寥子集》。……是书为汪然明先生所刊，府君据以付梓。”

宋释惠洪《石门文字禅》三十卷，有万历丁酉释达观序。《丁目》卷一五著录“明支那本”，《丁志》卷二八著录“明刊本”，称“此支那刊本，万历丁酉径山兴圣万寿禅寺募缘重刊，前有释达观序”，知《丁目》《丁志》所载为一物，遗著本即从此出。所谓“支那本”，指《径山藏》，该藏始刻于明万历间。

明于谦《少保于公奏议》十卷。遗著本有“钱塘丁氏重刊明杭州府本”牌记，首成化丙申李宾序，末有“嘉靖二十年十月杭州府重刊”刊语一行，卷末有嘉靖辛丑陈仕贤后序、张乾元跋。遗著本据明嘉靖二十年杭州府刊本重刊，痕迹显然。嘉靖杭州府刊本，见载于《丁志》卷八，《丁目》卷四著录为“明刊本”。

明于谦《于肃愍公集》八卷《附录》一卷《拾遗》一卷。遗著本封面有“钱塘丁氏重刊明大梁书院本”刊语，《年谱》光绪二十五年正月载：“《于肃愍公集》刊成。此书八卷，无奏议，尚在嘉靖间未易忠肃谥前所梓。巡按河南山西道御史新喻简霄序，刊于大梁书院，盖不忘公十八年遗爱也。府君以黄氏广仁义塾旧藏本付梓。”

黄氏广仁义塾旧藏大梁书院本，载于《丁志》卷三六、《丁目》卷一六。另，于谦诗文集在明清多次编刻，各本卷数或有不同。遗著本有丁立中三跋，其一述诸本源流差异甚详：

> 诗文集之传于今者凡三。一为嘉靖丁亥河南大梁书院刊本，凡诗文集八卷附录一卷，督学王定斋所编，监察御史简霄为序。一为天启辛酉孙昌裔刊本，即从公子应天府府尹冕编辑本出也。先是，成化丙申，府尹访求旧稿，仅存什一，属夏时正重加校订，序而刊之，又辑公行状碑铭祭文挽诗为《旌功录》，程敏政为之序。天启间，杭州知府孙昌裔得公奏议诗文，合梓郡斋，为全集十二卷，又重编

《旌功录》列于后，为附录四卷，里人李之藻为序。此即四库馆著录十三卷本，盖合附录为一卷也。一康熙丁酉于继先重辑十卷本，奏议诗文均不全，而增以年谱、挽诗，编入正集，非善本也，刊于考城之宗祠，知县黄淇为之序。

明倪谦《倪文僖公集》三十二卷《补遗》一卷。遗著本卷首有倪谦绘像及杨鼎像赞、弘治癸丑李东阳序、程敏政诔文、倪岳跋，卷末有刘敬思跋。《丁志》卷三六著录"宏治刊本　鸣野山房藏书"，序跋情况与遗著本相合，当即刊刻底本："所著有《辽海编》《上谷稿》《玉堂前后稿》《归山稿》。弘治癸丑，谦子岳、阜辈裒成是集，属长沙李东阳为序，岳识后。前为文僖小像，淳安商辂、关西杨鼎并有赞。若万安所撰神道碑、刘珝所撰墓志铭，此本已缺。"

明倪岳《青溪漫稿》二十四卷《补遗》一卷《附录》一卷，有正德甲戌李东阳序，倪岳像及闵珪赞，李东阳撰墓志铭，附录后有刘敬思跋。《丁志》卷三六著录"正德刊本"，序跋情况与遗著本相合，当即刊书底本："前有倪文毅公小像，马文升、闵珪二赞，正德甲戌长沙李东阳序。"

三、底本为清刻本者

在《遗著》中，以清刻本作为刊刻底本的也有一定数量，其中有一部分使用《知不足斋丛书》《学津讨原》等常见丛书为底本。

宋汪元量《湖山类稿》五卷《附录》一卷《水云集》一卷《附录》三卷。遗著本系以鲍廷博知不足斋本为底本刊刻。《年谱》光绪二十三年七月载："刊《湖山类稿》五卷、《水云集》一卷。……府君以鲍氏知不足斋本付梓。"案，汪元量《湖山类稿》《水云集》之鲍廷博刻本，乃单刻本，未入《知不足斋丛书》。另，《丁志》卷三二著录有"《湖山类稿》五卷附一卷　小山堂钞本　吴尺凫藏书""《水云集》一卷　绣谷亭钞本"。《遗著》刊行时间较晚，彼时以上两种名家抄本当已入藏，丁氏何不以之为底本，甚可奇怪。

宋邓牧《伯牙琴》一卷《补遗》一卷。《知不足斋丛书》刊有此书，遗著本以之为底本。《年谱》光绪二十一年载："七月，重刊宋邓牧《伯牙琴》、明张瀚《奚囊蠹余》。……府君以知不足斋本付梓。"《丁志》卷三二著录有"旧钞本"，称"此为馆中底本，有翰林院印"，不知为何，未被用作底本。

元白珽《湛渊遗稿》三卷《补遗》一卷《附录》一卷。此书收入《知不足斋丛书》，遗著本即据其重刻。《年谱》光绪二十一年载："刊《湛渊遗稿》。……四库馆据知不足斋本著录。府君重梓，并从《珊瑚网》录其题跋一篇，附鲍氏《补遗》之后。"

元吾丘衍《学古编》一卷。遗著本系据学津讨原本重刻，《年谱》光绪二十二年四月载："重刊《学古编》。元吾丘衍撰。是书专为印章而作。府君以学津讨源本付梓，为篆刻家奏刀之一助。"此书被刊入多种丛书，丁氏收藏颇多，《丁目》卷一一著录有"宝颜堂本 书苑本 说郛本 学津讨原本 篆学琐著本 广百川本 唐宋丛书本"。《学津讨原》素有精校之誉，故丁氏选择它为底本。

明王道焜《王节愍公遗集》二卷《附录》一卷。遗著本以姚莹、顾沅、潘锡恩辑《乾坤正气集》付刻。《年谱》光绪二十二年载："八月，刊《王节愍公遗集》。……此书从《乾坤清气集》录出付刊。适得陈焯湘《管斋寓赏录》，中载先生遗属卷子，名人题咏甚多，因附录于后。"

明瞿佑《咏物诗》一卷。《丁目》卷一六著录"《咏物诗》一卷 元谢宗可撰 旧抄二卷本 康熙刊三家咏物诗本"。旧抄本为二卷，与遗著本不合，非刊刻底本。康熙刊本《三家咏物诗》，所收瞿佑《咏物诗》为一卷，与遗著本同，当为刊刻底本。

元张仲寿《畴斋二谱》二卷《外录》一卷。遗著本系据陈氏玉烟堂刻本翻刻，卷末丁丙跋称："余校宋刘仲甫《棋诀》，付之枣木。罗君椠臣持海昌陈氏玉烟堂所刻《畴斋二谱》见示，……椠臣又辑其题跋诗章，相为辉映，畴斋著作亦仿佛具之耳。"

明邵经邦《弘艺录》三十二卷《艺苑玄几》一卷。遗著本有嘉靖四年邵经邦原序，康熙乙丑四世孙远平重刻序，似以清康熙二十四邵远平本为底本。

明顾若瑛《卧月轩稿》三卷《附录》一卷，有丙戌吴本泰序、崇祯丁丑顾若群序、天启丙寅顾若璞自序、天启丙寅顾若群题词，卷末有辛卯吴本泰后跋。案，丙戌、辛卯即顺治二年、八年，但书甲子，追念故明。据此，遗著本当据清顺治刻本重刻。《丁目》卷一六有"刊本"，当即此。

四、底本为抄本者

八千卷楼藏书以抄本美富而著称，《遗著》刊刻底本为各类抄本者，占比很大，其中不乏祁氏淡生堂、卢文弨抱经堂、赵氏竹影庵、鲍廷博知不足斋、何元锡梦华馆、吴城瓶花斋、吴焯绣谷亭、汪宪振绮堂、罗以智等名家钞校本，此外亦有影宋元抄本以及未见刊刻、仅以抄本流传者。

（一）底本为影宋元抄本

宋韦骧《钱塘韦先生文集》十八卷。遗著本有"光绪丙申年八月丁氏嘉惠堂以瓶花斋吴氏影写宋乾道四年刊本重彫于四明"牌记。瓶花斋本见《丁志》卷二七著录，作"旧钞本 吴氏瓶花斋藏书"。遗著本丁丙序对底本也有详细介绍：

> 此本为吾杭瓶花斋吴氏从乾道本影写，敦复上舍复加校正。"构"字注"太上皇帝御名"，"眘"字注"今上御名"。每页二十行，行二十字，犹存宋椠之旧。卷一二亦阙，卷三至卷九古今体诗，卷十表，卷十一启，卷十二至十四疏、状，卷十五、

十六书、祝文、祭文、青词、墓志，卷十七记序、传、论、策问，卷十八杂著、歌词，较四库增十七、十八两卷。……因据吴氏本悉登诸木，惜拘于丛刻板式，未能依宋椠行款为慊耳。

元杨瑀《山居新语》一卷。遗著本封面有“钱塘丁氏重刊影元写本”刊语，卷前有至正庚子杨维祯序，末有至正庚子杨瑀后序。影元抄本见载于《丁志》卷二一。

（二）底本为明抄本

明聂大年《东轩集选》一卷《补遗》三卷《附录》一卷。遗著本据明抄本刊刻，卷末丁丙跋称：“而聂教诲之文，《临川志》载《水竹居文集》四十卷，又《东轩集》不详卷数，为门人怀安令施昂梓于官舍，福州守陈勉又刻之。然《志》中《艺文》无一篇及也。搜求有年，仅得明钞《东轩诗选》一册，各体皆备。虽未知选者为谁，尝鼎一脔，亦慰情，聊胜于无耳。”

明郎兆玉《无类生诗选》一卷。《年谱》光绪二十一年五月：“刊《无类生诗选》，……此书为旧抄本，亦罕见之帙也。”《无类生诗选》，《丁志》不载，《丁目》卷一六著录有“刊本　抄本”，《松轩书录》著录“明钞本”，上有丁丙题识三则，当即《丁目》之“抄本”，亦即遗著本之底本。[①]

宋范晞文《对床夜语》五卷。遗著本封面有“钱唐丁氏八千卷楼以淡生堂祁氏抄本抱经堂卢氏校本重刊”刊语。二本均载《丁志》卷三九，作“明祁氏旷园抄本　张佩兼藏书”“卢抱经校抄本　严元照藏书”。

（三）底本为清抄本

宋朱淑真《新注朱淑真断肠诗集》十卷《后集》七卷《补遗》一卷。卷末丁丙识语称：“劫后，得罗镜泉广文手钞精本，惜有阙页阙文，无从校补。久之，于潘是仁刊本得增诗三首，马氏小玲珑山馆写本增诗一首，汪氏振绮堂、蒋氏别下斋旧钞本增诗八首，虽中有四首可补罗本之阙，惟有诗无注，仍难合璧，特附梓于后云。”据此，遗著本以罗以智抄本付刻，并以他本增补。罗本见载《丁志》卷三一，称“罗镜泉以智钞自天一阁中，并为校正，有江东罗氏所藏一印”云云。

元释英《白云集》三卷《附录》一卷。遗著本卷前有至元壬辰牟巘序、赵孟頫序、胡长孺序，林昉、赵孟若题辞，卷末有牟巘跋。《丁志》卷三三著录此书“知不足斋钞本”，称“前有至元壬辰蜀人牟巘、赵孟頫、胡长孺、林昉、赵孟若序，巘又为之跋”，与遗著本相合，当即刊书底本。

元吾丘衍《闲居录》一卷。遗著本有“八千卷楼以竹影庵赵氏钞校本上板”牌记，

① 赵鸿谦《松轩书录》，74—75页，《第三年刊》。

卷末有至正五年陆友仁跋，后有"乾隆丁亥闰月杭郡赵氏竹影庵校录"刊语一行，次乾隆壬辰鲍廷博识语、乾隆乙未吴骞跋、乾隆廿一年吾进识语。《丁志》卷一九著录有"旧钞本"，称"后有至正五年吴郡陆友仁跋，何义门校钞小记，鲍以文、吴槎客、赵素门诸题跋"，即所谓"竹影庵赵氏钞校本"。

元张雨《贞居先生诗集》七卷《补遗》二卷《附录》二卷。遗著本有"八千卷楼重雕何氏蜨隐庵钞本"牌记，卷末丁丙跋称："余藏七卷者凡二本，一为瓶花斋吴城所写，各卷后有补遗之作，一为蜨隐庵何元锡藏旧钞本。两本相较，何本更善，疑即与钱跋本相合，因乞罗明经榘校，付剞劂氏，以广汲古之传。"

元钱惟善《江月松风集》十二卷《补遗》一卷《文录》一卷《附录》一卷。遗著本首四库提要，次至元后戊寅陈旅序，卷尾有三行题记："丙申桂月，石仓初校一次"，"菊月，何延祖氏重校一次"，"代校一过，凡疑误处，都为改正，疑者仍焉，不敢以意率改也。余本多二篇并不全诗半首，录而归之。戊戌中春晦日，书于石门舟中，绣谷"。

《丁志》卷三四著录三部抄本，首为"曹氏倦圃抄本 朱竹垞藏书"，如解题所示，题跋等文本面貌与遗著本同，知是刊书底本："吴石仓手辑补遗一卷，有'丙申桂月石仓初校一次'手识，及'石仓手校'印。又有'菊月，何延祖氏重校一次'，又'戊戌中春晦日绣谷代校一过，凡疑误处都为改正，余本多二篇并不全诗半首，录而归之'墨笔两段。"

明李晔《李草阁诗集》六卷《拾遗》一卷《文集》一卷附《筠谷诗集》一卷。遗著本封面有"钱塘丁氏以振绮堂旧钞本上版"刊语。振绮堂本，见《丁志》卷三五著录，作"旧钞本 汪鱼亭藏书"，称："此旧钞本经吴石仓校阅，有'汪鱼亭藏阅书'一印。吾友王松溪大令尝刻于西江官舍。松溪殁后，版亦朽蠹，余据此本重刊焉。"

明平显《松雨轩集》八卷《补遗》一卷《附录》三卷。①遗著本有景泰元年柯暹序、嘉靖十九年陈霆重刻松雨轩诗集序、宣德五年张洪序。《丁志》卷三五著录"旧抄本 何梦华藏书"，称"集初刻于滇南，有景泰元年云南按察司池阳柯暹、宣德五年东吴张洪为序，嘉靖时裔孙本楷重为刊版，邑人陈霆为序"，与遗著本同，应即刊书底本。

宋何应龙《橘潭诗稿》一卷、俞桂《云泉诗稿》一卷、张炜《芝田小诗》一卷。遗著本同出《南宋群贤小集》。《年谱》光绪二十二年载："四月，刊《橘潭诗稿》《渔溪诗稿》《云泉诗稿》《芝田小诗》《碧筠馆诗稿》《亶爰子诗集》。《橘潭诗》，钱塘何应龙子翔撰。《渔溪诗》，钱塘俞桂晞郄撰。《云泉诗稿》，宋塘栖释永颐山老撰。《芝田小诗》，宋张炜子昭撰。皆散见于《江湖小集》者，府君录以付刊。"

---

① 此书《附录》分上、中、下三卷，《中国丛书综录》误作二卷。

案,《江湖小集》即《南宋群贤小集》。《丁志》卷三八有“《群贤小集》八十八卷　旧钞本　周松霭藏书”。何应龙、释永颐两家应即以此本付刻。而张炜《芝田小诗》,周松霭藏旧钞本、顾刻读画斋丛书本皆无,未知遗著本据何本刊刻。

宋俞桂《渔溪诗稿》二卷《乙稿》一卷《补遗》一卷。周松霭藏旧抄本为“《渔溪诗稿》一卷《乙稿》一卷”,与遗著本卷数不合。《丁志》卷三〇有两部,一部为“影钞宋本　淡生堂藏书”,无《乙稿》,亦非刊刻底本;另一部为“精抄本”,卷数与遗著本相合,当是刻书底本。

陈起《芸居乙稿》一卷《补遗》一卷《附录》一卷。周松霭藏旧抄本《群贤小集》有《芸居乙稿》一卷,遗著本从此出。《年谱》光绪二十一年载:“十月,刊《芸居乙稿》。宋陈起撰。……取名人小集数十家,选为《江湖集》。此书亦附刊集中者,府君取以付梓,并辑其散见者为《补遗》一卷。”

宋刘仲甫《棋诀》一卷《附录》一卷。遗著本据文澜阁四库本刊刻。①卷末丁丙跋称:“因录《春渚纪闻》《铁围山丛谈》《弈问》《弈旦评》诸说,并缀所以蓄疑者,而付之剞劂氏。仍谨依阁本,不敢彊合《棋经》云。”

元吾丘衍《竹素山房集》三卷《补遗》一卷《附录》一卷。遗著本据文澜阁四库传抄本刊刻,《年谱》光绪二十一年四月载:“刊《褚堂闻史考证》及《湛渊静语》《竹素山房集》。《竹素山房集》,为元吾邱衍撰。……府君购得文澜阁传抄本付梓。”此书未入《丁志》,《丁目》卷一六著录“依阁抄本　刊本”,前者即是刊刻底本。

明凌云翰《柘轩集》四卷《附录》二卷。遗著本前有宣德五年瞿佑序、陈敬宗序,卷末有宣德元年王羽跋。此书《丁志》不载,《丁目》卷一六著录“抄五卷本”,乃指《柘轩集》四卷《柘轩词》一卷,遗著本当据此本刊刻,《柘轩词》则刊入《西泠词萃》。

明高得旸《节庵集》八卷《续稿》一卷。《年谱》光绪二十年十月载:“刊《节庵集》。……府君以重抄本刊于四明。”丁氏收藏此书版本颇多,《丁目》卷一六有“抄无续本　刊本　武林往哲遗著本”。首种无续稿,后两种是刻本,皆与《年谱》所述不合。《丁志》卷三六有“《节庵集》八卷《续稿》一卷　旧钞本　汪鱼亭藏书”,卷数相合,应即刊刻底本。

明张瀚《松窗梦语》八卷。遗著本有万历癸巳张瀚松窗梦语引、冯梦祯张太宰懿公传,后附丁丙题识,卷末有松窗梦语跋,佚去后半。丁丙跋称:“兹以旧钞《梦语》上版,而冠之以冯《传》。”检《丁志》卷一九,著录“旧钞本”,即为刊书底本。

明凌立《碧筠馆诗稿》四卷《补遗》一卷《附录》二卷。遗著本《诗稿》末有康熙庚午凌绍英识语,及“乾隆三十五年秋六世孙尔铨重钞,并分四卷以存旧意云”一行。末有丁丙跋,称:“去秋,高海槎明经知余重雕《柘轩集》,因出是帙,郑重见遗。卷末有康熙庚午裔

① 此书文澜阁原钞尚存。《文澜阁四库全书版况一览表》,《浙江图书馆古籍善本书目》,937 页。

孙绍英识云:建昌公诗古文辞散逸兵燹,子孙不获一睹,悲感何极。幸序吉二叔祖录存一册,亟缮写珍藏。又乾隆三十五年六世孙尔铨重钞,并分四卷,以存旧意云。……因补其遗诗,增为附录,更缀小跋,梓而传之。"《丁志》卷三七有"原钞本 明凌尔诠家藏",特征与丁跋所称底本相符,当即刊书底本,称"明凌尔诠"者,偶然是笔误。

元释园至《牧潜集》七卷。遗著本有大德三年洪乔祖跋、崇祯己卯明河跋。《丁志》卷三三著录"旧钞本",称"旧有方回序,又有姚广孝序,已佚,惟存大德三年天目云松子洪乔祖、崇祯己卯吴门华山后学明河二跋",与遗著本同,当即刊刻底本。

五、其他类型的底本

与《丛编》类似,《遗著》也有辑佚而成、参核众本而成以及录文成书的情况。

《褚亮集》《褚遂良集》,二书久佚,世无传本,丁氏乃作辑佚。事见《年谱》光绪八年:"七月,重辑《褚亮集》《褚遂良集》成,付梓。"

元仇远《山村遗集》一卷《附录》一卷《稗史》一卷。遗著本据各本汇编而成,《年谱》光绪二十一年载:"八月,刊《山村先生遗集》于越中。……此本合《兴观集》《山村遗稿》及散见他书者采辑而成,较项梦昶本尤备,并附刊《稗史》及周草窗等赠答诗文为附录。"案,《丁目》卷一六著录"《山村遗集》一卷 元仇远撰 国朝项梦昶编 刊本 抄本 刊本 抄本"。《丁志》卷三三有"《山村遗稿》二卷 旧钞本",称:"此本二卷,实《兴观集》之一,较项辑虽少诗十四首,并缺杂文十五篇,然究为三百年前之旧本也。"

元陈坚《太上感应灵篇图说》一卷《附录》一卷。遗著本据碑刻录出刊刻,卷末丁丙跋称:"至正壬辰,君实嗣子从仁等模以上石。……碑正书凡十六列,每列行字不等,篆额横列六字,高七尺六寸,广二尺九寸。不知何时徙杭郡庠光尧石经之次,虽阮文达摘刊其文于《两浙金石志》,而碑久尘封,书非专刻,读者慊焉。谨为依写,登之枣梨,俾广厥传,并录明钱塘胡德甫文焕《格致丛书》《感应纪述灵验》附于后,以相证明云。"

第三节 其他丛书底本考

《当归草堂丛书》《西泠五布衣遗著》《西泠词萃》《当归草堂医学丛书》,部帙较小,在此一并论述。

一、《当归草堂丛书》底本考

该丛书收录宋元明清人著作 8 种,其中底本为明刊本者 2 种、清刊本者 3 种、清抄本者 2 种、稿本者 1 种。

（一）底本为明刊本

宋吕本中《童蒙训》三卷。卷末高均儒跋称："（同治）二年春，丁松生丙自上海寄来是《训》大字本暨黄荛圃校本《武林旧事》，属为重刊。窃谓《童蒙训》视《武林旧事》尤有裨于学者，即以红荔馆重刊小字本互勘，略无增损。大字本楼跋在前，李记'绍定己丑锓木于玉山堂'等字双行列后，度是李氏原刻印本。……今刻一仍玉山堂之旧。"高氏声称底本为宋刻本，不确。检《丁志》卷一五，著录"明覆宋本"，称"前有楼昉序，作于宋嘉定八年。……末又刊'绍定己丑郡守李埴得此本于详刑使者东莱吕公祖烈因锓木于玉山堂'"云云，与高氏所述相符，知是刊书底本。

明敖英《慎言集训》二卷。丛书本据明嘉靖十七年陈辅刻本重刊，然《丁志》《丁目》均未载此本。是书丁申跋称："是本则嘉靖十七年余姚陈辅刻于成都府同知任所，迨今年正月重刊，已阅三百二十八年。"

（二）底本为清刊本

元程端礼《程氏家塾读书分年日程》三卷《纲领》一卷。丛书本首四库提要，次延祐二年八月程端礼序，次《元史》本传，次康熙二十八年陆陇其申文。卷后有康熙己巳孟陆陇其跋、嘉庆二十一年沈维鐈跋、高均儒跋二则。高氏跋称：

> 均儒因忆及程氏书，乞借于山阳丁君俭卿晏，俭卿出示三鱼堂刻初印本，曰："此读书者之高曾规矩也。"均儒谛视，与被毁本无异，亟属写官以当归草堂书格写成样本，一再翻校。……同治四年八月初五日，闽高均儒识于淮上秋水蒹葭馆。
>
> 去秋，属工写成《读书分年日程》样本，十一月来杭，始付版。比刻毕，松生于所购旧书中检得沈侍郎刻本见示，曰："侍郎跋语严辨异端俗学，足以发明畏斋先生余意。刊列清献公跋后，庶几读是书者，咸知警觉，非沾沾志侍郎之曾刻是书也。"是言可谓知本矣。同治五年二月初九日，高均儒书于杭州东城讲舍之郑斋。

据上引文，可知刊刻底本为清康熙陆陇其刻本（"三鱼堂刻初印本"），刊成后，又据清嘉庆二十一年刻本（"沈侍郎刻本"，沈维鐈曾官工部侍郎，沈本系据陆本重刻），补刻沈维鐈跋。

清陆陇其《松阳钞存》二卷。丛书本据清嘉庆二十五年陆光宗宪刻本重刊。首四库提要，次目录并杨开基序，次杨开基拟例言，后有"嘉庆二十五庚辰三月族曾侄孙光宗重刊"一行。卷末有陆申宪跋、同治四年丁申跋。丁申跋称："往岁十一月，高君伯平自淮上寄陆清献公《松阳钞存》杨氏开基原校，今刊列当归草堂新刷本。附书曰：……今春海盐张铭斋鼎来淮，携有嘉庆二十五年清献族曾从孙光宗重刊申宪本，以贻均儒。亟命工依草堂书格写以付版，足与前刻吕氏《童蒙训》并传。"

清苏惇元《张杨园先生年谱》一卷《附录》一卷。丛书本据道清光苏惇元刻本重刻，故道光本有墨钉处，此本沿之。卷末高均儒跋称："是谱，厚子于道光二十三年冬在杭州刊版，……是本于同治二年春，周汇西自杭州难中购至上海，丁竹舟、松生伯仲寄淮，属均儒重为校刊。"

（三）底本为抄本

明温璜辑《温氏母训》一卷。丛书本以梁同书抄本为底本，以《教女遗规》增补。卷末有嘉庆丁卯梁同书跋、同治二年丁丙跋、同治四年高均儒跋，称：

> 四库馆载温忠烈公璜原名以介母氏陆夫人《家训》一卷，其五世从孙一斋名纯，雕印送亲知，余因得授读焉。……余性惜纸，案头零残格纸一行两行，不忍弃去，因笔墨暇，陆续取录之，计八十三条。……嘉庆丁卯五月二十二日，八十五叟同书。
>
> 山舟学士《温氏母训》帖，既参订疑阙矣，复从桂林陈榕门先生所编《教女遗规》摘录训十条。……同治二年五月十九日，挥汗校毕，丁丙松生。
>
> 松生五月十九日撰此跋，二十日即以录副之本寄均儒。……同治四年六月二十五日，高均儒识于淮上秋水蒹葭之馆。

清桑调元、沈廷芳辑《切近编》一卷。丛书本有"甲午十二月九日读""嘉平五日阅""十二月朔读""甲午十一月二十八日卢文弨敬读"等语，知据卢文弨批校本刊刻。检《丁目》卷一，有"抱经堂抄本"，当即刊刻底本。

（四）底本为稿本

清邵懿辰《忱行录》一卷。丛书本以邵懿辰手稿本为底本摘录刻刊。卷末高均儒跋称："往岁昭阳大渊献相月，松生以位西手稿《忱行录》二册寄淮，属均儒节录以刊其要，而以原稿归位西之子顺年、顺国。"

二、《西泠五布衣遗著》底本考

《西泠五布衣遗著》收录清代杭人吴颖芳、丁敬、金农、魏之琇、奚冈的著作。各书多据之前刊本重刻，另有1种以抄本为底本，数种是搜集逸文而成。

底本为抄本者，仅《冬心先生随笔》。此书底本为丁文蔚抄本，该抄本又据金农墨迹手稿摹出。是书魏锡曾识语称："萧山丁蓝叔文蔚尝得冬心先生客汉阳时书迹，属友某君别为摹本，予皆见之。此从摹本录出，颇有笔误。问真迹，云已寄里中矣。因稍加校正，取自序语，题曰《随笔》。"

《临江集拾遗》《砚林集拾遗》《砚林印款》《冬心集拾遗》，是辑佚成书。其中《砚林印款》，实由魏锡曾代辑（详上编第二章）。《年谱》光绪六年载："八月，辑《临江集拾遗》《砚林集拾遗》《砚林印款》《冬心集拾遗》成，魏稼孙丈为府君刊于福州。……皆据诸家总集及图画真迹采辑而成。”

此外，其他各种皆据清刊本重刻，具体情况如下：

《临江乡人诗》四卷。遗著本首王昶《临江吴西林先生传》，次乾隆甲午仲冬吴氏自序。此书之前只有乾隆三十九年寿松堂刻本，与遗著本特征相符，宜为刊书底本。《丁目》卷一七著录“刊本”，当即乾隆刊本。

《砚林诗集》四卷附《三丁诗文拾遗》一卷。遗著本刊刻底本为清嘉庆十一年魏成宪刊本，故卷末已有嘉庆十一年魏成宪后序。《年谱》同治十年载：“七月，重刊《砚林诗集》。……诗凡四卷，自为序。魏成宪为之校刊。后附三丁诗若干首。”

《冬心先生集》四卷。遗著本首雍正十一年十月金农自序，次高翔写冬心先生四十七岁小像及刘仲益题赞，次像及吴玉田识语，卷末有“雍正癸丑十月开雕于广陵般若庵”刊语，可知据清雍正十一年广陵般若庵刻本重刊。

《冬心先生续集》一卷。遗著本首乾隆十七年金吉金序，序前有小字“按罗刻次序讹夺多字，今据原刻袖珍本”，次乾隆十八年丁敬识语，后有“山阴陈又民刻字”一行，又魏锡曾识语，卷末有乾隆三十八年罗聘识语。魏锡曾识语称：“按《续集》世未传播，尝于吴兴书船见先生自书此序楷隶小册，审为真迹。后得刻本，乃丁先生书，末署‘山阴陈又民刻字’。小板阔行，刊印极精。右据刻本录出。……里后学魏锡曾识。”

案，《冬心先生续集自序》曾有乾隆十八年单刻刊本，后有乾隆三十八年罗聘刻本《冬心先生续集》。据上述特征，遗著本《自序》据乾隆十八年刊本付刻，正文则据乾隆三十八年刊本重刻。

《冬心先生三体诗》一卷。遗著本卷末丁丙跋称：“余复足蹇杜门，重雕是卷，以破寂寥，非敢有以传先生也。仍效集中体识之。同治甲戌小雪节，丁丙。”既称“重雕是卷”，则据某一刻本重刊。案，是书有乾隆原刻本、同治间顾氏小石山房本，丁氏皆有收藏，《丁目》卷一七著录“刊本　小石山房本”。小石山房本与丁氏刻本均刊于同治十三年，然则刊书底本是乾隆刻本。

《冬心先生自度曲》一卷。遗著本有乾隆二十五年金农自序，与清乾隆刻本相符，宜从此出。《丁目》卷一七著录“刊本”，当指乾隆刻本。

《冬心先生杂著》一卷。遗著本有魏锡曾识语，称以清乾隆间华韵轩巾箱小品本为刊刻底本，再以清嘉庆间陈鸿寿种榆仙馆刻本（“陈本”）增补而成。①

---

①　关于金农著作版本，参阅孟宪钧《金冬心著作版本知见录》，《藏书家》第11—12辑，齐鲁书社，2006—2007年。

> 右《冬心先生杂著》六种，初刻罕觏，陈氏以《巾箱小品》本苦于翻阅当即世行华韵轩本，重刻以广其传。今就两刻参校，巾箱本无杂著标目，首画竹题记、次画梅、画马、画佛、次自写真、次研铭。陈本则总标杂著，研铭列画记前，画佛、自写真题记列画马前。又缺画佛题记自序及画竹题记三十一条。……陈本以意删定，虽云重刻，盖非旧观。今沿标题杂著之称，因存陈序，并首研铭，余悉依巾箱本，间改显然误字一二，俟求初刻正之。

《柳洲遗稿》二卷。遗著本首乾隆丁酉仲冬吴颖芳序，卷末有同治壬申吴昆田识语，称："松生大令属叔迟校刊《柳洲遗稿》，叔迟以旧本示余，盖版毁于兵火矣。"此书有乾隆刻本，当即跋中所谓"旧本"，遗著本据以重刻。

《冬花庵烬余稿》三卷。遗著本首汤礼祥《奚君蒙泉传》，次吴昆田跋、嘉庆乙丑十二月秦瀛序、嘉庆乙丑冬钱唐吴锡麟序。每卷末均有"武林爱日轩陆贞一监锓"刊语一行。这些特征源自清嘉庆十年爱日轩刊本（爱日轩陆贞一为嘉道间杭州名刻工），遗著本系据爱日轩本重刻。

三、《西泠词萃》底本考

宋周邦彦《片玉词》二卷《补遗》一卷。词萃本刊书底本为毛氏汲古阁《宋名家词》本，卷末有毛晋跋，又许增跋。许跋称："丁君松生刻杭人词，属为校订。其表章乡邦文献之盛心，实与子晋后先媲美。顷以《片玉词》属校，浏览永夕，似汲古本亦尚有踳讹者，因取《清真集》《美成长短句》，按之图谱暨杜氏校勘《词律》，句栉字比，一一釐正之。"

宋朱淑真《断肠词》一卷。《丁志》卷四〇著录"旧钞本"，《丁目》卷二〇著录"汲古阁本"，即汲古阁所刻《诗词杂俎》。疑词萃本以《丁志》所载旧抄本为底本。

宋姚述尧《箫台公余词》一卷。刊书底本为仁和劳氏旧藏抄本，词萃本卷末陆心源跋称："余从仁和劳氏得钞本。丁松生明府将有宋元明杭彦词集之刻，移书借录，并嘱考订仕履。"《丁志》卷四〇、《丁目》卷二〇均载"劳氏抄本"。

元张雨《贞居词》一卷。词萃本首目录，次正文，卷末有厉鹗识语。此书前有知不足斋丛书本，词萃本与之同，乃据其翻刻。

元仇远《无弦琴谱》二卷。词萃本首道光九年孙尔准序，卷末有冯登府跋，卷一末有"嘉兴冯登善云伯同校"一行，卷二末有"青浦陆我嵩莱庄同校"一行。以上均为清道光九年孙尔准刻本的特征。案，此书从《永乐大典》辑出，道光孙氏刻本为此书首刻。抄本《芳芷栖词》丁丙手跋称："光绪丙戌秋，予得仇山村先生《无弦琴谱》钞本，刊而传之。"[1]乃知词萃本据道光刊本的传录本重刻。

明凌云翰《柘轩词》一卷。此书向无单刻本。《丁目》卷一六著录"《柘轩集》四卷 明凌云翰撰 抄五卷本 武林往哲遗著本",卷二〇著录"抄附诗集本"。"抄五卷本"为集四卷词一卷,[2]后者即从前者析出,另行著录,非别有一本。词萃本据五卷本之词集部分抽刻。

四、《当归草堂医学丛书》底本考

此丛书收录医书 12 种,《颅囟经》《传信适用方》《卫济宝书》《太医局诸科程文》《产育宝庆集方》《济生方》《产宝诸方》《急救仙方》《瑞竹堂经验方》《痎疟论疏》刊于光绪四年,《铜人针灸经》刊于光绪九年,《西方子明堂针灸经》刊于光绪十年。

光绪四年李芝绶序称,《颅囟经》以下的前 10 种书,皆据四库本刊刻:"钱塘丁君松生博学鉴古,雅好聚书,……爰于兵燹之余,收拾丛残,检阁本之传自《永乐大典》者,择其精要之笈,先刊十种。"

然检文澜阁《四库全书》,仅《颅囟经》《痎疟论疏》原抄尚存,其余 8 种皆为丁丙补抄。[3]这 8 种书绝非依文澜阁四库本刊刻。《卫济宝书》《太医局诸科程文》《济生方》《产宝诸方》《瑞竹堂经验方》《急救仙方》6 种,在丁氏刊刻前,又未曾刊印。缘此,这些书籍的刊刻底本必是抄本,且与丁氏补抄文澜阁四库很可能存在关联(因补抄需要,购得或传抄该书,进而刊刻之)。

《传信适用方》,有清道光八年歙县鲍氏活字印本,《丁目》卷一〇著录"活字板本",即指此。然丁氏是否据此刊刻,则不知。

至于后来增补的两种,《铜人针灸经》以明刊本为底本。《年谱》光绪九年十月:"刊《铜人针灸经》。……府君以平阳府本重刊。""平阳府本",著录于《丁志》卷一六,作"明刊本"。《松轩书录》:"《铜人针灸经》七卷。不著撰人名氏。影钞明山西平阳府刊本。每半叶十行,行二十一字。朱墨笔校。按,当归草堂汇刊医书,曾刊入。此即付梓之底本也。"[4]此本应是刊刻之际,为便校正而不损原书的录副之本。《西方子明堂针灸经》未知底本为何,不过《丁志》卷一六,著录有"明刊本",亦为山西平阳府刊本(或与《铜人针灸经》同时所刊),丁氏以此为底本刊刻的可能性不小。

---

① 赵鸿谦《松轩书录》,130 页,《第四年刊》。

② 中国国家图书馆藏有清钞五卷本,即为《柘轩集》四卷《词》一卷,可为佐证。

③ 《文澜阁四库全书版况一览表》,《浙江图书馆古籍善本书目》,932—933 页。

④ 赵鸿谦《松轩书录》,133 页,《第四年刊》。

附　丁氏刊行丛书子目编年

同治二年(1863)

十月,刊《童蒙训》三卷、《温氏母训》一卷。

本年计刊书 2 种 4 卷。

同治三年(1864)

四月,刊《张杨园先生年谱》一卷《附录》一卷。

七月,刊《复园红板桥诗》一卷。

十月,刊《松阳钞存》二卷。

本年计刊书 3 种 5 卷。

同治四年(1865)

正月,刊《慎言集训》二卷。

十一月,刊《程氏家塾读书分年日程》三卷《纲领》一卷。①

本年计刊书 2 种 6 卷。

同治五年(1866)

四月,刊《忱行录》一卷、《切近编》一卷。

本年计刊书 2 种 2 卷。

同治六年(1867)

未有记载。

同治七年(1868)

四月,刊《冬心先生集》四卷。

本年计刊书 1 种 4 卷。

同治八年(1869)

未有记载。

同治九年(1870)

十二月,刊《少保于公奏议》十卷。

本年计刊书 1 种 10 卷。

---

① 此书卷前有"同治五年钱塘丁氏重刊"牌记,卷末同治五年高均儒跋却称"去秋属工写成《读书分年日程》样本,十一月来杭始付版",《年谱》同治四年"十一月,刊程端礼《读书分年日程》",因此归入同治四年。

同治十年(1871)

六月，刊《临江乡人诗》四卷。

七月，刊《砚林诗集》四卷附《三丁诗文拾遗》一卷。

本年计刊书 2 种 9 卷。

同治十一年(1872)

四月，刊《柳洲遗稿》二卷。

六月，刊《冬花庵烬余稿》三卷。

本年计刊书 2 种 5 卷。

同治十二年(1873)

未有记载。

同治十三年(1874)

十月，刊《冬心先生三体诗》一卷。

本年计刊书 1 种 1 卷。

光绪元年(1875)

八月，刊《乾道临安志》三卷。

本年计刊书 1 种 3 卷。

光绪二年(1876)

二月，刊《古杭杂记》一卷。

四月，刊《南屏百咏》一卷。

五月，刊《吴山遗事诗》一卷。

本年计刊书 3 种 3 卷。

光绪三年(1877)

二月，刊《武林旧事》十卷《附录》一卷。

五月，刊《春草园小记》一卷。

六月，刊《广福庙志》一卷。

十月，刊《龙井显应胡公墓录》一卷。

本年计刊书 4 种 14 卷。

光绪四年(1878)

四月，刊《都城纪胜》一卷。

五月，刊《钱塘先贤传赞》一卷《附录》一卷。

八月，刊《颅囟经》二卷、《传信适用方》四卷、《卫济宝书》二卷、《太医局诸科程文》九卷、《产育宝庆方》二卷、《济生方》八卷、《产宝诸方》一卷、《急救仙方》六卷、《瑞竹堂经验方》五卷《补遗》一卷、《痎疟论疏》一卷。

十月，刊《冬心先生杂著》一卷、《冬心先生随笔》一卷。

十一月，刊《理安寺志》八卷。

本年计刊书 15 种 54 卷。

光绪五年(1879)

三月，刊《西湖修禊诗》一卷。

六月，刊《金鼓洞志》八卷《卷首》一卷。

七月，刊《云栖纪事》一卷附《孝义无碍庵录》一卷。

八月，刊《西湖韵事》一卷附《不系园集》一卷《随喜庵集》一卷。

九月，刊《湖船录》一卷。

本年计刊书 8 种 16 卷。

光绪六年(1880)

八月，刊《临江乡人集拾遗》一卷、《砚林集拾遗》一卷、《砚林印款》一卷、《冬心集拾遗》一卷、《流香一览》一卷。

九月，刊《重阳庵集》一卷《附刻》一卷《附录》一卷。

十一月，刊《钱唐西湖百咏》一卷。

本年尚刊有《冬心先生自度曲》一卷，刊刻月份不详。

本年计刊书 8 种 10 卷。

光绪七年(1881)

正月，刊《客杭日记》一卷、《定乡杂著》二卷①。

三月，刊《孤山志》一卷、《城北天后宫志》一卷。

四月，刊《新门散记》一卷、《新刻古杭杂记诗集》四卷。

五月，刊《南湖倡和集》一卷、《南漳子》二卷。

六月，刊《东城杂记》二卷、《西湖卧游图题跋》一卷、《西湖百咏》一卷。

七月，刊《横山游记》一卷、《孝慈庵集》一卷、《银瓶征》一卷、《北隅掌录》二卷、《西湖高僧事略》一卷《续》一卷、《鼋峰倡和诗》一卷。

闰七月，刊《七述》一卷、《唐栖志略》二卷、《崔府君祠录》一卷。

八月，刊《养素园诗》四卷、《湖墅杂诗》二卷、《崇福寺志》四卷《续崇福寺志》一卷、《武林新年杂咏》一卷、《西湖月观纪》一卷、《湖壖杂记》一卷、《凤凰山圣果寺志》一卷。

九月，刊《兰因集》二卷、《湖船续录》一卷《卷首》一卷、《西湖百咏》二卷、《西湖八

① 内封有“光绪七年孟春开雕”牌记，而《年谱》将其系于十月。

社诗帖》一卷、《金牛湖渔唱》一卷。

十月，刊《淳祐临安志》六卷、《客越志略》一卷、《清波小志》二卷附《清波小志补》一卷。

十一月，刊《西溪梵隐志》四卷、《南宋古迹考》二卷、《湖山胜概诗文》二卷、《慧因寺志》十二卷《附录》一卷、《韬光庵纪游集》一卷。

十二月，刊《杭郡庠得表忠观碑记事》一卷。

本年尚刊有《西湖竹枝集》一卷①、《游明圣湖日记》一卷、《西湖纪述》一卷②、《西湖游记》一卷③、《武林元妙观志》四卷、《西湖杂诗》一卷④、《扬清祠志》一卷⑤，刊刻月份不详。

本年计刊书 51 种 95 卷。⑥

光绪八年(1882)

正月，刊《西村十记》一卷《附录》一卷、《武林怡老会诗集》一卷、《东郊土物诗》一卷、《西溪百咏》二卷附《福胜庵八咏》一卷。

三月，刊《江乡节物诗》一卷，四月刊《武林草》一卷《附刻》一卷。

五月，刊《西泠仙咏》三卷。

六月，刊《里居杂诗》一卷。

七月，刊《褚亮集》一卷、《褚遂良集》一卷。

十月，刊《定乡小识》十六卷。

十二月，刊《紫阳庵集》一卷、《大昭庆律寺志》十卷。

本年计刊书 14 种 43 卷。⑦

光绪九年(1883)

三月，刊《西湖苏文忠公祠从祀议》一卷。

八月，刊《冬心先生续集》一卷。

十月，刊《铜人针灸经》七卷《校勘记》一卷。

十一月，刊《西泠怀古集》十卷。

十二月，刊《俞楼诗记》一卷。

---

① 内封有“光绪辛巳秋日钱唐丁氏开雕”牌记。

② 内封有“光绪辛巳夏钱唐丁氏刊”牌记。

③ 有光绪辛巳秋日杨文莹署眉。

④ 有“光绪七年夏钱唐丁氏刊”牌记。

⑤ 有“光绪辛巳秋钱唐丁氏镌”牌记。

⑥ 《西湖高僧事略》《续事略》、《崇福寺志》《续志》、《清波小志》《清波小志补》，各按 2 种计。

⑦ 《西溪百咏》附《福胜庵八咏》按 2 种计。

本年尚刊有《西湖梦寻》五卷①、《西湖纪游》一卷②，刊刻月份不详。

本年计刊书7种27卷。

光绪十年(1884)

二月，刊《临平记》四卷《附录》一卷。

三月，刊《明堂针灸经》八卷《校勘记》一卷。

四月，刊《圣宋钱塘赋》一卷。

八月，刊《龙井见闻录》十卷附《宋僧元静外传》二卷。

十一月，刊《南宋院画录》八卷。

本年尚刊有《雪庄西湖渔唱》七卷，刊刻月份不详。

本年计刊书7种42卷。③

光绪十一年(1885)

二月，刊《片玉词》二卷《补遗》一卷、《捍海塘志》一卷。

三月，刊《临平记补遗》四卷《续补遗》一卷、《无弦琴谱》二卷《补遗》一卷。

十月，刊《翠微亭题名考》一卷。

本年尚刊有《西湖杂记》一卷，刊刻月份不详。

本年计刊书6种14卷。

光绪十二年(1886)

六月，刊《贞居词》一卷、《胜莲社约》一卷。

七月，刊《宋学士院题名》一卷。

八月，刊《南宋馆阁录》十卷《续录》十卷、《箫台公余词》一卷。

十月，刊《月会约》一卷。

十二月，刊《读书社约》一卷。

本年尚刊有《小云栖放生录》一卷、《杭府仁钱三学洒扫职》一卷《附录》一卷④，刊刻月份不详。

本年计刊书9种29卷。

光绪十三年(1887)

二月，刊《山游倡和诗》一卷。

三月，刊《断肠词》一卷。

---

① 内封有“光绪癸未春日梓”牌记。

② 内封有“光绪癸未冬钱唐丁氏刊”牌记。

③ 《龙井见闻录》附《宋僧元静外传》，按2种计。

④ 内封有光绪丙戌之冬许郊题署。

八月，刊《钱塘遗事》十卷、《栢轩词》一卷。

九月，刊《西泠闺咏》十六卷。

本年计刊书 5 种 29 卷。

光绪十四年(1888)

二月，刊《灵隐寺志》八卷。

三月，刊《西湖竹枝词》一卷。

八月，刊《敕建净慈寺志》二十八卷《卷首》二卷《卷末》一卷、《增修云林寺志》八卷、《续修云林寺志》八卷、《海棠谱》三卷。

本年计刊书 6 种 59 卷。

光绪十五年(1889)

三月，刊《武林第宅考》一卷、《湖上青山集》一卷。

九月，刊《江月松风集》十二卷《补遗》一卷《文录》一卷《附录》一卷。

十一月，刊《神州古史考》一卷。①

本年计刊书 4 种 18 卷。

光绪十六年(1890)

九月，刊《梦粱录》二十卷。

本年计刊书 1 种 20 卷。

光绪十七年(1891)

二月，刊《武林游记》一卷。

三月，刊《西湖小史》一卷。

本年计刊书 2 种 2 卷。

光绪十八年(1892)

三月，刊《云居圣水寺志》六卷《补遗》一卷。

九月，刊《灵隐书藏记事》一卷。

十月，刊《杭城治火议》一卷《附录》一卷。

十一月，刊《杭志三诘三误辨》一卷、《东河櫂歌》一卷。

本年计刊书 5 种 12 卷。

光绪十九年(1893)

正月，刊《嘉靖仁和县志》十四卷。

五月，刊《万历钱塘县志》不分卷。

---

① 内封有“光绪十五年仲冬嘉惠堂丁氏刊行”牌记，而《年谱》将其系于十月。

七月，刊《浙鹾纪事》一卷《附录》一卷。

十月，刊《西湖诗》一卷。

十一月，刊《四时幽赏录》一卷、《龙兴祥符戒坛寺志》十二卷、《流芳亭记》一卷。

本年尚刊有《西子湖拾翠余谈》三卷，刊刻月份不详。

本年计刊书 8 种 34 卷，其中 1 种不分卷。

光绪二十年(1894)

正月，刊《横桥吟馆图题咏》一卷。①

二月，刊《始丰稿》十四卷《补遗》一卷《附录》一卷《续附录》一卷。

四月，刊《弘艺录》三十二卷《艺苑玄几》一卷。

七月，刊《松雨轩集》八卷《补遗》一卷《附录》三卷。

九月，刊《西湖游咏》一卷、《湖山杂咏》一卷《附录》一卷。

十月，刊《旌门录》一卷、《节庵集》八卷《续稿》一卷。

十一月，刊《松吹读书堂题咏》一卷《小松吹读书堂题咏》一卷。

本年计刊书 11 种 78 卷。②

光绪二十一年(1895)

二月，刊《庚辛泣杭录》十六卷、《湛渊遗稿》三卷《补遗》一卷《附录》一卷。

三月，刊《孙花翁墓征》一卷。

四月，刊《夜山图题咏》一卷《附刻》一卷、《西湖冶兴》二卷、《寒山旧庐诗》一卷、《琼英小录》一卷《附录》一卷、《褚堂闾史考证》一卷《附录》一卷《校勘记》一卷、《湛渊静语》二卷、《竹素山房集》三卷《补遗》一卷《附录》一卷、《西湖遗事诗》一卷。

五月，刊《忍经》一卷、《西轩效唐集录》十二卷《补遗》一卷、《陈忠肃公墓录》一卷、《无类生诗选》一卷。

闰五月，刊《湖舫诗》一卷、《郭孝童墓记略》一卷③。

六月，刊《广陵曲江复对》一卷、《钱塘百咏》一卷、《直阁朱公祠墓录》二卷《附刻》一卷。

七月，刊《伯牙琴》一卷《补遗》一卷、《奚囊蠹余》二十卷《补遗》一卷《附录》二卷。

八月，刊《山村遗集》一卷《附录》一卷《稗史》一卷。

十月，刊《芸居乙稿》一卷《补遗》一卷《附录》一卷。

十一月，刊《西泠游记》一卷、《昭忠录》五卷《附录》一卷、《吴越备史》四卷《补遗》

---

① 内封有"光绪乙未孟春嘉惠堂丁氏刊"牌记，而《年谱》将其系于五月。

② 《弘艺录》附《艺苑玄几》《松吹读书堂题咏》附《小松吹读书堂题咏》，各按 2 种计。

③ 内封有"光绪乙未闰五月嘉惠堂丁氏刊行"牌记，而《年谱》将其系于二月。

一卷《杂考》一卷、《迎銮新曲》二卷、《清波三志》三卷。

十二月，刊《准斋杂说》二卷《附录》一卷。

本年尚刊有《湖楼集》一卷[①]、《护国寺元人诸天画像赞》一卷[②]、《续东河櫂歌》一卷，刊刻月份不详。

本年计刊书 34 种 118 卷。[③]

光绪二十二年(1896)

正月，刊《钱塘怀古诗》一卷《附录》一卷。

四月，刊《橘潭诗稿》一卷、《渔溪诗稿》二卷《乙稿》一卷《补遗》一卷、《云泉诗稿》一卷《补遗》一卷、《芝田小诗》一卷、《碧筠馆诗稿》四卷《补遗》一卷《附录》二卷、《亹爰子诗集》二卷《附录》一卷、《学古编》一卷、《西湖游览志》二十四卷《志余》二十六卷[④]、《照胆台志略》一卷。

六月，刊《金龙四大王祠墓录》四卷《卷首》一卷《卷末》一卷、《闲居录》一卷、《龙珠山房诗集》二卷《补遗》一卷《附录》一卷、《湖上篇》一卷。

七月，刊《咏物诗》一卷。

八月，刊《王节愍公遗集》二卷《附录》一卷、《钱塘韦先生文集》十八卷、《艮山杂志》二卷《附录》一卷、《金氏世德纪》二卷。

九月，刊《对床夜语》五卷、《白云集》三卷《附录》一卷、《柘轩集》四卷《附录》二卷、《书小史》十卷。

十月，刊《松窗梦语》八卷、《建炎复辟记》一卷。

本年计刊书 26 种 145 卷。[⑤]

光绪二十三年(1897)

正月，刊《郑巢诗集》一卷。

二月，刊《临安旬制记》三卷《附录》一卷、《新注朱淑真断肠诗集》十卷《后集》七卷《补遗》一卷、《山居新语》一卷、《卓光禄集》三卷、《孙夫人集》一卷、《东轩集选》一卷《补遗》三卷《附录》一卷、《卧月轩稿》三卷《附录》一卷。

三月，刊《田叔禾小集》十二卷。

四月，刊《西溪杂咏》一卷。

---

① 内封有“光绪乙未秋嘉惠堂丁氏重刻”牌记。

② 内封有“光绪乙未夏月泉唐丁氏刊行”牌记。

③ 《庚辛泣杭录》按 1 种计，《山村遗集》《附录》《稗史》按 2 种计。

④ 内封有“光绪廿二年丙申四月钱塘丁氏嘉惠堂重刊”，而《年谱》将其系于六月。

⑤ 《西湖游览志》《志余》按 2 种计。

五月，刊《同仁祠录》二卷。

六月，刊《杭州上天竺讲寺志》十五卷《卷首》一卷。

七月，刊《棋诀》一卷《附录》一卷、《集古梅花诗》二卷《附录》一卷、《贞居先生诗集》七卷《补遗》二卷《附录》二卷、《畴斋二谱》二卷《外录》一卷、《李草阁诗集》六卷《拾遗》一卷《文集》一卷附《筠谷诗集》一卷、《湖山类稿》五卷《附录》一卷、《水云集》一卷《附录》三卷。

九月，刊《太上感应灵篇图说》一卷《附录》一卷。

十二月，刊《南宋宫闱杂咏》一卷。

本年尚刊有《西溪梅竹山庄图咏》一卷、《周真人集》一卷《补遗》一卷，刊刻月份不详。

本年计刊书 24 种 112 卷。①

光绪二十四年(1898)

二月，刊《西湖水利考》一卷。

三月，刊《秦亭山民移居倡和诗》一卷。

闰三月，刊《皋亭倡和集》一卷。

六月，刊《文澜阁志》二卷《卷首》一卷。

九月，刊《武林藏书录》三卷《卷首》一卷《卷末》一卷。

十一月，刊《西溪联吟》一卷。

本年计刊书 6 种 12 卷。

光绪二十五年(1899)

正月，刊《于肃愍公集》八卷《附录》一卷《拾遗》一卷。

五月，刊《北隅缀录》二卷《续录》二卷。

十月，刊《牧潜集》七卷。②

十一月，刊《石门文字禅》三十卷。③

本年尚刊有《樊公祠录》二卷、《参寥集》十二卷《附录》二卷，刊刻月份不详。

本年计刊书 6 种 67 卷。

光绪二十六年(1900)

三月，刊《于公祠墓录》十卷《卷首》一卷《卷末》一卷、《淳祐临安志辑逸》八卷④。

---

① 《畴斋二谱》按 1 种计，《李草阁诗集》《拾遗》《文集》附《筠谷诗集》按 2 种计。

② 内封有“光绪己亥十月钱塘丁氏刊于南昌”牌记，而《年谱》将其系于光绪二十四年八月。

③ 内封有“光绪己亥十有一月钱唐丁氏刊于南昌”牌记，而《年谱》将其系于光绪二十四年八月。

④ 内封有“光绪庚子春三月钱塘嘉惠堂丁氏刊”，而《年谱》将其系于光绪二十四年三月。

张慕骞的《丁松生先生大事年表》刊载于《浙江省立图书馆》1卷7—8期合刊“丁松生先生百周纪念号”，据张氏称，“哲嗣和甫先生辑成《先考松生府君年谱》四卷，刻入《宜堂类编》中，其他如家传、事略、行状，尤多备载其行事，兹为便初学之考稽，芟繁节要，成《先生大事年表》，为节缩篇帙，不辞漏略，阅者谅诸”，[1]可知此年表等于丁立中《年谱》的节本。

干人俊《丁松生年谱》，据《中国历代人物年谱考录》称，是“待访”的稿本，由著者自藏。[2]笔者也未见此本，不知具体情况如何。

引起笔者兴趣的是朱文懋《丁丙年谱》，此书《中国历代人物年谱考录》称“不分卷”，“稿本〈待访〉”，并注“此本承夏定域先生见告”。《中国古籍善本书目》亦著录为“《丁丙年谱》不分卷 清朱文懋撰 稿本”，藏于杭州市图书馆。而夏定域是民国时期即活跃于浙江图书馆界的学者，对于浙江文献自然相当熟稔，既然承他告知，想必这是罕见的秘籍。

朱文懋曾协助丁氏编刻丛书(见下编第二章)，即丁立中《年谱》卷端署“愚侄嘉兴朱文懋拜填讳”者。此人与丁氏家族显然有密切交往，若是他所编撰的丁丙年谱，那么在史料的可信度与丰富度上应该可以期待。笔者尤为关心的是，朱氏编撰的丁丙年谱与丁立中所编年谱记述的丁丙事迹会有什么区别？有无未经披露的史料及事迹？

为此，笔者前往杭州市图书馆一探究竟。承该馆见示原本，发现该本实为丁立中所编《年谱》的初稿本，并非朱氏所撰。兹述其特征如下：

此本共三册，首册毛装，蓝格写本，九行二十五字，叙事至光绪六年，不分卷，相当于《宜堂类编》本之前二卷。第二、三册则为据《宜堂类编》本抄配者，线装，每册一卷，至卷四完，黑格抄本，十行，行二十字。年谱每条均顶格书写，而各条下小注则低一格，此格式三册同。

卷首题“诰授奉政大夫同知衔　特用江苏知县松生府君年谱”，此行题“愚侄嘉兴朱文懋拜填讳”。这大概就是导致编目者误认为此谱为朱氏编撰的原因，《中国古籍善本书目》亦由此致误。首册卷末有跋语二则：

> 案本年谱系属初时写定稿本，经过检阅丁氏《宜堂类编》中刊定之本，发现其中字句颇多出入。今悉依照原刊本校改删补，俾臻完善。
>
> 癸亥冬杭州戴维汉校后记。
>
> 庚子孟春廿一日灯下，裕僭校。

---

① 张慕骞《丁松生先生大事年表》，《浙江省立图书馆》1卷7—8期合刊，87页。

② 谢巍《中国历代人物年谱考录》，569页。

由上可知，首册卷中批校系“戴维汉”“裕”二人所为。戴维汉未知何人，癸亥当为1923年，由此则戴氏为民国人。称“刊本作某”“据刊本删”者，即为戴氏所为。

卷一道光十二年条有眉批：“注凡低一格者均小字夹行，写于首行之下。”《宜堂类编》本格式正如此批语，注释夹行写于首行之下，不低一格另起。又光绪二年二月条上批“句有误，请查原稿”，由行文可推知，此为校勘者审定时所批。以上两处字迹相近，又与“庚子孟春廿一日灯下，裕僭校”字迹相类，则以上批语当为名“裕”者所为。因勘定先贤年谱，故而曰“僭校”。此庚子当为1900年，即丁丙去世后一年，而《宜堂类编》的刊行也在当年，因此可以判断此稿本是付刊之前用以校对的最终稿。可惜的是，这位名“裕”的丁丙《年谱》最终校勘者为谁，目前无法考知。

此外，此稿本虽为《宜堂类编》本之底稿，所载丁丙事迹并无大的出入，但仍有独特的史料价值。同治九年六月及十月条之间，有“七月，三省书局有合刻二十四史之举，府君为立章程”一条，次行低一格，云“章程详载府君文集中，兹不赘述”。此事不见于《宜堂类编》本，未知何故删去。而浙图藏清写本《松梦寮文集》正有《拟江南浙江湖北合刻二十四史意见书》，恰可与稿本相印证。此事亦为丁丙刊布文献之掌故，而此稿本年谱和《松梦寮文集》的存在，就为考索这一事实提供了基本依据。

附录二　八千卷楼未刊题跋五则辑释

一、浙江图书馆藏清丁丙眠云精舍抄本《禅髓》《禅考》《禅警》《禅学》《禅偈》

莲池大师以六字真言深入佛海，不欲以语言文字之障，贻误后学，然偶然类记，以备遗忘，亦法门中之小止观也。右凡五类，曰《禅髓》，曰《禅考》，曰《禅警》，曰《禅学》，曰《禅偈》，未尝编入《云栖法汇》。明万历间，吾杭胡居士文焕汇刻于《格致丛书》中。三百年来，流传绝罕，即缁流亦少挂眼。宏憙和上，固云栖之法乳也，清修梵行，绍振宗风，分主城西之龙兴寺、华邬之眠云室，虔请东瀛小字全藏刻本参观而礼诵之，余方外交之最挚者也。因依原刻写成五卷，奉充供养，庶与香光墨宝永镇山门。光绪丙申（二十二年，1896）秋九月，优婆塞丁丙合十记。（扉页，钤"丁"朱文小方印）

该本每半叶十行，行二十字，小字双行同。白口，单鱼尾，左右双边，版心下刻"眠云精舍"。

莲池大师，即明代高僧释祩宏。祩宏，俗姓沈，字佛慧，别号莲池，仁和人。久居杭州云栖寺，为莲宗八祖，撰有《阿弥陀经疏钞》《戒疏发隐》《净土疑辩》等数十种。《云栖法汇》乃祩宏圆寂后门人所辑，分释经、辑古、手著三类，收录祩宏著述 31 种。明胡文焕编刻《格致丛书》，收录祩宏《禅学》一卷，即丁丙此本传抄所据，故跋中称"依原刻写成五卷"。

丁丙曾刻祩宏《云栖纪事》《孝义无碍庵录》（光绪五年刊）、《武林西湖高僧事略续》（光绪七年刊），均收入《武林掌故丛编》。龙兴寺即杭州城西之龙兴祥符戒坛寺，始建于梁，初名发心寺，唐神龙间改名龙兴寺，吴越钱俶于此设戒坛院，遂称戒坛寺，北宋真宗时改名大中祥符寺。[1]丁丙倩张大昌纂《龙兴祥符戒坛寺志》十二卷，光绪十

---

① 张大昌《龙兴祥符戒坛寺志》，清光绪丁氏刻武林掌故丛编本。

九年刊入《武林掌故丛编》。

二、浙江图书馆藏清嘉庆爱日轩刻本《砚林诗集》

杭堇浦撰《丁隐君传》，有三子。查《集》中附录长子健诗，《把镜篇寄希曾致尧山甫诸弟》句云："季也更小年，亦复弄柔翰。"乃第四子也。又《杭郡诗三辑》卷二十五丁兰诗《敬题五叔抱风遗稿后》五律一首，乃有五子也。兰为次子传之子，字孝通，号子鲁。《三辑》卷二十黄士珣诗《正月二十一日移厉木主》第三首诗注有"龙泓先生为先君师，予师先生孙兰谷先生，自兰谷师亡后，丁氏亦无人矣"云云。疑兰谷乃兰之别字，待考。抱风为老人五子，先叔祖撰兰之小传，中云："按《府志·艺文》，有《抱风集》一卷《夔斋杂文》一卷，丁仲夔斋撰。不知此子何名，抑先幼殇耶?"恐即仲，字与健、传、佺、仲旁同也。四子字山甫，名则不知。古稀老人丁辅之并记。戊子正月。（卷首《丁隐君传》后天头处，朱笔）

生康熙三十四年乙亥，卒乾隆三十年乙酉，此《疑年补录》所辑，云见道古堂杭撰《丁隐君传》。此即是也，并无生卒之年，《疑年录》之辑不可为据。前年得老人书《乡里糕歌》《为汪获江作》，乃丙戌春正四日，已在乙酉次年，甚讶。阅此集，后五年庚寅，尚有两诗，《过忠天庙冬日》，再有《豆腐三绝》，此后无矣。辛卯无诗，乃以是年为卒年也。卒乾隆三十六年辛卯，年七十七。辅之记。（卷首《丁隐君传》后，朱笔）

同治十年，余家当归草堂刻《西泠五布衣遗著》，有老人自序，不知从何处钞得。此刻见数册，皆无自序。丁丑寇滔，八千卷楼烬于火，即重刻初拓亦无存者。寓沪得此本，乃假余家刻本补书之。余有《续补遗》，亦不可得，为之惘然。甲申三月，丁辅之记，时年六十六。（卷首补抄自序后，墨笔，下钤"丁辅之"朱白文联珠印、"鹤庐"白文方印）

题隐君书丙戌春正所作乡里糕歌藉正疑年补录广印人传之误兼改西泠印社碑刻误处

歌名乡里糕，砚林入卷一。七十二岁作，八分署丙戌。赠交汪获江，一门咸占毕。嗣归石门蔡，所幸宝剞劂。劫余出宣氏，因之补残灭。籀讽隐君传，道古文简洁。子孙约略言，又不明生卒。考诸疑年录，卒年云在乙。参广印人传，复又戊子说。计岁皆有误，铸错莫能诘。隐君共五子，三存二则佚。季也字山甫，健诗更明悉。五子字夔斋，名仲见著述。丁兰呼五叔，抱风题五律。或疑即兰谷，天年嗟早杀。为黄士珣师，杭郡诗可质。隐君集四卷，纪年好详察。奉香天竺山，庚寅重阳节。重游中天庙，七六岁冬秩。寒菹冻豆腐，咏此成绝笔。辛卯距乙亥，享寿七十七。祀社四十载，君传尚疑缺。我今跋此歌，印史补真实。

戊子(1948)二月，古稀老人篮叟丁辅之未是草。

《疑年补录》应改：生康熙三十四年乙亥，卒乾隆三十六年辛卯，年七十七岁。

《广印人传》改同上。

西泠印社石刻小像加更正字。(卷末，朱笔，下钤“花桥水阁人家”朱文长方印)

此本每半叶十一行，行二十二字，白口，单鱼尾，左右双边。另有丁仁朱笔批校，并补录丁敬自序。钤“丁辅之”“鹤庐”“花桥水阁人家”“潘赤坡图书印”“王氏二十八宿研斋秘笈之印”“灌园藏书”“山阴傅氏”“秀州王氏珍藏之印”“潘氏桐西书屋之印”“壶日斋藏书印”“苍虬经眼”“傅”“山阴傅华梦斋收藏经籍金石书画印记”等印。可知其先后经潘介繁桐西书屋、傅华(傅以礼子)、王荫嘉二十八宿研斋等递藏。

丁仁字辅之(1879—1949)，原名仁友，号子修，又号鹤庐，晚号篮盦、篮叟，丁立诚子。嗜篆刻，发起创办西泠印社，尊崇丁敬，曾辑《砚林集续拾遗》，另辑有《丁丑劫余印存》《西泠八家印存》。丁敬字敬身，号砚林，又号钝丁、龙泓，清钱塘人。精书画、金石、吟咏，尤擅篆刻，开浙派风气，为“西泠八家”之首。

此数跋对于研究丁敬晚年事迹及卒年，有重要参考价值。学界成说为丁敬卒于乾隆三十年乙酉(1765)，寿七十一。丁仁据丁敬手书《乡里糕歌》《为汪荻江作》末署“丙戌(1766)春正四日”，及此集卷四有作于庚寅(1770)的《冬日重过忠天庙》《豆腐三绝》(丁跋录二诗诗题时略有歧误)，以庚寅次年即乾隆三十六年辛卯丁敬再无诗作，推定其卒于是年，排比纪年，坚实不移，可称定谳。唯是时丁仁年届古稀，加之时局动荡，其说未得流布，使乙酉谬说沿袭至今，深可惋惜。

“杭堇浦”“道古堂杭”，指清人杭世骏，字大宗，号堇浦，道古堂为其室名，卒于乾隆三十八年。世骏精研经史，并有诗名，富藏书，著有《续方言》《诸史然疑》《石经考异》《礼经质疑》《道古堂文集》《诗集》等。《丁隐居传》见《道古堂文集》卷三三，题作“隐君丁敬传”，如丁跋所云，文中未记丁敬生卒年。

《疑年补录》，指清钱椒《补疑年录》，是书为增补钱大昕《疑年录》、吴修《续疑年录》而作，卷四载丁敬生卒年，称年七十一，康熙三十四年乙亥生，乾隆三十年乙酉卒，并有案语称“《道古堂集》有传”。[①]然未称生卒年系据杭世骏所撰丁敬传得出，则钱氏另有史源，此案语仅为提示丁敬传记情况。

“丁丑寇滔，八千卷楼烬于火”，指 1937 年日军侵华，杭州沦陷。一般认为，八千卷楼藏书在 1907 年整体出售给江南图书馆，实际此后丁氏尚保有部分藏书。1937 年

---

① 钱椒《补疑年录》卷四，清光绪吴兴陆心源刻本。

初夏，浙江省立图书馆举办浙江文献展览会，丁氏以旧抄本《春秋上历表》(《丁志》卷三著录)等多种善本参展，便是明证。[①]由此跋可知，八千卷楼藏书的彻底终结是在抗战时期。

另案，《杭郡诗三辑》即《国朝杭郡诗三辑》一百卷，丁丙辑。“先叔祖撰兰之小传”，即指是书卷二五丁兰条下丁丙小注。《西泠五布衣遗著》，丁丙辑，收录清人吴颖芳、丁敬、金农、魏之琇、奚冈著述，同治光绪间刊行，中有丁敬《砚林诗集》四卷《拾遗》一卷《砚林印款》一卷。其中《诗集》乃翻刻嘉庆十二年杭州爱日轩刊本，《拾遗》《印款》系丁立诚辑录成书。

三、复旦大学图书馆藏清乾隆戊寅刻本《禁林集》

光绪己卯秋八月二十日，从登瀛桥试市购得。审为陈春叔表叔先世旧籍，朱记犹新，因归藏弆，俾存手泽。丙遗书数万卷，劫后百计搜罗，无一还璧。今无意得之，而仍还君家。且己卯上距乾隆戊寅百二十载，甲子重周，天道好还，殆为依村表弟辈翔步禁林之兆欤？书此以俟。田家园生丁丙识。(在卷首扉叶，跋前钤“竹书堂”朱文长方印，跋后钤“丁松生”白文方印)

《禁林集》，清杭世骏辑，收录诸家应制颂圣之作。该本每半叶十行，行二十、二十一字不等，白口，单鱼尾，四周单边。版心上镌书名。

陈春叔，事迹不详。据《年谱》，丁丙祖父丁国典元配陈氏，乃陈春叔伯祖修已之女。光绪五年己卯，行正科乡试，禁林为翰林院雅称，故丁丙赠此以为陈氏子弟得中之吉兆。

四、广东省立中山图书馆藏清抄本《群书序录》

此书从丛残帙中检出。卷面旧题“经籍考”，有朱印，文曰“茗柯有至理”，不知谁氏所录，中多引蒙叟《列朝诗集小传》，又“蒙叟语予”云云，当为康雍间人。每书各采篇首一序，颇似朱灌甫睦㮮《经序》，近海虞张氏《爱日精庐藏书记》即参援其例。惟随手杂钞，往往不分时代。今略为编排，得宋人集一册、元人集一册、明人集二册，其经、史、子三部当已遗佚，又四部序录，凡二册，所列经、史、子三类寥寥可数，必非全书，疑为续辑。今题曰“群书序录”，以备目录之一种云。同治七年七月七日，曝书偶记。(下钤“竹书堂”朱文长方印)

谨案《四库提要》，《全唐诗》九百卷，以明胡震亨《唐音统籤》为稿本，而益以

---

① 《文澜学报》2卷3—4期合刊。

内府所藏《全唐诗集》，又旁采碑碣稗史杂书所载补苴，凡得诗四万八千九百余首，作者二千二百余人。此录中有《全唐人诗》，为虞山蒙叟集，太兴季沧苇补成，共七百十七卷，得人一千八百九十有五，得诗四万二千九百三十一首。后注"徐健庵得之季氏，今已进呈秘阁"。微此目，几不能讨其源流，旧本之有用如此，又记。（以上均在卷前扉叶）

此本用无栏格素纸写，每半叶行数字数不定。《丁目》卷九史部目录类，著录此书为"群书序录不分卷 不著撰人名氏 抄本"。"竹书堂"为丁申藏印，可知此跋为丁申所作。如跋文所述，此系丁氏从残书堆中检出，排比编成，拟定书名，装为6册，其书衣题写书名之字迹与题跋相同，亦当出自丁申手笔，后经衬纸重装，现为12册。

丁跋称"每书各采篇首一序"，不确。今案原书，各书条目或繁或简，有抄录卷首序者，有并录多首序跋者，有录自赵希弁《读书后志》者（如《孔稚圭集》《陆宣公文集》），亦有自加案语者，如丁跋所提及"徐健庵得之季氏，今已进呈秘阁"即是。且字迹甚为潦草，多有圈改增删之处，似为读书时随笔抄记，后又经修改者，就其形态特征而言，不能排除稿本的可能性。

丁申据书中有"蒙叟语予云云"，判定作者为康雍间人，大致可成立。此外，此书抄录序跋且时加案语的体例，与后世张金吾《爱日精庐藏书记》、陆心源《皕宋楼藏书志》等相仿，然则此书虽作者不详，但作为清初目录著作，上述体例方面的特点仍值得关注。

又，"朱灌甫睦㮮《经序》"，即明人朱睦㮮《经序录》五卷，四库入存目。该书抄录孔颖达《周易正义序》以下经部书原序120篇。朱睦㮮字灌甫，号西亭，明宗室，为明代嘉靖万历间藏书家，并治经学，著有《易学识遗》《五经稽疑》等。

五、北京大学图书馆藏清抄本《舆地纪胜》

是书佚五百年。当乾隆朝，诏收天下遗书，仅以《舆地·碑刻》一类采入《四库》。嘉庆朝，阮文达抚浙，始得全书，进呈内府。是时藏书家争相传录，以夸秘珍。自粤东伍氏刊行后，抄本遂减值矣。然余丙寅秋在吴门绿润堂，尝见汪阆源家旧影宋抄二百卷，神采奕奕，真有中郎虎贲之肖。以价昂未购，今尚去来于心目间也。此残帙亦必嘉庆间传抄，喜其适为杭郡，欲讨古缘，一翻即得，未可以一鳞片甲视之。马二槎搜藏富有，观其所记，时在道光三年，文达已得此书进呈，而二槎犹未知之，洵乎博闻广见之不易矣。同治九年春，八千卷楼主人记。（在卷前扉叶，下钤"八千卷楼"朱文方印）

此本用无栏格素纸抄写，每半叶九行，行二十字，小字双行同。仅存卷一至二，一册。卷前另有道光三年重九日马瀛题跋(后钤"二槎"朱文方印)，卷末录钱曾《读书敏求记》"舆地纪胜"条。检《丁目》卷六史部地理类，《舆地纪胜》仅有"伍氏刊本"(即清咸丰五年伍崇曜粤雅堂刊本)，《丁志》亦未著录，但丁跋确为真迹无疑。

马瀛，字二槎，浙江海宁人，清嘉道间藏书家，藏书处号汉晋斋、吟香仙馆。八千卷楼收得马氏旧藏甚多，见于《丁志》，如卷六著录之宋刊小字本《晋书》，即为马氏旧藏。

"余丙寅秋在吴门绿润堂"，丙寅为同治五年(1866)，绿润堂为苏州书坊，在玄妙观前。元刊残本《陆状元集百家注资治通鉴详节》丁丙跋对此次苏州访书之旅，也有描述，称："同治五年十月二十三日，小游苏城卧龙街。……同时见于吴市者，尚有圆妙观前绿润堂南宋刻《资治通鉴》全帙、山塘文光堂元刻《资治纲目》五十九卷之四十三卷、道前街渊海堂陈桱《通鉴续编》元刊本，皆古色古香。"①

另，绿润堂不仅贩售旧籍，同时亦自刻书籍，多为科举、蒙学、医籍等易于行销者，如道光二十四年刻《留茆盦尺牍丛残》、道光间刻《三家医案合刻》、同治元年刻《四书便蒙》、同治六年刻《养蒙针度》、同治七年刻《书经体注大全合参》《新订四书补注备旨》《七经精华》、同治八年刻《写法切要》、同治十年刻《诗品注释》等。

---

① 赵鸿谦《松轩书录》，1页，《第二年刊》。

附录三　善本书室题跋

《善本书室题跋》不分卷，稿本，1册，南京图书馆藏。墨格，版心下刻“眠云精舍”。无目录序跋。卷端无书名，书衣、书根，题“善本书室题跋”。正文首页钤“嘉惠堂丁氏藏书之记”。

以下据原件录出。书中时见讹误，如误“提要”为“提每”，亦照录不改。另，是书著录善本103部，其中5部不见于《丁志》，书名前加×符号标识之。

《楚辞集注》八卷《后语》六卷《辨证》二卷　明正德刊本

宋朱子集注

明成化十一年盱江何乔新序，正德十四年新安张旭序，休宁知县平湖沈圻跋。盖亦从宋本出也。

《楚辞后语》六卷《辨证》二卷　宋刊本

宋朱子序

宋嘉定壬申邵武邹应龙跋，又五年丁丑子在谨记，端平乙未孙鉴敬识。旧为虞山赵次侯藏。

×《楚辞辨证》二卷　明刊本

宋朱子撰

前有庆元己未三月戊辰朱子引。字极宽大，每页十六行，行十七字，殆《楚辞》之零刻欤。

《汉蔡中郎集》十一卷　明万历庚辰刊本

汉蔡邕撰

宋天圣癸丑欧静原序，次明嘉靖戊申西京乔世宁、汝南都俞宪汝成序，又次万历元年东阳王乾章序，即陈留令徐子器所刊也。是书实为吴兴茅一相校刊，后有木印，云“万历庚辰秋七月既望吴兴花林东海居士刊于文霞阁中”。又记云：“《中郎集》，余得三本，一出无锡华氏，为卷十一，得文七十有一首，前后错杂，至不可句读。再得陈子器本，袭华之旧，徒为木灾。最后得俞汝成本，益文二十有一，而损卷为六，益之则是，损之则非，其间尚不免鱼豕之讹，信乎校书之难也。”据此，则可称善本矣。

《曹子建集》十卷 明嘉靖刊本

魏陈思王曹植撰

前有吴郡徐伯虬序，后附疑字音释。末有木记：“按，《曹集》十卷，吴中旧有活字印本，多舛错脱漏，大夫士往往有慨叹焉。鹏虽不雅嗜建安诸子，《曹集》之讹窃尝一正之，因梓于家，与好古者共传焉。嘉靖壬寅正月，吴下郭云鹏跋。”

《陆士衡文集》十卷 明正德己卯刊本 赵辑宁星凤阁藏

晋平原内史吴郡陆机士衡

宋庆元间，徐氏瞻合《士龙集》刻之，曰《二俊集》。此明正德间陆元大从徐本翻雕，有徐序、都穆重刊跋。四库开馆，偶遗此集，阮文达采进内府，见《揅经室外集》。有“南阳叔子藏本”硃记。

《陆士龙文集》十卷 明正德己卯刊本

晋清河内史陆云士龙

此亦陆元大刻本，有都太仆穆后跋。

《陶靖节先生集》八卷 明刊本

晋陶潜撰

后刊宋颜延年诔、梁昭明太子统传，无叙跋，殆书估所去。中如《桃花源记》“欣然规往”不作“亲往”，《五柳传》“酣觞赋诗”不作“衔觞忧然”，与时本远矣。旧为岳濬所藏，硃记累累。

×《璿玑图诗读法》一卷 明宏治刊本

秦苏蕙撰

按，《读法》始于明释起宗，为康万民增之。万民即对山先山之孙。后有吴门沈华跋。钱遵王《敏求记》有《织锦回文诗》一卷，殆即是耳。

《梁昭明太子文集》五卷　精抄本

梁昭明太子撰

明成都杨慎、周满、东吴周复俊、皇甫汸校刊。淳熙八年袁说友跋，嘉靖乙卯周满撰后序。

《梁江文通集汇注》十卷　明刊本

梁江淹撰　明胡之骥伯良汇注

《陶贞白先生文集》一卷　旧抄本　何梦华藏

梁陶宏景撰

此为五岳山人黄省曾编校，前有江总序，明新安汪士贤所刊即此本也，阮文达采进内府。《揅经室外集》云从明道藏本录出。何梦华在其幕府，殆因以传录欤。

《何水部集》三卷　精抄本

梁何逊撰

仲言集八卷，晁氏《读书志》已云亡逸不全，作二卷。此嘉靖间文嘉得元人抄本，今转转传抄者也。

《阴常侍集》　精抄本

陈散骑常侍南平阴鉴子坚撰

晁氏《读书志》：常侍有集三卷，《隋志》已亡其二，今所存者十数篇而已。《直斋书录》作一卷，云集财三十余篇。与此本数符。

《庾开府诗集》六卷　明刊本

北周庾信撰

前有明朱日藩刊叙，《天一阁书目》所藏即为此刻。按，《读书敏求记》所藏亦六卷，较朱子儋存余堂四卷本多诗一百十五首。又吴江吴兆宜《庾子山集注凡例》云："《开府集》坊刻本未免谬讹，惟朱子价先生日藩旧刊善本，顿觉耳目一新。"则久为艺林所重矣。

《支道林集》一卷《外集》一卷 明刊本

东晋沃州山沙门支道林撰

《揅经室外集》提要云:依汲古阁旧抄本过录,上卷诗凡十八首,下卷书铭赞凡十五首,进之内府。此本为明皇甫涍编集序,诗文数与汲古本合,后有史弱翁以道人隽语佳事辑为别集,新安吴家騆跋而刊行,岂即所谓支硎本耶。

《唐太宗皇帝集》二卷 明活字刊本 何梦华藏

按,《天一阁书目》作一卷,明淮海朱应辰订梓,北江闻人冷序。吴郡都穆跋云:"《太宗集》四十卷,世不传。直斋陈氏本三卷,今亦不见。此本得之边太常廷实。《馆阁书目》有《文皇诗》一卷,凡六十九首。今以诗考之,正符是数,但其中《春台望》乃明皇诗,《饯中侍郎来济》乃宋之问诗,当是后人误入,非馆阁之旧矣。"是本前有《感应》《临层台》《小池赋》三篇,诗六十七首,《望春台》及《饯来济》二首均不列,正合前数,似较朱应辰梓本为佳。

《唐元宗皇帝集》二卷 明活字刊本 何梦华藏

右《喜雨赋》一篇,五言古、七言古七首,五言律八首,五言排律十九首,七言律一首,五言绝二首,七言绝三首,《鹡鸰颂》一篇。

《王子安集》十六卷 旧抄本

唐虢州参军王勃著

卷首列刘昫等撰《文宛》本传,并杨炯序。

《杨盈川集》十卷附录一卷 明刊本

唐盈川令华阴杨炯撰

明万历中龙游童佩校刊。

《骆子集注》四卷 明刊本

唐骆宾王撰 闽知舒城县事陈魁士注释

前有万历七年李宷序。

×《骆宾王文集》十卷 明刊本

唐骆宾王撰

此十卷，凡赋颂一、诗四、表启书二、杂著三。尚出郗云卿编次之旧。

《陈伯玉文前集》五卷《后集》五卷

唐陈子昂撰 新都杨春重编 射洪杨澄校正

前有弘治四年维杨张颐及卢藏用序。海盐马玉堂藏书。

《李峤杂咏》二卷 旧抄本

唐故中书令郑国公李峤撰

天宝六载张庭芳序。诗百二十首，分乾象、坤仪、芳草、佳树、灵禽、祥兽、居处、服玩、文物、武器、音乐、玉帛为十二部，每诗十首。

《李峤集》三卷 明活字刊本

唐李峤撰

《李峤杂咏》百二十首，称单题诗。此则前赋后各体诗也，与嘉靖间徐献忠所刊《唐诗百家》次第一式，当亦从宋刻出。

《张子寿文集》二十卷 明刊黑口本

唐张九龄字子寿撰

目录后每卷仍列分体之目，前无刊序，不知何时刊也。

《唐丞相曲江张先生文集》二十卷 明翻成化本 陈仲鱼藏书

唐张九龄撰

成化九年琼台丘濬序，嘉靖十五年湛若水重刊序。后九卷抄补。

《张说之集》八卷 明活字刊本 何梦花藏

唐张说撰

《唐李颀诗集》一卷 明万历刊本

唐李颀撰 钱塘凌登瀛玄仲甫汇辑

颀为开元二十三年进士。直斋陈氏作一卷。万历丙戌淮南吴敏道重刊序，正德间刘成德、陆涓原刊两序。目录后载陆本凡一百一十五首，多刘本三十六首，刘本多五首，内除阙一首，及并去一首，合之，凡得诗一百一十八首。

《分类补注李太白诗》二十五卷 元至大辛亥刊本

唐李白撰 舂陵杨齐贤集注 章贡萧士赟补注

谨按,《天禄琳琅》所载篆书"建安余氏勤有堂刊"木记,及目录末叶板心记"至大辛亥三月刊",与此本皆合。《西江志》:萧士赟,宁都人,著《冰崖集》。杨齐贤无考。有"麦斋藏本""问星馆""叔豫"诸印。

《李诗选注》十三卷《辨疑》二卷 明刊本

唐李白撰 明温州乐清朱谏选注辨疑

前有隆庆间温州知府洪垣及天长王心二序。

《集千家注分类杜工部诗》二十五卷 明翻元至正刊本

唐杜甫撰 东莱徐居仁编次 临川黄鹤补注

前有宋祁、元稹、韩愈、李观、王洙、孙仅、王安石、胡宗愈、鲁訔、王琪、王彦辅、郑卬、孙何、欧阳修、张伯玉、杨蟠传铭序跋题记一卷,黄鹤撰年谱一卷,注诗姓氏一卷,后有"至正戊子潘屏山刊于圭山书院"。明时以官书残纸所印也。

《集千家注批点补遗杜工部集》二十卷《附录》一卷 明刊本 汪鱼亭藏

唐杜甫撰 须溪刘会孟评点

明嘉靖九年陈沂序。元稹墓志铭、宋祁传并年谱列于前,天一阁曾收藏此集。

《集千家注杜工部诗集》二十卷附《文集》二卷 明嘉靖刊本 朱竹垞藏

唐杜甫撰 玉几山人校刊

宝元二年翰林学士王洙序云:"杜集,初六十卷。今秘府旧藏、通人家所有称大小集者,皆亡逸之余,人自编摭,非当时第序矣。搜裒中外书,凡九十九卷,除其重复,定取千四百有五篇,凡古诗三百九十有九,近体千有六。起太平时,终湖南所作,视居行之次与岁时为先后,分十八卷,又别录赋草杂著二十九篇为二卷,合二十卷。意兹未可谓尽,他日有得,尚图益诸。"又有王安石序、胡宗愈序、蔡梦弼跋。上有"秀水朱氏潜采堂图书"朱印、"昆田"及"学镜楼李惺谷藏""涉园""祝德麟""芷堂过眼"等印。评注甚密,当是李兆洛手笔。

《杜少陵先生分类诗集注》二十卷 明万历刊本

唐杜甫撰 明锡山二泉邵宝国贤父集注

此《集注》，藏书家罕见著录，《天一阁目》有《杜律钞》二卷，明邵宝钞姚九功校刊本。文庄公固深于杜诗矣，参笺者为无锡过栋汝器，校梓者为周子文岐阳。子文序云："先生诗，向行千家洎虞赵注，咸未悉也。先达文庄邵先生，诗鸣宏正间，酣嗜是业，一遵考亭六艺之例，分类而集注之，良亦苦心。"又有王穉登序。

《蓝田王摩诘诗》六卷　元刊本

唐王维撰　重刊刘须溪先生校本

《读书敏求记》：《王右丞集》，麻沙宋板。《送梓州李使君》诗作"山中一半雨，树杪万重泉"，知此本之佳。其说倡于蒙叟，云"一夜"作"一半"，盖送行之诗，言其风土，深山冥晦晴雨相半，故曰"一半"。《百宋一廛注》亦及之。此本亦作"半雨"。又赵松谷《右丞集笺注例略》：摩诘诗所见者，庐陵刘氏须溪、武陵顾氏元纬、句吴顾子可久、吴兴凌氏初成，凡四家，而须溪、句吴皆作六卷。如吴兴、武陵二本所载《游春词》三十余首，是王涯作。此本独无此误，尤可知其善也。

《岑嘉州诗》七卷　影抄明正德刊本

唐岑参撰

集名嘉州者，参尝以为其地刺史也。前有杜确序。正德十五年，熊相得边贡本而刊之。按卷二中《酒泉太守席上醉后作》一首，别本以起四句另为一首，编入七绝，大误。又《优钵罗花歌》序云天宝景申岁，参忝大理评事云云。按，景申即丙申，唐讳丙为景，是为天宝十五载。七月，肃宗改元至德，七月以前犹是天宝纪年，此诗作于是时，别本改为庚申，误矣。即此二条，似胜于八卷本矣。华泉所藏，当犹是宋元间旧帙欤。

《岑嘉州诗集》八卷　明刊本

唐岑参撰

前有杜京兆确序。此集八卷，阮文达进之内府。《揅经室外集》：参，南阳人，为文本曾孙，天宝三载赵岳榜第二人及第，累官右补阙、起居郎，出为虢州长史及嘉州刺史。杜鸿渐表荐安西幕府，拜职方郎中兼侍御史，事迹详《唐才子传》。案，岑诗律健整，非晚唐纤碎可比。《唐艺文志》《崇文总目》《通考经籍考》《通志艺文略》、焦竑《经籍志》，并云十卷，《文渊阁书目》则云四册阙。是编与杜确序合。然如《瀛奎律髓》所载《同崔十三侍御灌口夜宿报恩寺作》，为此本所佚，疑非唐人旧册矣。

《高常侍集》十卷 明正德刊本

唐高适撰

《常建集》二卷 明刊本

唐常建撰

《李嘉祐集》二卷 明活字本 何梦花藏

唐袁州刺史李嘉祐从一著

《嘉祐诗》,一名《台阁集》。宋建炎中谢克家序曰:"右《唐李嘉祐诗》一卷,以数本参校既定。按,嘉祐上元中尝为台州刺史,大历间又刺袁州,今袁州之诗多在。顾天台山水奇秀,略无连绝发挥之可恨也。李肇记:王维'漠漠水田飞白鹭,阴阴夏木啭黄鹂'之句,本之嘉祐,而卷中亦不复见。然《中兴间气》若南薰可录无遗,则当时所传止此,其放失已多矣。郡之黄堂悉著唐刺史名氏,至有百余人,能自表见者无几,嘉祐独以诗可贵也,因刻印以遗邦人。后之君子,盍自力于不朽也欤。"盖克家亦刺台郡,以后守而表扬前烈,因刻于郡斋。活字本例删序跋,并分体编卷,其实即《台阁集》也。

《唐元次山文集》十二卷 明刊本 古香楼汪氏藏本

唐元结次山著 明陈继儒眉公定

卷首本传,李商隐后序,有"休宁汪季青家藏书籍"印。

《颜鲁公文集》十五卷 明万历刊本

唐颜真卿撰

山海刘思诚重刊,前刘敞序,后都穆序,又杨一清、赵焞、罗树枣重刊序。

《唐刘随州诗集》十一卷 明刊本 李兆洛藏

随州刺史刘长卿

有"养一""申耆""白事""李兆洛"等朱记。

《刘随州集》十卷 明活字刊本 何梦花藏

唐刘长卿撰

《华阳集》三卷附《顾非熊诗》 旧抄本 抱经堂藏

唐顾况撰

《唐卢户部诗集》十卷 明刊本

唐河中卢纶允言撰

较明抄本多目录，阙字仍一式耳。

《唐卢户部诗集》十卷 明抄本 钱遵王藏书 吴翌凤并藏

唐河中卢纶允言撰

纶与吉中孚、钱起、韩翃、司空曙、苗发、崔峒、耿沣、夏侯审、李端皆有诗名，号大历十才子。

《韩君平集》三卷 明活字刊本 何梦花藏书

唐韩翃撰

翃字君平，南阳人。天宝十三年进士，侯希逸表佐幕府，罢。李勉任宣武，复辟之。建中初，以驾部郎中知制诰，终中书舍人。集五卷，此三卷分体编次，较黄荛圃所见八卷本为优。

《钱考功集》十卷 明活字刊本 何梦花藏

唐钱起撰

钱遵王也是园所藏《考功诗》，云仲文诗佳本绝少。此于杂言、往体、近体诸篇编次极当，允为旧集无疑，席氏即依之上版。右活字本亦十卷，分五言古诗、七言古诗、五言律诗、五言排律、七言律诗、五言绝句、七言绝句，虽与席本不同，然编次更整齐矣。

《韦苏州集》十卷 前四卷宋刊本后六卷元刊本 周松霭藏书

唐苏州刺史韦应物撰

右前宋刊四卷，即项氏、席氏翻雕祖本，后六卷配元刊须溪校点本。末尚有“孟浩然诗陆续刊行”，殆麻沙本也。枝山老樵或为祝允明。周松霭名春，海昌人。乾隆甲戌进士，广西知县。嘉庆庚子，重宴鹿鸣，著述正富。

《韦苏州集》十卷 明翻宋本 恽正叔藏书

唐苏州刺史韦应物撰

编次分类不分体，犹宋时旧第。卷末有拾遗数首，汲古刻本所自出。前列王锡臣序、沈明远余补传。恽寿平正叔旧藏，“衡门之下”“白云山外山人”诸印。

《唐陆宣公集》二十四卷 明不负堂刊本

唐陆贽撰

制诰十卷，奏草七卷，奏议七卷。前有权德舆序、宋苏轼进奏议札子、淳熙讲筵札子。

《唐陆宣公翰苑集》二十四卷 明万历刊本 怡府藏书

唐陆贽撰

万历三十五年吴道南序，二十七世孙基忠刊跋。仍列权德舆序、苏公进奏议札子、淳熙讲筵札子。王世贞跋。有明善堂、安乐堂藏书印。

《羊士谔集》二卷 明活字刊本 何梦华藏

唐羊士谔撰

席刻不分体，此则分体也。士谔，贞元元年进士，顺宗时，贬汀州宁化尉。元和初，李吉甫知奖，擢监察御史、掌制诰。

《昌黎先生集》四十卷《外集》十卷《遗文》一卷 明东吴徐氏刊 稽瑞楼旧藏

唐韩愈撰 门人李汉编

右东雅堂翻雕世綵堂本。世綵本原在赵氏小山堂，辗转归丰顺丁雨生中丞处。余曾见之，纸白版新，真宋之精者。此为雍正丁未长洲陈景云点勘韩集底本，其子黄中所手录者，硃墨烂然，字如蝇头，古拙可爱。眉间记云：近吴中徐氏东雅堂主人徐时泰，万历中进士，历官工都郎中。崇祯末，堂已易主，项官詹煜居之，煜后以降贼，名丽丹书，里人嗲而焚其宅，堂遂毁，今仅存池塘遗迹而已。廖莹中采建安魏仲举五百家注本为多，间有引佗书者，仅十之三，复删节朱子单行《考异》散入各条下，皆莹中手草云云。有“陈仲鱼手校”“简庄艺文”，及“相乡沈炳垣藏书印”。

《昌黎先生集》四十卷 宋刊本 徐健庵藏书

唐韩愈撰 李汉编

右宋椠韩文，每叶二十行，行二十字，字画圆湛，纸墨精好，洵宋刻之最佳者。按《传是楼书目》，宋板《昌黎集》四十卷者，凡五部。此从周莲舫购于庚申正月，书未携归，杭垣遽陷，莲舫捆书避至瓯郡，又遭会匪之变，竹笥被刃，书迄无恙，殆有呵护。不知传是余藏四部，流落何所。有“乾学”“徐健庵”两印。

《朱文公校昌黎先生文集》四十卷《外集》十卷附《集传》《遗文》《遗诗》 元刊本

唐韩愈撰 晦庵先生考异 留耕先生音释

留耕名伯大，字幼学，福州人，《宋史》有传。以朱子《韩文考异》别为卷帙，寻觅不便，重编析句，散入本集各句之下，刻于南剑州。又采洪兴祖《年谱辨证》、樊汝霖《年谱注》、孙汝斤解、韩醇解、祝充解，为之音释，附各篇末。而麻沙坊估以注释缀于篇末，仍不便检阅，亦取而散诸句下，观凡例可知。其书曾入南京翰林院，有印可考。

《增广注释音辨唐柳先生集》四十三卷《别集》二卷《外集》二卷《附录》一卷 元刊本

唐柳宗元撰 宋南城先生童宗说注释 新安先生张敦颐音辨 云间潘纬音义

《河东先生集》四十五卷《外集》二卷《龙城录》二卷《集传》一卷《河东附录》二卷 明郭云鹏刊本 罗镜泉藏

唐柳宗元撰 夔州刺史刘禹锡编

前有刘禹锡序，后有天圣元年河南穆修伯长、政和五年沈晦、绍兴四年李褫、李石、淳熙丁酉韩醇序后。

《增广注释音辨唐柳先生别集》二卷 元刊本

唐柳宗元撰

《别集》二卷，皆《非国语》文，惜全书散失矣。

×《刘宾客文集》三十卷 抄配本 季沧苇、王西庄藏书

唐正议大夫检校礼部尚书兼太子宾客赠兵部尚书刘禹锡撰

右文集，以明初刊《中山集》残本七卷、季沧苇影抄宋本十五卷，益以新抄八卷，合成三十卷，又以王西庄抄藏别集十卷足之。装钉整齐，亦可称百衲本矣。

《刘宾客文集》三十卷 精抄本 稽瑞楼藏

唐正议大夫检校礼部尚书兼太子宾客赠兵部尚书刘禹锡撰

《戴叔伦集》二卷 明活字刊本 何梦花藏

唐戴叔伦撰

叔伦字幼公，润州人。中进士第，累迁经略使，政治称最。德宗赐中和诗，世以为荣。《郡斋读书志》称其有《述稿》十卷《外诗》一卷《书状》一卷，集有马总序。今已佚，但与席刻宋本同。

《吕衡州文集》十卷 抄校本 顾千里校 郁泰峰藏

朝议郎使持节衡州诸军事守衡州刺史上骑都尉赐绯鱼袋吕温撰

刘禹锡序，柳宗元诔。冯已苍从钱蒙叟借得前五卷，又买得三卷，俱宋本，六七两卷仍缺，取《英华》《文粹》所载者，照目写入。又第二卷《闻砧》以下十五首，宋本所无，按陈解元书棚本增入。又顾千里跋云："《衡州集》前五卷系吴方山旧抄本，后五卷从正嘉时旧抄本补全，篇目次第与冯已苍本同。"今第六、第七两卷独全，然如此卷《韦武神道碑》《柳夫人志》，则举世莫传。此本有之，可称秘笈。

《吕和叔文集》十卷 旧抄本 钱天树藏

唐朝议郎使持节衡州诸军事守衡州刺史上骑都尉赐绯鱼袋吕温撰

彭城刘禹锡序，后附柳宗元诔。

《唐张司业诗集》八卷 明刊本

唐国子司业张籍文昌撰

《李文公集》十八卷 明成化本 怡府藏

唐山东道节度使检校户部尚书李翱字习之撰

成化乙未广西左布政使何宜序，有"明善堂""安乐堂"等印。

《唐欧阳先生文集》八卷《附录》一卷 明万历刊本 韩履卿藏

唐国子监四门助教闽欧阳詹著

卷首李贻孙序，明曹学佺序，韩崇渡、何义门校。

《欧阳行周文集》十卷 明刊小字本

唐欧阳詹字行周撰

前载列传，又福建等州都团练观察处置等使正议大夫使持节都督福州诸军事福州刺史兼御史中丞上柱国赐紫金鱼袋李贻孙序。

《李元宾文集》五卷　旧抄本

唐李观撰

卷首大顺元年陆希声序，中以朱笔校《文粹》，又以紫草校义门本，补抄《晁错论》一篇。

《李元宾文集》五卷　精抄本　陈仲鱼藏

唐李观撰

首录《提要》，及陆希声序，后录卢文弨跋语。书凡五卷。前三卷，二十有篇，希声之所序录也。后二卷，十有四篇，赵昂之所增成也。篇第部居，无所改作云云。陈仲鱼手校，又"鳣读"一印。

《孟东野诗集》十卷附《联句》　明嘉靖刊本

唐山南西道节度参谋试大理评事武康孟郊著

有宋景定壬戌天台国材成德、阆风舒岳祥暨常山宋敏求等序，末则嘉靖丙辰知武康县事无锡秦禾重刻序。当时助禾校正者，杭士赵颙伯也。

《唐贾浪仙长江集》　明仿宋本　句吴潘功甫藏书

普州司仓参军范阳贾岛浪山撰

前后无序。有"句吴潘氏凤池园鉴藏"，及"潘曾沂字功父""苏州临顿里人"两印。

《贾浪仙长江集》七卷　明刊校宋本　叶氏箓竹堂藏书

唐长江尉贾岛著

宋刻不分体，此则卷一五言古诗，卷二、卷三五言律诗，卷四五言排律，卷五七言律诗，卷六五言绝句，卷七七言绝句。尾有"奉新县刊"四字，盖江西本也。叶子寅以朱草手校，张讱庵绍仁旧藏，黄荛圃有手跋语。

《李长吉诗集》四卷《外集》一卷　明宏治刊本

陇西李贺

前列杜牧旧序，中有至元丁丑复古堂识，后有宏治壬戌汝宁刘淮序。黄荛翁谓是明翻元刻。《读书敏求记》载鲍钦止家本，此殆近之，得自古潭州袁漱六处。有"功甫借观"图记。

《绛守居园池记注》一卷　精抄本

唐刺史樊宗师撰　滦阳赵仁举注　金华吴师道正误补遗

前有景德元年孙冲序，后有延祐庚申许谦题识、至顺三年吴师道识、东阳张枢识。重刊之序，则宏治七年仁和陈良器也。

《文标集》三卷　精抄本

唐卢肇撰

宋绍兴庚辰南城童宗说序。后附《外录》，同郡李原冈编正，皆述肇之行谊事迹。因墓在江西分宜县文标乡，故名集云。

《李文饶文集》二十卷《别集》十卷《外集》四卷　明刊配本　黄荛圃藏书

唐李德裕撰

郑亚序。卷一至五，明刊，汪鱼亭藏本，卷六至十，亦明刊。黄荛圃题跋云："庚辰秋，残宋《会昌一品制集》，钱唐何梦华介以归常熟陈子准。所藏止此手校宋本之十卷矣，幸从前校此，俾宋本面目略识一二。"黄校原存十卷，今又缺前五卷矣。卷十一至十七，配吴兴韩敬评点本，卷十八至别集卷五，仍明刊本，别集卷六至外集卷四，仍配韩本。

《元氏长庆集》六十卷　明翻宋本

唐元稹撰

前后有宣和建安刘麟、乾道鄱阳洪适两序，末为"嘉靖壬子仲春十日东吴董氏宋本翻雕于茭门别墅"。

《白氏文集》七十一卷　日本刊本

唐刑部尚书致仕太原白居易撰

长庆四年元稹序，后自记、陶穀《戠门书修影望记》。行阔字大，当从绍兴本翻雕。按，先生集有五本，一在庐山东林寺，一在苏州禅林寺，一在东都胜善寺，一付龟郎，一付外孙谈阁童。其日本、新罗诸国及两京人家传写者，不在此记。此为日本所刊，无殊宋刊本。礼失求野，行然。

《周贺诗集》一卷　影写宋刊本

唐周贺撰

叶林宗跋曰:“《纪事》云,周贺,东雒人,少从浮图法,即清塞也。遇姚合而近,易名。《艺文志》云诗一卷,然未见传本。顾茂伦《唐诗英华》选贺诗七首,有《赠厉玄侍御》一首,此集又不载,未知茂伦从何录也。此本亦藏茂伦家,末有临安府棚北睦亲坊南陈宅书籍铺印细字一行,确是宋板。余遂借归,手抄于松风书屋。”按,嘉靖间徐献忠编刊《唐诗百家》,内《周贺诗》即是此本,盖徐亦出自宋本也。

《樊川文集》二十卷《别集》一卷《外集》一卷　明重刊宋本

唐中书舍人杜牧字牧之撰

首列裴延翰序,《别集》前列杜陵田概序。爱日精庐所收亦是此本。

《温庭筠诗集》七卷《别集》一卷　钱遵王精抄宋本

唐温庭筠撰

《读书敏求记》云:“世传温李为侧艳之词,今诵其‘鸡声茅店月,人迹板桥霜’及‘鱼盐桥上市,灯火两中船’诸名句,岂独以六朝金粉为能事者,解对金跳脱,正不必读《南华》第二篇矣。”即此述古堂本也。瞿氏《恬裕斋目》云:“宋本名《温庭筠诗集》,卷一《湘宫人歌》下即次《黄昙子歌》,不在《别集》之末。”此本相符。

《增广音注唐郢州刺史丁卯诗集》二卷　明宏治刊本

唐刺史许浑字用晦撰　信安后学祝德子订正

元大德丁未金华王塘希古前序,明宏治七年镇江知府洪洞郑杰后序。有“怡王之宝”“明善堂览书画印记”两印。

《薛许昌诗》十卷　精抄本

唐许昌军节度使检校礼部尚书薛能太拙著

宋咸平癸卯刻于三川,凡四首四十八篇。枢密直学士尚书刑部侍郎知益州张咏序。此本凡二百三十篇,绍兴元年山阴陆荣望选录也,有后跋。汲古阁曾刊行。

《梨岳诗集》　影元抄本

唐建州刺史李频德新撰　附录古今碑记诗序

元元贞丁酉裔孙邦材序,大德己亥邵文龙、至元后丁丑张复等序,后附绍兴五年碑，又有“十七年甲申春三月，客所氏从元刻本印写，夏五月装池，林宗同校勘”字迹，盖崇祯间写本也。

《梨岳诗集》一卷《附录》一卷 明抄本 淡生堂祁氏藏书

唐建州刺史李频德新撰

前有永乐间河南师祐叙，又正统间福建左参政彭森序，后附碑记，皆封号诸碑。旧为祁氏旷翁所抄，有“淡生堂经籍记”“子孙世珍”“山阴祁氏藏书之章”，后为御儿吕氏讲习堂、汪鱼亭诸家藏，并钤图记。

《孙可之文集》十卷 明正德刊本

唐孙樵撰

自序，震泽王鏊序，白水王谔跋。

《孙可之文集》十卷 旧抄本

唐孙樵撰

中和四年自序。按，可之文，宋时流入禁地，明犹藏内阁。宏治间，阁臣文恪王公手录以出，叹曰：“此天下真文章，惜吾老，不及学耳。”由是刊布人间，《唐文粹》所选不足当十之一。

《皮日休文薮》十卷 明刊本

唐皮日休袭美著 明许自昌玄佑校

自序，柳开序，万历戊申冬日吴门许自昌书刻文薮小引。休宁汪季青家藏书籍。

《甫里先生文集》二十卷 明抄本 许丹臣旧藏 黄荛圃以成化本校补

唐笠泽陆龟蒙字鲁望著

是书前为宋宝祐五年叶茵刊，有林希逸序。后成化丁未昆山严景和重刊，万历癸卯松江许自昌又刊。兹抄本每叶十六行，行十六字，行款疏朗，殆从宋刻而出。康熙壬辰，许心扆丹臣手校，记云：“无异先中翰癸卯刊本”。又记云：“癸亥冬，山左归里得之，楼居二十年来，半为南北驱驰，半为家庭风波，何暇论诗，高阁置久。今夏，书贾频问，云全集坊间无版，欲易去。余辞之云留稿商刻，无副本也。壬午闰六月记。”按，壬辰至壬午，阅五十年，心扆为自昌之孙，又为叶九来之婿，宜其藏书具有渊原，不为书贾所诱惑。转转归黄荛圃，手补附录及跋语三则。

《胡曾咏史诗》一卷　精抄本

唐邵阳胡曾著

曾举咸通进士，不第，为汉南从事，有《安定集》，已不传。此诗举地名为题，凡一百五十二篇。

《云台编》二卷　抄明嘉靖本

唐都官郎中郑谷撰

乾宁甲寅三月自序。嘉靖乙未六月袁郡严嵩刊行序。

《司空表圣文集》十卷　旧抄本

唐河中司空图表圣撰

前有《一鸣集》光启三年自序。

《韩翰林集》一卷《香奁集》一卷　旧抄本　潢川吴氏振绮堂汪氏先后藏

唐翰林承旨行户部侍郎知制诰上柱国韩偓致尧著

按，席刻宋本与此不同。常熟罟里瞿氏藏旧抄本，记云："《香奁集》有《无题》诗四首，《浣沙溪》词二首，《黄蜀葵》《红芭蕉》两赋，系从宋刊本影写，不名《内翰别集》，亦不注'入内庭后诗'。"正与此本相合。附沈存中《笔谈》一则，辨和凝伪词假托之非。

《李推官披沙集》六卷　明抄本

唐陇西李咸用撰

《直斋书录》云："咸用八世孙兼孟达，居宛陵，亦能诗，尝为台州。出其家集，求杨诚斋作序。"正与此合。

《桂苑笔耕集》二十卷　高丽刊本

唐都统巡官侍御史内供奉崔致远撰

致远字海夫，号孤云。年十二，入中原，十八举进士。久之，调溧水县尉，任满而罢。时黄巢乱，诸道行营都统高骈开府淮南，辟为都统巡官。其《讨黄巢檄》，天下传诵。奏除殿中侍御史，充国信使。东归，事宪康王、定康王，为翰林学士、兵部侍郎，出为武城太守，后入伽倻山以终。中和间，勒为文二十卷，表进于朝，《唐艺文志》列其书。前有徐有榘、洪奭周两序。

《唐秘书省正字先辈徐公钓矶文集》十卷 旧抄本 马笏斋藏书

唐徐夤昭梦著

谨案，四库本为二卷，《提要》云：其集《唐志》不著录，盖其后人蒐辑而成。此本前有夤族孙师仁宋建炎中序。乾宁初，举进士，试《止戈为武赋》，一烛才尽，已有"破山加点，拟戍无人"之句。侍郎李择奇之，授秘书省正。归闽中，退居延寿溪，王审知辟居幕下，一旦拂衣去，后卒。元延祐中，裔孙玩可编卷为序。向缺卷四赋一篇，卷五一卷赋十篇，张金吾以《钦定全唐文》补八篇，并据此集所未载者《均田赋》《衡赋》二篇，可见当日遗佚尚多也。

×《纯阳吕真人文集》八卷 明刊本

前有重刊序云：真人生唐德宗贞元戊寅，迨懿宗咸通中。一云，文宗开成中，始举进士，游长安酒肆，遂遇钟离云房，得度人之术。及今已六百余年，犹出入变化，隐显莫测。其誓愿宏博，必欲度尽天下人，故其著述无处无之，游行化度亦无时不然。予谬领元纲，幸遭明世，偶获是书善本，命工重锲，庶几有补来学。撰姓名割去，当为真人张氏所述。卷一真人自记本传，卷二神通变化、更名显相，卷三进谒儒门、经道观、游戏僧寺、市尘混迹、庵堂赴会、丹药济人、景物题咏、因缘会通，卷四、五、六、七皆诗歌，卷八词。

《唐女郎鱼元机诗》一卷 影宋本 汪阆原藏书

唐鱼元机撰

卷末有"临安府棚北睦亲坊南陈宅书籍铺印"一条。黄荛圃以《唐人绝句》及《才调集》中选元机诗二十一首，校刊异同一叶，又跋云："唐女道士鱼玄机诗集，陈氏《书录解题》载其名，其书则世未之闻也。癸亥闰余之月，五柳主人以书棚本《朱庆余诗集》，易余番钱十圆而去，谓是兰陵缪氏物，且问其家多宋刻小种，皆善本，惜迟迟散出，大都为居奇计。余亦利其有，故于其始出也，不惜以重直艳之。既而五柳主人云有《鱼玄机集》，亦宋本也。余闻其名，急欲一睹，适五柳主人出吊海宁，迁延不获见所谓鱼玄机者。方怅然若有所失，忽从他处遇之，即此《唐女郎鱼玄机诗集》也。书仅十二叶耳，索白银八金。惜钱之癖与惜书之癖交战而不能决，稽留者数日矣。至是，始许以五番售余，可之快甚。而后乃今百宋一廛中又添一名书，好事之讥，余窃自哂。此集无别本可对，偶取洪迈《唐人绝句》、韦縠《才调集》选本证之，题句亦多互异。盖洪韦本俱宋刻，而彼有不同于此者，可知宋时亦非一本，乌能执而同之耶？遂用别纸条载于后。是本出项墨林家，尤为可宝。朱承爵是子儋，据《列朝诗集小传》，知为江阴人。世传有以爱妾换宋刻《汉书》事，其人亦好事之尤者。唐女郎何幸而为其所珍重若斯。沈劲寒，不知何许人。"后有玄机小影，是书旧为荛圃合之《薛涛》《杨太后宫词》刊行，兹其影写本也。按，明嘉靖间徐献忠编刊《唐诗百家》，内有此种，对看丝毫不差。盖徐亦从宋本翻刻，荛翁固未之见。书之不易审题如此。

附录四　八千卷楼藏书未归本馆书目

此据南京图书馆藏江苏省立国学图书馆抄本(索书号 2005810)录出。原书误字、脱字(空格)甚多,今照录,不作修正。

经部

易类

易学启蒙一卷 宋云台真逸 祝氏刊本

易学四同八卷别录四卷 明季本 明刊本无附录本

易经疑问十三卷 明姚舜牧 明刊本

周易纂不分卷 明邹烈 抄本

易学发蒙述解二卷 明朱谧 明刊本

问易补七卷 明郝敬 山草堂集本

读易略记不分卷 明朱朝瑛 抄本

易外偶记四卷 清周源淋 刊本

书类

尚书故六卷 汉孔安国 稽古楼本

书经疑问十二卷 明姚舜牧 明刊本

禹贡汇疏十五卷 明茅瑞徵 明刊本

读书略记不分卷 明朱朝瑛 抄本

尚书校正一卷 明吴勉学 明刊本

尚书汇要六卷 清倪景仆 抄本

书经参义六卷 清姜兆锡 刊本

尚书训诂一卷 清王引之 抄本

虞书命羲和章训一卷 清曾钊 刊本

尚书传授异同考一卷 清邵懿辰 稿本
别本尚书大传三卷补遗一卷 清孙之騄 晴川八识本
诗类
诗童子问十卷 宋辅广 汲古阁本
诗经疑问十二卷 明姚舜牧 明刊本
毛诗序说八卷 明郝敬 山草堂集本
读诗略记六卷 明朱朝瑛 抄本
诗经集传拾遗二卷 清吴德旋 抄本
礼类
周礼复古编一卷 宋俞廷椿 元刊本明刊本
读周礼略记六卷 明朱朝瑛 抄本
周礼辑义十二卷 清姜兆锡 刊本
周礼读六卷 清庞佑清 刊本
读仪礼略记十七卷 明朱朝瑛 抄本
仪礼郑注句读十七卷附监本正误一卷石经正误一卷 清张尔岐 金陵刊本
仪礼章句十七卷 清吴廷华 嘉庆刊本
郑氏仪礼目录考证一卷 清胡匡衷 刊本
制服成诵编一卷表一卷丧服通释一卷 清周葆珪 刊本
礼记疑问十二卷 明姚舜牧 明刊本
读礼记略记四十九卷 明朱朝瑛 抄本
檀弓疑问一卷 清邵泰衢 抄本
月令考一卷 清莫熺 抄本
檀弓辨诬三卷 清夏炘 刊本
礼记注校正二十卷附考异二卷 清张敦仁 刊本
蔡氏明堂月令章句一卷论一卷问答一卷 清陆尧春 刊本
夏小正传一卷 不著撰人名氏 活字本
仪礼经传内编三十三卷外编五卷 清姜兆锡 刊本
别本家礼仪节八卷 明杨慎 刊本
四礼初稿四卷 明宋纁 刊本
四礼约言四卷 明吕维祺 刊本
春秋类
春秋年表一卷 不著撰人名氏 左氏刊本

春秋疑问十二卷 明姚舜牧 明刊本
左氏新语二卷 明郝敬 山草堂集本
评点春秋左传十五卷 明孙鑛 闽刊本
读春秋略记十卷 明朱朝瑛 抄本
公谷汇义十二卷 清姜兆锡 刊本
春秋传续经补一卷 清万光泰 抄本
春秋上历表二卷 清范景福 抄本
左传释一卷 清金麟振 汇解本
三传异同考一卷 清陈业孝 抄本
春秋繁露评十七卷 清孙鑛 刊本

孝经类

孝经大全十卷 明江元祚 明刊本
孝经本义一卷 清姜兆锡 刊本
古文孝经孔传标注一卷 日本山世璠 日本刊本

五经总义类

程氏经说七卷 不著编者名氏 明刊八卷本
谈经九卷 明郝敬 山草堂集本
五经摘注五卷 明俞指南 刊本
经说二卷 清丁午 刊本
易纬一卷书纬一卷诗纬一卷礼纬一卷乐纬一卷孝经纬一卷 不著撰人名氏 抄本

四书类

孟子白父二卷 刊本
四书白父十九卷 孔氏翻古香斋本
中庸辑略二卷 宋石敦山编 朱子删定 吕氏刊本
四书摄提十卷 明郝敬 山草堂集本
四书考二十八卷考异一卷 明陈仁锡 刊本
大学臆古附证一卷 清王定桂 刊本
释孟子一卷 清金麟徵 汇解本
论语考一卷 清潘维城 刊本

乐类

律吕正声六十卷 明王邦直 明刊本
御纂律吕正义后编一百二十卷 乾隆十一年御撰 京板本

拟瑟谱一卷 清段仔父 张懋贤 刊本

小学类

尔雅图三卷 晋郭璞 嘉庆曾燠覆宋本

尔雅新义二十卷 宋陆佃 刊本

尔雅补注六卷 清姜兆锡 刊本

释绘一卷 清任大椿 燕禧堂本

钟鼎款识一卷 宋王厚之 广东刊本

海篇直音十卷 不著撰人名氏 明刊本

重订说文解字十二卷 明陈大科 明刊本

读书通二十卷 明郝敬 山草堂集本

缪篆分韵五卷补一卷 清桂馥 刊本

汉印分韵五卷补一卷 清袁日省 谢云生 刊本

说文字原考略六卷 清吴照 刊本

说文疑十二卷 不著撰人名氏 抄本

释人注一卷 清孙冯翼 孙氏刊本

说文补考一卷 清戚学标 刊本

沈氏韵经五卷 旧本题梁沈约撰 刊本

韵书通用字考五卷 明顾起 明刊本

诗骚韵注六卷 清洪昇 抄本

韵府古篆汇选五卷 清陈策 日本刊本

类韵笺异目一卷 清陈寅 抄本

广韵新编五卷 不著撰人名氏 勉学堂刊本

经韵集字二卷附编一卷 清熊字谦 刊本

增广金石韵府五卷 清张凤藻 刊本

史部

正史类

补后汉书年表十卷 宋熊方 嘉庆刊本

补南北史表四卷 清周两塍 原刊本

旧唐书疑义四卷 清张道 刊本

元史证误二十三卷 清汪辉祖 刊本

编年类

通鉴释例一卷 宋司马光 明刊本

续通历五卷 宋孙光宪 抄本

宋元资治通鉴一百五十七卷 明薛应旂 明刊本

纪事本末类

左氏始末十二卷 明唐顺之 明刊本

边事小纪四卷 明周文郁 刊本

记暎咭唎求澳始末一卷 清萧枝生 刊本

克复浙东西城纪略二卷 清沈兆元 刊本

吴中平寇记八卷 清钱勖 刊本

两浙庚辛纪略一卷 清陈学绳 抄本

粤氛纪事十三卷 无名氏 刊本

淮军平捻记十二卷 清周世澄 刊本

别史类

帝王世纪十卷附录一卷 晋皇甫谧 杨氏刊本 钱氏刊本

世纪续补一卷考异一卷 清钱保塘 刊本

廿二史说文鉴略一卷 明杨慎 活字本

左记十二卷 明章大吉 明刊本

汉书侯表举正不分卷 不著撰人名氏 抄本

杂史类

国语补韦四卷 清黄模 原刊本

国事三卷 不著撰人名氏 明吴世熙刊本

甲申日记八卷 不著撰人名氏 抄本

甲申日记一卷 明王永章 刊本

宏光日录四卷 清黄宗羲 清吟阁抄本

酌中志余二卷 不著撰人名氏 刊本

明史稗编十六卷 同上 刊本

荡平发逆图记二十二卷 同上 石印本

武林两陷纪事一卷 同上 抄本

诏令奏议类

亲政编音不分卷 世祖章皇帝御制 抄本

仁宗睿皇帝圣训一百十卷 宣宗成皇帝敕编 国朝圣训本

宣宗成皇帝圣训一百三十卷 文宗显皇帝敕编 同上
文宗显皇帝圣训一百十卷 穆宗毅皇帝敕编 同上
唐大诏令一百三十卷 宋宋敏求 抄本
李康惠公奏草十三卷 明李承勋 明刊本
张文忠公奏疏钞四卷 明张居正 明刊本
裘文达公奏疏一卷 清裘日修 刊本
秦汉奏疏十七卷 明徐绅 明刊本

传记类

圣贤图赞无卷数 不著撰人名氏 明刊本
文庙事纪六卷 清柴杰 抄本
慕天颜兴革事宜略四卷 清盛符升 刊本
忠武志八卷 清张鹏翮 刊本
胡公事迹录一卷 清程凤山 刊本
余运司家传一卷 清余正焕 刊本
常熟张氏旌孝集二卷 清张应昌 刊本
吴兔床行述一卷 清吴寿照 刊本
岑襄勤公勋德介福图一卷 清赵藩 石印本
宜堂类编二十五卷 清丁立中 刊本
南渡十将传十卷 宋章颖 抄本
女镜四卷 明夏树芳 抄本
万历二十二年浙江乡试录一卷 不著撰人名氏 刊本
词林人物考十二卷 明王兆云 刊本
楚宝四十五卷 明周圣楷 明刊本
小隐书一卷 明敬虚子 砚云甲乙编本
明儒学案六十二卷 清黄宗羲 吕氏刊本
二林居集二卷 清彭绍升 刊本
明浙中儒林录十九卷 清张恒 原刊本
西湖六一泉从记录一卷 清柴杰 稿本
庚辛之间亡友列传一卷 清章学诚 刊本
正气阁志略一卷 不著撰人名氏 抄本
东轩吟社图赞一卷 清汪远孙 刊本
紫阳崇文会课十卷 不著撰人名氏 刊本

武林人物新志六卷 清施庭午 刊本
补疑年录四卷 清钱椒 刊本陆氏刊本
於越先贤象传一卷 清任熊 石印本
浙馆乡贤事实录一卷 不著撰人名氏 四川刊本
杭郡诗仕履不分卷 无编辑名氏 抄本
杭州府节孝全录一卷 清孙树礼 刊本
碧血录二卷 清傅以礼 刊本
剿贼图说一卷 不著撰人名氏 明刊本
米楼日记一卷 清倪稻孙 手稿本
夏虫自语一卷 清杨德荣 大亭山馆本

史钞类

两汉精华十四卷 宋吕祖谦 明刊本
诸史夷语解义二卷 明陈士元 王承禧刊本
史记文髓二卷 明叶向高 明刊本
元史备忘五卷 清王光鲁 抄本

载记类

十六国春秋一百卷 旧本题魏崔鸿 明万历刊本
采石瓜洲毙亮记一卷 宋蹇驹 旧抄本
安南志略十九卷 元黎山则 活字本

时令类

古今类传岁时部四卷 清董毅士 董炳文 原刊本

地理类

禁扁五卷 元王士点 楝亭十二种本
圆明园记一卷 清黄凯钧 抄本
舆图记叙二卷 明桂萼 明刊本
大清一统志五百卷 乾隆二十九年敕编 石印本殿本
钦定皇舆表十六卷 康熙四十三年敕撰 殿刊本
舆地略一卷括地略一卷 不著撰人名氏 抄本
皇清地理图一卷 清胡锡燕 原刊本
舆图总论注释一卷 清谢兰生 咏梅轩本
大清中外一统舆图三十卷 清官文 原刊本
直省舆地全图一卷 不著撰人名氏 石印本

姑苏志六十卷 明王鏊 明刊本
弘治兴化府志五十四卷 明周瑛王仲昭 刊本
隆庆孝感县志八卷 明刘鼎 明刊本
万历绍兴府志三十二卷 明刘应钶 明刊本
万历绍兴府志五十卷 明张元忭 孙鑛 赵锦 明刊本
崇祯广东通志三十卷 明金志祖 刊本
康熙永丰县志七卷 清佟赋伟 刊本
康熙杭州府志四十卷 清马铎 马如龙 刊本
康熙秀水县志十卷 清任之鼎 刊本
康熙会稽县志二十八卷 清王元臣 刊本
康熙韶州府志十六卷 清唐宗尧 刊本
康熙大理府志三十卷 清黄元治 张泰交 刊本
乌青文献十二卷 清张炎贞 刊本
乾隆定陶县志十卷 清雷宏恩 刊本
乾隆南召县志四卷 清陈之埙 刊本
乾隆长兴县志十二卷 清谭肇基 刊本
乾隆萧山县志四十卷 清黄钰 刊本
乾隆临榆县志十四卷 清钟和梅 刊本
乾隆鸡泽县志二十卷 清王光燮 刊本
乾隆濮州志六卷 清邵世昌 刊本
乾隆临安县志四卷 清赵名洽 刊本
乾隆乌程县志十六卷 清罗愫 刊本
乾隆广州府志六十卷 清沈廷芳 刊本
乾隆潮州府志四十二卷 清周硕儒 刊本
乾隆杭州府志 清郑沄 刊本
热河志图不分卷 不著撰人名氏 抄本
嘉庆常山县志十二卷 清陈蛙 刊本
嘉庆临安府志二十卷 清江濬源 刊本
嘉庆范县志四卷 清唐晟 刊本
嘉庆雷州府志二十卷 清雷学海 刊本
道光安徽通志二百六十卷 清蒋攸铦等 刊本
道光高州府志十六卷 清黄安涛 刊本

道光廉州府志二十六卷 清张堉春 刊本
道光肇庆府志二十三卷 清胡森 刊本
道光保宁县志三十卷 清李澍 刊本
道光震泽镇志十四卷 清纪磊 沈眉寿 刊本
道光琼州府志四十四卷 清张岳松 刊本
同治舆图一卷 不著撰人名氏 刊本
光绪惠州府志四十五卷 清刘溎年 刊本
光绪仙居县志三十四卷 清王寿颐 刊本
广西舆地全图二卷 清张联桂 石印本
吴中水利书二十八卷 明张国维 明崇祯刊本
新浏河志二卷 清白登明 刊本
江源说一卷 清查拉吴麟 刊本
海道图说十五卷 清金约 刊本
江苏水利全案正编四十卷附编十二卷 清李庆云 刊本
三省矿防考二卷 明刘巘 明刊本
越法战书不分卷 清王廷学 刊本
华岳全集十三卷 明李时芳 明刊本
天目山志四卷 明徐嘉泰 明刊本
烂柯山志一卷 明冷时中 明刊本
天下名山图一卷 不著撰人名氏 日本刊本
峨眉山志十八卷 清蒋超 原刊本
龙唐山志五卷 清释性制 原刊本
虎丘山志二十四卷 清顾诒禄 刊本
罗浮山志十二卷 清陶敬益 刊本
天台山全志十八卷 清张联元 刊本
西湖志四十八卷 清傅王露 原刊本巾箱本
九华山志十二卷 清李灿 喻成龙 刊本
黄山志二卷 清张佩芳 刊本
西湖名胜一卷普陀名胜一卷 不著撰人名氏 抄本
西天目祖山志八卷 清释广宾 刊本
瑞石山志一卷 不著撰人名氏 抄本
乌石山志十卷 清郭柏苍 刘永松 刊本

天竺山志十二卷 清管廷芳 刊本
曲江复对一卷 清张大昌 稿本
明寺观志一卷 不著撰人名氏 明抄本
武林梵志十二卷 明吴之鲸 抄本
青原志略十三卷 清释大然撰 施闰章补辑 刊本
武林志余三十二卷 清张旸 抄本
虎跑寺志四卷 清僧法深 原刊本
安化王祠略一卷 清王忠 原刊本
洞霄宫志四卷 清闻人儒 原刊本
紫阳书院志十八卷附四书讲义五卷 清施璜 刊本
辩利院志三卷 清翟灏 原刊本抄本
南巡杭州名胜图一卷 不著撰人名氏 刊本
西湖朱文公祠略 同人 抄本
唐城两京坊考五卷 清徐松 刊本
西巡经由直隶程站古迹图说一卷 不著撰人名氏 刊本
城东许氏祠略一卷 同上 抄本
云山日记一卷 元郭翼 旧抄本
南中纪闻一卷 明包汝楫 砚云甲乙编本
敬止录一卷 明高宇泰 抄本
增补武林旧事八卷 明朱廷焕 明刊本
汴京匀异记八卷 明李濂 砚云甲乙编本
柑园小识二卷 清朱枫 抄本
台州外书十七卷 清戚学标 刊本
黔语二卷 清吴振棫 刊本
唐土名胜图会六卷 日本木世肃 刊本
粤屑四卷 清刘世馨 刊本
东城记余二卷 清杨文杰 稿本
申江名胜图说二卷 不著撰人名氏 刊本
湖墅小志四卷 清高鹏年 石印本
乡言一卷 清凌璋森 抄本
小方壶斋舆地丛抄十二集不分卷 清王锡祺 王锡礽 活字本
浙行偶记一卷 明程嘉燧 抄本

花甲间谈十六卷 清张维屏 石印本
东行日记一卷 清梁廷楠 刊本
西行日记一卷 清冯焌光 刊本
东夷考略一卷三大征考一卷 不著撰人名氏 抄本
坤舆格致一卷 清西洋南怀仁 抄本
西征纪略一卷 清张寅 抄本
辽左见闻录一卷 清王一元 抄本
出塞山川记一卷 清温睿临 抄本
西藏纪闻一卷 不著撰人名氏 抄本
海岛逸志摘略一卷 清王大海 刊本
嘆咭唎考略一卷 清汪文泰
黑蛮风土记一卷 英立温斯 活字本
俄罗斯方域考一卷英俄搆兵记一卷 清姚莹石 刊本
航海述奇四卷 清张德明 刊本
日本雅景一览四卷 日本文凤乌声 日本刊本
台湾生熟番记事一卷 清黄逢昶 刊本
英俄印度交陟书一卷续编一卷 英马文 刊本
谈瀛录六卷 清袁祖志 石印本
四述奇十六卷 清张德彝 活字本

职官类

宋杂卖场提辖官题名一卷东宫官寮题名一卷 宋何异 缪氏刊本
宋三公年表一卷 不著撰人名氏 刊本
官礼制表一卷 明胡文焕 明刊本
浙江历代职官汇考一卷 清沈廷芳 抄本
唐折冲府考四卷 清劳经原 刊本
初仕录一卷 明吴遵 刊本明刊本
新官轨范一卷 同上 刊本明刊本
居官格言一卷 同上 刊本明刊本
临民金镜录一卷 清赵殿成 原刊本
从政余谈一卷 清王定桂 刊本
通考识大编二十四卷 明王昕 刊本
仁庙五巡江南目录一卷 不著编辑者名氏 抄本

簪缨盛事录一卷 清万斯同 刊本
文庙礼乐考一卷 清金之植 宋镃 刊本
纪元部表二卷 无编辑者名氏 刊本
圣庙志辑略二十卷 清鹿嗣宗 刊本
醴陵县文庙丁祭谱四卷 清蓝钟瑞等 刊本
皇朝谥法考六卷 清祁寯藻 刊本
亦存编一卷 清帅念祖 刊本
纪元考一卷 清陈夔龄 刊本
文庙思源录一卷 清叶庆禔 刊本
国朝贡举年表三卷 清陈国霖 顾锡中 石印本
皇朝谥汇考五卷 清刘长华 刊本
历代帝王年表一卷纪元同异考略一卷 清黄大华 刊本
国朝鼎甲录一卷 清陈钟 刊本
万氏纪元汇考补八卷续编一卷 清孙锵 刊本
御火事宜一卷 明庞尚鹏 抄本
古今盐略补九卷 明汪砢玉 抄本
浒墅关志二十卷 清沈世奕 刊本
振荒末议一卷 清赵鸣珂 抄本
北新关志十六卷 清许梦闳 抄本刊本
两广盐法志三十五卷 清阮元等 刊本
山阳坟田谕禁汇编 清李臣儒 刊本
粤淮关志三十卷 清豫堃 刊本
钱谷要览一卷 清汪宗璐 抄本
两浙盐法续纂备考十三卷 清杨昌濬 刊本
去旧染污录一卷 清汪曾唯 刊本
铁路矿务表二卷 无撰人名氏 刊本
铁路述略二卷 同上 抄本
则例便览不分卷 清沈湘南 刊本
法曹事宜残本四卷 无撰人名氏 抄本
昭示奸党第二录一卷 同上 抄本
王雪轩告谕合编一卷 清奚欸等 刊本
读律琯朗一卷 清梁他山 刊本

目录类

群书序录不分卷 不著撰人名氏 抄本

宋元明集序录一卷 同上 抄本

楝亭书目一卷 清曹溶 抄本

静惕堂书目一卷 清曹溶 抄本

读书评不分卷 不著撰人名氏 抄本

绣谷亭薰习录一卷 清吴焯 抄本

清绮斋书目一卷 清张 抄本

藏书题识五卷 清汪璐 抄本

四库阙书目一卷 清徐松 抄本

艺文待访录一卷 清罗以智 抄本

别下斋书目一卷 清蒋光焴 抄本

法帖释文十卷 清罗森 刊本

续金石录不分卷 清叶万 抄本

两汉金石记二十三卷 清翁方纲 刊本

续枯苍金石志四卷 清李遇孙 刊本

开有益斋金石志一卷 清朱绪曾 刊本

西岳华山碑题跋一卷 无名氏 石印本

文荡律师碑一册 清王澍 刊本

金石文字一卷 清严荄 石印本

龙兴寺经幢题跋一卷 清罗棨 抄本

史评类

史学提要笺释五卷 清杨锡祐 刊本

月峰批评汉书七十卷 明孙鑛 刊本

评点史记一百三十卷 明归有光 张氏刊本

史记集评善本一百三十卷 明朱东观 明刊本

明史论四卷 清谷应泰 刊本

读史问答八卷 清葛元福 刊本

读史初阶二卷 不著撰人名氏 刊本

纪事约言二卷 清夏勤墉 刊本

日本国史评林一卷 日本羽山尚德 日本刊本

子部

太极图说述解一卷通书述解一卷西铭述解一卷 明曾瑞 杨氏刊本

明本释三卷 宋刘荀 杭刊本 闽刊本 子一有武英殿聚珍本

玉书一卷 宋蔡沈 抄本

繙译圣谕广训一卷 失名 刊本

御定孝经衍义一百卷 清康熙张英等奉敕撰 刊本

两浙兵制三卷 明侯继国 日本抄本

定浙二乱志一卷 明王世贞 抄本

杭州兵变一卷 明朱国桢 抄本

易筋经一卷易髓经一卷 失名 刊本

百将传二卷 清丁日昌 刊本

哈乞开刀枪图说 失名 石印本

外国师船图表 清许芬澄 石印本 浙印本

疑狱集四卷补疑狱集六卷 晋和凝及其子嵘 抄本 抄本

别本折狱危鉴二卷 元张国纪 明张氏刊本

萧曹随笔四卷 失名 刊本

伤寒论文字考二卷续二卷 日本伊藤馨 日本刊本

太素脉秘决二卷 旧本题张太素撰 刘伯详注 刊本

原本千金要方三十卷 唐孙思邈 日本覆宋本 日本刊本

医经大旨四卷 明贺岳 明刊本

赤水元珠三十卷 明孙一奎 明刊本

古今医统一百卷 明徐春甫 日本刊本

黴疮或问一卷 明陈司成 日本刊本

脉赋用药歌诀药性赋伤寒赋诸病难注各一卷 失名 明刊本

合类医学入门十七卷 日本柏原八尾玄长 日本刊本

眼科全方六卷 日本哀学渊 日本刊本

幼科铁镜六卷 清夏鼎 刊本

医诊一卷 清韦协梦 刊本

一瓢湿热诊一卷 清薛雪 抄本

宁坤秘笈二卷附一卷 清释月田 刊本

三信篇三卷 清毛世洪 刊本

医学举要六卷 清徐镛 活字本

杂病广要四十卷 日本丹波元坚 日本刊本
眼科新书五卷附录一卷 日本杉田豫 日本刊本
眼科锦囊四卷续锦囊三卷 日本普一本庄俊笃 日本刊本
女科辑要八卷 清周纪常 原刊本
良方集腋二卷合璧二卷 清谢元庆 刊本
验方新编十六卷 清鲍松鳌 刊本石印本
霍乱诊二卷 清王士雄 刊本
医方易简十卷 清龚月川 刊本
经验秘方一卷 清杨馥樵 刊本
时疫白喉捷要一卷 清张绍修 刊本
治疗汇要三卷 清过铸 刊本
马经十卷 明俞彦 明刊本
圣寿万年历八卷附律历融通四卷 明朱载堉 明刊本
御定历象考成四十二卷 康熙十三年御撰 京版本
又复编 乾隆二年敕撰 京版本
三统术衍补一卷 清董佑诚 方立遗书本
康斋游艺四卷 清陈其晋 刊本
天文算学算二十卷附万年书二卷推测须知四卷
弧三角举隅一卷 清江醇泰 刊本
西算新法直解八卷 清冯桂芬 刊本
微积溯源八卷 英傅兰雅译 刊本
数学理九卷 同上 同上
算式集要四卷 同上 同上
测地肤言一卷 清陶保廉 刊本
数书探赜不分卷数书索隐不分卷数书致远二卷 失名 明刊本
太元经校 清卢文弨 原刊本
推背图说一卷 唐李淳风 袁天罡 抄本
祁雨神咒一卷 失名 刊本
地理古今歌一卷 清蒋大鸿 刊本
地理图说二卷 清余九皋 石印本
天玄了义一卷阳宅易简三卷 清陈雪楼 刊本
遁甲衍义二卷 明程道生 抄本

历法大旨阴阳气通书三十九卷演禽通书三卷 明张道隆 刊本
选日要览一卷 明董潜 刊本抄本
永宁通书四卷 清王维德 刊本
诹吉便览不分卷 清费淳 刊本
牙牌签注解一卷 清徐福辰 刊本
测字秘牒一卷 清程省 刊本
五十六种书法一卷 唐韦续 篆学琐著本
西湖外游图题跋一卷 明李流芳 抄本
历代名人画谱四卷 明顾炳 石印本
卖艺文一卷 清吕留良 抄本
重编图绘宝鉴八卷 清冯仙湜 刊本
凌烟功臣画像一卷 清陈绶 日本刊本
六艺之一录四百六卷续编十二卷 清倪涛 抄本残
边氏画谱五卷 清边瑛 日本刊本
删订销夏录六卷 清刘坚 刊本
辨利院画象志六卷 失名 抄本
墨林今话十八卷 清蒋宝龄 刊本
梅岭百鸟画谱三卷 日本常福梅岭 日本刊本
德音堂琴谱十卷 清汪天荣 刊本
絃徽宣秘一卷 清缪门
与古斋琴谱一卷 清祝凤喈 刊本 庚癸原音本
秦汉印统八卷 明罗王常 吴氏刊本
古今印则不分卷 明程远 明刊本
印章集说一卷 明甘旸 篆学琐著本
印隽四卷 明梁袠 明刊本
印略四卷 明苏宣 明刊本
集古印范十卷 明潘云杰 明刊本
古印选四卷 明陈钜昌 明刊本
印章法二卷 明潘茂宏 明刊本
千字文印谱一卷 明冯文魁 刊本
姓苑印章二卷 明江万全 明刊本
鸿栖馆印选一卷 明吴 明刊本

观妙斋集印一卷 明徐真木 刊本
墨花禅印稿五卷附一卷 清 刊本
四香堂摹印二卷 清巴慰祝 刊本
百寿图印谱一卷 同上 刊本
远村印谱不分卷 清施象塑 刊本
黄山印薮一卷 清项怀述 伊蔚斋本
瑶草堂图章谱一卷 清陆秉乾 刊本
问奇亭印谱四卷 清陆廷槐 刊本
续古印式二卷 清黄锡蕃 刊本
可华轩铜印谱一卷 清汪瑜 刊本
共墨斋庄古印谱不分卷 清周诜 刊本
谦斋印谱一卷 清沈凤 刊本
印征二卷 清朱枫 刊本
印籍一卷 清胡志仁 刊本
醉爱居印赏二卷附西厢百咏一卷 清王睿章 刊本
赖古堂印谱四卷 清周亮工 刊本
柳舫集印一卷 清封保祺 刊本
华月令印谱一卷夏小正印谱一卷 同上 刊本
古铜印丛四卷 清汪启淑 刊本
飞鸿堂印谱五集四十卷 同上 刊本
汉铜印丛十二卷 同上 刊本
锦囊印林四卷 同上 刊本
集古印权三十二卷 同上 刊本 汪编本
退斋类十卷 同上 刊本
印史一卷 清童昌龄 刊本
双松阁百寿印谱一卷 清宋圣卫 李 炘 刊本
师古斋印谱五卷 清李宜开 刊本
日课篇四卷 清卢登焯 抱经楼本
含翠轩印存四卷 清钱世徵 刊本
小石山房印谱四卷别集一卷附集一卷 清顾湘 顾浩 刊本
铜古堂集古印谱四卷 清查礼 刊本
适园印存二卷 清吴咨 刊本

适园印印一卷 同上 石印本
瞻麓斋古印征八卷 清龚心钊 刊本
古梅阁仿完印山人印剩一卷续编一卷 清王尔度 刊本
四本堂印谱不分卷 清陈森年 刊本
古印偶存一卷 清张燕昌 刊本
折肱录一卷 清周济 求志堂存稿本
　金斋古铜印谱六卷续一卷 清何昆玉 刊本
　石斋印谱一卷 同上 刊本
种榆仙馆印谱六卷 清陈鸿寿 刊本
补罗迦宝印谱四卷 清赵之琛 刊本
琴砚斋汉铜印谱不分卷 清汪承谊 刊本
清　阁铜印谱五卷 清张廷济 刊本
清　阁印存一卷 清沈镜臣 昌羊宝本
灵芬馆印存二卷 同上 同上
历朝印史十卷 清黄学地 刊本
二金蝶堂印谱二卷 清赵之谦 傅氏刊本
十六金符斋印存不分卷 清吴大澂 刊本
西泠六家印谱六卷 清魏锡曾 手拓本
西泠四家印谱四卷附存三卷 清丁丙 刊本
师让盦汉铜印存四卷 同上 刊本
二百兰亭斋印谱不分卷 清吴云 刊本
二百兰亭斋古印考二卷 同上 刊本
西泠六家印存六卷 清傅栻 刊本
画梅楼摹古印存一卷 清阳绶召 刊本
双虞壶斋古铜印存八卷 清吴式芬 刊本
齐　古印攈四卷续编一卷 清高　龄 刊本
又续十六卷 清郭申堂 刊本
七十二　印谱一卷 清童晏 刊本
松石斋印谱一卷 清周懋泰 刊本
梅石印谱一卷 同上 手拓本
西泠八家印选三十卷 清丁仁 手拓本
换骨新谱一卷 明张应文 明刊本

九连环谱一卷 失名 抄本
冶金录三卷 英阿发满 刊本
电学十卷附一卷 英士 德 刊本
电报新编一卷 失名 刊本
西艺新知十卷 英诺格德 刊本
荆南萃古编一卷 清周懋琦 刘瀚 刊本
益寿馆金石文字五卷 清何溱 原拓本
钱录十六卷 清乾隆十六年敕撰 内府刊本
选青小笺十卷 清许原恺 刊本
千甓亭古砖图释二十卷 清陆心源 石印本
星輶考辙四卷 清刘启彤 石印本
中西度量权衡表一卷 失名 石印本附开司枪图志后
觞政集 八卷 清宋振誉 刊本
酒令丛钞四卷 清俞培芝 刊本
水密桃谱一卷 清褚华 刊本
种乌桕树图说一卷 清吴寿康 刊本
参谱一卷 清王叔灿 刊本
植物名实图考三十八卷 清吴其濬 日本刊本
植物学八卷 英韦廉臣艾约瑟 日本刊本
画眉解一卷 失名 刊本
黄头志一卷 失名 刊本
鹌鹑谱一卷 失名 刊本
促织经一卷 失名 刊本
心传录三卷日新录一卷 宋于恕 明刊本
辨学遗牍一卷 明利玛窦 明刊本
环碧斋小言一卷 明祝世禄 明刊本
事始一卷 失名 明刊本
困学纪闻记二十卷 清失名 刊本日本刊本
搜采异闻集五卷 宋永亨 刊本
日知录集解三十二卷附刊误二卷续刊误二卷 清黄汝成 刊本
三余偶笔十六卷 清左暄 日本刊本
辨言一卷 宋员兴中 刊本

五朝小说不分卷 失名 刊本
沈氏弋说六卷 明沈长卿 明刊本
味水轩日记八卷 清李日华 抄本
读书记四卷 失名 抄本
三冈识略十卷 清董含 抄本
渔洋说部精华不分卷 清刘坚 刊本
心悟随记一卷 失名 抄本
困学语一卷 清范召 抄本
冷庐杂识八卷 清陆以湉 刊本
时事新论十二卷 英李提摩太 活字本
山家清事一卷 宋林洪 抄本
墨娥小录一卷 失名 明刊本
竹屿山房杂部三十二卷 明宋诩 宋公望 刊本
陆地仙经一卷 清马谨 刊本
游戏录一卷 清程 沂 刊本
西湖器具录一卷 清庄仲方 刊本
闲情小录九卷 清葛元煦 刊本
牧鉴十卷 明杨昱 明刊本
沈氏学弢十六卷 明沈尧中 刊本
西园闻见录一百七卷 明张萱 抄本
耳鸣录一卷 明许元毅 刊本
尧山堂外纪一百卷 明蒋一葵 明刊本
课子随笔钞六卷 清夏锡畴 刊本
所见偶录不分卷 清朱之栋 抄本
读书乐趣八卷 清伍涵芬 刊本
感应篇引经笺注一卷 清罗惇衍 刊本
孝经合参一卷 清杨名时 刊本
芝英应氏家规一卷 清应杰 刊本
求可斋遗书一卷 清廖冀亨 刊本
蕉窗十则诗一卷 清王汝金 刊本
微波榭遗书不分卷 清孔继涵 刊本
篆学琐著三十种不分卷 清顾湘 刊本

绿满书窗六种不分卷 失名 刊本
求志堂存稿汇编不分卷 清周恭寿 刊本
事文类聚杂集一卷 失名 日本刊本
狮山掌类二十八卷 明吴之俊 明刊本残
宫闱小名录四卷后录一卷 清尤侗 刊本
闺姓类集 语四卷 清张越英 刊本
韵学仓海十六卷 清金山俊 刊本
宫闱联名录二十卷 清董恂 刊本
集帖楹联一卷 清何绍京 抄本
人名考一卷附准后准三后考一卷 日本新君 刊本
文选类隽十四卷 清何松 石印本
楹联集锦八卷 清胡凤丹 刊本
圣教集对一卷 清张炳堃 刊本
孪史四十八卷 清王希廉 刊本
字林集字偶语四卷 清吴受福 石印本
西学时务大成九十一卷 失名 石印本
杨太真外传二卷 宋乐史 抄本
吟室霏谈一卷 宋周密 抄本
明兴杂记二卷 明陈敬则 明刊本
孤树裒谈十卷 明李默 明刊本
太真全史六卷 明裘昌令 刊本
觅灯因话二卷 明邵景 刊本
旧京遗事二卷 明史玄 抄本
海虞妖乱志二卷 明冯舒 抄本
秋灯丛话十八卷 清王槭 原刊本
樗园消夏录三卷 清郭麟 刊本
渔矶漫钞十卷 清雷琳 刊本
翏莫子杂识一卷 清俞兴瑞 刊本
高辛砚斋杂著二卷 清俞凤翰 刊本
一斑录杂述七卷 失名 刊本
邝斋杂记八卷 清陈昙 刊本
随缘笔记四卷 清周大健 刊本

记闻类编十四卷 失名 刊本
水窗春呓二卷 失名 活字本
侯鲭新录五卷 清沈饱山 刊本
珊瑚舌雕谈初笔八卷 清许起 刊本
夷坚支志五十卷 宋洪迈 乾隆刊本
活阎罗断案十六卷 清李长科 刊本
聊斋志异十六卷 清蒲松龄 原刊本石印本
聊斋志异拾遗一卷 同上 抄本
志异续编八卷 失名 刊本
鹿革囊一卷 清俞钟云 抄本
续谐铎一卷 清沈起凤 抄本
雨窗寄所寄四卷 清谢堃 刊本
扶风传信录一卷 清陈鳣 经楼本
与古人书二卷 明张自烈 刊本
古笑史三十四卷 清李渔 刊本
长恨歌图说五卷 失名 日本刊本
奁史一百卷 清王初桐 刊本
续广博物志十六卷 清徐寿基 刊本
　俗遗风一卷 清范祖述 刊本抄本
青楼集一卷 元雪蓑钓隐 抄本
青泥莲花记十三卷 明梅鼎祚 明刊本
艳迹编一卷 清孙兆溎 刊本
竹西花事小录一卷燕台花事录一卷 失名 活字本
秦淮艳品一卷 清张曦照 刊本
艳情笑史一卷 日本真嶋与敬 活字本
白门新柳记一卷 清许豫 刊本
止观辅行传宏诀四十卷 唐释湛然 日本刊本
泗州大圣明觉传一卷 宋蒋之奇 明刊本
武林西湖高僧事略一卷 宋解元敬 元复 明刊本
牧牛图一卷 失名 支那本
佛祖通载二十二卷 元释念常 明刊本
明高僧传八卷 明释如惺 支那本

寂光镜三卷 明洪自诚 明刊本
佛尔雅八卷 清周春 原刊本
神莲集一卷 清陈本仁 刊本
八大人觉经一卷 后汉释安世高译 刊本
妙法莲华经要解七卷 宋释戒环 明宏治本
金刚经十七家解注四卷 宋杨圭 明刊本
集篆金刚经一卷 明释道肯 刊本
佛遗教经约注一卷 明翁汝进 明刊本
大方广圆觉修多罗了义经一卷 唐释佛陀多罗 满汉抄本
楞严经疏十卷 明释界澄 天启凌氏本
楞严经蒙钞十卷附佛 五录八卷 清钱谦益 刊本
坛经一卷 唐释慧能 明刊本
楞伽经注四卷 明释宗泐 明成化本
佛说十号经一卷 宋释天息灾 明刊本
神僧名经一卷 失名 明刊本
四经 刊不分卷 清皇 刊本
大方广佛华严经合论一百二十卷 唐释志宁釐经 明支那本五台山房本
修忏要旨略一卷 宋释四明尊者 刊本
大悲经忏一卷 失名 明刊本
工夫说一卷 清释玉林 刊本
华严小忏一卷 清西来子 刊本
月江和尚语录十一卷 元释居简 元刊本
大 书二卷 明释 然 明刊本
黄庭经注解二卷 旧本题梁邱子撰 明刊本明万历刊本
道德真经义解四卷 宋李嘉谋 宗六书本
元始说先天道德注解五卷 同上 同上
篆文道德经二卷 明李登 明刊本
老子说略二卷 清张尔岐 抄本
南华经副墨八俊 明陆西星 明刊本
破迷正道歌一卷 汉钟离権 抄本
周易参同契通真义三卷 汉魏伯阳 后蜀赵晓注 周藩刊本
金宝内炼丹诀三卷 唐张平叔 抄本

还丹复命篇一卷 宋薛道光 抄本
还源篇诗一卷 宋石泰 抄本
古文龙虎经注 三卷 宋王道 周藩刊本
翠虚篇一卷 宋陈楠 抄本
青天歌注解一卷 元邱处机 王道渊注 抄本
得道歌一卷 元王景阳 抄本
上清灵宝济度大成全书四十卷 明周养真 明刊本
仙传立愿宝卷一卷 失名 石印本

集部

楚词类

篆文楚辞五卷 明熊宇撰 明刊本
楚辞述注五卷 明来钦之撰 明刊本
楚词辨韵一卷 国朝陈昌齐撰 刊本

别集类

李峤集三卷 唐李峤撰 明刊本
杜工部七言律诗注二卷 元虞集撰 明吴登籍刊本
唱经堂杜诗解四卷附古诗解一卷 国朝金麟振撰 原刊本
杜诗辑注二十三卷 国朝朱鹤龄撰 刊本
知本堂读杜二十四卷 国朝汪灏撰 原刊本
杜诗谱释二卷 国朝毛张健撰 刊本
吕真人文集八卷 唐吕嵒撰 明刊本
颜鲁公集集览一卷 不著撰人名氏 稿本
林邵州遗集一卷附录一卷 唐林蕴撰 麟后山房本
玉川子诗集注五卷 唐卢仝撰 国朝孙之騄编 刊本
司马文正公文集略三十一卷诗集略十卷 明吕柟编 明刊本
东坡守胶西集四卷 明阎士选编 明刊本
合刻三先生东坡文汇四十卷 明茅坤 钱穀 钟惺同编 刊本
山谷先生集外录一卷 明杨锐编 明刊本
宫词集句一卷 宋吴伟撰 抄本
金陵杂兴一卷 宋苏洞撰 抄本
龟溪集十二卷 宋沈与求撰 抄本

虚靖真君语录二卷 宋张继先撰 刊本
缙云文集四卷 宋冯时行撰 抄本
慈湖先生历代诗注一卷 国朝郑铎撰 刊本
昌谷集二十二卷 宋曹彦约撰 抄本
橘山四六二十卷 宋李廷忠撰 明刊本
宫词一卷 宋岳珂撰 旧抄本
宋器之集三卷 明潘是仁编 明刊本
叠山诗选拾遗七卷 日本赖襄编 日本刊本
月洞吟一卷 宋王镃撰 刊二卷本
遗山诗选一卷 国朝厉鹗编 手抄本
遗山诗集注十四卷 国朝施国祁撰 刊本
清容居士集五十卷 元袁桷撰 宜稼堂抄本
北郭集六卷补遗一卷 元许恕撰 抄本刊本
复古诗集六卷 元杨维桢撰其门人章琬编 明刊本
宋景濂未刻集二卷 国朝蒋超编 康熙刊一卷本
竹居集一卷 明王珙撰 抄本
退庵遗稿七卷 明邓林撰 抄本
白洲诗集三卷 明李士实撰 明刊本
阳明先生集十六卷 国朝陶浔霍编 刊本
咏雪集句一卷 不著撰人名氏 明刊本残
崔仲凫文钞一卷 明崔铣撰 刊本
丁吏部文选八卷 明丁奉撰 抄本
龙湖文集十五卷 明张治撰 刊本
拙政园诗一卷 明文徵明撰 抄刊
陈紫封集十三卷 明陈琛撰 刊本
城游录一卷 明龙皋本撰 明刊本
水洲文集四卷 明魏良弼撰 明刊本
候虫鸣一卷 明严怡撰 明刊本
东城集二卷 明林□□撰 明刊本
松峰文集十卷 明祝廷濬撰 明刊本
环碧斋诗集三卷尺牍三卷 明祝世禄撰 明刊本
方山文录二十二卷 明薛应旂撰 明刊本

方山全集六十八卷 明薛应旂撰 明刊本
履庵集十二卷 明万士和撰 明刊本
衡庐精舍藏稿三十卷续稿十一卷 明胡直撰 明刊本
兰晖堂集四卷 明屠应埈撰 明刊本
逍遥园集十卷 明穆文熙撰 明刊本
天池草二十六卷 明王宏诲撰 康熙刊本
二酉园文集十四卷 明陈文烛撰 明刊本
何翰林集二十二卷 明何良俊撰 明刊本
李长卿集二十八卷 明李鼎撰 明刊本
北游漫稿二卷 明郑若庸撰 明刊本
李氏焚余五卷 明李亘吾撰 明刊本
李氏遗书二卷 同上 同上
丰对楼诗选四十三卷 明沈明臣撰 明刊本
徐文长三集二十四卷 明徐渭撰 明刊本
王文端集十四卷 明王家屏撰 明刊本
乐陶吟草三卷 明姚舜牧撰 明刊本
长卿集二十八卷 明李鼎撰 明刊本
冯少墟集二十二卷 明冯从吾撰 明刊本残
黄淳父集二十四卷 明黄姬水撰 明刊本
念台钞稿一卷 明刘宗周撰 抄本残
此观堂集一卷 明罗万藻撰 临川文选本
迂庵改存草六卷 明丁克振撰 刊本
后野堂集八卷补遗一卷附录一卷年谱一卷 明缪昌期撰 刊本
梅庄遗草六卷 明翁白撰 刊本
浩气吟一卷 明瞿式耜撰 刊本
集玉山房稿十卷 明葛昕撰 抄本
彭节愍公家书一卷 明彭期生撰 抄本
卢忠肃家书一卷 明卢象昇撰 抄本
倪文贞诗二卷 明倪元璐撰 抄本
路文贞公集一卷 明路振飞撰 道光刊本
黄伟恭诗一卷 明黄渊耀撰 康熙刊本
遍行堂诗集十二卷 明金堡撰 抄本

遍行堂诗集十六卷 同上 同上
高宗纯皇帝开国方略书成联句一卷 史学粹珍本
仁宗睿皇帝嗣统述圣诗一卷 史学粹珍本
航海吟草一卷 国朝醇亲王撰 石印本
牧斋初学集一百十卷 国朝钱谦益撰 刊本
初学集诗注二十卷 国朝钱曾撰 刊本 玉诏堂刊本
牧斋有学集五十卷 国朝钱谦益撰 刊本
牧斋尺牍一卷 同上 同上
秋槐诗集注六卷 国朝钱曾撰 刊本
未学斋诗集十卷 国朝钱谦贞撰 抄本
灌研斋集四卷 国朝李元鼎撰 刊本
抚云集九卷 国朝钱良择撰 刊本
吕耻翁诗稿八卷 国朝吕留良撰 抄本
吕晚村文集八卷续集四卷 国朝吕留良撰 刊本
西湖赋一卷 国朝柴绍炳撰 刊本
西湖赋笺一卷 国朝柴杰撰 刊本
嫏嬛文集一卷 国朝张岱撰 稿本
无罪草十七卷 国朝吴庄撰 刊本
古照堂诗稿一卷 国朝奚大武撰 刊本
后出塞诗一卷 国朝钱肇修撰 刊本
荆华仙馆初稿二卷 国朝张椿年撰 继声堂本
香草居集七卷 国朝李符撰 刊本
德星堂诗集五卷 国朝许汝霖撰 刊本
愿学斋吟稿一卷 国朝钱埰撰 刊本
樊榭诗摘录一卷 国朝项朝菜编 抄本
修吉堂文稿四卷 国朝徐倬撰 刊本
六峰阁诗稿一卷 国朝朱稻孙撰 手稿本
蚕桑乐府一卷 国朝沈炳震撰 刊本
沉吟楼借杜诗一卷 国朝金麟振撰 汇解本
学道篇一卷述古篇一卷附文教一卷 国朝张之浚撰 刊本
雪泥纪游稿一卷 国朝符曾撰 刊本
句余土音集注三卷 国朝陈铭海撰 抄本

传书楼诗稿一卷 国朝汪金顺撰 刊本
本草诗笺十卷 国朝朱鑰撰 刊本
近游集一卷 国朝曹秉钧撰 刊本
南礀吟草一卷 国朝释实月撰 刊本
武林遗稿一卷 不著撰人名氏 抄本
明宫词一卷 国朝程嗣章撰 自得草堂本
蔗余集一卷 国朝黄庭撰 抄本
小蓬莱阁诗集一卷 国朝黄易撰 抄本
沽上题襟集一卷 国朝陈皋撰 刊本
怀经堂诗存四卷 国朝吴绳基撰 刊本
秀砚斋吟稿二卷 国朝赵信撰 刊本
百美新咏一卷 国朝颜希源撰 刊本
恩余堂经进初稿十二卷续稿二十二卷三稿十一卷策问存稿二卷 国朝彭元瑞撰 刊本
被可轩删余稿二卷 国朝管学洛撰 刊本
玉亭集三卷 国朝吴高增撰 刊本
藻亭诗钞一卷 国朝俞肇文撰 抄本
水明山楼集四卷 国朝释实懿撰 刊本
东河棹歌一卷 国朝姚思勤撰 刊本
嘤求全集一卷 国朝缪艮撰 刊本
评选复初斋诗集不分卷 国朝钱载撰 抄本
小岘山人集三十七卷 国朝秦瀛撰 嘉庆刊本
小岘山人诗集十卷文集六卷 同上 刊本
饔喜堂诗稿一卷 国朝陈寿祺撰 刊本
长真阁诗集七卷 国朝席佩兰撰 刊本
澹成居文钞一卷 国朝吴卓信撰 鲍氏刊本
觉生咏史诗钞三卷 国朝鲍桂星撰 刊本
吉贝居暇倡一卷 国朝施国祁撰 刊本
晚年手定稿五卷抱璞亭集十七卷初集五卷文集十卷 国朝张诚湘撰 刊本
湘筠馆稿五卷 国朝孙云凤撰 刊本
贻砚斋诗稿四卷 国朝孙荪薏撰 刊本
蔗村遗稿一卷 国朝陆曾蕃撰 刊本
蒋村草堂稿一卷 国朝蒋炯撰 刊本

纬青遗稿一卷 国朝张纲英撰 刊本
耐庵文存六卷诗存三卷公牍存稿四卷 国朝贺长龄撰 刊本
童蒙韵语一卷 国朝万斛泉撰 刊本
知止斋诗集十六卷 国朝翁心存撰 刊本
悔过斋文集八卷续集八卷 国朝顾广誉撰 刊本
健修堂诗集二十二卷 国朝边浴礼撰 刊本
拟古乐府一卷 国朝陆和钧撰 刊本
于湖纪游诗一卷 国朝高凤台撰 抄本
岭南游草一卷 国朝姚承宪撰 抄本
和阴骘诗一卷 国朝龚志清撰 刊本
听秋馆初选诗一卷附丹峰遗稿一卷 国朝董经纬撰 刊本
倩梅簃遗稿一卷 国朝戴小玉撰 刊本
小绿天庵吟草一卷山野纪事诗一卷 国朝释达受撰 抄本
皋亭山诗一卷 国朝释正性撰 抄本
枕山楼吟稿一卷附水明集一卷 国朝钱选撰 刊本
读史百咏一卷 国朝范澍撰 刊本
茗香室诗略一卷 国朝李如蕙撰 刊本
杭城纪难诗一卷 国朝陆以湉撰 抄本
蘧盦小稿一卷 国朝蔡念慈撰 抄本
三十六芙蓉馆诗存一卷 国朝关锳撰 刊本
实斋诗稿一卷 国朝陈元鼎撰 抄本
籀书四卷续籀书四卷蝉蜕集四卷 国朝曹金籀撰 刊本
鄱阳湖棹歌一卷 国朝王其淦撰 刊本
我盦遗稿二卷 国朝高炳麟撰 刊本
金陵纪事诗一卷 不著撰人名氏 抄本
洋泾杂事诗一卷 国朝孙灏撰 抄本
朝鲜竹枝词一卷 国朝许午撰 活字板本
听涛赋稿一卷 国朝冯崧生撰 抄本
南浦诗集一卷 国朝熊南浦撰 刊本
新溪棹歌一卷 国朝余楙撰 白岳庵本
窥生铁斋诗存一卷遗文一卷杂著一卷 国朝宗山撰 刊本
宝善书屋诗稿十八卷 国朝王景彝撰 刊本

上张宫保书一卷 国朝陈虬撰 抄本
难中纪一卷 国朝张尔嘉撰 抄本

总集类

高氏三宴诗集三卷附香山九老诗一卷 唐高正卿编 抄本 精抄本
薛涛李冶诗集二卷 不著编者名氏 三家闺阁诗录本
翰林学士集一卷 同上 日本刊本
声画集八卷 宋孙绍远编 楝亭十二种本
分门纂类唐宋时贤千家诗选二十二卷 宋刘克庄编 同上
风雅翼十四卷 元刘履编 明刊本
兴观集一卷附山村遗诗杂著一卷 明瞿暹编 旧抄本
存存稿十卷续稿三卷 明周泰编 周寀续 旧抄本残
历代帝王合编八卷 明阎光世编 刊本
唐百家诗不分卷 不著编辑者名氏 明刊本
乐府明辨五卷 明徐师曾编 日本刊本
彤管新编八卷 明张之象编 明刊本
滑耀编不分卷 明贾三近编 明刊本
岳阳纪胜汇编四卷 明梅淳编 明刊本
唐人诗钞不分卷 不著编者名氏 抄本残
西湖游咏一卷 明黄省曾 田汝成编 抄本
古逸书三十卷 明潘基庆编 明刊本
史海淘珍二十卷 明黄汝亨编 明刊本
明诗正声十八卷 明穆公胤编 日本刊本
古乐苑衍录四卷 明梅鼎祚编 刊本
茶集二卷附烹茶图集一卷 明喻政编 茶书本
沈陈二先生文集二卷 明陈仁锡编 刊本
御选唐诗三十二卷附录三卷 康熙五十二年奉敕编注 殿刊本
明诗选一卷 国朝徐承恩编 抄本
文章正宗读本十六卷 国朝李翰熙编 刊本
今文大篇二十卷 国朝诸匡鼎编 刊本
唐音审体二十卷 国朝钱良择编 刊本
鄱阳五家集十五卷 国朝史简编 刊本
潜州纪绩诗一卷 国朝张长墀编 刊本

南园后五子诗集二十八卷 国朝陈文藻等编 陈氏刊本
濮川诗钞三十五卷 不著编辑者名氏 刊本
桂林集四卷 国朝杭世骏编 刊本
精选八家文钞不分卷 国朝刘大櫆编 刊本
湖海诗传四十六卷 国朝王昶编 刊本
骈体文钞三十一卷 国朝李兆洛编 刊本
回文类聚续编十卷附锦织回文图一卷 国朝朱象贤编 刊本
受经堂汇稿五卷 国朝杨绍文编 刊本
桐城马氏诗钞七十卷 国朝马树华编 刊本
幽光集一卷 国朝方登贤编 刊本
蒙养韵语一卷 国朝宋大寅编 刊本
紫阳小课不分卷 国朝项名达编 刊本
古今体诗偶钞六十四卷 国朝高凤台编 刊本
颜氏家藏尺牍四卷附姓氏考一卷 国朝潘仕成编 刊本
横溪十二咏一卷 国朝丁庆成编 抄本
备槊一卷 国朝潘曾玮编 刊本
选注六朝唐赋二卷 国朝马传庚编 刊本
杭城辛酉纪事诗一卷 国朝张荫桑 吴淦同撰 抄本
莲漪文钞八卷 国朝汪日桢编 刊本
毗陵杨氏诗存六卷附编三卷 国朝杨葆彝编 刊本
明贤尺牍藏真二卷 国朝李经畬编 刊本
裴氏历代文钞一卷 国朝蔡学苏编 刊本
诗赋楷模二卷 国朝张瑞卿等撰 刊本
西湖欸乃集一卷 不著编者名氏 抄本
稀龄祝雅一卷 国朝黄炳垕编 刊本
济阳家集一卷 国朝丁丙编 抄本
明人尺牍一卷国朝尺牍一卷 国朝邓元穗编 刊本

诗文评类

诗法一卷 明王世贞撰 明刊本
尧山堂偶隽七卷 明蒋一葵撰 明刊外纪本
始可与言一卷 不著撰人名氏 罗氏抄本
诗辨坻四卷 国朝毛先舒撰 原刊本

全浙诗话刊误一卷 国朝张道撰 抄本
麟后山房晚唐诗钞二十九卷 国朝王遐春编 刊本
声调谱说一卷 国朝吴绍澯撰 刊本
缘庵诗话三卷 国朝李堂撰 刊本残
宋诗纪事补遗一卷 国朝罗以智撰 抄本

词曲类

后村乐府一卷 宋林秀发编 明钞本
扁舟载酒词一卷 国朝江藩撰 刊本
风雨闭门词一卷 顾列星撰 刊本
齐物论斋词一卷 国朝董士锡撰 刊本
花影吹笙谱一卷 国朝张泰初撰 刊本
慈晖馆词钞一卷 国朝阮恩滦撰 刊本
种玉词一卷 国朝孙家穀撰 刊本
勉憙集一卷 国朝周星诒撰 刊本
锄梅馆词一卷 国朝曹毓英撰 刊本
寿研山房词一卷 国朝曹景芝撰 刊本
历朝词选十三卷 国朝夏秉衡编 刊本
十六家词录二卷 国朝周之琦编 刊本
三李词一卷 国朝杨文斌编 刊本
啸余谱十卷 明程明善撰 刊本
蕉窗词一卷 国朝邓瑜撰 刊本
捶琴词一卷 国朝诸可宝撰 刊本
张小山乐府补遗一卷 国朝劳权辑 稿本
乔梦符小令一卷 元乔梦符撰 明抄文湖州词本 何梦华抄本 袖珍刊本
节节好音不分卷 不著编者名氏 精抄本残
古本西厢记六卷 元王实甫撰 明刊本
吴起敌秦挂帅印一卷 不著撰人名氏 明抄本
明杂剧不分卷 明周王橚编 明刊本残
蟠桃会一卷 明宁王权撰 明刊本
辰钩月一卷 同上 同上
南词叙录一卷 明徐文长撰 抄本
南九宫词谱二十六卷 明沈自晋撰 明刊本

才人福二卷 不著撰人名氏 抄本
如意珠二卷 同上 抄本
幻奇缘二卷 同上 抄本
钦定曲谱十四卷 康熙五十四年王奕清等奉敕撰 殿刊本
扶荔词变一卷 国朝丁澎撰 刊本
百末词余一卷 国朝尤侗撰 刊本
麒麟阁四卷 不著撰人名氏 抄本
桃花扇四卷 同上 刊本
扬州梦二卷 国朝嵇永仁撰 刊本
双报应二卷 同上 同上
念八翻二卷 国朝万澍撰 刊本
空青石二卷 同上 同上
风流棒二卷 同上 同上
介山记二卷 国朝宋廷魁撰 刊本
香草吟二卷 不著撰人名氏 刊本
载花舲二卷 同上 同上
珊瑚玦二卷 国朝周子冰撰 容居堂本
元宝媒二卷 同上 同上
双忠庙二卷 同上 同上
春巢乐府一卷 国朝何承燕撰 刊本
香消酒醒曲一卷 国朝赵庆熺撰 刊本
裁云阁词余一卷 国朝秦云撰 刊本
报恩缘二卷 国朝沈起凤撰 刊本
才人福二卷 同上 同上
文昌榜二卷 同上 同上
伏虎韬二卷 同上 同上
红楼梦八卷 国朝陈钟麟撰 刊本
瓶笙馆修箫谱四卷 国朝舒位撰 刊本
饮酒读骚图曲一卷 国朝吴藻撰 刊本
梨花雪一卷 国朝徐鄂撰 石印本
白头新二卷 同上 同上
红楼梦四卷 不著撰人名氏 刊本

南音三籁二卷 同上 明刊本

曲选不分卷 同上 同上

乐府传声二卷 国朝徐大椿撰 刊本

一笠庵北词广正谱不分卷 国朝李元玉撰 刊本

芥舟书屋初集曲谱八卷 国朝于城撰 抄本

音韵大全一卷 国朝王正祥撰 刊本

附录五　钱塘丁氏八千卷楼藏书印印目

江苏省国学图书馆编

此据南京图书馆藏1951年抄本(索书号2006417)录出。

本馆善本书太半购自钱塘丁氏八千卷楼者,其书藏章甚夥,故历次编印书目,凡属丁氏书者,止书“丁书”二字,概从略焉。前因编校善本书,凡丁氏藏印一一录出,备考览耳。

丁氏八千卷楼藏书记 方 白文
钱唐丁氏藏书 方 白文
钱唐丁氏正修堂藏书 方 朱文
泉唐嘉惠堂丁氏收藏善本书图记 长方 朱文
泉唐丁氏竹舟申松生丙辛酉以后所得 长方 朱文
纶音嘉惠艺林 长方 朱文 有改边
嘉惠堂丁氏藏 小扁方 白文
嘉惠堂丁氏藏书 长方 朱文
嘉惠堂藏阅书 长方 朱文
嘉惠堂丁氏藏书之记 方 白文
嘉惠堂丁氏藏书之印 方 朱文 有改边
泉唐丁氏收藏 长方 白文
八千卷楼 长方 朱文
八千卷楼 方 朱文
八千卷楼藏阅书 方 朱文

八千卷楼藏书印 方 朱文
八千卷楼收藏书籍 方 朱文
八千卷楼藏书之记 方 白文
八千卷楼丁氏藏书印 方 白文
八千卷楼所藏 小长方 朱文
曾经八千卷楼所得 方 朱文
曾藏八千卷楼 方 白文
后八千卷楼 长方 朱文
光绪辛巳所得 方 朱文
光绪壬午年嘉惠堂丁氏所得 长方 朱文
光绪庚寅嘉惠堂所得 方 白文
光绪辛卯嘉惠堂丁氏所得书 长方 朱文
光绪壬辰钱塘嘉惠堂丁氏所得 方 朱文
光绪癸巳泉唐嘉惠堂丁氏所得 方 朱文
辛酉劫后所得 方 朱文
彊圉涒滩 方 朱文
彊圉柔兆 方 朱文
丁丙 腰圆 朱文
丁丙 方 白文
松生 方 朱文
松老 长方 朱文
丁松生 小方 白文
丁居士 方 白文
丁立诚印 方
丁立中印 小方 白文
丁正之印 长方 白文
和父 圆 朱文
和父 小方 朱文
振唐 方 朱文
丁 圆 朱文
甲 圆 朱文
善本书室 方 朱文

甘泉书藏 方 朱文
求己室 腰圆 朱文
当归草堂 小方 朱文
竹书堂 长方 朱文
风木庵 方 白文
朝阳晚翠之轩 扁方 白文
济阳文府 长方 朱文
汉晋唐斋 长方 白文
书库裒残生 长方 白文
青门居士 方 朱文
东门菜佽 方 白文
九峰居 腰圆 朱文
四库箸录 长方 白文
四库附存 长方 朱文

以上系书内之藏印，至书每册之封面，则另有分别部类之印章，如经易类、诗类、史正史类、杂史类等于右上角，又精刊书每部中有粘贴善本书签以志别，故类别书签印章略述于此。辛卯初夏，南通王焕镳说之父识于盋山国学图书馆。

参考文献

古典部分

丁氏著述及其稿抄本

《八千卷楼藏书目》,稿本,南京图书馆藏。

《八千卷楼藏书志》,稿本,哈佛燕京图书馆藏。

《善本书室题跋》,稿本,南京图书馆藏。

《八千卷楼藏书目》,稿本,南京图书馆藏。

《焦山书藏目录》,清抄本,南京图书馆藏。

《丁氏焦山书藏目录》,清抄本,南京图书馆藏。

丁申《武林藏书录》,稿本,南京图书馆藏。

丁丙、孙峻《善本书室藏书志》,清光绪二十七年钱塘丁氏刻本。

丁丙、丁立中《八千卷楼书目》,民国十二年钱塘丁氏铅印本。

丁申《武林藏书录》,清光绪丁氏刻武林掌故丛编本。

丁丙《松梦寮文集》,清写本,浙江图书馆藏。

丁丙《松梦寮诗稿》,清光绪二十五年刻本。

丁丙《菊边吟》,清光绪二十五年刻本。

丁立中《宜堂类编》,清光绪二十六年钱塘丁氏刻本。

凌祉媛《翠螺阁诗词稿》附丁丙《舞镜集》,清咸丰四年延庆堂丁氏刻本。

丁立诚《小槐簃吟稿》,民国八年丁氏嘉惠堂排印本。

丁立中《西溪怀古诗》,民国十四年丁氏梅溪书屋排印本。

丁立中《禾庐诗钞》,民国钱塘丁氏嘉惠堂排印本。

丁三在《丁子居剩草》,民国十年仿宋铅活字本。

史部

《清史稿》,中华书局,1998 年。

钱椒《补疑年录》,清光绪吴兴陆心源刻本。

缪荃孙《碑传集》,《清代传记丛刊》,明文书局,1985 年。

缪荃孙《续碑传集》,《清代传记丛刊》,明文书局,1985 年。
闵尔昌《碑传集补》,《清代传记丛刊》,明文书局,1985 年。
徐世昌《清儒学案小传》,《清代传记丛刊》,明文书局,1985 年。
施淑仪《清代闺阁诗人征略》,《清代传记丛刊》,明文书局,1985 年。
刘声木《桐城文学渊源考》,《清代传记丛刊》,明文书局,1985 年。
金梁《近代人物志》,《清代传记丛刊》,明文书局,1985 年。
朱汝珍《词林辑略》,《清代传记丛刊》,明文书局,1985 年。
叶昌炽撰,王欣夫补正《藏书纪事诗》,上海古籍出版社,1999 年。
伦明、雷梦水《辛亥以来藏书纪事诗》,上海古籍出版社,1999 年。
王謇《续补藏书纪事诗》,北京燕山出版社,1999 年。
周退密、宋路霞《上海近代藏书纪事诗》,华东师范大学出版社,1993 年。
《钱塘丁氏家谱大系表》,排印本,时间不详。
孙延钊撰,徐和雍、周立人整理《孙衣言孙诒让父子年谱》,上海社会科学院出版社,2003 年。
谭献撰,范旭伦、牟晓朋整理《复堂日记》,河北教育出版社,2001 年。
俞樾《俞曲园先生日记残稿》,江苏省立苏州图书馆,1940 年。
缪荃孙《艺风老人日记》,《缪荃孙全集》,凤凰出版社,2014 年。
缪荃孙《艺风老人自订年谱》,民国二十五年刻本。
郑孝胥撰,劳祖德整理《郑孝胥日记》,中华书局,1993 年。
张元济撰,张人凤整理《张元济日记》,商务印书馆,2000 年。
李国庆《弢翁藏书年谱》,黄山书社,2000 年。
吴庆坻等《民国杭州府志》,影印民国十一年铅印本,收入《中国地方志集成・浙江府县志辑》,上海书店,1993 年。
褚成博《光绪余杭县志稿》,清光绪三十二年刻本,收入《中国地方志集成・浙江府县志辑》,上海书店,1993 年。
钱祥保修,桂邦杰纂《民国续修江都县志》,民国十五年刊本。
绍兴县修志委员会《绍兴县志资料》,民国二十八年铅印本。
孙树礼、孙峻《文澜阁志》,清光绪二十四年钱塘丁氏刻本。
张大昌《龙兴祥符戒坛寺志》,清光绪钱塘丁氏刻本。
孙殿起《琉璃厂小志》,上海书店出版社,2011 年。
刘锦藻《清续文献通考》,民国景十通本。
晁公武撰,孙猛整理《郡斋读书志校证》,上海古籍出版社,1990 年。
陈振孙撰,徐小蛮、顾美华点校《直斋书录解题》,上海古籍出版社,1987 年。
范邦甸《天一阁书目》,清嘉庆十三年文选楼刊本。
骆兆平《新编天一阁书目》,中华书局,1996 年。
周子美《嘉业堂钞校本目录 天一阁藏书经见录》,华东师范大学出版社,2000 年。
黄虞稷《千顷堂书目》,上海古籍出版社,1990 年。
赵用贤《赵定宇书目》,古典文学出版社,1957 年。

钱曾撰，章钰校证《钱遵王读书敏求记校证》，影印 1926 年长洲章氏刊本，收入《清人书目题跋丛刊》，中华书局，1990 年。
陆漻《佳趣堂书目》，民国叶德辉刻观古堂书目丛刻本。
王闻远《孝慈堂书目》，民国叶德辉刻观古堂书目丛刻本。
赵魏《竹影盦传钞书目》，民国叶德辉刻观古堂书目丛刻本。
吴焯《绣谷亭熏习录》，影印民国七年吴氏双照楼刊本，收入《清人书目题跋丛刊》，中华书局，1995 年。
吴翌凤《古欢堂经籍举要》，民国二十九年庚辰丛编排印本。
瞿中溶《古泉山馆题跋》，清光绪宣统间缪荃孙刻藕香零拾本。
金檀《文瑞楼藏书目录》，收入《丛书集成初编》，商务印书馆，1936 年。
孙星衍撰，焦桂美、沙莎标点《平津馆鉴藏记 廉石居藏书记 孙氏祠堂书目》，上海古籍出版社，2008 年。
陈揆《稽瑞楼书目》，收入《丛书集成初编》，商务印书馆，1936 年。
张金吾《爱日精庐藏书志》，收入《清人书目题跋丛刊》，中华书局，1990 年。
瞿世瑛《清吟阁书目》，民国吴昌绶刻松邻丛书本。
丁日昌《持静斋书目》，清光绪二十一年江氏刊本。
莫友芝《持静斋藏书纪要》，同治六年苏州文学山房刊本。
朱学勤《结一庐书目》，民国叶德辉刻观古堂书目丛刻本。
朱学勤《朱氏结一庐书目》，民国叶德辉刻观古堂书目丛刻本。
朱学勤《别本结一庐书目》，民国叶德辉刻观古堂书目丛刻本。
瞿镛撰，瞿果行标点，瞿凤起覆校《铁琴铜剑楼藏书目录》，上海古籍出版社，2000 年。
陆心源《皕宋楼藏书志》《续志》，清光绪陆氏刻本。
陆心源撰，冯惠民整理《仪顾堂书目题跋汇编》，中华书局，2009 年。
岛田翰《皕宋楼藏书源流考》，上海古籍出版社，2005 年。
傅以礼撰，李慧、主父志波标点，杜泽逊审订《华延年室题跋》，上海古籍出版社，2018 年。
吴引孙《扬州吴氏测海楼藏书目录》，影印民国二十年石印本，收入《书目类编》，成文出版社，1978 年。
李盛铎撰，张玉范整理《木樨轩藏书题记及书录》，北京大学出版社，1985 年。
缪荃孙撰，黄明、杨同甫标点《艺风藏书记（附艺风藏书续记 艺风藏书再续记）》，上海古籍出版社，2019 年。
缪荃孙《适园藏书志》，民国南林张氏自刻本。
章钰《章氏四当斋藏书目》，民国二十七年燕京大学图书馆排印本。
邓邦述《群碧楼书目初编》附《书衣杂识》，清宣统三年铅印本。
邓邦述撰，金晓东整理，吴格审定《群碧楼善本书录 寒瘦山房鬻存善本书目》，上海古籍出版社，2020 年。
傅增湘《双鉴楼善本书目》，民国十八年傅氏藏园刻本。
傅增湘《双鉴楼藏书续记》，民国十九年傅氏藏园刻本。

傅增湘《藏园群书经眼录》,中华书局,2009 年。
傅增湘《藏园群书题记》,上海古籍出版社,1989 年。
王修《诒庄楼书目》,民国十九年长兴王氏排印本。
《唫香仙馆书目 旧山楼书目》,上海古籍出版社,2005 年。
缪荃孙等撰,吴格整理《嘉业堂藏书志》,复旦大学出版社,1997 年。
徐则恂《东海藏书楼书目》,影印民国十年排印本,收入《书目类编》,成文出版社,1978 年。
甘鹏云《崇雅堂书录》,影印民国十年排印本,收入《书目类编》,成文出版社,1978 年。
沈知方《粹芬阁珍藏善本书目》,民国二十三年上海世界书局排印本。
王瀣《冬饮庐藏书题记》,《南京文献》第 21 号,1948 年 9 月,上海书店影印,1991 年。
《泽存书库善本书目》,稿本,南京图书馆藏。
叶景葵《卷盦书跋》,古典文学出版社,1957 年。
张元济撰、张人凤编《张元济古籍书目序跋汇编》,商务印书馆,2003 年。
王欣夫《蛾术轩箧存善本书录》,上海古籍出版社,2002 年。
郑振铎撰,吴晓铃整理《西谛书跋》,文物出版社,1998 年。
郑振铎《西谛书目》,北京图书馆出版社,2004 年。
冀淑英《自庄严堪善本书目》,天津古籍出版社,1985 年。
袁荣法《刚伐邑斋藏书志》,“中央图书馆”,1988 年。
黄裳《来燕榭书跋》,上海古籍出版社,1999 年。
黄裳《来燕榭读书记》,辽宁教育出版社,2001 年。
潘景郑《著砚楼读书记》,辽宁教育出版社,2002 年。
于敏中等《天禄琳琅书目》,影印清光绪十年长沙王氏刊本,收入《清人书目题跋丛刊》,中华书局,1995 年。
彭元瑞等《天禄琳琅书目后编》,影印清光绪十年长沙王氏刊本,收入《清人书目题跋丛刊》,中华书局,1995 年。
永瑢等《四库全书总目》,中华书局,1965 年。
永瑢等《四库全书简明总目》,上海古籍出版社,1985 年。
邵懿辰《增订四库简明目录标注》,上海古籍出版社,1979 年。
朱学勤《朱修伯批本四库简明目录》,影印管礼耕传录滂喜斋抄本,北京图书馆出版社,2001 年。
余嘉锡《四库提要辨证》,云南人民出版社,2004 年。
胡玉缙撰、王欣夫整理《四库全书总目提要补正》,上海书店出版社,1998 年。
崔富章《四库提要补正》,杭州大学出版社,1990 年。
杨武泉《四库全书总目辨误》,上海古籍出版社,2001 年。
《续修四库全书总目提要》,齐鲁书社,1998 年。
吴庆坻《光绪杭州艺文志》,清光绪三十四年长沙刻本。
莫友芝《宋元旧本书经眼录》,影印清同治莫氏刻本,北京图书馆出版社,2000 年。
张之洞《书目答问》,清光绪刻本。

曹元忠《笺经室所见宋元书题跋》，江苏省立苏州图书馆，1940年。
罗振常、周子美《善本书所见录》，商务印书馆，1958年。
王文进撰，柳向春标点《文禄堂访书记》，上海古籍出版社，2007年。
孙殿起《贩书偶记附续编》，上海古籍出版社，1999年。
昌彼得《增订蟫庵群书题识》，台湾商务印书馆，1997年。
严宝善《贩书经眼录》，浙江古籍出版社，1994年。
江澄波《古刻名抄经眼录》，江苏人民出版社，1997年。
王重民《中国善本书提要》，上海古籍出版社，1983年。
王重民《中国善本书提要续编》，北京图书馆出版社，1991年。
《江南图书馆善本书目》，清宣统间铅印本。
胡宗武、梁公约《江苏省立第一图书馆覆校善本书目》，民国八年铅印本。
王焕《江苏省立国学图书馆图书总目》，民国二十五年铅印本。
江苏省立国学图书馆《江苏省立国学图书馆现存书目》，江苏省立国学图书馆，1948年。
江苏省立国学图书馆《八千卷楼藏书未归本馆书目》，抄本，南京图书馆藏。
国学图书馆《钱塘丁氏八千卷楼藏书印印目》，抄本，南京图书馆藏。
《馆藏善本书题跋辑录》，国学图书馆第一至第四《年刊》，1928—1931年。
赵鸿谦《松轩书录》，国学图书馆第二至第四《年刊》，1929—1931年。
汪訚《八千卷楼宋本书录》，《学海》1卷4、5期连载，1944年。
《静嘉堂文库汉籍分类目录》，静嘉堂文库，1930年。
《北京图书馆古籍善本书目》，书目文献出版社，1989年。
《北京大学图书馆藏古籍善本书目》，北京大学出版社，1999年。
《杭州大学图书馆善本书目》，杭州大学图书馆，1962年。
浙江省立图书馆《杭州孙氏寿松堂捐赠浙江图书馆书目》，民国二十五年浙江省立图书馆排印本。
浙江图书馆古籍部《浙江图书馆古籍善本书目》，浙江教育出版社，2002年。
杨国富《浙江大学图书馆古籍善本书目》，国家图书馆出版社，2016年。
沈津主编《美国哈佛大学哈佛燕京图书馆藏中文善本书志》，广西师范大学出版社，2011年。
《标点善本题跋集录》，"中央图书馆"，1992年。
《傅斯年图书馆善本古籍题跋辑录》，"中研院"历史语言研究所，2008年。
杨殿珣《中国历代年谱总录》，书目文献出版社，1980年。
谢巍《中国历代人物年谱考录》，中华书局，1992年。
李灵年、杨忠、王欲祥《清人别集总目》，安徽教育出版社，2000年。
柯愈春《清人诗文集总目提要》，北京古籍出版社，2002年。
张舜徽《清人文集别录》，华中师范大学出版社，2004年。
洪焕椿《浙江方志考》，浙江人民出版社，1984年。
江标《宋元本行格表》，影印清光绪刻本，江苏古籍出版社，2003年。

子部

李放《皇清书史》,收入《清代传记丛刊》,明文书局,1985 年。

李濬之《清画家诗史》,收入《清代传记丛刊》,明文书局,1985 年。

李玉棻《瓯钵罗室书画过目考》,收入《清代传记丛刊》,明文书局,1985 年。

李放《画家知希录》,收入《清代传记丛刊》,明文书局,1985 年。

盛叔清《清代画史增编》,收入《清代传记丛刊》,明文书局,1985 年。

江铭忠《清代画史补录》,收入《清代传记丛刊》,明文书局 1985 年。

张鸣珂《寒松阁谈艺瑺录》,影印清宣统二年上海聚珍仿宋印书局排印本,收入《续修四库全书》,上海古籍出版社,1996—2003 年。

俞樾《春在堂随笔》,江苏古籍出版社,2000 年。

吴庆坻《蕉廊脞录》,稿本,浙江图书馆藏。

叶德辉《书林清话》,辽宁教育出版社,1998 年。

李详《药裹慵谈》,江苏古籍出版社,2000 年。

岛田翰《访余录》,民国十六年北平藻玉堂排印本。

丁国钧《荷香馆琐言》,《丙子丛编》本。

丁三在《聚珍仿宋版式各种印张》,民国九年聚珍仿宋排印本。

集部

梁同书《频罗庵遗集》,清嘉庆二十二年杭州陆贞一爱日轩刊本。

邵懿辰《半岩庐遗集》,清光绪三十四年邵章刊本。

姜文衡《北山文钞》《诗钞》,清咸丰六年至八年刻本。

高均儒《续东轩遗文》,清抄本,南京图书馆藏。

高均儒《续东轩遗集》,清光绪七年刻本。

魏锡曾《绩语堂题跋》《诗存》《文存》,清光绪九年刻本。

莫友芝《郘亭诗钞》,民国七年贵阳文通书局排印本。

莫友芝《郘亭遗文》,清《影山草堂六种》本。

莫友芝《郘亭遗诗》,清《影山草堂六种》本。

胡凤丹《退补斋诗存》《文存》,影印清同治十二年退补斋鄂州刻本,收入《续修四库全书》,上海古籍出版社,1996—2003 年。

胡凤丹《退补斋诗存二编》《文存二编》,影印清光绪七年退补斋刻本,收入《续修四库全书》,上海古籍出版社,1996—2003 年。

孙衣言《逊学斋诗抄》《续抄》,影印清同治三年刻增修本,收入《续修四库全书》,上海古籍出版社,1996—2003 年。

孙衣言《逊学斋文抄》《续抄》,影印清同治十二年刻增修本,收入《续修四库全书》,上海古籍出版社,1996—2003 年。

陆心源《仪顾堂集》,影印清光绪刻本,收入《续修四库全书》,上海古籍出版社,1996—2003 年。

谭献《复堂类集》,清光绪五年刊本。

谭献《复堂文续》，清光绪二十七年刊本。
秦缃业《虹桥老屋遗稿》，清光绪十五年刊本。
薛时雨《藤香馆诗抄》，清同治刊本。
蒋凤藻《心矩斋尺牍》，江苏省立苏州图书馆，1941 年。
俞樾《春在堂杂文》《续编》《三编》《四编》《五编》《六编》《补遗》，影印清光绪三十五年春在堂全书本，收入《续修四库全书》，上海古籍出版社，1996—2003 年。
俞樾《春在堂诗编》，影印清光绪三十五年春在堂全书本，收入《续修四库全书》，上海古籍出版社，1996—2003 年。
王棻《柔桥文钞》，民国三年国光书局排印本。
陶方琦《汉孳室文钞》，民国刘承幹刻吴兴丛书本。
凌霞《天隐堂文录》，民国刘承幹刻吴兴丛书本。
缪荃孙《艺风堂文集》，影印清光绪二十六年刻本，收入《续修四库全书》，上海古籍出版社，1996—2003 年。
缪荃孙《艺风堂文续集》，影印清宣统二年刻本，收入《续修四库全书》，上海古籍出版社，1996—2003 年。
《艺风堂友朋书札》，上海古籍出版社，1980 年。
陈豪《冬暄草堂遗诗》，清宣统三年刻本。
陈豪、陈汉第辑《冬暄草堂师友笺存》，中华书局，1936 年。
杨文莹《幸草亭诗抄》，民国八年钱塘杨氏勖采堂排印本。
梁鼎芬《节庵先生遗诗》，影印清光绪刻本，收入《近代中国史料丛刊》第 58 辑，文海出版社，1989 年。
张濬万《续蒿庐文初稿》，影印清光绪刻本，收入《近代中国史料丛刊》第 75 辑，文海出版社，1989 年。
张鸣珂《寒松阁诗》《寒松阁骈体文》，清光绪间刻本。
张预《崇兰堂诗初存》，清光绪二十年刊本。
沈映钤《退庵剩稿》《退庵随笔》，清光绪九年刊本。
吴昌绶《松邻遗集》，民国十八年刻红印本。
李详《李审言文集》，江苏古籍出版社，1989 年。
吴庆坻《补松庐文稿》，稿本，浙江图书馆藏。
陈庆年《横山乡人类稿》，民国十三年横山草堂刻本。
张元济、傅增湘《张元济傅增湘论书尺牍》，商务印书馆，1983 年。
张元济撰，张树年、张人凤整理《张元济书札》，商务印书馆，1997 年。
徐世昌《晚晴簃诗汇》，民国退耕堂刻本。

丛部

《武林掌故丛编》，清光绪间杭州丁氏刻本。
《武林往哲遗著》《后编》，清光绪间杭州丁氏刻本。

《西泠五布衣遗著》，清同治光绪间杭州丁氏刻本。
《当归草堂丛书》，清同治光绪间杭州丁氏刻本。
《当归草堂医学丛书》，清光绪间杭州丁氏刻本。
《西泠词萃》，清光绪间杭州丁氏刻本。
《武林丁氏家集》，民国钱塘丁氏嘉惠堂排印本。
《常州先哲遗书》，清光绪盛氏刻本。
《书目类编》，成文出版社，1978 年。
李万健《清代私家藏书目录题跋丛刊》，国家图书馆出版社，2010 年。

现代部分

著作

柳诒徵《国立中央大学国学图书馆小史》，国立中央大学国学图书馆，1928 年。
国学图书馆《盋山书影》，影印民国十七年国学图书馆影印本，北京图书馆出版社，2003 年。
南京图书馆编《家国书运：八千卷楼藏书特展图录》，国家图书馆出版社，2021 年。
沈新民《清丁丙及其善本书室藏书志研究》，汉美图书有限公司，1991 年。
《长泽规矩也著作集》，汲古书院，1982 年。
长泽规矩也编、梅宪华 郭宝林译《中国版本目录学书籍解题》，书目文献出版社，1990 年。
严佐之《近三百年古籍目录举要》，华东师范大学出版社，1994 年。
来新夏《清代目录提要》，齐鲁书社，1997 年。
吴晗《江浙藏书家史略》，中华书局，1981 年。
郑伟章、李万健《中国著名藏书家传略》，书目文献出版社，1986 年。
金步瀛、杨立诚、俞运之《中国藏书家考略》，上海古籍出版社，1987 年。
顾志兴《浙江藏书家藏书楼》，浙江人民出版社，1987 年。
谭卓垣《清代藏书楼发展史》，辽宁人民出版社，1988 年。
郑伟章《文献家通考》，中华书局，1999 年。
黄建国、高跃新《中国古代藏书楼研究》，中华书局，1999 年。
周少川《藏书与文化：古代私家藏书文化研究》，北京师范大学出版社，1999 年。
林申清《明清著名藏书家藏书印》，北京图书馆出版社，2000 年。
骆兆平《书城琐记》，上海古籍出版社，2000 年。
傅璇琮、谢灼华《中国藏书通史》，宁波出版社，2001 年。
任继愈《中国藏书楼》，辽宁人民出版社，2000 年。
范凤书《中国私家藏书史》，大象出版社，2001 年。
徐凌志《中国历代藏书史》，江西人民出版社，2004 年。
苏精《近代藏书三十家（增订本）》，中华书局，2009 年。
李希泌、张椒华《中国古代藏书与近代图书馆史料》，中华书局，1982 年。

洪焕椿《浙江文献丛考》，浙江人民出版社，1983 年。
宋慈抱原著，项士元审订《两浙著述考》，浙江人民出版社，1985 年。
瞿冕良《版刻质疑》，齐鲁书社，1987 年。
刘尚恒《古籍丛书概说》，上海古籍出版社，1989 年。
尾崎康著，乔秀岩、王铿编译《正史宋元版之研究》，中华书局，2018 年。
顾志兴《浙江出版史研究——元明清时期》，浙江古籍出版社，1993 年。
卢子博《南京图书馆志（1907—1995）》，南京出版社，1996 年。
来新夏《中国近代图书事业史》，上海人民出版社，2000 年。
王澄《扬州刻书考》，广陵书社，2003 年。
王桂平《清代江南藏书家刻书研究》，凤凰出版社，2008 年。
徐忆农《活字本》，江苏古籍出版社，2002 年。
江庆柏等《稿本》，江苏古籍出版社，2003 年。
陈先行等《中国古籍稿钞校本图录》，上海书店出版社，2000 年。
黄裳《清代版刻一隅（增订本）》，复旦大学出版社，2005 年。
周越然等《蠹鱼篇》，辽宁教育出版社，1998 年。
郑振铎《西谛书话》，三联书店，1998 年。
黄裳《黄裳文集》，上海书店出版社，1998 年。
《杭垣旧事》，政协杭州市委员会文史委编《杭州文史资料》第 25 辑，2001 年。
柳曾符、柳佳《劬堂学记》，上海书店出版社，2002 年。
王宏斌《清代价值尺度：货币比价研究》，生活·读书·新知三联书店，2015 年。
汪敬虞《中国近代工业史资料》第 2 辑，科学出版社，1957 年。
雪珥《危险关系——晚清转型期的政商赌局》，山西人民出版社，2015 年。
徐蜀、宋安莉《中国近代古籍出版发行史料丛刊》，北京图书馆出版社，2003 年。
《近代著名图书馆馆刊荟萃》，北京图书馆出版社，2003 年。

论文

袁同礼《清代私家藏书概略》，《图书馆学季刊》1 卷 1 期，1926 年。
洪有丰《清代藏书家考》，《图书馆学季刊》1 卷至 2 卷陆续刊载，1926—1927 年。
赵鸿谦《宋元本行格表》，《国学图书馆第一年刊》，1928 年。
汪訚《馆藏名家旧藏书表》，国学图书馆第一至第二《年刊》，1928—1929 年。
汪訚《蟫林辑传》，《国学图书馆第四年刊》，1931 年。
赵鸿谦《陶风楼藏卢抱经校本述要》，《国学图书馆第五年刊》，1932 年。
徵存《丁氏藏书印记漫录》，《浙江省立图书馆月刊》1 卷 7—8 期合刊，1932 年。
季钦《丁氏著述表》，《浙江省立图书馆月刊》1 卷 7—8 期合刊，1932 年。
子越《丁氏刊书表》，《浙江省立图书馆月刊》1 卷 7—8 期合刊，1932 年。
文菁《丁松先生题跋辑目》，《浙江省立图书馆月刊》1 卷 7—8 期合刊，1932 年。
张鄮《丁氏钞补文澜阁〈四库全书〉阙简追纪》，《浙江省立图书馆月刊》1 卷 2 期，1932 年。

俞樾《丁君松生家传》,《浙江省立图书馆月刊》1卷7—8期合刊,1932年。
陈训慈《丁松生先生与浙江文献》,《浙江省立图书馆月刊》1卷7—8期合刊,1932年。
张崟《文澜阁〈四库全书〉史表》,《浙江省立图书馆月刊》1卷7—8期合刊,1932年。
陈训慈《丁氏兴复文澜阁书纪》,《浙江省立图书馆月刊》1卷7—8期合刊,1932年。
慕骞《丁松生先生大事年表》,《浙江省立图书馆月刊》1卷7—8期合刊,1932年。
柳诒徵《盋山丁书检校记》,《浙江省立图书馆月刊》1卷7—8期合刊,1932年。
张崟《〈宜堂类编〉校记》,《浙江省立图书馆月刊》1卷7—8期合刊,1932年。
季杰《〈宜堂类编〉类目题记》,《浙江省立图书馆月刊》1卷7—8期合刊,1932年。
张崟《嘉惠堂藏书之回顾》,《浙江省立图书馆月刊》1卷7—8期合刊,1932年。
张崟《丁松生先生诞辰百周年纪念》,《浙江省立图书馆月刊》1卷7—8期合刊,1932年。
朱中翰《纪念丁松生先生》,《浙江省立图书馆月刊》1卷7—8期合刊,1932年。
邵松坡《书库抱残生小传》,《浙江省立图书馆月刊》1卷7—8期合刊,1932年。
张崟《丁氏年谱读后记》,《浙江省立图书馆月刊》1卷7—8期合刊,1932年。
漱石《丁松生先生文物展览参观印象记》,《浙江省立图书馆月刊》1卷7—8期合刊,1932年。
张崟《文澜阁〈四库全书〉浅说》,《浙江图书馆馆刊》2卷1期,1933年。
张慕骞《八千卷楼刊书碑牌汇录》,《浙江省立图书馆馆刊》2卷2期,1933年。
张崟《七阁四库之次第及其异同》,《北平图书馆馆刊》7卷5期,1933年。
《善本展览说明辑录》,《浙江省立图书馆馆刊》3卷1期,1934年。
张崟《西湖文澜阁规制征故》,《浙江图书馆馆刊》3卷2期,1934年。
长泽规矩也《国学图书馆现存之丁志著录本》,《书志学》2卷5号,1934年5月。
刘承幹《故钱塘丁松生先生百龄冥诞纪念序》,《浙江省立图书馆馆刊》4卷1期,1935年。
毛春翔《浙江省立图书馆藏书版记》,《浙江省立图书馆馆刊》4卷3期,1935年。
孙延钊《文澜阁、嘉惠堂与玉海楼》,《文澜学报》1935年1期。
张崟《文澜阁〈四库全书〉史稿》,《文澜学报》1935年1期。
陈训慈《晚近浙江省文献概述》,《文澜学报》1935年1期。
《燕京大学图书馆报特刊·图书展览目录》,1935年4月。
项士元《最近浙江之私家藏书》,《大公报》1936年11月3日。
君弢《文澜阁〈四库全书〉之今昔》,《图书展望》2卷6期,1937年。
长泽规矩也、薄井恭一《稿本八千卷楼藏书志について》,《书志学》17卷2号,1941年9月。
点元《可园书库乙酉所得钱塘丁氏旧藏江苏方志提要》,《江苏文献》续编一卷第9—10期合刊,1945年。
洪焕椿《杭州文澜阁〈四库全书〉之过去与现状》,《读书通讯》1948年153期。
洪焕椿《浙江之藏书家》,《读书通讯》1948年160期。
张玉范《李盛铎及其藏书》,《文献》1980年3期。
纪维周《著名藏书楼——“八千卷楼”》,《书林》1981年6期。
吴启寿《〈武林坊巷志〉及其编纂者》,《文献》1985年3期。
陈惠翔《浙江藏书楼遗事摭闻》,《杭州师范学院学报(社会科学版)》1985年4期。

卢香宵《〈四库全书〉与浙江关系考述》,《浙江师范大学学报(社会科学版)》1995 年 1 期。
徐昕《试论丁丙鉴定图书价值的方法——读〈善本书室藏书志〉》,《古籍研究》1999 年 1 期。
徐永明《文澜阁〈四库全书〉搬迁述略》,《中国典籍与文化》1999 年 4 期。
赵冰心、裘樟松《文澜阁〈四库全书〉补抄本之价值》,《图书与情报》2000 年 1 期。
柳斌、冯春生《文澜阁〈四库全书〉记略》,《浙江档案》2002 年 2 期。
徐由由《八千卷楼与铁琴铜剑楼之比较》,蔡焜、曹培根《常熟藏书家藏书楼研究》,上海文化出版社,2002 年。
白君礼《抢救瑰宝 嘉惠后学——记丁丙对图书文化事业的贡献》,《图书与情报》2003 年 1 期。
何槐昌、郑丽军《一部具有特色的〈四库全书〉——文澜阁〈四库全书〉》,《图书馆工作与研究》2003 年 4 期。
卞孝萱《丁氏八千卷楼兴废考——〈丁氏家谱〉资料的发掘利用》,《文献》2004 年 2 期。
朱爱琴《敬孚函稿·致孙诒让》,《历史文献》第 6 辑,上海古籍出版社,2004 年。
翁福清《杭州乡邦文化的功臣——丁丙》,《东方博物》2005 年 1 期。
孔祥吉《戊戌前后的孙中山与刘学询关系发微》,《广东社会科学》2005 年 2 期。
褚树青《民国杭州旧书业》,秋禾、少莉《旧时书坊》,生活·读书·新知三联书店,2005 年。
张廷银《缪荃孙、丁丙等有关地志族谱文献的手札六通》,《文献》2006 年 4 期。
孟宪钧《金冬心著作版本知见录(上)》,《藏书家》第 11 辑,齐鲁书社,2006 年。
孟宪钧《金冬心著作版本知见录(下)》,《藏书家》第 12 辑,齐鲁书社,2007 年。
杨洪升《缪荃孙集外题跋辑考》,《文献》2007 年 2 期。
张廷银《晚清藏书家丁丙致袁昶手札》,《文献》2007 年 4 期。
巴兆祥《日本劫购徐则恂东海楼藏书始末考》,《文献》2008 年 1 期。
蔡彦《近代绍兴藏书家》,《浙江高校图书情报工作》2009 年 2 期。
马月华《略论福建本“外聚珍”》,《中国典籍与文化》2010 年 2 期。
王亮《后知不足斋主人鲍廷爵书事述略》,《文献》2011 年 1 期。
徐小洁《朱谏〈李诗选注〉丁丙跋存疑》,《文献》2011 年 1 期。
陶济《以国为重,以私济公——新论丁丙八千卷楼藏书文化近代化的价值取向》,《天一阁文丛》第 9 辑,浙江古籍出版社,2011 年。
王火青《杭州丁氏聚珍仿宋体的创制与贡献》,《文献》2012 年 2 期。
赵天一《丁丙致陈豪手札释读》,《文献》2012 年 2 期。
童正伦《丁氏补抄文澜阁四库全书述评》,《图书馆研究与工作》2011 年 4 期。
万蔚萍《藏书事业与社会事业交互联动的革故鼎新——论丁丙及其八千卷楼的再一历史性杰出贡献》,《天一阁文丛》第 10 辑,浙江古籍出版社,2012 年。
郭明芳《袁芳瑛藏书研究》,《有凤初鸣年刊》2012 年 8 期。
侯印国《孙宗濂、孙仰曾家世及藏书考论》,《新世纪图书馆》2013 年 12 期。
郑伟章《常熟周大辅鸽峰草堂钞书藏书知见录》,《版本目录学研究》第 6 辑,北京大学出版社,2015 年。
谭昕《大雅之成——仿宋字体的演变发展研究》,湖南师范大学硕士论文,2015 年。

王妮《丁丙明翻宋本概念辨析》,《山东图书馆学刊》2016 年 5 期。
赵凌《丁丙汇刻〈武林掌故丛编〉述略》,《图书馆理论与实践》2016 年 10 期。
黄佳娜《沈知方〈粹芬阁珍藏善本书目〉研究》,云南大学硕士论文,2016 年。
杨洪升、李雪《新发现的汪氏振绮堂四库进呈书目》,《文献》2017 年 1 期。
俞佳迪《聚珍仿宋体设计版本考证与补遗》,中国美术学院博士论文,2017 年。
龙发兴《袁思亮及其诗歌研究》,湖南大学硕士论文,2017 年。
廖章荣《傅以礼〈华延年室题跋〉的落款及若干题跋系年考》,《人文论谭》第 9 辑,武汉出版社,2017 年。
廖章荣《傅以礼的家世及生平》,《长江文明》2018 年 4 期。
周膺、吴晶《晚清绅士的现代性文化书写与城市善治取向——杭州丁氏家族的公共文化建构与城市治理研究》,《杭州学刊》2018 年 4 期。
李开升《黄丕烈题跋辑刻考述》,《古籍之为文物》,中华书局,2019 年。
吴格《吴县王大隆先生传略》,《蛾术薪传》,商务印书馆,2019 年。
苏芃《黄裳与八千卷楼旧藏〈阳春白雪〉》,《中国社会科学报》2020 年 6 月 10 日,第 12 版。
江庆柏《南京图书馆藏四库底本考略》,《版本目录学研究》第 12 辑,国家图书馆出版社,2021 年。

报纸

《申报》,全国报刊索引数据库(www.cnbksy.cn)。
《时报》,全国报刊索引数据库。
《新闻报》,全国报刊索引数据库。
《时务报》,全国报刊索引数据库。

后　记

本书是笔者在博士学位论文的基础上修改而成的。博士论文与此同名，于2006年6月通过答辩，可以说是笔者在复旦大学古籍所（或者称“中国古代文学研究中心”）五年学习后的总汇报（因为硕博连读，笔者没有写作硕士论文，现在想来，是个遗憾）。对论文的修改，在笔者毕业就职后就已开始，但因生性疏懒，所以延宕至今，方才定稿。

论文写作之初，我曾拟过另一个标题——“武林丁氏的书籍事业”，当时自我感觉良好了许久，后来被导师陈正宏先生否定。先生的理由和思路大致如下：“武林丁氏的书籍事业”这样的标题先天性地要求论文应以堂堂之师的姿态正面切入，做到事无巨细，无不靡载。这虽是文史研究的正途，研究者也应有这样的气魄，但八千卷楼丁氏已有不少先行研究，采取这样的研究路径，必然会在某些问题上剿袭成说，了无新意。不如侧重于考察他人尚未关注的问题点，这样既可发现新问题，提出新见解，于他人有益；同时也就要求自己挖掘新材料，设计新视角，对刚刚步入文献学研究领域的笔者也是很好的锻炼。于是，论文按照这一思路写作、修改，书稿也是如此。笔者绝不敢自夸书稿已令人满意，但自问最初设定的几点要求或多或少还是达到了一些，总算于人于己，不为完全无益。

书稿能够最终完成，得益于诸多师友的指正帮助。笔者首先要衷心感谢导师——复旦大学古籍所的陈正宏先生。先生言传身教，启迪引导，贯穿于笔者五年研究生学习研究的全过程。本书的写作，大至全局，小至细节，无不凝结着先生的心力。硕士导师陈广宏先生的栽培教导，为笔者进入博士阶段进一步深造，打下了坚实的基础。先生除了教学和研究工作之外，还有行政职务，但他对笔者的关心同样持续不断，毫无停歇。

论文指导小组的吴格、钱振民、谈蓓芳、朱邦薇老师，对论文的写作提出了宝贵意见和各方面的帮助。尤其是吴格先生，在赴日研究期间，尚拨冗前往静嘉堂文库，劳费心力，为笔者拍摄了之前几乎无人关注的《当归草堂书目》的书影。复旦大学图书馆古籍部的王亮学长，是正宏先生之外最早通读全文的读者，他提出了很多中肯切实的修改意见，还在材料搜集方面给予诸多帮助。南京图书馆古籍部徐忆农女士、浙江图书馆古籍部丁红女士、复旦大学中心资料室的周春东老师，在笔者寻访资料的过程中，提供了许多帮助和便利。

论文答辩评委沈燮元先生、陈先行先生、严佐之先生、傅杰先生以及拨冗审阅论文的外审评委崔富章先生、杜泽逊先生，或耳提面命，或书赐教示，为笔者的进一步修改指明了方向。特别是南京图书馆的沈燮元先生，沈老是人所共尊的版本学权威，却以耄耋高龄，不顾车马劳顿，莅临答辩现场，使笔者得仰风范，并赐诸多教示，思之不胜感动、惶恐。

复旦大学历史系教授张翔先生、友人金艺先生，在日文资料的阅读和翻译上，为我解决了困难。

杨丽莹、姜赞絑、罗铮、姜昳、萧海扬、郭立暄、曾媛、韩进、潘佳、丁逸筠等诸位同门，时相探讨切磋，提供了诸多修改意见。供职于上海图书馆的郭立暄师兄，在笔者前往上图访问善本时，始终给予热情帮助。王立民、倪永明、肖瑜、季忠平、崔欣、祁晨越等同学，在学习研究的过程中，互相激励扶持。

书稿的部分章节曾以单篇论文的形式，发表于《文献》《中国典籍与文化》等学术刊物，笔者衷心感谢那些素未谋面却给予提携的编辑老师们。

最后，感谢上海古籍出版社决定刊行拙稿，特别还要感谢居间奔走的责任编辑郭时羽小姐。

以上这些，都是我铭记不忘的。

石　祥

2010 年 10 月 16 日谨记于津门寓所

再版后记

此书前身是本人的博士学位论文，当时题为“杭州丁氏八千卷楼书事新考”，嗣后于2011年在上海古籍出版社以该题出版。时隔十年，承中西书局美意，允以重印，乃于今春修订一过，并更名为“八千卷楼书事新考”。同时有幸得到上海市高峰学科建设计划“复旦大学中国语言文学”资助。

本次修订，章节结构基本未作调整，文字改动较大，主要有以下几方面：一、增补原先论述有欠充分深入的部分，如对《丁志》《丁目》稿抄本的考述讨论、丁氏裕通银号破产内情，等等。二、修正论述错谬失当、行文缠绕欠妥之处，将相关内容以表格方式罗列，以利读者寻览比对。三、增入若干附录，特别是迻录了《善本书室题跋》《八千卷楼藏书未归本馆书目》等与丁氏藏书有密切关系但未经刊布的稿抄本文献。

书影配图往往起到文字介绍所不能及的作用，对于文献学论著而言，此点或许尤为突出。但限于条件，初版配图既少，且拍摄质量欠佳，又以黑白印刷，故无法完整呈现丁氏藏书的精彩面貌。此次从多家收藏机构获得数十枚高清扫描书影，全彩印制，列于卷端；为便读者将其与正文参照，故大体按行文次序排列。在此，谨对南京图书馆、浙江图书馆、上海图书馆、广东省立中山图书馆、重庆图书馆、天津图书馆、杭州市图书馆、复旦大学图书馆，表示感谢。在此过程中，得到了沈津、陈力、韩超、陈谊、黄显功、林锐、左鹏、胡艳杰、彭喜双、杨光辉、眭骏等师友的帮助与提示，谨致谢忱。

南京大学金程宇教授偶得《丁目》神田香岩抄本，遂以书影赐示。复旦大学图书馆王亮先生，为此书题署封面。上海科学技术文献出版社罗毅峰先生，代为复制书影。郑凌峰、王丹旎同学帮助录入并校对部分资料。中西书局的田颖、宋专专女士，在策划与编辑过程中做了大量极具专业性的工作。在此一并表示感谢。

最后要感谢家人长年累月的关爱，特别是我的姑姑石笑雨女士、姑父虞跃武先生的支持。

石　祥

2021年10月25日